Dietrich Schulze-Marmeling (Hg.)

Davidstern und Lederball
Die Geschichte der Juden im deutschen
und internationalen Fußball

Dietrich Schulze-Marmeling (Hg.)

Davidstern und Lederball

Die Geschichte der Juden im deutschen
und internationalen Fußball

Mit Beiträgen von
Erik Eggers, Werner Skrentny, Michael John,
Matthias Marschik, Albert Lichtblau, Jan Buschbom,
W. Ludwig Tegelbeckers, Günter Rohrbacher-List,
Stefan Mayr, Georg Röwekamp, Bernd-M. Beyer
sowie einem Grußwort von Paul Spiegel

VERLAG DIE WERKSTATT

Bibliografische Information der Deutschen Bibliothek
Die Deutsche Bibliothek verzeichnet diese Publikation in der
Deutschen Nationalbibliografie; detaillierte bibliografische Daten
sind im Internet über www.dnb.ddb.de abrufbar.

2003 2004 2005   3 2 1

Copyright © 2003 Verlag Die Werkstatt GmbH
Lotzestraße 24a, 37083 Göttingen
www.werkstatt-verlag.de
Alle Rechte vorbehalten
Satz und Gestaltung: Verlag Die Werkstatt, Göttingen
Druck und Bindung: Westermann Druck, Zwickau

ISBN 3-89533-407-3

Inhalt

Grußwort 9
Paul Spiegel

Einführung 11
Dietrich Schulze-Marmeling

Teil I: Deutschland

Vergessene Wurzeln: Jüdischer Fußball in Berlin 27
Erik Eggers / Jan Buschbom

»Sim Leiser« – die Berliner Fußball-Legende Leiserowitsch 46
Werner Skrentny

»Das waren alles gute Leute« – der FC Bayern und seine Juden 54
Dietrich Schulze-Marmeling

Walther Bensemann – ein internationaler Pionier 82
Bernd-M. Beyer

»Unendlich viel zu verdanken« –
Jüdische Traditionen im Fußball-Süden 101
Werner Skrentny

Julius Hirsch – der Nationalspieler, der in Auschwitz starb 115
Werner Skrentny

Gottfried Fuchs – Nationalspieler mit Torrekord 123
Werner Skrentny

Frankfurter Eintracht und FSV: 1933 endet eine »gute Ära« 131
Werner Skrentny

Essen und das Ruhrgebiet – zwischen Lackschuhvereinen
und Arbeitersportlern 156
Georg Röwekamp

Die Blütezeit des jüdischen Sports in Deutschland:
Makkabi und Sportbund Schild, 1933 bis 1938 170
Werner Skrentny

Hapoel Bayreuth gegen Makabi Münchberg –
die Ligen der »Displaced Persons« 202
Werner Skrentny

Maccabi in Schweinfurt – die Gegenwart des Verdrängten 211
Werner Skrentny

Eine Oase im NS-Sturm? – Der DFB und die Vergangenheit 216
Erik Eggers

Teil II: International

»Körperlich ebenbürtig« – Juden im österreichischen Fußball 231
Michael John

»Muskel-Juden« – Mediale Repräsentationen des
jüdischen Sports in Wien 263
Matthias Marschik

Hugo Meisl – der Visionär und sein »Wunderteam« 277
Erik Eggers

Willy Meisl – der »König der Sportjournalisten« 288
Erik Eggers

Friedrich Torberg – Schriftsteller und Fußballfan 300
Dietrich Schulze-Marmeling

»Hoppauf, Herr Jud!« 314
Friedrich Torberg

Die gescheiterte Assimilation: Juden und Fußball in Budapest 319
Dietrich Schulze-Marmeling

Béla Guttmann – Weltenwanderer ohne Kompromiss 347
W. Ludwig Tegelbeckers

Von Serbien nach New York, von Budapest nach Stockholm:
Die Odyssee der »Konrad-Zwillinge« 369
Werner Skrentny

Fahrräder, Juden, Fußball: Ajax Amsterdam 390
Dietrich Schulze-Marmeling

Jean Bernard-Lévy – der Fußballverrückte von Paris 419
Günter Rohrbacher-List

Hakoahs Exodus: Importe für US-Profiligen 433
Werner Skrentny

Kulturtransfer, Netzwerk und Schlammschlacht.
Exilfußball in New York und Shanghai 459
Albert Lichtblau

»Killer« and »Cat« – Die ungewöhnliche Karriere des Boxers
und Fußballers Robert H. Winokur in Shanghai 478
Michael John / Albert Lichtblau

Zwischen Intifada und Champions League: Fußball in Israel 488
Stefan Mayr

Zu den Autoren 507

*Ein vollständiges Personenregister für dieses Buch ist im Internet abrufbar:
www.werkstatt-verlag.de*

»Im reifen Alter von zehn Jahren wurde ich Hakoah-Anhänger. Wie sehr das mein späteres Leben beeinflusst hat, weiß ich nicht. Meine Stellung zum Judentum aber hat es nicht nur beeinflusst, sondern bestimmt. Ich hatte das unschätzbare Glück, als Zeuge von Hakoah-Siegen aufzuwachsen, zusammen mit der Hakoah groß zu werden. Ich hatte das unschätzbare Glück, mich niemals – keine einzige Sekunde lang – meines Judentums schämen zu müssen. Wofür hätte ich mich denn schämen sollen? Dafür, dass die Juden mehr Goals schossen und schneller schwammen und besser boxten als die anderen? Ich war ein Kind, als ich das alles zu merken bekam. Und ich war von Kindesbeinen stolz darauf, Jude zu sein.«

Friedrich Torberg

»Es waren 25 Meter, ein starker Rückenwind, und das Tor muss in Richtung Jerusalem gestanden haben.«

Mordechai Spiegler, Schütze des ersten (und bislang einzigen) WM-Endrundentors der israelischen Nationalmannschaft

Grußwort

Paul Spiegel

Obwohl Juden seit 2000 Jahren in Deutschland leben, schon zu einer Zeit, als von einem Staat »Deutschland« noch sehr lange nicht die Rede war, haben sie doch erst nach der bürgerlichen Revolution von 1848/49 die vollen Bürgerrechte erhalten. Seit dieser Zeit traten sie, zunächst zögernd, dann immer stärker in allen Bereichen des öffentlichen Lebens in Erscheinung.

Da die meisten Juden in Deutschland der Arbeiterschaft und dem Kleinbürgertum angehörten, teilten sie die Vorlieben und Leidenschaften ihrer nichtjüdischen Umgebung. So übte der Sport auch auf jüdische Jungen eine starke Faszination aus – und besonders der Fußball. Daher ist es nicht verwunderlich, dass Juden Fußballer, Spieler und Trainer wurden und sich Juden in den Vorständen von Vereinen und Verbänden engagierten. Sicherlich sind der FC Bayern München mit seiner Geschichte von jüdischen Spielern und einem jüdischen Vorsitzenden Kurt Landauer sowie der Traditionsverein Ajax Amsterdam besonders eindrucksvolle, aber nicht die einzigen Beispiele.

Juden haben sich bis heute auch immer in eigenen Sportverbänden und -vereinen zusammengeschlossen. In der »Maccabiade«, beinahe vergleichbar der Olympiade, messen sich jüdische Sportler aus aller Welt. Auch in Deutschland gibt es zahlreiche Maccabi-Sportverbände, in denen sich Sportler den unterschiedlichsten Disziplinen widmen.

Die Juden, die vor dem Terror der Nazis aus Deutschland flüchten konnten, nahmen nicht selten ihre Liebe und Treue zu »ihrem« Verein mit. So sagt man von Henry Kissinger, dem früheren amerikanischen Außenminister, dass er sich bis heute darüber informiert, wie »sein« Verein, die Spielvereinigung Fürth, spielt und welchen Platz in der Tabelle er einnimmt.

In Israel sind regelmäßig am Montag die Ergebnisse der deutschen Bundesliga ein großes Gesprächsthema unter den Sportbegeisterten. Sie werden genauso leidenschaftlich diskutiert wie die Ergebnisse israelischer Mannschaften. Nicht erst seit der Einwanderung russischer Juden nach Israel gab und gibt es dort sehr achtbare Spieler und Mannschaften. Denn diese große Einwanderung hat eben auch viele hervorragende Sportler ins Land gebracht.

Ich freue mich, dass sich dieses Buch der weitgehend vergessenen Geschichte jüdischer Fußballer, ihrer Vereine, Funktionäre und Trainer widmet und aufzeigt, wie sehr sie den deutschen, aber auch den europäischen und außereuropäischen Fußball geprägt haben. Und so wünsche ich dem Buch große Verbreitung nicht nur bei Fußballfreunden.

Paul Spiegel
Präsident
des Zentralrats der Juden in Deutschland

Dietrich Schulze-Marmeling

Einführung

Momentaufnahme: 12. Juni 1932

Am 12. Juni 1932 erfolgt im traditionsreichen Nürnberger »Zabo« der Anpfiff zum letzten Finale um die Deutsche Fußballmeisterschaft vor der Machtergreifung der Nazis. Es stehen sich gegenüber der FC Bayern München und Eintracht Frankfurt. Mit Kurt Landauer ist der Präsident des FC Bayern ein Jude. Trainiert werden die »Rothosen« vom österreichischen Erfolgscoach und Ex-Internationalen Richard »Little« Dombi, auch er ein Jude. Der Vormarsch der Bayern an die nationale Spitze ist ganz wesentlich ihrer exzellenten Nachwuchsarbeit zuzuschreiben, für die der Jugendleiter des Klubs, Otto Beer, verantwortlich zeichnet. Beer ist ebenfalls jüdischer Herkunft.

Doch nicht nur beim FC Bayern, sondern auch beim Gegner aus Frankfurt wirkten Juden wesentlich am Erfolg mit. Seit Mitte der 1920er Jahre heißt der Hauptmäzen der Eintracht J. & C.A. Schneider, größter Schuhhersteller auf dem Kontinent. Deren Besitzer sind die jüdischen Bürger Lothar Adler, Fritz Adler und Walter Neumann. Die wichtigsten Spieler der Eintracht stehen auf der Lohnliste von J.C.A.S., weshalb die Mannschaft auch als »Schlappekicker« firmiert. »Schlappe« nennt man in Hessen jene Hausschuhe, die J.C.A.S. produziert. Auch der jüdische Schatzmeister der Eintracht, Hugo Reiß, ist in der Schuhfabrik beschäftigt.

Auf der Pressetribüne sitzt Walther Bensemann, ein Freund Kurt Landauers und einst aktiv in der Fußballabteilung des MTV 1879 München, aus der der FC Bayern hervorging. Bensemann, der 1920 den »Kicker« ins Leben rief und in Personalunion Herausgeber und Chefredakteur des Magazins ist, gilt als Deutschlands profiliertester Fußballjournalist. Mit Landauer teilt Bensemann die jüdische Herkunft. Unweit von Bensemann dürfte die Frankfurter Journalistenlegende Max Behrens Platz genommen haben, auch er ein Jude. Der Sportredakteur, eine »lebendes Fußball-Lexikon«, wie später einmal die »Frankfurter Presse« schreiben wird, berichtet für »Frankfurter Generalanzeiger« und »Frankfurter Zeitung« über die Auftritte der Eintracht und des Lokalrivalen FSV.

Auch Dr. David Rothschild ist im Stadion, ehemals Präsident des FSV und in der Mainmetropole respekt- und liebevoll »der Bornheimer Doktor« genannt. Unter der Regentschaft des Mediziners avancierten die Schwarz-Blauen zu einer nationalen Adresse. Rothschild beschreibt später die Anfahrt der Frankfurter Anhänger zum Endspiel: »In jedem Ort, durch den sie fahren, erwartet sie eine enthusiastische Menschenmenge, die mit wechselnden Sympathien für eine der beiden Finalteams Partei ergreift, und je näher sie Nürnberg kommen, umso gewaltiger wird die Mobilisierung. Was sehen wir? Da flitzt Hitlers Mercedes mit Eskorte uns entgegen; die Insassen erkennen, dass König Fußball die Massenbegeisterung in steigendem Maße erwirbt, trotz Reichstagsfieber und Notverordnungen.«

Ein optimistisches Bild, das jedoch nur wenige Monate später von der Wirklichkeit mit aller Brutalität wegradiert wird. Denn im Nürnberger »Zabo« vollzieht sich vor 58.000 Zuschauern bei drückender Hitze der letzte große Auftritt jüdischer Mäzene, Funktionäre, Trainer und Journalisten.

Der FC Bayern gewinnt das Finale mit 2:1. Die Säulen des Bayern-Triumphes, Präsident Landauer, Trainer Dombi, Jugendleiter Otto Beer und Torjäger Oskar Rohr sind wenig später nicht mehr in Deutschland oder nicht mehr in offiziellen Funktionen. Kurt Landauer legt am 22. März 1933 sein Amt nieder. Nach der »Reichskristallnacht« wird Landauer für vier Wochen ins KZ Dachau eingesperrt. Nach seiner Freilassung gelingt ihm die Emigration nach Genf. Die daheim gebliebenen Familienangehörigen werden von den Nazis ermordet. Richard Dombi und Otto Beer setzen sich bereits zu Beginn der braunen Herrschaft in die Schweiz ab. Oskar Rohr ist zwar kein Jude, in seiner Heimat ist der Nationalspieler aber trotzdem nicht mehr wohl gelitten, denn Rohr will Profi werden – und Profifußball gilt den neuen Machthabern als »jüdisch«. Der Torjäger schließt sich nach dem Gewinn der Meisterschaft den Grasshoppers Zürich an; ein Jahr später reist er weiter nach Frankreich, wo er während der deutschen Besatzung verhaftet, in ein KZ verschleppt und schließlich an die Ostfront geschickt wird.

Auf Eintracht-Seite sieht es nicht anders aus: Mäzen Walter Neumann emigriert 1933 nach England. Seinen Mitstreitern Lothar und Fritz Adler gelingt 1938 nach der Arisierung ihres Betriebs und vorübergehender Inhaftierung die Flucht in die USA, wohin sich bereits Schatzmeister Hugo Reiß abgesetzt hat.

Walther Bensemann wird nach der Machtergreifung beim »Kicker« herausgeworfen und geht in die Schweiz, wo er bereits im November 1934 fast mittellos stirbt. Sein Kollege Max Behrens gelingt 1939 unter dramatischen Umständen die Flucht in die USA. David Rothschild emigriert 1933 nach Stockholm, wo er 1936 stirbt. Auch Rothschilds Nachfolger im Amt des FSV-Präsidenten, Alfred J. Meyers, ein I.G.-Farben-Direktor und »Baumeister« des FSV-Stadions »Bornheimer Hang«, sowie FSV-Schatzmeister Siegbert Wetterhahn müssen Deutschland aus »rassenpolitischen« Gründen verlassen und finden Zuflucht in den USA.

Kurz vor dem Finale von Nürnberg war dem deutschen Fußball bereits Jenö Konrad verloren gegangen. Als Trainer hatte der ehemalige ungarische Nationalspieler und Meisterspieler von MTK Budapest den 1.FC Nürnberg bis ins Halbfinale geführt, wo die »Cluberer« jedoch dem FC Bayern München mit 0:2 unterlegen waren. Konrad kapitulierte vor der antisemitischen Hetze des in Nürnberg erscheinenden »Stürmer«, der nach der Niederlage schrieb: »Der 1. Fußballclub Nürnberg geht am Juden zugrunde. (…) Klub! Besinne dich und wache auf. Gib deinem Trainer eine Fahrkarte nach Jerusalem. Werde wieder deutsch, dann wirst du wieder gesund. Oder du gehst am Judentum zugrunde.«[1]

Jüdische Fußballpioniere

Seit dem Anbrechen der Neuzeit haben Juden in allen wichtigen europäischen Gesellschaften eine bedeutende politische, wirtschaftliche und intellektuelle Rolle gespielt. Wie dieses Buch dokumentiert, gilt dies auch für den Fußballsport, wenngleich dies ganz und gar nicht dem antisemitischen Klischee vom »kraftlosen« Juden entsprach.

Zu Deutschlands Fußballpionieren zählten auch eine Reihe jüdische Bürger. Der in Birmingham geborene deutschstämmige Jude John Bloch wirkte Anfang der 1890er Jahre in Berlin als Gründer diverser Cricket- und Fußballorganisationen. 1891 gab Bloch die Zeitschrift »Spiel und Sport. Organ zur Förderung der Interessen aller athletischer Sports« heraus. Die journalistische Tätigkeit eines Walther Bensemann wurde bereits gewürdigt. Bensemann gehörte aber auch zu Deutschlands bedeutendsten Fußballpionieren und war an Vereinsgründungen u.a. in München, Frankfurt/M. und Karlsruhe beteiligt. Der Kosmopolit war auch Organisator der ersten Länderspiele einer deutschen Auswahl, die im November 1899 in Berlin eine englische Amateurauswahl empfing.

Als sich am 28. Januar 1900 in Leipzig der Deutsche Fußball-Bund (DFB) konstituierte, befanden sich unter den Federführenden auch die Brüder Fred und Gus Manning, Söhne eines in Frankfurt/M. geborenen jüdischen Kaufmanns. Gus Manning war auch an der Gründung des FC Bayern nicht ganz unbeteiligt gewesen. Einer seiner wichtigsten Kontaktleute vor Ort hieß Josef Pollack, den die Gründungsversammlung zum ersten Schriftführer in der Geschichte des späteren Rekordmeisters wählte.

Gus Manning und Josef Pollack emigrierten noch vor dem Ersten Weltkrieg in die USA, wo Manning seine Funktionärskarriere fortsetze, während Pollack seine beim FC Bayern und Süddeutschen Fußballverband getätigten Funktionärserfahrungen in den Dienst des jüdischen Gemeindezentrums von White Plains stellte. 1948 wurde Gus Manning als erster US-Bürger in das Exekutivkomitee der FIFA gewählt.

Die Sporthistorikerin Christiane Eisenberg schreibt, dass sich unter den erwachsenen Mitgliedern des DFB um 1910 »zahlreiche« Juden befunden hätten.[2] Die jüdische Minderheit sei »an wohl allen im Kaiserreich gepflegten Disziplinen auffallend zahlreich und prominent beteiligt« gewesen, weshalb man sagen könnte, »sie assimilierte sich mittels des Sports ins Bürgertum«.[3]

Die Sportbewegung, und zu dieser gehörte auch der Fußball, war liberaler als die deutschnational, chauvinistisch und antisemitisch besetzte Turnerschaft und übte folglich auf jüdische Aktive eine hohe Anziehungskraft aus.

Am 17.12.1911 feierte auf dem Münchener MTV-Platz mit Julius Hirsch erstmals ein jüdischer Spieler seinen Einstand in der deutschen Nationalelf. Gemeinsam mit seinem Glaubensbruder Gottfried Fuchs und Fritz »Fridder« Förderer bildete Hirsch beim Karlsruher FV das beste Innensturmtrio des deutschen Fußballs vor dem Ersten Weltkrieg. Hirsch und Fuchs spielten auch in der Nationalmannschaft zusammen. Als die DFB-Elf 1912 in Zwolle gegen die Niederlande ein 5:5-Remis erreichte, gingen sämtliche deutschen Tore auf das Konto des jüdischen Duos.

Gottfried Fuchs ist bis heute Rekordschütze der deutschen Nationalmannschaft. 1912 hatte Fuchs bei den Olympischen Spielen in Stockholm zehn Tore zum 16:0-Sieg der Deutschen gegen Russland beigetragen. Bis 2001, als dem Australier Archie Thompson in der WM-Qualifikation gegen Amerikanisch Samoa 13 Tore gelangen, war dies sogar Weltrekord.

Während Gottfried Fuchs dem Holocaust durch Emigration nach Kanada entging, kam »Juller« Hirsch in Auschwitz ums Leben.

Die legendäre Mannschaft von Hakoah Wien, 1928.

Donaufußball und Profifrage

Die Hochburgen des »jüdischen Fußballs« waren allerdings Ungarn, Tschechoslowakei und Österreich. Die Länder des »Donaufußballs« entwickelten sich neben der britischen Insel zu einem zweiten fußballsportlichen Machtzentrum in Europa. Der Fußball dieser Länder befand sich auf einem deutlich höheren Niveau als etwa in Deutschland.

Der Donaufußball war eine eigenständige Fußballkultur, dessen drei hervorstechendste Merkmale lauteten:

▶ Seine Repräsentanten pflegten einen Stil, der sich an das schottische Flachpassspiel anlehnte. Die Schotten galten als »Erfinder des wissenschaftlichen Fußballs« und waren spieltechnisch dem »Mutterland England« überlegen. Daneben hatten aber auch der »Individualismus« und das »Unvorhersehbare« im Donaufußball seinen Platz. Und gegenüber dem auf Physis setzenden englischen Fußball zeichnete ihn eine gewisse Eleganz und Leichtigkeit aus.

▶ Der Donaufußball war professionell organisiert. Als erstes Land auf dem Kontinent überhaupt hatte Österreich 1924 den Profifußball legalisiert. 1925 folgte die Tschechoslowakei, 1926 Ungarn.

▶ Last but not least befanden sich unter den wichtigsten Akteuren des Donaufußballs viele Juden, und dies auf allen Ebenen: als Funktionäre, Mäzene, Trainer und Spieler. Juden waren ein wichtiger und auch weitgehend akzeptierter Bestandteil der mitteleuropäischen Fußballkultur. Wenngleich Juden auf die Kultur des Donaufußballs einen großen Einfluss ausübten und sich in dieser mehr als anderswo heimisch fühlten, wäre es allerdings verkürzt, diesen als »jüdische Angelegenheit« zu charakterisieren.

In Österreich, Ungarn und der Tschechoslowakei lebten noch 1937 fast eine Million Juden; der Anteil der Juden an der Gesamtbevölkerung fiel deutlich höher aus als etwa in Deutschland. In Ungarn wurden 1937 ca. 400.000 gezählt, in der Tschechoslowakei 357.000 und in Österreich 191.000. Hinzu kam ihre weitgehende Konzentration in den Städten Budapest, Prag und Wien, den Zentren des Donaufußballs.

Mit dem 1927 erstmals ausgespielten Mitropa-Cup, Europas erstem internationalen Wettbewerb für Vereinsmannschaften und gewissermaßen einem Vorläufer des heutigen Europapokals, besaß der Donaufußball seine eigene internationale Bühne. Vater des Wettbewerbs war der legendäre österreichische Verbandschef Hugo Meisl, Sohn einer jüdischen Kaufmannsfamilie aus Mähren. Zum Mitropa-Cup waren die besten Vereinsmannschaften Österreichs, Ungarns, der Tschechoslowakei und Jugoslawiens zugelassen. Später schlossen sich auch noch die Schweiz und Rumänien dem Wettbewerb an.

Der Donaufußball war ein Synonym für »Professionalismus«. In Österreich war es vor allem Hugo Meisl gewesen, der die Legalisierung des Profifußballs gefordert hatte – gegen den Widerstand der FIFA sowie der Opposition im eigenen Land. Auch die 1924 angepfiffene Profiliga war ein Kind des visionären Verbandskapitäns.

Mit dem bezahlten Fußball standen die Nazis ideologisch auf Kriegsfuß. Dabei dürfte allerdings auch eine Rolle gespielt haben, dass die Nazis dem Donaufußball und seinen jüdischen Akteuren Progressivität und Erfolg neideten.

Wie dem auch gewesen sein mag: Für die Ideologen des NS-Sports war der bezahlte Fußball jedenfalls eine »jüdische« Kreation. Als Schalke 04 1939 im Finale der »Großdeutschen Meisterschaft« Admira Wien mit 0:9 unterlag, schrieb Guido von Mengden im »NS-Sport«: »Das Prinzip des Profitums hat in Wien zwangsläufig seine Spuren in der Bevölkerung hinterlassen. Berufssport ist ein Geschäft und ein Geschäft verlangt geschäftliche Methoden, es verlangt Reklame, Stars, Skandälchen und Sensationen.

Dieses Gift ist jahrelang mit teilweise echt jüdischer Geschicklichkeit ins Volk gespritzt worden. Der Fußballsport musste darüber notgedrungen in den Augen der Masse mehr eine zirzensische als eine Erziehungsaufgabe werden.«[4] Bereits im Frühjahr 1938 hatte die Wiener Ausgabe des »Völkischen Beobachters« anlässlich eines Besuchs des Reichssportführers in Wien geschrieben, dass aufgrund der »Verjudung« die »Verhältnisse im österreichischen Sport (…) untragbar geworden« seien. Nur die »konsequente Reamateurisierung des Profifußballs« könnte die »Allgemeinheit der Volksgemeinschaft« wieder dem Sport zuführen.[5]

Assimilierte und Zionisten

Metropole unter den Metropolen des Donaufußballs war Wien. In keiner anderen Stadt der Welt existierten so viele exzellente Fußballteams wie hier. Nicht einmal London konnte diesbezüglich konkurrieren. Fast jeder der damals 21 Bezirke Wiens besaß seine eigene Fußballmannschaft und eigene Fußballkultur.

Nach dem Ersten Weltkrieg erhielt der Wiener Fußball noch Verstärkung aus Budapest, als sich eine Reihe von namhaften ungarisch-jüdischen Kickern dem Antisemitismus des autoritären Horthy-Regimes durch einen Wechsel nach Wien entzog. Mit der Austria und dem SK Hakoah verfügte Wien über zwei hervorragende Fußballadressen, bei denen Juden eine bedeutende Rolle spielten. Bedingt durch die Einwanderung verbanden sich in der österreichischen Hauptstadt die besten Elemente der Fußballschulen Wiens, Budapests und Prags.

Während die Austria Lieblingskind des assimilierten Bürgertums und mitnichten rein jüdisch war, avancierte die SK Hakoah zur bis heute größten Nummer unter den nationaljüdischen Vereinen und zur berühmtesten jüdischen Fußballmannschaft. Nicht-Juden waren hier nur als Trainer zugelassen. Die Hakoah kompensierte diese selbst auferlegte Beschränkung ihrer Rekrutierungspolitik, indem sie auch nicht-österreichische Juden anzog. Mitte der 1920er zählte der SK Hakoah zu den weltbesten Klubs. Von 1917 bis 1934 trugen elf Hakoahner das österreichische Nationaltrikot. 1924/25 wurden die Wiener erster österreichischer Profifußballmeister. Ein Jahr zuvor war es der Hakoah-Mannschaft als erstem Klub vom Kontinent gelungen, auf englischem Boden ein englisches Team zu schlagen. Vor Beginn der Meisterschaftssaison 1923 gewann der SK Hakoah Wien beim englischen Topteam West Ham United mit 5:0. Der »Daily Mail« schrieb anschließend voller Bewunderung über die Wiener Gäste: »Sie führten einen wissenschaftlichen Fußball vor. Kein Kraftfußball, kein ›kick and rush‹. Dagegen kombinierten sie prächtig, ohne dem hohen Spiel zu frönen. Sie spielten flach und kombinierten in den leeren Raum. Sie meisterten den Ball im vollen Lauf, im Vergleich zu ihnen hatten die Westham-Leute bleierne Füße. (...) Die Juden waren den Westham-Leuten in zwei Belangen unangenehm, und zwar: Sie waren zu schnell, sowohl im Angriff als auch in der Verteidigung, und zu geschickt.«[6]

Die Qualität des österreichischen Klubfußballs blieb nicht ohne Auswirkungen auf das Nationalteam, das unter der Leitung des bereits erwähnten Verbandskapitäns Hugo Meisl von Mai 1931 bis Dezember 1932 15 Spiele in Folge ungeschlagen blieb. Zu denen, die die Spielstärke des sagenumwobenen »Wunderteams« zu spüren bekamen, gehörte auch die Mannschaft des DFB, die mit 0:5 und 0:6 zweimal deutlich unterlag. Die größte Sensation gelang den Kickern um Matthias Sindelar allerdings gleich zum Auftakt ihrer Siegesserie, als sie die damals noch hoch gehandelte Nationalmannschaft Schottlands mit 5:0 besiegten.

Auch Meisls jüngerer Bruder Willy schrieb Geschichte. Der Journalist wurde mit Etiketten wie »König unter den Sportjournalisten Zentraleuropas«, »Vater des modernen Sportjournalismus« und »weltweite Nummer eins unter den Fußballkritikern« bedacht. 1955 veröffentlichte Meisl ein viel beachtetes und auch heute noch lesenswertes Buch mit dem Titel »Soccer Revolution«, eine schonungslose Auseinandersetzung mit den Defiziten des englischen Fußballs.

Jüdischer Sport unterm Hakenkreuz

Zwar spielen Juden in Deutschland auch noch nach der nationalsozialistischen Machtergreifung einige Jahre Fußball, allerdings in »ghettoisierter« Form. Der Ausstoß jüdischer Bürger aus den »paritätischen« bürgerlichen Sportvereinen beginnt unmittelbar nach der braunen Machtergreifung.

Bereits um die Jahrhundertwende waren in Europa zahlreiche jüdische Sportvereine gegründet worden, die ihre Namen bei antiken jüdischen Helden wie Makkabi oder Bar Kochba adaptierten oder sich Hakoah (= Kraft) und Hagibor (= Kämpfer) nannten. Das Gros der Juden befand sich aber in paritätischen Vereinen, was ihrem Wunsch nach Assimilation entsprach. Der Anhang der zionistischen Bestrebungen nahm sich dagegen noch recht schmal aus.

Zum Zeitpunkt der nationalsozialistischen Machtergreifung waren nur etwa ein bis zwei Prozent der ca. 500.000 in Deutschland lebenden Juden in rein jüdischen Turn- und Sportvereinen organisiert. Der größte jüdische Sportverband war mit ca. 8.000 Mitgliedern und 23 Vereinen der Deutsche Makkabikreis, der 1921 als erweiterte Neugründung der bereits 1903 konstituierten Jüdischen Turnerschaft (JT) entstanden war. Der Sportbund Schild entwickelte sich 1923 aus dem Reichsbund jüdischer Frontsoldaten (RjF) heraus. Anlass waren die pogromartigen Berliner »Scheunenviertelkrawalle« vom November 1923. Den RjF-Sportgruppen lag ursprünglich der Selbstschutzgedanke zugrunde. Schild zählte 1933 rund 7.000 Mitglieder und 90 Vereine. Der 1925 in Essen gegründete Verband jüdisch-neutraler Turn- und Sportvereine (VINTUS) beschränkte sich auf den Westen Deutschlands. Im Gegensatz zum national-jüdisch agierenden Makkabi gab sich VINTUS bewusst unpolitisch.[7] Dies korrespondierte mit der allgemeinen Haltung der deutschen Juden zum Judentum. Um 1930 bekannte sich die überwiegende Mehrheit der deutschen Juden zum assimilatorischen Centralverein, in dessen 555 Ortsgruppen und 21 Landesverbänden ca. 60.000 Einzelmitglieder organisiert waren. Zuzüglich der ihm angeschlossenen Vereine und Körperschaften, u.a. auch des RjF, konnte der Centralverein für sich die Vertretung von 300.000 Juden bzw. über die Hälfte der jüdischen Bevölkerung Deutschlands reklamieren. Die jüdisch-nationale Zionistische Vereinigung Deutschlands zählte dagegen nur 20.000 Mitglieder, was etwa 3,5% der jüdischen Bevölkerung entsprach. »Für die meisten Juden in Deutschland war die Identität, Deutscher und Jude zu sein, eine Selbstverständlichkeit.«[8]

Leider galt dies keineswegs für viele ihrer christlich-deutschen Mitbürger. »Ein auf Gegenseitigkeit beruhendes ›deutsch-jüdisches Gespräch‹ (…) hat in Wirklichkeit nicht stattgefunden. Jedenfalls ist es über seine ersten Ansätze nicht hinausgekommen. Gewiss, die Juden haben sich nach Kräften, oft sogar unter Preisgabe ihrer Individualität, um ein Gespräch mit den ›Deutschen‹ bemüht, in zahlreichen Bekenntnissen sich der Umwelt zu erklären versucht und auch diese auf die Fruchtbarkeit der Spannungen aufmerksam gemacht. Die Umwelt war aber nur in den seltensten Fällen bereit, die Juden überhaupt anzuhören, geschweige denn sie zu verstehen und zu achten. Auch da, wo man sich mit ihnen auf eine Auseinandersetzung im humanen Geist einließ, beruhte diese auf der ausgesprochenen oder stillschweigenden Voraussetzung der Selbstaufgabe der Juden. Jüdische Beteuerungen über die ›geistige Gemeinsamkeit des deutschen Wesens mit dem jüdischen Wesen< stießen in breiten Kreisen auf heftige Ablehnung.«[9]

Als Folge des Verstoßes der Juden aus den paritätischen Vereinen ab 1933 erfuhren die exklusiv jüdischen Klubs zunächst einen Aufschwung. 1936 waren 42.500 Juden Mitglied der jüdischen Verbände Makkabi oder Schild, was ca. 10% der jüdischen Gesamtbevölkerung Deutschlands entsprachen. Aber aus der Mitte der Gesellschaft wurden die jüdischen Funktionäre, Trainer, Fußballer und Mäzene ausgeschlossen. Nach der Reichspogromnacht wurden auch die jüdischen Sportvereine zerschlagen.

Wo Juden im Fußball Erfolge errangen, taten sie dies in der Regel in paritätischen Vereinen. Der berühmte Wiener SK Hakoah war hier eher eine Ausnahme. Viele der in diesem Buch vorgestellten Mäzene, Funktionäre, Trainer und Spieler waren zwar bei so genannten »Judenklubs« (Bayern München, Eintracht Frankfurt, Tennis Borussia Berlin, Austria Wien, MTK Budapest etc.) engagiert, doch von ihrem Anspruch und ihrer Zusammensetzung handelte es sich bei diesen um paritätische Vereine. Ein jüdischer Mäzen oder ein jüdischer Vereinsvorsitzender mag den einen oder anderen jüdischen Trainer oder Spieler angezogen haben. Bei Vereinen, die Juden in führenden Positionen besaßen und über ein »jüdisches Umfeld« verfügten, fühlte sich ein jüdischer Spieler sicherlich eher heimisch und sicher. Auch zog ein derartiger Verein häufig im überproportionalen Maße jüdische Fans an. Das alles reichte aus, um einen solchen Klub in den Augen seiner Gegner als »Judenklub« erscheinen zu lassen, selbst wenn die Zahl der Juden unter den Aktiven und Fans bei weniger als 10% lag.

Von Europa nach New York und ins gelobte Land

1939 lebten in Europa noch fast zehn Millionen Juden. Während des Krieges wurde mehr als die Hälfte von ihnen ermordet. Emigration und sinkende Geburtenrate verringerten die jüdische Bevölkerung bis 1994 auf weniger als zwei Millionen.

Die größte jüdische Gemeinschaft, die Hitlers Holocaust überlebte, befand sich nach dem Zweiten Weltkrieg mit 1.971.000 Mio. in der UdSSR, die sich allerdings bis zur Jahrtausendwende durch Emigration erheblich reduzierte. In Westeuropa blieben nur die 370.000 Juden zählende Gemeinde Großbritanniens, die kleineren Gemeinden in den neutralen Staaten Irland, Schweden und Schweiz sowie die 8.500 Juden Dänemarks, denen der dänische Widerstand über die Grenze nach Schweden verhalf, vom Holocaust relativ unbeschadet. Hingegen wurden ca. drei Viertel der 140.000 niederländischen und zwei Drittel der 65.000 belgischen Juden ermordet. Von den 300.000 Juden Frankreichs wurden ca. 75.000 vernichtet. Von den 500.000 in Deutschland selbst lebenden Juden gelang ca. der Hälfte noch vor Kriegsausbruch und Einsetzen der Vernichtung die Emigration. In den von Hitler besetzten Gebieten Europas außerhalb der UdSSR überlebten insgesamt weniger als eine Million. Die größte Zahl jüdischer Opfer kam aus Polen und den westlichen Provinzen Russlands, seit Jahrhunderten Kernland des europäischen Judentums. Lebten 1937 noch 3.250.000 Juden in Polen, so wurden 1946 nur noch 215.000 gezählt.

Schon vor dem Zweiten Weltkrieg hatte sich der Schwerpunkt des jüdischen Fußballs aus Europa in die USA und hier insbesondere nach New York verlagert. Bereits im 19. Jahrhundert war die Zahl der Juden sprunghaft angestiegen, als mehr als eine Million Osteuropäer in der Stadt am Hudson River eintrafen. In den 1930er und 1940er Jahren erfuhr die jüdische Gemeinde ein erneutes Wachstum, bedingt durch den Nationalsozialismus. Unter den Flüchtlingen befanden sich u.a. die Diamantenhändler Antwerpens und Amsterdams sowie Intellektuelle und Künstler wie Isaac B. Singer, Hannah Arendt und Marc Chagall. New York avancierte zur jüdischen Metropole schlechthin, die heute mit ca. 1,3 Mio. Juden die weltweit stärkste Ansammlung von Juden in einer Stadt aufweist. (Mit ca. 6 Mio. Juden besitzen die USA heute die weltweit größte jüdische Gemeinde. In Europa liegen diesbezüglich Frankreich und Russland vorn, gefolgt von Großbritannien.)

Zu den Pionieren des Soccer in der »Neuen Welt« gehörten auch Juden wie Nathan Agar, ein Immigrant aus England und Besitzer der Brooklyn Wanderers, und der bereits erwähnte Gus Manning. 1926 und 1927 absolvierte Hakoah Wien ausgiebige US-Tourneen, von denen sich die amerikanischen Organisatoren eine Popularisierung des europäischen Soccer versprachen. Beim souveränen 4:0-Sieg der Wiener über eine Auswahl der American Soccer League (ASL) kamen 46.000 Zuschauer ins Stadion, für über 40 Jahre Zuschauerrekord für ein Soccer-Spiel in den USA. Soccer war in den USA primär eine »ethnische« Angelegenheit europäischer Einwanderergruppen, die ethnische Teams und ethnische Ligen gründeten. Zwischen 1926 und 1928 heuerten nicht weniger als 15 Hakoah- und Austria-Akteure bei den New Yorker Klubs New York Giants und Brooklyn Wanderers an.

Der zweite neue Schwerpunkt wurde nach dem Zweiten Weltkrieg von einem jungen Staat gebildet: Israel. Seit seiner Gründung 1948 bildete es den ideologischen Anziehungspunkt für viele Juden:»Eine Gesellschaft, die einzigartig ist, da sie über eine jüdische Mehrheit verfügt und zu dem spezifischen Zweck, das jüdische Überleben zu sichern, geschaffen wurde und nun aufrechterhalten wird.«[10] Der Holocaust, das Scheitern der jüdischen Assimilationsbemühungen und das Versagen liberaler Demokratien beim Schutz vor Antisemitismus gab dem politischen Zionismus Auftrieb. 1970 war erstmals eine exklusiv jüdische Nationalelf beim Weltturnier vertreten.

In Europa erfuhr der »jüdische Fußball« hingegen durch den Holocaust und die erzwungene Emigration eine nachhaltige Schwächung. Die einst so ruhmreiche Fußballabteilung des SK Hakoah wurde in Österreich zwar 1945 wiedergegründet, spielte aber nur noch eine untergeordnete Rolle und löste sich 1950 sogar auf. In Wien gab es nur noch 5.000 Juden. Den Mannschaftssportarten fehlten deshalb eine ausreichende Zahl jüdischer Jugendlicher.

Auch die ehemaligen Donaufußballklubs MTK Budapest und Austria Wien waren nicht mehr so »jüdisch« wie noch vor dem Zweiten Weltkrieg, was insbesondere für den FK Austria gilt. Nichtsdestotrotz firmieren MTK und Austria, aber auch Ajax Amsterdam und in London Tottenham Hotspur bei gegnerischen Fans unverändert als »Judenklubs«. Der Antisemitismus benötigt Juden nicht in größerer Zahl. So etablierte sich in einigen Fußballstadien ein Antisemitismus ohne Juden.

Im Fall von Ajax und Tottenham führte dies zur Konterkarierung des gegnerischen Antisemitismus durch einen militanten Pro-Semitismus bzw. sympathisch-skurrilen Akt von pro-jüdischer Solidarität, bei dem sich auch Tausende von Nicht-Juden zu Juden erklärten:»Obwohl die Affinität zwischen Tottenham und jüdischen Fans schon lange bestand, hatte das Phänomen der ›Yiddo-Kultur‹ weniger mit der spezifischen Soziologie jüdischen Lebens oder der Nähe jüdischer Viertel zu den Fußballstadien zu tun als mit der Entstehung des rassistischen Hooliganismus. In den späten Siebzigern und frühen Achtzigern reagierten nichtjüdische Tottenham-Fans auf den Antisemitismus, der sich gegen Spurs-Hooligans richtete, auf eine entwaffnende Weise: Sie beantworteten die beleidigenden ›Yiddos, Yiddos‹-Gesänge, indem sie ebenfalls ›Yiddos, Yiddos‹ zu singen begannen. Sie nahmen den Verhöhnungen die Spitze, indem sie die rassistische Bezeichnung übernahmen und umbesetzten. Ein jüdischer Tottenham-Fan erinnert sich an seine erste Begegnung mit diesem Phänomen: ›Es war 1980 oder 1981. Wir spielten auswärts gegen Manchester United. Da fuhren wir immer ungern hin. Wir kamen ins Stadion, und plötzlich sah ich einen Haufen großer Kerle, Shtarkers (Jiddisch für kräftige Männer). Sie waren Spurs-

Anhänger und trugen Atemschutzmasken, aber nicht vor ihren Mündern. Sondern auf dem Kopf, als Kippas. Dann ging die Singerei los: Yiddos, Yiddos, Yiddos.‹ Du bist ein Yid, und das weißt du auch!›, rufen die Tottenham-Anhänger Spielern zu, von denen es heißt, sie würden bald zu ihrem Klub kommen, aber auch solchen, die Tottenham verlassen haben, aber bei den Fans immer noch beliebt sind.«[11] Ihrem deutschen Helden Jürgen Klinsmann widmeten die Tottenham-Fans den Song: »Chim chiminee, chim chimineee, / Chim Chim churoo. / Jürgen was a German / But now he's a Jew!« Sowohl bei Tottenham wie bei Ajax wurden israelische Fahnen zu einem gängigen Fanartikel.

Warum dieses Buch?

Die Idee, die gesammelten Erkenntnisse über das in offiziellen Chroniken in der Regel verschwiegene oder nur mit wenigen Sätzen abgehandelte Wirken jüdischer Mäzene, Funktionäre, Trainer und Kicker zusammenzutragen und der interessierten Öffentlichkeit zugänglich zu machen, entstand bereits vor nahezu zehn Jahren, im Kontext einer Buchveröffentlichung zum Thema »Fußball und Rassismus«, die sich auch dem Antisemitismus im europäischen Fußball widmete.[12]

Die Arbeit an einem derartigen Buch, die Spurensuche nach fast vergessenen Namen oder Leistungen, weckt unweigerlich Wehmut und Trauer. Wehmut und Trauer über den ungeheuren Verlust, den der Holocaust – in diesem Falle aus der Perspektive des Sport- und Fußballfans – für die europäische Fußballkultur bedeutete.

Die Generation des Autors dieser Zeilen weiß von Juden häufig nur im Zusammenhang mit dem Holocaust. Über jüdisches Leben in der Zeit vor dem Holocaust, und hierzu zählte auch der Sport, über Juden als gestaltende Mitglieder einer Gesellschaft und ihrer Kultur, ob assimiliert oder nicht, hatte man weder im Elternhaus noch in der Schule irgendetwas erfahren. Juden existierten nur als namenlose Opfer eines wegen seiner gigantischen Dimension unfassbaren Verbrechens. Der Art und Weise, wie Vergangenheit vermittelt und behandelt wurde, wohnte somit eine eigene Art von Schlussstrich-Philosophie inne. Für die große Masse der Bevölkerung war die Beschäftigung mit dem Holocaust in der Regel auch die letzte Beschäftigung mit dem Judentum und seiner Geschichte im eigenen Lande überhaupt.

Seit Beginn der 1990er Jahre ist die jüdische Gemeinde in Deutschland durch Osteinwanderung auf über 100.000 Mitglieder gewachsen. Am 27.

Januar 2003, dem Holocaust-Gedenktag, unterzeichneten die Bundesregierung der Bundesrepublik Deutschland und der Zentralrat der Juden in Deutschland einen Staatsvertrag. Dabei handelt es sich um das erste verbindliche Abkommen seit 1945, das das Verhältnis zwischen dem Staat und der jüdischen Glaubensgemeinschaft regelt. Nicht nur auf rechtlicher und finanzieller Ebene, sondern auch auf der symbolischen.

Mit dem Vertragswerk verbindet sich die Hoffnung auf eine Renaissance jüdischen Lebens in Deutschland. Wir hoffen, dass dieses Buch seinen eigenen kleinen Beitrag hierzu leisten kann.

Anmerkungen

1 Zit. nach Christoph Bausenwein/Bernd Siegler/Harald Kaiser: 1.FC Nürnberg. Die Legende vom Club, Göttingen 1996, S.45
2 Christiane Eisenberg: »English Sport« und Deutsche Bürger. Eine Gesellschaftsgeschichte 1800-1939, Paderborn 1999, S. 180
3 Ebenda, S. 213
4 Guido von Mengden: Schlusswort zum neuen Anfang, in: »NS-Sport« 1/1939
5 »Völkischer Beobachter« – Wiener Ausgabe v. 28.3.1938
Zum Thema ausführlicher: Rudolf Oswald: »Ein Gift mit echt jüdischer Geschicklichkeit ins Volk gespritzt« (Guido von Mengden): Nationalsozialismus, Judenverfolgung und das Ende des mitteleuropäischen Profifußballs, 1938-1941, in: »SportZeiten«, 2.Jg. 2002, Heft 2, S. 53-66
6 Zit. nach John Bunzl (Hg.): Hoppauf Hakoah. Jüdischer Sport in Österreich. Von den Anfängen bis zur Gegenwart, Wien 1987
7 Angaben nach Forschungsprojekt Sozialintegrative Leistung von Fußballvereinen in Bremen (Leitung: Dietrich Milles/W. Ludwig Tegelbeckers): Jüdischer Sport im nationalsozialistischen Deutschland (www.s-port.de/david/ns/index.html)
8 Ismar Elbogen/Eleonore Sterling: Die Geschichte der Juden in Deutschland, Frankfurt/M. 1988, S. 297
9 Ebenda
10 Bernard Wasserstein: Europa ohne Juden. Das europäische Judentum seit 1945, Köln 1999, S. 327
11 John Efron: Wann ist ein Yid kein Jude mehr? In: »Süddeutsche Zeitung« v. 17.8.2002
12 Beiersdorfer u.a.: Fußball und Rassismus, Göttingen 1993

Teil I

Deutschland

Die jüdischen Spieler Fuchs und Hirsch (vorn, 3. und 2. von rechts) erzielten 1912 im Länderspiel gegen die Niederlande alle fünf Tore für Deutschland.

Erik Eggers / Jan Buschbom

Vergessene Wurzeln: Jüdischer Fußball in Berlin

Der Urahn, geistige Vater und Wegbereiter des Berliner Fußballs, so vermerken es jedenfalls die meisten Annalen, hieß Georg Leux. Jener Fußballpionier, der später auch als Bildhauer und Schauspieler bekannt wurde, gründete 1885 mit dem »BFC Frankfurt« den ersten Berliner Fußballverein und hob drei Jahre später die Germania 1888, den heute ältesten noch existierenden Fußballverein Deutschlands, aus der Taufe. Doch gründete Leux eben nur den ersten »deutschen« Fußballverein. Zuvor schon kickten Mitglieder des vom Engländer Tom Dutton gegründeten »Berliner Cricket-Club von 1883« auf dem Tempelhofer Feld, unter ihnen viele (deutsche) Schüler des Friedrich-Wilhelm- und Askanischen Gymnasiums, die an gleicher Stelle den Barlauf, Schlagball und andere heute vergessene Turnspiele betrieben.[1] Damals beteiligten sich schon zwei Brüder, die von der offiziellen Fußballgeschichtsschreibung fortan zumeist nur deswegen nicht auf eine Stufe mit Leux gestellt wurden, weil sie in England geboren und Juden waren: die Gebrüder Manning.

Es ist insbesondere der detailversessenen Spurensuche des Bonner Anglisten und Sporthistorikers Heiner Gillmeister zu verdanken, dass die wahrlich verschlungenen Biografien dieser Fußballpioniere, die den frühen deutschen und Berliner Fußball maßgeblich prägten, inzwischen aufgehellt sind.[2] Geboren wurden die Brüder Manning 1871 bzw. 1873 im Londoner Stadtteil Lewisham, wohin ihr Vater Gustav Wolfgang Mannheimer, ein ursprünglich aus Frankfurt stammender Kaufmann, übergesiedelt war. Anfang der 1880er Jahre verkaufte der Vater schließlich seine Firma und zog nach Berlin, behielt indes wie die ganze Familie den anglisierten Namen Manning. Sofort schlossen sich Vater und Söhne jenem Berliner Cricket-Club an, um das zu tun, was sie in England in ihrer Freizeit auch getan hatten: Cricket und Fußball spielen. Vor allem der ältere Friderich, der sich seit dem Londoner Aufenthalt Fred nannte und in Berlin stolz seinen exaltierten englischen Habitus weiterpflegte, avancierte seiner Spielstärke wegen bald zu einem Vorbild für alle deutschen Anfänger. Er spielte unter anderem um 1890 beim besten Berliner Klub jener Zeit, beim noblen English FC, und war außerdem Mitglied der Auswahlmannschaft des »Deutschen Fußball- und Cricket-Bundes« (DFuCB), die 1892 gegen (aus Engländern bestehende) Teams aus Leipzig und Dresden verlor. Zudem war Fred 1890 und 1891 beteiligt an den ersten (und vorerst gescheiterten) Versuchen in Berlin, den Fußball in Dachverbänden zu organisieren. 1893 kehrte er für zwei Jahre nach London zurück und arbeitete dort unter anderem als Korrespondent des anspruchsvollen Sportjournals »Sport im Bild«, das sein Freund Andrew Pitcairn-Knowles in Berlin herausgab. Zurück in Berlin, gründete er 1896 eine Firma für Sportstättenbau und gab zwischen 1904 und 1916 das Golf- und Tennis-Journal »Der Lawn-Tennis-Sport« heraus. Während des Ersten Weltkrieges wurde er wie alle Engländer Berlins im Gefangenenlager Ruhleben interniert, danach ging er zurück nach England und verdiente dort als Kaufmann sein Geld. Mit Sport indes hatte Fred Manning danach nie wieder etwas zu tun; zuletzt, zwischen 1950 und 1958, arbeitete er als Fischhändler in der Küstenstadt Portsmouth. 1960 starb er im Alter von 90 Jahren.

Ungleich bedeutender für den deutschen und internationalen Fußballsport war indessen sein Bruder Gustav Rudolf, der sich nach dem Englandaufenthalt Gus Randolph nannte. Auch er spielte in diversen Vereinen Berlins Fußballs, unter anderem seit 1893 beim VfB Pankow. Dort freundete er sich sofort mit seinem Vereinskameraden Franz John an, der im Februar 1900 einen Klub namens FC Bayern München gründen sollte. Nach seinem Abitur studierte Gus zunächst drei Semester Medizin an der Humboldt-Universität, beendete sein Studium jedoch in Freiburg/Breisgau, wo er im Dezember 1897 den Freiburger FC aus der Taufe hob. Seit 1898 als Assistent an der Universität Straßburg tätig, war der Doktor, da er die einflussreichen süddeutschen Vereine vertrat, die alles entscheidende Figur bei der Konstituierungsdebatte des Deutschen Fußball-Bundes (DFB) 1900 in Leipzig.[3] Den formalen Antrag zur DFB-Gründung stellte übrigens sein Bruder Fred, als Delegierter des VfB Pankow.

Gus Manning trieb den Ausbau der notwendigen Strukturen innerhalb des DFB energisch voran, indem er, immer das englische Modell zum Vorbild nehmend, unter anderem die ersten DFB-Statuten ausarbeitete. 1905 emigrierte er aus beruflichen Gründen in die Vereinigten Staaten und wurde dort 1913 Gründungsvorsitzender des amerikanischen Fußballverbandes.

Als 1950 beim FIFA-Kongress in Rio de Janeiro die Wiederaufnahme des DFB in den Weltverband verhandelt wurde, gehörte Gus Manning, der mittlerweile als Vertreter der USA in der FIFA-Exekutive saß, zu den stärksten Befürwortern des schließlich angenommenen Antrags. Ohne Manning, hat Gillmeister diesen Vorgang einmal süffisant kommentiert, wäre Deutschland 1954 also womöglich nicht Weltmeister geworden.[4] Manning selbst hat diesen ersten deutschen WM-Triumph nicht mehr erleben dürfen, denn am 1. Dezember 1953 starb er in seinem Wohnort New York, zwei Tage vor seinem 80. Geburtstag.

Pionier in Berlin: Gustav R. Manning

Auch von weiteren zumeist jungen Pionieren im Berliner Fußballsport ist bekannt, dass sie Juden waren. Walter Bensemann etwa, der an anderer Stelle dieses Buches ausführlich gewürdigt wird, war 1898 aktiv für den Klub Britannia und organisierte von Berlin aus die beiden berühmten internationalen Begegnungen in Paris und außerdem die so genannten »Ur-Länderspiele«. Zu diesem Kreis gehört auch der deutschstämmige John Bloch, der in Birmingham aufgewachsen war und wie die Manning-Brüder beim »Berliner Cricket-Club 1883« spielte. Bloch wurde im Januar 1891 gar zum ersten Vorsitzenden des Verbandes Deutscher Fußballspieler gewählt, zog aber nach offenbar schweren, leider nicht en detail nachvollziehbaren Auseinandersetzungen mit seinem deutschnationalen Konkurrenten Georg Leux zurück. Dieser wollte das Fußballspiel unbedingt so deutsch wie möglich gestalten; er gab dem Spiel deutsche Regeln, wählte deutsche Spielausdrücke und achtete vor allem darauf, dass in der Leitung des Bundes nur Deutsche saßen. Bloch indes stand schon kurze Zeit später dem Konkurrenzverband Deutscher Fußball- und Cricket-Bund (DFuCB) vor, in dem beinahe alle englischen respektive anglophilen Fußballer vertreten waren. Auch wenn sich beide Verbände bald wieder auflösten, so gelten diese Dachorganisationen dennoch als wichtige Vorläufer des DFB. Die Figur Bloch ist außerdem interessant, da er wie Fred Manning zu den ersten, an Ideen wahrlich nicht armen deutschen Sportpublizisten gehörte. Bereits 1891 gab er die Zeitschrift »Spiel und Sport« heraus, die zum wichtigsten Forum im noch jungen Berliner Fußball avancierte, vor allem aber ein unverzichtbares Kommunikationsinstrument bedeutete. Zudem zählten diese frühen sportjournalistischen Blätter zu den ersten Versuchen in Deutschland, mit Sport auch Geld zu verdienen. Die meisten Projekte indes endeten mit großen finanziellen Verlusten.

»Kolonisatoren des Fortschritts«

Es war keineswegs Zufall, dass junge Juden wie die Mannings, Bloch oder Bensemann in Berlin sich ausgerechnet dem Fußballspiel widmeten – und es wäre keineswegs überraschend, wenn sich noch bei weiteren Pionieren eine jüdische Konfession herausstellen würde. Am Ende des 19. Jahrhunderts nämlich wohnten überproportional viele deutsche Juden in der Reichshauptstadt, die sich bald als Wiege des deutschen Fußballsports erweisen sollte. Vor allem zwei Faktoren befeuerten in dieser Pionierzeit das damals ausschließlich großstädtische Phänomen Fußball. Zum einen die Immatrikulation englischer Studenten an deutschen Hochschulen, die sich um eine geeignete Freizeitgestaltung bemühten und angewiesen waren auf deutsche Mitspieler. Und zum anderen verbreitete der rege deutsch-englische Austausch in vielen kaufmännischen und technischen Bereichen allmählich dieses neue Spiel.[5] Bald stießen zahlreiche ältere, gut gebildete Schüler zu den neuen Fußballvereinigungen, und darunter eben viele Juden. Schließlich stellte diese (zugegeben äußerst heterogene) Gruppe um die Jahrhundertwende in Berlin ein Viertel der Gymnasiasten und ein Drittel der Schüler an Realgymnasien.[6] Die Gebrüder Manning stellten insofern geradezu einen Prototyp des englisch-deutschen Fußballpioniers dar; sie wohnten und arbeiteten zuweilen in England, sie besuchten eine höhere Schule und die Universität. Vor allem aber waren sie, wie ihre Biografien zeigen, stets hochmobil, ebenfalls ein Kennzeichen der in jener Zeit neu entstehenden Schicht der Angestellten, aus der die Fußballklubs um die Jahrhundertwende ebenfalls viele Mitglieder rekrutierten.

Doch das Fußballspiel war auch aus anderen Gründen attraktiv für die diskriminierte jüdische Bevölkerungsgruppe. Zunächst existierten in vielen Turnvereinen, auch in denen Berlins, antijüdische und antisemitische Ressentiments, so dass eine Aufnahme in diese etablierten Organisationen mindestens mit Problemen behaftet war, zuweilen sogar unmöglich schien. Nicht zu vergessen ist, dass der deutsche Antisemitismus-Streit 1879/80 von Berlin ausging. Mit dem Hofprediger Adolf Stoecker saß in Berlin einer der Protagonisten dieser Debatte, die noch Anfang der 1890er Jahre 16 Abgeordnete aus explizit antisemitischen Parteien in den Reichstag spülte[7] und die gerade in Berlin zu immer neuen Antisemitismus-Wellen führte. Die nichtjüdische Gesellschaft machte sich seinerzeit ein Bild von den Juden, das sich an den Merkmalen der modernen, kapitalistischen Gesellschaft orientierte. Demnach waren »die Juden« geografisch äußerst mobil,

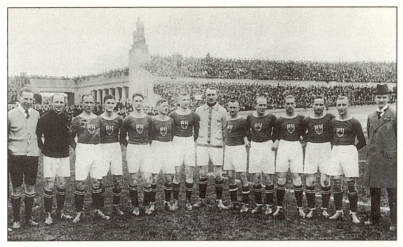

Das 1913 eingeweihte Deutsche Stadion in Berlin war die erste große Sportanlage im Deutschen Reich. 1920 spielte hier die Berliner Stadtauswahl gegen Basel. Links Schiedsrichter Peco Bauwens (der spätere DFB-Präsident), rechts neben ihm Simon Leiserowitsch.

besaßen weitläufige Kontakte, und sie wiesen aufgrund ihrer Bildungsvoraussetzungen eine überproportionale Aufwärtsmobilität auf. Adorno und Horkheimer beschreiben sie in ihrer »Dialektik der Aufklärung« als »Kolonisatoren des Fortschritts«. In der kulturpessimistischen Gesellschaft des Kaiserreichs indes wurden sie allzu oft zu Sündenböcken für die enormen Probleme während der ersten Industrialisierung reduziert, etwa als »Geschäftemacher« diffamiert.

Nicht selten blieb deswegen jüdischen Kommilitonen auch der sonst übliche Gang in elitäre Studentenverbindungen verwehrt. Der Eintritt in Fußballvereine war nun eine Möglichkeit, diesen Makel auszugleichen. Denn diese neuartigen Vereinigungen eiferten dem sozialen Status der angesehenen Studentenverbindungen nicht nur in der Namensgebung nach (etwa mit »Alemannia«, »Markomannia« oder »Germania«), sie kopierten auch weitgehend deren gesellschaftliche Gepflogenheiten. Heftige Besäufnisse, Kommers genannt, waren an der Tagesordnung, und auch die Gesänge der Fußballer entsprachen den Usancen der studentischen Verbindungen. Beispielhaft dafür steht das frühe Vereinsleben der am 9. April 1902 gegründeten »Berliner Tennis- und Ping-Pong-Gesellschaft Borussia«, die sich alsbald in Tennis Borussia Berlin umbenannte. Wehmütig erinnerte sich Klubgründer Dr. Jacques Karp 1927 in der TeBe-Festschrift an Zeiten,»da ein Kamke und ein ›Bumm‹ nach sportlichem Tun die ›Fidelitas‹ der Borussentafel mit studentischem Brauch führten und selbst die hartnäckigsten Philister zum Mitmachen veranlassten. Alte Burschenherrlichkeit war es, wenn Kamke als ›Präside‹ statt des sonst gewohnten Rapiers seinen neu erstandenen echten Manilarohr-Spazierstock auf die Kneiptafel schmetterte, ›Silencium‹ oder ›In die Kanne‹ gebot. Nachher glich sein guter Stock einem Besen, von oben bis unten in einzelne Fasern aufgesplittert. Nach jedem Spiel – ob es nun in den Zeiten des Schönhauser ›Exers‹, des Niederschönhausener Wirkens oder nach dem Sport auf dem Platze in der Moabiter Seydlitzstraße war – entstand eine solche Tafelrunde. Die Gaststätten um den ›Exer‹ herum, das Vereinsheim Schlegel, der ›Patzenhofer‹, ›Pfefferberg‹ und manches andere Lokal des Schönhauser Viertels könnten ein Stück dieser Geselligkeit erzählen.«

Der Weg der Tennis Borussia

Hervorgegangen war dieser Verein aus der »Kameradschaftlichen Vereinigung ›Borussia‹« und der »Berliner Tennis- und Ping-Pong-Gesellschaft«, deren zwölf aus Oberschülern und Studenten bestehenden Gründungsmitglieder sich bei Spielen des Fußballklubs »Rapide« kennen gelernt hatten.[8] Die Einzelheiten dieser Gründung sind nicht ganz klar, in der ersten Festschrift heißt es lediglich, die Gründung sei nach einer »patriotischen Anwandlung« geschehen. Die schwarz-weißen Vereinsfarben sprechen dafür, schließlich imitierten sie die Farben Preußens. Aber war eventuell auch Antisemitismus im Spiel? Diese Frage muss Spekulation bleiben. Fakt ist aber, dass sich etwa mit Jacques Karp und dessen Bruder Leo auch einige Juden unter den Gründern befanden und Tennis Borussia sich bis 1933 zu demjenigen Berliner Verein entwickeln sollte, dem der höchste jüdische Mitgliederanteil nachgesagt wurde.

Personifiziert wurde der kometenhafte sportliche Aufstieg des Klubs durch den Juden Alfred Lesser, ebenfalls Klubgründer und bis 1933 die zentrale Figur des Vereinslebens. Geboren am 23. Mai 1882 in Guben, hatte Lesser 1903 im Verein das Fußballspiel angeregt. Es ist unbekannt, welche schulische und berufliche Ausbildung Lesser genoss, auf jeden Fall brachte er es bald zu einer lukrativen Teilhaberschaft in der Firma Lesser & Masur, die vor dem Ersten Weltkrieg mit Melasse handelte, und wohnte inmitten des Hansa-Viertels in Tiergarten. Obwohl dieser Stadtteil von einer wohlhabenden jüdischen Mittelschicht geprägt wurde, war es doch kein jüdisches Ghetto, als welches etwa das Londoner East End betrachtet wurde, auch dann nicht, wenn es kaum ein Haus gab, in dem nicht mehrere jüdische Familien lebten. Die meisten verdienten als selbstständige Kaufleute ihr Geld, und wenn sie politisch und jüdisch interessiert waren, gehörten sie in den 1920er Jahren überwiegend der Deutschen Demokratischen Partei (DDP) und dem Centralverein deutscher Staatsbürger jüdischen Glaubens an. Der größte Teil der Juden indes war, so beschreiben es jedenfalls Zeitzeugen, säkularisiert und besuchte die Synagoge meist nur zu besonderen Anlässen.

Lesser nutzte seinen beträchtlichen Wohlstand schon bald zu einem veritablen Mäzenatentum. 1912 stiftete er während seiner ersten Amtszeit als Vorsitzender dem Verein die 27.000 m² Grundfläche fassenden Sportplätze in Niederschönhausen, die Basis für die weitere Entwicklung des Vereins. (1928 konnte das Grundstück, als der Verein nicht liquide war, mit einer Hypothek über 12.000 Mark belastet werden.) Gleichzeitig war damit der Weg vom Tennis- zum Fußballverein weitgehend besiegelt, da die Anlagen für Fußball ausgelegt waren. Vor allem Lesser war dafür verantwortlich, dass der Klub sich in den 20er Jahren zum zweitbesten Fußballklub nach Hertha BSC entwickelte. Er, der 1925 außerdem zum Vizekonsul von Honduras avancierte, finanzierte Anfang der 20er Jahre aus seinem Privatvermögen viele Auswärtsfahrten, lockte außerdem ruhmreiche Mannschaften wie Hakoah Wien oder Cardiff City zu Gastspielen in das Poststadion. Als der Verein 1925, weil mit Carl Koppehel ein bezahlter Geschäftsführer eingestellt werden sollte, eine Unterdeckung im Etat befürchtete, übernahm Lesser gemeinsam mit einem weiteren Gönner kurzerhand das Gehalt für ein Jahr.

Auf ähnlichem Wege finanzierte der Verein übrigens auch Spitzenspieler wie Sepp Herberger, dessen (wegen des Amateurparagrafen illegales) Gehalt zwischen 1926 und 1930, als er während seines Studiums in Berlin bei TeBe spielte, über den Umweg eines Bankangestelltenvertrages bezahlt wurde.[9] Zur Aufklärung: Die beiden Inhaber des betreffenden Geldinstituts, Michaelis und Berglas, waren ebenfalls Mitglieder bei TeBe. Lesser belebte außerdem mit großem Einsatz 1926 die Boxabteilung, die bald zu den besten in Berlin gehörte und mit dem Juden Erich Seelig sogar einen mehrfachen deutschen Meister stellte. Aber Lesser entsprach nicht allein dem antisemitischen Stereotyp eines jüdischen Impresarios und »Schiebers hinter den Kulissen«, sondern er war eben auch mit Leib und Seele Sportler; lange spielte er, der berüchtigt war wegen seines Ehrgeizes, Fußball in der ersten Mannschaft, später bei den Alten Herren.

Bereits im Kaiserreich haftete dem Verein, der 1910 erstmals in die höchste Berliner Klasse aufstieg, durch Mitglieder wie Lesser ein nobles Image an, er besaß zweifelsohne eine Sonderstellung unter den Berliner Vereinen im Norden. Die »innere Struktur des Clubs« um 1910, erinnerte sich Trainer Richard Girulatis in der Festschrift des Vereins anno 1952, war schließlich »bestimmt durch eine ganze Anzahl wohlhabender Mitglieder«. Beleg dafür ist auch ein Bonmot, das seinerzeit die Runde machte. Als die Borussia in einem entscheidenden Spiel um die Klassenmeisterschaft den Rivalen Weißenseer FC 1900 mit 6:1 vom Feld schickte, sprach der Volksmund davon, »dass jetzt die feinen Leute schon die Arbeiter verhauen«. Wie elitär der Klub war, zeigte auch die Abteilung »Akademikersport«, die zur gleichen Zeit von den älter gewordenen Mitgliedern der ersten Generation ins Leben gerufen wurde.

Den sportlichen Erfolg des Vereins verkörperten in erster Linie Spieler wie Simon Leiserowitsch (auch er ein Jude), die Brüder Walter und Oskar Lutzenberger und Fritz Baumgarten, die oft als »Repräsentative« für Berliner Auswahlmannschaften zum Einsatz kamen. Und Fritz Baumgarten stand im Tor, als Deutschland 1908 zu seinem ersten Länderspiel in Basel antrat und dort mit 3:5-Toren der Schweiz unterlag. Fast selbstverständlich wirkten TeBe-Mitglieder auch sportpolitisch im Dachverband. Theodor Sachs etwa, auch er ein jüdisches Gründungsmitglied des Vereins, arbeitete 1905 als Obmann des Verbandes Brandenburgischer Ballspielvereine (VBB) im Meldeausschuss. 1915 fasste TeBe etwa 200 Mitglieder und war damit einer der größten Berliner Sportvereine; wie überall aber stellte der Erste Weltkrieg auch in diesem Klub eine tiefe Zäsur dar: 55 gefallene Mitglieder beklagte der Verein 1918. Viele von ihnen hatten sich freiwillig gemeldet, denn auch bei TeBe hatten Patriotismus und Kriegsbegeisterung um sich gegriffen.

In der Weimarer Republik behielt der Verein sein elitäres Image, bestärkt noch durch vermehrte internationale Kontakte. So war es alles andere als ein Zufall, dass ausgerechnet dieser Klub, vermutlich angeregt durch Außenminister Stresemann, mit einer heiklen außen- und sportpolitischen Mission beauftragt wurde. Im Oktober 1924 spielte Tennis Borussia als erster deutscher Fußballverein aus dem Deutschen Reichsausschuss für Leibesübungen (DRA), dem Dachverband des bürgerlichen Sports, nach dem Ersten Weltkrieg gegen eine Elf des französischen »Erzfeindes«.[10] Sowohl das Hinspiel in Paris gegen den »Club de Francaise« (3:1 für TeBe) wie auch das Rückspiel in Berlin (5:1) einen Monat später verlief nach den Wünschen des Außenministers, der von 1924 an die Verständigungspolitik mit Frankreich favori-

Die Mannschaft von Tennis Borussia Berlin in den 1920er Jahren. Ganz links Simon Leiserowitsch, ganz rechts sein Bruder Fritz, in der Mitte Otto Nerz, der spätere Reichstrainer.

sierte. Wie der Kontakt zwischen Politik und TeBe zustande kam, ist zwar nicht en detail belegt, liegt aber auf der Hand. Denn TeBe-Mitglied Ernst Lemmer saß seit 1924 als Abgeordneter im Berliner Reichstag (und wurde übrigens in den 50er und 60er Jahren für die CDU Bundesminister in verschiedenen Ressorts) – für die DDP, die Partei des Außenministers.

Im Vorfeld dieser heiklen Begegnungen wurde die Wahl TeBe's von vielen Fußballfunktionären noch scharf kritisiert, da Tennis Borussia noch nicht zu den stärksten Klubs des Landes zählte. Bald aber stießen die Fußballer in die Spitze vor, bedingt nicht allein durch das Mäzenatentum, sondern auch durch exzellente Trainingsarbeit. Vor allem die Schule Otto Nerz' wurde in diesem Zusammenhang viel gerühmt. Nerz, der an der nahe gelegenen Deutschen Hochschule für Leibesübungen Fußball dozierte, probierte erfolgreich neueste trainingswissenschaftliche Erkenntnisse im Verein aus, auch wenn diese Praxis von der Konkurrenz oft belächelt wurde. Überhaupt profitierte der Klub vom Austausch mit der ersten Sportuniversität der Welt, denn viele neue Studenten wie Herberger waren aktiv bei TeBe. Zwischen 1925 und 1933 wurde dort der zweitbeste Klubfußball Berlins gespielt, diverse »Veilchen« spielten in regionalen Auswahlteams, Eschenlohr, Lux, Martwig, Schröder und Schumann sogar in der Reichsauswahl, die von 1926 an von ebenjenem Otto Nerz trainiert wurde. Dass Nerz im Juni 1943 in drei antisemitischen Zeitungsartikeln im auflagenstarken Berliner »12 Uhr Blatt« ein »judenfreies Europa« forderte, gehört zu den verwirrenden Aspekten dieser Beziehung zwischen Nerz und seinem ehemaligen Verein. Noch seltsamer wirkt es aus heutiger Sicht, dass die Festschrift zum 50. Jubiläum Tennis Borussias einen historischen Text aus der Feder genau jenes Trainers ziert, der neun Jahre zuvor die Vernichtung des jüdischen Sports geistig vorzubereiten geholfen hatte.

Dass Tennis Borussia in den 1920er Jahren viele jüdische Mitglieder besaß, ist unbestritten. Bereits der englische Sozialwissenschaftler Mike Ticher war in seiner bislang unpublizierten Studie davon ausgegangen, dass weit über zehn Prozent der TeBe-Mitglieder jüdisch waren.[11] Für die »Spitze des Klubs«, wie er sich ausdrückt, vermutet er das Doppelte oder gar Dreifache. »Im Allgemeinen«, so Ticher wörtlich, »scheint es, dass bei Tennis-Borussia Juden eine Rolle hinter den Kulissen spielten. Als Verwalter, Funktionäre und Finanziers waren sie deutlich einflussreicher denn als Spieler.« Eine Mitgliederliste, die in den »Clubnachrichten« von 1927 publiziert worden ist und kürzlich als Quelle zugänglich gemacht wurde, lässt einen Aufschluss über die soziale Struktur des Klubs zu.[12] Rund 42,8 % der Mitglieder verdienten ihren Lebensunterhalt mit kaufmännischen Tätigkeiten (»Kaufmann«), 17,4 % arbeiteten in manuellen Berufen (Handwerker und Techniker), darunter zahlreiche Handwerksmeister, aber nur ein »Arbeiter«. Als kleine und mittlere Angestellte (»Reisender«, »Hausdiener«) verdienten sich 6,5 % der damaligen Mitglieder ihr Brot, exakt ein Zehntel der Mitglieder befanden sich in akademischen Berufen bzw. in universitärer Ausbildung (z.B. Ärzte, Lehrer und Studenten), und 8,5 % waren im Bankgewerbe tätig. 7,5 % der Mitglieder absolvierten als Schüler oder Lehrlinge noch ihre Ausbildung, und 3 % werden nicht näher als »Fabrikant«, »Direktor« oder Ähnliches bezeichnet. Schließlich arbeiteten 3 % in der Publizistik (»Journalist«, »Redakteur«). Offenbar hatte sich, wenn überhaupt, die soziale Struktur des Vereins seit dem Kaiserreich nur unwesentlich verschoben.

Gleichzeitig notierten die »Clubnachrichten« bei Neuaufnahmen auch immer die Geburtsdaten. Nach Auswertung dieser Rubriken, der 403 Mitglieder umfassenden Liste aus den »Clubnachrichten« sowie neuer Datenbanken (das Bundesarchiv etwa stellt seit kurzem eine Datenbank zur Verfügung, in der rund 411.000 Datensätze über »Juden und jüdische Mischlinge im Deutschen Reich« aus der Volkszählung vom 17. Mai 1939 erfasst sind) lassen sich indes – nimmt man die bereits als Juden bekannten Mitglieder hinzu – lediglich knapp acht Prozent als »jüdisch« belegen. Da von vielen Mitgliedern die Konfession nicht geklärt werden kann, dürfte inklusive Dunkelziffer der von Ticher geschätzte Wert von 15 Prozent in etwa stimmen. Das entspräche ungefähr 60 Mitgliedern. Damit läge der jüdische Anteil am Verein immer noch überproportional hoch, denn nur drei Prozent der damaligen Berliner Bevölkerung waren jüdisch.

Aber wirkte sich dies überhaupt in irgendeiner Form aus? Fungierte der Klub als ein »Vorzeigeverein« dahingehend, dass hier Juden und Nichtjuden zusammen Sport betrieben? War überhaupt so etwas wie eine jüdische Identität zu erkennen? Auf den ersten Blick ist das zu verneinen. Denn wie alle bürgerlichen Vereine in der Weimarer Republik legte auch Tennis Borussia allergrößten Wert auf politische und konfessionelle Neutralität. Der Aufsatz »Die Parität im Sportsverein«, der im Jahre 1928 in den »Club-Nachrichten« erschien, darf in dieser Hinsicht als programmatisch verstanden werden. Autor Ernst Roßkopf grenzte sich darin scharf ab von den Vereinen des Arbeitersports, und das einzige Mal zwischen 1924 und 1932 wurde hier auch in einem Text die Frage der Konfessionen angeschnitten. »Auch der Konfessionsstreit«, heißt es wörtlich, »darf im Sportsverein keinerlei Rolle spielen. Im Sport und im Spiel entscheidet immer nur der bessere Kämpfer, die bessere Mannschaft.« Diese Sätze waren gleichzeitig als ganz ausdrückliche Kritik an katholischen (DJK), evangelischen (Eichenkreuz) und eben auch jüdischen Sportvereinen (Makkabi) zu verstehen, die das neue Gesellschaftsphänomen Sport als Plattform für die Verbreitung des jeweiligen Glaubens betrachteten und als politisches Instrument nutzten.

Von antisemitischen Vorfällen während der Spiele berichtet das Kluborgan nichts, jedenfalls nicht explizit. Das muss nicht zwangsläufig bedeuten, antisemitische Äußerungen vom sportlichen Gegner oder deren Zuschauern hätten nicht stattgefunden – diese sind sogar wahrscheinlich. Schließlich kam es beim Fußball in der Weimarer Republik bereits zu schweren Ausschreitungen. Im Fall von TeBe fanden laut »Clubnachrichten« die meisten Zusammenstöße mit dem Erzrivalen Weißenseer FC 1900 statt. Im Januar 1924 etwa kam es während eines Spiels zu Schlägereien zwischen den Zuschauern, zehn Monate später, als es wieder gegen Weißensee zu »Randale« und Polizeieinsatz gekommen war, schlug das Kluborgan vor, nach dem Vorbild Wiens (in dem antisemitische Provokationen zum Alltag gehörten) Spiele unter Ausschluss der Öffentlichkeit auszutragen. Im September 1924 kam es im Spiel gegen Union 92 zu einem »bisher in Berlin noch nicht gehörten Sportsruf auf unsere Mannschaft«. Aber auch Zuschauer wie Spieler des Vereins verhielten sich offenbar nicht immer vorbildlich, jedenfalls wurde nicht selten an die Umgangsformen im Sport und an den gehobenen Status des Vereins erinnert. »Vergessen Sie nicht«, appellierte die Klubführung im Frühjahr 1924, »dass Sie Mitglieder von Tennis-Borussia sind, die auch auf dem Sportplatz ein ihrer gesellschaftlichen Stellung entsprechendes Wesen zur Schau tragen sollen.«

In den Zeitungen kam es nicht zu offenen antisemitischen Hetzen, wie es etwa in Wien der Fall war – der Antisemitismus im Berliner Fußball äußerte sich versteckter, hinterlistiger. Als Tennis Borussia anno 1927 seinen 25. Geburtstag feierte, kommentierte der »Fußball« neidisch die »kapitalistische Periode«, die nach der Inflation über den Verein hereingebrochen sei, wie folgt: »Eine Bombenmannschaft wurde aus allen Winden zusammengeholt und wird noch fortgesetzt durch Zuzug verstärkt. Leider kamen auch einige Kreise in den Klub, die man trotz Autos und Bankkonten lieber nicht gesehen hätte. Die Preußen, heute immer noch Berlins vornehmster Verein, haben weit weniger Villenbesitzer in ihren Reihen als Tennis-Borussia. Die Vornehmheit liegt nicht im Gelde, sondern in der sportlichen Gesinnung.« Schlimmer noch polemisierte Ernst Werner, Chef der »Fußball-Woche«, als er nach dem FIFA-Kongress 1928 den österreichischen Teamchef Hugo Meisl charakterisierte: »Im Plenum ist Hugo Meisl, der Wiener Jude, mit der Geschmeidigkeit seiner Rasse und ihrem zersetzenden Sinn einer der größten Kartenmischer. Er und der deutsche Fußballführer Felix Linnemann – zu Hause ein geschätzter Kriminalist – sind die stärksten Gegensätze, die man sich denken kann. Der eine ein Vertreter des krassen Geschäftemachens mit Fußball, der andere ein Apostel des Amateurismus.«[13]

Die meisten Zeitgenossen indes hätten es abgelehnt, im Fall von Tennis Borussia von einem spezifisch »deutsch-jüdischen« respektive »berlinisch-jüdischen Beitrag« zur Sportkultur in der Weimarer Republik zu sprechen. Auch die Vereinsmitglieder selbst hätten sich vermutlich die Frage nach einer Verbindung zwischen Sportbetrieb und jüdischem Glaubensbekenntnis verboten. Und so geben auch die »Club-Nachrichten« keinen ausdrücklichen Hinweis auf eine derartige Motivation. Vielmehr wurden viele jüdische Mitglieder erst im Jahre 1933 zu solchen erklärt, als sie ihrer Konfession wegen ausgeschlossen oder zum Rücktritt bewegt wurden. Fraglos besaßen jüdische Sportler und Funktionäre große Verdienste um den Klub, doch erwarben sie sich diese – und darauf hätten sie selbst großen Wert gelegt – nicht als deutsche Juden, sondern eben als Sportler und Funktionäre. Es erscheint daher abwegig, in diesem Verein einen speziellen Ort »jüdischer Identitätsstiftung« zu erblicken, so wie es die Mitglieder der zionistischen Klubs fraglos taten. Dieser Verein propagierte all diejenigen Ideale, die in anderen Sportvereinen des bürgerlichen Lagers ebenso offensiv vertreten wurden: Sport diente als Instrument, er sollte unter anderem Jugendliche zu guten Staatsbürgern erziehen und die, wie sie damals bezeichnet wurde, Volksgesundheit stärken.

Doch sind die Motive der sportlichen Betätigung deutscher Juden in bürgerlichen Vereinen damit wohl kaum ausreichend beschrieben. Der deutsche Jude und Historiker Peter Gay, der in jenen Jahren in Berlin aufwuchs, erblickte in seinem Fan-Dasein im Nachhinein für sich eine Art Überlebensstrategie, die von der Geschichtswissenschaft bislang kaum gewürdigt worden ist. Der Schriftsteller beschreibt den Sport als Feld der Selbstbehauptung und Assimilation, in einem ansonsten als bedrohlich wahrgenommenen Alltag gaben ihm die Sportereignisse wenigstens einen Schein von Normalität. Von 1933 an, schreibt Gay in seinem Buch »Meine deutsche Frage«, sei er ein Fußballfan gewesen (wohlgemerkt nicht von TeBe, sondern von der Hertha), »weil der Sport mir als Schutzschirm diente, der die bedrückende Welt Nazideutschlands von mir fern hielt. Mit ihrem gleichbleibenden Wochenrhythmus sorgte die Fußballsaison in einer Zeit, in der wir gleichsam von einem Tag zum andern, von einer NS-Verordnung zur nächsten, lebten, für eine gewisse Kontinuität.«[14] Diente der bürgerliche Verein Tennis Borussia Berlin den assimilierten Juden ebenfalls als geeignete Rückzugsmöglichkeit, als Oase, in der Konflikte, die eine jüdische Konfession ansonsten in vielen Bereichen der Weimarer Republik zweifellos mit sich brachte, keine Rolle spielten? Es spricht viel für dieses Motiv. Selbstverständlich handelte es sich bei den deutschen Juden um eine äußerst heterogene Bevölkerungsgruppe, die nach Ansicht des israelischen Historikers Moshe Zimmermann »ein integraler Bestandteil der deutschen Gesellschaft, keine Enklave oder Exklave innerhalb dieser Gesellschaft, war und deren Angehörige sich in ihrer Gesinnung und Einstellung als deutsche Bürger begriffen«.[15] Im Sport aber suchte ein Teil dieser Gruppe offenkundig ein von Konfessionen weniger berührtes Feld der Freizeitbeschäftigung und Assimilation. Kurz: einen Alltag ohne jeden Antisemitismus.

Bei Tennis Borussia scheint dieser Versuch bis 1933 recht erfolgreich gewesen zu sein; unabhängig von Konfession und weitgehend unbelästigt von antisemitischen Auswüchsen bot dieser Verein offenbar seinen jüdischen Mitgliedern eine ideale Plattform der Assimilation. Die »Machtergreifung« im Januar 1933 beendete jäh dieses Modell. Bereits am 11. April 1933 wurde bei Tennis Borussia eine außerordentliche Mitgliederversammlung wie folgt protokolliert: »Die stark besuchte Versammlung, 158 Mitglieder, wird von Herrn Rüdiger eröffnet, der in seiner Rede darauf hinweist, dass die Politik nunmehr auf den Verein Einfluss bekommen hätte und nicht nur die Herren jüdischer Konfession ihre Vorstandsämter zur Verfügung gestellt haben, sondern auch der größte Teil unserer jüdischen Mitglieder ihren Austritt erklärt haben. Er bedauert dies, da sich unter diesen auch einige sehr verdienstvolle Mitglieder befinden.« Zwangsläufig waren einige Gründungsmitglieder des Vereins unter den faktisch Ausgeschlossenen, darunter Alfred Lesser, die Gebrüder Karp und Theodor Sachs. Bereits einen Monat später, am 22. Mai 1933, initiierten einige von ihnen den neuen Klub »Berliner Sportgemeinschaft 1933«. Auf der ersten Generalversammlung im Juni 1933 wählten die rund 200 Mitglieder Alfred Lesser zu ihrem Präsidenten, zu seinem Vize den Bankier Georg Michaelis, Theodor Sachs und Vereinsarzt Dr. Wisotzki wurden in den Spielausschuss gewählt.

Die Makkabi-Bewegung in Berlin

In Berlin konstituierten sich bald weitere Sportvereine, deren Mitglieder sich aus den Verstoßenen des bürgerlichen Sports rekrutierten, etwa der »Verein ehemaliger Schüler« und der »Verein Kaffee König«. Der Wettkampfverkehr mit Vereinen aus dem bald umformierten NS-Sportverband war nun de facto nicht mehr möglich; fortan konnten Lesser und seine alten Weggenossen nur gegen Vereine antreten, deren Mitglieder Juden waren bzw. nach NS-Rassenverständnis als Juden ausgewiesen wurden. Wenn auch nur zögerlich, kam es so zu Kontakten mit Klubs aus der frühen jüdischen Sportbewegung. Grob zusammengefasst, handelte es sich bei ihr um zwei zerstrittene Gruppierungen. Unter dem Dachverband »Schild«, der Sportgruppe des Reichsbundes jüdischer Frontsoldaten (RjF), waren diejenigen Klubs organisiert, die sich auch anhand sportlicher Aktivitäten gegen eine, wie es in der Satzung des RjF hieß, »Herabsetzung ihres vaterländisches Verhaltens im Kriege« wehrte; ein jüdischer Abwehrverein assimilierter deutscher Juden. Die sportlichen Aktivitäten beschränkten sich zumeist auf Kampfsportarten wie Jiu-Jitsu, Fußball wurde kaum betrieben. Die zweite, zweifellos größere Säule jüdischen Sports bereits in der Weimarer Republik waren die Klubs im zionistischen »Makkabi«-Verband. Dieser sah im Sport ganz ausdrücklich ein Mittel zur körperlichen Ertüchtigung, um sich so auf den zu gründenden Staat Israel vorzubereiten.

Während der Weimarer Republik waren aber die wenigsten sportlichen Juden in diesen ausdrücklich jüdischen Sportverbänden und -vereinen aktiv. So zog anno 1929 etwa der deutsche Makkabi, der Dachverband der zionistischen Sportbewegung, eine ernüchternde Bilanz. In der Juni-Ausgabe seines Zentralorgans »Makkabi« wurde festgestellt, dass mit den rund 5.000 organisierten Mitgliedern in 26 Vereinen nur ein Prozent der jüdischen Bevölkerung erreicht worden waren. »Besonders ungünstig«, hieß es weiter, »liegt das Prozentverhältnis in Berlin, wo nahezu die Hälfte der jüdischen Bevölkerung lebt, wo aber der Bar Kochba mit rund 1.300 Mitgliedern nur 0,4 Prozent der jüdischen Bevölkerung umfasst.« Als Grund nannte der Kommentar unter anderem, »dass sich außerordentlich viele Juden noch in den großen paritätischen Turn- und Sportorganisationen«, sprich in konfessionell ungebundenen, »normalen« Sportvereinen betätigten. Wie viele genau, das vermochte keiner zu sagen. Eines aber stand fest: Nirgendwo betrieben so viele deutsche Juden Sport wie in Berlin, und nirgendwo widmeten sich mehr dem beliebtesten Sport, dem Fußball.

Der bereits 1898 in Berlin gegründete Verein »Bar Kochba« gehörte ebenfalls zur »Makkabi«-Bewegung. Eine Fußballabteilung existierte darin vorerst nicht, wie in anderen jüdischen Vereinen wurde zunächst geturnt. Auch in den frühen 20er Jahren wurde Fußball zunächst nicht angeboten, wie bei vielen Makkabi-Klubs auch mit dem Argument einer falschen »Spezialisierung«. Wie ablehnend die jüdischen Turner der Popularisierung des Fußballs gegenüberstanden, illustrierte der polemische Artikel »Die ›neutralen‹ Fußballvereine« im Verbandsorgan »Makkabi« aus dem Jahre 1923, der ein Jahr später im gleichen Wortlaut nochmals gedruckt wurde. Der Autor, ein Dr. Erich Moses, kritisierte darin vor allem die Tatsache, dass viele deutsche Juden in konfessionell ungebundenen Vereinen wie Tennis Borussia aktiv seien und so ihre jüdischen Wurzeln verraten würden. »Kritiklose Nachahmung, gedankenlose Assimilation an alles, was man gerade vorfindet«, sei das Kennzeichen jener Juden, schimpfte Moses, »Assimilation ist eben Trumpf und so übernimmt man die ungeistige Einstellung von Ballklotzern ebenso unüberlegt und leichtfertig wie die Namen, die uns als Sinnbild unserer Erziehungsarbeit vorleuchten.« Nichts an diesen Vereinen sei jüdisch, so Moses, der anschließend die Motivation jener assimilierten jüdischen Sportler geißelt: »Vielleicht glauben sie dem Judentum und der jüdischen Ehre besonders nützlich zu sein, weil sie den Nichtjuden beweisen, dass die Juden auch Fußball spielen können, mindestens so gut – oder vielleicht besser? –, dass man also die Juden auf körperlich-technischem Gebiet als gleichwertig bezeichnen muss. Wozu sonst jüdische Namen? – Ich glaube nicht, dass es der Sinn des Judentums ist, Akrobaten großzuziehen. Aber es ist eine alte assimilantische Methode, dass man den Nichtjuden zeigen will, dass wir auch alles können und dass für sie das Wesen des Judentums darin liegt, zu *beweisen,* dass z.b. die Juden nicht mehr Wucherer haben wie jedes andere Volk; zu beweisen, dass die Juden im Kriege sich nicht gedrückt haben, zu beweisen, dass die Juden keine Betrüger sind und dass sie Fußball spielen können. Trotzdem ist der Antisemitismus nicht geringer geworden.«

In dem Bekenntnis der Vereine des Dachverbandes DRA zur politischen und konfessionellen Neutralität erblickte Moses einen Akt zur Diskriminierung. »In den Statuten unserer Fußballklubs«, hieß es in seiner Polemik, »darf das Wort ›Jude‹ nicht vorkommen, weil es in diesem Fall unmöglich sein würde, in einem großen Ballspielverband aufgenommen zu werden. Nach den Statuten sind die Fußballklubs also Vereine, die die Pflege des Fußballsports treiben, weiter nichts. In Wirklichkeit sagt man uns immer wieder, man kann natürlich in diesem Fußballklub jüdisch arbeiten, ohne dass es andere zu wissen brauchen. Erstens: Man kann, wenn man will, aber man will ja gar nicht. Zweitens: Ohne dass Außenstehende es merken. (…) Haben wir es nötig, des Fußballes wegen ein ghettohaftes Leben zu führen? Heraus aus den Verbänden, die sich scheuen, Vereine aufzunehmen, die sagen, dass sie Juden sind und sich jüdisch betätigen wollen, da alles andere Verhalten einer Würdelosigkeit gleichkommt.« Es war indes nicht allein die Gefährdung der jüdischen Sache, die diese Polemik provozierte, sondern auch die unbestrittene Tatsache, dass der Fußball in den 20er Jahren dem Turnen viele Mitglieder abwarb, auch den jüdischen Turnvereinen – und Moses turnte in Dresden.

In Berlin entstand unterdessen am 17. Mai 1924 mit dem S.C. Hakoah ein Verein, der sich vorwiegend dem Fußball widmete. Das Datum dieser Genese entsprang keineswegs dem Zufall, denn kurz zuvor war die weltberühmte Wiener Hakoah zu zwei Gastspielen nach Berlin gekommen (im März erreichte Tennis Borussia ein 3:3-Remis, im Mai gewann Hertha BSC 4:3). Ein Jahr später hatte der Verein bereits 400 (meist Fußball spielende) Mitglieder gewonnen, 1928 konnte der Vereine mit doppelter Mitgliederzahl sogar größere Sportanlagen finanzieren. Doch die jüdische Erziehungsarbeit in Klubs dieser Prägung schien Turnern wie Erich Moses immer noch nicht zu reichen. »Auffallend ist, dass die Mitglieder der Fußballklubs sich zu 99% aus Ostjuden rekrutieren«, schrieb Moses in besagtem Text, »wenn die jüdischen Fußballklubs nur deutsche Juden als Mitglieder hätten, könnte man die ajüdische Einstellung verstehen, da sie es von Haus aus nicht besser verstehen. Oder glauben unsere ostjüdischen

Brüder, dass sie es nicht mehr nötig haben, sich mit jüdischen Dingen zu beschäftigen?« Auch im Fußball spiegelte sich mithin der Konflikt der jüdischen Gemeinden: der große Konflikt zwischen etablierten, assimilierten und just immigrierten Juden.

Der S.C. Hakoah Berlin jedenfalls entwickelte sich zu dem größten jüdischen Fußballklub Deutschlands, und seine Mitgliederstärke bewog den etablierten Klub »Bar Kochba« 1930 sogar zur Fusion mit der Hakoah. Was der Makkabi-Verein damit bezweckte, verriet die letzte Sitzung vor dem Zusammenschluss. Ein Vorstandsmitglied glaubte, so steht es im Protokoll, das in der Zeitschrift »Makkabi« veröffentlicht wurde, »dass man den Enthusiasmus der Ostjuden für

Vereinsemblem
SC Hakoah Berlin

den Fußballsport auf das Gebiet des Zionismus leiten könne. Wenn der Hakoah auch nichts mitbringe als diesen Enthusiasmus, so liege es nur an uns, diesen in die richtigen Weg zu leiten.« Sportlich indes waren die Hakoahner mitnichten so erfolgreich wie ihre Wiener Vorbilder, 1928 reichte es zum Aufstieg in die Kreisliga, der zweithöchsten Klasse Berlins. Dennoch waren in ihr einige bekanntere Spieler aktiv, so etwa der ehemalige TeBe-Repräsentative Hanne Reiff, der allerdings seinen sportlichen Zenit bereits überschritten hatte, als er Ende der 20er Jahre zu Hakoah kam. Aus der eigenen Jugend kam dagegen Paul Kestenbaum, der nicht nur 1932 im deutschen Team an der 1. Makkabiade in Palästina teilnahm, sondern auch für Palästina die zwei Qualifikationsmatches zur WM 1934 gegen Ägypten bestritt.

Nach 1933: Scheinblüte und Vernichtung

Zu den Umständen des jüdischen Fußballs in Berlin nach 1933 ist wenig Genaues bekannt. Sporthistoriker sprechen aufgrund der höheren Mitgliederzahlen zwischen 1933 und 1938 von einer »Blüte des jüdischen Sports«, aber er blühte eben nur zum Schein.[16] So wie in anderen Orten auch, kam es zu großen Konflikten zwischen den zionistischen Vereinen und den 1933 entstandenen Vereinen über ideologische Fragen; diejenigen Juden jedenfalls, die schon vor 1933 eine Assimilation im Sport abgelehnt hatten, dürften nach der »Machtergreifung« ihre Überzeugung bestätigt gesehen haben, dass das Modell der jüdischen Assimilierung auch im Sport zum Scheitern verurteilt war. Die Aufarbeitung der Schicksale des jüdischen Fußballs im

»Dritten Reich« jedenfalls steht noch aus, Berlin bildet da keine Ausnahme. Nur von den wenigsten Persönlichkeiten ist der weitere biografische Weg bekannt. Das TeBe-Gründungsmitglied Dr. Jaques Karp emigrierte wie sein Bruder Leo offenbar 1937 in die britische Küstenstadt Hov; Julius Guth starb im litauischen KZ Kovno, so wie sich die allermeisten Spuren der jüdischen Fußballer Berlins in der Apokalypse des Zweiten Weltkrieges verlieren. Dem Gründer, Vorsitzenden und langjährigen Mäzen Tennis Borussias, Alfred Lesser, gelang 1939 die Flucht in die Vereinigten Staaten. Wie sehr Männer wie Lesser unter dem Ausschluss aus ihren Vereinen und den Diskriminierungen gelitten haben müssen, zeigt ein Brief aus den USA im Jahre 1952. Immer noch lege sie, schrieb Lessers Witwe Tutti in einem Beitrag für die Festschrift zum 50. Jubiläum der Tennis Borussia, lila-weiße Blumen auf das Grab ihres Mannes, »Tennis Borussia gehörte doch so sehr zu seinem Leben!«

Nie wieder hat sich der jüdische Sport vom Holocaust wirklich erholt, nie wieder haben in Berlin so viele Juden Fußball gespielt wie in den 20er und 30er Jahren. Die weiterhin elitäre Tennis Borussia hatte zwar seit dem Zweiten Weltkrieg mit dem Showmaster Hans (»Hänschen«) Rosenthal und dem Musikproduzenten und vormaligen Fußballprofi Jack White wiederum jüdische Vereinspräsidenten, doch nie wieder – auch nicht in den erfolgreichen 50er Jahren – besaß der Verein einen vergleichbaren Status wie in jenen Jahren der Weimarer Republik. Nach den Auflösungen aller jüdischen Klubs 1938 existiert seit dem 26. November 1970 mit dem TuS Makkabi Berlin heute wieder ein jüdischer Verein mit über 600 Mitgliedern. Er betrachtet sich als legitimer Nachfolger des 1898 gegründeten Vereins »Bar Kochba«, im Vordergrund steht der Breitensport. Es existiert auch eine etwa 240 Mitglieder umfassende Fußballabteilung, die momentan in der Bezirksliga spielt. Nach Auskunft des Vereins sind antisemitische Pöbeleien während der Spiele in den letzten Jahren weniger geworden.

Der jüdische Fußball besaß nicht nur seine Wurzeln in Berlin, er beeinflusste auch von Berlin aus maßgeblich die Entwicklung des gesamten deutschen Fußballsports. Die Gebrüder Manning gerieten zu großen Vorbildern der ersten Berliner Fußballgeneration, ganz zu schweigen von ihren (vergessenen) Verdiensten bei der Gründung des DFB und bei seiner Wiederaufnahme in die FIFA nach dem Zweiten Weltkrieg. Auch die fußballpublizistischen Gehversuche eines John Blochs waren wegweisend, in ihnen darf man die ersten zarten Schritte zu einer Kommerzialisierung erblicken, die notwendig waren zur qualitativen Verbesserung des Spiels. Tennis Borussia

Berlin schließlich verkörperte ein zunächst erfolgreiches Modell des assimilierten jüdischen Fußballs in Kaiserreich und Weimarer Republik, ganz zu schweigen von den außenpolitischen Verdiensten des Klubs im Auftrage Gustav Stresemanns.

Auch wenn die jüdischen Ahnen des Berliner Fußballs weitgehend in Vergessenheit geraten sind (oder präziser: bewusst vergessen wurden), schmälert das doch ihre Verdienste nicht. Eines jedenfalls steht fest: Wer über die Genese des Fußballs in Deutschland redet, darf über den wichtigen jüdischen Beitrag im Berliner Fußball nicht schweigen.

Anmerkungen

1 Koppehel, Carl: Geschichte des Berliner Fußballsports. 60 Jahre VBB, Berlin 1957, S. 12-14.
2 Die biografischen Angaben für die jüdischen Fußballpioniere sind entnommen bei Gillmeister, Heiner: »English Editors of German Sporting Journals at the Turn of the Century«, in: »The Sports Historian«, 13 (Mai 1993), S. 38-40; Ders.: »The Tale of Little Franz and Big Franz: The Foundation of Bayern Munich FC«, in: »Soccer and Society« 1(2000), Heft 2, S. 80-106; Ders.: »Jüdische Fußball- und Olympiapioniere an der Wende des 20. Jahrhunderts«, in: Bertke, E. / Kuhn, H. / Lennartz, K.: Olympisch bewegt. Festschrift zum 60. Geburtstag von Manfred Lämmer, Köln 2003, S. 85-98.
3 Vgl. dazu den Text über den DFB in diesem Band.
4 So in seinem Vortrag bei der Tagung »Juden im europäischen Sport« im Mai 2002 in München.
5 Vgl. Eisenberg, Christiane: »English Sports« und deutsche Bürger. Eine Gesellschaftsgeschichte 1800-1939, Paderborn u. a. 1999, 178-193.
6 Volkov, Shulamit: Die Juden in Deutschland 1780-1918, München 2000, S. 54.
7 Dazu im Überblick: Ebenda, S. 49-51.
8 Ausführlicher dazu: Buschbom, Jan / Eggers, Erik: »›So wird ein guter Sportsmann gewöhnlich auch ein guter Staatsbürger sein…‹ Über jüdischen Sport in den bürgerlichen Sportvereinen der Weimarer Republik – Das Fallbeispiel Tennis Borussia Berlin«, in: »SportZeiten« (i. Dr.).
9 Kehl, Anton (Hrsg.): »Ich war ein Besessener.« Sepp Herberger in Bildern und Dokumenten, München 1997, S. 26.
10 Ausführlich dazu: Buschbom, Jan / Eggers, Erik: Ehrenwertes und nobles Auftreten, in: »Tagesspiegel« vom 7. April 2002.
11 Ticher, Mike: Jews and Football in Berlin, 1890-1933.
12 Ausführlicher bei Buschbom/Eggers 2002.
13 Franta, R. / Pögl, A.: Hugo Meisl, in: »Libero« 33 (2001), Heft 2, S. 48.
14 Gay, Peter: Meine deutsche Frage. Jugend in Berlin. 1933-1939, 2000, 124f.
15 Zimmermann, Moshe: Die deutschen Juden 1914-1945, München 1997, S. XIf.
16 Bernett, Hajo: Der jüdische Sport im nationalsozialistischen Deutschland 1933-1938, Schorndorf 1978.

Werner Skrentny

»Sim Leiser« – die Berliner Fußball-Legende Leiserowitsch

Es gibt Fußballer, deren Glanz, auch wenn sie längst vergessen sind, nach wie vor gegenwärtig ist – zumindest, wenn man alte Vereinschroniken durchblättert. Der HSVer Rudi Noack gehört dazu, genannt »der schwarze Zigeuner«, der im Zweiten Weltkrieg umgekommene Mittelstürmer August Klingler vom kleinen FV Daxlanden aus dem Badischen, und für Berlin Simon Leiserowitsch, gelegentlich schlicht »Sim Leiser« genannt.

Als Siegmund Kaznelson 1934 den Band »Juden im Deutschen Kulturbereich. Ein Sammelwerk« herausgab, waren darin zwar noch keine Sportler enthalten. In der Neuauflage von 1959 allerdings wurde dieses Kapitel von Willy Meisl und Felix Pinczower mit der ausdrücklichen Bemerkung nachgereicht, es seien ausschließlich jüdische Sportgrößen vor 1933 berücksichtigt. Als Fußballer gewürdigt wurden die Nationalspieler Gottfried Fuchs und Julius Hirsch, Hans Ringel, Alfred Bernstein (München) und später Goldmann und Vollweiler (Letzterer Ulmer FV 94) – und eben Simon Leiserowitsch.

»Der eleganteste Alleskönner, den ich je gesehen habe«, schwärmt Otto Wiese in der Chronik der 50-jährigen Tennis Borussia Berlin im Jahre 1952 von diesem Spieler. Und »Hanne« Sobek, Berliner Fußballidol von Hertha BSC, hielt damals fest: »Schon als kleiner Junge, der noch über die Zäune der Berliner Fußballplätze kletterte, nahm ich mir einen Borussen zum Vorbild. Es war Simon Leiserowitsch. Nicht nur sein spielerisches Können, auch seine moralischen Qualitäten haben mir damals sehr imponiert. Bis auf den heutigen Tag ist ›Sim‹ mein leuchtendes Vorbild geblieben.« Hans Bunke lobte ebenfalls 1952 »die Art Sim Leiserowitschs, herrliche Kopfbälle zu ›timen‹«.

Sportliches und gesellschaftliches Engagement für Tennis Borussia

Ein Mythos umgibt diesen Leiserowitsch, und auch die Festschrift zum 100-jährigen Bestehen von TeBe im Jahr 2002 hat ihm ein Extra-Kapitel gewidmet. Dabei war der Fußballstar nur zeitweise Berliner, denn geboren wurde er am 18.8.1891 im Haus Blochmannstr. 10 (das nicht mehr existiert) in Dresden. Sein vollständiger Name lautet Joseph Simon Leiserowitsch. Die Familie, Vater Jacob Movschovitsch Jeduah Leiserowitsch (später trägt er den Vornamen Julius; von Beruf ist er Tabakschneider), Mutter Basse, die Geschwister Luise (geb. 1881), Leopold (geb. 1883) und Bertha (geb. 1886) waren um 1887 aufgrund der Pogrome in Minsk in Weißrussland in die Elbstadt geflüchtet. Es ist anzunehmen, dass Simon Leiserowitsch als Fußballer erst einmal beim SC Dresdenia 1898 in Dresden aktiv war, zumal er sich dort später in den 1920er Jahren als Funktionär betätigte.

1913 jedenfalls, er war mit 22 Jahren im besten Fußballalter, wechselte der Stürmer vom Berliner FC Hertha 1892 zu Tennis Borussia nach Niederschönhausen im Osten der Reichshauptstadt und stand schon bald in der Auswahl von Berlin-Brandenburg. Mitten im Krieg, am 16. November 1916, debütierte Leiserowitsch auf der für ihn ungewohnten Position des Linksverteidigers im Kronprinzen-Pokal gegen Norddeutschland (0:4). Wieder auf Rechtsaußen wie bei TeBe, gewann er 1918 mit Berlin-Brandenburg den Pokal und steuerte einen Treffer beim 6:2 im Halbfinale gegen Südostdeutschland bei. Auch bei den dramatischen Viertelfinals des Bundespokals 1919/20 sah man Leiserowitsch erneut in Aktion, diesmal als Mittelstürmer: Das Berliner Hinspiel gegen Südostdeutschland im Oktober 1919 wurde beim Stande von 6:5 in der Verlängerung wegen hereinbrechender Dunkelheit abgebrochen. Im Breslauer Rückspiel, dem letzten Auftreten von »Sim« in der Auswahl, ergab sich ein 3:4 n.V.

Ab 1921 fungierte Simon Leiserowitsch bei TeBe als Mittelläufer und stand bis in die Saison 1924/25 an der Cicerostraße und anderswo in der 1. Mannschaft der »Veilchen«. Dann gab es 1922 den Abstieg in die Kreisklasse und 1923 den Wiederaufstieg in die Oberliga, womit »Sim« die Laufbahn zumindest in der »Ersten« beschloss. Neben ihm spielte noch ein Leiserowitsch II als Läufer, das war sein Bruder Fritz (geb. 1898 in Dresden), 1922 bis 1925 Mitglied bei der ersten Garnitur der Lila-Weißen und für den Klub, nachdem er wegen einer Verletzung seine Laufbahn beenden musste, auch als Schiedsrichter aktiv.

Als der »Berliner Tennis-Club Borussia« am 19. Oktober 1924 Sportgeschichte schrieb und als erster deutscher Fußballverein nach dem 1. Weltkrieg in Frankreich beim Club Francaise Paris vor 15.000 Zuschauern auf der Buffalobahn antrat und 3:1 gewann, stand Leiserowitsch I zwar nicht im Team, schickte aber ein Telegramm. Die »Clubnachrichten«, Nr. 8/9 1924, berichteten von der Depesche von »Sim Leiser, dem alten Internationalen, der in begeisterten Worten den jungen Tennis-Borussen die Schwere und Verantwortung ihres Handelns vor Augen führte« und »vollen Beifall auslöste«.

Die Franzosen kamen am 19. November 1924 zum Rückspiel nach Berlin, ein Bankett im Spiegelsaal des Hotel Bristol bildete den Höhepunkt. »Kapellmeister Leiserowitsch hatte günstige Bedingungen erreicht«, liest man in den »Clubnachrichten« – gemeint war Simons älterer Bruder Leopold, in Berlin ein bekannter Konzertmeister und ebenfalls bei Tennis Borussia als Funktionär engagiert. Sogar DFB-Präsident Linnemann war beim Bankett Redner, der Reichstagsabgeordnete Ernst Lemmer (DDP, Deutsche Staatspartei, später CDU-Bundesminister) als Vereinsmitglied Gast. Es sprach Dr. Hirschowitz, dessen Name ebenso auf jüdische Vorfahren schließen lässt wie die anderer TeBe-Mitglieder: Ernst Salinger, ein Bankier und früherer Spieler, der die Mannschaft nach Rückkehr aus Paris im Bahnhof Friedrichstraße begrüßt hatte und 1926 verstarb; Karl Selig, Kaufmann; Adler, Kaufmann; Gustav Hirsch; Paul Baruch, Kaufmann; Siegwart Goldstein, Reisender; K. Lippmann, Bankier in Fa. R. Landauer Nachflg.; Hermann Katz, Bankier; Herbert Baruch; Israel Merel; Kurt Lewinsohn; Hugo Loewi; Georg Grünberg; Walter Goldfeld; Alfred Isaacsohn, Kaufmann; Georg Samuel, Kaufmann; Ludwig Rosenblatt. Außerdem Erich Seelig, der spätere Profibox-Champion, der Deutschland verlassen wird und in Paris und New York Weltklasseleute vor die Fäuste bekommt. Der Davidstern und ein hebräischer Schriftzug schmücken übrigens heute die Website des »Ostberliner Fankollektivs von TeBe« (www.scheunenviertel1902.de), denn: »Die Wurzeln von TeBe sind 1. im Osten und sind 2. jüdisch.«

Simon Leiserowitsch wirkt seit 1924 ebenso wie Bruder Fritz als Beisitzer im Spielausschuss von Tennis Borussia mit; der jüngere Bruder vertritt den Verein beim Berliner Verband. 1925 wird die Wahl bestätigt, man tagt im »Nordischen Hof«, »dem Treffpunkt aller Tennis-Borussen«, gegenüber dem Stettiner Bahnhof. In dem Jahr hat TeBe 150 Mitglieder, davon 40 fördernde Mitglieder, und weitere 100 jugendliche Aktive. Weil etliche Spieler wegen Sperren ausfallen, muss Leiserowitsch I beim 3:4 im Heimspiel gegen

Simon Leiserowitsch (2. von rechts) mit der Berliner Stadtauswahl 1920 in Hamburg.

»NNW« (Norden-Nordwest Berlin) noch einmal 'ran. »Leiserowitsch könnte bei regelmäßigem Training immer noch ein erstklassiger Mann sein. So aber fehlte es am Schluss dort, wo es meistens fehlt: an der Kraft und an der Lust!«, berichten die »Clubnachrichten«.

»Sim« ist weiterhin in der Klubfamilie präsent, fotografiert hat man ihn z.B. im Mommsen Stadion anlässlich der internationalen Partie gegen Cardiff City. Man trennt sich 3:3 von Hakoah Wien, das ausschließlich mit Spielern jüdischen Glaubens besetzt ist, und man hat ihn auf dem Preußen-Platz abgebildet, der Trainer des Teams mit Leiserowitsch ist Professor Nerz, später Reichstrainer und noch später für antisemitische Hetztiraden verantwortlich. In den so genannten »Goldenen Zwanzigern« stehen Simon Leiserowitsch und seine Brüder bei Tennis Borussia im Rampenlicht, denn der Verein inszeniert sich immer wieder eindrucksvoll auf gesellschaftlichem Parkett. Beim Bankett nach dem Spiel gegen die berühmten Corinthians aus London sitzen an den langen Tischen auch Boxmeister Kurt Prenzel samt Ehefrau Fern Andra, ein Stummfilmstar, die Chansonette Trude Hesterberg und der Schauspieler Hans Albers. Und Simon Leiserowitsch, so erinnern sich Zeitgenossen, beherrscht grandios den Krakowiak, einen polnischen Tanz im 2/4-Takt, der im Berliner Taumel gerade in Mode ist.

Als Kaufmann ist Leiserowitsch offensichtlich reichsweit unterwegs. Die Wohnung Badensche Str. 15 in Wilmersdorf, einem gutbürgerlichen Viertel, in dem nahe dem Kurfürstendamm viele Juden leben, hat er vermietet und residiert mit Bruder Fritz in Dresden-Altstadt, wo er 1927 als Kartonagenfabrikant registriert wird. Die Kartonagenfabriken sind ein wichtiger Zulieferer in der Zigarettenindustrie-Metropole an der Elbe, man ist um luxuriöse und fantasievolle Verpackungen für die Glimmstengel bemüht. Weitere Wohnsitze hat Simon Leiserowitsch im Bezirk Mitte und im Bezirk Prenzlauer Berg in Berlin, wo auch sein Vater und die Tante Luise leben; Simons Mutter ist 1917 verstorben und auf dem Jüdischen Friedhof Weißensee beerdigt worden. Der ältere Bruder Leopold lebt in der Güntzelstr. 55, gleichfalls in Wilmersdorf, das Haus hat er gemeinsam mit Vater Julius um 1918 gekauft. Auch in Hannover muss »Sim« beruflich zu tun gehabt haben, jedenfalls freut er sich beim Spiel Arminia gegen Tennis Borussia, »viele alte Freunde begrüßen zu können«. Ist er in Berlin, spielt er für die Alten Herren seines Vereins: »Eine große und vor allen Dingen recht willkommene Unterstützung bringt uns das Wiedererscheinen unseres lieben Sim, der immer noch der beste Vertreter unseres wichtigen Mittelläuferpostens ist. Durch sein prachtvolles Aufbauspiel bekommt der Sturm die notwendige Unterstützung« (»Clubnachrichten«).

Am 15. Oktober 1928 meldet die Nr. 10 derselben Zeitschrift, Simon Leiserowitsch sei aus der Fußball-Abteilung ausgetreten. In der Spielzeit 1927/28 hat er noch 27 von 32 AH-Begegnungen bestritten. Was der Grund für den Vereinsaustritt gewesen sein mag, wird man niemals erfahren. Danach engagiert er sich beim SC Dresdenia 1898 in der sächsischen Stadt als Funktionär. Wenn Sportgrößen an der Elbe sind, dann trifft sie Leiserowitsch, so den legendären Langläufer Paovo Nurmi, und Rudolf Harbig wird er auch gekannt haben.

Unstetes Privatleben und Emigration

Privat verläuft sein Leben eher unstet. Aus der Verbindung mit Margarete Doempke geht 1917 der nicht-eheliche Sohn Günter Simon hervor. Manfred, geboren 1921 in Dresden, ist das Kind der Ehe mit der Jüdin Herta Revy, die 1923 in Berlin geschieden wird. Im Jahr darauf heiratet Simon Leiserowitsch erneut, diesmal Waleska Schulmann in Dresden, deren jüdische Familie die »Xanthí Cigarettenfabrik A. Schulmann – Dresdner Hoflieferant« (A. steht für Aron) besitzt. Für »Xanthí« arbeitet der Ehemann als Vertreter oder auch als Zulieferer von Kartonagen. 1925 wird in Dresden Sohn Erich geboren. Bei den Schulmanns erfreut sich der Vater offensichtlich keiner großen Beliebtheit, denn 1927 wird auch diese Ehe auf Betreiben der Schwiegereltern geschieden.

Simon kehrt nun nach Berlin zurück, dort heiratet er 1931 Marta Martinu, die später zum jüdischen Glauben konvertiert und in der Folge den Vornamen Miriam trägt. Er arbeitet als Geschäftsführer im »Zentral-Hotel« Unter den Linden und im »Café Trautenau«, Nikolsburger Str. 1, das sein Bruder Leopold, der Konzertmeister, besitzt.

Foto:
Eric Leiseroff

Ein Foto aus dem Familienalbum. Simon Leiserowitsch sitzt ganz rechts.

1933 wird Leiserowitsch noch einmal als Fußballer aktiv, genau am 7. Mai, im jüdischen Sportverein Bar Kochba-Hakoah Berlin, der gegen den Verein ehemaliger Schüler (VES) Berlin antritt, der sechs frühere Tennis-Borussia-Akteure aufbietet. Bei seinem letzten Auftritt auf einem deutschen Fußballfeld erzielt Simon Leiserowitsch zwei Tore. Noch im selben Jahr wandert er nach Palästina aus. Dort arbeitet der Emigrant als Trainer von Makkabi Tel Aviv und als Jugendbetreuer bei Hapoel Tel Aviv. Ein Foto aus jener Zeit zeigt ihn, wie er vor dicht gedrängten Rängen und unter Palmen in kurzen Hosen und Sporthemd eine Mannschaft junger Israelis aufs Feld führt. Aufgrund mangelnder Sprachkenntnisse hat Leiserowitsch keine großen beruflichen Perspektiven, er findet Beschäftigung als Lagerarbeiter, mehr ist nicht bekannt. Nach dem Tod seiner Ehefrau Miriam im Jahr 1959 wohnt er bei einem Neffen. Simon Leiserowitsch stirbt am 11. November 1962 in Tel Aviv.

In Deutschland zurückgeblieben sind Leiserowitschs Vater, die vier Geschwister, zwei Ex-Frauen, die Mutter seines ersten Sohnes und zwei weitere Söhne. Waleska Schulmann, die zweite Gattin, zieht sich mit Sohn Erich Leiserowitsch in den kleinen sächsischen Ort Stenz bei Königsbrück zurück, wo sie eine Gärtnerei besitzt. Der junge Erich besucht für anderthalb Jahre die Jüdische Reform-Gemeinde-Schule in Berlin und wohnt bei Onkel Fritz Leiserowitsch, der für ihn zur Vaterfigur wird. Über Frankreich, Spanien und Portugal entkommen Mutter Waleska und Sohn Erich noch 1941 auf einem US-Frachter. Geschwister von Waleska, die in den USA leben, haben die Flucht ermöglicht. Beide amerikanisieren ihre Namen; die Mutter nennt sich nun Valesca Leiseroff, der Sohn Eric Leiseroff.

Eric Leiseroff tritt nach nur dreieinhalb Jahren Aufenthalt in den Vereinigten Staaten der US-Army bei: »Es war für mich eine große Genugtuung, als junger Mann, der gerade 19 Jahre alt geworden war, nach Deutschland zurückzukehren und gegen die Nazis zu kämpfen.« Seine Lebensgeschichte hat er für das Buch »Liberation Day« erzählt.

»Grauenhafte Tage«

Der Corporal Leiseroff des 353rd Infantry Regiment der 89th Infantry Division der US-Army beginnt, in Deutschland nach den Angehörigen zu forschen. »Ich wurde in diesen Tagen bitter enttäuscht. Ich forschte nach meiner Familie und damit meine ich nicht Cousins vierten Grades. Ich meine Onkel, Großväter und Cousins ersten Grades und zweiten Grades. Aber überall, wohin ich ging, fand ich heraus, dass sie ermordet worden waren. Es waren grauenhafte Tage. Aus meinen Briefen nach Hause an meine Mutter sprach der Hass. Sehe ich mir heute die Briefe an und begegne diesem Hass, dann sage ich mir: ›Mein Gott, das bin nicht ich.‹«

Was der 20-jährige GI erfährt: Julius Leiserowitsch, der Vater von Simon und sein eigener Großvater, ist 1943 im KZ Theresienstadt umgekommen. Fritz Leiser (er hat den ursprünglichen Familiennamen verkürzt), ehemals Außenläufer und im Spielausschuss von TeBe, ist 1943 mit seiner Frau Amalia (geb. 1909) und Tochter Baschewa (geb. 1939), genannt »Schäfchen« bzw. »Schäfelein«, in Auschwitz ermordet worden. Für Ehefrau und Kind gilt das Todesdatum 7.3.1943, Fritz wird letztmals im August 1943 auf der Krankenstation gemeldet, dann verliert sich die Spur. Bertha, die Schwester von Simon, ist im Februar 1943 in Auschwitz vergast worden. Luise, die Schwester des Berliner Fußballstars, kam 1944 im KZ Theresienstadt ums Leben.

Die Flucht hat die Familie Leiserowitsch in viele Länder der Erde geführt. Miriam F. Leiseroff, Jahrgang 1944, nicht-eheliche Tochter von Simons erstem Sohn Günter (der als so genannter Halbjude Miriams Mutter Frieda in der NS-Zeit nicht heiraten darf), heiratet in die USA, tritt 1988 zum Judentum über und trägt seit 1998 in Anbetracht ihrer jüdischen Ursprünge den Nachnamen Leiseroff. Sie hat sich angeschickt, die Fäden der Familie wieder zusammenzuführen und war uns eine ausgezeichnete Informantin. »Es gelang mir, die Überlebenden der Leiserowitsch-Familie in verschiedenen Teilen der Welt zu finden«, sagt die Kalifornierin.

Simon und Miriam Leiserowitsch überstehen die NS-Zeit wie geschildert in Palästina bzw. Israel. Simons Bruder Leopold, der Konzertmeister, hat die NS-Zeit im Versteck in Berlin überlebt. 1951 ist er in Berlin verstorben. Seine Tochter Ruth lebt heute in Italien. Simon Leiserowitschs zweiter Sohn, Manfred, wird vom zweiten Ehemann der Mutter, einem polnischen Katholiken, verborgen und mit der Mutter nach England gebracht, wo er sich Matthews nennt. Berthold, Sohn von Luise Rodmann, geb. Leiserowitsch (den Nachnamen Radmann musste man auf NS-Weisung ablegen, da er an einen »arischen« Beruf erinnere), emigriert nach Palästina. Er lebt anfangs bei seinem Onkel Simon Leiserowitsch, was darauf schließen lässt, dass dieser noch Kontakte zu den Geschwistern nach Berlin hatte. Nach dem Tod seiner Frau verbringt Simon den Lebensabend bei ihm. Siegmund, zweiter Sohn von Simons Schwester Luise, findet als »Staatenloser« mit Ehefrau Margot 1939 Asyl in Shanghai. Von China führt der Weg 1950 über Kanada nach Kalifornien, wo Sigi Rodman, wie er sich dort nennt, 1993 in Los Angeles verstirbt. Seine Frau Margot stirbt im Alter von 96 Jahren am 14.1.2003 in Las Vegas.

Und irgendwann schließt sich dann der Kreis zu den Fußball spielenden Leiserowitsch-Brüdern aus Berlin: Eric Leiseroffs Enkelin Emma nämlich, heute zwölf Jahre jung, spielt in den USA begeistert – Fußball!

Literatur

Berliner Tennis Club Borussia (Hrsg.): 50 Jahre Tennis Borussia. Berlin 1952.
Berliner Tennis Club Borussia (Hrsg.): Clubnachrichten vom Berliner Tennis-Club »Borussia« 1924-1928.
100 Jahre Tennis Borussia Berlin. Eine Chronik. Berlin 2002
Ticher, Mike: Jews and Football in Berlin, 1890-1933
Dank für Informationen an: Staatsbibliothek Berlin, Tennis Borussia Berlin, Jan Buschbom (Berlin), Eric Leiseroff (White Plains, USA), Miriam F. Leiseroff (San Jose, USA)

Das Buch »Liberation Day« ist nachzulesen als »A German/American Story« im Internet unter www.89infdivww2org./ohrdurf/gram.htm. Im KZ Ohrdruf bei Gotha, einem Außenlager von Buchenwald, sah Eric Leiseroff die Verbrechen der Nazis mit eigenen Augen. Ohrdruf ist auch deshalb bekannt, weil dorthin die US-Generäle Eisenhower, Patton und Bradley kamen. Die Bilder gingen um die Welt.

Dietrich Schulze-Marmeling

»Das waren alles gute Leute« – der FC Bayern und seine Juden

Die Fußballer des FC Bayern begannen als rebellische Minderheit des Männerturnvereins München von 1879 (MTV 1879). Bereits 1897, drei Jahre vor der Geburt des FC Bayern, hatte sich eine Fußballabteilung im MTV konstituiert, die zur stärksten Kraft im Münchener Fußball avancierte.

Zu den Gründern gehörte auch der jüdische Fußballpionier und spätere Gründer der Fußballzeitung »Kicker«, Walther Bensemann.[1] Bensemann lebte damals »in jenem Viertel, wo die Schellingstraße und die Türkenstraße liegen«[2], also in der Nähe der Universität und in Schwabing, der Heimat des späteren FC Bayern. Nur zehn Fußminuten von Bensemanns damaliger Unterkunft entfernt erhielt der FC Bayern 1901 an der Clemensstraße seinen ersten Platz. Der Wanderer Walther Bensemann verließ München zwar bald wieder, stand dem FC Bayern aber, wie noch gezeigt wird, später wiederholt zu Diensten.

Die Hauptleitung des MTV 1879 bezog eine skeptische Haltung zum Fußball. Doch nicht nur zwischen Turnern und Fußballern, sondern auch innerhalb der Fußballabteilung, eine Minderheit im Gesamtverein, kam es zu Spannungen. Die Fußballer spaltete die Frage, ob man weiterhin unter der Schirmherrschaft der Turner kicken oder sich dem Verband Süddeutscher Fußballvereine anschließen sollte.

Der Verband Süddeutscher Fußballvereine (ab 1914: Süddeutscher Fußball-Verband / SFV) war am 17. Oktober 1897 im Karlsruher Restaurant »Landsknecht« gegründet worden. Die dort versammelten Vereinsvertreter kamen aus Karlsruhe, Frankfurt, Hanau, Mannheim, Pforzheim und Heilbronn. Bayern und München waren indes nicht dabei, ein Manko für den jungen Verband und dessen ambitionierte Macher. Bereits 1898 wurde in Süddeutschland eine erste Landesmeisterschaft ausgespielt. Im Finale besiegte der Freiburger FC den Karlsruher FV mit 2:0.

Am 27. Februar 1900 fand eine Versammlung des MTV 1879 im Altmünchener Gasthaus »Bäckerhöfl« an der Schäfflerstraße (unweit vom Marienplatz) statt, auf der die Anwesenden über ihr Verhältnis zum süddeutschen Verband zu entscheiden hatten. Als dort bekannt wurde, dass sich die Hauptversammlung gegen einen Beitritt zum Regionalverband der Balltreter ausgesprochen hatte, verließen elf Kicker aus Protest den Tagungsort. Die Rebellen zogen in das in der Fürstenstraße gelegene Gasthaus »Gisela« um und gründeten mit dem »Münchener Fußballclub ›Bayern‹« einen eigenständigen Fußballklub. Erster Vorsitzender wurde Franz John, Schriftführer Josef Pollack.

Klub der »Zuagroasten«

Der FC Bayern war, seinem Namen zum Trotze, alles andere als eine bayerische Veranstaltung. Seine Gründer waren ein buntes Gemisch aus Sachsen, Hanseaten und Preußen, darunter auch Juden. Der Klub sollte sich deshalb schon recht bald den Vorwurf einhandeln, ein Sammelbecken so genannter »Zuagroaster« zu sein.

Auch John und Pollack waren keine Einheimischen. Franz Adolph Louis John (1872-1952) war der Sohn eines Postangestellten. Johns Geburtsort hieß Pritzwalk und lag im Verwaltungsbezirk Potsdam. Mit seinen Eltern und seinem älteren Bruder Georg zog John in das 9.000 Einwohner zählende Dorf Pankow am Rande Berlins, wo er sich dem am 18. September 1893 von Dr. Hermani, Leiter der damaligen Pankower »Höheren Knabenschule«, gegründeten VfB Pankow anschloss (heute: VfB Einheit Pankow). Georg John war von 1896 bis 1898 Vorsitzender des VfB, der im übrigen im Januar 1900 zu den Gründungsmitgliedern des DFB gehören sollte. Josef Pollack (1880-1958) war der Sohn des jüdischen Kaufmanns Edward Pollack. Pollack Junior war 1899 aus Freiburg nach München gekommen, wo er sich umgehend dem MTV 1879 anschloss. Zuvor hatte er beim Freiburger FC gekickt. Josef Pollack war auch auf dessen Gründungsversammlung am 17. Dezember 1897 im Freiburger Restaurant »Allgeier« anwesend gewesen, die Gustav Rudolf Manning zum ersten Präsidenten des neuen Klubs wählte.

Mit Gustav Rudolf Manning (1873-1953) verband den einige Jahre jüngeren Pollack nicht nur der Fußball, sondern auch die jüdische Herkunft. Manning war ein Sohn des aus Frankfurt/Main stammenden jüdischen Kaufmanns Gustav Wolfgang Mannheimer, der ein Unternehmen in der

Londoner City besaß. Gustav Rudolf Manning wurde im Londoner Vorort Lewisham geboren. Während seines London-Aufenthaltes ließ Gustav Wolfgang Mannheimer den Familiennamen zu »Manning« »anglisieren«. Als die Mannings nach Deutschland zurückkehrten, ließen sie sich in Pankow nieder, dort, wo auch Franz John zu Hause war. Manning Senior wurde Spielwart des bereits erwähnten VfB, während Gustav Rudolf und sein älterer Bruder Friderich aktiv kickten. 1897 hatte das Medizinstudium Gustav Rudolf Manning nach Freiburg verschlagen. Im gleichen Jahr wurde Manning zum Schriftführer des Verbandes der Süddeutschen Fußballvereine gewählt. In dieser Funktion widmete er sich dem Aufbau des Verbandes in München, wo mit Franz John und Josef Pollack zwei gute Bekannte und Mitstreiter und somit Ansprechpartner für seine Pläne saßen.

Die Gründung des FC Bayern und sein folgender Beitritt zum Regionalverband waren das Produkt einer »langen und sorgfältigen Planung« der beiden jüdischen Fußballenthusiasten Gustav Manning und Josef Pollack, schreibt der Bonner Sporthistoriker und Anglist Heiner Gillmeister, dem wir die meisten Recherchen über die Frühgeschichte des FC Bayern und seiner Pioniere zu verdanken haben.[3] Der DFB habe 1900 die Absicht gehabt, »den Weißen Flecken München mit Fußball zu füllen. Treibende Kraft war Gus Manning, erster Schriftführer des DFB und Sohn eines jüdischen Kaufmanns. Er beauftragte Franz John, den ersten Präsidenten des FC Bayern, und Josef Pollack mit der Gründung eines Fußballvereins in München.«[4] Franz John viele Jahre später: »Vor allem war es Josef Pollack, … der sich meiner in kameradschaftlicher Weise annahm und mich beim MTV einführte … Zu dieser Zeit war mein Freund und Vereinskamerad Dr. Manning bereits Schriftführer des Verbandes Süddeutscher Fußballvereine. Diesem schrieb ich nun, dass ich in München gelandet und Mitglied des MTV geworden sei. Gott sei Dank, dass du in München bist; denn Bayern, der größte Bundesstaat Süddeutschlands, fehlt uns noch immer in unserem Verband. Alle unsere Bemühungen, Bayern in den Verband zu bekommen, sind stets fehlgeschlagen. Du musst auf jeden Fall nun alles daran setzen, um den MTV zu veranlassen, dem Verband beizutreten.«[5]

Vier Jahre nach seiner Gründung zählte der süddeutsche Verband erst zwölf Vereine. Dies sollte sich nun ändern. Schon 1904 war der SFV mit 71 Vereinen und ca. 3.000 Kickern der weitaus stärkste Regionalverband im 1900 gegründeten DFB. Im SFV war bald fast die Hälfte aller Bundesvereine organisiert. Bis zum Ausbruch des Ersten Weltkriegs traten dem SFV 574 Vereine mit 59.826 Mitgliedern bei. Berlin und Süddeutschland waren dem

Die Gründerelf des FC Bayern im Jahr 1900. Vorn, mit Ball in der Hand, Josef Pollack.

Rest des Reiches in organisatorischer Hinsicht weit voraus. Hier saß die Avantgarde des deutschen Fußballsports.

Nach seiner Gründung bestritt der FC Bayern zunächst einige Trainingsspiele. Erster offizieller Gegner war der 1. FC München, der im März 1900 auf dem städtischen Spielplatz auf der Schyrenwiese mit 5:2 besiegt wurde. Damit der neue Verein gut aus den Startlöchern kam, sorgten Manning und Pollack für Verstärkung vom FC Freiburg. Franz John: »Einige neue Kameraden. Huber, Geiger, Lippl vom TV 1860 kommen zu uns. Kurt Weber aus Dresden, Zimmermann aus Berlin. Alte Bekannte. (…) Dann kommen die ›Abkommandierten‹ aus Freiburg. Schottelius, Specht, Geis, Schilling. Mit der getroffenen Auslese eine für damalige Verhältnisse Bombenmannschaft.«[6] Der Allroundathlet Dr. Ernst Schottelius war ein ehemaliger Mannschaftskamerad von Manning und gehörte wie dieser und Pollack zu den Gründern des Freiburger FC. Schottelius war der erste Präsident und erste Mannschaftskapitän in der Geschichte des Deutschen Meisters von 1907.

Am 7. Juli 1900 wurde der MTV 1879 auf dem Schyrenplatz mit 7:1 geschlagen. Die Bayern bewiesen gegenüber den Turnern eindrucksvoll die Vorzüge fußballerischer Unabhängigkeit. Bis 1905 hieß das Münchener Derby nicht Bayern gegen »Sechziger«, sondern Bayern gegen MTV. Ein halbes Jahr nach seiner Gründung war der Klub der »Zuagroasten« bereits die Nr. 1 in der Stadt.

Der FC Bayern erwarb recht bald den Ruf, eine elitäre Adresse zu sein. Er verstand sich nicht als Sportverein, sondern eben als »Club«. Die Spieler trugen aus Frankreich importierte ausgefallene, einheitliche Strohhüte, weshalb die Bayern auch »Kavaliersclub«, ja sogar »Protzenclub« genannt wurden. Modisches, und dies bedeutete zuweilen auch »Fremdes«, wurde begrüßt, man pflegte die Boheme-Kultur. Bis zum Ersten Weltkrieg durfte in der ersten Mannschaft nur kicken, wer mindestens die Mittelschule (»Einjährig-Freiwilligen-Berechtigung«) absolviert hatte. Der Spieler Bender soll das Spielfeld nur mit langer Krawatte betreten haben.

Der FC Bayern war ein Schwabinger Klub und somit in keinem Arbeiterviertel beheimatet. Schwabing war die Gegend der Künstler und Intellektuellen. Von 1890 bis 1914 war Schwabing das Zentrum der Münchener Künstlerszene schlechthin, vor allem jener bunten Boheme, die das gestandene Bürgertum durch ihren avantgardistischen Lebensstil und ihre eigenartigen, manchmal gar revolutionären Ansichten verstörte und zuweilen die Obrigkeit auf den Plan rief. Nicht zuletzt wegen Schwabing avancierte München zum geistigen Gegenpol des wilhelminischen Berlin. Um die Jahrhundertwende galt die bayerische Metropole als Gegen-Hauptstadt für alle, die das wilhelminische Preußen als Inbegriff des Anti-Liberalen ablehnten. Thomas Mann charakterisierte die Atmosphäre im damaligen München als eine »der Menschlichkeit, des duldsamen Individualismus, der Maskenfreiheit.«[7]

Die Mitglieder des FC Bayern waren hauptsächlich Studenten, Künstler, Kaufleute und andere Selbstständige. Elisabeth Angermair entdeckte in Archiven, dass um die Jahrhundertwende in der 1. Mannschaft des Bayern-Vorläufers MTV 1879 ein angehender Notar, ein Apotheker, ein Filmregisseur, ein Opernsänger und der spätere Direktor des Nationalmuseums, Dr. Buchheit, kickten.[8] Die frühen Bayern werden in der Literatur häufig als »Studentenclub« tituliert. Unter den 17 Unterzeichnern der Gründungsurkunde befanden sich allerdings de facto nur zwei Studenten.

Von München nach Berlin und in die »Neue Welt«

Die Bayern-Pioniere John, Pollack und Manning sahen bald ihre Mission erfüllt. Franz John verließ den FC Bayern bereits 1903 wieder. John kehrte nach Pankow zurück, wo er 1904 das Fotolabor eines gewissen Bernhard Westphal übernahm und Präsident seines Stammvereins VfB Pankow wurde. Nach seinem Tod wurde der Hobbypoet in Fürstenwalde (Spreewald) beerdigt. Heiner Gillmeister beschrieb das Grab des ersten Bayern-Präsidenten als »total vernachlässigt«. Es sei nicht einmal mit einem bescheidenen Grabstein versehen.[9]

Josef Pollack, den Gus Manning 1902 auch in die Führung des Verbands Süddeutscher Fußballvereine holte, emigrierte 1903 in die USA, wo er Verwandtschaft besaß. Der erste »Sturmführer« in der Geschichte des FC Bayern, ein Goalgetter im Stile von Gerd Müller, fand in New York Anstellung bei der Firma »Max Pollack and Company«. Die Firma produzierte Fäden. Später war Pollack an der Gründung der US Thread Association beteiligt (Verband der Fädenhersteller) und wurde deren Präsident. 1934 wurde er auch Präses von deren Nachfolgeorganisation Thread Institute und nach Beendigung seiner beruflichen Karriere deren Ehrenpräsident. Pollack saß im Beirat der Chase Manhattan Bank. In seiner Freizeit widmete er sich u.a. dem jüdischen Gemeindezentrum von White Plains im Bundesstaat New York, wo Pollack sich in den 1920ern niedergelassen hatte. Pollack diente dem Gemeindezentrum als Vize-Präsident und Schatzmeister. Vom Fußball hielt sich der Mitbegründer des FC Bayern in der »Neuen Welt« fern und schwang stattdessen den Golfschläger. Josef Pollack starb 1958 79-jährig und fand seine letzte Ruhe auf dem Union Field Cemetery in Brooklyn. Er hinterließ seine Ehefrau Leona Baum Pollack und einen Sohn Edward. Heiner Gillmeister berichtete, dass Letzterer Ende der 1990er in einem Altersheim im Bundesstaat Florida lebte. Doch verweigerte Edward Pollack jegliche Kommunikation mit einem Deutschen. Die Nazis hatten seine gesamte Familie ermordet.[10]

1905 emigrierte auch Gustav Rudolf Manning in die USA, wo er – im Gegensatz zu Pollack – dem Fußball aufs Engste verbunden blieb. In New York wurde aus Gustav Rudolf Manning Gus Randolph Manning. Der anerkannte Internist avancierte zu einer der bedeutendsten Figuren im US-Soccer. 1911 wurde Dr. Gus Manning erster Präsident der American Amateur Football Association (AAFA), 1913 erster Präsident der United States Football Association (USFA, heute: United States Soccer Federation/USSF). Mannings Ziel lautete, Soccer in den USA als nationalen Wintersport zu etablieren, was ihm jedoch nicht gelang. 1914 nahm Manning am Olympischen Kongress in Berlin teil und kündigte für das Olympische Fußballturnier 1916 ein US-Soccer-Team an. Der Erste Weltkrieg, in dem Manning als Commanding Officer des 339. Feldlazaretts im Camp Custer, Michigan diente, verhinderte dies. 1948 wurde Manning als erster US-Amerikaner in das FIFA-Exekutivkomitee gewählt, wo er sich für die Wiederaufnahme des DFB in die FIFA stark machte.[11]

Landauer, die Erste

Das Mitwirken von jüdischen Bürgern fand mit der Emigration der Pioniere Pollack und Manning kein Ende. 1913 wählte der FC Bayern Kurt Landauer (28.7.1884-21.12.1961) zu seinem Präsidenten. Kurt Landauer, der in den folgenden 20 Jahren die Geschichte des FC Bayern wie kein anderer prägen sollte, wurde in Planegg als Sohn der jüdischen Kaufmannsleute Otto und Hulda Landauer geboren. Kommerzienrat Otto Landauer verfügte über Eigentum in Münchens Kaufingerstraße, wo es eine Reihe jüdischer Kaufleute und Hauseigentümer gab. Als Schüler besuchte Landauer sechs Klassen des Humanistischen Gymnasiums in München und nahm anschließend – im Juni 1901 – eine Banklehre in Lausanne auf. Im gleichen Jahr war Landauer den Bayern beigetreten, denen er zunächst als aktiver Fußballer, später als Mitarbeiter der Klub-Administration wirkte. Nach Beendigung seiner Lehrzeit als Bankangestellter in Florenz kehrte Landauer im Frühjahr 1905 nach München zurück und trat ins elterliche Geschäft in der Kaufingerstraße ein.

Der Ausbruch des Ersten Weltkriegs setzte der ersten Amtszeit des Präsidenten Landauer ein frühes Ende. Nach seiner Rückkehr aus dem Krieg übernahm Landauer erneut die Führung des Klubs. Seine zweite Amtszeit währte vom Frühjahr 1919 bis März 1933, mit einer einjährigen Unterbrechung. 1922 verzichtete Landauer vorübergehend auf das Amt, nachdem die Landauer-Brüder das Eigentum in der Kaufingerstraße geerbt hatten, das sie in den folgenden Monaten stark beschäftigen sollte.

Unter dem ideenreichen und energischen Landauer erwarb der FC Bayern in den 1920ern und frühen 1930ern hohes Ansehen im In- und Ausland. Hierzu trugen auch die zahlreichen internationalen Begegnungen bei, die der FC Bayern in diesen Jahren bestritt und in denen sich der weltoffene, moderne und ambitionierte Charakter des Klubs manifestierte. Gastspiele ausländischer Mannschaften dienten sowohl der Völkerverständigung wie der qualitativen Verbesserung des Bayern-Fußballs. Denn vom Ausland konnte der deutsche Fußball damals noch eine Menge lernen. Kaum ein anderer deutscher Verein dürfte in den Weimarer Jahren so viele internationale Gäste empfangen haben wie der FC Bayern.

Der Lokalrivale TSV 1860 München dachte diesbezüglich anders. Dr. Ernst Müller-Meiningen, Vorsitzender der Löwen, wird im Jahre 1923, als der FC Bayern schon munter international kickte, mit folgenden Ansichten zitiert: »Sportliche Wettkämpfe dürften zurzeit nicht nur nicht mit Frank-

Kurt Landauer

reich und Belgien, sondern auch mit Italien, Polen, Tschechoslovakei etc. nicht ausgetragen werden. Wer nicht so viel nationalen Stolz habe, schade der deutschen Turn- und Sportbewegung. Und gäbe denen Recht, die in dieser Bewegung zersetzende Einflüsse feststellen möchten. Jetzt heißt es: nationale Interessen über alles.«[12]

Als Vermittler internationaler Begegnungen diente wiederholt der bereits erwähnte ehemalige MTV-Fußballer Walther Bensemann, der wie kein anderer im deutschen Fußball über internationale Kontakte verfügte. Der FC Bayern verfügte über sämtliche Ingredienzen eines »Bensemann-Klubs«: Der FC Bayern war zutiefst bürgerlich, hatte viele gebildete Leute in seinen Reihen, besaß eine offene Flanke gegenüber der Boheme-Kultur, war politisch liberal, hieß auch jüdische Bürger herzlich willkommen und liebte die internationale Begegnung.

1922 schrieb Bensemann im »Kicker«: »Die erste Mannschaft von Bayern München beabsichtigt, in Prag zu spielen, und ersucht um meine Vermittlung. Vorgeschlagen werden der 13. und 15. August für zwei Wettspiele. Die Liga-Mannschaft würde in stärkster Aufstellung unter Führung von Hans Tusch und den alten Kanonen Schneider, Schmidt, Hofmeister, Kienzle und Hoffmann und dem jungen Maschinengewehr Pöttinger antreten (…) Meine Herren von der Slavia, der Sparta, Union, Kladno und allen anderen erstklassigen Vereinen, bitte teilen Sie mir mit, ob Sie die beiden Termine für den sympathischen Münchener Club freihalten können und machen Sie mir diesbezüglich eine Offerte, die ich dann der Expedition übersenden kann.«[13]

Der FC Bayern empfing in diesen Jahren zahlreiche klangvolle Namen. Die internationalen Spiele mobilisierten ein großes öffentliches Interesse und gerieten zu Fußballfesten. Mit MTK Budapest, Blauw-Wit Amsterdam, DFC Prag und Racing Club Paris gastierten auch Klubs in München, bei denen Juden relativ stark vertreten waren und die wie der FC Bayern als »Juden-Clubs« firmierten.

Zu den denkwürdigsten dieser Begegnungen gehört die mit MTK Budapest, damals eine europäische Topadresse. Mit MTK kam eine Mannschaft nach München, die seit 1914 ununterbrochen ungarischer Meister war und dies auch bis 1925 bleiben sollte. Am 13. Mai 1920 sahen 15.000 Zuschauer an der Marbachstraße einen 7:1-Sieg der Ungarn. Der FC Bayern ging im Ballzauber von »Fußballkönig« Alfred Schaffer und Co. förmlich unter. Die größte Kulisse mobilisierte allerdings das Gastspiel des uruguayischen Meisters Pennarol Montevideo am 14. April 1927. 1924 hatte Uruguay das Olympische Fußballturnier gewonnen. Seither wurden Teams aus Südamerika nicht mehr als Exoten, sondern als sportliche Attraktion höchsten Ranges betrachtet. 30.000 Zuschauer an der Grünwalder Straße sahen einen sensationellen 2:1-Sieg ihrer Bayern.

Weitere prominente Namen, die auf dem Spielplan des FC Bayern standen, waren der FC Modena (Italien), Bolton Wanderers, West Ham United, Birmingham FC, Chelsea FC (alle England), Slavia Prag (Tschechoslowakei), Boldklubben Kopenhagen (Dänemark), Ferencvaros Budapest (Ungarn), FC Basel, Grasshoppers Zürich, Servette Genf (Schweiz) und Boca Juniors (Argentinien).

Landauer verfocht eine Politik, die auf die Jugend setzte. Willy Simetsreiter, der beim FC Bayern in der Schülermannschaft anfing (»In Schwabing war klar, du gehst zum FC Bayern«) und von 1934 bis 1947 in dessen erster Mannschaft kickte: »Der Landauer hatte viel für die jungen Spieler getan.«[14] Der Präsident sollte mit seiner Politik Recht behalten. Während seiner zweiten Amtszeit stieg der FC Bayern in die deutsche Fußball-Creme auf.

1932 wurde der heutige Rekordmeister erstmals Deutscher Meister. Am 12. Juni 1932 schlug der FC Bayern vor 58.000 Zuschauern im Nürnberger »Zabo« Eintracht Frankfurt mit 2:0. Die Vorbereitung auf das Finale verlief für damalige Verhältnisse äußerst professionell. Trainer der Bayern war Richard »Littl« Dombi, ein Österreicher jüdischer Herkunft. Unter seinem Geburtsnamen Richard Kohn hatte Dombi von 1908 bis 1912 sechsmal das Nationaltrikot Österreichs getragen. Vor dem Ersten Weltkrieg hatte Kohn alias Dombi einige Jahre für MTK Budapest gekickt. Während seiner Zeit in Ungarn ersetzte Kohn seinen Namen durch Dombi.

Als Aktiver erlangte der kleine untersetzte Stürmer ob seiner Schusskraft Berühmtheit. In Deutschland begann Dombi seine Trainerkarriere 1924 bei Hertha BSC Berlin. Über die Stationen Vienna Wien, Sportfreunde Stuttgart, Barcelona, VfR Mannheim und 1860 München war er schließlich bei den Bayern gelandet. Während seines Engagements beim Lokalrivalen hatte er für kurze Zeit internationales Flair an die Grünwalder Straße gebracht. Dombi organisierte u.a. Gastspiele von HASK Zagreb, Juniors Montevideo und Olympique Marseille.

Der Ungar verfügte über erhebliche medizinische Kenntnisse, weshalb er auch »der Wunderdoktor« genannt wurde. Dombi agierte als Geschäftsführer, Organisator, Masseur und Trainer in einer Person. Seine Trainingslehre wäre auch heute noch höchst modern. Dombi war stark von der Fußballphilosophie der Budapester Schule geprägt und legte großen Wert darauf, dass seine Spieler auch auf engstem Raum und vom Gegner bedrängt den Ball kontrollieren konnten.

In Nürnberg schirmte Dombi die Mannschaft von der Öffentlichkeit hermetisch ab. Als Geheimquartier fungierte das Hotel Württemberger Hof. Im Mannschaftshotel wurde nach dem Gewinn der »Viktoria« zu später Stunde der geflügelten Meisterschaftsstatue das Nachthemd des Bayern-Präsidenten übergestreift und die Trophäe in Landauers Bett gelegt.

Der Empfang in München übertraf alle Erwartungen. Hunderttausende waren auf den Beinen, als Landauer, Dombi und die Spieler in Kutschen mit weißen Pferden vom Hauptbahnhof über den Stachus, durch die Neuhauser- und Kaufingerstraße zum Marienplatz zogen. Bei der anschließenden Feier im Löwenbräukeller überreichte Landauer Oberbürgermeister Dr. Scharnagl ein Fünfmarkstück – mit den besten Grüßen von Walther Bensemann. Der »Kicker«-Herausgeber hatte auf die Frankfurter gewettet und dabei gegen das den Bayern verbundene Münchener Stadtoberhaupt verloren.

Machtwechsel

Einige Monate nach dem Triumph von Nürnberg waren dessen Architekten und Macher nicht mehr im Lande oder nicht mehr in offiziellen Funktionen beim FC Bayern. Erfolgscoach Richard Dombi und Jugendleiter Otto Beer, verantwortlich für die exzellente Nachwuchsarbeit des Klubs und ebenfalls jüdischer Abstammung, verließen München angesichts der politischen Entwicklung und gingen in die Schweiz.

Dombi heuerte beim FC Basel an. Von 1935 bis 1939 und 1951 bis 1955 war der Österreicher Chefcoach bei Feyenoord Rotterdam. In seine erste Amtszeit fiel der zweimalige Gewinn der niederländischen Meisterschaft und ein Sieg über das legendäre Team von Arsenal London. Noch heute wird Dombi, der erste einer Reihe weiterer Feyenoord-Trainer aus Mitteleuropa, in Rotterdam für seine Verdienste verehrt. Der Meistermacher starb 1963 nach langer Krankheit.

Nach der Saison 1932/33 zog es auch Nationalspieler und Mittelstürmer Oskar »Ossi« Rohr, der im Finale von Nürnberg das 1:0 markiert hatte, in die Schweiz. Anders als Dombi und Beer war Rohr kein Jude. Bei den Bayern hatte er glückliche 16 Monate verlebt, in denen er 30 Tore schoss. Doch der Bayern-Torjäger wollte Profi werden, was in Deutschland nun verpönt und verboten war. Die Nazis hatten die Entwicklung zum Professionalismus gestoppt. Der halboffizielle »Zigarrenladen-Amateurismus« wurde sanktioniert, während die nationalsozialistische Ideologie zugleich verlangte, dass nach außen hin das Amateurideal aufrechterhalten blieb. Aus Sicht der Nazis war der Professionalismus eine »jüdische« Angelegenheit.

Rohr schloss sich den Grasshoppers Zürich an, mit denen er 1934 den Landespokal gewann. Am 19. März 1933 hatte die deutsche Nationalmannschaft in Berlin gegen Frankreich ihr erstes Länderspiel nach den Reichstagswahlen vom 5. März bestritten, in denen die braune Machtergreifung zementiert wurde. Für Oskar Rohr, der zum 3:3-Remis zwei Tore beisteuerte, war es der letzte Auftritt im Nationaltrikot gewesen. Angesichts der politischen Entwicklung in Berlin hatte Jules Rimet, seit 1921 Präsident der FIFA, zunächst erwogen, die Équipe tricolore zu Hause zu lassen. Sein deutscher Generalsekrär Ivo Schricker, ein langjähriger Freund Walther Bensemanns und keineswegs ein Befürworter der neuen politischen Verhältnisse in seiner Heimat, belehrte ihn eines Besseren. Bensemann befürchtete, dass eine sportliche Isolation Deutschlands die Situation nur verschlimmern würde.[16]

In Deutschland sah sich der »Legionär« Oskar Rohr scharfen Angriffen ausgesetzt. Der »Fußball« beschuldigte den Torjäger, er habe sich »im Ausland als Gladiator verkauft«.[17]

Nach nur einem Jahr verließ Rohr Zürich wieder, um in Frankreich bei Racing Straßburg anzuheuern. Hier verbrachte Rohr seine sportlich erfolgreichsten Jahre. 1934/35 wurde er mit Straßburg Vizemeister und schoss 20 Tore. 1936/37 wurde der ehemalige Bayern-Star mit 30 Treffern Torschützenkönig in Frankreich und zog mit Racing ins Pokalfinale ein, wo man allerdings gegen Socheaux unglücklich mit 1:2 unterlag. Als die Nazis 1940 im Elsass einmarschierten, setzte sich Rohr nach Sète im unbesetzten Süden Frankreichs ab. Im November 1942 wurde er dort von deutschen Besatzungstruppen aufgegriffen und in das KZ Karlsruhe-Kieslau verschleppt. Von dort wurde Rohr schließlich zwangsweise an die Ostfront geschickt. Als Stürmer einer »Heeresflak-Auswahl« erzielte er in einem Spiel gegen die »Luftnachrichten« fünf Tore. Rohr überlebte den Krieg, blieb anschließend in Deutschland und kickte noch für den VfR Mannheim, Schwaben Augsburg, FK Pirmasens und Waldhof Mannheim.

Bereits am 22. März 1933 hatte sich Kurt Landauer durch die neuen politischen Verhältnisse zum Rücktritt genötigt gesehen. Offiziell hieß es, Landauer habe sein Amt »mit Rücksicht auf die staatspolitische Neugestaltung der Verhältnisse in Deutschland« abgegeben.[18] Willy Simetsreiter: »Es war ein Jammer, dass der plötzlich weg war.«[19] Vorausgegangen waren die bereits erwähnten Reichstagswahlen vom 5. März 1933, bei denen die NSDAP in München 179.490 Stimmen geholt hatte. Die Bayrische Volkspartei verbuchte 102.497 Stimmen, die SPD 92.284 und die KPD 55.483. Das bayrische Ergebnis war zwar das schlechteste für die Nazis im Reich, aber am 9. März 1933 erfolgte die Absetzung der bayerischen Regierung und die Ernennung von General Epp, der 1919 als Freikorpsführer wesentlich an der Zerschlagung der Räteregierung beteiligt war, zum Generalstaatskommissar. Als am 12. März 1933 das Münchener Derby angepfiffen wurde, landete Hitler mit einem Flugzeug auf dem Oberwiesenfeld, um seine Parteigenossen zur Machtübernahme in Bayern und München zu begrüßen. Nach Schätzungen der Polizei empfingen 150.000 Münchener den »Führer«, während 18.000 dem Derby beiwohnten. Der TSV 1860 gewann mit 2:1, ein Ausgang mit Symbolkraft. Einen Tag nach dem Münchener Derby stand in den Zeitungen eine Verlautbarung des neuen Polizeipräsidenten Heinrich Himmler, in der dieser die Verhängung von »Schutzhaft« begründete.

Am gleichen Tag, an dem Landauer beim FC Bayern seinen Hut nahm, wurde auch Dr. Scharnagl vom Münchener Stadtrat »verabschiedet«. Zunächst für das Zentrum, später die Bayerische Volkspartei hatte Scharnagl 1911-18, 1920-24 und 1928-32 im Bayerischen Landtag gesessen. Erster Bürgermeister Münchens war Scharnagl seit dem 1. Januar 1925 gewesen. In dieser Funktion hatte er sich insbesondere einen Namen durch seine kommunale Wohnungspolitik und die Schaffung neuer städtischer Einrichtungen im Sozial- und Gesundheitswesen erworben.

Antisemitismus

Im Februar 1933 beherbergte München mit 10.773 Bürgern jüdischen Glaubens eine der größten jüdischen Gemeinden im Reich, wobei diese Zahl nicht jene Bürger jüdischer Herkunft berücksichtigt, die sich durch Assimilation von ihren jüdischen Wurzeln entfernt hatten. Allerdings wurden nun durch die »armselige rassenideologische Definition des Judentums durch die Nazis die persönlichen Glaubensentscheidungen über Nichtzugehörigkeit zum Judentum rückgängig gemacht, wurden Menschen, die sich keiner Glaubensrichtung zugehörig fühlten oder den christlichen Konfessionen beigetreten waren, wieder zu Juden erklärt und der jüdischen Gemeinde zugerechnet«.[20]

Größer als in München waren nur die Gemeinden in Berlin (160.564 Mitglieder), Frankfurt (26.158), Breslau (20.202), Hamburg (16.885), Köln (14.816) und Leipzig (11.564). Bei einer Gesamteinwohnerzahl von 735.388 Menschen war der jüdische Bevölkerungsanteil in München mit 1,2 Prozent indes vergleichsweise niedrig. In Berlin betrug er 3,8 Prozent, in Frankfurt 4,8 Prozent und in Köln immerhin noch 2 Prozent. München war »anders als etwa Berlin, Frankfurt oder Wien nie eine Stadt, in der die Prägekraft jüdischer Lebenswelten so markante Zeichen setzte, dass hier ein die gesamte Stadtgesellschaft dauerhaft mitbestimmendes jüdisches Kolorit erwachsen konnte. Der jüdische Bevölkerungsanteil in München war stets unterdurchschnittlich, jüdisches Leben war im öffentlichen Raum als solches oft nicht erkennbar, blieb unauffällig. Gleichwohl ist die Historie dieser Stadt ohne jüdische Einflüsse nicht zu denken. (...) Im künstlerischen Bereich fallen in diesem Kontext vor allem – und ohne Anspruch auf Vollständigkeit – die Namen Max Bernstein, Elsa Bernstein, Karls Wolfskehl, Lion Feuchtwanger, Hermann Levi und Heinrich Porges. Herausragende Wissenschaftler und Gelehrte waren Hermann Oettinger, Richard Willstätter, Alfred Pringsheim, Gottfried Merzbacher, Michael Bernays, Josef Perles, Heinrich Harburger. Im Kunst- und Antiquitätenhandel waren die Unternehmen Bernheimer, Rosenthal und Heinemann hochangesehene Häuser von internationalem Rang. Bis weit in die dreißiger Jahre hinein ließ es sich beispielsweise Hermann Göring nicht nehmen, das Haus Bernheimer beim Kauf wertvoller Kunst- und Einrichtungsgegenstände zu konsultieren – trotz des geltenden Verbots für NSDAP-Mitglieder, in jüdischen Geschäften einzukaufen. Nicht nur für viele Stadtbewohner, auch für die Bewohner des Münchener Umlands war der regelmäßige Einkauf im Kaufhaus Tietz am Hauptbahnhof oder ›beim Uhlfelder‹ im Rosental ein wichtiges Ereignis.«[21]

Trotz der großstädtischen Liberalität, die München nachgesagt wurde, existierten im München der 1920er Jahre auch starke antisemitische Tendenzen. Die jüdische Lebenswelt wurde von vielen Nicht-Juden als etwas Fremdes betrachtet, der man nicht nur mit Verwunderung, sondern auch mit Argwohn bis offener Ablehnung begegnete. Dies galt auch für Schwabing. Thomas Mann war einer der ersten, der in Schwabings Schickeria rechtsradikale Tendenzen ausmachte. Die Satirezeitschrift »Simplicissimus«, einst ein »Sturmgeschütz« gegen wilhelminische Biederkeit und die Verlogenheit der herrschenden Moral, lavierte während der Weimarer Republik zwischen einem kritisch-liberalen und rechtskonservativen Kurs. Unter den Nazis schwenkte das Blatt auf die Regierungslinie ein. »Obwohl jüdisches Leben in der Zwischenkriegszeit weitaus stärker sichtbar und gegenwärtig war, als uns dies heute vorstellbar ist, war man von einer ›Normalität‹ – im Sinne von Selbstverständlichkeit – im Zusammenleben von Juden und Nichtjuden weit entfernt.«[22] Der FC Bayern dürfte diesbezüglich eher zu den Ausnahmen gehört haben.

Zwischen dem 1. und 16. März 1933 verließen 3.574 Juden die bayerische Metropole. Reichsweit flohen 37.000 Juden ins Ausland. Die überwiegende Mehrheit der Juden blieb allerdings im Lande und spekulierte wohl darauf, dass es sich beim Hitler-Regime lediglich um ein vorübergehendes Phänomen handeln würde. Zu ihnen gehörte auch Kurt Landauer. Seit dem 1.9.1930 war Landauer als Abteilungsleiter der Anzeigenverwaltung des Verlags Knorr & Hirth beschäftigt, Herausgeber der »Neuen Münchener Nachrichten« (heute »Süddeutsche Zeitung«). Im Zuge der Arisierung des Betriebs wurde Landauer hier am 30.4.1933 unter Fortzahlung der Gehaltsbezüge auf zwei Monate fristlos entlassen. Kurze Zeit später kam Landauer bei der Wäschefirma Rosa Klauber unter, die einer jüdischen Familie gehörte. Als Abteilungsleiter von Knorr & Hirth hatte Landauer noch ein monatliches Gehalt von 550 RM bezogen, nun musste er sich mit 225 RM zufrieden geben.[23]

Am 1. April kam es reichsweit zu Boykottaktionen gegen Juden, denen der Erlass des Gesetzes »zur Wiederherstellung des Berufsbeamtentums« unmittelbar folgte. Einige der Turn- und Sportverbände reagierten umgehend mit der Übernahme des »Arierparagrafen« in ihren Wirkungsbereich und dem Ausschluss ihrer jüdischen Mitglieder. So auch der Süddeutsche Fußball- und Leichtathletikverband. »Die unterzeichneten, am 9. April 1933 in Stuttgart anwesenden, an den Endspielen um die süddeutsche Fußballmeisterschaft beteiligten Vereine des Süddeutschen Fußball- und Leichtathletikverbandes stellen sich freudig und entschieden den von der nationalen Regierung auf dem Gebiet der körperlichen Ertüchtigung verfolgten Besprechungen zur Verfügung und sind bereit, mit allen Kräften daran mitzuarbeiten. Sie sind gewillt, in Fülle dieser Mitarbeit alle Folgerungen, insbesondere in der Frage der Entfernung der Juden aus den Sportvereinen, zu ziehen.« Zu den Unterzeichnern gehörten auch die ehemaligen »Juden-Clubs« Stuttgarter Kickers, Eintracht Frankfurt und Bayern München.[24]

Rote und Blaue

Dennoch war die Nazifizierung des FC Bayern eine eher zähe Angelegenheit. Zwar gab es auch beim FC Bayern schon vor 1933 überzeugte Nazis, die allerdings zunächst nur eine kleine Minderheit im Klub bildeten. Die NSDAP war insbesondere in der Skiabteilung stark vertreten; die Wintersportler stellten dann auch den nun obligatorischen so genannten »Dietwart«, verantwortlich für die nationalsozialistische Erziehung der Vereinsmitglieder. Außerdem übernahmen sie schon bald nach der braunen Machtergreifung die Vereinszeitung.

In der Vereinschronik zum 50-jährigen Bestehen des FC Bayern ist bezüglich seiner »Arisierung« zu lesen: »Die Parteipolitik und der wie Gift ausgestreute Rassenhass machte auch vor der sportlichen Kameradschaft nicht halt. Immer schon hatte man im Klub die Anschauung vertreten, dass jeder anständige Mensch, gleich welcher Rasse oder Religion, Platz beim Sport finden könne. Dieser Grundsatz verlor plötzlich durch Regierungsbefehl seine Berechtigung. (…) Es kamen die Rassengesetze und mit ihnen der Arierparagraf. Damit aber auch das Ausscheiden vieler alter und treuer Bayern, die in unseren Reihen nichts anderes kannten, als gleich allen übrigen Mitgliedern am Aufbau des Klubs mitzuarbeiten, sich an seinen sportlichen Siegen und Erfolgen zu freuen und Rückschläge und Niederlagen mit tragen zu helfen.«[25] Willy Simetsreiter über das Schicksal der zahlreichen jüdischen Funktionäre und Balltreter beim FC Bayern: »Plötzlich waren die verschwunden. Das war schade für diese Leute, das waren alles gute Leute.« Geredet worden sei darüber nie, nur über »Fußballs und Mädels. Mei, wir waren jung.«[26] Und Simetsreiters Mitspieler Herbert Moll: »Zu uns haben die nix gesagt. Das war völlig unpolitisch. Wie's halt so gegangen ist. Wir haben Fußball gespielt, das andere war so am Rande. Wenn's einen nicht selbst getroffen hatte…«[27]

Als kommissarischen Nachfolger von Kurt Landauer wählte eine außerordentliche Mitgliederversammlung am 12. April 1933 zunächst dessen langjährigen Assistenten Siegfried Herrmann. Der gesamte interne Vereinsbetrieb geriet für einige Jahre durcheinander. Die bereits zitierte Vereinschronik: »Viele Männer zogen sich von ihren Ämtern zurück. Andere witterten Morgenluft und glaubten im Trüben fischen zu können. Auch begannen gewisse Kräfte jetzt schon mit dem Wettlauf um die Gunst der neuen Herrscher im Staate. Die Leitung versuchte, sich dem Neuen wenigstens im

Sport entgegenzustellen, aber schließlich waren die Ereignisse stärker als der Wille eines einzelnen.«[28]

Als Siegfried Herrmann 1934 aus beruflichen Gründen zurücktrat, wurde sein Nachfolger der Rechtsanwalt Dr. Karlheinz Oettinger, der jedoch bereits 1935 von Dr. Richard Amesmeier abgelöst wurde. Amesmeier war ein bewährtes Mitglied. Im Gegensatz zu vielen anderen Vereinen drückte sich der FC Bayern noch immer davor, eine ausgewiesene Parteigröße an seine Spitze zu hieven. 1937 war auch die »Ära« Amesmeier vorbei. Neuer »Vereinsführer« war nun der Oberlehrer Franz Nußhardt. Auch Nußhardt trug kein Parteiabzeichen, und auch seine Amtszeit war nur von kurzer Dauer. 1938 wurde der Oberregierungsrat Dr. Kellner als sein Nachfolger bestellt. Erstmals stand nun ein Mann an der Spitze, der für die braunen Machthaber »tragbar« war. Nußhardt blieb dem Klub aber erhalten. Offiziell war er nur noch »zweiter Mann«, aber tatsächlich war es Nußhardt, der das Gros der Vorstandsarbeit bewältigte.

Am 9. April 1943 wurde schließlich der Bankier Sauter vom Gausportwart zum »Kommissarischen Gemeinschaftsführer« ernannt und blieb dies auch bis zum Ende der NS-Herrschaft. Sauter war der Wunschkandidat der aktiven und überzeugten Nazis im Klub gewesen. Nach seiner Amtsübernahme änderte sich das Verhältnis des FC Bayern zur Partei und Stadtverwaltung gewaltig. So marschierten nun bei Veranstaltungen der Bayern SA-Kapellen auf der Aschenbahn, und die gleichgeschaltete Presse begann nun die Erfolge des FC Bayern zu würdigen. Die NS-Herrschaft setzte auch dem internationalen Engagement des FC Bayern ein Ende. Die Zahl ausländischer Gäste wurde immer geringer, und es waren fast nur noch »deutschsprachige Ausländer«, mit denen man sich maß.

Dass der Klub in der Nazi-Zeit zunächst sportlich und finanziell abfiel, hatte zumindest auch damit zu tun, dass ihm noch eine Zeit lang Mitglieder vorstanden, die den braunen Machthabern nicht als ausreichend loyal erschienen und nicht über die nun notwendigen politischen Verbindungen verfügten. Die Lokalrivalen FC Wacker und TSV 1860 setzten deutlich früher Leute an ihre Spitzen, die das politische Vertrauen des Gausportführers besaßen. Beim TSV 1860 hieß der Vereinsvorsitzende vom 7. April 1936 bis zum Ende der NS-Herrschaft Dr. Emil Ketterer. Ketterer gehörte der NSDAP bereits seit 1923 an, war Mitbegründer des Nationalsozialistischen Ärztebundes München-Oberbayern, seit 1931 SA-Mitglied und Abgeordneter im von den Nazis gleichgeschalteten Münchener Stadtrat. Gegenüber Oberbürgermeister Fiehler betonte Ketterer im Februar 1941,

»dass ein prozentual großer Teil der Mitgliedschaft sehr früh bei der Fahne Adolf Hitlers zu finden war« – im Gegensatz zu einem anderen Münchener Verein.[29]

Anders als der FC Bayern, durfte sich der TSV 1860 der uneingeschränkten Protektion durch die braunen Machthaber erfreuen. Wann immer die »Löwen« finanzielle Probleme plagten, durfte sich der Verein der Unterstützung durch die NSDAP-Stadtratsfraktion sicher sein. Dem FC Bayern wurde hingegen nie verziehen, dass er einst ein »Judenclub« gewesen war und seine Nazifizierung zunächst mehr oder weniger sabotiert hatte. Deutlich wurde dies u.a., als der Klub im März 1944 die Südbayerische Meisterschaft gewann. Als der Leiter des Stadtamtes für Leibesübungen, Ludwig Behr, dem Oberbürgermeister Fiehler eine Ehrung der Meisterelf vorschlug, ähnlich der, die der TSV 1860 ein Jahr vorher erhalten hatte, wurde dies mit der Bemerkung abgelehnt, »dass bei 1860 andere Beziehungen zur Stadt bestehen durch die Ratsherrn Gleixner und Dr. Ketterer, (und) dass der FC Bayern bis zur Machtübernahme von einem Juden geführt worden ist...«.[30] Anton Löffelmeier, der im Auftrag des Stadtarchivs München die Geschichte des Müchener Fußballs in den NS-Jahren aufarbeitete: »Die Tatsache, dass der FC Bayern viele jüdische Mitglieder hatte, die teilweise in leitenden Funktionen mitarbeiteten, und dass noch dazu ein Jude jahrelang den Verein geleitet hatte und man sich im März 1933 nicht sofort von ihm getrennt hatte, sollte den Bayern das ganze ›Dritte Reich‹ hindurch als Makel anhängen.«[31]

Auch die Reamateurisierung des vor der Nazi-Herrschaft auf dem Sprung zum Professionalismus befindlichen deutschen Spitzenfußballs machte dem FC Bayern zu schaffen. Zumindest hieß es in der »Fußball-Woche«: »Nicht überall ist die Umstellung vom Spesen-Amateur auf den ›bargeldlosen‹ Amateur von heute auf morgen ohne Verluste möglich gewesen. Besonders schwer scheint es in dieser Hinsicht Bayern München gehabt zu haben. Wie anders sollte man es deuten, wenn Hans Tusch, ein alter Bayern-Freund, im Münchener ›Sport-Telegraf‹ in einem größeren Artikel von einem Umlagerungsprozess der Spielstärke spricht, der bei Bayern am krassesten zum Ausdruck komme und wenn in diesem Aufsatz mit deutlicher Bezugnahme auf die Rothosen von Verfallserscheinungen geschrieben wird. (...) Wenn man das liest, dann darf man wohl die Folgerung ziehen, dass es bei Bayern im Gegensatz zum Lokalrivalen 1860 beträchtliche Schwierigkeiten bei der Umstellung auf das neue Amateurgesetz geben wird.«[32]

KZ und Emigration

Das Jahr 1938 sah eine Eskalation der Gewaltmaßnahmen gegen Juden, die ihren Höhepunkt in der so genannten Reichskristallnacht fanden. In der Nacht vom 9. auf den 10. November zündeten SA-Männer und Parteiformationen überall im Reich jüdische Gotteshäuser an, demolierten jüdische Geschäfte und Wohnungen. Über 26.000 Juden wurden festgenommen und in Konzentrationslager gebracht. In München waren es ungefähr tausend männliche Juden, die verhaftet, verschleppt, verprügelt und gedemütigt wurden. 24 von ihnen kamen in Dachau ums Leben. Der polnische Jude Joachim Bloth wurde noch in seiner Wohnung von einem SA-Mann kaltblütig erschossen. Einige Juden sahen im Suizid den einzigen Ausweg vor dem braunen Terror. Die alte Synagoge an der Herzog-Rudolf-Straße ging in Flammen auf, und unzählige jüdische Geschäfte und Kaufhäuser wurden demoliert. Einige Monate zuvor war bereits die Synagoge am Lehnbachplatz abgerissen worden – aus »verkehrstechnischen Gründen«, wie es hieß.[33]

Die jüdischen und ausländischen Besitzer der Münchener Kaufhäuser waren bereits vor der Machtergreifung ins Fadenkreuz der nationalsozialistischen Propaganda geraten. Darunter auch das »jüdische« Kaufhaus Her-

Abriss der Synagoge am Lenbachplatz, 1938.

mann Tietz am Hauptbahnhof (heute Hertie), dessen Firmenmannschaft einst unter dem Dach des FC Bayern gekickt hatte.

Unter den am 10. November 1938 Verhafteten war auch Kurt Landauer, den die Nazis aus der Wäschefirma Rosa Klauber verschleppten. Landauer wurde ins KZ Dachau gebracht. Im Zugangsnummernbuch des Konzentrationslagers finden sich bezüglich Landauer folgende Angaben: Häftlingsnummer: 20009. Die Spalte »Zugangsdatum« ist bei Landauer leer. Aus dem Vorhergehenden ergibt sich allerdings, dass es der 10. November 1938 gewesen sein muss. Als Haftgrund wird »Schutzhäftling/Jude« genannt, als Beruf »kaufmännischer Angestellter«. Die Adresse wird mit »Klemensstraße 41« angegeben, eine Adresse in Schwabing und in unmittelbarer Nachbarschaft zum ersten offiziellen Bayern-Platz.[34]

Otto Blumenthal, ein Mithäftling Kurt Landauers, über die ersten Stunden im Lager: »Wir wurden in eine Baracke geführt und mussten unsere Sachen und Kleider abgeben. Sämtliche Seifen, Zahnbürsten und Zahnpasten wurden uns fortgenommen und auf einem Haufen auf der Erde gesammelt. (…) Wir waren nun splitterfasernackt und konnten jetzt sehen, wie viele von uns blutige Striemen hatten. Wir erhielten Schuhe, richtige, sehr feste Kommissstiefel, einen Sträflingsanzug, blau-weiß gestreift, aus dem bereits beschriebenen Sommerdrillich, ein Hemd, wurden wie die Zuchthäusler kahl geschoren, alle Bärte fielen, alle Schnurrbärte, und mit den neu empfangenen Sachen ging's hinein in den Baderaum. Hier feierte nun der Sadismus unserer Wärter wahre Orgien. Was sie mit den nackten, wehrlosen Juden dort anstellten, spottet jeder Beschreibung. Duschen mit fast kochend heißem Wasser, Duschen mit eiskaltem Wasser, Abspritzen mit Wasserschläuchen, Abbürsten mit Schrubbern und Besen.«[35] Nach vier Wochen wurde Landauer gemeinsam mit anderen Gefangenen wieder freigelassen. Blumenthal über den Tag der Entlassung: »Die Turmuhr über dem ›Schurhaus‹, der Wache, schlug gerade halb zwei, es war auf die Minute genau vier Wochen nach meiner Verhaftung, als wir das Tor des Konzentrationslagers hinter uns ließen und wieder in die Welt traten. Eine Gruppe marschierte an uns vorbei, arme Kameraden, die noch weiter schmachten mussten. Sie sangen: ›Und kommt einmal die schöne Zeit, wo aus der Schutzhaft wir befreit…‹. Wir marschierten jetzt auf die Straße, zum Bahnhof Dachau. Noch immer unter SS-Begleitung. Vorne setzten sie die Hüte auf. Welches Gefühl! Die Welt, Autos. Jeder Schritt ein Schritt in die Freiheit, nach Haus! In Dachau bestiegen wir den Zug nach München, die SS blieb zurück, wir waren frei. In München erwartete uns ein jüdisches Komitee.

Wir wurden in einen abgesperrten Warteraum geführt und bekamen Tee und trockenes Brot. Jetzt erst merkten wir, dass wir Hunger hatten. Wir waren erschöpft vor Aufregung und Freude und sehr gerührt, dass für uns gesorgt wurde.«[36]

Auch Kurt Landauer kam nach 33 Tagen wieder frei, »weil ich als früherer Frontkämpfer zur schnelleren Entlassung kam«.[37] Zu seinem Arbeitsplatz konnte Landauer allerdings nicht mehr zurückkehren. Während seiner Haftzeit wurde auch die Firma Rosa Klauber »arisiert« und Landauer durch die Nachfolgefirma Lüdecke & Straub mit sofortiger Wirkung seiner Dienste enthoben. Landauer war somit erwerbslos.

In der Zeit vom 1. Januar 1938 bis zum Auswanderungsverbot am 1. Oktober 1939 gelang reichsweit noch etwa 170.000 Menschen die Flucht. So auch Kurt Landauer, der am 15. Mai 1939 in die Schweiz nach Genf emigrieren konnte, dorthin, wo einige Jahre zuvor auch Bensemann Zuflucht gefunden hatte. (Bensemann zog 1934 nach Montreux am Genfer See, wo er noch im gleichen Jahr verstarb.) Zu diesem Zeitpunkt war es für flüchtende Juden bereits äußerst schwierig, in das »neutrale« Land zu gelangen. In Genf lebten bereits Angehörige der Familie Klauber, die Landauer bei der Einwanderung halfen. In Genf unterhielt Landauer Kontakte zum FC Servette, gegen den die Bayern vor 1933 wiederholt Freundschaftsspiele bestritten hatten. Als die Bayern-Elf nun wieder in Genf gastierte, saß auch Landauer auf der Tribüne. Die Mannschaft ließ es sich nicht nehmen, ihren langjährigen Präsidenten zu begrüßen, wofür sie nach ihrer Heimkehr von den Machthabern schwer gescholten wurde.

Die jüdischen Kaufleute in der Kaufingerstraße waren von den Nazis längst enteignet worden, viele von ihnen wurden später auch ermordet. Ihr Eigentum ging an »Arier« deutscher oder auch US-amerikanischer Nationalität. Bis 1938 gehörte die Kaufingerstraße 26, die an die Woolworth AG Berlin vermietet war, den Brüdern Kurt und Franz Landauer. Am 9. November 1939 übernahm Woolworth die Immobilie als Besitz.

Kurt Landauers Geschwister Dr. Paul Gabriel, Franz und Leo wurden von den Nazis ermordet. Paul Gabriel wurde im November 1941 in den Osten deportiert. Mit etwa 1.000 anderen Juden wurde er am 25. November 1941 in Kowno (Kaunas/Litauen) von Angehörigen der Einsatzgruppe A erschossen. Franz Landauer konnte 1939 den nationalsozialistischen Judenjägern zunächst durch Flucht nach Amsterdam entkommen. Als ihn ein Denunziant wegen despektierlicher Äußerungen über die Nazi-Okkupanten denunzierte, wurde Franz Landauer verhaftet und in München vor Gericht gestellt.

Auf der Fahrt nach München wurde Franz Landauer von einem Gestapo-Beamten »begleitet«, der von ihm wissen wollte, ob er ein Bruder des ehemaligen Bayern-Präsidenten sei. Als Franz Landauer dies bejahte, offenbarte sich der Gestapo-Mann als Bayern-Fan, was für den Gefangenen wenigstens eine angenehme Reise zur Folge hatte. In München wurde Franz Landauer freigesprochen und kehrte nach Amsterdam zurück. Nach einer erneuten Verhaftung kam Franz Landauer 1943 im KZ Westerbork ums Leben.

Leo Landauer, der 1939 nach Berlin umgezogen war, kam 1942 im Vernichtungslager Majdanek um. Gabriele Landauer, verheiratete Rosenthal, wurde am 4. April 1942 nach Piaski deportiert und gilt seither als verschollen. Außer Kurt überlebte nur noch eine weitere Schwester namens Henny den Nazi-Terror. Henny Landauer hatte 1919 den Rechtsanwalt Julius Siegel geheiratet. Das Paar emigrierte 1934 nach Palästina, nachdem die Nazis Dr. Julius Siegel durch die Straßen Münchens getrieben hatte. Henny Siegel-Landauer starb 1973 in Israel. Ihr Sohn Uri (Jg. 1922) kehrte Mitte der 1950er nach München zurück, wo er in die Fußstapfen seines Vaters trat und als Rechtsanwalt arbeitete. Der Neffe von Kurt Landauer ist der letzte Überlebende der Familie.[38]

Auf der offiziellen Internetseite der Gemeinde Planegg, der Heimat der Landauer-Familie, heißt es über die NS-Zeit: »Nicht vergessen und verdrängt werden darf das Leid und Unrecht, das in der Zeit des Nationalsozialismus auch in unserer Gemeinde vor allem jüdischen Mitbürgern angetan wurde. In der so genannten Reichskristallnacht vom 9. auf den 10. November 1938 kam es zu einer größeren Aktion gegen Dr. Rudolf Frhr. von Hirsch. Das Schloss wurde angezündet, wobei mehrere Zimmer ausbrannten. Sämtliche jüdischen Mitbürger wurden, soweit sie sich nicht durch Auswanderung retten konnten, in Konzentrationslager eingeliefert, zwei Familien kamen dabei ums Leben.«[39]

Als die US-Armee am 30. April 1945 München, die einstige »Hauptstadt der Bewegung«, übernahm, lebten nur noch 84 Juden in der Stadt.

Landauer, die Zweite

Am 26. Juni 1947 kehrte Landauer nach München zurück. Das »Sport-Magazin« meldete: »Kurt Landauer, süddeutscher Fußballpionier, ist zurück aus der Emigration.«[40] Der mittlerweile 63-jährige Landauer, der nun in der Virchowstraße 14 wohnte, blieb noch bis zum 31. Dezember 1949 erwerbslos. »In der Schweiz hatte ich keinerlei Verdienstmöglichkeiten und bin dann auch aus diesem Grunde wieder nach Deutschland zurückgekehrt. (…) Nach meiner Rückkehr nach Deutschland habe ich zunächst gar nichts getan, es war mir nicht möglich gewesen, irgendwo unterzukommen. Dies gelang mir erst ein Jahr nach der Währungsreform durch das persönliche Entgegenkommen des Herrn Stadtrat Richard Pflaum, wo ich dann in seinem Verlag, dem Richard Pflaum Verlag, München, ab 1. November 1948 bis zum 31. Oktober 1949 tätig gewesen bin.«[41]

Bescheid in der »Wiedergutmachungsangelegenheit« Kurt Landauer.

1947 wählte die Jahreshauptversammlung des FC Bayern Kurt Landauer erneut zum Präsidenten, der er nun bis 1951 blieb, bevor er, 65-jährig, für immer zurücktrat. Nach Gründung der Oberligen und der Einführung des Vertragsspielers war Landauer auch noch Vorsitzender der Interessensgemeinschaft der süddeutschen Vertragsspielervereine. Mit insgesamt 16 Amtsjahren wird Kurt Landauer in der Geschichte der Bayern-Präsidenten nur von Wilhelm Neudecker übertroffen.

Auch ein anderer Nazi-Gegner kehrte zurück in Amt und Würden. Seit dem 4. Mai 1945 hieß Münchens Oberbürgermeister wieder Karl Scharnagl, ein alter Bekannter Landauers. Bereits vier Tage vor dem Ende des Zweiten Weltkriegs hatten die Amerikaner den integren Politiker wieder eingesetzt. Scharnagl in seiner ersten Rede vor dem von der Besatzungsmacht eingesetzten Stadtrat: »Wir können uns nicht scharf genug trennen von allen jenen, die durch ihre Mitarbeit in mehr oder minder großem Maße die NSDAP hochgebracht und ihr verbrecherisches Treiben so viele Jahre hindurch gestützt haben. Wir wollen keine Hass- und Vergeltungspolitik betreiben; wir wollen und müssen aber verhindern, dass auch nur Reste dieser verkommenen Anschauung gewissenloser Elemente in unserer Bevölkerung und vor allem im öffentlichen Leben bestehen bleiben können.«[42]

Mit Landauer und Scharnagl besaß der FC Bayern nun gute Karten – auch und gerade gegenüber dem Lokalrivalen TSV 1860. Während die Behörden dem TSV 1860 wegen dessen Kollaboration mit dem NS-Regime mit gewisser Reserviertheit begegneten, konnte der FC Bayern seine anfängliche Abneigung gegenüber der braunen Herrschaft und das langjährige Mitwirken von jüdischen Bürgern geltend machen. Hier war vor allem die Person Landauers behilflich, der nun beim FC Bayern eine ähnliche Funktion erfüllte wie der eine oder andere Kommunist bei dem einen oder anderen Verein im Ruhrgebiet.

In einem vom 20. August 1947 datierten Schreiben Landauers an die alliierten Behörden, in dem er diesen mitteilt, er habe wieder die Leitung des FC Bayern übernommen, heißt es u.a.: »Getreu den Traditionen unseres Clubs werden wir auch weiterhin Ihre Bestrebungen fördern helfen.«[43]

Bereits eine Woche nach der Kapitulation hatte der FC Bayern gegenüber Oberbürgermeister Scharnagl geltend gemacht, dass »wir bisher als ›Juden-Club‹, der es ablehnte, sich eine nationalsozialistische Vereinsführung aufzwingen zu lassen, mit allen Mitteln gedrückt wurden«. Der FC Bayern sei bereit, dem Oberbürgermeister »bedingungslos und treu Gefolgschaft zu leisten«, da für den Klub »mit Ihrer Amtsübernahme ... eine Zeit neuen Aufbaus begonnen« habe. Der FC Bayern beabsichtige die baldige Wiederaufnahme des Spielbetriebs, um »Entspannung und Unterhaltung zu bringen«. Diesbezüglich wurde die Hoffnung ausgedrückt, »dass ... weder von Seiten der Besatzungsbehörden noch von Seiten der Stadtverwaltung Bedenken bestehen«.[44]

Am 29. Juli 1945 erfolgte auf dem Platz der Hypobank der Anpfiff zum ersten Münchener Nachkriegsderby, das mit einem Remis endete (2:2). Am 26. August 1945 kam es zu einer Neuauflage an der Grünwalder Straße. 12.000 Zuschauer sahen einen klaren 4:0-Sieg des FC Bayern. Die Einnahmen wurden den Verfolgten des Nazi-Regimes gespendet.

Wie hoch Kurt Landauers Reputation im Nachkriegs-München eingeschätzt wurde, dokumentiert ein Streit des FC Bayern mit der amerikanischen Militärverwaltung und der Stadtverwaltung. Landauer warf Direktor Lülff, Leiter des Amts für Leibesübungen vor, bei der Beschlagnahmung von Teilen der neuen Bayern-Heimat Säbener Straße durch das amerikanische Militär nicht genügend Widerstand geleistet zu haben. Lülff wurde daraufhin vom Stadtrat Lettenbauer in Schutz genommen. Der Leiter des Stadtamtes sei vom zuständigen amerikanischen Offizier dreimal hinausgeworfen worden. Es sei unter der Würde eines Deutschen, sich von einem Offizier einer Siegerarmee so behandeln zu lassen. Landauer antwortete mit »Wenn man etwas erreichen will, muss man oft gehen...« Woraufhin Lettenbauer sich genötigt sah, auf die unterschiedlichen Möglichkeiten von

Behörde und Landauer zu verweisen. »Das sei durch die persönliche Verbindung von Herrn Landauer zu den Leuten möglich gewesen, die Herrn Landauer als Privatmann anders einschätzen als einen Beamten oder Angestellten einer Behörde, der bei diesen Herren ein Dreck sei.«[45] Seine enorme Reputation gestattete Landauer, die Rolle eines Bittstellers, in dem sich viele Vereine aufgrund ihrer Verstrickung mit den braunen Herrschern und der Besatzungssituation befanden, zu übergehen, um sich stattdessen als Partner und sogar treibende Kraft zu präsentieren. Landauer räumte »mit diplomatischem Geschick wie auch mit energischem, gelegentlich rücksichtslosem Vorgehen seinem Verein Steine aus dem Weg. Statt um Hilfe zu bitten, bietet Landauer Hilfe an.«[46]

Jüdische Bürger haben in der Geschichte des FC Bayern somit in drei entscheidenden Phasen eine wichtige Rolle gespielt. Seine Gründung hatte der Klub ganz wesentlich den jüdischen Freunden Josef Pollack und Gustav Rudolf Manning zu verdanken. Bei seinem Aufstieg in die nationale Spitze und zum ersten nationalen Meistertitel war Kurt Landauer federführend. Und Landauer war es auch, der dem Klub in den Nachkriegsjahren aufgrund seiner Biografie bei den Verhandlungen mit der Stadt oder der amerikanischen Militärverwaltung einen Startvorteil gegenüber dem lokalen Konkurrenten verschaffen konnte.

Vom falschen Umgang mit der richtigen Geschichte

Obwohl die Geschichte des FC Bayern Parallelen mit der von Eintracht Frankfurt aufweist, wurde dieser Aspekt nach 1945 nur selten thematisiert. Im Gegensatz zu MTK oder Austria, wird der FC Bayern heute so gut wie nie als »Judenklub« bezeichnet. Ein »Judenklub« ist für rechtsextreme Bayern-Fans etwa Ajax Amsterdam, nicht aber der eigene Verein.[47]

Die NS-Zeit bewirkte diesbezüglich beim FC Bayern eine erheblich schärfere Zäsur als bei anderen, von ihrer Historie her ähnlich gelagerten Adressen. Ein weiterer Grund dürfte die bereits erwähnte, im Vergleich zu einigen anderen deutschen Großstädten geringere Prägekraft jüdischer Lebenswelten in München gewesen sein, die auch eine geringere Hinterlassenschaft bedeutete. In Wien, Budapest und Amsterdam firmierten nicht nur Klubs, sondern auch die Städte selbst als »jüdisch«.

Allerdings hat der FC Bayern auch selbst dazu beigetragen, dass die Erinnerung an seine jüdischen Pioniere und jüdischen Mitglieder in Vergessenheit geraten ist. Der Bruch mit der Geschichte, zu dem die Nazis den

FC Bayern zwangen, wurde vom Klub nach dem 8. Mai 1945 nur für kurze Zeit revidiert. Die letzte offizielle Bayern-Publikation, die sich mit der Situation des FC Bayern in den Jahren 1933-35 etwas ausführlicher auseinandersetzt, ist Siegfried Herrmanns Jubiläumsbuch zum 50-jährigen Bestehen des Vereins. Dabei spielten sicherlich drei Dinge eine Rolle: Bayern-Präsident war im Jubiläumsjahr erneut Kurt Landauer. Außerdem handelte es sich beim für das Buch verantwortlichen Autor um einen langjährigen engen Mitstreiter des jüdischen Präsidenten. Zudem waren die braunen Jahre zum Zeitpunkt der Veröffentlichung noch in frischer Erinnerung.

In der jüngeren und jüngsten Geschichtsschreibung des Vereins wird das Mitwirken jüdischer Bürger hingegen überhaupt nicht oder lediglich am Rande erwähnt. In Kurt Schauppmeiers Buch zum 75-jährigen Bestehen des Klubs findet sich zum Machtwechsel von 1933 nur ein einziger Satz: »Die Machtübernahme der Nationalsozialisten wirkte sich auch auf den FC Bayern aus, dessen erster Vorsitzender Kurt Landauer die Leitung des Clubs abgab.«[48] Warum Landauer das Amt abgeben musste, wird ebenso verschwiegen wie sein KZ-Aufenthalt und die folgende Emigration. Die offizielle Vereinschronik zum 90-jährigen Bestehen begnügt sich mit zwei Sätzen: »Unter dem nationalsozialistischen Regime geriet auch das Vereinsleben ins Stocken. Kurt Landauer musste aus ›rassenpolitischen Gründen‹ in die Schweiz emigrieren.«[49] Das Wort »Jude« mochte dem Autor nicht über die Lippen gehen.

Zehn Jahre später sind es drei Sätze mehr. Die Veröffentlichung »100 Jahre FC Bayern München« liefert nun immerhin einen Hinweis darauf, dass Kurt Landauer nicht der einzige Jude im Verein war. Das Ergebnis fällt trotzdem äußerst mager aus. Auch kommen Bayerns jüdische Mitglieder ausschließlich im Zusammenhang mit den NS-Jahren vor: »Am 30. Januar 1933 übernimmt Diktator Adolf Hitler die Macht. In den folgenden Monaten wird nicht nur sportlich alles auf den Kopf gestellt. Präsident Landauer, der jüdischer Abstammung ist, tritt am 22. März 1933 zurück. (...) Die Vereinsführung versucht noch eine ganze Weile, sich den neuen Begebenheiten entgegen zu stellen, da der FC Bayern sehr viele jüdische Mitglieder hat. Dies bringt dem Verein in der Folgezeit noch viel Ärger ein.«[50] Als sich die Autoren des jüngsten Jubiläums-Bandes an ihre Arbeit begaben, lagen bereits drei Veröffentlichungen auf dem Tisch, die ausführlichere Recherchen zur Geschichte der »Bayern-Juden« enthielten.

Schämt sich der Verein dieses Aspektes seiner Geschichte? Zumindest empfindet man diesen offenkundig nicht als populär. Der FC Bayern bewegt sich in einem Umfeld, in dem die Beschäftigung mit der braunen Vergangenheit nicht jedermanns Sache ist und der jüdische Präsident, dem der FC Bayern seinen Aufstieg zu einer nationalen Top-Adresse, aber auch viel internationale Reputation zu verdanken hatte, als schwer vermittelbar erscheint. Der FC Bayern als Produkt zweier jüdischer Fußballverrückter, wie Heiner Gillmeister die Genese des Klubs beschreibt, mag hier dem einen oder anderen geradezu als Zumutung erscheinen.

Antisemitismus ist auch heute noch in Bayern und München verbreitet. Kaum zu glauben, aber wahr: Edmund Stoiber, Mitglied des Verwaltungsrats des FC Bayern, war der erste Ministerpräsident des Freistaats, der mit der unseligen Tradition seiner Vorgänger brach, um die Gedenkstätte des Konzentrationslagers Dachau einen weiten Bogen zu machen.

Bezüglich der Zurückhaltung des Vereins gegenüber seiner eigenen Geschichte sollte man indes nicht nur politische Motive vermuten. Für die meisten Angestellten der Verwaltung eines Profiklubs beginnt die Geschichte ihres Arbeitgebers erst mit ihrem ersten Arbeitstag. Die Historie des Klubs ist »alter Scheiß, der mich nicht interessiert«, wie es einmal ein für die Pressearbeit zuständiger Bayern-Funktionär gegenüber einer Journalistin der in London erscheinenden Zeitschrift »Totally Jewish« formulierte. Die Unglückliche hatte es gewagt, beim FC Bayern am Tag nach einer Champions-League-Niederlage in Lyon anzurufen, um Erkundungen über die Rolle des Klubs in der Nazizeit anzustellen. In bester Absicht, ging es doch darum, dass der FC Bayern in diesen Jahren eine etwas ruhmreichere Rolle spielte als viele andere deutsche Klubs.

Ein offensives Bekenntnis zur Geschichte der Juden in seinen Reihen hat der FC Bayern bislang nur einmal abgelegt. Anfang 2001 erreichte die Diskussion über die Entschädigungszahlungen an ehemalige NS-Zwangsarbeiter auch den Profifußball. Als erster Verein sagte der FC St. Pauli seine Beteiligung an der Stiftungsinitiative zu. Auch beim FC Bayern stand das Thema auf der Tagesordnung. An der Säbener Straße plädierte man für eine einheitliche Regelung und Absprache der Bundesliga. Ein einseitiges Vorpreschen à la FC St. Pauli wurde indes abgelehnt. Schließlich, so Geschäftsführer Karl Hopfner, sei der Klub »selbst von dem Nazi-Regime betroffen gewesen«.[51] Eine Einladung zu einer Tagung der Universität München mit dem Titel »Juden und Sport. Zwischen Integration und Exklusion«, im Jahr 2002 organisiert vom Lehrstuhl für jüdische Geschichte und Kultur, mochte der FC Bayern indes nicht annehmen.

Anmerkungen

Der Autor dankt Uri Siegel und Michael Buchmann (KZ-Gedenkstätte Dachau) für ihre freundliche Unterstützung.

1. Im »Kicker« 2/1923 schrieb Simon Rosenberger in einer Laudatio anlässlich des 50. Geburtstags von Walther Bensemann: »1897 war er Mitbegründer der F.M. des M.T.V. München 1879, der ersten Fußballmannschaft Münchens.«
2. Walther Bensemann: Münchener Stimmungen, in: »Kicker« 5/1923
3. Heiner Gillmeister: The Tale of Little Franz and Big Franz: On the Foundation of Bayern Munich FC, in: »Soccer and Society«, Vol.1, No. 2, 2000
4. Zit. nach Gerhard Fischer: Und Bender spielte mit Krawatte. Kavalier- und Judenklub: Der FC Bayern von den Ursprüngen bis zum Ende des Dritten Reiches, in: »Süddeutsche Zeitung«
5. Zitiert nach Siegfried Herrmann: 50 Jahre F.C. Bayern München e.V., München 1950
6. Zit. nach Rafael Jockenhöder/Ralf Grengel: 100 Jahre FC Bayern München, Berlin 2000
7. Über Schwabing als Wiege des FC Bayern siehe ausführlicher: Dietrich Schulze-Marmeling: Die Bayern. Vom Klub zum Konzern, Göttingen 1997
8. Elisabeth Angermair: Die Anfänge des Fußballspiels in München, in: Stadtarchiv München (Hrsg.), München und der Fußball, München 1997
9. Gillmeister, 2000
10. Gillmeister, 2000
11. Zum Wirken von Gus Manning in den USA: Gillmeister 2000; Dietrich Schulze-Marmeling/Hubert Dahlkamp: Die Geschichte der Fußball-Weltmeisterschaft, Göttingen 2002; Andrei S. Markovits/Steven L. Hellermann: Im Abseits. Fußball in der amerikanischen Fußballkultur, Hamburg 2002
12. Walther Bensemann, siehe Anmerkung 2
13. Ders. im »Kicker« 28/1922
14. Zit. nach Holger Gertz: Fußballer des Jahrhunderts. Ein Präsident im KZ, ein Foto von Jesse Owens und Spiele in Ruinen – woran sich der alte Linksaußen Willy Simetsreiter zum Jubiläum des Klubs erinnert, in: »Süddeutsche Zeitung«
15. Die Information über den Geburtsnamen Dombis stammen von Hardy Grüne, Matthias Marschik und Werner Skrentny. In der Literatur herrscht über Dombis Nationalität eine gewisse Verwirrung. Mal ist Dombi Schweizer, mal Österreicher, mal Ungar.
16. Zu den Spannungen zwischen der FIFA und dem Fachamt Fußball im Nationalsozialistischen Reichsbund für Leibesübungen (NSLR) während der NS-Jahre siehe Arthur Heinrichs: »Rücksichtslos deutsch.« Peco Bauwens, das Fachamt Fußball und die FIFA, in: »SportZeiten«, 2. Jahrgang 2002, Heft 2
17. Zit. nach Hardy Grüne: Oskar Rohr (Bayern München), in: ders.: Vom Kronprinzen bis zur Bundesliga (Enzyklopädie des deutschen Ligafußballs – Band 1), Kassel 1996
18. Zit. nach Gerhard Fischer, siehe Anm. 4
19. Zit. nach Gertz, siehe Anm. 14
20. Andreas Heuser/Tobias Weger: Kristallnacht. Gewalt gegen die Münchener Juden im November 1938, München 1998
21. Ebenda
22. Ebenda
23. Informationen nach Feststellungsbescheid in der Wiedergutmachungsangelegenheit des Versicherten Kurt Landauer. Bayerisches Landesentschädigungsamt (AZ.: WGS 089/52)

24 Zit. nach »Kicker« v. 11. April 1933
25 Siegfried Herrmann, 1950
26 Zit. nach Fischer, siehe Anm. 4
27 Zit. nach Gertz, siehe Anm. 14
28 Siegfried Herrmann, 1950
29 Zur Geschichte des TSV 1860 München in den NS-Jahren: Anton Löffelmeier, Grandioser Aufschwung und Krise – Der Münchener Fußball von 1919 bis 1945, in: Stadtarchiv München 1987; Hardy Grüne / Claus Melchior: Legenden in Weiß und Blau 100 Jahre Fußballgeschichte eines Münchener Traditionsvereins, Göttingen 1999; Gerhard Fischer / Ulrich Lindner: Stürmer für Hitler – Vom Zusammenspiel zwischen Fußball und Nationalsozialismus, Göttingen 1999
30 Stadtarchiv München, Amt für Leibesübungen 151, zit. in Löffelmeier, 1997
31 Löffelmeier, 1997
32 »Fußball-Woche« 40/1933. Herausgeber der in Berlin erscheinenden »Fußball-Woche« war der deutschnational gesonnene Sportjournalist Ernst Werner, der mit Bensemann und dessen »Kicker« so manche Auseinandersetzung geführt hatte.
33 Heuser/Weger, 1998
34 Zugangsbuch des Konzentrationslagers Dachau (Archiv der KZ-Gedenkstätte Dachau)
35 Eine Kopie des 28-seitigen Berichts von Otto Blumenthal befindet sich im Archiv der KZ-Gedenkstätte Dachau. Das Original liegt im Leo Baeck Institute New York. Blumenthal, der später auswanderte, wurde wie Landauer in der »Reichskristallnacht« verhaftet. Aus dem Bericht geht hervor, dass seine Freilassung zeitgleich oder fast zeitgleich mit der Landauers erfolgt sein muss.
36 Zit. nach: Ebenda
37 Siehe Anm. 23
37 Otto Blumenthal, siehe Anm. 35
38 Alle Angaben zum Schicksal der Familie Landauer entstammen dem Beitrag von Anton Löffelmeier, 1997, sowie einem Gespräch mit Herrn Rechtsanwalt Uri Siegel.
39 www.planegg.de/gemeinde/Geschichte.htm
40 »Sport-Magazin«, Ausgabe 32/1947
41 Siehe Anm. 23
42 Internet-Seite Stadt München
43 Zit. nach Ingo Schwab: Ruinenjahre und Konsolidierung. Spiele und Geld in den Zeiten der Oberliga Süd, in: Stadtarchiv München 1997
44 Ebenda
45 Ebenda
46 Ebenda
47 Vor einigen Jahren wurde in einigen von Bayern-Fans produzierten, rechtsgestrickten Fanzines Ajax Amsterdam als »Judenklub« beschimpft. In den Heften befanden sich auch noch weitere antisemitische und rassistische Äußerungen. Pikant wurde es, als ein Trupp von Bayern-Fans auf einem Empfang beim Ministerpräsidenten Stoiber zur späten Stunde »Ajax ist ein Judenklub« skandierte. Während sich die Fans öffentlich mit ihrer Tat brüsteten, wollte die Staatskanzlei von dem Vorfall nichts vernommen haben.
48 Kurt Schauppmeier: FC Bayern München, Regensburg 1975; S. 34
49 Rudi Stallein-Fontaine u.a.m.: 90 Jahre FC Bayern München, München 1990, S. 30
50 Jockenhöfer/Grangel: 100 Jahre FC Bayern München, Berlin 2000, S. 102/103
51 Dietrich Schulze-Marmeling: Weltoffen und liberal statt braun oder rot, in: »Frankfurter Allgemeine Zeitung« v. 26. April 2001

Bernd-M. Beyer

Walther Bensemann – ein internationaler Pionier

Zu den schillerndsten Persönlichkeiten aus der frühen Zeit des deutschen Fußballs zählt Walther Bensemann. Ab 1889 propagierte er vor allem in Süddeutschland den neumodischen Sport und organisierte erste internationale Begegnungen; zwischen 1920 und 1933 leitete er mit dem von ihm gegründeten »Kicker« ein bis heute existierendes Sprachrohr des Fußballs, bevor ihn die Politik der Nazis ins schweizerische Exil zwang.

Gründerjahre

Bensemann kam aus einer wohlhabenden jüdischen Familie in Berlin. Sein Vater Berthold war Bankier, seine Mutter Eugenie entstammte vermutlich einer begüterten Familie aus Breslau.[1] Ihr Sohn Walter (das »h« im Vornamen legte er sich später eigenmächtig zu) wurde in eine Zeit hineingeboren, in der die Emanzipation der Juden im Deutschen Reich augenscheinlich große Fortschritte machte. Mit der Reichsgründung 1871 waren nahezu alle gesetzlichen Diskriminierungen gefallen, und in der Dynamik der industriellen Revolution hatten es nicht wenige jüdische Bürger zu Wohlstand und wirtschaftlicher Macht gebracht. Gesellschaftliche Anerkennung war damit nur bedingt verbunden, obwohl ein Teil der jüdischen Gemeinschaft sich bemühte, durch eine betont säkulare Haltung und das Bekenntnis zum »Deutsch-Sein« die latente Diskriminierung zu durchbrechen. Absurderweise stieß gerade ihre moderne Adaption deutscher Kultur auf antisemitische Vorurteile; man warf ihnen vor, »dass sie ihre ›wahre‹ Natur mit einem ansehnlichen Schuss Kantischer Philosophie, mit Schillerschem Kosmopolitentum und Beethoven-Sonaten zu tarnen versuchten«[2].

Wahrscheinlich wuchs auch Walther Bensemann in einer weltoffenen, intellektuell wie kulturell anregenden Atmosphäre auf; seine Mutter soll Musikabende im heimischen Salon organisiert haben, und die verwandtschaftlichen Kontakte der Familie reichten bis nach Schottland. Die kosmopolitische Einstellung seiner Eltern wird schließlich durch die Tatsache unterstrichen, dass sie ihren Sohn im Alter von etwa zehn Jahren in den französischsprachigen Teil der Schweiz schickten, wo er in Montreux eine englische Schule besuchte.

Vermutlich schon hier entwickelte sich Bensemanns Begeisterung für alles, was er für typisch Englisch hielt: das Ideal des Fair Play, die vorurteilsfreie Offenheit eines Weltenbürgers, die Selbstdisziplin und Philantropie des Gentleman, die Erziehung zum »sportsman«. Und er lernte den ihm bis dahin unbekannten Fußball kennen. Die Tatsache, dass die Schweizer Privatschulen seinerzeit stark von englischen Upper-class-Zöglingen frequentiert wurden, hatte das Land zum ersten kontinentalen Einfallstor des neuen Sports gemacht. 1883 sah Bensemann zum ersten Mal ein Football-Match englischer Mitschüler, die allerdings Rugby praktizierten. Später setzte sich Soccer durch, an dem sich auch der junge Deutsche versuchte. 1887, im Alter von 14 Jahren, gründete Bensemann gemeinsam mit englischen Mitschülern den Football Club Montreux und stellte sich stolz als dessen »Sekretär« vor.

Als Walther wenig später auf ein Gymnasium in Karlsruhe wechselte, war er offensichtlich entschlossen, auch die deutschen Schüler für den neuen Sport zu gewinnen. Er begann eine etwa zehn Jahre währende Missionsarbeit, in der er sich mit Tatendrang, Sprachgewandtheit, charmanter Großspurigkeit und Streitlust den herrschenden Vorurteilen gegen die »englische Modetorheit« stellte. Man sah ihn – zunächst als Schüler, später als ruhelos umherziehenden Studenten – als Vereinsgründer und -förderer unter anderem in Straßburg, Baden-Baden, Mannheim, Freiburg, Gießen, Würzburg und Frankfurt (dort bei den Frankfurter Kickers, einem Vorläufer der heutigen Eintracht). In München war er 1897 an der Gründung der Fußballabteilung des örtlichen Männerturnvereins beteiligt – aus ihr entstand knapp drei Jahre später der FC Bayern. Prägend war sein Wirken aber vor allem in Karlsruhe, das in den Pioniertagen der deutschen Fußballbewegung zu einer Hochburg avancierte und wo der von Bensemann initiierte Karlsruher FV im Jahr 1910 die Deutsche Meisterschaft erringen sollte.

Über seinen ersten Auftritt in Karlsruhe berichtete Bensemann später: »Im September 1889 ließ ich aus der Schweiz einen Fußball kommen; der Ball wurde morgens vor der Schule aufgeblasen und in der 10-Uhr-Pause musste bereits ein Fenster des Gymnasiums daran glauben. Der im Schulhof wandelnde Professor du Jour (…) hielt eine Karzerstrafe für angemessen; allein Direktor Wendt erklärte sich mit der Bezahlung des Fensters einverstanden und schickte uns auf den kleinen Exerzierplatz, Engländerplatz genannt.«[3] Auch dort freilich kam es immer wieder zu Konflikten mit Spaziergängern, die sich belästigt fühlten oder sich am gewagten Outfit der jungen Sportler störten. Der örtliche Schutzmann wurde eingeschaltet, die Schule drohte wegen des »ungebührlichen Verhaltens« mit Strafen, und Bensemann galt gemeinhin als »der Engländer in der Narrentracht«.

Erste internationale Begegnungen

Dies waren Ressentiments, mit denen die junge Fußballbewegung im gesamten Deutschen Reich zu kämpfen hatte; vor allem die deutsch-national eingestellte Turnerschaft wehrte sich gegen den vermeintlich schädlichen Einfluss des »englischen Aftersports« auf die Jugend. Angesichts der Tatsache, dass Teile der Turnerschaft zudem antisemitischen Tendenzen anhingen, wird umso verständlicher, dass sich ein kosmopolitisch sozialisierter Jugendlicher aus jüdischem Hause für den Fußballsport begeisterte. Bensemanns Ehrgeiz ging allerdings weiter. In einer für ihn typischen Mischung aus persönlichem Ehrgeiz und politischer Utopie plante er ein Auswahlteam, das auf dem europäischen Festland einen grenzüberschreitenden Sportverkehr herstellen sollte. Dem sollten zunächst die »Karlsruher Kickers« dienen, die Bensemann 1893 gründete und in denen er eine an den berühmten englischen »Corinthians« orientierte Elitemannschaft sah. Den Kader der »Kickers« rekrutierte er aus einem Netz von Kontakten und Bekanntschaften, das er inzwischen in Süddeutschland geknüpft hatte; sein bester Spieler übrigens stammte aus Straßburg und war ein gewisser Ivo Schricker, der knapp 40 Jahre später zum FIFA-Generalsekretär aufsteigen sollte.

Der selbst erhobene Anspruch der »Kickers«, nämlich »Meistermannschaft des Kontinents« zu sein, wurde allerdings kaum eingelöst. Zwar gelang es Bensemann bereits 1893, die erste internationale Fußballbegegnung in Süddeutschland einzufädeln (gegen ein Team aus Lausanne), doch scheiterten seine Bemühungen, ein französisches Meisterteam nach Straßburg zu holen. Was Bensemann als Akt der Völkerversöhnung verstanden wissen wollte, hielt man in Paris für politische Provokation – immerhin war Straßburg im deutsch-französischen Krieg, also nur zwei Jahrzehnte zuvor, von den Preußen in einer mehrwöchigen Kanonade schwer zerstört worden und in den Augen der Franzosen seither widerrechtlich besetzt gehalten.

Die Karlsruher Kickers 1894. In der Mitte, mit Ball posierend, Walther Bensemann; ganz links Ivo Schricker, der spätere FIFA-Generalsekretär.

»Wenn wir nach Straßburg kommen, werden wir mit unseren Kanonen kommen«, beschied eine Pariser Zeitung.

Erst fünf Jahre später gelang es Bensemann, das Eis zu brechen. Er erreichte nach langwierigen Verhandlungen die Einladung eines deutschen Teams nach Paris – der erste bedeutsame Sportkontakt zwischen den beiden verfeindeten Nationen. Im Dezember 1898 gelangen dem »Bensemann Team« (das sich teilweise aus den mittlerweile aufgelösten »Kickers« rekrutierte) gegen den Pariser Meister White Rovers sowie einem Pariser Städteteam zwei Siege.

Inzwischen aber gab es im deutschen Lager Querelen um Bensemanns internationales Engagement. Sie nährten sich zum einen aus persönlichen Animositäten – der ehrgeizige Bensemann betrieb seine Privatdiplomatie an den mittlerweile gegründeten Verbänden vorbei – sowie aus nationalistisch gefärbten Ressentiments. Einflussreiche Kreise unter den Fußballern plädierten dafür, der Fußball müsse sich zunächst als »deutsches Spiel« etablieren, bevor man sich mit ausländischen Gegnern messen und der Gefahr einer schmachvollen Niederlage aussetzen könne.

Der Streit eskalierte, als es Bensemann 1899 überraschend gelang, die ehrwürdige englische Football Association für eine Tournee in Deutschland zu gewinnen. Es war die erste Reise eines englischen Auswahlteams auf den Kontinent und daher eine sportpolitische Sensation – und dennoch hatte Bensemann Mühe, ein Team zusammenzustellen. Sein Hauptgegner war der Süddeutsche Fußball-Verband, an dessen Spitze der konservative Friedrich-Wilhelm Nohe sowie der streitbare Gus Manning standen. Manning, Sohn eines jüdischen Kaufmannes, störte sich vor allem an Bensemanns Eigenmächtigkeiten, an dessen Hang zu ausschweifenden Feierlichkeiten sowie einem allzu lockeren Umgang mit Geld. Den alsbald von Nohe betriebenen Rausschmiss Bensemanns aus dem Süddeutschen Verband rechtfertigte Manning: »Wenn ich auch lebhaft bedauere, dass eine solche Arbeitskraft diesem Organismus verloren gegangen ist, so werde ich stets, als entschiedener Gegner der Ausübung des Fußballsportes mit dem obligaten Freibier, Commersbegeisterung, Champagnersoupers etc., die keiner bezahlt, in unserem süddeutschen Verbande darauf achten, dass diese und ähnliche Tendenzen (…) nicht wieder Eingang finden.«[4]

Bensemann polemisierte seinerseits gegen die kleinmütige »Boppelespolitik« der Verbände und antwortete zudem mit einer programmatischen Erklärung, in der er sein Verständnis einer fortschrittlichen Sportpolitik definierte: Es gehe darum, den »klaffenden Gegensatz der Stände« zu mildern, es gehe um sozialpolitische Aufgaben, und es gehe um »das Bemühen, die Begriffe der Freiheit, der Toleranz, der Gerechtigkeit im inneren Sportleben, des Nationalgefühls ohne chauvinistischen Beigeschmack dem Auslande gegenüber zu wahren«.[5]

Diese Programmatik sollte Bensemann in seiner Zeit als »Kicker«-Herausgeber später entschieden vertiefen; in seinen jungen Jahren wirkte sie zuweilen wie eine ideologische Verbrämung für seinen ungestümen Tatendrang und persönliche Profilierungssucht. Das Arrangement mit der F.A. beispielsweise stand auf äußerst wackligen Beinen – noch unmittelbar vor der Anreise der Engländer verfügte er weder über eine halbwegs repräsentative Mannschaft noch über die den Engländern zugesagten finanziellen Garantien. Erst als der Berliner Verband seine Unterstützung zusagte, erst als sich Karlsruher Spieler entgegen dem Verbot ihres Verbandes zur Teilnahme bereit erklärten und erst als Ivo Schricker finanziell aushalf, konnten die Begegnungen stattfinden. Sie wurden zu einem Meilenstein in der deutschen Fußballgeschichte. Die Deutschen verloren zweistellig – doch sie erhielten erstmals einen prägenden Anschauungsunterricht über die taktischen und spielerischen Potenziale des modernen Fußballspiels.[6]

Die »pazifistische Sportidee«

Wenige Wochen später erfolgte die Gründung des Deutschen Fußball-Bundes, an der auch Bensemann mitwirkte, indem er als Delegierter teilnahm und für den Namen des neuen Verbandes verantwortlich zeichnete. Sein Antrag, den DFB an einer Teilnahme am Fußballturnier der Olympischen Spiele 1900 in Paris zu bewegen, wurde allerdings abgelehnt, obwohl sogar sein bisheriger Gegner Manning ihn unterstützte.

Mit der Konstituierung des DFB war die Zeit der in eigener Initiative handelnden Sportdiplomaten vorbei. Bensemann, der sich in weiser Selbstbeschränkung um keine Verbandsfunktion bewarb und den inzwischen offenbar auch Geldsorgen drückten, ging nach Großbritannien, wo er 13 Jahre lang als Sprach- und Sportlehrer an verschiedenen Internaten tätig war. Zwar tauchte er 1908 am Rande des ersten offiziellen DFB-Länderspiels in der Schweiz auf, wo er, obwohl inoffiziell und ungeladen anwesend, die Regie des Rahmenprogramms übernahm, doch sein Rückzug aus der deutschen Fußballszene war unübersehbar. Ganz offensichtlich hatte er sich auf Dauer in England eingerichtet und verfasste begeisterte Hymnen auf das britische Erziehungswesen und den Sportsgeist der an Public Schools geschliffenen Gentlemen.

Der Erste Weltkrieg zwang ihn, vermutlich ungewollt, nach Deutschland zurück. Er erlebte diesen Krieg zwischen allen Fronten stehend: »Ich habe ihn doppelt empfunden: Es waren Jahre der Trauer um meine eigenen Landsleute, deren Pyrrhussiege mir das Ende nicht verschleiern konnten; Jahre der Trauer um liebe Kollegen, liebe Schüler aus meiner ... Tätigkeit in England.«[7] Bensemanns Konsequenz war die Ablehnung engstirnigen Nationaldenkens: »Auf den Geburtsort eines Menschen kommt es so wenig an, wie auf den Punkt, von wo er in den Hades fährt.«[8] Seine Hoffnung war, dass die Eigendynamik eines grenzüberschreitenden Sportverkehrs friedensstiftend wirken könnte: »Der Sport ist eine Religion, ist vielleicht heute das einzige wahre Verbindungsmittel der Völker und Klassen.«[9]

1921 schrieb er über den wieder in Gang kommenden Spielbetrieb: »Wenn man aber die Unmenge der internationalen Spiele betrachtet..., möchte man fast doch daran glauben, dass wir endlich wieder in unserem zerfleischten Europa einen wirklichen Frieden haben; nicht mehr den, der nur ein verdeckter Krieg ist, sondern einen wirklichen, wahrhaftigen Frieden. Unser Fußballsport hat den Frieden gemacht – das ist einmal gewiss.«[10] Um bittere Erfahrungen reicher und um einige Unbesonnenheiten ärmer war Bensemann nach dem Weltkrieg wieder an jenem Punkt angelangt, der ihn bereits vor 1900 umgetrieben hatte: der Förderung internationaler Begegnungen und Propagierung einer »pazifistischen Sportidee«[11]. Als er 1920 seine Zeitung gründete, den »Kicker«, beschrieb er dessen Leitmotiv in vielfachen Varianten so: »Der ›Kicker‹ ist ein Symbol der Völker-Versöhnung durch den Sport.«[12]

Der »Kicker«

Während seiner langjährigen Abwesenheit war Bensemann in Teilen der süddeutschen Fußballszene zu einer legendären Figur geworden; man pries ihn als den »Mann, der sich wohl die größten Verdienste um den deutschen … Fußball erworben hat«.[13] Zugleich verfügte er mittlerweile über hervorragende internationale Kontakte, die vor allem nach Ungarn, Tschechoslowakei, Österreich, in die Schweiz und die Niederlande reichten. Diese beiden Umstände – sein Renomee in Süddeutschland und sein Ansehen im Ausland – sorgten dafür, dass der »Kicker« trotz schwierigster Startbedingungen überlebte.

Anfangs war die wöchentlich erscheinende Zeitung ein reines Ein-Mann-Unternehmen, chaotisch verwaltet und von ewiger Geldnot verfolgt. Ihre Kernregion war Süddeutschland; die Redaktion residierte zunächst in Konstanz, dann in Stuttgart, Ludwigshafen und schließlich in der Fußball-Hochburg Nürnberg. Einen Großteil des Inhalts füllten regionale Beiträge, doch für Profil und Aufsehen sorgten vor allem die fundierten Korrespondentenberichte aus dem Ausland sowie die Leitartikel, die Bensemann allwöchentlich als »Glossen« veröffentlichte. Diese »Glossen« waren oft journalistische Meisterstücke, in denen Elemente der Nachricht, der Reportage, des Kommentars, der Satire, des Reiseberichts und der Leseransprache kühn miteinander vermengt wurden – nicht selten auf durchaus intellektuellem Niveau und immer wieder garniert mit Auskünften über die privaten Befindlichkeiten des Verfassers. Es waren »ungewöhnliche Arbeiten«, urteilte 50 Jahre später der bekannte Sportpublizist Richard Kirn, »das Bedeutendste, was je ein deutscher Sportjournalist geschrieben hat«.[14] Im Nachhinein erschließt sich aus diesen »Glossen« nicht nur eine wichtige Epoche deutscher Fußballgeschichte, sondern auch das atemlose Leben eines »Weltbürgers«, über den Kirn schrieb: »Er war in den Luxusherbergen Europas zu Hause, Mittelpunkt jeder gastlichen Tafel, schwermütiger Wanderer, … nie in einer bürgerlichen Wohnung zu Hause.«[15] In Eisenbahnwaggons fast pausenlos unterwegs zu den kontinentalen Fußballhochburgen, residierte Bensemann daheim in Nürnberg wie ein Patriarch fast sieben Jahre lang im Grand Hotel Fürstenhof, wo er regelmäßig zu üppigen Dinners lud und mit deutschen und internationalen Kickergrößen parlierte.

Vor allem in den ersten Jahren enthielten Bensemanns »Glossen« meist witzige und geistreiche Attacken gegen die Behinderung des Fußballbetriebs durch die Obrigkeit und gegen nationale Engstirnigkeiten. Oft stellte er dem auf internationalem Parkett beschränkt und polterig auftretenden Deutschen den polyglotten, souverän agierenden Engländer oder Schweizer gegenüber. Als deutschen Prototyp jener »Kulis einer Epoche, da der Untertan schweifwedelnd seine Inspiration von einer höheren Affenkaste empfing«, ließ Bensemann zuweilen eine Kunstfigur namens Kuhwedel durch seine »Glossen« stolpern und sich bei aller Tumbheit doch als »Salz der Erde« fühlen[16]. So sehr diese Satiren den liberalen und sozialdemokratischen Teil der »Kicker«-Leser amüsiert haben mögen, so sehr ärgerten sie den deutsch-konservativen. Deren Unmut eskalierte, als Bensemann im Februar 1921 statt eines eigenen Leitartikels das Traktat eines Dr. Max Uebelhör auf die ersten beiden Seiten seiner Zeitung rückte. Unter der Überschrift »Der deutsche Jammer« war darin eine polemische Attacke gegen den Militarismus zu lesen, und zwar »denjenigen made in Germany, den einzig existierenden also«.[17] Es hagelte daraufhin empörte Leserbriefe aus, wie der »Kicker« selbst darstellte, »deutsch-nationalen Kreisen«. Ein Abonnent kündigte an, er habe die Zeitung nunmehr zum letzten Mal gelesen: »Jeder echte Deutsche wird dasselbe tun.«[18] In einer anderen Zuschrift hieß es: »Sie sind beide (gemeint sind Bensemann und Uebelhör) Schurken und verdienen, am nächsten Laternenpfahl gehängt zu werden.«[19] Offensichtlich schadete die Affäre dem jungen Unternehmen auch finanziell erheblich. Bensemann behauptete später, der Gastartikel habe ihn 500 Abonnenten gekostet. Jedenfalls wurde er in der nächsten Zeit vorsichtiger mit politischen Provokationen.

Walther Bensemann als Herausgeber des »Kicker«.

Foto: »Der Kicker«

»In fremder Mentalität«

Deutlich blieb allerdings seine Kritik am internationalen Gebaren des DFB, insbesondere an der Person Felix Linnemanns, der im Vorstand für die internationalen Beziehungen zuständig war. Ihm warf Bensemann in mehreren Leitartikeln arrogantes und überhebliches Auftreten gegenüber ausländischen Verbänden vor. Einen Höhepunkt erreichte der Streit, als der »Kicker« 1923 die offenbar vom DFB verschleppten Verhandlungen über Länderspiele gegen Ungarn und Schweden attackierte und Linnemann vorwarf, »Mangel an Diplomatie« gezeigt und »ein Kabinettstück von Taktlosigkeit« abgeliefert zu haben. Linnemann antwortete mit einem Brief, in dem er Bensemann vorwarf, er »denke zu international«: »Sie wissen ja selbst, dass Sie nicht nur in fremden Sprachen träumen, Sie fühlen leider nach meinem Empfinden auch zu stark in fremder Mentalität.«[20]

Durch die nationalistisch motivierten Überheblichkeiten mancher DFB-Funktionäre sah Bensemann das Projekt einer internationalen Verständigung mithilfe von Sportbegegnungen gefährdet: »Der Hass gegen Deutschland ... entspringt einer Antipathie gegen schulmeisterliche Belehrung.«[21] Er selbst versuchte solche Begegnungen durch eigene Initiativen auch praktisch zu fördern, beispielsweise indem er englische Trainer nach Deutschland vermittelte, internationale Begegnungen auf Vereinsebene anbahnte und einen »Friedenspokal« ausschrieb für das erste Spiel zwischen einer Mannschaft aus Deutschland und einer aus dem mittlerweile wieder zu Frankreich gehörenden Elsass.[22]

Diese Bemühungen korrespondierten mit dem guten Verhältnis, das Bensemann zu zahlreichen Führungsfiguren der europäischen Fußballszene unterhielt. Unter anderem pflegte er intensivere, teils auch freundschaftliche Kontakte zu Anton Johanson (Schwedischer Verbandspräsident und Mitglied der FIFA-Exekutive), zu Moritz Fischer (Ungarischer Verbandspräsident), Henrik Fodor (Geschäftsführer des MTK Budapest), Giovanni Mauro (Italienischer Verbandspräsident), Hugo Meisl (Österreichischer Verbandskapitän und Vater des »Wunderteams«), zeitweise auch zu Frederick Wall (noch immer F.A.-Sekretär und neben Rimet wohl der einflussreichste Funktionär jener Zeit), daneben zu den international renommierten Schiedsrichtern Jan Langenus (Belgien) und William Boas (Niederlande) und schließlich zum Schweizer Funktionär Albert Mayer, der später ins IOC gewählt wurde.[23] Aus Inhalt und Diktion von Bensemanns »Kicker«-Glossen wird ersichtlich, dass eine Verständigung mit diesen und anderen Größen des europäischen Fußballs für ihn höchste Priorität genoss – in der FIFA sah er nicht weniger als eine Art sportlichen Völkerbund und pries sie als »das herrlichste Geschöpf der Welt«.[24]

Umso heftiger geriet seine Kritik, als sich der DFB mit den »Hannoveraner Beschlüssen« 1925 international isolierte. Auf einer Verbandstagung war beschlossen worden, zur Verteidigung des deutschen Amateurideals künftig den Spielverkehr mit Profiteams aus der Tschechoslowakei, Ungarn und Österreich zu verbieten – somit mit den seinerzeit spielstärksten Teams auf dem Kontinent. Dieser »ungeheuerliche«, »taktlose« und »überhebliche« Beschluss (Bensemann) war in den folgenden Jahren immer wieder Ziel seiner Attacken: »Es wird sich herausstellen, dass die übergroße Majorität der FIFA-Verbände durchaus nicht gesonnen ist, am deutschen Sportwesen zu genesen. Ich habe dies schon vor Wochen und Monaten befürchtet; als Antwort auf meine Befürchtungen kamen die Beschlüsse von Hannover, die von einer Weltfremdheit ohnegleichen zeugten und durch ihre verkehrte psychologische Einstellung unsere wenigen Freunde im Ausland gegen uns aufbrachten.«[25]

Zum zugrunde liegenden Streitpunkt – Ablehnung des Profitums – nahm Bensemann eine pragmatische Haltung ein. Er akzeptierte, dass die Zeit des großen englischen Amateur-Ideals, wie es in den von ihm verehrten Corinthians verkörpert war, wohl abgelaufen war, und plädierte für Lockerungen in den Amateurbestimmungen. Einen regelrechten Profibetrieb in Deutschland lehnte er jedoch ab – weniger aus ideologischen denn aus ökonomischen Gründen: Er befürchtete, dass im krisengeschüttelten Deutschland die Sportvereine ein solches Experiment nicht überleben könnten.

Auch in anderen großen Streitfragen des deutschen Fußballbetriebes argumentierte Bensemann zumeist zwar mit polemischer Feder, aber in der Sache selbst mit Pragmatismus und ohne ideologische Scheuklappen. Als Verfechter von sportlichen Einheitsorganisationen beispielsweise lehnte er separate Arbeitersportvereine ebenso ab wie konfessionelle Verbände. An den Aktivitäten der Arbeitersportler kritisierte er deren (partei-)politische Agitation und klassenkämpferischen Implikationen. Zugleich übersah er nicht, dass es in ihrer Betonung des Fair Play und des Internationalismus wesentliche Berührungspunkte mit seinem eigenen Sportverständnis gab. In diesem Sinne berichtete er über größere Veranstaltungen der Arbeitersportbewegung zuweilen ausführlich und freundlich, bescheinigte einer Arbeitersportzeitung »echten Pioniergeist, wie er uns früher beseelte«,[26] oder erwähnte lobend die erste deutsch-französische Nachkriegsbegegnung, die durch die »Arbeitersportkartelle« zustande gebracht wurde.[27]

In seiner Kritik an den jüdischen Separatverbänden argumentierte er ebenso moderat und mit jener Einstellung, die den assimilierten Teil der deutschen Juden prägte: »Die Leidensgeschichte des jüdischen Volkes ist genau wie die der ersten Christen oder die der ersten Protestanten ein Schandfleck der Geschichte. Allein sie sollte dazu führen, Humanität und Toleranz als Prinzipien gelten zu lassen. Neben den vielen hochgebildeten Israeliten, die sich in der Nation, von der sie einen Bestandteil bilden, akklimatisiert hatten und die zum Teil als Philantropen und Förderer der Künste über den Rahmen ihres Landes hinaus gewirkt haben, gibt es eine ganze Reihe von Staatsbürgern derselben Konfession, die nur durch eine intensive soziale Vermischung mit Andersgläubigen gewinnen kann. Warum also etwas Trennendes in eine Bewegung hineinschaffen, welche die Einigkeit als obersten Grundsatz pflegt?«[28]

Sein Hinweis allerdings, eigene jüdische Sportvereine seien nur dann gerechtfertigt, »wenn die großen Sportverbände Antisemitismus trieben und Israelis nicht aufnähmen«, greift ein wenig kurz. Ohnehin ist auffällig, dass sich Bensemann in aller Regel zu antisemitischen Tendenzen nicht explizit äußerte, jedenfalls nicht öffentlich.

»Tüchtige Teutsche« und »Mausefallenhändler«

Der Antisemitismus, der auch nach der formellen Gleichstellung der jüdischen Bürger nicht verstummt war und sich schon vor dem Ersten Weltkrieg in scharfen rassistischen Attacken geäußert hatte, fand in der Weimarer Republik erneut seinen Nährboden – vor allem dann, wenn für die politischen Nachwehen des verlorenen Krieges oder für ökonomische Krisenerscheinungen wie Inflation oder Arbeitslosigkeit Sündenböcke gesucht wurden. Als Außenminister Rathenau beispielsweise die schwierigen Reparationsverhandlungen mit den Alliierten zu führen hatte, wurde er von der politischen Rechten als »Erfüllungspolitiker« geschmäht und unter Freikorps-Angehörigen und rechtsextremen Studenten kursierte der Knittelvers: »Knallt ab den Walther Rathenau / die gottverfluchte Judensau!« Eine Aufforderung, die 1922 durch ein Attentat mörderische Realität wurde.[29]

Auch der Fußball blieb von antisemitischen Vorfällen nicht verschont; vereinzelt wurden solche Geschehnisse auch in Bensemanns Sportzeitung erwähnt. Der Wiener Sportjournalist Willy Meisl (ein Bruder des österreichischen Verbandskapitäns Hugo Meisl) zitiert im »Kicker« ein Beispiel aus dem österreichischen »Volksblatt«. Darin wird behauptet, der Fußball werde »von jüdischem Gelde erhalten..., um die Leidenschaften der Massen aufzupeitschen und die rohen Instinkte der Menschen zu wecken«. Meisl, der selber jüdischer Herkunft war, kommentierte: »No also, bitte! Ist er nicht an allem Schuld? – Wer? – Blöde Frag': der Jud!«[30]

Entsprechenden Konflikten im deutschen Sport wich Bensemann in seinen »Glossen« eher aus. Zwar veröffentlichte er zuweilen Leserbriefe oder Presseberichte, die antisemitische Stimmungen in der Turnerschaft kritisierten, doch kommentierte er sie zurückhaltend mit den Worten: »Zu einer Diskussion (dieser Berichte) kann ich nicht schreiten, da der ›Kicker‹ sich mit der Turnerei in keiner Beziehung abgibt. Ich habe genug damit zu tun, die Politik vom Sport fernzuhalten.«[31]

Und als die linke Zeitschrift »Arbeitersportler« behauptete, »das bürgerliche Sportpublikum (stelle) die Kerntruppen für Naziversammlungen«, während »der ›Kicker‹ krampfhaft die Augen davor zudrückt«, antwortete Bensemann mit einem Hinweis auf die parteipolitische Neutralität der Sportbewegung: »Wir haben uns niemals die Mühe gegeben, die politischen Anschauungen unserer Zuschauer zu erforschen; selbst unseren Mitgliedern steht ihre Parteizugehörigkeit völlig frei.«[32]

Auch ein eklatanter antisemitischer Vorfall in Bensemanns direktem Umfeld blieb von ihm unkommentiert: Im August 1932 verließ der langjährige ungarische Trainer des 1. FC Nürnberg, Jenö Konrad, über Nacht Deutschland und übersiedelte nach Österreich. Anlass waren Attacken des in Nürnberg erschienen Hetzblattes »Der Stürmer« gegen den Trainer, über den es u.a. hieß: »Ein Jude ist ja auch als wahrer Sportsmann nicht denkbar. Er ist nicht dazu gebaut mit seiner abnormen und missratenen Gestalt.«[33] Obwohl Bensemann mit Konrad gut bekannt war und ihn im »Kicker« sowohl vor wie auch nach diesem Vorfall als hervorragenden Trainer lobte, schwieg er zu dem Eklat. Möglicherweise schien es ihm gerade als Juden unpassend, Angriffe auf jüdische Bürger zu thematisieren.

Verständlicher wird diese Haltung, wenn man berücksichtigt, dass Bensemann selbst mit (unausgesprochenen) antisemitischen Klischees gegen seine Person konfrontiert war. Dies galt vor allem für seinen langjährigen Streit mit dem Westdeutschen Spielverband (WSV) bzw. dessen Zentralorgan, dem »Fußball und Leichtathletik« (»FuL«). Diese Fehde war in Schwung gekommen, nachdem der »FuL« im Frühjahr 1924 ein Traktat veröffentlicht hatte, dessen Inhalt durch die Überschrift im Grunde hinreichend wiedergegeben wird: »Die drei scharfen T des WSV«, nämlich »Teutsch, Treu, Tüchtig«. Verfasser war Josef Klein, Vorsitzender des WSV-Jugendausschusses und späterer Reichstagsabgeordneter der NSDAP.[34] Klein ging es um ethische Grundsätze, die für Sport und Nation gleichermaßen eine prägende Kraft entwickeln sollten. Ziel der sportlichen wie der gesellschaftlichen Erziehung waren für Klein »in und für Deutschland brauchbare Menschen«, die die »Lebenskräfte des deutschen Volkstums« retten sollten. Seine rigorose Ablehnung galt dem »schwachsinnigen Traum von sportlicher Weltverbrüderung«.

Bensemann druckte den Artikel nach und ließ ihn durch – überwiegend ablehnende – Gastbeiträge kommentieren. Ein Vorgehen, das

Die Völkerversöhnung durch den Sport

Der „Kicker"-Pokal für das erste, nach dem Kriege stattfindende Wettspiel zwischen einer ungarischen und tschechischen Mannschaft

Für das erste Spiel zweier Spitzenmannschaften der verfeindeten Nachbarn Ungarn und Tschechoslowakei setzte der »Kicker« nach dem Ersten Weltkrieg einen »Friedenspokal« aus.

ihm seitens des »FuL« den Vorwurf einbrachte, er habe »das ganze Heer« seiner »Spottjournalisten aufgeboten, um Herrn Dr. Klein lächerlich zu machen und seine Gedanken als die Ausgeburt eines nationalistischen Gehirns zu verdummteufeln«.[35] Danach verging kaum eine Ausgabe des »Kicker« oder des »FuL« ohne wechselseitige Sticheleien, und der Streit eskalierte, als im Frühjahr 1925 Guido von Mengden Redakteur des »FuL« wurde. Auch er warf Bensemann vor, er mache »sehr viel in Sportpolitik, allerdings nicht in deutscher«, und fügte dieser Kritik bald einen unüberhörbaren antisemitischen Unterton bei. Beispielsweise rechnete er den »Kicker«-Herausgeber zu jenen Menschen, »die Krämer und Geschäftemacher mit Volksseele und Volksgemüt sind«[36] und schrieb von einem »Mausefallenhändler«, der »aus den Ländern um Galizien« stamme. Letzterer Vorwurf war zwar gegen Hugo Meisl gerichtet, den (jüdischen) Verbandskapitän in Österreich, zielte aber gleichzeitig auf Bensemann, der mit Meisl eng befreundet war. Vor allem diese Formulierung veranlasste den »Kicker«-Herausgeber, den Streit zwar nicht inhaltlich zu vertiefen, aber formal eine Etage höher zu hängen: Er drohte mit dem Austritt des Süddeutschen Verbandes aus dem DFB, sofern der »FuL« seine Tonlage nicht mäßigen würde.[37]

Auch wenn Bensemann mit dieser Drohung seine Kompetenzen vermutlich weit überschritt, so verweist der Vorgang doch darauf, dass es sich bei dem Streit keineswegs um die Privataffäre zweier verfeindeter Zeitungsleute handelte. Der »Kicker« war seit 1924 das Zentralorgan des Süddeutschen Fußball-Verbandes, der »FuL« das des Westdeutschen, und ihre Fehde war durchaus repräsentativ für die politische Konfliktlage im DFB. Bensemann verfolgte in den wichtigsten sportpolitischen Fragen (wie Profitum, Verhältnis zum Arbeitersport, Beziehungen zum Ausland) einen Kurs des Ausgleichs, des Pragmatismus und der Verständigung. Dagegen dominierte beim »FuL« eine aggressive deutschnationalistische Ideologie. Klein und von Mengden formulierten in pointierter Form lediglich eine Position, die im DFB längst Mehrheitsmeinung war. Wie der Streit beweist, hätte der DFB in der Weimarer Zeit die Option auf eine andere politische Entwicklung gehabt, ohne dabei seine bürgerliche Grundhaltung aufgeben zu müssen. Aus freien Stücken wählte er einen Weg, der ihn 1933 schließlich in die Arme der Nationalsozialisten führen musste.

Guido von Mengden, Bensemanns Gegenspieler, sollte übrigens noch eine bemerkenswerte Karriere durchlaufen. Im Juni 1933 wurde er Pressewart des DFB, im April 1935 Pressereferent des Deutschen Reichsbundes für Leibesübungen, 1936 Generalreferent des Reichssportführers von Tschammer und Osten. In dieser Funktion wirkte der SA-Sturmbannführer als »Generalstabschef« des deutschen Sports (so der Sporthistoriker Hajo Bernett). Nach 1945 begann er eine zweite Karriere als Sportfunktionär, wurde 1951 Geschäftsführer der Deutschen Olympischen Gesellschaft, 1954 Hauptgeschäftsführer des Deutschen Sportbundes und 1961 Generalsekretär des Nationalen Olympischen Komitees – kurzum, die »graue Eminenz« (Bernett) des bundesdeutschen Sports.[38] Eine wahrhaft deutsche Karriere.

Die Vertreibung

Wenige Monate vor der nationalsozialistischen Machtübernahme stellte sich Bensemanns Situation merkwürdig zwiespältig dar. Auf internationalem Parkett zeigte ihn der FIFA-Kongress 1932 in Stockholm auf dem Höhepunkt seines Ansehens. Unter den FIFA-Granden wandelte er inter

pares, Gastgeber Johanson, der schwedische Verbandspräsident, pries den
»Kicker« öffentlich als »das beste Sportblatt des Kontinents«,[39] und zwei seiner engsten deutschen Freunde wurden in hohe FIFA-Ämter gewählt:
Jugendfreund Ivo Schricker wurde FIFA-Generalsekretär, der renommierte
Kölner Schiedsrichter Peco Bauwens gelangte in den Exekutiv-Vorstand.

In scharfem Kontrast dazu stand Bensemanns Situation in Deutschland. Im Streit um eine internationalistische Ausrichtung des Sports war er
immer stärker in die Defensive geraten. Seine Gesundheit war stark angeschlagen und seine finanzielle Situation denkbar schlecht. Nicht zuletzt der
Eklat um den »Club«-Trainer Jenö Konrad dürfte ihm klar gemacht haben,
welche Zukunft jüdische Bürger in einem nationalsozialistisch regierten
Deutschland zu erwarten hatten.

Zudem hatte der »Kicker« inzwischen seine Selbstständigkeit verloren.
Offensichtlich hatte selbst die enge Anlehnung an den Süddeutschen Fußballverband die ökonomische Situation des Blattes nicht gefestigt. Mit dem
Nürnberger Verleger Max Willmy kam ein Partner ins Boot, der Bensemanns autokratische Position im »Kicker« bald infrage stellte und offenbar
auch dessen persönlichen Reiseetat zusammenstrich.[40] In einem letzten Akt
des Trotzes und persönlicher Eitelkeit ließ Bensemann sich anlässlich seines
60. Geburtstags über mehrere Seiten im »Kicker« als verdienstvollen Pionier
feiern. Danach resignierte er offenbar. Zwar enthielt sich der »Kicker« unter
seiner Regie jeglichen positiven Kommentars zu Hitlers frischer Kanzlerschaft – aber auch jeglicher direkten Kritik.

Anfang April 1933 reiste Bensemann in die Schweiz, aus der er nicht
mehr zurückkehren sollte. 1934 weilte er – von der Krankheit gezeichnet –
noch als Gast bei der Fußballweltmeisterschaft in Italien, wo ihn deutsche
Journalisten als Mahner vor der faschistischen Gefahr in Erinnerung
behielten.[41] Auch in Briefen an deutsche Freunde bekundete er seine Ablehnung des Hitler-Regimes. Doch öffentliche Äußerungen von ihm sind nicht
mehr bekannt. Bensemann starb am 12. November 1934 in Montreux, wo
er zuletzt im Hause seines Freundes Albert Mayer gewohnt hatte.

Es war ihm nicht erspart geblieben, die Anfänge der nationalsozialistischen Herrschaft mitzuerleben – und die fatale Anpassung von Leuten, die
einst seine Weggefährten waren. Hans-Jakob Müllenbach, sein journalistischer Schüler seit 1920 und Nachfolger im »Kicker«, ließ in dem Blatt über
»Asphaltliteraten« herziehen, die »das deutsche Wesen so verunglimpft«
und »teilweise allerdings nun die Flucht ergriffen« hätten.[42] Bereits einige
Tage zuvor, am 9. April 1933, hatten die großen süddeutschen Fußballver-

eine, mit denen Bensemann über lange Zeit enge Beziehungen gepflegt hatte, in einer gemeinsamen Erklärung versichert, sie würden die Maßnahmen der NS-Regierung »mit allen Kräften« mittragen, »insbesondere in der Frage der Entfernung der Juden aus den Sportvereinen«.[43] Zu den unterzeichnenden Klubs gehörten der Karlsruher FV, den Bensemann gegründet hatte, der 1. FC Nürnberg, zu dem er bis 1933 besonders freundschaftliche Kontakte unterhalten hatte, sowie Eintracht Frankfurt und der FC Bayern, deren Vorläufervereine er mitgegründet hatte. Kurze Zeit später proklamierte auch der DFB, an dessen Spitze seit einigen Jahren Felix Linnemann stand, er halte »Angehörige der jüdischen Rasse ... in führenden Stellungen der Landesverbände und Vereine nicht für tragbar«.

Einen bemerkenswerten Nachtritt leistete sich Otto Nerz gegenüber Walther Bensemann. Der aus Süddeutschland stammende Nerz war in den zwanziger Jahren häufiger Kolumnist des »Kicker« gewesen und genoss als Reichstrainer zwischen 1926 und 1933 die uneingeschränkte publizistische Unterstützung des »Kicker«-Herausgebers. Am 4. Juni 1943 schrieb Nerz im Berliner »12 Uhr Blatt« über die Sportjournalisten der Weimarer Zeit: »Die besten Stellen bei den großen Zeitungsverlagen waren in jüdischen Händen. Die Journalisten trieben von ihrem Schreibtisch eine rein jüdische Politik. Sie unterstützten die zersetzende Arbeit ihrer Rassengenossen in den Verbänden und Vereinen und setzten die Sportführung unter Druck, wenn sie ihnen nicht zu Willen war.«[44]

Ivo Schricker, der für die Nazis unangreifbar in der FIFA-Zentrale saß, sowie dem Schweizer Albert Mayer blieb es vorbehalten, Bensemanns Andenken zu wahren. Am Abend nach dessen Beerdigung in Montreux beschlossen sie gemeinsam mit anderen Freunden, ein internationales Fußballjugendturnier ins Leben zu rufen und dem Pionier zu widmen.[45] 1937 fand in Genf das erste »Tournoi international de Football-Juniors pro memoria Walter Bensemann« statt, mit Beteiligung namhafter Vereine aus der Schweiz, der Tschechoslowakei, aus Frankreich und Italien. Weitere Turniere folgten 1938 und 1939 in Straßburg und Zürich, bis der Weltkrieg dieser Idee ein vorläufiges Ende setzte. 1946 wurde das Turnier dann wieder ausgetragen, 1951 erstmals auch in Deutschland (Karlsruhe). Die UEFA unterstützte das Projekt, das nach 1962, dem Todesjahr Schrickers, zum »Internationalen Turnier p.m. Walter Bensemann – Dr. Ivo Schricker« umbenannt wurde. Vorsitzende des Organisationskomitees waren bis 1961 Ivo Schricker als FIFA-Generalsekretär, danach IOC-Mitglied Albert Mayer, DFB-Präsident Peco Bauwens sowie FIFA-Präsident Sir Stanley Rous. Das letzte Turnier wurde 1991 vom Karlsruher FV durchgeführt, danach löste das Komitee sich auf, weil die UEFA ihre finanzielle Bürgschaft zurückgezogen hatte.

Größere Jugendturniere in Deutschland heißen heutzutage Nokia- oder McDonalds-Cup und stehen eher im Zeichen der Globalisierung als des Internationalismus.

Anmerkungen

1 In der Literatur finden sich zu Bensemanns familiärem Hintergrund eher unklare Äußerungen. Sein Vater wird in der Geburtsurkunde als »Banquier« bezeichnet, der »zur Religionsgemeinschaft der Juden gehörig« sei. Ob die Mutter, wie später von Weggenossen Bensemanns beschrieben, die »Tochter eines reichen Fabrikbesitzers aus Breslau« gewesen war, konnte nicht verifiziert werden. Über seine verwandtschaftlichen Kontakte nach Schottland (über einen Vetter Bob Davy bzw. einen Neffen Walter Davy) berichtete Bensemann selbst zuweilen im »Kicker«. Die im Weiteren zitierte Aussage, die Familie Bensemanns gehöre zu denjenigen jüdischen Bürgern, die eher kosmopolitisch und kulturell interessiert eingestellt seien sowie den jüdischen Glauben nicht oder nur verhalten praktizierten, stammt von Dr. Fritz Weilenmann, den der Autor 1998 befragen konnte. Er hatte noch als Kind Walther Bensemann kennen gelernt, arbeitete nach dem Zweiten Weltkrieg in der Redaktion des »Kicker« und zählte zu seinem Bekanntenkreis einige Persönlichkeiten, die Bensemann gut gekannt hatten (z.B. Dr. Peco Bauwens, Dr. Friedebert Becker oder Dr. Georg Xandry). Weilenmann berichtete auch von den kulturellen »Salon-Aktivitäten« der Mutter Bensemanns.
2 Ruth Gay: Geschichte der Juden in Deutschland, München 1993, S. 178
3 »Der Kicker«, Nr. 27/1929. Weitere Angaben zu jener Zeit finden sich u.a. in den Heften 43/1931 und 12/1922.
4 »Spiel und Sport« vom 20. Januar 1900, S. 39
5 »Spiel und Sport« vom 13. Januar 1900, S. 24
6 Die später so genannten »Ur-Länderspiele« waren: am 23.11.1899 in Berlin (2:3, 1.500 Zuschauer), am 24.11.1899 wiederum in Berlin (2:10, 500 Zuschauer), am 25.11.1899 in Prag (0:8, 4.500 Zuschauer) sowie am 28.11.1899 in Karlsruhe (0:7, 2.000 Zuschauer). Den vereinbarten Rückspielen gingen wiederum längere Querelen zwischen Bensemann und dem Süddeutschen Verband voraus, die erst beigelegt wurden, nachdem Bensemann den Vorsitz im Organisationskomitee niedergelegt und der englische F.A.-Sekretär Frederick Wall den DFB-Bundesvorsitzenden Hueppe kontaktiert hatte. Die Spiele in England waren: am 21.9.1901 in London (12:0-Sieg einer englischen Amateurauswahl) sowie am 25.9.1901 in Manchester (10:0-Sieg einer englischen Profiauswahl).
Über den Stellenwert dieser »Ur-Länderspiele« hieß es 1914 rückschauend in einer Festschrift des Torball- und Fußball-Club Viktoria Berlin: Es war »die größte Sensation des alten Jahrhunderts: das Erscheinen der ersten repräsentativen englischen Mannschaft in Berlin mit den glanzvollsten Namen englischer Fußballgeschichte. (...) Sie offenbarte

uns eine ganz neue Kunst, das genaue flache Zuspiel, das Zuspiel an den Hintermann, das exakte Stoppen des Balles usw., Eigenschaften, die man damals bei dem guten hohen alldeutschen Spiel absolut nicht kannte.«

7 »Der Kicker«, Nr. 11/1920
8 Ebenda
9 »Der Kicker«, Nr. 34/1930
10 »Der Kicker«, Nr. 52/1921
11 »Der Kicker«, Nr. 9/1925
12 »Der Kicker«, Nr. 25/1920
13 Phil Wolf: Neue Ausgrabungen aus der Steinzeit des Frankfurter Fußballs, Frankfurt / M. 1930, S. 12
14 Zit. nach Peter Seifert: Walther Bensemann als Sportpublizist (Diplomarbeit), Köln 1973
15 Richard Kirn: Große Namen der deutschen Sportjournalistik, in: Internationale Sport-Korrespondenz, Lechfelden-Echterdingen, Juli 1977
16 »Der Kicker«, Nr. 3/1920; vgl. beispielsweise auch Nr. 4/1921
17 »Der Kicker«, Nr. 5/1921
18 »Der Kicker«, Nr. 6/1921
19 »Der Kicker«, Nr. 7/1921
20 »Der Kicker«, Nr. 16/1923
21 »Der Kicker«, Nr. 5/1922
22 »Der Kicker«, Nr. 13/1921
23 Boas und Mayer halfen dem »Kicker« 1922 auch finanziell, als die Zeitung während der Inflation in wirtschaftliche Probleme geriet. Dies trug Bensemann den Vorwurf ein, sein Blatt werde von ausländischem Kapital finanziert und betreibe »systematische Auslandspropaganda« (vgl. Nr. 4/1923).
24 »Der Kicker«, Nr. 22/1931
25 »Der Kicker«, Nr. 9/1925
26 »Der Kicker«, Nr. 5/1925
27 »Der Kicker«, Nr. 42/1924
28 »Der Kicker«, Nr. 43/1921
29 Vgl. dazu Ruth Gay, a.a.O., S. 230f
30 »Der Kicker«, Nr. 49/1923
31 »Der Kicker«, Nr. 4/1925. Bensemann erhebt m.W. im »Kicker« nur einmal den Vorwurf des Antisemitismus, und zwar gegenüber einem Straßburger (also französischen) Leserbriefschreiber, der sich als »ehrlicher Arbeiter« bezeichnet und bestimmten Fußballerkreisen »Krämergeist« vorwirft. Bensemann antwortet in Heft 2/1924: »Ihr Brief bekundet einen offensichtlichen Antisemitismus, den man in Arbeiterkreisen eigentlich nicht erwartet. Lassalle, Marx und Rosa Luxemburg haben doch stets bei der werktätigen Schicht die allergrößte Verehrung genossen.«
32 »Der Kicker«, Nr. 39/1931
33 Vgl. dazu Bausenwein / Kaiser / Siegler: 1. FC Nürnberg – Die Legende des Club, Göttingen 1996, S. 75ff
34 Dr. Klein, der im Mai 1933 zum neuen »Führer« des WSV gewählt werden sollte, saß zwischen 1932 und 1936 für die NSDAP im Reichstag. Später geriet er in Widerspruch zum nationalsozialistischen System, insbesondere zu dessen zentralistischen Tendenzen. 1942 wurde er verhaftet und für sechs Monate in einem KZ inhaftiert. Er starb

1952. Vgl. dazu auch: Arthur Heinrich: Der deutsche Fußballbund. Eine politische Geschichte, Köln 2000, Erik Eggers: Fußball in der Weimarer Republik, Kassel 2001; schließlich: Westdeutscher Fußballverband e.V. (Hg.): 100 Jahre Fußball im Westen, Kassel 1998

35 »Fußball und Leichtathletik«, Nr. 27/1925
36 Zit. nach »Der Kicker«, Nr. 14/1928. Dass Bensemann die Verwendung solcher Begrifflichkeiten mit Antisemitismus gleichsetzen musste, beweist seine in Fußnote 31 geschilderte Reaktion.
37 »Der Kicker«, Nr. 47/1928
38 Vgl. dazu: Hajo Bernett: Guido von Mengden – »Generalstabschef« des deutschen Sports, Berlin/München/Frankfurt/M. 1976
39 »Der Kicker«, Nr. 22/1932
40 Dr. Max Willmy war Besitzer einer Großdruckerei sowie eines Zeitungsverlages in Nürnberg. Seine Eingriffe in den »Kicker« waren möglicherweise nicht nur dadurch motiviert, Ordnung in ein Unternehmen zu bringen, an dem er finanziell beteiligt war. Willmy arrangierte sich ab 1933 verdächtig schnell mit den Nazis und druckte einige ihrer Blätter, ab 1934 auch den »Stürmer«, der bald eine wöchentliche Auflage von 2,5 Millionen erreichte. Es ist zu vermuten, dass Willmy frühzeitig ein Interesse daran hatte, den »Kicker« politisch in ein neues Fahrwasser zu lotsen und den starrsinnigen (zudem jüdischen) Herausgeber loszuwerden. 1948 wurde Willmy wegen seiner Beziehungen zu dem Nazi-Regime zu zwei Jahren Sonderarbeit verurteilt, sein Vermögen wurde zu 50% eingezogen. Auf fünf Jahre wurde ihm das Wahlrecht entzogen sowie die Berufsausübung als Verleger verboten.
41 Vgl. beispielsweise: Friedebert Becker: Walter Bensemann, Porträt eines Idealisten, in: DFB-Jahrbuch, Frankfurt 1953; Richard Kirn: Aus der Freiheit des Herzens, in: »Der Kicker« vom 7.12.1953; schließlich: Paul Laven: Fußball-Melodie, Erlebtes und Erlauschtes, Bad Kreuznach 1953
42 »Der Kicker«, Nr. 16/1933. Er erschien am 11. April, also etwa zehn Tage nach Bensemanns Ausreise.
43 Vgl. »Der Kicker«, Nr. 15/1933
44 Zit. nach Jürgen Leinemann: Sepp Herberger, ein Leben, eine Legende, Hamburg 1998 (S. 266)
45 Vgl. zu Entstehung und Geschichte des Turniers: Karlsruher Fußballverein (Hg.): 90 Jahre Karlsruher Fußballverein, Karlsruhe 1981; sowie derselbe (Hg.): 100 Jahre Karlsruher Fußballverein, Karlsruhe 1991.

Werner Skrentny

»Unendlich viel zu verdanken« – Jüdische Traditionen im Fußball-Süden

Es gibt zahlreiche Fußballvereine, die bis 1933 jüdische Funktionäre und Gönner besaßen – eine Tatsache, die in den offiziellen Vereins- und Verbandsgeschichten eher als Marginalie oder gar nicht behandelt wird. Meist waren es Fußball-Pioniere bzw. die so genannten Stadtvereine, die geprägt waren von Aktiven und Funktionsträgern aus der Ober- und Mittelschicht – von Kaufleuten und Ärzten beispielsweise. Der nachstehende Beitrag benennt einige der Vereine, die jüdische Wurzeln hatten, wobei die lokale Forschung teils Wesentliches zutage brachte.

Einige der jüdischen Fußball-Repräsentanten der frühen Jahre sind in diesem Buch erwähnt, dazu gezählt werden muss auch »der jahrelange Führer des Hamburger und darüber hinaus des norddeutschen Fußballsports, unser Glaubensgenosse Paul Koretz« (»Israelitisches Familienblatt« 8.9.1926), der im Alter von 42 Jahren in Hamburg verstarb. Paul Koretz war 20 Jahre lang Vorsitzender des renommierten SC Victoria Hamburg, außerdem Vorsitzender und Ehrenvorsitzender des Norddeutschen Fußball-Verbandes (NFV). Koretz stammte aus Österreich.

Süd-Elite fordert »Entfernung der Juden«

Dieser Beitrag allerdings hat vorrangig die süddeutsche Fußballszene zum Thema, Anfang des 20. Jahrhunderts das eigentliche Zentrum der deutschen Fußballbewegung. Die führenden Klubs der Region hatten sich um den 9. April 1933 in einer Art von vorauseilendem Gehorsam »freudig und entschieden« zur NS-Machtübernahme bekannt und versprochen, sich »insbesondere in der Frage der Entfernung der Juden aus den Sportvereinen« zu engagieren. Unterzeichnet hatten das Schreiben aus Bayern der FC

Bayern München, 1860 München, 1. FC Nürnberg, SpVgg Fürth, aus Hessen Eintracht Frankfurt, FSV Frankfurt, aus Baden Phönix Karlsruhe, Karlsruher FV, SV Waldhof, aus Württemberg Stuttgarter Kickers, Union Böckingen und aus der bayerischen Pfalz FC Kaiserslautern und FC Pirmasens.

Warum gerade diese Vereine die Erklärung abgaben, erschließt sich aus einem Blick auf das Fußballgeschehen zu der Zeit: Alle genannten Klubs spielten damals in zwei Gruppen um die Südmeisterschaft. Was allerdings noch niemandem auffiel: Aus diesem illustren Kreis hatten zwei Endrunden-Teilnehmer nicht unterschrieben, nämlich Wormatia Worms und der FSV Mainz 05. Waren deren Vertreter nicht erreichbar gewesen oder wollten sie nicht unterzeichnen?

Zu Mainz wäre im Übrigen anzumerken, dass noch am 15.3.1933 (laut Meisl/Pinczower) der Jude Jack Koronczyk, insgesamt 25 Jahre als Referee tätig, von etwa hundert Schiedsrichtern zum Vorsitzenden der Schiedsrichter-Vereinigung Mainz gewählt wurde. Koronczyk war in ca. 500 Spielen Unparteiischer und leitete auch Begegnungen um die Süddeutsche Meisterschaft. Der Kaufmann Jakob Koronczyk war 1899 in München geboren worden, wurde 1928 in Karlsruhe als Badener eingebürgert und betrieb zu Beginn der 1920er Jahre das »Sporthaus Stadion« in der Flachsmarktstr. 34 in Mainz.

Doch zurück zur Resolution der süddeutschen Spitzenklubs. Als der Reichskommissar Hans von Tschammer zu Osten am 10.5.1933 kundtat, »in der Arierfrage muss ich mir die endgültige Lösung noch vorbehalten«, hatte längst, »vom gesamtgesellschaftlichen Klima inspiriert« (Artur Heinrich), der Verdrängungsprozess jüdischer Sportler aus den Vereinen eingesetzt. Der Judenboykott vom 1. April, das Gesetz zur Wiederherstellung des Berufsbeamtentums samt sog. Arierparagraf vom 7. April, die Umsturz-Stimmung, die hemmungslose antisemitische Propaganda und die brutale Verfolgung der Opposition hatten eine Stimmung geschaffen, in der die Sportverbände nur zu willfährig das vollzogen, was letztlich auch im Sinne der Nationalsozialisten war.

Voraus eilen die mächtige Deutsche Turnerschaft, Amateurboxer und Berufsboxer, Deutscher Kanu-Verband, Deutscher Schwimm-Verband etc. Der DFB-Vorstand, Datum 9.4.1933, »fordert von seinen Vereinen, mit allen Kräften an der nationalen Erneuerung mitzuarbeiten«. Am 19.4.1933 ist im »Kicker« zu lesen: »Der Vorstand des Deutschen Fußball-Bundes und der Vorstand der Deutschen Sportbehörde halten Angehörige der jüdischen

Rasse (…) in führenden Stellungen der Landesverbände und Vereine nicht für tragbar. Die Landesverbände und Vereine werden aufgefordert, die entsprechenden Maßnahmen, soweit diese nicht bereits getroffen wurden, zu veranlassen.« Der Reichssportkommissar Tschammer war noch nicht einmal ernannt – und insofern gab es keine offizielle Direktive –, als jüdischen Fußballsportlern verdeutlicht wurde, dass für sie in den sog. paritätischen Vereinen kein Platz mehr sei. Der Süddeutsche Fußball- und Leichtathletik-Verband schloss die jüdischen Klubs aus, es folgte der Südostdeutsche Fußball-Verband, die Stadt Hannover forderte die Vereine zur Einführung des so genannten Arierparagrafen auf, der Ende 1933 für die Berliner Vereine galt. Südbadische Vereine hatten (nach Schwarz-Pich) am 12.4.1933 verlangt, den so genannten Arierparagrafen sofort einzuführen. Die Presse in Mannheim und Umgebung sei – von wem? – aufgefordert worden, keine Berichterstatter jüdischen Glaubens mehr zu Fußballspielen zu schicken.

Als Tschammer sich wieder zum Thema äußerte, hatte alles längst seinen Lauf genommen. Der Reichssportkommissar laut »Kicker«-Bericht im Mai 1933 im Rundfunk: »Ich will nicht über einen Kamm scheren, aber dass es dem jüdischen Turner und Sportler im neuen Deutschland nicht möglich ist, eine führende oder mitbestimmende Stellung einzunehmen, hat er unterdessen selbst eingesehen.« Am 24.5.1933 äußert Tschammer, sollten Vereine sich weigern, jüdische Mitglieder auszuschließen, müsse man scharf vorgehen – Ausnahme seien bekannte Mitglieder. Aber auch da hatte die Realität bereits die Absichten überholt: Der »Kicker«-Chefredakteur, Würzburgs bester Fußballer, Ulms bester Mittelstürmer, bekannte Vereins-Funktionäre hatten längst keinen Platz mehr im Sport im »neuen Deutschland«.

Sanktioniert wurde all das, was bereits geschehen ist, mit der »Einheitssatzung des Deutschen Verbandes für Leibesübungen« im Januar 1935, Tschammer ist seit dem 19.7.1933 Reichssportführer. Danach können keine jüdischen Sportler mehr von den Vereinen dieser Organisationen aufgenommen werden. Falls der jeweilige Klub in eigener Initiative die Satzung um den so genannten Arierparagraphen ergänzen würde, hätte dies den Ausschluss jüdischer Mitglieder zur Folge.

Mannheim: Herbergers Gönner

Mit der Erklärung der süddeutschen Spitzenklubs begann der Exodus der Mitglieder jüdischen Glaubens aus den Fußballvereinen. So war es auch beim traditionsreichen VfR Mannheim, der im Ruf eines »Judenklubs«

stand, nach dem Zweiten Weltkrieg Deutscher Meister war (1949) und sich 2002 aus finanziellen Gründen von der 3. Liga in die 5. Liga zurückzog. Die Rasensportler waren der »Stadtverein« (andere schreiben vom »Geldverein«) und standen als Repräsentanten der Bürgerschicht damit im Gegensatz zum Lokalrivalen SV Waldhof, der aus dem proletarischen Milieu kam.

Wie in so vielen anderen Fällen auch existiert beim VfR kein Vereinsarchiv, in dem Unterlagen aus der Zeit der Weimarer Republik und der Nazizeit auffindbar wären. Schwarz-Pich berichtet, die führenden Männer des VfR hätten sich bei den jüdischen Vereinsmitgliedern entschuldigt, als diese von ihren Funktionen »entbunden« wurden. Karl Geppert vom VfR, in den 1920er Jahren 3. Vorsitzender des DFB und im Vorstand des Süddeutschen Fußball-und Leichtathletik-Verbandes (SFV), besuchte 1934 Fußball-Pionier Walther Bensemann in dessen Schweizer Exil und soll den in ärmlichen Verhältnissen lebenden Emigranten finanziell unterstützt haben. In Richard »Little« Dombi (Kohn) besaß der VfR in den 1920er Jahren einen jüdischen Trainer, der in Süddeutschland bereits erfolgreich bei den Sportfreunden Stuttgart gearbeitet hatte und später u.a. als Coach des Deutschen Meisters Bayern München (1932) und als »De Wonderdokter« bei Feyenoord Rotterdam Berühmtheit erlangte.

Bekannt ist weiter, dass einer der Förderer des Vereins Max Rath war, ein jüdischer Textilgroßhändler. Nach VfR-Erfolgen ließ er den Spielern oft je zehn Mark zukommen, dies entsprach dem Tageslohn eines Facharbeiters. Er unterstützte den Stürmer und Nationalspieler Josef Herberger, der 1921 von Waldhof zum VfR an den Platz an den Brauereien gewechselt war. Herberger und Ehefrau Eva wohnten seit 1923 mietfrei in einem Haus, dessen Eigentümer Max Rath war. Auch Otto Nerz, der spätere Reichstrainer, ging im Hause Rath in den 1920er Jahren aus und ein. Nerz war zu der Zeit SPD-Mitglied und 1918 Jugendleiter der Partei in Mannheim gewesen. An der Universität Heidelberg hatte er neben dem Hauptfach Medizin auch hebräische Grammatik studiert. Als Nerz bereits in Berlin lebte, erhielt er im Geschenkpaket von Rath und der jüdischen Firma Eppstein & Gerstle, einer Wäsche-, Blusen- und Kleiderfabrik, Anzugstoffe aus Mannheim. Vom Trainer beim VfR und Tennis Borussia Berlin, einem Verein mit zahlreichen jüdischen Mitgliedern, stieg Otto Nerz 1926 zum Trainer der DFB-Auswahl auf.

Bei Max Rath, dem Gönner von VfR, Nerz und Herberger, drang im Frühjahr 1933 die SA in die Wohnung ein. Als er den SA-Männern sein Eisernes Kreuz 1. Klasse entgegenhält, befahl der SA-Führer nach einem

Bericht von Sohn Paul Rath den Rückzug. Max Rath und seine Frau Martha sind jedoch 1940 nach Gurs in Südfrankreich deportiert und 1942 in Auschwitz ermordet worden.

Otto Nerz, der einstige Sozialdemokrat, trat am 10. Juni 1933 der SA bei (Rang: Oberführer) und schloss sich 1937 der NSDAP an (ebenso Herberger am 1.5.1933). Im Fußball-Jahrbuch 1937 feierte Nerz die Machtübernahme der Nationalsozialisten (»Schlag auf Schlag wurde nun alles hinweggefegt, was bisher einem Aufbau im Weg stand«), und im Sommer 1943 veröffentlichte der Professor einen dreiteiligen antisemitischen Beitrag im »12-Uhr-Blatt« in Berlin, in dem es im Hinblick auf die 1920er Jahre hieß: »Auch im Sport betätigt sich der Jude als Kapitalist«, er habe zersetzenden Einfluss auf das Vereinsleben, sei »Schieber hinter der Kulisse« und habe die Sportpresse dominiert.

1945 verhaftet, starb Otto Nerz am 19. April 1949 im Sonderlager Sachsenhausen bei Oranienburg in der sowjetischen Besatzungszone.

Ulm: »Aktiver Betrieb rückläufig«

Ein anderer Traditionsverein des Südens war der Ulmer FV 94, eben 1894 aus dem 1890 gegründeten Ulmer Privat TV hervorgegangen, als sich die Fußballer selbstständig machten. Der UFV, 1939 mit Turnerbund 1846, TV 1868 und SpVgg 1889 zur TSG Ulm 1846 zwangsvereinigt, ist heute vergessen. Er hatte zahlreiche jüdische Mitglieder, wie die Festschrift »125 Jahre SSV Ulm 1846« im Jahre 1971 (und 1996 erneut mit demselben Text) berichtet. So heißt es für 1932/33: »Durchführung der Rassengesetze. Ausscheidung zahlreicher Mitglieder im Verein. Unter ihnen gute alte Freunde und Mitarbeiter, die viel am Aufbau des Ulmer Sports geleistet haben. Viel Unruhe im Verein. Aktiver Betrieb in vielen Belangen rückläufig. Im Fußball Ligaklasse gerade noch erhalten.«

Die »Dokumentation über die Verfolgung der jüdischen Bürger von Ulm«, für die Heinz Keil zahlreiche Emigranten befragte, führt 1961 an: »Fast in allen Erhebungsbogen, die zurückgesandt wurden, ist eingetragen, dass die Befragten dem UFV 94 angehört haben.« Langjähriger Vorsitzender des Vereins (und ebenso Vorsitzender des Ulmer Ruder-Club) ist bis zu seinem Tod der bekannte Arzt Dr. Hugo Wallersteiner, vom Hetzorgan »Der Stürmer« als »Musterjude von Ulm« beschimpft. Sohn Kurt Wallersteiner (geb. 1919), später in den USA Chemiker und Professor: »Auch mir wurde 1933 nahegelegt, meinen Rücktritt vom Ulmer Fußballverein zu erklären, was ich schweren Herzens tat. Rückblickend möchte ich noch sagen, dass im Fußball niemand darauf achtete, welcher Religion und welcher Volksgruppe man angehörte. Es war eine Kameradschaft, die erst mit der Entwicklung der 1930er Jahre langsam ermüdete.«

Der UFV 94 hatte 1929 den Aufstieg zur höchsten Spielklasse erreicht; zu den Akteuren gehörte auch ein Nathanson, ein Name, der auf jüdische Herkunft schließen lässt. Man war führender Fußballklub der Donaustadt und leistete sich einen ungarischen Trainer namens Molnar. Selbst in der Wirtschaftskrise zählte man noch 1.233 Mitglieder, die auch in der Leichtathletik, im Hockey und im Tennis aktiv waren. Die jüdische Hochspringerin (und Sprinterin) Gretel Bergmann schaffte es in die deutsche Spitze; 1936 wird man ihr den Olympiastart verweigern. 1932 wurde der Ulmer FV wieder Kreismeister, Spielertrainer war Georg (Schorsch) Wurzer, später ein bekannter Bundesliga-Coach.

Walter Vollweiler: Von Ulm in die Bronx

Zur Kreismeister-Mannschaft gehört Mittelstürmer Walter Vollweiler, der auch in die süddeutsche Auswahl berufen wird. Der am 17. April 1912 als zweiter von drei Söhnen des Ehepaars Samson und Betty Vollweiler geborene Spieler muss 1933 wie Gretel Bergmann und so viele andere auch den UFV 94 verlassen. Wäre es anders gekommen, vielleicht wäre Vollweiler Nationalspieler geworden. Am 9. Oktober 1932 läuft er beim 4:2 im Leipziger VfB-Stadion gegen Mitteldeutschland im Bundespokal erstmals für Süddeutschland auf; Torhüter Hans Jakob und Erich Fischer vom 1. FC Pforzheim sind bereits Nationalspieler, Willi Tiefel und Willi Lindner von der Frankfurter Eintracht werden es noch. Vollweiler feiert einen tollen Einstand als Mittelstürmer, erzielt in der 16. Minute das 3:0 und in der 53. das 4:1. »Der Fußball« aus München schreibt, Vollweiler sei »die interessanteste Spielererscheinung des Jahres in der Gruppe Südbayern«. Der Bundespokal-Einsatz bringt dem Ulmer »hohe Anerkennung der gesamten Sportpresse«, wie eine jüdische Zeitung festhält. Im Halbfinale aber wird der Ulmer durch Karl Panzner von Bayern Hof ersetzt, und als Süddeutschland am 23. April 1933 den Bundespokal gewinnt, da hätte der Jude Walter Vollweiler den Zeitläuften gemäß gar nicht mehr spielen dürfen. Noch in seiner Ausgabe vom 13.4.1933 hatte das »Israelitische Familienblatt« stolz mitgeteilt, Walter Vollweiler sei von Reichstrainer Nerz zu einem Lehrgang der Nationalmannschaft eingeladen worden. Eine Woche später berichtet dieselbe Zeitung, der Ulmer FV 94 sei »angegriffen« worden (von wem, wird nicht benannt); Stürmer Vollweiler, jüdische Vereinsgründer, Funktionäre und Aktive müssen den Verein verlassen.

Vater Samson Vollweiler, einer von sieben Viehhändlern in Ulm, steht am 1.4.1933 auf der Boykott-Liste der Nazis: »Es darf in Deutschland keinen anständigen Menschen mehr geben, der ab heute noch bei einem Juden einkauft.«

Mitte Mai meldet das »Familienblatt«: »Walter Vollweiler hat seine spielerische Tätigkeit bei Ulm 94 eingestellt und ist Berufsspieler beim Racing Club in Paris geworden.« Das schien unzutreffend zu sein, denn Anfang 1934 heißt es, er sei »vor einigen Monaten« AS Rennes beigetreten. Beim Erfolg von Rennes gegen den Racing Club Paris am 14. Januar 1934 erzielt der 21-jährige Emigrant drei Tore. Leider waren nähere Informationen aus Frankreich nicht zu erfahren.

Die Eltern Samson und Betty sind mit Walter Vollweilers elfjährigem Bruder Heinz 1937 noch in Ulm. In diesem Jahr wird im nahen Städtchen Langenau auf dem Viehmarkt etwas abseits ein gesonderter »Viehhandelsplatz für Juden und Judenknechte« ausgewiesen. Am 11. September 1938 emigrieren die Vollweilers in die USA.

Wieder am Ball sieht man Walter Vollweiler 1942 gemeinsam mit Bruder Kurt in der Eastern District Soccer League in den USA; beide spielen in New York im Sterling Oval in der Bronx für den New World Club, dessen Gegner der ebenfalls jüdische Prospect Unity Club ist, für den Hermann Cohen, der nun Howard Carlton heißt, vom VfR Bochum antritt – »Cohen, der vor acht Jahren vielleicht der beste jüdische Stürmer des Rheinlands gewesen ist« (»Aufbau«). Walter Vollweiler hatte vor der Bronx gewiss andere Kulissen gekannt: Als der UFV 94 im Jahre 1932 im Stadion Ulm ein 3:3 gegen den Deutschen Meister Bayern München erreichte, sahen 10.000 zu.

Mühlburg: »Aufrechte Männer« um einen Sportarzt

Es ist bis in die 1990er Jahre hinein eher die Ausnahme gewesen, dass in Vereinschroniken an die früheren Mitglieder jüdischen Glaubens erinnert wird. Alemannia Aachen hat dies bereits 1950 getan, erwähnt wurden nicht allein die Kriegstoten, sondern mit dem Vermerk »im Konzentrationslager zu Tode gekommen« auch Opfer des Rassenwahns der Nazis.

Eine Chronik des Karlsruher SC-Vorläufers VfB Mühlburg, »dem Club der kleinen Leute«, gibt der Wahrheit ebenfalls die Ehre, in dem der jüdische Sportarzt Dr. med. Fritz Weile (geb. 1897) erwähnt wird, beliebtester Mediziner der Vorstadt. Auszug: »Es war traurig und beschämend zugleich, wie dieser aktive Mann geknickt und zur Untätigkeit verurteilt in irgendeiner Ecke des Sportplatzes stand, nicht allein, wohlbemerkt, denn es gab genug aufrechte Männer, die sich seiner auch unter den neuen Verhältnissen nicht schämten.« Als sich VfB Mühlburg-Schlussmann Egon Becker verletzte, fragte der jüdische Arzt, der aufgrund der Nazi-Gesetze eigentlich gar kein Fußballspiel hätte besuchen dürfen: »Darf ich 'rein und helfen?« Ligaspieler Oskar Deutsch, später Vorsitzender des VfB, in seiner Antwort: »Gehen Sie nur auf den Platz. Den möchte ich sehen, der uns da etwas anhaben will!« Dr. med. Fritz Wcile, 1938 Landessportarzt für Baden beim jüdischen Sportbund Schild, emigrierte später in die USA, ebenso der Mühlburger Spieler »Sigi« Hess. Noch einmal die Vereinschronik: »Die Theoretiker der so genannten Rassenlehre hätten es schwer gehabt, gerade an ihm ihre ›Wissenschaft‹ zu beweisen: Siegfried besaß gerade die Eigenschaften, die zu besitzen eigentlich nur den blonden und blauäugigen Germanen vorbehalten war.«

Fußball-Pioniere in Kaiserslautern

Dank der eingehenden Forschungen von Markwart Herzog weiß man zwischenzeitlich auch Näheres über die jüdischen Wurzeln des 1. FC Kaiserslautern, der seit 1909 FV Kaiserslautern und von 1929 bis 1932 FV/Phönix Kaiserslautern hieß (»jüdische Bürger aus der Oberschicht haben in der Frühgeschichte des barbarossastädtischen Fußballsports Verantwortung getragen«). Eine wesentliche Persönlichkeit im Verein war Karl Maas (1885-1955), Sohn eines Kaufmannes, der 1910 als »einer von 4 Schriftführern des Renngerichts bei den IV. Olympischen Spielen des FVK« amtierte und im Jahr darauf bei derselben Veranstaltung Schriftführer war. Nach Ende des Ersten Weltkrieges fungiert Maas als Gau- und Kreisvorsitzender des Süddeutschen Fußball-Verbandes und wird mit der Ehrennadel der Organisation ausgezeichnet. 1928 ist er im Spielausschuss für untere Mannschaften, im September desselben Jahres bildet er mit weiteren Mitgliedern die kommissarische Leitung der Fußball-Abteilung. Maas ist 1931 verantwortlich für den Empfang des Bezirksliga-Aufsteigers FVK/Phönix.

Karl Maas, verheiratet mit einer Frau christlichen Glaubens (aus der Ehe geht eine christlich getaufte Tochter hervor), lebt in einer aus Nazi-Sicht so genannten »Mischehe«. 1937 muss er in ein sog. Judenhaus einziehen, in das wie in anderen Städten auch Menschen jüdischen Glaubens eingewiesen werden, und für die Stadt als Totengräber arbeiten. Nach dem Pogrom im November 1938 wird Karl Maas im KZ Buchenwald bei Weimar inhaftiert. Im Februar 1945 wird der 59-jährige in das KZ Theresienstadt deportiert, dort Anfang Mai 1945 befreit.

Karl Maas lebt später als Amtsgerichtsrat in Frankfurt am Main, wo er sich bei der SG Eintracht, bei der er zeitweise als Präsident im Gespräch ist, engagiert. Als er 1955 stirbt, laufen die Schwarz-Roten in der Oberliga Süd mit Trauerflor auf.

Sein Bruder Dr. Albert Maas (1888-1936) ist Sportarzt des FV Kaiserslautern und u.a. für Fußball-Abteilung und Jugend zuständig. Er hat in Heidelberg, Würzburg und München Medizin studiert, danach in Kaiserslautern eine Praxis eröffnet. Als »Theaterarzt« betreut er auch die Mitglieder des Stadttheaters. Im Ersten Weltkrieg ist Dr. Albert Maas Stabsarzt beim 1. Garderegiment in Potsdam. 1936 wird dem jüdischen Mediziner die Kassenzulassung entzogen. Er emigriert mit Ehefrau Emma und Sohn Werner in die USA und nimmt sich dort nach fünfwöchigem Aufenthalt das Leben. Sohn Werner Karl wurde Professor und bedeutender Genetiker, er lehrte an der Harvard University Boston, der Columbia University New York und der New York University.

Würzburg: Alfred Günzburger und Walter Hersch

Auch Würzburg, wo 1933 2.145 Glaubensjuden lebten, was 2,1 % der Bevölkerung entsprach, hat lange jüdische Traditionen, die sich auch im Fußballsport niederschlugen. Nachdem am 17.11.1907 17 Gymnasiasten den FC Würzburger Kickers gegründet hatten, war von 1908 bis Mitte der 1920er Jahre der Jude und Mitgründer Alfred Günzburger Vorsitzender. Günzburger stammte aus dem badischen Schwarzwald und war über Stuttgart an den Main gekommen. Er war Allroundsportler und organisierte 1905 das erste Würzburger Leichtathletik-Sportfest auf dem Sanderrasen; Teilnehmer waren meist Mittelschüler aus Schülerfußballklubs. Beruflich war Günzburger erst als Lagerist, dann als Prokurist der Schuhgroßhandlung und -fabrik Simon Emanuel Oppenheimer tätig. »Alfred Günzburger und die Kickers waren ein untrennbarer Begriff. Der Klub und die Aktiven haben ihm unendlich viel zu verdanken«, heißt es in einer Festschrift des Würzburger Vereins.

Gegen Ende der Weimarer Republik amtierte Ludwig Oppenheimer, ein

Tabakwarengroßhändler, als stellvertretender Vorsitzender der Würzburger Kickers, die von 1931 bis 1933 erstklassig waren. Max Emanuel Oppenheimer spielte für die Kickers, die 1931 mit Trainer Leo Weisz aufgestiegen waren.

1909 hatten die Kickers sich als erster Würzburger Fußballverein unter dem Vorsitz von Alfred Günzburger an der Randersackerer Straße einen eigenen Sportplatz geschaffen. Auf diesem Kickersplatz, der dank jüdischer Initiative entstanden war, versammelten sich am 10. November 1938, morgens 7 Uhr, 800 Mitglieder der NSDAP-Ortsgruppe Würzburg-Süd bzw. Sanderau, die von Ortsgruppenleiter Martin Neef angewiesen wurden, drei bis vier Marschzüge zu bilden und jüdische Wohnungen zu stürmen (»Heraus mit den Saujuden!«, »Der Jud muss raus!«). Bei diesem Pogrom wurde der 63 Jahre alte Weinhändler Ernst Lebermann, Scheffelstr. 5, so schwer misshandelt, dass er am 11. November 1938 im Israelitischen Krankenhaus Würzburg verstarb.

Auch beim Ortsrivalen FV Würzburg 04 spielte ein bekannter jüdischer Spieler zu Beginn der 1930er Jahre: der junge Walter Hersch, der als einer der besten süddeutschen Mittelstürmer galt. Der Sohn eines Weinhändlers war 1908 geboren worden, mit den »Null-Vierern« spielte er in der höchsten Liga, der Gruppe Nordbayern des Bezirk Bayern, gegen namhafte Klubs wie 1. FC Nürnberg, SpVgg Fürth und Schweinfurt 05. Hersch musste den Verein 1933 verlassen, in der Runde 1933/34 stieg Würzburg 04 aus der 1. Liga ab. Walter Hersch, der als bester damaliger Fußballer der Mainstadt galt, spielte weiter, nun in der Mittelläufer-Position für den jüdischen Sportverein seiner Heimatstadt und später für Bar-Kochba Frankfurt/Main. Er war Teilnehmer der Maccabiah 1935 in Palästina. Hersch emigrierte nach New York und traf dort, als Kellner im bekannten Bierlokal »Luechow's« an der 14th Street in Manhattan beschäftigt, 1950 die Spieler des Hamburger SV auf der ersten USA-Tournee einer deutschen Fußballmannschaft. Die Hamburger kannten ihn gut, dementsprechend muss sein fußballerischer Ruf gewesen sein, der bis hoch in den Norden vordrang.

Bei Würzburg, im Ort Höchberg, war von 1864 bis 1938 die Israelitische Lehrerbildungsanstalt (ILBA) beheimatet. Da der kleine Ort wenig Abwechslung bot, favorisierten nach den Erinnerungen von Simon Berlinger die Schüler das Fußballspiel. »Der enthusiastischste Spielerstar« war laut Berlinger Max Grünebaum, der später Maccabi Haifa gründete, den oftmaligen israelischen Meister.

Stuttgart: Traditionen auf der Waldau

Die Stuttgarter Kickers haben den Beinamen »Blauer Adel«, übernahm doch 1907 »seine Königliche Hoheit Herzog Ulrich von Württemberg« die Schirmherrschaft über den Verein, dessen Mitgliedschaft lange von Großbürgertum und Kaufmannschaft geprägt war. Die Bezeichnung »Hebräerwies« für das Kickers-Stadion auf der Waldau war zeitweise geläufig und deutet auf jüdische Wurzeln hin; für den Ausdruck »Golanhöhen« soll in den 1970er oder 1980er Jahren der VfB Stuttgart-Zeugwart Seitz verantwortlich gewesen sein. Zu den Gründungsmitgliedern der damaligen Stuttgarter Cickers, die den Cannstatter FC verlassen hatten, gehörten 1899 jedenfalls Karl Levi (2. Vorsitzender) und E. Levi; ein Levi I ist für die Spielzeit 1899/1900 als Halblinker genannt.

Gerhard Fischer erwähnt im Buch »Stürmer für Hitler« die jüdischen Brüder Grünfeld, die seit ihrer Jugend für die Kickers spielten und Anfang der 1930er Jahre der 1. Mannschaft der »Blauen« angehörten. Einer der Brüder emigrierte nach Großbritannien. Bernhard Grünfeld, nach 1933 bei Hakoah Stuttgart aktiv und mit der deutschen Mannschaft bei der II. Makkabiah 1935 in Palästina, flüchtete 1937 nach Argentinien. Nach anderen Quellen stammte auch Josef »Joshy« Grünfeld von den Kickers, er gehörte Hakoah Wien an, spielte als Profi in den USA und besaß später in New York ein Restaurant.

Als Gönner des Vereins bis 1933 sind »der Bettfedernfabrikant Hanauer und die Familie Marx« erwähnt. Es dürfte sich dabei um Ferdinand Hanauer aus der Bettfedernfabrik Rothschild & Hanauer (in Stuttgart »Bettfedernhanauer« genannt, unter der Bezeichnung spielte auch die Werkself) handeln, der 1939 in die USA emigrierte, und um den Schuhfabrikanten Moritz Marx, der vor der Shoa in Stuttgart verstarb.

Mit Fritz Kerr besaßen die Stuttgarter Kickers 1927-29 und wieder 1932-33 einen jüdischen Trainer. Kerr, der ursprünglich Fritz Kohn hieß, war als Spieler erst beim Wiener AC und dann bei Hakoah Wien aktiv. Seine Bilanz in Stuttgart: Württembergischer Meister und Fünfter der Südmeisterschaft 1928, Vizemeister in Württemberg 1929, Württembergischer Meister und Gruppen-Vierter der Südmeisterschaft 1933. Ein Buch zur Geschichte der Stuttgarter Juden berichtet dann: »Kerr, Fritz, Sportlehrer, Liststraße 30, 1933 nach Wien.« 1951 haben ihn die Kickers nochmals verpflichtet, mit dem Aufsteiger erreichte Kerr in der Oberliga Süd Rang 12, dann wechselte er zum FC St. Gallen.

In der Nachkriegszeit waren die Degerlocher weit über Süddeutschland hinaus berühmt für ihren »Hundert-Tore-Sturm«. Der Fußball-Abteilungsleiter jener Jahre war Hugo Nathan, ein Lederfabrikant und Vollblut-Sportler. Fußball hatte er bei den Schülern und in der 1. Mannschaft des Ulmer FV 94 gespielt, dort war er auch Leiter der Jugendabteilung und erhielt als Auszeichnung die Goldene Ehrennadel des Vereins. Vor dem Ersten Weltkrieg machte er vier Jahre lang alle wichtigen Rennen des Ulmer Ruder-Club mit. Als »Reserveoffizier in Feldartillerieformation« im Ersten Weltkrieg ausgezeichnet, erlaubte eine Kriegsverletzung nur

noch eine eingeschränkte sportliche Tätigkeit: Hugo Nathan, inzwischen nach Stuttgart übergesiedelt, fuhr als Gast bei der Stuttgarter Ruder-Gesellschaft mit, betrieb den Kanu- und Tennissport. Mit 41 Jahren legte er 1933 die fünf Leistungsprüfungen für das Deutsche Sportabzeichen ab (das Juden später nicht mehr erlangen konnten).

Nachdem Nathan nicht mehr Mitglied bei den Stuttgarter Kickers sein konnte, engagierte er sich im jüdischen Sport. Im März 1934 wurde er von der Bundesleitung des Reichsbundes jüdischer Frontsoldaten beauftragt, die Vorbereitung der Schild-Sportler für die Olympischen Spiele 1936 zu organisieren (an denen letztlich keine jüdische Sportlerin und kein jüdischer Sportler aus Deutschland teilnehmen durfte). Hugo Nathan wurde außerdem Landessportleiter des Schild in Württemberg. Beim reichsweiten Leichtathletik-Sportfest von Schild in Stuttgart ging es im Sommer 1937 in der 4x100-m-Staffel um den »Hugo-Nathan-Preis« in Form einer Läufergruppe.

Nach 1945 konnte sich Hugo Nathan, der die NS-Zeit in Kreuzlingen in der Schweiz überlebt hatte, wieder den Stuttgarter Kickers widmen, die 1947/48 ihren größten Oberliga-Süd-Erfolg mit dem dritten Rang erreichten. Als 2. Vorsitzender und Spielausschuss-Vorsitzender war er für die

Die Stuttgarter Kickers in der Gründungszeit.

Mannschaft zuständig. Der »Hundert-Tore-Sturm« kam exakt auf 113 Treffer. Der Tod von Hugo Nathan im August 1948, er wurde 55 Jahre alt, gilt als Hauptgrund für den sportlichen Abstieg der Kickers, die 1950 als Tabellenletzter die höchste Spielklasse verlassen mussten. Kickers-Chronist Gerd Krämer: »Hugo Nathan war so etwas wie der Vater der Mannschaft. Er hatte, assistiert von Männern wie Albert Messner, Hans Mehl, Hans Schneefuß, Bert Scheible, ab 1945 alle Hebel in Bewegung gesetzt. Nathan kämpfte um die Selbstständigkeit der ersten Fußball-Mannschaft, die ja in erster Linie für das Ansehen des Vereins zu sorgen hatte. Aber Nathan konnte sich nicht durchsetzen. Die Vereinsführung – sicherlich alles verdiente Männer, die nur das Beste wollten – haben für die Fußballer und deren Sonderstatus wenig übrig gehabt, erinnert sich Reinhard Schaletzki« (Anm. d. V.: in der damaligen Zeit Spieler der Kickers).

SV Geinsheim: Unbekannte Gründer

Wie in so vielen anderen Fällen existieren auch bei den Kickers in Stuttgart keine Unterlagen mehr, die hätten weiterhelfen können. Es überrascht daher umso mehr, wenn sich kleine Vereine auf ihre jüdische Vergangenheit besinnen. Der 1920 gegründete SV Geinsheim bei Speyer in der Pfalz – 1900 lebten dort 46 Menschen jüdischen Glaubens – z.B. berichtet in seiner Chronik: »Bei der Gründung des Vereins wirkten auch 8 jüdische Bürger mit, deren Namen jedoch nicht überliefert wurden. Die Mitwirkung von Juden war nicht unproblematisch in einer Zeit, in der der Antisemitismus des Kaiserreiches als bewährtes Erklärungsmodell für den Ausgang des Weltkrieges und die Nachkriegsereignisse wiederauflebte.« Während die 37 christlichen Gründungsmitglieder des Vereins benannt werden können, sind die acht Fußballfreunde jüdischen Glaubens »verschwunden«.

Hat man sie irgendwann nach 1933 aus dem Gründungsprotokoll gestrichen? Sind sie einfach weggelassen worden, als erstmals die Vereinsgeschichte niedergeschrieben wurde? Hielt man sie nicht mehr für erwähnenswert?

Aber um solchem Vergessen entgegenzuwirken, ist dieses Buch unter anderem entstanden.

Literatur

Flade, Roland: Die Würzburger Juden: Ihre Geschichte vom Mittelalter bis zur Gegenwart. Würzburg 1987

Heinrich, Arthur: Der Deutsche Fußballbund. Eine politische Geschichte. Köln 2000

Herzog, Markwart: »Vereins-Zeitung des Fußballvereins Kaiserslautern e.V.« Eine Quelle zur Geschichte des 1.FC Kaiserslautern und der Barbarossastadt in der Zeit der Weimarer Republik (1927-1931), in: Kaiserslauterer Jahrbuch für Pfälzische Geschichte und Volkskunde, Band 1 2001

Keil, Heinz: Dokumentation über die Verfolgung der jüdischen Bürger von Ulm. Ulm 1961

Leinemann, Jürgen: Sepp Herberger: ein Leben, eine Legende. Berlin 1997

Pinczower, Felix / Meisl, Willy: Juden im deutschen Sport, in: Juden im deutschen Kulturbereich. Berlin 1959

Schwarz-Pich, Karl-Heinz: Der DFB im Dritten Reich. Kassel 2000.

Sportverein Stuttgarter Kickers (Hrsg.): 70 Jahre Stuttgarter Kickers. Stuttgart 1969

Internet: www.sv-geinsheim.de

Dank für Informationen an: Joachim Bayh (Stuttgart), Jürgen Bertram (Hamburg), Dr. Markwart Herzog (Kaufbeuren/Irsee), Timo Knüttel (Stuttgart), Karl-Heinz Pilz (Nauheim), Dr. Alfredo Pöge - IFFHS (Wiesbaden), Stuttgarter Kickers, Theo Staus (Würzburg), Karl Turba (Würzburger FV 04), Stadtarchiv Ulm

Werner Skrentny

Julius Hirsch – der Nationalspieler, der in Auschwitz starb

Am 16.12.1934 berichtet ein L.B. in der »Gemeinde-Zeitung für die Israelitischen Gemeinden Württembergs« vom Fußballspiel des Reichsbundes jüdischer Frontsoldaten (RjF) Heilbronn gegen den Turnklub 03 Karlsruhe (2:0) unter anderem: »Im Übrigen war es packend zu sehen, wie Karlsruhes Hintermannschaft mit dem 43-jährigen Juller Hirsch als Turm in der Schlacht – der bereits Deutschlands Farben zehnmal international vertreten hat – in meisterhafter Weise die zahlreichen Angriffe des Heilbronner Sturms abstoppte.«

Julius »Juller Hirsch«, tatsächlich damals 42 Jahre alt und siebenmal im Nationaltrikot, geboren am 7.4.1892 in Achern im Schwarzwald, war also noch einmal aktiv geworden auf seine alten Tage, als Spielertrainer der Karlsruher jüdischen Elf; eine Station, die die DFB-Statistik nicht verzeichnet. Er hatte sich dem traditionsreichen Turnklub verschrieben, »insbesondere auch unserer jüdischen Jugend zuliebe, die ja heute unter so erschwerten Umständen Sport treiben muss und sich nicht mehr im freien Spiel der Kräfte entfalten kann«.

Wie viele seiner Mannschaftskameraden im Turnklub war auch der Ex-Nationalspieler im DFB bzw. Fachamt Fußball nicht mehr erwünscht. Einem Ausschluss war Julius Hirsch am 10. April 1933 zuvorgekommen, als er seinem Heimatverein Karlsruher FV die Austrittserklärung schickte: »Ich lese heute im Sportbericht Stuttgart, dass die großen Vereine, darunter auch der KFV, einen Entschluss gefasst haben, dass die Juden aus den Sportvereinen zu entfernen seien. Leider muss ich nun bewegten Herzens meinem lieben KFV, dem ich seit 1902 angehöre, meinen Austritt anzeigen. Nicht unerwähnt möchte ich aber lassen, dass es in dem heute so gehassten Prügelkinde der deutschen Nation auch anständige Menschen und vielleicht noch viel mehr national denkende und auch durch die Tat bewiesene und durch das Herzblut vergossene deutsche Juden gibt.« Hirsch führt in diesem

Zusammenhang seine Brüder Leopold (1918 im Ersten Weltkrieg als deutscher Soldat gestorben) und Max (er meldete sich aus der neutralen Schweiz als Kriegsfreiwilliger) und sein Beispiel an: 1914-18 Soldat, Träger des EK II und der bayerischen Dienstauszeichnung.

Die Antwort des Karlsruher FV datiert vom 4.8.1933 und ist bemerkenswert: »Wir haben immer noch die Richtlinien des Sportkommissars abgewartet, die aber bis heute noch nicht erschienen sind. Unserer Auffassung nach besteht vorerst kein Anlass für Sie, aus dem KFV auszutreten. Wir würden es sehr bedauern, wenn wir Sie als altes und bewährtes Mitglied verlieren würden und bitten Sie daher, Ihre Austrittserklärung als nicht geschehen zu betrachten.«

Bald darauf aber ist das, was Julius Hirsch bereits aus dem »Sportbericht« erfuhr, Wirklichkeit: Juden dürfen nicht mehr Mitglieder des KFV sein. »Der Karlsruher FV war wegen der Mitgliedschaft zahlreicher jüdischer Mitbürger, von denen einige dem Verein beträchtliche Zuwendungen machten, teils respektvoll, teils missgünstig oder gehässig als ›Judenverein‹ bezeichnet worden«, zitiert Josef Werner im Buch »Hakenkreuz und Judenstern« den Zeitzeugen Josef Frey, langjähriges Mitglied des KFV. Hans Helmel, 1945-47 Geschäftsführer des Süd-Oberligisten, machte für den sportlichen Niedergang des Klubs u.a. die Tatsache verantwortlich, »dass die jüdischen Mäzene nach 1945 nicht mehr da waren«.

Mit 18 Jahren Deutscher Meister

1902 war Hirsch als Zehnjähriger der Jugend-Abteilung des Fußball-Pioniers Karlsruher FV beigetreten, der bereits 1903 um die Deutsche Meisterschaft mitspielte. 1909 wechselte er in die 1. Mannschaft über, die am 6.3.1910 in Pforzheim vor 5.000 Zuschauern im Entscheidungsspiel gegen den Deutschen Meister Phönix Karlsruhe mit 3:0 Südmeister wird – »wohl niemals hat eine KFV-Mannschaft besser gespielt«, hält Spielwart Curt Hüber fest. Auf dem Bild des Deutschen Meisters KFV von 1910 sieht man im Schneidersitz einen sehr jungen Julius Hirsch, genannt »Juller«, er ist im Monat vor dem Titelgewinn gerade 18 Jahre alt geworden. 1910 hat er alle Endrunden-Spiele auf Linksaußen mitgemacht und auch 1911 ist der Youngster in der Endrunde in der Stammbesetzung des KFV, der diesmal im Halbfinale ausscheidet. 1912 erzielt Hirsch beim 8:1 des KFV beim Kölner BC sein erstes Endrundentor, wieder kam man ins Endspiel, wobei Kiel mit 1:0 die Revanche für 1910 gelang.

Deutsche Spitzenklasse repräsentierte um 1910 der Karlsruher FV, zu dessen wichtigsten Akteuren die Juden Fuchs (ganz rechts) und Hirsch (ganz links) gehörten. Vierter von links: ihr kongenialer Sturmpartner Förderer.

Nach drei Südmeisterschaften und drei Endrunden-Teilnahmen in Folge stagniert der KFV 1912-13. Trainer William Townley, ein Engländer, hat dem Verein den Rücken gekehrt und arbeitet nun bei der SpVgg Fürth, zu der auch der 21-jährige Kaufmann Julius Hirsch 1913 wechselt. Fürth kennt der Stürmer gut, dort hat er 1910 mit dem KFV anlässlich der Eröffnung des Sportplatzes Ronhof gespielt; im Programm wird er als »guter Dribbler« vorgestellt. Auch berufliche Gründe – Hirsch hat 1913 das »Einjährige« beim 1. Badischen Leib-Grenadier Regiment 109 beendet – geben den Ausschlag für den Wechsel nach Franken, wo der Karlsruher für die jüdische Firma Gebrüder Bing in Nürnberg arbeitet, mit 5.000 Beschäftigten größter Spielwaren-Hersteller der Welt. Die Spielvereinigung wird mit Julius Hirsch auf Linksaußen bzw. auf Halblinks Südmeister und am 31. Mai 1914 in Magdeburg mit dem 3:2 nach viermaliger Verlängerung und 154 Spielminuten gegen den VfB Leipzig Deutscher Meister – für Julius Hirsch der zweite Titelgewinn.

Beim DFB hat man die Klasse des Stürmers längst erkannt. Der gebückte Angriffsstil des kleinen, schnellen, schwarzhaarigen Stürmers ist berühmt: »Wenn der Hirsch die Hos' verliert, dann gibt's ein Tor!«, wussten die Karlsruher Buben. Er gilt als »links wie rechts treffsicher«, kann im Innensturm auf engstem Raum kombinieren oder auf die Flügel ausweichen. »Lauter Intelligenzspieler«, berichtet die KFV-Chronik, hatten die Karlsruher, »die ihre Kräfte rationell einzuteilen wussten und einen Stil prägten, der vor dem Ersten Weltkrieg in Deutschland unerreicht blieb.«

Der erste jüdische Nationalspieler

Am 17.12.1911 ist Julius Hirsch der erste deutsche Fußball-Nationalspieler jüdischen Glaubens. Er debütiert auf der halblinken Position beim 1:4 gegen Ungarn auf dem Münchner MTV-Platz in der Nationalmannschaft. Den nächsten Einsatz hat er 1912 in Zwolle in den Niederlanden beim spektakulären 5:5. Hirsch 1935 über dieses Ereignis:»Dieses Spiel war wohl mitentscheidend, dass ich im Mai die ehrenvolle Einladung erhielt, die Farben Deutschlands bei der Olympiade mitvertreten zu dürfen. Es gelang mir in diesem Spiel, nicht weniger als vier von fünf erzielten Toren zu schießen. Das fünfte Tor schoss mein Glaubensgenosse Fuchs. Am nächsten Sonntag spielte der KFV gegen die Spielvereinigung Fürth und gewann hoch 7 zu 2, obwohl unser früherer Trainer Townley nunmehr bei diesem Verein tätig war.« Wieder zum Einsatz kommt er bei den Olympischen Spielen 1912 in Stockholm gegen Österreich (1:5) und Ungarn (1:3). 1913 ist er, nun bereits für die SpVgg Fürth, gegen die Schweiz (1:2), Dänemark (1:4) und in Belgien (2:6) dabei, er kommt auf insgesamt sieben Länderspiele und vier Tore. Mit Süddeutschland gewinnt Julius Hirsch 1912 den Kronprinzenpokal (6:5 gegen Brandenburg in Berlin, er erzielt drei Treffer).

Im Ersten Weltkrieg ist Julius Hirsch vier Jahre lang Soldat beim 12. Bayerischen Landwehr Infanterie Regiment, danach setzt er seine Laufbahn auf dem Fürther Ronhof fort und steht 1919 wieder in der Süddeutschen Auswahl für den Bundespokal.

Eine DFB-Statistik führt Julius Hirsch noch bis 1927 als Mitglied der SpVgg Fürth, da wäre er 35 Jahre alt gewesen. Tatsächlich aber spielt er ab der Frühjahrs-Verbandsrunde 1919 wieder für den Karlsruher FV, erstmals gegen eine Göppinger Stadtvertretung, und bis 1923 in der 1. Mannschaft des KFV. 1921, der KFV hat beim FC St. Gallen in der Schweiz 4:2 gewonnen, berichtet »Der Fußball«:»Von den Gästen waren alle gut, einzig möchte ich noch den alten Juller Hirsch hervorheben, der besonders in der zweiten Hälfte eine vorzügliche Partie lieferte« (Anm. d. V.: Hirsch war damals 29 Jahre alt). Nach Laufbahnende arbeitet der Ex-Nationalspieler beim KFV ehrenamtlich als Trainer und im Spielausschuss mit. Bereits 1921 hat er zum 30-jährigen Bestehen des Vereins ein Spiel der Deutschen Meister-Mannschaften von 1909 und 1910, Phönix Karlsruhe gegen KFV, organisiert.

1933: Arbeitslos, auf Stellensuche

1933 befindet sich Julius Hirsch in einer, wie er selbst schreibt, »wirtschaftlich prekären Lage«. Die Sigfa-Sport GmbH, eine frühere Signalflaggen-Fabrik, die sich nach dem Ersten Weltkrieg auf die Herstellung von Sportartikeln verlegte und für die er als Geschäftsführer und Reisevertreter gearbeitet hat, ist im Februar in Konkurs gegangen, Hirsch ist somit arbeitslos.

Nachdem er erfahren hat, dass Juden im deutschen Fußball nicht mehr mitarbeiten dürfen, reist der Karlsruher in die Schweiz. Dr. Ivo Schricker, ehemals KFVler und nun FIFA-Generalsekretär in der Züricher Bahnhofstraße, empfiehlt den Landsmann mit einem Schreiben: »Herr Julius Hirsch aus Karlsruhe, Baden, der sich momentan wegen der politischen Verhältnisse in der Schweiz aufhält, ist mir seit langen Jahren sportlich – durch den K.F.V. – und persönlich auf das Beste bekannt und befreundet.« Der polyglotte Schricker und Hirsch hatten ehemals gemeinsam in der Alte-Herren-Elf des KFV gespielt.

Fieberhaft sucht Hirsch eine Anstellung im Ausland, auch der KFV hat ihm ein Zeugnis über seine sportliche Tätigkeit ausgestellt, ebenso die SpVgg Fürth. Der DFB-Nachfolger Fachamt Fußball und der Süddeutsche Fußball- und Leichtathletik-Verband bestätigen auf Hirschs Bitte seine Einsätze. Für die Spielzeit 1933/34 engagiert die FA Illkirch-Graffenstaden südlich von Straßburg im Elsass den früheren Nationalspieler als Trainer, eine Arbeitserlaubnis für Frankreich hat er, da er die Landessprache beherrscht, am 29.6.1933 erhalten. Ein Engagement beim FC Olympique de Charleville kommt 1934 nicht zustande, ebenso wenig eines beim FC Colmar in Frankreich.

Julius Hirsch schließt sich dem Jüdischen Turnklub 03 Karlsruhe an, dessen Platzanlage sich unweit des KFV-Stadions befindet. Er trainiert unentgeltlich die Fußballmannschaft des JTK, die dem Sportbund Schild des Reichsbundes jüdischer Frontsoldaten angehört, und gewinnt mit ihr als Aktiver die Badische Meisterschaft. Im Turnklub hält er 1935 einen Vortrag über seine Laufbahn, der erhalten geblieben ist, und sagt: »Ich schließe mit dem Wunsche, dass der jüdische Sport grünen, wachsen und gedeihen möge.« Am 16.10.1936 berichtet die Sport-Beilage »Die Kraft« der Zeitschrift des RjF, »Der Schild«, anlässlich des Spiels Schild Stuttgart gegen JTK Karlsruhe: »Meister Hirsch hat seine Jünger gut geschult« – also war der Ex-Nationalspieler damals noch Trainer der Badener. Als der zweitälteste – nach JTV 02 Köln und vor JVT 04 Hannover – Sportverein des Schild sein 35-jähriges Bestehen feiert, wird erwähnt, neben Julius Hirsch hätte Ex-Nationalspieler Gottfried Fuchs beim JTK 03 Karlsruhe mitgewirkt, was eher ungewiss erscheint. Wohl aber führte ein Cousin von Gottfried Fuchs als Kapitän die Elf des JTK 03. Es war Dr. Bill Fuchs, auch Tennismeister des Schild 1935, über Portugal in die USA emigriert. Er nannte seinen ältesten Sohn – in Erinnerung an Nationalspieler Gottfried – Godfrey.

1937 beschäftigt die jüdische Firma Vogel & Bernheimer, Zellstoff- und Papierfabriken AG in Ettlingen-Maxau bei Karlsruhe, den früheren Kaufmännischen Direktor als Hilfslohnbuchhalter. 1938 wird der Betrieb »arisiert«, Julius Hirsch ist erneut arbeitslos. Er bemüht sich um eine Trainerstelle in der Schweiz, als im »Kicker« eine entsprechende Anzeige erscheint, und schreibt im Juli 1938 an die Anschrift Bahnpostfach 14892 in Zürich: »Ich glaube ganz bestimmt Ihrer Mannschaft durch meine langjährige ersprießliche Tätigkeit ein Fußballspiel lehren zu können, das es ihr ermöglichen wird in jeder Weise in der Nationalliga zu bestehen.« Aber auch dieser erneute Versuch bleibt erfolglos.

Auf der Rückreise von einem Verwandtenbesuch in Frankreich springt er am 4. November 1938 aus dem Zug; man liefert ihn in die Psychiatrische Klinik von Bar-le-Duc in Lothringen ein, da er depressiv wirkt. Dort erfährt der Karlsruher vom November-Pogrom und glaubt, seine gesamte Familie und Verwandtschaft sei ermordet worden.

Aus der Klinik entlassen, kehrt Hirsch 1939 nach Karlsruhe zurück. Er lässt sich von seiner (evangelischen) Ehefrau Ellen scheiden, um sie und die beiden Kinder aus der sog. Mischehe, Heinold und Esther, vor Verfolgungen zu bewahren.

Bilder, die im »Kicker«-Album fehlen

1939 ist das Sammelalbum des »Kicker« »Die deutschen Nationalspieler« erschienen. Hirsch dürfte es gekannt haben. Sein Bild und seine Biografie hat er darin vergeblich gesucht – er, sein jüdischer Mitspieler Gottfried Fuchs und Karl Joppich aus Hoyerswerda (aus Versehen vergessen) werden nicht erwähnt. Der damalige »Kicker«-Redakteur Michael Steinbrecher: »Dr. Goebbels (Anm. d. V.: Reichspropagandaminister) hatte zur Auflage gemacht, dass keine jüdischen Spieler dort 'reinkommen durften.« Das Gegenteil trifft auf die »Kicker«-Broschüre »Deutschlands Fußball-Meister« von 1941 zu: Hier wird »das beste deutsche Innentrio jener Zeit, Förderer - Fuchs - Hirsch, ein maschinenmäßig sicheres, verwirrendes Kombinationsspiel« genannt, ebenso »die an großen Namen so reiche Elf« des Karlsruher FV.

Von Staats wegen muss sich der Jude nun Julius Israel Hirsch nennen und seit 1941 den gelben Stern tragen. KFV-Heimspiele soll er noch besucht haben, ein älterer Kartenkontrolleur ließ ihn durch den Hintereingang ein. Das Städtische Tiefbauamt Karlsruhe verpflichtet Hirsch zu Hilfsarbeiten auf einem Schuttplatz. Im Juni 1942 ergeht die Anweisung an die jüdische Bevölkerung, u.a. Fahrräder abzuliefern. Als der Zwangsarbeiter dies dem Tiefbauamt mitteilt, wendet sich dieses an die Abteilung Juden der Gestapo Karlsruhe: »Da die Juden nur außerhalb des Stadtkerns beschäftigt werden dürfen, sind wir, infolge Personalmangels, öfter gezwungen, bei Waggonausladungen etc. auf unseren Lagerplätzen auch die Juden einzusetzen. Um Anmarschzeit zu ersparen, wäre es erwünscht, wenn Hirsch auch weiterhin sein Fahrrad benutzen könnte.« Die Gestapo erlaubt Julius Hirsch daraufhin, sein Fahrrad, das er bereits abgegeben hat, zurückzuholen.

Im Februar 1943 erhält der 50-Jährige an seinem Wohnsitz Kronenstr. 62 per Brief die Anweisung, sich zum Transport für einen »Arbeitseinsatz« einzufinden. Ein Lokführer, den er aus alten Fußballtagen kennt, bietet an, ihm zur Flucht zu verhelfen. Julius Hirsch lehnt ab. Am 1. März 1943 wird er mit elf weiteren badischen Juden von Karlsruhe aus deportiert, Ziel ist das KZ Auschwitz. Älteste im Transport ist die 54 Jahre alte Witwe Anna Fritsch aus Mannheim, Jüngste die dreieinhalbjährige Maria Schweitzer aus Karlsruhe. Es ist der letzte derartige Transport von Karlsruher Juden nach Auschwitz.

Julius Hirsch, ca. 1910.

Foto: Der Ball ist rund, Essen 2000

Das letzte Lebenszeichen

Eine Karte zum 16. Geburtstag von Tochter Esther, abgestempelt am 3. März 1943 in Dortmund, ist das letzte Lebenszeichen von Julius »Juller« Hirsch. 1950 erklärt ihn das Amtsgericht Karlsruhe mit Datum 8. Mai 1945 für tot.

Der Leidensweg der Familie geht weiter. Als »Mischling 1. Grades« bzw. »jüdisch Versippter« muss Julius' Sohn Heinold im März 1944 zu Zwangsarbeiten an den Atlantikwall in Frankreich.

Am 14.2.1945 müssen sich Heinold (22) und Schwester Esther (17) nach Einbruch der Dunkelheit im Luftschutzkeller der Bahnsteighalle des Hauptbahnhof Karlsruhe einfinden. Sie sind die Jüngsten auf dem Transport, der Karlsruhe um 21 Uhr verlässt und zwei Tage später im KZ Theresienstadt, dem heutigen tschechischen Terezin, eintrifft. Die Bankdirektors-Gattin Anni Hermann und Jósza Tensi, Frau eines Buchbindermeisters, kümmern sich um die beiden. Tensi notiert in ihrem Tagebuch: »Nie im Leben sah ich etwas so Goldiges von Geschwisterliebe und Treue.«

Am 5.5.1945 befreien sowjetische Truppen das KZ; Karlsruhe ist da längst von den Franzosen besetzt. Per Güterwagen, Bus und Lkw reisen die Geschwister Hirsch zurück nach Karlsruhe, wo sie am 16.6.1945 eintreffen. Esther Schuler, geborene Hirsch, lebt heute in Karlsruhe, ihr Bruder Heinold, der ein bekanntes Busunternehmen aufbaute, verstarb 1996.

In der offiziellen DFB-Geschichte der 1950er Jahre wird Julius Hirsch in der Rubrik »Unseren Toten zum Gedächtnis« als »gestorben 1939/45 im Ghetto« erwähnt, im aufwändig gestalteten Band zum 100-jährigen Bestehen des Süddeutschen Fußball-Verbandes geschieht dies nicht. Vor dem Vereinsheim des Karlsruher FV steht ein Denkmal, gewidmet »Helden« und »Kriegern«, darunter Julius Hirschs umgekommenem Bruder Leopold, dem Leutnant der Reserve. An Julius Hirsch erinnert es nicht. In der Ausstellung »Der Ball ist rund« des DFB zu dessen 100-jährigem Bestehen in Oberhausen 2000 hat man ihm nach einem Hinweis des Autors einen ausführlichen biografischen Teil mit Exponaten aus dem Besitz der Familie Hirsch gewidmet.

Die bislang eindrucksvollste Würdigung hat Julius Hirsch außerhalb seiner Heimatstadt erfahren: Am 22. Januar 1998 wurde im Bildungszentrum Pfinztal in Berghausen, einem Ort zwischen Karlsruhe und Pforzheim, die Schulsporthalle als Julius-Hirsch-Halle benannt. Eine Bronzetafel nennt die Erfolge des ehemaligen Nationalspielers.

Werner Skrentny

Gottfried Fuchs – Nationalspieler mit Torrekord

Neben Julius Hirsch ist Gottfried Fuchs der zweite Nationalspieler jüdischen Glaubens des DFB gewesen. Sein Rekord, in einem deutschen Länderspiel zehn Tore erzielt zu haben, ist bis heute unübertroffen und galt bis 2001 auch als Weltrekord im internationalen Fußball.

Geboren am 3.5.1889 in Karlsruhe, begann der Kaufmann, nachdem er aus beruflichen Gründen in die Rheinstadt gegangen war, seine fußballerische Laufbahn 1904 beim Düsseldorfer FC 1899, der heute Düsseldorfer SC 99 heißt. Mit dem Klub, dessen 1. Mannschaft zur Hälfte aus Engländern bestand, erreichte der damals 17-jährige Gottfried Fuchs 1907 die Meisterschaften von Nordrhein und Westdeutschland. Dazwischen gastiert man zu Ostern noch in Frankfurt und Offenbach, »gegen Germania Frankfurt schoss unser lieber Fuchs das hundertste Tor in dieser Spielzeit« (Vereinschronik 1924). In der Endrunde um die Deutsche Meisterschaft 1907 unterlag der Düsseldorfer FC 99 dann Viktoria Hamburg mit 1:8, Mittelstürmer Fuchs erzielte den einzigen Treffer. »Wir sind um der Engländer willen seiner Zeit stark angefeindet worden«, liest man in der DSC-Chronik. »Für die Hebung der Spielstärke unseres Vereins und damit zur Belehrung anderer war das Mitspielen der Engländer von großer Bedeutung.« Gelernt hat Gottfried Fuchs von den Briten auch die Fairness: Als beim Stand von 0:0 in einem Punktspiel gegen Wiesbaden ein Strafstoß für den KFV gegeben wurde, bat er den Unparteiischen, diese falsche Entscheidung zurückzunehmen. Und als man ihm nach einer Begegnung einen Lorbeerkranz verlieh, zupfte er die Blätter heraus und verteilte sie an die anderen Spieler.

Von Engländern gelernt

Zweifellos hat der junge Fuchs davon profitiert, neben »Exiles« wie Leak, Kirby, Cant, Jack Briggs und George Briggs zu spielen. Ein Jahr aus beruflichen Gründen in England (wo er sicherlich weitere Möglichkeit zum Fußballspiel hatte), ist der Mittelstürmer 1908 wieder für den DFC 99 aktiv. Die Chronik: »Mit Hilfe unseres eigens aus London herbeigeeilten Gottfried Fuchs schlugen wir die Hanauer (Anm. d. V.: 1. Hanauer FC 1893) mit 3:0, sehr zum Leidwesen der zahlreichen hiesigen Hanauer Kolonie. Eine unvergessliche Kabinettleistung von Fuchs war es, einem Hanauer den Ball vom Fuße wegzuköpfen und dann das erste Tor zu schießen.«

Mit den Wechselbestimmungen nahm man es damals so genau nicht, so schloss sich Gottfried Fuchs ungeachtet des Düsseldorf-Gastspiels von 1908 bereits im Jahr zuvor der 1. Mannschaft des Karlsruher FV in seiner Heimatstadt an, einem namhaften deutschen Fußball-Pionier. Kurz nach seinem 21. Geburtstag gewinnt er mit dem Südmeister KFV die Deutsche Meisterschaft 1910; Fritz »Fridder« Förderer (1952 in Weimar in der DDR verstorben), er und sein Glaubensgenosse Julius Hirsch bilden das berühmte Innensturm-Trio beim 1:0 über Holstein Kiel. Der englische Trainer William Townley hatte Fuchs (20) und Hirsch (18) als Jüngste ins Team genommen. »Eine Augenweide war es, wie Gottfried Fuchs die Bälle verteilte und seine Flügelstürmer einsetzte«, berichtet die KFV-Chronik. Am Ostermontag trifft der Zug mit den Endspiel-Siegern, die die so genannte Holzklasse benutzen, im Karlsruher Alten Bahnhof (später Markthalle Kriegsstraße) ein, es gibt »einen Empfang, der eine ganze Stadt auf die Beine brachte«. Auf Pferdefuhrwerken werden die Meister durch die Residenzstadt gefahren.

1911 ist Karlsruhe wieder Südmeister, im DM-Halbfinale scheidet man gegen den VfB Leipzig aus, auch 1912 ist man als Süd-Erster wieder dabei. Beim 8:1 gegen den Kölner BC in Mönchengladbach gehen sechs Tore auf das Konto des Innentrios: Förderer 3, Fuchs 2, Hirsch 1. Im Endspiel um die »Deutsche« glückt Kiel mit 1:0 die Revanche für 1910. Gottfried Fuchs, der als stärkster Stürmer der Badener und wendiger Einfädler gilt, bestreitet das Spiel mit einem Handikap: Nachdem das Knie aus dem Gelenk gesprungen ist, beordert ihn Trainer Townley (für drei Tage aus Fürth noch einmal zum KFV zurückgekehrt!), mit Gipsbandage aufs Feld. In der Halbzeitpause wird diese aufgeschnitten, zur Normalform findet der Torjäger selbstverständlich nicht und sitzt entsprechend traurig beim abendlichen Bankett im Hamburger Curio-Haus an der Rothenbaumchaussee.

In der süddeutschen Auswahl debütiert Gottfried Fuchs, von seiner Mutter »Gottes« genannt, von den Mitspielern »Gotti«, im Kronprinzenpokal am 9.10.1910 beim 4:1 gegen Westdeutschland in Köln; wieder ist er

Als der Süden 1912 in Berlin mit 6:5 über Brandenburg den Kronprinzenpokal gewann, war der jungen Gottfried Fuchs (links, gegen Walter Sorkale von Preußen Berlin) dreifacher Torschütze.

Mittelstürmer. 1912 gewinnt die süddeutsche Vertretung mit dem Innensturm Förderer (1 Tor) - Fuchs (3) - Hirsch (2) in Berlin den Kronprinzenpokal, und 1913 erreicht Fuchs mit dem Süden das Halbfinale; zu weiteren Repräsentativ-Einsätzen im und nach dem Ersten Weltkrieg kam es nicht mehr, 1920 macht er Schluss beim KFV. Im Krieg war der Karlsruher Artillerie-Offizier; viermal wurde er verwundet, als Auszeichnung erhielt er das Eiserne Kreuz.

Zehn Tore auf dem Rasunda-Sportplatz

In sechs Länderspielen von 1911 bis 1913 erzielt Gottfried Fuchs 14 Tore. Erstmals wird der 21-jährige schlaksige, schlanke und schwarzhaarige Goalgetter am 26.3.1911 gegen die Schweiz nominiert, beim 6:2 auf dem Kickers-Platz in Stuttgart-Degerloch erzielt er den ersten und den letzten Treffer. Internationaler Höhepunkt ist die Teilnahme an den Olympischen Spielen

1912 in Stockholm. Am 1. Juli gelingen Gottfried Fuchs dort beim 16:0 gegen Russland auf dem Rasunda-Sportplatz zehn Tore (2., 9., 21., 28., 34., 46., 51., 55., 65., 69. Minute). Damit stellt er den Weltrekord des Dänen Sofus Nielsen ein, der 1908 bei den Olympischen Spielen ebenfalls zehn Treffer in einem A-Länderspiel für Dänemark (17:1 über Frankreich) erzielte. Letztmals in der Nationalelf stürmte Fuchs am 23.11.1913 in Antwerpen gegen Belgien (2:6, ein Treffer). Mit 14 Länderspiel-Toren ist er bis 1930 deutscher Rekordtorschütze, ehe ihn der Dresdner Richard Hofmann ablöst.

Nach wie vor Bestand haben aber seine beiden anderen Rekorde, die auf dem Russland-Spiel basieren: Nie schoss ein Spieler außer Nielsen und ihm in einer Fußball-Begegnung bei den Olympischen Spielen mehr Tore als er, nie erzielte ein anderer Akteur in einem Länderspiel zehn Tore für die deutsche Nationalmannschaft. Die offizielle Website der Stadt Karlsruhe nennt in der Rubrik »Wegmarken der Stadt – Daten zur Geschichte« heute noch die Leistung von Fuchs. Den Torschützen-Weltrekord in einem Länderspiel hat seit dem 10.4.2001 Archie Thompson (Marconi FC Stallions Sydney) inne, der im WM-Qualifikationsspiel Australien gegen Amerikanisch Samoa (31:0) auf 13 Treffer kam.

Beruflich tätig ist Gottfried Fuchs in der alteingesessenen Firma H. Fuchs Söhne in Karlsruhe, in der bereits sein Großvater und Vater Gustav Fuchs arbeiteten. Man betreibt den Import und Export von Holz. Fuchs hat wie erwähnt in England gelernt, er kauft Bauholz in Polen ein und besitzt dort die Holzfirma Silvars in Lodz. Eine Fußball-Zeitschrift hat ihn einmal als »Millionär« bezeichnet, doch halten die Nachkommen diese Bezeichnung für übertrieben. 1923, Fuchs ist 34 Jahre alt, heiratet er die 29-jährige Architektin Eugenia Steinberg aus Warschau, eine hochgebildete Frau, die u.a. in Cambridge studiert hat. Im Landhaus in Herrenalb (heute Bad Herrenalb) im württembergischen Schwarzwald werden 1924 die Zwillinge Jan (heute John) und Yvonne geboren; Anita kommt 1926 in der Karlsruher Westendstraße zur Welt. 1928 verlässt die Familie Karlsruhe, den Eltern ist es dort zu »provinziell«. In Berlin, der deutschen Stadt mit der größten jüdischen Gemeinde, lebt man in der 1901 begründeten »Villencolonie« Nikolassee, dort wird 1929 Natalie geboren. Als internationaler Geschäftsmann ist Gottfried Fuchs oft im Ausland tätig. Privat geht man viel aus, nimmt am gesellschaftlichen Leben teil und spielt in der »Sportabteilung im Ortsverein Nikolassee e.V.« Tennis. Die Mitgliederliste dieses Klubs lässt ahnen, in welch nobler Umgebung die Familie Fuchs in ihrer Villa im Berliner Vorort lebte: Geheimer Obermedizinalrat, Regierungsrat, Bergrat,

Oberregierungsrat, General-Oberarzt, Rechtsanwälte, Justizräte, Kaufleute, Direktoren und Fabrikbesitzer.

Gottfried Fuchs ist in dem Tennis-Verein sehr geschätzt, insbesondere auch beim Sportwart und besten Spieler Herbert Tuebben (Professoren-Sohn, später Dr. Tuebben). Noch am 29. März 1933 – die Nazis sind bereits an der Macht – wird er in den Abteilungsvorstand gewählt. Die Stadt hat den Klub dann wahrscheinlich mit Grundstücksfragen unter Druck gesetzt, denn am 28.5.1934 gründet man mit dem TC Grün-Weiß Nikolassee 1925 e.V. einen neuen Verein. Gottfried Fuchs ist nicht mehr Vorstandsmitglied. Die Vereinssatzung allerdings wird beanstandet, bis die Mitglieder-Versammlung am 28.10.1935 beschließt, dass »nur Mitglied werden kann, wer rein arischer Abstammung ist«. Spätestens zu diesem Zeitpunkt kann Fuchs den von ihm geliebten Tennissport nicht mehr bei Grün-Weiß betreiben. Gespielt hat die Familie dann beim TC Grunewald, einem jüdischen Verein.

»Der Botschafter rettete unsere Leben«

Inwiefern Gottfried Fuchs nach der Machtübernahme der Nazis noch beruflich tätig sein konnte, ist unbekannt. 1937 entschließt man sich zur Emigration in die Schweiz, wo die Familie im bekannten Erholungsort Engelberg in der Zentralschweiz lebt. Den Kindern wird bei der Abreise gesagt, man fahre in Urlaub. In der Schweiz darf die Familie nicht bleiben und findet in Frankreich Zuflucht, im Vorort St. Cloud im Westen von Paris. Dies ist möglich, weil die Familie von Gottfried Fuchs ursprünglich aus dem Elsass stammte und nach dem deutsch-französischen Krieg 1870/71 anstelle der französischen die deutsche Staatsangehörigkeit verordnet bekam. In dem schönen Vorort findet man auch einen Tennisklub. Mit dem Kriegsbeginn 1939 wird Gottfried Fuchs ungeachtet der Vorfahren mit französischem Pass als »feindlicher Ausländer« interniert. Seine Ehefrau Eugenia versucht verzweifelt, in der kanadischen Botschaft in Paris Visa für die Ausreise nach Nordamerika zu erlangen. »Meine Mutter erhielt die Visa für Kanada dann vom kanadischen Botschafter General Georges Vanier, der unsere Leben rettete, indem er sich über die Anweisung der kanadischen Regierung, keine Visa mehr an deutsche Juden auszugeben, hinwegsetzte«, berichtet Tochter Anita Fochs Heller. Am 23. Mai 1940, »in letzter Minute« (Anita Fochs Heller), reist die sechsköpfige Familie mit Gottfried Fuchs' Mutter via Großbritannien nach Kanada aus. Die Deutschen sind zu diesem Zeitpunkt bereits in Belgien einmarschiert, bald darauf besetzen sie Frankreich. (In den 1970er Jahren schrieben die »Badischen Neuesten Nachrichten« in Karlsruhe zu Fuchs nebulös: »Politische Ereignisse zwangen ihn dazu, seine Heimat zu verlassen.«)

Der berufliche Neubeginn für den Emigranten in Kanada ist äußerst schwer. Da dort ebenso wie im Nachbarland USA ein latenter Antisemitismus herrscht, kann er nicht wieder im Holzgeschäft arbeiten und ist zu seinem Unwillen in der Textilbranche beschäftigt. Zeitweise sind die finanziellen Bedingungen für die Familie schwierig. Da der Immobilienmarkt in dieser Zeit in der Krise ist, gelingt es der Familie Fuchs aber, ein preiswertes Haus in Westmount, einem Vorort von Montreal, zu kaufen, der mit gepflegtem Erscheinungsbild, viel Grün und Parks an Nikolassee und St. Cloud erinnert. Man rät Fuchs, seinen Namen, der englisch ausgesprochen für ein »schmutziges Wort« steht, zu ändern, was er bald nach der Ankunft tut: Aus Gottfried Fuchs wird Godfrey E. Fochs.

Godfrey und Eugenia Fochs sind einige Male nach Deutschland zurückgereist, so 1953, vor allem um Reparationsfragen zu klären. Anita Fochs Heller: »Mein Vater hat dies mit sehr gemischten Gefühlen getan und dafür hatte er viele Gründe, darunter den, dass seine einzige Schwester ermordet worden war. Seinen drei Brüdern gelang es, zu überleben.«

So recht hat man in seinem Heimatland Deutschland damals nicht gewusst, was eigentlich aus Gottfried Fuchs geworden ist. Mal liest man, dass sich seine Spur verliert. In einer Broschüre »König Fußball« wird Fuchs immerhin erwähnt, doch heißt es: »Er starb 1951 in Kanada.« Glücklicherweise erfreute sich der Torjäger da noch bester Gesundheit. Als der Karlsruher FV 1961 sein 70-jähriges Bestehen feiert, erinnert man sich an jene, die 1910 den deutschen Titel gewannen. Fritz Tscherter, der Düsseldorfer Staatsschauspieler Adolf Dell und Godfrey E. Fochs in Kanada waren da noch am Leben. Der Journalist Richard Volderauer, der in den 1890er Jahren bei den KFV-Schülern gekickt hatte, hatte auf der Reise zu den Olympischen Winterspielen in Squaw Valley bei einer Zwischenlandung in Montreal morgens um fünf Uhr eine halbe Stunde lang Zeit, mit dem Emigranten Fochs zu sprechen. Seine Zusammenfassung: »Und da waren natürlich seine Hauptfragen: ›Was macht Max Breunig (Anm. d. V.: verstorben am 4.7.1961) und wie geht's Fritz Tscherter?‹ Er ist heute ein Siebziger und hängt natürlich an seiner Heimatstadt Karlsruhe und an dem KFV, in dem er einen großen Teil seiner Jugendzeit verbrachte.«

Nach Auskunft seiner Tochter Anita Fochs Heller hat Godfrey E. Fochs bei seinen Deutschland-Besuchen Einladungen und Ehrungen seitens sei-

Als der FC Santos mit Pelé im Juli 1971 gegen FC Bologna aus Italien in Montreal gastierte, wurde Godfrey E. Fochs in Erinnerung an seine zehn olympischen Tore eingeladen, den Anstoß auszuführen. Fochs damals zu Pelé: »Ich bin jetzt 53 Jahre älter als Sie, dann können Sie sich in etwa vorstellen, in welcher Form Sie im Jahre 2025 sind...«

Foto: Anita Fochs Heller

nes früheren Vereins Karlsruher FV stets abgelehnt, »weil sie den Julius Hirsch ermordet haben«.

Zum Fußball hatte der ehemalige Torschützenkönig, abgesehen davon, dass er einmal bei einem Spiel mit Pelé in Montreal den Anstoß vollzog, keinen Kontakt mehr. Er war begeisterter Tennisspieler und in diesem Sport noch bis zwei Tage vor seinem Tod aktiv.

Sepp Herbergers Erinnerungen

Zu denen, die den Emigranten nicht vergessen hatten, gehörte Sepp Herberger. Als die bundesdeutsche Nationalmannschaft 1955 erstmals in der Sowjetunion auflief, ließ der Bundestrainer eingedenk der zehn Fuchs-Tore von 1912 gegen Russland die Spieler einen Kartengruß nach Kanada unterschreiben. Es war wohl auch eine Initiative des Bundestrainers, dass zu

Fochs nach Kanada die Goldene Ehrennadel des DFB geschickt wurde. Herberger unterhielt seit 1954 einen Briefwechsel mit Fochs:»Gottfried Fuchs war früher mein Idol. Er war Spielmacher und Torjäger in einer Person. Er war der Franz Beckenbauer meiner Jugendzeit, ein toller Bursche.« Als Fuchs erstmals in die Länderelf berufen worden war, zählte Herberger 14 Jahre. Am 30.7.1968 schreibt der frühere Bundestrainer an Fochs: »Nie werde ich jenes Spiel vergessen, das 1909 oder 1911 in Mannheim stattfand, das den KFV gegen den Mannheimer Phönix brachte, wobei Ihr Verein anfangs 0:2 zurücklag und durch zwei Prachttore von Ihnen dann noch auf zwei zu zwei kam. Ich sehe noch in frischer Erinnerung, wie Sie diese beiden Tore erzielten, gegen einen Torhüter, der damals zu den besten in Süddeutschland zählte, Emil Schöning.«

Zum Länderspiel Deutschland - Sowjetunion am 26.5.1972, mit dem das Münchner Olympiastadion eingeweiht wird, schlägt Herberger den Emigranten als Ehrengast vor. Zum Bedauern von Herberger – »ich hätte diesem Mann so gerne einmal die Hand gedrückt« – kommt Godfrey E. Fochs nicht mehr nach Deutschland. Er stirbt am 25. Februar 1972 im Alter von 82 Jahren in Montreal-Westmount in Kanada.

Literatur

International Federation of Football History & Statistics (IFFHS): Olympische Fußballturnier (1). Wiesbaden o.J.

Tennis-Club Grün-Weiss Nikolassee (Hrsg.): Ein Berliner Tennis-Club im Wandel der Zeit. 75 Jahre 1925-2000. Berlin 2000

Karlsruher FV (Hrsg.): 90 Jahre Karlsruher FV. Karlsruhe 1981.

Karlsruher FV (Hrsg.): 100 Jahre Karlsruher FV. Karlsruhe 1991.

Werner, Josef: Hakenkreuz und Judenstern. Das Schicksal der Karlsruher Juden im Dritten Reich. Karlsruhe 1988 (2. Aufl.).

Dank für Informationen an: Archiv Jüdisches Museum Berlin, Düsseldorfer SC 99, Philip Dombowsky - Westmount Historical Association (Montreal-Westmount, Kanada), Anita Fochs Heller (Montreal), Tennis-Club Grün-Weiß Berlin-Nikolasee, Isolde Zachmann (Karlsruhe)

Werner Skrentny

Frankfurter Eintracht und FSV: 1933 endet eine »gute Ära«

»Nichts kann uns die tausendjährige Verbundenheit mit unserer deutschen Heimat rauben, keine Not und Gefahr kann uns dem von unseren Vätern ererbten Glauben abspenstig machen. In Besonnenheit und Würde wollen wir für unsere Sache einstehen. Wenn keine Stimme sich für uns erhebt, so mögen die Steine dieser Stadt für uns zeugen, die ihren Aufschwung zu einem guten Teil jüdischer Leistung verdankt, in der so viele Einrichtungen vom Gemeinsinn der Juden künden, in der aber auch das Verhältnis zwischen jüdischen und nichtjüdischen Bürgern stets besonders eng gewesen ist.«
(*»Frankfurter Israelitische Zeitung«*, Kundgebung des Vorstandes der israelitischen Gemeinde von Frankfurt am Main, 30.3.1933)

Frankfurt am Main war nach Berlin die deutsche Stadt mit der größten jüdischen Gemeinde. Insofern ist es auch nicht verwunderlich, dass gleich in beiden führenden Fußballvereinen Frankfurts jüdische Bürger z.T. an sehr verantwortlicher Stelle mitwirkten. Das war so bei der Eintracht und beim Fußball-Sportverein, dem 1899 gegründeten FSV. Die Bezeichnung »Juddeklub« für die Eintracht bzw. »Juddebuwe« für die Spieler der Schwarz-Roten findet heute vor allem in unangenehmem Zusammenhang noch Verwendung.

1933 lebten 26.158 Menschen jüdischen Glaubens in Frankfurt, dies entsprach 3,8 Prozent der Bevölkerung der Mainstadt. Die Geschichte der Juden ging bis ins Mittelalter zurück: Wie 1904 ein Historiker festhielt, waren 20 jüdische, nach wie vor bestehende Familien bereits vor dem Jahr 1500 in Frankfurt ansässig, 100 weitere hatten vor 1560 dort gelebt. Als die Einschränkungen fielen, etablierten sich die Juden erfolgreich im Handel und in akademischen Berufen. Zwar gab es einige Millionäre wie die Rothschilds, doch gehörte die Mehrzahl der jüdischen Bevölkerung zum Bürgertum, betrieb z.B. Textilgeschäfte und Warenhäuser. Mit 29.385 Menschen jüdischen Glaubens, 6,3 % der Bevölkerung der Stadt, erreichten die Gemeinden 1925 einen Höchststand.

Eintrachts »Schlappekicker«

Etwa 35 Prozent der Unternehmen der Stadt waren in jüdischem Besitz, darunter auch die Schuhfirma J. & C. A. Schneider, ein wichtiger, wie man heute schreiben würde, Sponsor der Eintracht. John und Carl August Schneider hatten das Unternehmen als Kleinbetrieb 1908 gegründet – das Firmenkürzel lautete aufgrund der Namen JCAS. 1911 erwarben Ludwig und Lothar Adler die Firma, und als Ludwig Adler verstarb, trat Fritz Adler ein. Anfang der 1920er Jahre beteiligten sich Neumann & Schnierer; Neumann stand für Walter Neumann. Man firmierte nun unter Adler & Neumann. Es war die größte Schuhfabrik des Kontinents, Anfang der 1930er Jahre produzierte man an der Mainzer Landstraße in Frankfurt täglich 45.000 Paar Schuhe, jährlich elf Millionen Paar und hatte noch 1938 etwa 3.000 Beschäftigte.

Seit Mitte der 1920er Jahre unterstützte das Schuhwerk, d.h. seine Besitzer Fritz Adler, Lothar Adler und Walter Neumann, die Eintracht. So finanzierte Neumann, dem die Ligamannschaft ans Herz gewachsen war, seinen Fußball-Lieblingen eine zünftige Feier zu ihrer zwölften Bezirksmeisterschaft. Das geschah in der Äpfelwein-Wirtschaft »Zum langen Hof«, Treffpunkt aller Eintrachtler, »dribb de Bach« in Sachsenhausen, während Neumann in Arosa kurte. Viel Beachtung fand auch der Eintracht rauschendes Sommernachtsfest 1932 auf der Maininsel: Tausende sahen vom Ufer aus zu und befanden: »Des is die Eintracht!« Bei der Generalversammlung des Klubs 1932 erhielt Walter Neumann die Ehrennadel des Süddeutschen Fußball- und Leichtathletik-Verbandes, ebenso Leo Bloch.

Der von 1924 bis 1933 amtierende Eintracht-Schatzmeister Hugo Reiß war bei JCAS beschäftigt, ebenso die wichtigsten Spieler des Klubs. Dies waren fünf Nationalspieler: Franz Schütz (1920 vom Mülheimer SV gekommen), Hugo Mantel aus Dortmund-Bövinghausen (seit 1925 bei der Eintracht), Hans »Hennes« Stubb (im selben Jahr von Ostend 07 Frankfurt verpflichtet), Rudolf Gramlich (1929 von Borussia Fulda, er stammte aus Offenbach-Rumpenheim) und Willi Lindner (1931 von RW Frankfurt) sowie mit Karl Ehmer ein weiterer Stammspieler. Zumindest für die auswärtigen Akteure dürfte das Angebot eines Arbeitsplatzes eine Rolle für den Wechsel zur Eintracht gespielt haben.

Da »JCAS« wie erwähnt Hausschuhe produzierte, die im Hessischen »Schlappe« genannt werden, bekam »die halbe Werksmannschaft«, die Eintracht, den Beinamen »Schlappekicker«. Firmenchef Walter Neumann wurde

»der Schlappen-Stinnes« genannt (Stinnes war ein Kohlebaron), einzelne Mitglieder bezeichnete man als »Schlappenheros«.

Gramlich scheint eine Art Chef-Ledereinkäufer der jüdischen Schuhfirma gewesen zu sein, er reiste quer durch Europa. Wenn er nicht in Frankfurt war, trainierte er eben beim Hamburger SV und in München beim FC Bayern oder 1860 mit. Zehn Einladungen zu Länderspielen, so wird berichtet, sagte er aufgrund seiner beruflichen Tätigkeit ab. Von der WM 1934 in Italien reiste er »aus beruflichen Gründen« vorzeitig nach Hause.

Mäzen der Eintracht: Die »Hausschuh-Fabrik« J. & C. A. Schneider.

Der 22fache Nationalspieler Gramlich, 1939 bis 1942 gemeinsam mit Adolf Metzner »Vereinsführer« und von 1955 bis 1970 Vorsitzender bzw. Präsident der Eintracht sowie Vorsitzender des Bundesliga-Ausschusses des DFB, war NSDAP-Mitglied und trat später der SS bei. »Rudi Gramlich bei der SS«, ist ein Bericht der »Frankfurter Rundschau« vom 4.8.1945 betitelt, in dem gegen den Handelsvertreter, der beruflich von seinen jüdischen Arbeitgebern enorm profitiert hatte, schwere Anschuldigungen erhoben wurden: Profiteur der »Arisierung« im Lederhandel, »Raubzüge« im besetzten Prag, Beteiligung an Hinrichtungen.

Ende 1947 stand Rudolf Gramlich vor der Spruchkammer Regensburg im Interniertenlager der US-Zone. »Anschuldigungen, dass Gramlich sich an Kriegsverbrechen und Judenverfolgungen beteiligte, wurden durch zahlreiche Zeugenaussagen entkräftet«, meldete das »Sport-Magazin« am 15.12.1947. Der Ex-Nationalspieler wurde zu zwei Jahren Bewährungsstrafe verurteilt, der »Gruppe der Minderbelasteten« zugeordnet, er musste 10.000 Mark Sühnebeitrag und die Verfahrenskosten von 40.000 Mark bezahlen. Die Unterlagen zum Spruchkammer-Verfahren sollen verschwunden sein. Anfang Mai 1948 wurde der Ex-Nationalspieler aus dem Interniertenlager entlassen und nahm rasch wieder am gesellschaftlichen Leben teil. In den reichlich vorhandenen Zeitungsartikeln im Frankfurter Institut für Stadtgeschichte wird Gramlichs NS-Vergangenheit mit Ausnahme des »FR«-Beitrags von 1945 mit keinem Wort erwähnt. Die Bundesrepublik Deutschland hat ihn schließlich mit dem »Verdienstkreuz 1.Klasse des Verdienstordens« ausgezeichnet, der DFB hat ihn zum Ehrenmitglied ernannt. Die Feststellung der »FR« von 1945, »die Frankfurter Sportjugend wird aus ihren Reihen edlere Vertreter des Fußballsports hervorbringen (...) Sie wird Rudi Gramlich, dem SS-Mann, keine Träne nachweinen«, war da längst Makulatur. Sein »Vereinsführer«-Kollege aus der NS-Zeit, Metzner, SS-Obersturmführer seit 1940, war übrigens später lange Jahre Sportredakteur der Wochenzeitung »Die Zeit«.

Wie lange die bekannten Spieler im Sold der Schuhfabrik standen, ist ungewiss. Ende 1934 hat J. & C.A. Schneider noch einmal eine Anzeige in den »Vereinsnachrichten« geschaltet. Regelmäßig war das Werk mit Annoncen in der jüdischen Zeitschrift »Der Schild« vertreten. Die jüdische Schuhfabrik wurde, wie das »Frankfurter Volksblatt« am 20.11.1938 mitteilte, »in arischen Besitz übergeführt«. Die Leitung »des größten jüdischen Unternehmens im Gau Hessen-Nassau« bekam ein Gauwirtschaftsberater der NSDAP. Von den Eintracht-Mäzenen war Walter Neumann 1933 nach England emigriert, wo er eine Schuhfabrik betrieb. Lothar und Fritz Adler, 1938 zum Verkauf ihres Unternehmens gezwungen und (vermutlich nach dem November-Pogrom) inhaftiert, flüchteten kurz darauf in die USA. 1949 erhielten die Eigentümer den Betrieb zurück und verkauften 1954 die Firmenanteile. Im Sommer 1940 hat die »arisierte« Firma übrigens wieder bei der Eintracht annonciert.

Anzeigen bei der Eintracht schalten bis 1933 auch Julius Kahn Tabakfabrikate (mehrere Vorverkaufsstellen des Vereins), das Goethe Café Inh. Artur Loewy (Zeil 97), Kartoffelhandel Eurich & Gigursky (ein Eintracht-Spieler Gigursky gehört später dem jüdischen Sport an), S. Grünwald GmbH Optik-Photo-Radio (Roßmarkt 15), Radio Ehrenfeld (Zeil 104), Kaffee/Tee/Cacao Hassan (Zigarren-Hassan annonciert später in der jüdischen Presse).

Obwohl die jüdischen Mitglieder die Eintracht 1933 verließen, galt der Verein in der Öffentlichkeit offensichtlich weiterhin als »Judenklub«, denn beim Qualifikationsspiel für die Endrunde um die Deutsche Meisterschaft 1933 gegen die SpVgg Fürth (1:0) in Saarbrücken sah sich der viermalige Internationale Hugo Mantel Anfeindungen ausgesetzt – man hielt ihn für einen Juden. Daraufhin teilte sein Verein in der »Fußball-Woche« vom 8.5.1933 mit, Mantel sei »arischer Abstammung«. »Hugo Mantel kein Jude«, überschrieb das »Frankfurter Volksblatt« seine Meldung vom 5.5.1933; der Spieler habe »in letzter Zeit wiederholt Schwierigkeiten« gehabt, »zuletzt noch in Saarbrücken durch die SpVgg Fürth«.

»Unser Schatzmeister hat sein Amt niedergelegt«

Auch Schatzmeister Hugo Reiß (ob Spielausschuss-Mitglied Willi Reiß mit ihm verwandt war, ist nicht erwiesen) von der Eintracht, seit 1924 im Amt, musste wegen seiner jüdischen Herkunft 1933 zurücktreten, noch im selben Jahr emigrierte er in die USA. Bei der Jahreshauptversammlung des Vereins am 12.5.1932 hatte er im Handwerkerhaus in der Braubachstraße noch den Ehrenbrief der Deutschen Sportbehörde für Leichtathletik und wie Leo Bloch den DFB-Ehrenbrief erhalten. Im Februar 1933 erscheint sein Name als Schatzmeister letztmals auf der Titelseite der »Frankfurter Sportgemeinde Eintracht e.V. Vereinsnachrichten«. Zwar beinhaltet die Doppelnummer der Zeitschrift im März/April 1933 ein Bekenntnis zur neuen Reichsregierung und zur »nationalen Aufgabe«, doch ist dies eher vorsichtig und ohne Begeisterung formuliert, sieht man sich doch von der lokalen NS-Presse als »Großverein« wegen Spesenzahlungen an Spieler kritisiert. Andererseits ist es ein Ruhmesblatt der Vereinsgeschichte, dass man dem verdienten Schatzmeister Reiß unter der fettgedruckten Überschrift »Herr Hugo Reiß« den folgenden Text widmet:

»Unser Schatzmeister hat nach vieljähriger aufopfernder Tätigkeit sein Amt niedergelegt – Die Eintracht hat der klugen, erfahrenen und vorsichtigen Finanzführung des scheidenden Schatzmeisters eines zu verdanken: Sie gehört zu den ganz wenigen Vereinen in Deutschland, die überhaupt keine Schulden haben. Diese Feststellung enthält gleichzeitig die Würdigung der ungeheueren und vorbildlichen Arbeit, die Reiß für die Eintracht vollbracht hat. Wenn wir auch wissen, dass Hugo Reiß all' seine vortreffliche und geschickte Arbeit nur aus Liebe zur Sache und zur Eintracht geleistet hat und er aus diesem Grunde keinen Dank begehrt, fühlen wir uns doch verpflichtet, ihm an dieser Stelle unseren herzlichen Dank auszusprechen. Er hat allen Eintrachtmitgliedern ein leuchtendes Beispiel für Pflichterfüllung, Sauberkeit und Vereinstreue gegeben.«

Im Juli 1933 wird in der Vereinszeitung sogar noch einmal das Protokoll der Generalversammlung 1932 veröffentlicht, gewissermaßen eine Hommage an Schatzmeister Reiß, der »eine den Zeitverhältnissen entsprechende gute Finanzlage« deklariert. »Es wurde und wird überall gespart. Die Bilanz schließt mit einem Überschuss ab.« Hugo Reiß hatte den Verein tatsächlich bestens durch die Weltwirtschaftskrise manövriert: »Wir brauchen Geld, Geld und nochmals Geld, um den Verein sportlich auf der Höhe halten zu können«, hieß es Ende 1931, als Mitgliedsbeiträge und Eintritt erheblich herabgesetzt wurden. Zeitweise waren alle Ausgaben gesperrt, die Gehälter der Vereinsangestellten gekürzt, nach außerhalb von Frankfurt durfte nur noch mit Vorstandsgenehmigung telefoniert werden.

Hugo Reiß wird in der Vereinszeitung vom Oktober/November 1933 noch einmal erwähnt, weil er anlässlich des Todes des Eintracht-Vorsitzenden Egon Graf von Beroldingen am 21.10.1933 ein Kondolenzschreiben an seinen ehemaligen Klub gerichtet hat, ebenso wie Walter Neumann, ehemals Schuhfabrik JCAS, sowie A. Cohn und der frühere FSV-Präsident Alfred J. Meyers. Weiteres ist über Hugo Reiß nicht bekannt.

Als Captain der US-Army kommt sein Neffe Günter Reiß 1945 nach Deutschland und amtiert vom 15.6. bis 14.12.1946 als 1. Vorsitzender der Eintracht.

»...und müssen abtreten«

Die Schriftleitung der Eintracht-Vereinsnachrichten, in denen die lobenden Worte für Reiß erscheinen, hat der Rechtsanwalt Josef Keil, dem es zu verdanken ist, dass die Lektüre des Blattes auch heute noch interessant und unterhaltsam ist. Für die folgende Nummer nach der Lobeshymne auf den Schatzmeister ist er allerdings nicht mehr zuständig und wird als »Presseausschuss« durch Bernhard Jungé aus der Hockeyabteilung ersetzt, der mit dieser kurzfristigen Aufgabe allerdings rasch überfordert ist, wie er selbst eingestand und im Niveauverlust der Zeitung zu bemerken war. Die Würdigung von Hugo Reiß scheint allerdings nicht Anlass für die Ablösung von Schriftleiter Keil gewesen zu sein: Die NSDAP-Zeitung »Frankfurter Volksblatt« nahm Anstoß daran, dass in der Eintracht-Zeitung unterschiedliche Meinungen zum Geländesport geäußert wurden – verantwortlich sei »ein Herr Rechtsanwalt Keil (…) Leute, die ihre Gesinnung in kurzer Zeit wechseln, können im deutschen Sport keine Führer sein und müssen abtreten.« Keil unterhielt, wie Ulrich Matheja ermittelt hat, mit Dr. Paul Blüthenthal, der als Jude 1933 die Leichtathletik-Abteilung der Eintracht verließ, bis zum 22.6. diesen Jahres eine gemeinsame Rechtsanwalts-Kanzlei.

Rechtsanwalt Keil fiel damit ebenso wie viele andere Vorstandsmitglieder der »Gleichschaltung in der Eintracht« (Vereinsnachrichten-Titel im Mai 1933) zum Opfer: Mit ihm gehen mussten Vizepräsident Fritz Steffan, der Spielausschuss-Vorsitzende Heinrich Buhlmann im Fußball, Christian Kiefer in der Leichtathletik, Hans Schöning von den Boxern (der 1934 wiederkehrte) und der »Boxerfürst« genannte Arzt Dr. Cahen-Bracht, Weiß von der Rugby-Abteilung, genannt »die Ruggerer«, Otto Abel im Tennis, Beitragskassierer Fritz Gehrig. Nun waren dies vermutlich nicht alles Mitglieder jüdischen Glaubens, doch mag auch ein Engagement für sozialistische, liberale, konservative Ideen und deren Parteien ausgereicht haben, um die »Säuberung« herbeizuführen.

Der Gesamtverein führte den Arierparagrafen mit der neuen Vereinssatzung, verabschiedet von der Mitgliederversammlung am 28.5.1940, im Zweiten Weltkrieg ein. §4.6 lautete: »Mitglieder können nicht Personen sein, die nicht deutschen oder artverwandten Blutes oder solchen gleichgestellt sind.« Offensichtlich handelte es sich um eine nationalsozialistische Einheitssatzung, die z.B. auch der SC 1880 Frankfurt 1940 übernahm: Die übrigen Punkte waren vorgedruckt, §4.6 in einem vorgebenen größeren Freiraum per Schreibmaschine nachgetragen. Anders verhielten sich die Amateurboxer und die Rugby-Abteilung, die sich an »Führers Geburtstag« 1933 für »völkisch« erklärte, alle »Nicht-Arier« ausschloss und es in Zukunft ablehnte, »Fremdrassige« in ihre Reihen aufzunehmen.

Bis 1937 spielte in der 2. und 3. Fußball-Mannschaft der Eintracht der Jude Julius »Jule« Lehmann, Spitzname »Sesta« nach dem österreichischen Nationalspieler und als Mercedes-Fahrer auch großer Motorsportfan. Kapitän bei der Pfingstreise der 3. Mannschaft mit Lehmann in den Vogelsberg war Karl »Moppel« Alt, später ein bekannter Schiedsrichter. Alt soll seinen jüdischen Mitspieler 1937 in die Schweiz gebracht haben. Dagegen spricht die Erklärung vom 6.9.1995, als Karl Alt die Johanna-Kirchner-Medaille der Stadt Frankfurt erhielt, »weil er als engagierter Sportler und Funktionär der Frankfurter Eintracht den jüdischen Eintracht-Spieler Julius Lehmann während des Nationalsozialismus gemeinsam mit seinen inzwischen verstorbenen Freunden sieben Jahre lang versteckt und mit Lebensmitteln versorgt hat«. Die erwähnte Medaille ist nach der von den Nazis ermordeten Sozialdemokratin Johanna Kirchner (1889-1944) benannt und wird vergeben »an Menschen, die gegen unrechtsstaatliche Unterdrückung kämpfen, nein gesagt haben zu Terror, Folter und Mord«.

Der neue Eintracht-Vorstand kam demokratisch nicht zustande. Der ehemalige Weltkrieg-1-Flieger und Geschäftsführer der Flughafen GmbH, Graf Egon von Beroldingen, zuvor beim VfB Stuttgart, war bereits seit 1927 Vorsitzender und übernahm den Klub nach dem »Führerprinzip«. Die ordentliche Hauptversammlung, vorgesehen für den 18.5.1933, wurde abgesagt, in einer eigenen Versammlung bestimmten Ehrenmitglieder, Ehrenspielführer und ältere Mitglieder die neue Vereinsführung.

Auch diesmal blieb in den Vereinsnachrichten noch Raum für einen ehrenhaften Abschied der ehemaligen Vorständler: »Eintracht hat recht herzlich zu danken. Sollten die Herren in Zukunft wieder für ein Vorstandsamt benötigt werden, so hoffen wir auf ihre Mitarbeit.« Das war genau genommen Unsinn, denn für Hugo Reiß und andere jüdische Vorstandsmitglieder sollte es keine weitere Möglichkeit der Mitarbeit mehr geben.

Als der Verein 1939 sein 40-jähriges Bestehen feiert, wird den »verdienten Männern« fast eine Seite in der Klubnachrichten-Sondernummer gewidmet: Es fehlen die Namen von Fußball-Pionier Walther Bensemann, der den Eintracht-Vorläufer Frankfurter Kickers mitgegründet hatte, sowie von Neumann, Reiß und den Brüdern Adler.

Wie eng die Diffamierung »Judenklub« hinsichtlich Eintracht Frankfurt in der Ideologie der NSDAP verhaftet ist, belegt ein anderes Ergebnis dieser Recherche. Im August 1933 veröffentlichen die Vereinsnachrichten einen Bericht zur Einweihung des Ehrenmals für die im Ersten Weltkrieg gestorbenen deutschen Soldaten. Von 180 Eintracht-Mitgliedern, die im Krieg waren, sind 55 umgekommen. 1939 veröffentlicht dieselbe Zeitung eine Liste der Kriegstoten mit dem Titel: »Sie starben im Glauben an ihr Vaterland.« Drei Kriegstote sind in der Auflistung gegenüber 1933 nicht mehr genannt: Walter Bendix, Hermann Levita und Alfred Rothschild. Es waren Juden. Kriegstote, die 1939 einfach verschwunden sind.

»Judenklub« und »Judebubbe«

Teils rassistisch motiviert, teils aus Dummheit und Geschichtslosigkeit, wird die Eintracht bis heute als »Judenklub« bezeichnet oder die provokative Frage gestellt: »Wie haben denn die Juden gespielt?« Michael Gabriel von der Koordination Fanprojekte in Frankfurt hat am 21.9.2002 im »hessen fernsehen HR« berichtet: »Bestimmte Vereine gelten als ›Judenvereine‹, so hier in Hessen Eintracht Frankfurt, wegen ihrer jüdischen Sponsoren in den 20er Jahren. Das hat sich bis heute gehalten. Jugendspieler werden dann oft als ›Judebubbe‹ beschimpft, oder bei Derbys hier im Raum wird gerufen: ›Zyklon B für die SGE‹.« Als die Eintracht am 14.4.2002 im Niedersachsenstadion gegen Hannover 96 spielte, war im Gästeblock von Hannoveranern die Aufschrift »Juden-Ultras Frankfurt« angebracht worden.

Matthias Eckert von der OFC-Fanabteilung der Offenbacher Kickers (www.ofc-fanabteilung.de) hat zum Thema »Mythen und Images rund um Kickers Offenbach« an einem Forschungsbericht der Johann-Wolfgangvon-Goethe-Universität Frankfurt gearbeitet und dabei festgestellt: »Eine der peinlichsten und dümmsten Beschimpfungsformeln für den Nachbarn Eintracht Frankfurt ist die des ›Judenklubs‹. Der Ausdruck ›Juddebubbe‹ soll in den vergangenen Jahrzehnten in Offenbach Synonym für Eintracht Frankfurt gewesen sein. Auch heute noch lassen sich solche Äußerungen finden (…) Ein geringerer Teil der Offenbacher Anhänger nimmt diese antisemitische Abgrenzung vor. Die Beschimpfung ist umso dümmer, da die Kickers selber jüdische Vorstandsmitglieder in ihren Reihen hatten.«

Offenbach – ein Kickers-Mann gegen Hitler

Matthias Eckert meint damit z.B. Dr. Josef Weinberg, seit 1928 als Rechtsanwalt zugelassen und Verteidiger von Sozialdemokraten in Prozessen. Als Vorstandsmitglied der Offenbacher lehnte der damals 30-jährige Weinberg 1932 eine NSDAP-Kundgebung mit Adolf Hitler im Kickers-Stadion Bieberer Berg ab, was bereits im Jubiläumsband »Kickers Offenbach, die ersten hundert Jahre« beschrieben wurde. Die Veranstaltung fand daraufhin am 16.6.1932 im Rahmen des hessischen Wahlkampfes vor etwa 20.000 Menschen auf dem Sportplatz des SV 02 Offenbach (heute sind dort Nebenplätze) auf dem Bieberer Berg statt; es war Hitlers einziger Auftritt in der Lederstadt. Aufgrund seiner Initiative wurde Dr. Weinberg später von der Mitglieder-Versammlung zum Rücktritt aufgefordert. Meldung der NSDAP-Zeitung »Offenbacher Nachrichten« vom 28.7.1932: »Der jüdische Rechtsanwalt Dr. Weinberg (…) ist freiwillig der Gewalt gewichen. Dieser Tage ist sein Name aus der Mitgliederliste der Kickers gestrichen worden (…) Somit ist die Kickers frei. Frei von jüdischem Einfluss. Wir gratulieren.« Die »Nachrichten« hatten behauptet, nachdem Hitler das Kickers-Stadion verweigert wurde, hätten 200 Mitglieder den Verein verlassen und Geschäftsleute protestiert.

»Schutzhäftlinge mussten Wandparolen entfernen«, berichten die »Offenbacher Nachrichten« am 25.4.1933. Rechtsanwalt Dr. Weinberg und Ernst Oppenheimer, Sohn eines Kaufhausbesitzers, wurden damals am helllichten Tag von der SA gezwungen, mit Zahnbürsten kommunistische Parolen vom Straßenpflaster zu entfernen. »Nachrichten« wie »Offenbacher Zeitung« (26.4.1933) erinnern in diesem Zusammenhang daran, Rechtsanwalt Weinberg habe verhindert, dass Hitler im Juni 1932 auf dem Vereinsgelände sprechen konnte und auf ein nahes Sportfeld ausweichen musste. Laut OFC-Jubiläumsband und den Autoren Harald Eschweiler und

Volker Goll »ging Dr. Weinberg 1933 mit großer Wahrscheinlichkeit zusammen mit seiner Familie nach Nizza und überlebte vermutlich den Holocaust. In den 50er Jahren soll er zu vereinzelten Stippvisiten nach Offenbach zurückgekehrt sein.«

Weitere bislang bekannte jüdische Mitglieder der Offenbacher Kickers waren Jakob Feibuschewitz, 1908 einer der Unterzeichner der Satzung, mit der der Klub beim Amtsgericht eingetragen wurde, und späterer Platzwart, sowie Leonard Feibuschewitz, 1906 Torhüter der Offenbacher.

FSV – »Dr. Rothschilds Werk«

Noch wesentlicher war das Wirken jüdischer Fußballfreunde beim zweiten großen Frankfurter Klub, dem FSV Frankfurt, für den der Zeitraum 1919 bis 1933 »die goldenen Jahre« bedeuteten, in denen die Schwarz-Blauen sechsmal Mainmeister, Deutscher Vize 1925 und Südmeister 1933 wurden. Wie viele andere Spitzenklubs spielten auch die »Bernemer«, so genannt nach dem Stadtteil Bornheim, nicht mehr allein mit Eigengewächsen, weshalb sie auch als »Völkerbund« bezeichnet wurden. Spielertrainer war der Schweizer Nationalspieler Robert Pache, im Aufgebot standen Bretteville aus Norwegen und Wyck aus Schweden, weiter die Berliner Brüder Strehlke, und es gab »die bayerische Läuferreihe«. 1928 hatte der FSV zudem von der SpVgg Fürth den gebürtigen Schwarzwälder Georg »Schorsch« Knöpfle geholt, der beim FSV auf weitere 20 Länderspiele kam. Als er seinen Arbeitsplatz als Autoschlosser wegen zweier Länderspiel-Einsätze verlor, erhielt er einen Tabakladen in Bornheim, der FSV-Heimat. Und für Star Pache legte man die Spesen auf einem Konto an – »wenn da eine entsprechende Abrundung nach oben vollzogen wurde, so ging das niemand etwas an«, beschrieb »Der Fußball« eine offensichtlich gängige Praxis.

Vorsitzender des Fußballsportvereins war ab 1924 Dr. med. David Rothschild (1875-1936), Sohn des Kaufmanns Wilhelm Rothschild, der die Firma J. Adler jr. besaß, und von Stella Rothschild geb. Schott, einer Schriftstellerin. Nach dem Besuch eines Gymnasiums in der Heimatstadt hatte David Rothschild in Würzburg, Heidelberg und Gießen studiert, 1897 promoviert und 1898 in Würzburg die Approbation erreicht. Er arbeitete u.a. in Italien, Frankreich, England und Russland, bis er sich 1900 als Lungenfacharzt in Bad Soden niederließ, wo er auch dem Gemeinderat angehörte. Seit 1901 ist Rothschild Facharzt für innere Medizin, 1905 wird er vom Fachamt für innere Medizin anerkannt. Im Ersten Weltkrieg leitender Arzt einer Lungenstation in einem Garnisonslazarett, taucht sein Name aufgrund zahlreicher Fachpublikationen auch in internationalen Ärzte-Verzeichnissen auf. In Frankfurt, wo er seit 1914 als niedergelassener Facharzt für innere Medizin in der Bockenheimer Landstr. 124 eingetragen ist, engagiert er sich im Beirat des städtischen Komitees zur Bekämpfung der Tuberkulose. Vielleicht hat er später den Standort der Praxis gewechselt, oder man nennt ihn wegen seiner Beziehung zum FSV in Frankfurt-Bornheim »den Bornheimer Doktor«. Als Mediziner ver-

Dr. David Rothschild, FSV-Vorsitzender 1924 bis 1929.

langte er von den Spielern »eiserne Disziplin und einen geradezu asketischen Lebenswandel«. Rothschild übte das Amt des FSV-Vorsitzenden zwei Jahre lang aus und galt danach als »Altvorsitzender«. Er war ein geschickter Vereinsvertreter; so setzte er nach der Affäre um einen Spielerwechsel 1926 doch noch die Teilnahme des FSV an der Süd-Endrunde durch.

Unter Rothschild wandelte sich der Fußballsportverein von einer Frankfurter Lokalgröße zu einem deutschen Spitzenklub. »Der Fußball« urteilte 1927: »Seitdem an der Spitze des FSpV ein Dr. Rothschild steht, pulsiert intensives Leben in Frankfurts Fußballgemeinde. Der wirkliche Aufstieg des FSpV ist Dr. Rothschilds Werk.«

Ein äußerst engagierter Vertreter seines Vereins war der Mediziner auch am Spielfeldrand. Die Rivalität zwischen Eintracht und FSV war bereits in den 1920er Jahren auf dem Siedepunkt, als sogar berittene Polizei zum Einsatz kam. Anlass soll Rothschilds Bezeichnung »Lumpenpack« für den Gegner gewesen sein.

Eine andere Episode steuert die 1.-FC-Nürnberg-Website www.glubberer.de vom 1925er Endspiel bei, zitiert wird Nationalspieler Carl Riegel von der Noris: Nach einem Zusammenprall zweier Spieler nämlich »stürzte ein untersetzter Herr mit Spazierstock und Hut aufs Feld. Er fuchtelte erregt mit den Armen herum, als wollte er nachträglich einen Elfmeter herausschinden. Unser Torhüter Stuhlfauth packte ihn am Schlafittchen. Mit einer Hand! Als der Spieler Klumpp vom FSV das sah, riss er entsetzt die Hände hoch und schrie: ›Lass' den Mann los! Das ist doch Dr. Rothschild, unser

Spielausschuss-Vorsitzender!‹ Dieser steinreiche Herr aus der weltbekannten Bankierdynastie war nämlich der Mäzen des FSV. Der Zwischenfall löste sich übrigens beim Bankett in Wohlgefallen auf. Dr. Rothschild nahm Stuhlfauth die Sache nicht weiter übel. Die raue, aber herzliche Art der Nürnberger gefiel ihm sogar so gut, dass er einen schönen Batzen Geld für unsere Jugendabteilung stiftete.« »Der Fußball« hatte denselben Vorfall wie folgt geschildert: »Ein Zivilist rennt auf den Platz, das Zeichen des DFB am Rockaufschlag. Es kommt zu Handgreiflichkeiten, und es dauert eine Weile, bis sich die Gemüter wieder beruhigt haben.«

David Rothschild gehörte übrigens nicht zur »weltbekannten Bankierdynastie«, denn diese Rothschilds, die aus einem Zweig einer Familie in der Frankfurt Judengasse (»Haus zum Roten Schild«) stammten, waren mit dem Tod von Wilhelm von Rothschild in der männlichen Linie erloschen.

Bei aller Hitze in den Lokalkämpfen gingen Bornheimer und Riederwälder auch gepflegt miteinander um. Als die Eintracht im Sommer 1932 als Südmeister aus Stuttgart heimkehrte, war beim Empfang im Frankfurter Palmengarten auch der jüdische FSV-Vorsitzende Meyers, von dem noch zu lesen sein wird, dabei und erklärte, so die Eintracht-Zeitschrift, »dass die Bornheimer unsere Wege ins Endspiel mit Aufmerksamkeit verfolgten und unseren Sieg ebenso gewünscht haben wie wir selbst«. Gepriesen wurde »die fabelhafte Haltung« von FSVlern, die die Eintracht im Sonderzug nach Stuttgart begleitet hatten. Als Anfang 1933 der Spielausschuss-Vorsitzende Fritz Stier vom FSV starb, war die Eintracht beim Begräbnis durch drei Vorstandsmitglieder vertreten.

Dr. Rothschilds Abschied vom FSV gestaltete sich eher unerfreulich: Als Spielertrainer Pache des Kokain-Konsums beschuldigt wurde, glaubte der Arzt an dessen Unschuld. Der Vorstand aber stellte sich gegen ihn, weshalb er den Verein 1929 verließ. 1933 emigrierte der Mediziner nach Stockholm, wo er 1936 starb.

»Der Erbauer des Bornheimer Hang«

Nachfolger von Rothschild beim FSV wurde Alfred Meyers, ebenfalls Jude, ein Direktor der I.G. Farben, der inmitten der Weltwirtschaftskrise ein Projekt realisierte, das man damals kaum für möglich gehalten hätte: den Bau des Stadions Bornheimer Hang. Als die klassische Fußballarena am 11.10.1931 eingeweiht wurde, prangte auf der entsprechenden Stadion-Postkarte auch Meyers Porträt.

Platzweihe des FSV-Stadions am Bornheimer Hang, 10.11.1931. Am Rednerpult FSV-Präsident Alfred J. Meyers.

»Wir hatten damals den Dir. Alfred J. Meyers als Vorsitzenden. Dann waren da noch einige Persönlichkeiten, alles jüdische Geschäftsleute. Bei ihnen ist es nie auf einen Geldschein angekommen«, berichtet der frühere Spieler »Seppel« Brück in der FSV-Chronik 1989. So habe er nach vier Toren in einem Spiel 400 Mark vom Vorsitzenden Meyers bekommen und 300 vom jüdischen Schatzmeister Wetterhahn – dafür ließ sich ein neues Wohnzimmer anschaffen.

Als der FSV am 3.5.1933 im Frankfurter Waldstadion gegen 1860 München zum letzten Mal die Süddeutsche Meisterschaft gewinnt, amtiert Alfred Meyers schon nicht mehr. In der Stadt haben nun NSDAP und Deutschnationale die politische Mehrheit, der jüdische Oberbürgermeister Dr. Ludwig Landmann, unter dem 1925 das Stadion Frankfurt eröffnet worden war, muss zurücktreten. »Durch die politische Erneuerung Deutschlands«, berichtet das »Frankfurter Volksblatt (Frankfurter Beobachter) Nationalsozialistische Tageszeitung« am 28. April, hätten »einige Vorstandsmitglieder ihre Ämter (Anm. d. V.: beim FSV) zur Verfügung gestellt.« Bereits am 8. April hatte dieselbe Zeitung mit Häme gemeldet, »der erst kürzlich zurückgetretene langjährige Vorsitzende des Fußballsportvereins« (Anm. d. V.: Meyers) sei US-amerikanischer Staatsbürger gewesen. Erwähnt wurde in dem Zusammenhang auch der ebenfalls zurückgetretene Vorsitzende des Vereins Frankfurter Sportpresse, Dr. W. Bing von der »Frankfurter Zeitung«, da er die französische Staatsangehörigkeit besitze. Einen US-Bürger wie Meyers wolle man nicht, schrieb das »Volksblatt«, um am 11. April zufrieden festzustellen: »Die Vorstandsbesetzungen vieler deutscher Vereine lassen erkennen, dass die politische und weltanschauliche deutsche Erneuerung auch in der deutschen Sportbewegung ihren Eingang gefunden hat.« Schon am Montag, 3.4.1933, nach dem 3:0 des FSV vor 5.000 Zuschauern gegen Mainz 05 am Bornheimer Hang, hatte das »Volksblatt« gemeldet: »Die Tribüne war nicht wie gewohnt gut besucht. Fehlten die jüdischen Vereinsanhänger, die nun allmählich merken, dass für sie in den Vereinen nichts mehr zu holen ist?«

FSV-Vorsitzender Alfred Meyers flüchtet 1933 in die USA, ebenso der Schatzmeister des Vereins, Siegbert Wetterhahn. Die Verdienste der früheren jüdischen Mitglieder wurden später anerkannt. Ausnahme ist der Artikel eines Oskar Moser in der Vereins-Festschrift 1939, den Harald Schock entdeckt hat und in dem behauptet wird, das »fremdrassige Element« habe sich in den FSV »hineingedrängt – ein schreckhafter Spuk«.

»Unser guter, alter Max«

Die einstigen Funktionäre und Gönner von Eintracht und FSV mögen sich im Exil wiedergesehen und dabei auch jenen Mann getroffen haben, der 1942 in seiner Funktion als Sportredakteur und Fußballfachmann der deutsch-jüdischen Wochenzeitung »Aufbau« ein Spiel in der New Yorker Bronx beobachtet. Der heißt Max Behrens, am 18.12.1897 in Hamburg als Arthur Maximilian Behrens geboren. Er war in der Frankfurter Fußball-Szene bekannt als »der dicke Max« und hatte 1922 eine Höchsterin geheiratet. Von Beruf Sportredakteur, schreibt er für den »Frankfurter General-Anzeiger« und die »Frankfurter Zeitung«, beobachtet die Auftritte von Eintracht und FSV. Sein Haupt-Betätigungsfeld allerdings sind die sog. kleinen Vereine: Sonntags um 18 Uhr zückt er sein kleines, schwarzes Notizbuch mit hunderten Telefonnummern hervor und ruft die Spielberichte der unteren Ligen ab. Als Behrens verstorben war, schrieb die »Frankfurter Rundschau« (Autorenkürzel wk., vermutlich Georg Wick): »Dass unser guter, alter Max das nicht mehr machen durfte, das wird er nie verstanden haben. Er verstand ja nichts von der Politik (…) und hat sicher nie begriffen, dass es so kam, wie es damals für ihn kommen musste.«

Behrens hat, wie er in einem Beitrag für den jüdischen »New World Club« am 10.7.1942 in New York mitteilte, sein Heimatland 1939 unter dramatischen Umständen verlassen. Nach 32 Monaten Zuchthaus-Haft (der Grund ist unbekannt) hatten ihm die damaligen Machthaber erklärt, wenn er sich nicht innerhalb von einer Woche ein Visum für die Ausreise verschaffe, würde er für immer im KZ verschwinden.

»Hut ab vor Edwin Van D'Elden«, überschrieb Behrens seinen Artikel 1942 und zollte damit seinem Retter Tribut. Im US-Konsulat in Stuttgart, zuständig für die Visa, bemühten sich 1939 nämlich hunderte süddeutscher Juden um die Ausreise. Einen Vorsprechtermin hätte Max Behrens allenfalls in drei bis vier Wochen erhalten können – das wäre zu spät gewesen. Erst ein Schreiben von Van D'Elden, dem Geschäftsführer der American Chamber of Commerce (US-Handelskammer) in Frankfurt, öffnete ihm die entsprechenden Türen und ermöglichte die Flucht nach New York. Van D'Elden selbst wurde, nachdem die Chamber am 11.12.1941 von den Nazis geschlossen worden waren, in Frankfurt und Laufen/Bayern inhaftiert bzw. interniert und konnte im Mai 1942 mit Frau und Tochter in einem von der Gestapo bewachten Sonderzug über Portugal in die USA ausreisen, wo er 1951 in New York verstarb.

Max Behrens, der Sportjournalist, inzwischen Sportredakteur der »New Yorker Staatszeitung und Herald«, begegnet einem in der Festschrift 1949 zum 50-jährigen Bestehen des FSV Frankfurt wieder. Er schreibt als »ein New Yorker an seine alten ›Bernemer‹« – »ich, der seit dem 8. Mai 1945 (Anm. d. V.: Datum der deutschen Kapitulation), seitdem Deutschland für mich wieder Deutschland ist, die Arbeit Ihres lebenskräftigen Vereins wieder mit ganz besonderer Liebe verfolge.« 1929 hatte Behrens die Jubiläumsschrift der Bornheimer noch mitverfasst.

Es waren wehmütige Erinnerungen, die Behrens (»der ich seit 1½ Jahrzehnten kein blau-schwarzes Bornheimer Trikot mehr gesehen«) niederschrieb. Erinnerungen an die »goldenen Jahre« des FSV und die Mitglieder jener Zeit. »Sie alle waren«, so Behrens, »geeint in der großen Bornheimer Familie und es gab damals – o selige Zeit – keinen wesentlichen Unterschied zwischen reich und arm, Arbeiter und Akademiker, Juden und Christen. Der ›dicke Fritz‹ (Anm. d. V.: der Vereinswirt) begrüßte sie in seiner Bornheimer Wirtschaft alle mit gleicher Herzlichkeit, und als er zum Sterben kam, da musste ihm sein Arzt und Präsident, Dr. David Rothschild, erst das blau-schwarze Sportvereins-Kissen unter den müden Kopf legen, damit er ruhiger heimgehen könne in die Ewigkeit. Aber dann kam die Pest über

Deutschland. Doch davon lasst uns heute nicht sprechen. Lasst uns die schweren Jahre übergehen und den Prinzipien des Fußballsportes, wie wir sie damals achteten und wie sie meine damaligen Kameraden verfochten, wieder Geltung verschaffen wie ehedem.«

Sportjournalist Max Behrens ist bald darauf wesentlich daran beteiligt, dass erstmals ein deutscher Fußballverein in den USA gastiert. Der Deutsch-Amerikanische Fußball-Bund (DAFB) hat ihn gebeten, die entsprechenden Kontakte herzustellen. Sein deutscher Korrespondenz-Partner ist Friedrich Treder vom Internationalen Sportarchiv in Hamburg. Behrens schwankt hinsichtlich der USA-Tournee zwischen dem Hamburger SV als fußballerischem Vertreter seiner Geburtsstadt und dem FSV aus seiner zweiten Heimat. Die DAFB-Generalversammlung entscheidet schließlich im August 1949 pro HSV. Als ein anonymer Briefschreiber mitteilt, »der Hamburger Sportverein wird augenblicklich ausschließlich von ehemaligen Nationalsozialisten geführt«, muss Vorsitzender Carl Compart zu Hause bleiben, Schatzmeister Hellmuth Schwarz verzichtet, mitreisen dürfen der langjährige Präsident »Papa« Paul Hauenschild und Geschäftsführer Paul Reymann, obwohl auch die beiden wie die zwei anderen Funktionäre NSDAP-Mitglied gewesen waren.

Als die Hamburger an einem Freitagvormittag im Mai 1950 vor der City Hall von New York für ein Erinnerungsfoto Aufstellung nehmen, explodieren plötzlich Feuerwerkskörper, es hageln faule Tomaten und Äpfel. Flugblätter werden in die Luft geworfen, zu hören sind Rufe wie: »Geht zurück nach Deutschland, ihr lausigen Nazis!«, »Mörder!« Auf Plakaten liest man: »6.000.000 Tote! Und nun Willkommen Nazis!« Die Polizei drängt die 20 jugendlichen Demonstranten, meist College-Studenten und Mitglieder einer zionistischen Jugendgruppe namens Betar aus dem New Yorker East Village, ab. Drei von ihnen, darunter ein 18-jähriger Emigrant aus Deutschland, werden festgenommen, aber bald darauf freigelassen. Zu weiteren Protesten kommt es nicht mehr. Die jüdischen Sportorganisationen hatten ihr Spielprogramm übrigens abgesagt, damit ihre Mitglieder das HSV-Gastspiel in New York miterleben konnten. HSV-Delegationsmitglied Hans Ballin zu dem Zwischenfall: »Das Ganze ist für uns eine Bombenreklame.«

Max Behrens ist auch daran beteiligt, dass die Eintracht 1951 auf »die Amerikareise« geht, er betreut die Mannschaft in den Staaten und fungiert als »Sonderberichterstatter« für die Frankfurter Presse. Bereits 1949 wurde er als »Verdienter Förderer des Sports« mit der Ehrennadel des Vereins ausgezeichnet. Im Alter von 54 Jahren stirbt er, inzwischen US-Bürger, im

November 1952 in New York infolge eines Herzinfarkts. Deutschland hat er nach seiner Ausreise 1939 nicht mehr besucht. In Frankfurt widmet man ihm ehrenvolle Nachrufe. Die »Frankfurter Rundschau« am 14.11.1952: »Wir wissen, dass viele alte Fußballer jetzt einen Augenblick trauern um diesen Mann, der in Frankfurt so viele Freunde besaß. Der gute, dicke Max hat unter denen, die ihn kannten, nicht einen Gegner besessen, und es musste ein Rassenproblem auftauchen, um ihn aus der Stadt seiner Freunde zu vertreiben. Freiwillig wäre der Max nie fortgegangen. Sein Werk waren die Besuche deutscher Fußballmannschaften in den USA.«

Die »Frankfurter Neue Presse« bezeichnet Max Behrens im Nachruf am 14.11.1952 als »lebendes Fußball-Lexikon«: »Max war auf allen Fußballplätzen eine bekannte Erscheinung. Unter den Frankfurter Sportjournalisten galt er nicht nur als einer der fleißigsten, sondern auch als einer der kenntnisreichsten im Fußballsport. Aus Briefen, die gelegentlich von ihm nach Deutschland gelangen, sprach trotz allem Leids, das ihm hier widerfahren war, die unzerstörbare Liebe zu seinem Heimatland.«

»Meine Liebe zum FSV«

Auch Dir. Alfred J. Meyers, wie der frühere FSV-Präsident bezeichnet wird, hat seine alte Liebe in Frankfurt nicht vergessen. Im Januar 1949 ist er abgebildet, er sitzt mit den Vereinsmitgliedern beim »Äppelwoi« an einem Tisch mit karierter Decke. Die Vereinschronik von 1949 würdigt den Besucher: »Er war der Erbauer des ›Bornheimer Hang‹, für den er 1930 den Grundstein gelegt hatte. Als damaliger Direktor der Farbwerke war er ein weitsichtiger, guter Geschäftsmann, der mit seinen jüdischen Freunden für unseren FSV viele gute Taten vollbracht hatte. 1933 musste seine so gute Ära ein jähes Ende nehmen. Er und viele seiner Freunde wanderten nach USA aus. Das alte, liebgewonnene ›Bernem‹ hat er jedoch überm großen Teich nie vergessen.« Meyers hat damals, im Januar 1949, das Spiel FSV gegen VfB Mühlburg besucht, erstmals trug der Fußballsportverein wieder die blauschwarz gestreiften Traditionstrikots, die er aus den USA ebenso wie zwei Lederbälle mitgebracht hatte. Allerdings, in einer »Moor- und Wasserwüste« endete das Spiel bereits nach 22 Minuten, und berittene Polizei musste die Kassierer vor dem Unmut der 7.000 Besucher am Bornheimer Hang schützen.

Alfred J. Meyers selbst widmet der Jubiläumsschrift 1949 einen Beitrag, in dem es u.a. heißt: »Wenn ich für einige Minuten meine Augen schließe und die Jahre, in denen ich das Vergnügen hatte, den Fußballsportverein zu leiten, vorbeimarschieren lasse, dann denke ich an einige Ereignisse, die mir unvergesslich blieben (…) Ich glaube, dass unser Sieg gegen Vienna in Wien insofern eines der schönsten Erlebnisse war, weil der Fußballsportverein der erste deutsche Verein war, der nach dem Krieg gegen eine österreichische Profimannschaft in Wien antrat… und siegte (…) Ein anderer großer Tag natürlich war die Platzeinweihung. Nie zuvor war ein solches sportliches Ereignis Gegenstand einer Rundfunkübertragung gewesen (…) Wenige wissen nur, wie schwierig es war, die städtischen Behörden davon zu überzeugen, dass ein Bernemer Stadion dem städtischen Stadion keine Konkurrenz machen würde. Nie werde ich vergessen, als ich die endgültige Zusage für den Platzbau in der Hand hatte.«

Meyers weiter: »Oft bin ich gefragt worden: Glauben Sie, dass alle ihre Opfer der Mühe wert waren? Ehrlich gesagt, ich habe nie darüber nachgedacht. Ich darf ohne Überheblichkeit feststellen, dass meine Liebe zum Fußballsportverein ebenso fanatisch war wie diejenige der vielen Tausenden, die kein Spiel versäumten und dem Verein die Treue bewahrten und durch dick und dünn den schwarz-blauen Farben ihr Gefolge gaben. Meine Vereinsbegeisterung war einzig und allein das starke Echo der Liebe und Verehrung, die mir von Mitgliedern und Anhängern entgegengebracht wurde (…) Und dann kamen die dunklen Tage, die den Sport zum politischen Spielball machten und an die ich nicht zurückdenken will.«

Der FSV hat Alfred J. Meyers schließlich zum Ehrenvorsitzenden ernannt.

Meyers hatte beim ersten Besuch noch ein kriegszerstörtes FSV-Stadion vorgefunden – »ein schmerzliches Wiedersehen«, wie er meinte. Als die Sportanlage Anfang Juli 1953 wieder eingeweiht wurde, war auch »der Erbauer« vor Ort: »Da sah ich zu meiner großen Freude, dass neues Leben aus den Ruinen blühte. Wenige werden verstehen, welche Gefühle mich bewegten. Jahre schwerster Arbeit, diktiert von unauslöschlicher Liebe zum Sport und zu meinem Fußballsportverein waren nicht umsonst gewesen.«

Fritz-Walter-Biograf Bernhard Gnegel, einer der bekanntesten Sportfeuilletonisten aus der »Frankfurter Schule« und nach dem Krieg Chefredakteur eines Sportnachrichten-Büros, ist Meyers in einer alten Mainzer Weinstube des Abends noch einmal begegnet. »Ich spürte, wie müde der langjährige Vorsitzende des Fußballsportvereins unter dem Druck der Jahre und der bitterbösen Ereignisse geworden ist.«

Eine jüdische Fußball-Hochburg nach 1933

Doch zurück ins Jahr 1933: Wie andernorts verzeichneten auch am Main die jüdischen Vereine als letzter Zufluchtsort für sportliche Aktivitäten von Menschen jüdischen Glaubens eine enorme Zunahme. Im Fußball galten Bar Kochba im Makkabi-Kreis und der TSV Schild beim Reichsbund jüdischer Frontsoldaten (RjF) als beste Mannschaften in ihrer Sparte bzw. im Reich. Der TSV Schild war nach der Berliner JSG 33 zweitgrößter deutscher RjF-Verein: 1925 gegründet und bis 1933 Mitglied im Süddeutschen Fußball- und Leichtathletik-Verband, betrieb er 1936 25 Sportarten und zählte 1.500 Mitglieder. Bereits 1934 Vize-Fußballmeister des RjF, gewann der TSV 1935 den Titel. Bar Kochba eroberte 1936 und 1937 die Fußball-Meisterschaft im Makkabi. Bar Kochba war 1918 aus dem 1913 gegründeten Jüdischen Turn-Verein hervorgegangen und betrieb seit 1928 den Fußballsport.

Die »Frankfurter Israelitische Zeitung« hat dem jüdischen Sport anfangs wenig Beachtung gewidmet. Erst als deutlich wurde, dass sich gerade die Sportvereine zu einem wesentlichen Bestandteil des Gemeindelebens entwickelten und Raum boten, um jüdische Identität zu wahren, Leistung und Willensstärke zu demonstrieren, änderte sich das – womöglich auch wegen eines engagierten Mitarbeiters mit dem Kürzel L.W-s. 1937 jedenfalls gibt es eine Rubrik: »Jüdischer Sport in Frankfurt« in dem Blatt.

Wie anderswo im Reich startete auch in Frankfurt am Main der RjF, hier durch den bereits bestehenden TSV Schild, seine »Sport-Offensive«. »TSV Schild: Der Verein beginnt am 2. Mai 1933 sein Training im Freien (…) Mi: Fußball, Bertramswiese.« Im Juli 1933 erklärt der TSV »als vornehmste Aufgabe, den jetzt heimatlos gewordenen Sportlern die Möglichkeit zur Ausübung von Turnen und Sport zu geben. Infolge der bekannten Maßnahmen ist es dem jüdischen Turner und Sportler in Zukunft nicht mehr möglich, sich in dem freiwillig erwählten Verein zu betätigen. Insbesondere sind uns die bisherigen bekannten und erfahrenen Funktionäre der Vereine zur tätigen Mitarbeit willkommen.«

Makkabi und Schild trennt 1936 in Südwestdeutschland ein tiefer Graben. »Endlich Friede!«, meldet die »Frankfurter Israelitische Zeitung« im April 1936 nach einjährigem (!) Zwist. »Besonders die aktiven Sportler haben kein Verständnis mehr dafür aufgebracht.« In Mannheim ist am 21.2.1937 die »AG jüdische Turn- und Sportvereine Südwestdeutschlands« gegründet worden. Walter Hirschmann für AG bzw. Schild und Hugo Hecht von Makkabi haben den Kompromiss für »eine lose Spielgemeinschaft, in der es keinen Geist des Fanatismus mehr gibt, die keine Majorisierung, keine Beschlüsse und keine Abstimmung kennt und in der allein der Geist der gegenseitigen Achtung herrscht«, ausgehandelt. Im Fußball sind Freundschaftsspiele und eine Pokalrunde vorgesehen, seit März 1937 läuft der Spielverkehr zwischen beiden Organisationen wieder. Einer regionalen Liga gehören im Herbst 1937 Schild Frankfurt, Bar Kochba Frankfurt, JSV Offenbach, JTB Frankfurt sowie die Schild-Vertretungen aus Mainz, Darmstadt, Worms und Gießen an.

Anfang 1938 sind in Frankfurt 21 jüdische Fußballmannschaften aktiv (5 Herren, 7 Jugend, 9 Schüler), die vom TSV Schild, Bar Kochba, Hakoah, dem Jüdischen Turnerbund und der Schule Philanthropin gestellt werden.

Im Herbst 1938 feiert der Bar Kochba sein 25-jähriges Bestehen. »Dem Ernst der Zeit entsprechend wird dieser Gedenktag ohne Jubiläumsfeier und ohne größere Veranstaltung vorübergehen«, heißt es in der Zeitschrift »Sport im Makkabi«. Hugo Hecht, vormals ältestes Mitglied und im Vorstand der Jüdischen Gemeinde, schreibt auf dem Weg nach USA noch einmal aus Amsterdam. Bekannte Spieler wie Walter Grünebaum, Walter Strauß, Paul May sind ebenfalls emigriert.

Alte Zwistigkeiten zwischen Makkabi und Schild hat man längst ad acta gelegt. Flörsheim von Bar Kochba: »Die schönste Frucht der jahrelangen Arbeit unserer beiden Vereine soll sein, dass Eure und unsere Sportler Hand in Hand nach Erez oder sonstwo in die Welt hinausgehen als ehrliche Freunde füreinander und aufrechte, stolze Juden für unser Volk.« TSV-Schild-Vereinsleiter Hans Grünebaum: »Es gibt heute im jüdischen Sport kein Gegeneinander mehr, es darf nur mehr ein Füreinander geben.«

Unter welchen schwierigsten Bedingungen die Vereine arbeiten mussten, belegen einige Akten zur Frage der Benutzung von Sportplätzen in Frankfurt.

Am 30.4.1934 verlangte der NSDAP-Leiter der Ortsgruppe Riederwald von der Kreisleitung der Partei, die Vermietung zweier Sportplätze im Riederwald an jüdische Fußballvereine durch das Stadtsportamt rückgängig zu machen. Er fürchte »Differenzen« zwischen jüdischen Sportlern und »arischen Spaziergängern«, die das Waldgebiet und die Gaststätten meiden würden. »Sonntag für Sonntag die Juden zu bewachen und zu beschützen«, sei ihm nicht zuzumuten. Bereits eine Woche später wurde die Beschwerde wiederholt, angeblich hätten jüdische Sportler die BdM (Bund deutscher Mädel) »nicht gerade mit zarten Worten« vertrieben und einen HJler geohrfeigt. Juden hätten im »mit deutschen Eichen« bepflanzten Riederwald nichts zu suchen. Am 6.5.1934 seien »mindestens 500 Juden mit Anhang auf dem Spielplatz und angrenzendem Waldgelände« gewesen. »Die Bänke und sonstigen Sitzgelegenheiten waren restlos von der Gesellschaft mit Beschlag belegt. Die Bevölkerung empfindet es als unerhört.« Es sei eine Provokation, dass die Juden »ausgerechnet in den Riederwald verpflanzt werden«.

Prompt wurde Bar Kochba Frankfurt am 14.6.1934 die Genehmigung, im Riederwald zu spielen, vom OB und Magistrat entzogen. »Im Hinblick auf die aufgetretenen Unzuträglichkeiten« würde der zionistische Klub nicht wie TSV Schild und Jüdischer Turnerbund einen städtischen Sportplatz erhalten. Bar Kochba protestierte und verwies auf die Richtlinien des Reichssportführers vom 18.7.1934, worauf man vom Turn-, Sport- und Badeamt den Sportplatz in Praunheim zur Benutzung erhielt. Als es auch dort vom Bezirkswart Beschwerden gab, antwortete der NSDAP-OB Krebs am 4.9.1935: »Nach dem ausdrücklichen Willen des Führers ist auch den Juden die Möglichkeit zu geben, sich für die olympischen Spiele vorzubereiten. Bekanntlich werden zu dieser Veranstaltung (...) Vertreter aller Völker und Rassen nach Deutschland kommen. Jede Beeinträchtigung des Übungsbetriebes und der Vorbereitungsmaßnahmen jüdischer Sportvereine (...) könnte daher außenpolitisch unangenehmste Folgerungen zeitigen. Um dies zu verhüten, ersuche ich Sie, Ihren Einfluss geltend zu machen, dass eine Belästigung des jüdischen Barkochba vermieden wird.«

Am 2.11.1938 entscheidet das Sportamt von Frankfurt am Main, dass der Sportplatz Sondershausenstraße »den Juden entzogen wird«. Falls der Deutsche Reichsbund für Leibesübungen Sportanlagen am Bornheimer Hang benötigt, »soll auch dieser Platz von den Juden freigemacht werden. Mit der Entziehung dieses Platzes haben die Juden kein städtisches Gelände mehr in Benutzung.«

Der TSV Schild wiederum spielt am Buchrainweiher zwischen Offenbach und Frankfurt, westlich von Rosenhöhe. Am 22.9.1938 richtet der NSDAP-Kreisleiter einen Brief an die Offenbacher Polizeidirektion: Schreie, Lautsprecher-Durchsagen, Kommandos der jüdischen Sportler würden »die Stille des deutschen Waldes zerreißen«. Dies sei eine Belästigung für Erholungsuchende, »Störung und Provokation gegenüber der arischen Bevölkerung«.

Das zuständige Forstamt teilte dem Kreisleiter daraufhin am 15.10. 1938 mit, das Gelände sei dem TSV Schild »fristgerecht« auf den 31.3.1939 gekündigt worden. Zu diesem Datum bestand der TSV Schild bereits nicht mehr.

Nach dem November-Pogrom endet vorerst auch in Frankfurt die Geschichte der jüdischen Sportvereine.

Literatur

Bauer, Thomas / Hochgesand, Dieter: Frankfurt am Ball. Eintracht und FSV – 100 Jahre Fußballgeschichte. Frankfurt/M. 1999

Fischer, Gerhard / Lindner, Ulrich: Stürmer für Hitler. Vom Zusammenspiel zwischen Fußball und Nationalsozialismus. Göttingen 1999

Frankfurter Israelitische Zeitung, später: Jüdisches Gemeindeblatt für die Israelitische Gemeinde zu Frankfurt am Main. 1931 - 1938 Frankfurt/M.

Frankfurter Sportgemeinde Eintracht e.V. (F.F.V.): Vereinsnachrichten 1932 bis 1940. Frankfurt/M.

FSV Frankfurt 1899 - 1989. Frankfurt/M. 1989.

Kirchner, Rolf: Die Flamme verzehre das Gift. Offenbach 1983

Matheja, Ulrich: Eintracht Frankfurt. Schlappekicker und Himmelsstürmer. Göttingen 1998

Müller, Martin Lothar: Sozialgeschichte des Fußballsports im Raum Frankfurt am Main 1890-1933. Magisterarbeit Johann Wolfgang von Goethe-Universität. Frankurt/M. 1989

Schock, Harald / Hinkel, Christian: Ein Jahrhundert FSV Frankfurt 1899 e.V. Frankfurt 1999.

Werner, Klaus: Juden in Offenbach am Main 1918 - 1945. Offenbach 1991

Wippermann, Wolfgang: Das Leben in Frankfurt zur NS-Zeit. Bd. I Die nationalsozialistische Judenverfolgung. Frankfurt/M. 1986

Dank für Informationen an: Institut für Stadtgeschichte Frankfurt, Jüdisches Museum Frankfurt, SG Eintracht Frankfurt, FSV Frankfurt, Staats- und Universitätsbibliothek Frankfurt, Hans-Joachim Leyenberg (Frankfurt), Ulrich Matheja (Nürnberg), Matthias Thoma (Hofheim i. Ts.)

Unterlagen zur Ehrung von Karl Alt und weitere wesentliche Informationen verdankt der Autor Matthias Thoma, dessen Diplomarbeit »Kindheit und Jugend bei Eintracht Frankfurt zwischen 1933 und 1945« zum Thema haben wird.

Ignatz Bubis, ein Fußball-Fan

Ignatz Bubis war, was weniger bekannt ist, ein Fußball-Fan. »Ich kann stundenlang Fußball im Fernsehen sehen«, hat er im August 1995 im Fanzine »Schalke Unser« (Nr. 7) berichtet. »Der deutsche Staatsbürger jüdischen Glaubens« mochte die Frankfurter Eintracht, die »Fohlen« aus Mönchengladbach, brasilianische Spielkultur, den »Schalker Kreisel« und den 1. FC Pforzheim.

Der Vorsitzende des Direktoriums des Zentralrates der Juden in Deutschland (1992-1999) wurde 1927 in Breslau geboren, ist 1999 in Frankfurt am Main verstorben und in Tel Aviv beigesetzt worden. 1935 ist er nach Polen emigriert, wo er nach dem Überfall der Deutschen 1941 im Ghetto Deblin lebte. Sein Vater und zwei Geschwister sind im KZ ermordet worden, die Mutter starb vor der Deportation. 1944 war Bubis im Arbeitslager Tschenstochau, dort hat ihn 1945 die Rote Armee befreit.

»Ich hatte als kleiner Junge eigentlich nur eine Leidenschaft, das Fußballspielen, und ich besaß auch einen eigenen Lederball«, hat Bubis berichtet. Am Sabbat war der allerdings plötzlich aus dem Versteck in der Wohnung, einem unbeheizten Kachelofen, verschwunden, an dem Tag sollte der zehnjährige Ignatz nach dem Willen der Eltern nämlich nicht kicken.

Bekanntschaft mit dem Fußballsport macht Ignatz Bubis nach dem Kriegsende wieder in Dresden, wo er mehrere Läden unterhält. Der 22-Jährige trainiert beim Deutschen Ex-Meister Dresdner SC mit, der in der DDR unter dem Namen SG Dresden-Friedrichsstadt spielt. Bubis ist ein Gönner des Teams. Hans Kreische berichtet im Buch »Hertha BSC – Eine Liebe in Berlin« von Mittagessen und Likör, die der Geschäftsmann spendierte. Der frühere Nationalspieler und spätere Bundestrainer Helmut Schön ist Duz-Freund des Kaufmanns. Bubis: »Er war kein Nazi. Helmut hat sich nur für Fußball interessiert, sonst nichts. Und er hat Chemie studiert, er war einer der wenigen Studenten in der damaligen Fußballwelt.«

Als Bubis zum ersten Mal in die Westzonen reist, soll er für den früheren Nationalspieler Schön erkunden, ob der nach einer Flucht aus der sowjetischen Besatzungszone im Westen einen Verein finden

Ignatz Bubis

würde. Bubis besucht in Köln an der Sportschule Josef Herberger, den früheren Reichstrainer. Der sagt: »Helmuts Freunde sind auch meine Freunde«, und meint, es sei kein Problem, einen Klub für Schön zu finden.

1949 siedelt Bubis nach Berlin über und ist wesentlich daran beteiligt, dass sich die komplette Friedrichstädter Mannschaft im April 1950 nach Westberlin absetzt. Inzwischen in Stuttgart, fährt er auf den dortigen Killesberg, wo man einen DDR-Sender empfangen kann. Im Autoradio verfolgt der Schön-Freund das DDR-Endspiel zwischen der Dresdner SG Friedrichstadt und Horch Zwickau (1:5). »Das Spiel sollte aus politischen Gründen zugunsten von Zwickau ausgehen. Nach diesem Spiel erfuhr ich, dass die Mannschaft aus dem Osten wegwollte. Staatlicherseits vorgesehen war damals auch, dass nach der Auflösung der SG Friedrichstadt und der Umbenennung in eine Betriebssportgruppe nicht mehr als zwei der Spieler der bisherigen Mannschaft in ein und dieselbe Betriebssportgruppe gehen durften. Die Mannschaft sollte gezielt auseinander gerissen werden.«

Am Tag nach der Niederlage gegen Zwickau nimmt Ignatz Bubis Kontakt mit den Dresdnern auf, denen er rät, sich Hertha BSC Berlin anzuschließen. Über die Deutsch-Russische Transport AG (DERUTRA) besorgt er einen großen Wagen, die ersten Spieler flüchten auf diese Weise, weitere folgen einige Tage später in Taxis. Nur der bereits 40-jährige frühere Nationalspieler Richard Hofmann bleibt in Ostdeutschland. Bubis: »Versuche, die Mannschaft in Westberlin bei Hertha BSC und später in Heidelberg zusammenzuhalten, scheiterten aber leider« (tatsächlich spielte Hertha zeitweise mit neun Sachsen und zwei Berlinern. Als die Dresdner dann im Sommer 1951 als DSC Heidelberg in die 2. Liga Süd eingestuft werden wollten, wurde dies vom Verband abgelehnt). Zu Ex-DSC-Spielern wie Hövermann, Ullrich, Saftig, Keßler und Pohl in Heidelberg pflegte Bubis noch länger Kontakt, mit Helmut Schön verband ihn eine lebenslange Freundschaft.

In Stuttgart und vor allem in Pforzheim, der »Goldstadt«, betreibt Bubis einen Edelmetallhandel, führt ab 1953 Goldschmuck aus Italien ein und wird in dieser Branche größter deutscher Importeur. »Er war ein fußballbegeisterter Mensch und oft auf dem Club-Platz«, berichtet sein Pforzheimer Freund Ewald Schmid aus jener Zeit. Auch Bubis sprach von vielen Freunden beim Traditionsverein 1. FC Pforzheim, »obwohl ich dort nie mitgespielt habe«.

1954 begleitete er die bundesdeutsche Nationalmannschaft nach Basel, Lausanne und Bern und erlebte den Gewinn der Weltmeisterschaft mit.

Seit 1956 ist er in Frankfurt/Main im Immobiliengeschäft tätig und Anhänger der Frankfurter Eintracht. Dazu hat er fälschlicherweise bemerkt: »Der FSV Frankfurt wurde als Judenclub verschrien. Bei der Eintracht wiederum waren schon früh ein paar Nazigrößen engagiert.«

Allerdings stieß Ignatz Bubis bei der Eintracht auf die gängigen Vorurteile. Er diskutierte mit Fanklubs, nachdem er im Stadion Rufe wie »Schiri nach Auschwitz!« vernommen hatte. Als der DFB 1992 einen Bundesliga-Spieltag dem Kampf gegen Fremdenfeindlichkeit und Ausländerhass widmete, erhielt auch die Jüdische Gemeinde 150 Freikarten zum Spiel der Eintracht gegen den HSV. Bald darauf rief die Sekretärin von Eintracht-Präsident Matthias Ohms bei Bubis an und teilte mit, »seine Landsleute« hätten die Tickets noch nicht abgeholt. Die Antwort von Ignatz Bubis: »Das kann nicht sein. Ich habe gerade in der Zeitung gelesen, dass 30.000 Karten von meinen Landsleuten schon im Vorverkauf erworben wurden.« Für Bubis war dieser Vorgang »ein Beispiel, dass für die Mehrheit der Bevölkerung der Jude ein Fremder ist«.

Literatur

Bubis, Ignatz: Ich bin ein deutscher Staatsbürger jüdischen Glaubens. Ein autobiographisches Gespräch mit Edith Kohn. Köln 1993.

Bubis, Ignatz, mit Sichrovsky, Peter: »Damit bin ich noch längst nicht fertig«. Frankfurt/New York 1996.

Dank für Informationen an: Sportredaktion »Pforzheimer Zeitung«

Georg Röwekamp

Essen und das Ruhrgebiet – zwischen Lackschuhvereinen und Arbeitersportlern

Der ETB – eine jüdische Gründung

»Im Jahre 1881 machte sich in den Turnvereinen eine Strömung geltend, die, man hätte es in einem Turnverein kaum suchen sollen, sich gegen die israelitischen Genossen richtete. Viele der Letzteren traten aus, und nur einige, die durch Freundschaft mit verschiedenen Genossen verbunden waren, blieben noch Mitglieder. Die Ersteren erließen einen Aufruf, welcher die Gründung des hierselbst jetzt noch bestehenden Turnbundes zur Folge hatte.«

So steht es in der Festschrift, die 1890 aus Anlass des 5. Vereinsturnfestes des VIII. Deutschen Turnkreises entsteht. Bemerkenswert daran ist nicht nur die Tatsache, dass hier noch liberale Ideen lebendig zu sein scheinen und man fern ist von aller späteren Deutschtümelei, sondern noch etwas anderes: Der 1881 gegründete Essener Turnerbund Schwarz-Weiß scheint in gewisser Weise der älteste jüdische Turnverein überhaupt gewesen zu sein; erst 1884 entstehen ja in Konstantinopel und Bukarest die ersten rein jüdischen Vereine. Ehrlicherweise muss man allerdings sagen, dass der ETB (mit seinen preußischen Farben) nicht als jüdischer Verein geplant war und von Anfang an offen war für andere Turner – innerhalb kurzer Zeit traf das Attribut »jüdisch« kaum noch zu, denn er entwickelte sich zu einem der führenden bürgerlichen Vereine in der Hellwegstadt Essen. Der Ort, wo die adeligen Stiftsdamen seit spätestens 1291 auch Juden duldeten, war durch das Stahlwerk von Friedrich Krupp, das sein Sohn Alfred zur größten Gussstahlfabrik der Erde entwickelte, im 19. Jahrhundert zu einem Zentrum der Industrie geworden. Allerdings ist der Turnerbund im vornehmen Essener Süden angesiedelt, und Arbeiter gehören praktisch nicht zu seinen Mitgliedern.

Das ändert sich auch nicht, als im Jahr 1900 eine Spielabteilung des ETB eingerichtet wird, in der auch Fußball gespielt wird. Wie in vielen anderen bürgerlichen Vereinen sind aber immerhin jüdische Bürger Essens Mitglieder. So spielt Anfang der zwanziger Jahre Henry Samson, später einer der Mitbegründer des jüdischen Vereins Hakoah und Torwart der ersten Mannschaft, noch beim ETB.

Der Klub gilt wegen seiner Mitgliederstruktur als »Lackschuhverein«, und ein Erfolg eines Vereins wie Schalke 04 über eine solche Mannschaft zählt für die Knappen damals so viel wie heute ein Sieg über die Bayern. 1925 nimmt die erste Mannschaft des SK Schwarz-Weiß Essen (1924 haben auch hier die Sportler die Trennung von den Turnern vollzogen, die erst 1936 wieder aufgehoben wird) an der Endrunde um die Deutsche Meisterschaft teil und erwirbt sich in diesen Jahren einen Ruf als »ewiger Zweiter«. 1933 wird der Verein immerhin in die neu gegründete oberste Spielklasse, die Gauliga Niederrhein, eingestuft.

Leider ist da aber schon länger, zumindest in der Turnabteilung, die einst von Juden gegründet wurde, keine Offenheit mehr für jüdische Sportler zu finden. »Gerne wäre ich mit meinen Klassenkameradinnen in den Sportverein ›Schwarz-Weiß‹ gegangen. Aber man ließ mich wissen, dass Juden unerwünscht seien«, erzählt z.B. Dora Schaul (geb. Davidsohn, Jahrgang 1913) schon aus den 1920er Jahren. Nach der Machtergreifung floh sie, die als Kind unter ihrem so jüdisch klingenden Namen litt, nach Frankreich und kämpfte in der Résistance, während Schwester und Eltern 1942 deportiert wurden.

Nach 1933 ist es dann nicht mehr eine Frage von »erwünscht« oder »unerwünscht« – die jüdischen Sportler werden offiziell aus ihren Vereinen ausgeschlossen. Werner Samson z.B. war Mitglied des ETB seit etwa 1915 und »Fan« von Franz Horn (der nach seinem Wechsel zum HSV 1926 noch Nationalspieler wurde) und »Fischken« Multhaup (der später als Trainer Karriere machte). Ihm wird sein Rausschmiss um die Jahreswende 1934/35 ganz formal per Einschreiben mitgeteilt – ohne dass, wie er später feststellt, der schon gezahlte Mitgliedsbeitrag für 1935 zurückerstattet wird. Dennoch ist er so verrückt, wie er sagt, dass er, noch 1939, nach seiner Rückkehr aus dem KZ Dachau, zu einem Gauligaspiel des ETB nach Düsseldorf fährt – die Fortuna und der ETB sind in diesem Jahr Konkurrenten um die Meisterschaft.

Auch anderswo im Ruhrgebiet geschieht Ähnliches; nicht einmal Gründungsmitglieder werden verschont. Ein Beispiel ist der Wattenscheider Paul

Cohn. Geboren 1892, gehörte er zu den ersten Spielern des Ballspielvereins 09, aus dem später die SG Wattenscheid 09 entstand. Vor dem Ersten Weltkrieg spielte er meist als linker Verteidiger, im Krieg selbst wird er mit dem Eisernen Kreuz 1. Klasse ausgezeichnet. Als aber 1934 das 25-jährige Gründungsjubiläum »seines« Vereins im Wattenscheider Hotel »Adler« gefeiert wird, steht am Eingang des Festsaals das inzwischen nicht seltene Schild »Juden unerwünscht«. Nur der frühere Vereinsvorsitzende Friedrich Leppeler, der das Amt, das nun von einem Parteigenossen besetzt ist, während des Krieges ausgeübt hat, ehrt ihn als Privatmann mit einem Blumenstrauß. Im Gegensatz zu anderen Spielern überlebt Paul Cohn die Nazizeit, da er 1938 nach Holland fliehen und später nach Brasilien entkommen kann. Nach Deutschland zurückgekehrt, will er 1949 am 40-jährigen Jubiläum teilnehmen. Doch auch daraus wird nichts – als er entdeckt, dass ihn jemand, ohne nachzuforschen, auf die Liste der im Krieg getöteten Vereinsmitglieder gesetzt hat, ist er so entsetzt, dass er nicht zu den Feierlichkeiten kommt. Auch seinen Wohnsitz nimmt er nicht mehr in Wattenscheid.

Tatsächlich ist er natürlich nur einer von mehreren tausend Sportlern aus dem Ruhrgebiet, die 1933 aus den »säkularen« Sportvereinen ausgeschlossen werden. Viele von ihnen treten erst jetzt in die jüdischen Vereine ein, die es an manchen Orten seit einigen Jahrzehnten gibt. Im Ruhrgebiet sind sie jedoch meist erst wenige Jahre alt – das gilt auch für den größten und wichtigsten dieser Clubs, den Essener Verein Hakoah.

Hakoah – eine jüdische Kraft im Essener Sport

Anlass zur Gründung der Hakoah im Jahr 1923 waren antisemitische Strömungen in einem Essener Verein der Deutschen Turnerschaft, wie es in einer späteren Chronik heißt. Wahrscheinlich ist auch hier der ETB gemeint. Doch nicht nur davon spricht der folgende Text in der ersten Nummer der Vereinszeitschrift. Er verrät auch, wie sehr man selbst unter den jüdischen Gründungsmitgliedern die Vorurteile gegenüber den Juden, denen man keine körperlichen Leistungen zutraut, verinnerlicht hat: »Nicht allen Juden könnte empfohlen werden, nicht-jüdischen Turn- und Sportvereinen beizutreten, denn: Mit der Neutralität dieser Vereine hat es seine eigene Bewandtnis. Man wird die etwaige anfängliche Ungeschicklichkeit des Juden oder sein Versagen auf einzelnen Gebieten körperlichen Trainings – was wir heraus aus unserer Geschichte und unserer Erziehung sehr gut verstehen können – dort immer wieder mit lächelnden Augen oder

Mannschaft des Hakoah Essen Anfang der 1930er Jahre (3. v.l. Wertheim, 5. v.l. Burin, 6. v.l. Henry Samson [Torwart], 7. v.l. Walter Klestadt, 8. v.l. W. Hoffmann, 9.v.l. Siegfried/Shlomo Brender, rechts außen Meyer).

spöttelnden Bemerkungen (die nicht erst, wenn die Luft rein ist, fallen) begleiten.«

Gründungsmitglieder des Vereins sind, neben dem erwähnten Henry Samson, u.a. Albert Bergerhausen (erster Vorsitzender) und Siegbert Riesenfeld, die später auch als Funktionäre im Deutschen Makkabi-Kreis tätig sind, sowie Erich Levi. Letzterer wird 1924 Vizemeister der Amateure im Schwergewichts-Boxen – kann den Titel aber nicht für den Verein Hakoah erwerben, weil der Verein in keinen der Boxverbände aufgenommen wird. (Das Boxen ist auch in Essen eine besonders wichtige Sportart – angesichts der immer wieder auftretenden Bedrohungen will man sich endlich verteidigen können. Nicht umsonst ist Daniel Mendoza [1764-1836], Ende des 18. Jahrhunderts englischer Meister im Boxen, so etwas wie der Urvater aller jüdischen Sportler. Stolz hatte er sich stets als »Mendoza the Jew« ankündigen lassen. Ähnliches gilt für Jiu Jitsu – in Essen hält sogar der Deutsche Meister Erich Rahn einen Lehrgang ab.)

Der Verein wird von Anfang an von der jüdischen Gemeinde unterstützt – Bedingung ist allerdings, dass man sich nicht dem nationaljüdisch orientierten Makkabi anschließt. (Ein entsprechender Vorgänger, der 1919 gegründete Turnverein Essen-Ruhr, musste wegen des Widerstands der Gemeinde bald aufgeben.) Tatsächlich setzt der neue Verein, obwohl antisemitische Tendenzen Anlass zu seiner Gründung waren und nur Juden Mitglieder sind, ganz auf Assimilation: Im Namen »Turn- und Sportklub Hakoah Essen« vermeidet man das Adjektiv »jüdisch«, und auch »Hakoah« bedeutet einfach nur »die Kraft«, während »Makkabi« und »Bar Kochba« an die jüdischen Freiheitshelden des Altertums erinnern, die jeweils für einen eigenen jüdischen Staat kämpften. Und das Symbol des Vereins, das die Sportler auf ihren Trikots tragen, ist das neutrale (deutsche) »H« und nicht, wie andernorts, der Davidstern. Zeitweise lehnt sich der Vorstand des Vereins sogar ausdrücklich an den deutschnationalen »Centralverband deutscher Staatsbürger jüdischen Glaubens« an, bis seine Mitglieder die »Neutralisierung« erzwingen.

Zur Unterstützung durch die Gemeinde gehört auch der Bau einer eigenen Turnhalle. Gestiftet wird sie vom Bankier Dr. Georg Simon Hirschland (1885-1942), lange auch Vorsitzender der Gemeinde. Einer seiner Vorfahren hatte bereits 1913 die gewaltige Essener Synagoge gestiftet; er selbst initiiert 1933 die »Reichsvertretung der deutschen Juden« unter Leitung von Rabbiner Leo Baeck, die zwar heute zwiespältig beurteilt wird, weil sie vielen als Beleg dafür galt, dass man in Deutschland bleiben konnte, aber auch die erste gemeinsame Interessenvertretung darstellte. Die Halle gehörte zum Komplex des Jüdischen Jugendheims mit Versammlungsräumen, Café und Bibliothek. Sie selbst konnte in einen Vortragssaal mit Bühne und 600 Sitzplätzen umgewandelt werden.

Der Verein ist bald die bedeutendste Gruppe innerhalb der Gemeinde; von den 5.000 Gemeindemitgliedern gehören schon im Oktober 700 zum Hakoah, 1928 sind es sogar 1.000. (1933 haben alle Makkabivereine zusammen 8.000 Mitglieder, die Vereine des Schild 7.000!) Allerdings werden praktisch keine zugewanderten Juden aus dem Osten – immerhin etwa 30 % der Gemeinde – aufgenommen, mit denen es auch sonst in der Gemeinde Konflikte gibt. Andernorts sind gerade die Sportvereine eine Möglichkeiten zur Integration dieser meist armen Zuwanderer, die oft eher zionistisch orientiert sind. (In gewisser Weise ist also der Hakoah selbst ein »Lackschuhverein«.) Die Vereinszeitschrift, finanziert u.a. durch zahlreiche Anzeigen, ist bis 1928 praktisch das Mitteilungsblatt der Gemeinde; es gibt einen eigenen Teil »Aus der jüdischen Geisteswelt und dem Gemeindeleben«. Alle Gruppierungen der Gemeinde, vom zionistischen Misrachi bis zum Reichsbund jüdischer Frontsoldaten, kündigen hier ihre Veranstaltungen an.

Zu den Aktivitäten des Vereins selbst gehören neben den eigentlichen Sportangeboten (zu denen auch das damals noch sehr aristokratische Tennis gehört) Massage- und Erste-Hilfe-Kurse des vereinseigenen Arztes (!), Nachtwanderungen und Wanderfahrten sowie Schifffahrten auf dem Baldeneysee für die ältere Generation.

Das erste Fußballspiel des Vereins und damit das erste Spiel zweier jüdischer Mannschaften in Essen findet am 20. Januar 1924 auf dem ehemaligen Platz des ETB an der Meisenburgstraße statt; Gegner ist der J.T.V. 02 Köln, ein Verein, der dem Sportbund Schild angehört. Kurz darauf folgt das erste Spiel gegen einen nicht-jüdischen Verein, Grün-Weiß Essen, das mit 1:2 verloren wird. Allerdings fehlen beim Hakoah zwei Spieler, die immerhin drei Mark Strafe zahlen

Zeitschrifttitelblatt des Hakoah Essen

müssen! Überhaupt berichtet die Vereinszeitung mehrfach von »disziplinarischen Schwierigkeiten«; im September wird die Neugründung der Fußballabteilung unter neuer Leitung angekündigt.

Schon im Juni 1924 hat der Verein einen Antrag auf Aufnahme in den WSV gestellt, um am regulären Spielbetrieb teilnehmen zu können. Dieser wird mit Schreiben vom 22. Juli wegen »Überfüllung der Essener Spielklassen« abgelehnt. Ein vorgeschobener Grund? Dem Arbeiterverein Schalke ist das Gleiche vor dem Ersten Weltkrieg passiert, und man hat es entsprechend empfunden. Und auch beim Hakoah sieht man hier Antisemitismus am Werk. So heißt es in der Vereinszeitung: »Man will uns keine Gelegenheit geben, zu zeigen, dass wir Ebenbürtiges zu leisten im Stande sind. Man scheint uns also zu fürchten! Nur weil wir ein Verein mit Mitgliedern jüdischen Glaubens sind, hat man uns abgelehnt. Sind wir denn nicht Deutsche? War es denn nicht unsere Pflicht, im blutigen Völkerringen neben unseren christlichen Mitbürgern zu kämpfen und zu sterben, und ist es unser ehrlich erworbenes Recht, neben ihnen im friedlichen Wettkampf zu stehen?«

Sicher auch als Reaktion auf die Ablehnung entstehen in den Nachbarstädten auf Initiative der Essener weitere jüdische Sportvereine: Makkabi Mönchen-Gladbach, Hakoah Dortmund, Bar Kochba Elberfeld-Barmen und Hakoah Bochum. Weitere jüdische Klubs im Ruhrgebiet waren übrigens u.a. ITUS Duisburg, Makkabi Oberhausen, Bar Kochba Bottrop, Bar Kochba Gladbeck, ITUS Herne, Hakoah Recklinghausen und Bar Kochba Hamm.

Der Vintus – ein dritter Weg zwischen Makkabi und Schild

Um für diese Vereine Wettkampfmöglichkeiten zu schaffen, ruft im Februar 1925 in den Hakoah-Blättern Albert Riesenfeld zur Gründung eines eigenen Sportverbandes auf. Und so konstituiert sich am 26. Mai in Essen der VINTUS, der Verband jüdischer neutraler Turn- und Sportvereine. Die Delegierten des Gründungskongresses kommen aus Köln, Aachen, Düsseldorf, Mönchengladbach, Gelsenkirchen, Dortmund, Elberfeld, Osnabrück und Hannover, doch die Leitung des Verbandes wird dem Vorstand des bei weitem größten Vereins, Hakoah Essen, anvertraut.

Im Jahr darauf beginnen dann die Ligaspiele des VINTUS – ganz unabhängig von denen des Deutschen Makkabi-Kreises. Allerdings ist hier die Fußballmannschaft des Hakoah Essen keineswegs führend; stärker sind da schon die Nachbarn aus Bochum. So verliert man im Mai 1927 zu Hause 0:3 (die Vereinszeitung kritisiert die »Mätzchen« des eigenen Torwarts), nachdem man das Hinspiel sogar 0:11 verloren hatte. Im nächsten Jahr sieht es zeitweise besser aus, es reicht zum 0:0 im direkten Vergleich, aber am Ende sind wieder die Bochumer Meister des Ruhrgaus, die dann gegen den Tabellenersten des Rheingaus spielen. Immerhin drei Spieler von Hakoah laufen nebenbei für einen Essener Bezirksligisten auf. Und bis etwa 1931, so erzählt Siegfried/Shlomo Brender, gibt es auch noch Freundschaftsspiele gegen nicht-jüdische Mannschaften; dann werden die Beleidigungen so massiv, dass man nur noch Spiele innerhalb des eigenen Verbandes austrägt.

Kurz bevor die Hakoah-Blätter 1928 aufhören zu erscheinen (es gibt nun eine eigene Gemeindezeitung, in der aber nicht mehr ausführlich über den Sport berichtet wird), betonen sie noch einmal, dass die Fußballer am meisten von allen Abteilungen nach außen wirken bzw. am meisten von der nicht-jüdischen Bevölkerung wahrgenommen werden.

Seit dieser Zeit – die Verhältnisse werden nicht einfacher – gibt es jedoch auch Gespräche über einen Zusammenschluss des VINTUS mit dem Makkabi. Nationaljüdische Kreise befürworten ihn; solche, die dem RjF nahe stehen, sind dagegen. Dabei gestalten sich die Gespräche aus Sicht des Makkabi mit den nichtzionistischen Funktionären einfacher als mit den zionistischen Vorsitzenden in Essen und Düsseldorf – diese haben Angst vor der Spaltung ihrer Vereine und wollen den Sport frei von Politik halten. So scheitert Fritz Lewinson, Mitglied des Präsidiums im Deutschen Makkabikreis und Anfang der 1930er Jahre nach Köln übergesiedelt, noch 1932 mit einer Initiative zum Zusammenschluss.

Richtig brisant wird die Frage, als es 1933 um die Reaktion auf die Machtergreifung der Nazis geht. Manche im Makkabi verfolgen zunächst noch die rein nationaljüdische, nicht-zionistische Richtung, die dem Motto folgt: »Erst Rückkehr zum Judentum, danach Rückkehr nach Palästina«. Und so kann es noch 1933 in einer Makkabi-Schrift heißen: »Nur der Makkabi kann Garant der Einordnung des jüdischen Sports im neuen Deutschland sein, weil er die Assimilation ablehnt und die rassischen Grundlagen des Sports vertritt.« Erst im Laufe der Zeit erkennt man auch im Makkabi, dass man im Sinne des Zionismus für die baldige Auswanderung arbeiten muss.

Und im VINTUS setzt sich die Erkenntnis durch, dass man sich eine Zersplitterung des jüdischen Sports nicht länger leisten kann. Auf einem Kongress in Köln, wo Lewinson inzwischen Vorsitzender des Hakoah, des Nachfolgevereins des aufgelösten Arbeiter-Vereins Bar Kochba ist, schließen sich fast alle Vereine dem Makkabi an. (Der Zusammenschluss mit dem Schild erfolgt erst 1935 auf Druck der Nazis; so scharf waren und blieben hier die Gegensätze.)

Die Ligaspiele finden nun im Rahmen des Makkabi-Verbandes statt. Wie solche Meisterschaftsspiele praktisch durchgeführt wurden, berichtete später Otto Grauß, der sein Studium aufgeben musste und als Sekretär der Gemeinde in Essen arbeitete: Sein Bruder Kurt hatte die Weinvertretungen seines Vaters übernommen, konnte diese Arbeit aber nicht weiterführen, als die Weingüter der Nazilinie folgten. Daraufhin kaufte er einen Lastwagen, arbeitete in der Woche für Speditionsfirmen und transportierte mit ihm am Sonntag die Spieler zu den Auswärtsspielen.

Nun übernimmt der Verein auch noch mehr Aufgaben in den Bereichen kulturelle Bildung und »Hachscharah« – er bereitet junge Leute auf die Auswanderung nach Palästina vor. Nach der Reichspogromnacht, in der auch die Turnhalle zerstört wird, werden jedoch alle Aktivitäten verboten. Neben Werner Samson kommen auch Riesenfeld und Bergerhausen vorübergehend ins KZ; Ersterer kann noch nach Großbritannien auswandern und übergibt dem Makkabi-Museum in Kfar Hamaccabiah bei Tel Aviv später das Archiv des Vereins. Bergerhausen dagegen wird im April 1942 mit fast 1.000 anderen Essener Juden nach Izbica/Polen deportiert.

Jüdischer Arbeitersport

Über eine Besonderheit des jüdischen Fußballs im Ruhrgebiet muss noch berichtet werden. Nur sehr wenige Vereine in der Region gehören nicht zum VINTUS, sondern von Anfang an zum Makkabi. Und von ihnen wiederum gehören zwei gleichzeitig auch zur Arbeitersportbewegung, d.h. sie sind Teil des ATSB. Es ist dies einerseits der sozialistisch-zionistisch orientierte Bar Kochba Köln, der sich, um die Mitglieder zu schützen, am 31. März 1933 in einer Blitzaktion auflöst und dessen Mitglieder dann meist in den politisch neutralen Nachfolgeverein Hakoah eintreten. Und es ist zum anderen der Bar Kochba Duisburg-Hamborn-Oberhausen, der, im Gegensatz zum ITUS Duisburg, aufgrund des anderen sozialen Umfelds, vor allem gegen nicht-jüdische Werksmannschaften spielte und an den Ligaspielen in der Bezirksklasse des ATSB teilnimmt.

Dass es solche Doppelmitgliedschaften gab, ist ein bemerkenswertes Faktum – verbot doch das Statut des ATSB eigentlich die gleichzeitige Mitgliedschaft in einem bürgerlichen Verband. Auch widersprach ein jüdischer Arbeitersportverein der eigenen Ideologie, waren doch in der Arbeiterbewegung offiziell alle Unterschiede der Religion überwunden und Antisemitismus kein Thema. Der ATSB sah in ihnen jedoch »eine Brücke für den infolge seines Milieus noch mit nationalen und religiösen Vorurteilen behafteten jüdischen Arbeiter zur allgemeinen Arbeiterbewegung«. Und auf die Frage, aus welchen Gründen jüdische Arbeitersportvereine Existenzberechtigung haben, antwortet die »Arbeiter-Turn-Zeitung« 1931: »Lediglich aus agitatorischen. In ihnen können wir sie (die jüdischen Arbeiter, Anm. d. V.) dem Einfluss des jüdischen Bürgers entreißen und für die Arbeitersportbewegung wertvolle Aufklärungs- und Propagandaarbeit leisten. Wir haben das größte Interesse, dass die Mauern, die noch einem Teil jüdischer Arbeiter den Weg zu den Klassengenossen versperren, schnellstens niedergerissen werden. Wir wollen, dass der jüdische Arbeiter dem Phrasenschwall des Makkabi entzogen werde…«

Juden beim westfälischen Fußballpionier

Welche Rolle Juden bei bürgerlichen Vereinen spielen konnten, dafür sind zwei Klubs in Hamm, am östlichen Rand des Ruhrgebiets, ein gutes Beispiel. Es handelt sich um den Fußballclub von 1903 (FC 03) und den Hammer Spielverein von 1904 (HSV 04), die 1922 zur Hammer Spielvereinigung von 1903/04 (HSV 03/04) fusionierten, dessen 1. Seniorenmannschaft heute in Verbandsliga kickt.

Während beim FC 03 das akademische Element überwog, war der HSV 04 eher der Klub der Kaufleute und Kleinbürger. Der FC 03 wurde von seinem gesellschaftlichen Status her etwas höher angesiedelt, aber erfolgreicher war der »kaufmännischere« HSV 04. 1920 wurde der HSV 04 vor Arminia Bielefeld Westfalenmeister. Zu den »Machern« und Mäzenen des HSV 04 gehörten auch einige jüdische Bürger. 1914 pachtete der HSV 04 ein Gelände an der Ostenallee, wo die HSV-Kampfbahn, Hamms erstes Stadion mit Sitzplatztribüne, entstand. 1922 wurde das Gelände vom Fusionsklub preisgünstig erworben. Diesbezüglich waren die Verbindungen zum lokalen Judentum hilfreich, denn Vorbesitzer waren die »halbjüdischen« Familien Loeb und Böhm.

Paul Hirsch, Vereinsvorsitzender 1909 bis 1911, handelte mit Ölen und Fetten. Von 1916 bis 1919 hieß der 1. Vorsitzende Hugo Grünewald, Vereinsmitglied der ersten Stunde. In einem Katalog zur Ausstellung »Spuren der Reichskristallnacht in Hamm« heißt es über Grünewald: »Hugo war der größte Sportnarr und kannte nichts Besseres, als sein Geld für den HSV auszugeben. Er konnte es sich wohl leisten: Sein Vater besaß ein Geschäft für chemisch-technische Artikel an der Kleinen Weststraße.« Tatsächlich wurde Grünewald »über den HSV arm«. In Zeiten sozialer Not versuchte Grünewald, einige Spieler mittels Geldzuwendungen beim Verein zu halten. In der Festschrift »50 Jahre Hammer Spielverein« (1953) schreibt Heinrich Bredenpohl über den langjährigen HSV-Gönner und -Funktionär: »Die Namen der Gründer unserer beiden Vereine sind nicht mehr sämtlich bekannt; mancher ist in Vergessenheit geraten. An einen Mann denke ich aber immer: Hugo Grünewald, dem der Hammer Spielverein sehr viel verdankt und der in der Zeit des Aufstiegs jahrelang an der Spitze der Fußballabteilung stand. Im Verein mit seinem Vater sowie Bruder Felix bildete er oft den Rückhalt der HSV 04.«

Die ehemaligen Vereinsvorsitzenden Paul Hirsch und Hugo Grünewald wurden Opfer des Holocaust. Zu den Überlebenden zählen dagegen die HSV-Mitglieder Hugo Heinrichs und Arthur Kirchheimer.

Hugo Heinrichs wurde 2001 für 70 Jahre Mitgliedschaft in der HSV 03/04 ausgezeichnet. Sein Vater Arnold Heinrichs gehörte zu den Leitern der Gründungsversammlung des HSV. Arnold Heinrichs war selbst kein Jude, wohl aber seine Frau Klara, die einer großen jüdischen Familie Hamms entstammte.

Arthur Kirchheimer war der Sohn eines jüdischen Kolonialwarenhändlers aus der Hammer Grünstraße und schloss sich den HSV-Kickern als Zehnjähriger an. Kirchheimer wurde später Leiter des jüdischen Kaufhauses Tietz in Hamburg, musste aber 1937 nach Luxemburg flüchten. Im Juni 1941 traf Kirchheimer mit 50 weiteren deutschen Juden in der Dominikanischen Republik ein. Noch im gleichen Jahr gründete der ehemalige HSV-Akteur in seiner neuen Heimat den Fußballclub Sosua-Puerto Plata. 2001 schrieb der heute 94-jährige Kirchheimer in einen Brief an den ebenfalls in der Grünstraße aufgewachsenen HSV-Veteranen Walter Becker: »Meine Beine erlauben mir leider nicht mehr, Fußball zu spielen. Dem nie vergessenen Klub Hammer Spielvereinigung verdanke ich Sport und Disziplin.«

Die HSV 03/04 zählt zu den wenigen Vereinen, die ihre jüdischen Mitglieder nicht vergessen haben. 2003 feiert die HSV ihr 100-jähriges Jubiläum. In der Festschrift ist den jüdischen Funktionären, Mäzenen und Spielern ein eigenes Kapitel gewidmet, und ein neuer Fuß- und Radweg auf dem ehemaligen HSV-Gelände wird den Namen Hugo Grünewalds erhalten.

»Bei Schalke«

Gelsenkirchen, laut Ernst Kuzorra »bei Schalke« gelegen, war möglicherweise die Stadt im Ruhrgebiet mit der größten Vielfalt an jüdischen Sportvereinen: 1925 wurde der Hakoah Gelsenkirchen gegründet und schloss sich bald dem VINTUS an. Die Mitglieder des Vereins waren vornehmlich Schülerinnen, Schüler, Angestellte und Kaufleute; der Vorstand bestand aus Akademikern und Kaufleuten. Bis 1933 stellte die Stadt eine Turnhalle zur Verfügung; auch das erste Leichtathletik-Fest fand in der städtischen Jahn-Kampfbahn statt. Außer Turnen und Leichtathletik wurden bald auch Hockey und Fußball betrieben. Daneben existierte der Verein Bar Kochba Gelsenkirchen, über dessen erste Turnstunden die Essener Hakoah-Zeitschrift noch berichtete. Allerdings war dieser Verein anscheinend bald nationaljüdisch orientiert; jedenfalls wurde er schnell Mitglied im Deutschen Makkabikreis. Und schließlich gab es auch noch einen Verein, der dem Schild des RjF angeschlossen war. Der RjF Gelsenkirchen unterstützte nach 1933 allerdings auch die Turner der Gelsenkirchener Hakoah: Als die städtische Turnhalle nicht mehr zur Verfügung stand, stellte er den Klubraum der B'ne-Berith-Loge zur Verfügung.

Neben dem Engagement in den rein jüdischen Vereinen gab es natürlich auch die Unterstützung »säkularer« (Fußball-)Vereine – namentlich des

Mannschaft des RjF Gelsenkirchen 1935.

bedeutendsten in Gelsenkirchen, des FC Schalke 04. Der Zahnarzt Dr. Paul Eichengrün (nach seiner Emigration in die USA nannte er sich Paul Oakes) war nicht nur Mitbegründer des Vereins Hakoah in Gelsenkirchen, sondern auch Spieler in der Altherren-Mannschaft des FC Schalke 04. Und bis 1933 bekleidete er sogar das Amt des 2. Vorsitzenden!

Mehrere jüdische Geschäftsleute gehörten zu den Fans und Förderern der Knappen. Bei Metzgermeister Kahn stärkten sich die Spieler regelmäßig nach dem Training in der Wurstküche. Bis 1938 hing in seinem Schaufenster ein Plakat »Ich bin Frontkämpfer des Weltkrieges und Träger des EK I« – wie so viele andere Juden, die sich als Deutsche fühlten, konnte er sich nicht vorstellen, dass ihm etwas passieren könnte. Und »der billigste Metzger der Stadt«, Leo Sauer, strich zu einer der Meisterfeiern sogar ein Schwein blau-weiß an, das dann im Triumphzug mitgeführt wurde. Bei ihm kehrte in den 1920er Jahren regelmäßig der Vorstand nach der Kneipentour ein, die auf die Sitzungen folgte. Leo Sauer finanzierte 1927 Ernst Kuzorra den Führerschein und stellte ihn als Fahrer ein – spätestens ab dann arbeitete der Schalker Star nicht mehr unter Tage, wie es der Mythos will, sondern war bestenfalls »Halbamateur«.

Wie übrigens Sport und Fußball das Schicksal eines Juden aus Deutschland beeinflussen konnte, zeigt die Geschichte eines anderen Sportlers aus Gelsenkirchen: Emil Stiefel, geboren 1915. Der Vater, im Krieg ebenfalls mit dem EK I ausgezeichnet, übernimmt 1929 einen Gemüsegroßhandel, während der Sohn das Schalker Gymnasium besucht und später Arzt werden soll. Nebenbei ist er Mitglied im Sportverein Hakoah, wo er vor allem Leichtathletik betreibt – unter Anleitung eines Trainers, der Katholik ist. Und weil Emils Leistungen bemerkenswert sind, versucht Dr. Eichengrün, der auch Fußballobmann des »Schild« ist, ihn zum FC Schalke zu holen. Allerdings vergeblich.

1932 geht Stiefels Vater nach einem Überfall auf seine Person nach Holland, will eigentlich zurückkommen, bleibt aber dann dort hängen. Als 1933 zahlreiche Juden von den deutschen Schulen verwiesen werden, hat das auch Folgen für Emil Stiefel: Er verliert den Posten des Vorturners der Ersten Riege und erhält auch das Turn- und Sportabzeichen in Bronze nicht, trotz erbrachter Leistungen. Dennoch darf er auf der Schule bleiben – wegen seiner sportlichen Fähigkeiten. Er hat für die Schule schon mehrere Pokale bei den jährlichen Bannerwettkämpfen gewonnen und soll das weiter tun. Dabei irritiert er durch sein Können insbesondere seinen neuen Sportlehrer, der ein strammer Nazi ist; er traut so etwas einem Juden einfach nicht zu. Stiefel kann sogar, wie er später erzählt, als einziger Jude das Wehrsportlager absolvieren, das für die Abiturprüfung Voraussetzung ist. Dabei gewinnt er – fast eine Ironie der Geschichte – auch den Wettkampf im Handgranatenweitwurf!

Im Juni 1933 kommt es dann zu einer handgreiflichen Auseinandersetzung mit einem Mitschüler, dessen Vater Parteimitglied ist, was Stiefel eine Vorladung ins »braune Haus« einbringt. Dennoch kann er 1934 die Abiturprüfung ablegen – und folgt gleich am nächsten Tag seinen Eltern ins Exil nach Holland. Er reist von dort 1937 weiter nach Palästina, wo er fortan nur noch seinen »Synagogennamen« Eliahu Ben Yehuda benutzt, während seine Eltern (nach der Besetzung der Niederlande durch die Deutschen) nach Auschwitz deportiert werden. Ben Yehuda wird in Palästina zum Mitbegründer des Kibbuz Beth Hashita und 1939 britischer Soldat, der in der jüdischen Brigade in Afrika und Italien kämpft. Im Mai 1945 meldet er sich freiwillig zur Betreuung der 120 Kinder, die in Bergen-Belsen den Holocaust überlebt haben.

Nach der Rückkehr nach Palästina und dem Unabhängigkeitskrieg kann er 1948 endlich sein Lehramtsstudium an der Hebräischen Universität in Jerusalem beginnen. Als er sich dort mit seinem Abiturzeugnis aus Gelsenkirchen einschreiben will, kommt es zu einem mittleren Auflauf: Das Schalker Gymnasium hieß 1934 bereits Adolf-Hitler-Gymnasium!

Literatur

Robert Atlasz (Hg.): Barkochba. Makkabi – Deutschland 1898-1938, Tel Aviv 1977

Pasquale Boeti: »Muskeljudentum«. Der Turn- und Sportklub »Hakoah Essen« – ein jüdischer Sportverein im Ruhrgebiet, in: Jan-Peter Barbian, Michael Brocke, Ludger Heid (Hg.): Juden im Ruhrgebiet. Vom Zeitalter der Aufklärung bis in die Gegenwart, Essen 1999, S. 601-617.

Angela Genger: Hakoah – Die Kraft. Ein jüdischer Turn- und Sportverein in Essen, in: Kulturamt der Stadt Essen (Hg.), Zwischen Alternative und Protest. Zu Sport- und Jugendbewegungen in Essen, Essen 1983, S. 8-25.

Hartmut Hering (Hg.): Im Land der tausend Derbys. Die Fußballgeschichte des Ruhrgebiets, Göttingen 2002.

Fritz A. Lewinson: Turn- und Sport-Klub Hakoah Essen, einer der größten jüdischen Sportvereine, 1923-1938, in: Hermann Schröter (Hg.): Geschichte der Essener Juden, Essen 1980, S. 283-289. Wieder abgedruckt in: Stationen jüdischen Lebens. Von der Emanzipation bis zur Gegenwart. Katalog zur Ausstellung ›Stationen jüdischen Lebens‹ in der Alten Synagoge Essen, Bonn 1990, S. 121-125.

Georg Röwekamp: Der Mythos lebt. Die Geschichte des FC Schalke 04, Göttingen 4. Aufl. 2002.

Ders.: Schwarz und Weiß, das sind die Farben ... Die Geschichte der SG Wattenscheid 09, Gelenkirchen 1993.

Ders.: Dauerbrenner auf Sparflamme. Schwarz-Weiß Essen: Der ewige Zweite, in: Achim Nöllenheidt (Hg.), Fohlensturm am Katzenbusch. Die Geschichte der Regionalliga West 1963-1974, Band 2, Essen 1995, S. 65-71.

Hermann Schröter (Hg.): Geschichte und Schicksal der Essener Juden, Essen 1980.

Dietrich Schulze-Marmeling: »Für Fußball hättest Du mich nachts wecken können.« Zur Geschichte von Sport und Arbeit in der Region Hamm, Göttingen 1992

Elke Stiller: Jüdische Sportvereine in der Arbeitersportbewegung 1918-1933, in: Andreas Luh, Edgar Beckersw (Hg.), Umbruch und Kontinuität im Sport (FS Horst Ueberhorst), Bochum 1991

Dies.: Jüdische Sportvereine und ihre Beziehungen zur internationalen Arbeitersportbewegung, in: SZGS 13 (1999), S. 28-37.

Claudia Zebandt: »Hakoah« heißt »die Kraft«. Entstehung, Entwicklung und Niedergang der jüdischen Turn- und Sportbewegung, in: ... am Anfang stand das Reck. Geschichtliche Entwicklung des Sports in Gelsenkirchen, Gelsenkirchen 1990, S. 92-98.

Werner Skrentny

Die Blütezeit des jüdischen Sports in Deutschland: Makkabi und Sportbund Schild, 1933 bis 1938

»Die Macht liegt in Händen einer Partei, die die Vernichtung des deutschen Judentums physisch und wirtschaftlich auf ihre Fahnen geschrieben hat.« (Jochanan Levi, in: »Der Makkabi. Organ des Deutschen Kreises im »Makkabi« Weltverband. 34. Jhrg., Nr. 1, Februar 1933)

»Der Ansturm gegen das deutsche Judentum ist in der Lage, den Bestand der deutschen Judenheit für immer zu vernichten.« (Bundesleitung des Reichsbundes jüdischer Frontsoldaten in »Der Schild«, 25.5.1933).

Die organisierte jüdische Sportbewegung hatte einen ihrer Ursprünge im 2. Zionistenkongress von Basel, auf dem Max Nordau (ein Pseudonym, richtiger Name: Max Südfeld) den Begriff vom »Muskeljudentum« prägte. 1898 entstand in Berlin der Turnverein Bar Kochba, man wollte damit antisemitischen Vorurteilen entgegentreten und lieferte gleichzeitig ein Bekenntnis zum Zionismus ab. 1921 schlossen sich jüdische Turn- und Sportvereine aus Deutschland und Österreich zum Verband Makkabi zusammen. Auch Makkabi war zionistisch, politisches Ziel war ein jüdischer Staat in Erez Israel (Palästina). Neben dieser Organisation bestand vor allem in Westdeutschland der Verband jüdisch-neutraler Turn- und Sportvereine (VINTUS), der sich nach dem Ersten Weltkrieg gebildet hatte. Im Oktober 1933 schlossen sich dessen 18 Vereine meist Makkabi an. Einen Sportbetrieb pflegte schließlich noch der Reichsbund jüdischer Frontsoldaten (RjF) mit seinem Sportbund »Schild«, dazu in der Folge mehr.

In der Organisationsgeschichte des deutschen Sports waren Makkabi, VINTUS und Schild bis 1933 lediglich Marginalien, denn die meisten Aktiven jüdischen Glaubens trieben in den großen Einheitsverbänden Sport. Makkabi zählte 1929 26 Vereine mit 5.000 Mitgliedern – dies entsprach einem Prozent der deutschen Bevölkerung jüdischen Glaubens. Je größer der jüdische Anteil in einer Stadt war, desto kleiner war der Prozentsatz von Makkabianern, z.B. in Berlin, wo fast die Hälfte der jüdischen Bevölkerung lebte, mit 0,4 Prozent.

Im Süddeutschen Fußball- und Leichtathletik-Verband, der wiederum zum DFB gehörte, waren z.b. Bar Kochba (BK) Nürnberg, BK München, SK Hakoah Karlsruhe, BK Frankfurt, Schild Frankfurt, SK Hakoah Mainz, SK Hakoah Wiesbaden aktiv. Sämtliche Klubs wurden nach einer Meldung vom 16.5.1933 vom Vorstand des Verbandes ausgeschlossen. »Den Mitgliedsverbänden ist jeder sportliche Verkehr mit den ausgeschlossenen Vereinen verboten«, hieß es. Andere jüdische Klubs spielten mit Werkssportvereinen Fußball, so SK Hakoah Stuttgart mit zwei Mannschaften gegen Betriebsmannschaften wie Federnhanauer (eine jüdische Firma), S.C. Kadep (ein jüdisches Kaufhaus), FC Haueisen, FC Westend, FC Germania, SV Allianz und Gummivereinigung. Im Norddeutschen Fußball-Verband spielte seit 1914 BK Hamburg mit.

Einige weitere jüdische Vereine waren ebenso wie die Sokol-Klubs polnischer Arbeitsimmigranten im sozialdemokratisch orientierten Arbeiter-Turn- und Sport-Bund (ATSB)- Fußball organisiert, so Bar Kochba Leipzig, der Zionistische Sportclub Köln (1921-23: 95 Fußballer), später Zionistischer Sportclub BK Köln, die Jüdische Sportvereinigung BK Duisburg Hamborn (Vereinssitz: Zionistisches Heim), der JTSV BK Oberhausen (61 Fußball-Mitglieder, darunter 1927 auch acht Frauen), BK Berlin 1898, BK Frankfurt/Main 1904, BK Breslau 08 und der von 1930 bis 1933 bestehende Jüdische Arbeiter-Sport-Klub in Frankfurt/Main. »Sozialistische und zionistische Arbeit sind in jeder Beziehung vereinbar«, hieß es 1931 in der Zeitschrift »Makkabi« – auch Hapoel Palästina sei schließlich Mitglied in der Sozialistischen Arbeitersport-Internationale (SASI).

Bis zum Ausschluss der jüdischen Sportler 1933 war der Fußball in der ohnehin kleinen Makkabi-Organisation lediglich eine Randsportart, ganz im Gegensatz zu seiner sonstigen Bedeutung. Der Berliner Fritz Mautner 1929 in seiner Bilanz »Sport im Makkabi-Weltverband« in der Zeitschrift »Makkabi«: »Eine große Rolle spielt der Fußballsport in fast allen östlichen Ländern des Makkabi Weltverbandes (M.W.V.), in Polen, Litauen, Lettland und Rumänien und nicht zuletzt in Österreich, das man als das ›klassische Land des jüdischen Fußballsportes‹ bezeichnen kann. Wir wollen an dieser

Stelle zu dem früheren Professionalismus innerhalb der Hakoah Wien keine Stellung nehmen, da es uns scheint, dass diese Art des jüdischen Sportes sich selbst desavouiert hat, und hoffen, dass die heutige Wiener Fußballmannschaft, die gerade vor kurzem wieder in die erste Klasse aufgerückt ist, den jüdischen Aufgaben des M.W.V. mehr gerecht werden kann als ihre professionalistischen Vorgänger.« Erwähnt werden weiter »die erstklassige jüdische Fußballmannschaft in Paris« (Sporting-Club Makkabi-Paris, ca. 500 Mitglieder) sowie Makkabi Kowno, zeitweise Meister von Litauen. In Palästina, Syrien und dem Libanon sei Fußball die beliebteste Disziplin (»wir haben schon seit zwei Jahren den Palestine-Cup gewonnen«); der Schweizer Fußball-Verband wiederum »nimmt weder nationale noch religiöse Vereine auf« (»Makkabi«), deshalb spiele z.B. Hakoah Zürich, bei der auch Nichtjuden mitwirkten, außerhalb dieser Organisation.

Der Deutsche Makkabi-Kreis bleibt in diesem Zusammenhang zu Recht unerwähnt, haben sich doch an der Fußball-Meisterschaft 1929 gerade einmal fünf der 25 Makkabi-Vereine (davon zwei Ruderklubs) beteiligt. Ausschlaggebend war nicht nur die zahlenmäßige Schwäche von Makkabi. Hakoah Wiesbaden z.B., vom Süddeutschen Fußball- und Leichtathletik-Verband erst einmal abgelehnt, »da die Bedürfnisfrage nach einem neuen Verein in Wiesbaden verneint werden musste«, verzichtete schließlich »auf das zweifelhafte Vergnügen, sich jahrelang mit Landvereinen herumzuschlagen« (Neulinge mussten nämlich in der untersten Klasse beginnen). Der SC Hakoah Berlin entschied anders und gründete sich am 17.5.1924: »Junge Juden hatten es satt, ihren Fußballsport in den so genannten paritätischen Sportvereinen zu betreiben. Nach dem großen Wiener Vorbilde unter Führung von Leo Koppel und Ismar Freund gründete sich der SC Hakoah.« Anlass waren die Gastspiele von Hakoah Wien 1924 in Berlin bei Tennis Borussia und Hertha BSC.

Ursprünglich mit zwölf Mitgliedern, zählte der Klub, Mitglied des Verbandes Brandenburgischer Ballspielvereine (VBB), bereits 1928 fast 800 mit zwölf Mannschaften und besaß ein 25.000-qm-Pachtgelände in Pankow. 1931 stellte der Verein, nun BK-Hakoah Berlin genannt, 15 Teams. Fußballerische Tradition gab es wie erwähnt auch bei BK Hamburg, das bereits um 1912 auf Initiative von Dr. Gotthelf Cohn im 1910 entstandenen jüdischen Turnverein Bar-Kochba eine Fußball-Abteilung gegründet hatte, die 1919 unter Vorsitz von Adolf Cohen wieder entstand (1930, Abteilungsleiter war Salli Sonnenreich, gab es fünf Mannschaften, die wie erwähnt beim DFB mitspielten). Einen Mittelweg wählte Bar Kochba

Frankfurt/Main, das 1929 seine Fußballsparte eröffnete: »Wir wollen den Fußballsport nicht enthusiastisch oder gar fanatisch betreiben. Wir wollen diesen Sport nur aus Interesse und Freude am Spiel betreiben, ohne Verbandsspiele. Wir wollen nur Privat- und Freundschaftsspiele austragen, um Entgleisungen, die bei Verbandsspielen in den unteren Klassen noch mehr als bei Ligakämpfen vorkommen, zu entgehen.«

»Die Sportplätze verloren, die Turnhallen versperrt«

Die Machtübernahme der Nationalsozialisten am 30. Januar 1933 veränderte auch für jüdische Sportlerinnen und Sportler die Lage innerhalb kürzester Zeit dramatisch. Die Ereignisse hatten realistische Einschätzungen wie die eingangs zitierten zur Folge, in völliger Verkennung der Situation aber auch andere Aussagen. »Die Erneuerung Deutschlands ist ein Ideal und eine Sehnsucht innerhalb der deutschen Juden«, äußerte Leo Baeck, Vorstandsmitglied der Reichsvertretung der deutschen Juden. Der Deutsch-Jüdische Central-Verein begrüßte »das Führerprinzip« als »Errungenschaft der nationalen Revolution«. Der Sporthistoriker Hajo Bernett hat dies als »politische Illusionen« bezeichnet, an denen »jahrelang festgehalten« wurde.

Als das Präsidium des deutschen Makkabikreises am 26. März 1933 in Berlin tagte, konstatierte es »einen Umschwung größten Ausmaßes in Deutschland«. Man war zu dem Zeitpunkt noch der Ansicht, dass eine Zusammenarbeit mit deutschen Sportverbänden möglich sei und vertraute der Reichsregierung, dass sie »keine Maßnahmen gegen diejenigen Juden, die sich ihr gegenüber loyal verhalten«, einleiten würde. Ebenso wie die Nationalsozialisten wolle man »als Zionisten denselben Kampf gegen den judenfeindlichen Kommunismus« führen. Makkabi sei »Verkünder eines neuen jüdischen Geschlechtes, um auch dem deutschen Volke die Augen für ein neues und schöneres Judentum zu öffnen (…) Wir fürchten keine Pogrome; wenn sie kommen, werden wir uns wehren, und wenn es sein muss, sterben, wie unsere Väter dies getan haben.«

Bereits zwei Monate später war die Hoffnung auf eine weitere Mitarbeit im Sport zunichte gemacht: In fast allen Sportverbänden und Vereinen war Juden die Mitgliedschaft aufgekündigt worden, infolge des sog. Arierparagrafen waren sie in vielen Organisationen nicht mehr willkommen. Aus dem Reichsjugendpflegeausschuss hatte man Makkabi »hinausgesetzt«, die Nutzung der städtischen Sportplätze und Turnhallen war vorerst verboten.

Fußball als Titelthema: »Der Makkabi« vom November 1934.

Düster klang die Bilanz in der Zeitschrift »Makkabi« 1933/6: »Niemals seit Bestehen unserer Organisation haben sich die Verhältnisse so gegen uns verschworen wie heute. Aus allen Sportverbänden ausgeschlossen, keine Möglichkeit zur Austragung von Wettkämpfen gegen fremde Vereine, die Sportplätze verloren, die Turnhallen versperrt.«

Makkabi-Vorsitzender Hans Friedenthalm forderte vergebens eine Rücknahme all dieser Maßnahmen und außerdem Ermäßigungen bei Reichsbahn und Deutschem Jugendherbergswerk, sowie »Gesellschaftsspiele gegen deutsche Vereine, da ja deutsche Vereine auch gegen Japaner, Neger usw. spielen«.

In Berlin kämpfte der jüdische Klub BK-Hakoah Berlin da noch um den Erhalt der Kreisliga, Gruppe West, unterlag Hellas 04 und Burgund (Paul Kestenbaum, der 1934 zweimal beim 1:7 und 1:4 für Palästina in der WM-Qualifikation gegen Ägypten spielen sollte, vergab einen Strafstoß), die letzten drei Begegnungen gegen Olymp, Weißensee und Tasmania dürften wohl nicht mehr ausgetragen worden sein. Der letzte Spielbericht in der »FuWo« datiert vom 10.4.1933, bis 22. Mai ist der Verein noch in der Tabelle aufgeführt. Wohl ebenfalls ausgeschieden sein wird BK Hamburg, das in der Saison 1932/33 nach einem 3:2 gegen Eppendorf I »vor zahlreichen Zuschauern« Tabellenführer war und auf den Aufstieg in die A-Klasse hoffte.

Als die bürgerlichen Verbände jüdische Mitglieder ausschlossen, verhängte auch Makkabi »absolute Aufnahmesperre«, nachdem Mitglieder der von den Nazis verbotenen und zerschlagenen kommunistischen Kampfgemeinschaft für Rote Sporteinheit (Rotsport) versucht hatten, bei der zionistischen Sportorganisation Mitglied zu werden. Diese Maßnahme galt mit Bestimmtheit auch für Sportler des sozialdemokratischen ATSB, der ebenfalls verboten war.

Paradoxerweise führte der Ausschluss der Juden aus Fachverbänden wie dem DFB zu einer »Blütezeit« der jüdischen Sportorganisationen in

Deutschland, wie sie diese bis dahin nie erlebt hatten und wie sie sie nie wieder erleben würden. Der Zulauf war enorm: Bei Hakoah Köln z.b. stieg die Mitgliederzahl 1933 in wenigen Wochen von 25 auf 250! Die Fußball-Abteilung von BK Hakoah Berlin trotzte ebenfalls den politischen Umständen: »Unsere Arbeit wird fortgesetzt! Mit noch größerer Hingabe und mit aller Energie!« (Juni 1933). »Makkabi im Vormarsch« hieß die Parole, ständig kamen neue Vereine hinzu: JSK Berlin, Hakoah Bonn, JJSV Erfurt, Makkabi Glatz, Makkabi Herne, Makkabi-Kibbuz Alt-Karbe, Makkabi Münster, Makkabi Oppeln, Makkabi Osnabrück, Makkabi Hazair Polzin, JSV Schlüchtern, Makkabi Zwickau etc.

Die Spaltung des jüdischen Sports

Allerdings war die vom übrigen Sport isolierte jüdische Sportbewegung in sich gespalten und konkurrierte zeitweise erbittert: Auf der einen Seite war der zionistische Deutsche Makkabikreis, der sich als eine Art sportliche Alleinvertretung der deutschen Juden begriff, auf der anderen der Sportbund Schild des RjF, der denselben Anspruch verfolgte. »Der RjF hat neuerdings begonnen, in seinen Ortsgruppen unter Heranziehung jüdischer Sportler aus dem liberal-assimilatorischen Lager überall Sportgruppen zu bilden«, bilanzierte Makkabi im Juni 1933. »Alles, was sich seit Frühjahr 1933 in jüdischen Sportvereinen außerhalb des Deutschen Makkabi-Kreises zusammengetan hat, folgte nicht einer Überzeugung, sondern einem Zwang.« Makkabi stehe »im Dienste der Idee der physischen und geistigen Regeneration des jüdischen Volkes«, der RjF dagegen sei »ein wütender Kämpfer gegen Zionismus und nationales Judentum«. Eine örtliche Zusammenarbeit in Form einer Arbeitsgemeinschaft mit dem TSV Schild lehnte z.B. in Frankfurt/Main Bar Kochba aus dem Makkabi-Verband ab. Zum Konflikt auf Reichsebene kam es, als Makkabi im Mai 1936 all seine Mannschaften für den Spielverkehr mit dem Sportbund Schild sperrte, nachdem sich bei einem Handballspiel in Berlin Mitglieder der JSG 33 von Schild »antizionistisch« gegen die Makkabim geäußert haben sollen. Später legte man den Streit bei.

Der nunmehrige sportliche Konkurrent Makkabis, der Sportbund »Schild«, basierte auf dem genannten Reichsbund jüdischer Frontsoldaten (RjF), der 1919 unter dem Namen »Vaterländischer Bund jüdischer Frontsoldaten« als Gegenstück zum deutschnationalen Stahlhelm entstanden war. Die Organisation war »zur Abwehr aller Angriffe« gedacht, »die auf eine Herabsetzung ihres vaterländischen Verhaltens (Anm. d. V.: von Juden) im Krieg gerichtet sind« (am Ersten Weltkrieg hatten auf deutscher Seite 96.000 Juden im Militär teilgenommen, 12.000 waren ums Leben gekommen). 1923 hatte es einen ersten Appell der Bundesleitung des RjF gegeben, örtliche Sportgruppen einzurichten, die sich vor allem Selbstverteidigungs-Disziplinen wie Jiu-Jitsu verschrieben. 1925 dann wurde der Turn- und Sportverein »Schild« ins Amtsregister eingetragen, der Ende 1933 in 90 Vereinen etwa 7.000 Mitglieder zählte. Ebenso wie bei Makkabi steigerte sich diese Zahl rasch: 1934 waren es 17.000 Mitglieder in 156 Klubs, Ende 1935 20.000 in 182 Vereinen. Sport-Zeitschrift des Schild ist die Beilage »Die Kraft« der Wochenzeitung »Der Schild«, Chefredakteur Dr. Hans Wollenberg in Berlin, der bis 1933 Chef der bekannten Filmzeitschrift »Lichtbild-Bühne« war.

Ob bei »Schild« auch Fußball gespielt werden sollte, war anfangs umstritten. In Würzburg, wo der RjF seit Anfang 1925 Leichtathletik und Amateurboxen betrieb, stand diese Frage 1926 zur Debatte. Man war der Ansicht, die jüdischen Mitglieder würden in den DFB-Vereinen zur Integration der deutschen Juden beitragen: »Sie haben dort unserer Ansicht nach wichtige Pioniertätigkeit zu leisten.« Trotz »einer Reihe schwerwiegender Bedenken« und »dem befürchteten Austritt der Fußballspieler aus den paritätischen Vereinen« entschied sich Würzburgs »Schild« dann doch, das Fußballspiel ins Programm zu nehmen. 1926 delegierten die fünf Fußballvereine der Stadt den RjF-Vorsitzenden, Rechtsanwalt David Schloß, als Vertreter des Fußballsports in das neu gegründete Würzburger Stadtamt für Leibesübungen.

In Bayern allerdings waren seit Januar 1934 weder Makkabi noch Schild erlaubt. Der dortige Sportbeauftragte hatte dem Jtus, dem Verband Jüdischer Turn- und Sportvereine, verboten, sich diesen Organisationen anzuschließen. Erst im Vorfeld der Olympischen Spiele 1936 – Anweisung: man solle die Betätigung von Juden auf eigenen Sportplätzen nicht behindern – wurden die beiden Sportverbände auch in Bayern zugelassen. Makkabi München verzeichnete als Neugründung innerhalb kürzester Zeit 400 Mitglieder. Doch kaum waren die Spiele von Garmisch-Partenkirchen und Berlin vorüber, trat das Verbot erneut bis 1937 in Kraft.

So konnte auch in Würzburg der erwähnte Sportbund »Schild« nicht weiterbestehen, weshalb der Jüdische Turn- und Sportverein (Jtus), der nach Ende des Ersten Weltkriegs kurzfristig unter zionistischen Vorzeichen bestand, wiederbelebt wurde. Der 1. Vorsitzende kam vom RjF, es war der

Buchdruckereibesitzer Max Wolff. Bis Ende 1936 konnte der Jtus, dessen Fußball-Mannschaft regelmäßig auftrat und z.b. gegen Nürnberg spielte, seinen eigenen Sportplatz im Stadtteil Zell benutzen, bis dies verboten wurde.

Zusätzliche Schikanen verhängten örtliche Machthaber. Nachdem in Aschaffenburg in Bayern die im Juli 1933 entstandene Turn- und Sportabteilung des RjF verboten worden war (sie zählte 220-230 Mitglieder, darunter selbstverständlich in der Stadt mit Fußball-Tradition auch Fußballer), wurden ihre Mitglieder bespitzelt. So meldete der Kriminalkommissar Schwind am 6.4.1934, die jüdischen Sportler würden an bestimmten Tagen nach Hanau in Hessen reisen, »um in dem dortigen jüdischen Turn- und Sportverein dem Sport huldigen zu können«. Aber auch der (neutrale) Allgemeine jüdische Turn- und Sportverein Aschaffenburg (277 aktive und 97 passive Mitglieder) sah sich Schikanen ausgesetzt. Oberbürgermeister Wilhelm Karl Wohlgemuth verlangte vom Stadtkommissar, dem Oberregierungsrat Reuter, einzelnen Personen die Mitgliedschaft im Sportverein zu verbieten. Darunter waren der Landgerichtsrat a. D. Kahn Meier, der Rabbiner Dr. Fritz Bloch, der NS-Gegner Dr. Erich Cahn und sogar ein junges Mädchen, das Sportlehrerin werden wollte – ihr Vater, ein Diplom-Ingenieur, war gegen das neue System. Als der vom Beauftragten des Reichssportführers bestellte Vorsitzende des Landesverbandes Bayern der Jüdischen Turn- und Sportvereine den Aschaffenburger Stadtkommissar in einem Brief vom 28.6.1934 darum bat, »neben München, Nürnberg, Augsburg und Würzburg auch für Aschaffenburg einen spielfähigen Verein dem Herrn Beauftragten des Reichssportführers beim Bayerischen Staatsministerium melden zu können«, empörte sich der OB der Mainstadt: Dies sei »eine ungeheure Anmaßung der Behörde gegenüber«.

Als sich der Landesverband Bayern der Jüdischen Turn- und Sportvereine im Sommer 1936 auflöste, schloss sich der Allgemeine Turn- und Sportverein in Aschaffenburg dem Sportbund Schild an. Doch auch hier griff der Staat nach den Olympischen Spielen erneut ein: Die Bayerische Politische Polizei teilte am 21.9.1936 »im Benehmen mit dem Politischen Polizei-Kommandeur der Länder in Bayern« mit, »an ein und demselben Ort könne nur noch ein jüdischer Turn- und Sportverein zugelassen sein und zwar ein Verein ohne innerjüdische politische Bindung (neutraler Verein). Demgemäß ist kein Raum mehr für Sportvereine des Makkabi-Kreises und dem Sportbund des RjF.« Da der einstige ehemalige Allgemeine Sportverein von Aschaffenburg bereits dem Sportbund angehörte, musste er aufgelöst werden.

Doch zurück zur Sport-Offensive des RjF: Der Sportbund Schild des RjF wurde 1933 auf breiter Ebene initiativ. »An die jüdische Jugend Stuttgarts!«, lautete z.B. die Überschrift einer Anzeige in der »Gemeinde-Zeitung für die Israelitischen Gemeinden Württembergs« am 16.9.1933, in der alle Interessierten ab zehn Jahren aufgefordert wurden, »in die Reihen der RjF-Sportler einzutreten«. »Sobald Grundlagen hierfür geschaffen sind«, hieß es bald darauf, »werden wir auch zum Rasensport übergehen.« Verlangt wurde »treue Erfüllung der vaterländischen Pflichten und Treue zum Judentum (…) Jegliche politische Diskussion – auch über innerjüdische Fragen – ist ausgeschlossen.« Die Kampagne des Schild in der württembergischen Hauptstadt scheint erfolgreich gewesen zu sein, denn zum 1.12.1933 verhängt man »wegen des großen Andrangs« eine Aufnahmesperre. Ende 1933 zählt Schild in Stuttgart ca. 500 Mitglieder, »jeden Tag kommen neue hinzu«.

So wie auch anderswo im Reich stehen sich in Stuttgart zwei jüdische Sportklubs gegenüber: Einerseits der Sportbund Schild, andererseits der zionistische SK Hakoah, der zuletzt im Februar 1933 aktiv war und sich am 29.10.1933 reorganisiert und Mitglied des Deutschen Makkabi-Kreises wird. Die jüdischen Bünde »Werkleute« und »Habonim« treten der Hakoah korporativ bei. So hart wie anderswo sind die Auseinandersetzungen beider Richtungen in Schwaben nicht gewesen. Zwar findet man die Ausführungen des deutschen Makkabi-Präsidenten Dr. Alfred Rabau, der auf Einladung der Hakoah in Stuttgart spricht, hinsichtlich des RjF »nicht maßvoll und objektiv gesprochen« (»Gemeinde-Zeitung«), es bleibt aber bei einer Erwiderung des Rechtsanwalts Dr. Siegfried Merzbacher für den RjF in derselben Veranstaltung.

Auch in Mannheim, wo 1936 Bar Kochba 400 und Schild 420 Mitglieder zählen, wird nicht erbittert wie anderswo gestritten: Die beiden jüdischen Sportvereine haben sogar gemeinsam einen Sportplatz gebaut, nachdem eine jüdische Firma das Gelände auf der Frieseninsel zur Verfügung gestellt hatte. Im »Israelitischen Gemeindeblatt« vom 9.9.1936 erklären Dr. Hans Götzl und Arthur Löwenbaum für beide Klubs: »Vielleicht nirgends so wie in Mannheim herrscht Eintracht und Frieden zwischen den Leitungen und Sportlern der beiden jüdischen Vereine. Der Sportplatz wird abwechslungsweise von beiden benutzt, bei Wettspielen eines Vereins ist die Unterstützung auch des anderen eine Selbstverständlichkeit.«

Fußball spielt man in Stuttgart gegeneinander – und miteinander. Die Hakoah genießt Heimrecht »auf dem behördlich genehmigten Sportplatz«

Fußballspiel Makkabi (helle Trikots) gegen Sportbund Schild, vermutlich in Berlin.

der Sportvereinigung 1893 in Stuttgart-Degerloch und bestreitet dort am 15.4.1934 vor 400 Zuschauern erstmals wieder ein Fußballspiel (1:1 gegen BK Mannheim). Am 6.5.1934 treffen beide jüdische Fußballteams auf der Anlage des Kolping Turnerbundes in Degerloch erstmals aufeinander (4:4, »einige 100 Anhänger«). Auf dem Kolping-Sportplatz gibt es dann am 3.6.1934 eine weitere Premiere, ein »Ausscheidungsspiel um die Deutsche Fußballmeisterschaft im RjF«, »Württemberg – Baden«, das sind RjF Stuttgart und RjF Mannheim. Die »Israelitische Gemeindezeitung« Württembergs war dem Sport und insbesondere dem Fußball wohl gesonnen, so stiftete Schriftleiter Hans Sternheim zum 16.9.1934 einen Wanderpokal, »nach langer, den sportlichen Belangen und dem allgemeinen jüdischen Interesse nicht dienender Schwebezeit« (»Gemeindezeitung«), den der RjF und Hakoah in Stuttgart ausspielen sollten. Schild gewann den Cup 1934 und 1935, 1936 ging er an die Hakoah, 1937 wieder an den Schild – die Begegnung in jenem Juni sollte die letzte sein. Viele jüdische Fußballfans, die meist zu mehreren hundert den Spielen beiwohnten, fieberten diesen Wettstreiten regelrecht entgegen.

Probleme auf dem Land, Zulauf in der Stadt

Die Platzfrage lösten die jüdischen Sportklubs teils in Eigeninitiative. In Ulm weihte Schild am 1.7.1934 seinen neuen Sportplatz ein unter »überaus starker Anteilnahme von Seiten der Gemeindemitglieder, auch die Nachbargemeinden waren vertreten«. Am 7.10.1934 ist ebenfalls der Sportplatz des RjF Stuttgart im Feuerbacher Tal beim »Café Waldhof« fertig gestellt (1937 wurde dort auch Hakoah heimisch). In Heilbronn am Neckar teilen sich Schild und Blau-Weiss Makkabi die Sportanlage. Der Hamburger Schild weiht im Sommer 1934 seine neue Sportanlage, ein umfunktioniertes Hockeyfeld im Stadtteil Niendorf ein, dabei sind fast 2.000 Zuschauer, 400 Sportler und auch Vertreter von Makkabi.

Naturgemäß konzentrierte sich der Sportbetrieb in jenen Städten, die größere jüdische Gemeinden besaßen. Die Hälfte der fast 500.000 Glaubensjuden (10.6.1933, dies entsprach 0,8 % der Bevölkerung) lebte in sechs Großstädten: Berlin (160.564 / 3 % der Bevölkerung), Frankfurt/Main (26.158 / 4,7 %), Breslau (20.202 / 3,2 %), Hamburg (16.885 / 1,5 %), Köln (14.816 / 2 %) und Leipzig (11.564 / 1,6 %). Sportlich isoliert sind die Landgemeinden, so beispielsweise in Württemberg die Dörfer um Horb oder das Städtchen Haigerloch, aus dem 1935 berichtet wird: »Doppelt schwer empfinden die Juden auf dem Lande, die oft nur in wenigen Familien auf einem Platze wohnen, das Abgeschlossensein von ihrer größeren Gemeinschaft.« Von Rexingen bei Horb ist lediglich ein fußballerisches »Probespiel« 1936 bekannt; 1938 wanderten zahlreiche Familien aus dem Dorf nach Palästina aus und gründeten den Ort Shavej Zion.

Nichts anderes gilt auch für die jüdische Gemeinde von Felsberg in Nordhessen. In »Die Kraft« (Untertitel: »Blatt für Berufsumschichtung, Siedlung, Arbeitsdienst, Jugendtüchtigung und Sport«) berichtet am 20.7.1934 der Lehrer und Weltkrieg-I-Veteran Hans Bodenheimer in einem dramatischen Appell von den Problemen: »In den kleinsten jüdischen Zwerggemeinden besteht kaum eine Möglichkeit, Sport zu treiben. In größeren und mittleren Landgemeinden gibt es eine Fülle von Arbeit zu bewältigen. Der Fußballsport bereitet hier z.B. erhebliche Schwierigkeiten. Hat man nach vieler Mühe elf Spieler beisammen, dann fehlen immer noch Ersatzspieler. Es darf unter keinen Umständen ein Spieler verletzt werden oder seine Mannschaft durch Wegzug verlassen. Schließlich fehlen auch noch die Gegner. Man muss viele Kilometer fahren, um überhaupt die Möglichkeit zu haben, einen Gegner zu finden. Hat man ihn gefunden, dann fehlt als weiteres Hindernis ein Sportplatz, auf dem ein Spiel ausgetragen werden könnte. Es fehlt nicht an der Rührigkeit der Leiter dieser Sportgruppen, sondern es fehlen die Mittel. Damit in engem Zusammenhang steht die Unmöglichkeit, ein regelmäßiges Training abzuhalten. Bliebe also diesen Vereinen theoretisch nur übrig, solche Sportarten zu betreiben, die die Notwendigkeit öffentlicher Austragungsplätze überflüssig machen. Man könnte hier beispielsweise an Tischtennis denken. Aber auch hier fehlt, wenn auch nicht in dem Maße wie beim Fußballsport, der Gegner.«

Lehrer Bodenheimer weiter: »Es bedarf der Hilfe derer, die von diesen Nöten nichts merken: Die Großstadt darf den Hilferuf der Landsportler nicht überhören. Auch sie wollen zu ihrem Recht kommen und 100-prozentigen Sport treiben. Die Vereine der Großstadt müssen deshalb mehr Spielverkehr mit den Kleingemeinden haben, müssen diesen tapferen Sportlern Gelegenheit geben, ihren Opfersinn unter Beweis zu stellen.«

Im Juni 1936 veröffentlichte »Die Kraft« des RjF den »Bericht aus einer kleinen Sportgruppe« (der Ort wurde nicht genannt): 13 Erwachsene zahlten Beitrag, elf Jugendliche machten noch mit. »Wir haben Mitglieder, die einen Weg von 40 km per Fahrrad zu machen haben.« Eine Tischtennis-Platte bezahlte der RjF, einen Garten für den Sportbetrieb wollte die Synagogen-Gemeinde besorgen.

Blieben die Landgemeinden aufgrund der vielen Probleme im Fußballsport weitgehend außen vor, so kam in größeren Städten, wie zu Stuttgart bereits berichtet, schon bald ein sehr lebhafter Spielbetrieb in Gang. Die im RjF neu gegründete Jüdische Spiel-Gemeinschaft (JSG) 1933 Berlin traf am 2.12.1933 auf dem Meteor-Sportplatz auf den British Football-Club, ein Team von in der Reichshauptstadt ansässigen Engländern; hernach saß man beim Tee beisammen. Die JSG hatte sich am 22.5.1933 gegründet, für dasselbe Jahr werden 200 Mitglieder gemeldet. Ende Juni wird Alfred Lesser Präsident, Vize ist Georg Michaelis, Direktor einer französischen Bank in Berlin, im Spielausschuss wirken Dr. Landshut und Hans »Hanne« Reiff mit, der Fabrikdirektor Theo Sachs und Dr. Adolf Wisotzki sind für die Alten Herren zuständig. Alle genannten JSG-Funktionäre sind frühere Mitglieder von Tennis Borussia Berlin: Alfred Lesser war Gründungsmitglied, Sachs 1905 Spieler bei TeBe, Wisotzki Vereinsarzt, »Hanne« Reiff spielte zweimal repräsentativ für den Verband Berliner Ballspielvereine (VBB).

Ebenfalls aus Berlin wurde der »Fußball-Großkampftag des Deutschen Makkabikreises« gemeldet: ein Sechserturnier am 25.12.1933 auf dem Sportplatz am Schäfersee in Reinickendorf-Ost und am 26.12. auf dem jüdischen Sportplatz am Bahnhof Grunewald. Als Teilnehmer waren die Bar-Kochba-Vereine aus Nürnberg, Leipzig, Breslau und Berlin sowie Blau-Weiß Hamburg und Hagibor Berlin vorgesehen. Nürnberg und Leipzig allerdings sagten vermutlich aus organisatorischen Gründen ab, die Hamburger wurden Turniersieger.

Im Jahr 1933 meldete auch Nürnberg »eine Reihe guter Spieler«, die früher die Farben des 1. FC Nürnberg und der SpVgg Fürth getragen hatten. Fußballspiele fanden nun sowohl auf regionaler wie überregionaler Ebene statt. Blau-Weiß Hamburg gewann 12:0 gegen einen italienischen Sportverein und war mit der 1., 2. und AH-Mannschaft gegen die Schild-Fußballer der Hansestadt erfolgreich. In Berlin hatte man im Oktober 1933 bereits einen Ligen-Betrieb organisiert, 27 Mannschaften nahmen in drei Altersklassen teil, darunter BK Hakoah, BSG Nord, BSG Süd, Hagibor. Sowohl Makkabi als auch Schild waren beteiligt.

Die Funktionäre, auf die Schild und Makkabi zurückgreifen konnten, hatten das Einmaleins der Organisation meist beim DFB oder anderen Sport-Verbänden gelernt. Württembergs RjF-Sport-Landesleiter Hugo Nathan wirkte lange in den Fußball-Sparten von Ulmer FV 94 und Stuttgarter Kickers mit.

Fußball-Obmann Dr. Eichengrün

Der Reichsobmann Fußball von Schild, Dr. Paul Eichengrün (1899-1985; er starb in New York, wo er als Paul Oakes lebte) aus Gelsenkirchen, hatte bereits als Schüler Fußball gespielt, dann 1924 den Sportklub Hakoah in der Ruhrgebietsstadt mit gegründet, ehe er in der AH-Mannschaft des FC Schalke 04 aktiv war. In einem Bericht der »Kraft« im Herbst 1936 heißt es, Dr. Eichengrün sei 1932 2. Vorsitzender von Schalke 04 gewesen und 1933 als 1. Vorsitzender des Vereins zurückgetreten. Schalke führt für diese Jahre Fritz »Papa« Unkel als Vereinschef. Tochter Laura Gabriel erinnert sich daran, dass ihr Vater bei einer Parade nach einem erfolgreichen Spiel oder einem Titelgewinn von Schalke im offenen Wagen mitfuhr »und zwischen den beiden Stars jener Zeit, Szepan und Kuzorra, saß«. Als sie 1998 Gelsenkirchen besuchte, traf sie einen älteren Mann, der ihr sagte, er besitze ein Foto von Dr. Eichengrün mit den beiden Spielern.

Paul Eichengrün, der in Heidelberg studierte und dort dem Antisemitismus die Stirn bot, indem er sich bei den Burschenschaftlern »Schmisse« einhandelte, verlor unter den Nazis seine Zulassung als Zahnarzt in Gelsenkirchen. Tochter Laura und ihr Bruder kamen mit einem Kindertransport nach England, Vater Paul und Mutter Ilse folgten bald darauf. Im Oktober 1940 traf die Familie in New York ein. Einer der Brüder von Dr. Eichengrün und eine seiner Schwestern begingen Selbstmord, bevor sie deportiert wurden. Eine Schwester und ihr Ehemann wurden im KZ ermordet, ebenso die Eltern seiner Frau.

Für den Schild war der Reichsleiter Fußball laut »Die Kraft« ein wichtiger Mann: »Ihm ist es in erster Linie zu danken, wenn eine planmäßige Organisation unseres Fußballsports durchgeführt wurde. Wenn heute sich nicht nur das Spielniveau dauernd hebt, sondern auch die Zahl der Mannschaften und Spiele zunimmt, so ist es in hohem Maße auch sein Verdienst.«

Als Landessportleiter von Schild in Baden (und ebenfalls als langjähriger Vorsitzender des RjF Baden-Pfalz) amtierte Dr. Hans Götzl aus Mannheim, der am 30.10.1937 im Alter von 44 Jahren verstarb. Dr. Götzl war »einer der meistbeschäftigten Fußball-Schiedsrichter der süddeutschen Ligakämpfe« auf DFB-Ebene, lange Zeit Vorsitzender des Schiedsgerichtes des Süddeutschen Fußball- und Leichathletik-Verbandes und hatte die Satzung der Organisation mit ausgearbeitet. Zu seinen Ehren wurde im Herbst 1938 in Mannheim das jüdische Dr. Götzl-Gedächtnis-Sportfest veranstaltet.

Eine weitere bekannte Größe der Sportszene aus Frankfurt/Main war Julian Lehmann, der beim Schild, da nach Hamburg umgezogen, als Landessportleiter Nord-West fungierte. Ehemals Redakteur der »Frankfurter Nachrichten«, hatte er zum 7.4.1919 in der Mainstadt die erste süddeutsche Montag-Sportzeitung »F.N.-Sport« gegründet, »Tante Rosa« oder »die Rot« genannt, weil sie wie heute noch die »Gazetta dello Sport« auf rosa Papier gedruckt wurde. »F.N.-Sport« lag den »Frankfurter Nachrichten« bei, wurde aber auch einzeln verkauft. Der Publizist erhielt zahlreiche Auszeichnungen, war Gründer des Vereins Frankfurter Sportpresse und hatte sich für das Projekt Stadion Frankfurt eingesetzt. Als er 1932 das Deutsche Derby, das Pferderennen in Hamburg, für die NORAG kommentierte, war seine Reportage reichsweit zu hören.

Bendix jun. war westdeutscher Sportleiter von Schild, sein Vater Bendix sen. († 17.5.1934) war der Gründer des Kölner Rasensportverbandes und noch im März 1933 mit der Preußischen Staatsplakette ausgezeichnet worden.

In Niederschlesien amtierte als Schild-Landessportleiter Richard Brinnitzer, Leiter eines großen Betriebes, auch er ehemals in den Reihen des DFB zu Hause. Er war Spieler von SC Preußen 02 Breslau (als Repräsentativer) und »bis zum Umbruch« (»Die Kraft«) auf DFB-Ebene Schiedsrichter für die Vereinigten Breslauer Sportfreunde. Im DFB hatte Richard Brinnitzer den Vorsitz im Gau Breslau und Bezirk Mittelschlesien und gehörte dem Spielausschuss des Südostdeutschen Fußball-Verbandes (SOFV) an.

Spielverkehr mit »Ariern« und in eigenen Ligen

Dass es vereinzelt sogar zu Vergleichen mit früheren DFB-Vereinen, die später zum Fachamt Fußball gehörten, kam, ist so erstaunlich nicht. DFB-Chef Felix Linnemann hatte im Juli 1934 erklärt: »Der Spielverkehr mit den arischen Sportvereinen ist den jüdischen Sportvereinen zu Privatspielen nicht verboten.« In den Richtlinien des Reichssportführers »für den Sportbetrieb von Juden und sonstigen Nichtariern« heißt es u.a.: »2. Es bestehen keine Bedenken dagegen, dass die Vereine des Reichsverbandes für Leibesübungen Trainings- und Gesellschaftsspiele (…) gegen oben bezeichnete (Anm. d. V.: jüdische) Vereine austragen.« Trotz dieser Aussage bestand bei den lokalen Behörden offensichtlich Unklarheit darüber, ob derlei Begegnungen erlaubt seien. So verbot der Gau Berlin 1934 das Sonntagsspiel von BK-Hakoah Berlin gegen den Ballspielklub Birkenwerder.

Andernorts handhabe man dies anders: 1934 traf Hakoah Stuttgart I auf die Sportvereinigung Stuttgart 1893 II; der »schnelle und faire Kampf« endete 2:1 für die Hakoahner. RjF Stuttgart III trat Ende 1934 gegen die »Propagandamannschaft« von Normannia Stuttgart an, die AH des RjF gegen den SV 09 Metzingen von der Schwäbischen Alb, und in Berlin gab es den Vergleich JSG 33 gegen SC Stern 20 Lichtenberg sowie an Himmelfahrt 1934 den mit SC Norden-Nordwest II. Zum badisch-württembergischen Schild-Endspiel 1934 in Stuttgart stellte die Schiedsrichter-Vereinigung der Stadt den Referee. In Breslau trat 1936 die Betriebsmannschaft der Schlosserei Königsberger gegen den jüdischen Schild-Klub an.

Neben den Vereinsspielen gab es jüdische Auswahl-Vergleiche, so 1934 in Frankfurt zwischen Main/Hessen und Württemberg/Baden (1:2) und im Stadion Köln zwischen Westdeutschland und Süddeutschland (0:3). Ein weiteres Turnier in Stuttgart brachte im Sommer 1934 die örtliche Hakoah, BK Mannheim, BK Frankfurt und Jtus Nürnberg zusammen. In Westdeutschland hatte Makkabi eine Liga mit acht Mannschaften organisiert, erster Westmeister wurde Jtus Duisburg I. 1934/35 veranstaltete die »Arbeitsgemeinschaft Südwestdeutschland« eine Punkterunde. Diese »AG« namens Jtus Südwest vereinigte seit 1934 insgesamt 37 Vereine von Makkabi und Schild in dieser Region. Der Fußballliga gehörten elf Vereine an: BK Mannheim, JSV Heidelberg, RjF Stuttgart, Hakoah Stuttgart, Hakoah Karlsruhe, RjF Mannheim, RjF Bruchsal, RjF Worms, RjF Heilbronn, Jüdischer TK 03 Karlsruhe, AJSV Pirmasens. »Aus finanziellen Gründen« wurde die Runde nicht komplettiert, zuletzt spielten die ersten Vier den Sieger aus, der RjF Stuttgart hieß (Halbfinale: Hakoah Stuttgart – BK Mannheim 2:3, RjF Stuttgart – RjF Bruchsal 2:1 n.V., Finale in Heidelberg: RjF – BKM 5:3).

Mit welcher Leidenschaft gekämpft wurde, belegt ein Ereignis vom Sommer 1937: Hakoah Karlsruhe führte bei den Stuttgarter Hakoahnern 3:2, als der Schiedsrichter einen Strafstoß gegen die Badener verhängte, die sich dadurch benachteiligt fühlten und einfach den Platz verließen. Und im Schild-Endspiel um die Reichsmeisterschaft gibt es 1934 zwei Platzverweise. 1936 appellierte die sportliche Leitung von Schild in »Die Kraft«: »Jegliche Unfairness, jeglicher Verstoß gegen die sportlichen Regeln und den sportlichen Anstand muss in unseren Reihen noch schärfer als sonst bestraft werden. Die Bezeichnung ›Jüdischer Sportler‹ muss für uns ein Ehrenname sein!« Dennoch geschah auch im RjF, was laut »Die Kraft« »nie und nimmer vorkommen dürfte«: Neuwied brach eigenmächtig ein Spiel in Trier beim Stand von 2:2 ab, Anlass war ein »Sehfehler« des Schiedsrichters.

Vom Meisterschafts-Halbfinale 1938 des Schild zwischen Stuttgart und Leipzig wird berichtet: »Solche Spiele sollten lieber nicht ausgetragen werden. Spieler, die sich nicht beherrschen können, gehören nicht als Repräsentanten zu einem Meisterschaftsspiel. Schuld an diesem unschönen Spiel hatten die Leipziger. Schiedsrichter Jonas Wolf (Pfungstadt) behielt die Nerven. Der einzige Fehler, den er machte, war, dass er einen zuerst des Feldes verwiesenen Leipziger Spieler auf Zureden des gastgebenden Vereins wieder zum Spiel zuließ.«

Es gibt zahlreiche Hinweise auf Undiszipliniertheiten auf dem Spielfeld, doch muss berücksichtigt werden, unter welch enormem psychischen, teils auch physischen Druck die Juden im Alltag des Deutschen Reiches standen, wie groß die Nervenanspannung war. Dass ein Schiedsrichter eine Partie Ende 1937 zwischen Fürth und Heilbronn in Stuttgart nach 50 Minuten abbrach, weil es zu regnen begann, gehört allerdings nicht in diese Kategorie. »Schiedsrichter unter den Regenschirm«, forderte daraufhin polemisch »Die Kraft« – beide Vertretungen hatten schließlich die Anreise auf sich genommen und so viel Gelegenheit zum Fußballspiel auch nicht.

Ebenso wie im Südwesten wurden wie erwähnt auch in Berlin (BK-Hakoah wurde 1934 Meister) und in Westdeutschland Ligen eingerichtet.

An letzterem Wettbewerb nahmen acht Mannschaften teil: Jtus Duisburg I und II, Hakoah Essen, die Makkabi-Vereine aus Düsseldorf, Dortmund, Moers, Hakoah Köln I und II. Ende 1934 wurde auch ein Spielbetrieb aus Mitteldeutschland gemeldet, u.a. mit BK Dresden, Makkabi Chemnitz, Leipzig. Der Schild unterhielt eine Mittelrhein-Liga, in der auch kleinere Orte wie Mayen und Dierdorf teilnahmen. Makkabi Trier allerdings verzeichnete Mitte der 1930er Jahre »geringe Spielmöglichkeiten durch periphere Lage« und nahm Beziehungen zum jüdischen Sportklub im Nachbarland Luxemburg auf. 1936 waren im Westen von Neuwied bis Bielefeld jüdische Fußball-Mannschaften aktiv: in der Westfalen-Liga fünf Teams, im Industriebezirk (= Ruhrgebiet) vier, am Mittelrhein sieben; außerdem bestanden dort noch eine B-Klasse mit 2. Mannschaften sowie die Schüler-Liga namens Mittelrhein C.

Der nächste Schritt waren überregionale Meisterschaften, beim Schild bis 1938 noch als Reichsmeisterschaft bezeichnet, bei Makkabi als Fußball-Meisterschaft. Erster Titelträger des RjF wurde die Jüdische Spiel-Gemeinschaft 1933 Berlin, deren Mittelstürmer »Hanne« Reiff hieß, der erwähnte Ex-TeBe-Mann. Makkabis Meister kam ebenfalls aus der Reichshauptstadt, es war der BK-Hakoah Berlin. »Berlin ist unser Fußballmeister!«, wurde triumphierend gemeldet. In den ständig wachsenden Sport-Sparten der Juden machte sich zeitweise regelrecht Euphorie breit.

Infolge der Zwangsmaßnahmen der Nazis konnte sich Makkabi im Oktober 1934 als »größter jüdischer Sportverband Deutschlands« bezeichnen. Bei einer Kreistagung im Logenhaus in der Berliner Kleiststraße wurde festgestellt, die Zahl der Vereine sei seit 1933 von 21 auf 81 gestiegen, die der Mitglieder von 4.000 auf 18.000. Ende 1934 meldete man bereits 136 Vereine mit 21.500 Mitgliedern. Der Sportbund »Schild« des RjF zählte zum selben Zeitpunkt 133 Vereine mit 14.000 Mitgliedern, 1935 waren es 20.000 (die RjF-Mitgliederzahl dagegen hatte sich 1934 von 40.000 auf 30.000 verringert).

Bei Makkabi bestand nun auch ein Sportausschuss Fußball, dem Leo Ringel (Berlin), Löwenbaum (Mannheim) und Rotter (Leipzig) angehörten. Im Stadion von Frankfurt/Main gab es ein weiteres Makkabi-Turnier und den Vergleich Süd – Berlin (3:1 n.V.). Einige Namen der Spieler sind überliefert: Für Berlin verteidigten Sperber und Lewin, der Mittelstürmer hieß Kalb. Mittelläufer des Südens war Walter Hersch, ehemals bekannter Akteur beim FV Würzburg 04, Verteidiger Gigursky hatte Eintracht Frankfurt angehört, der linke Läufer Walter Grünebaum beim DFB-Verein in Niederursel gespielt, Zwickler (Mannheim) war dabei und Mittelstürmer

Bernhard Grünfeld, früher Stuttgarter Kickers. Das Zustandekommen derartiger Begegnungen verlangte viel Eigeninitiative: So war BK Frankfurt zum Spiel in Duisburg, das dann auch noch wegen Nebels beim Stande von 0:0 abgebrochen werden musste, in drei Privatwagen zwölf Stunden unterwegs. 1934 gab es dann sogar eine Auslandsreise eines jüdischen Fußballklubs: Der FC Blau-Weiß Hamburg, dessen Schlachtruf »Schalom hedad!« lautete, unterlag bei Boldklubben Noria Kopenhagen in Dänemark 4:5.

Die Gesellschaftsspiele bei Makkabi wurden auch 1936 wieder veranstaltet: Hamburg meldete den »Aschheim-Pokal« mit »internationaler Beteiligung«, BK-Hakoah Berlin gab zu Pfingsten Gastspiele in Mannheim und Stuttgart, BK Frankfurt trat in Nürnberg an und Breslau bei BK-Hakoah Berlin. Fußball-Meister der Makkabim wurde 1936 und 1937 BK Frankfurt/Main, Vergleiche mit den Schild-Vertretungen aus Mannheim und Frankfurt endeten 7:1 und 5:2.

»Die Aufstellungen werden immer komplizierter«

Seit den »Nürnberger Gesetzen« vom 15.9.1935 sind Juden in Deutschland »Bürger zweiter Klasse«, als Reichsbürger gelten ausschließlich so genannte Arier. Nun zeichnete sich der Niedergang der jüdischen Sportbewegung ab: Immer mehr Menschen emigrieren. Fußball-Westmeister von Makkabi wird Hakoah Essen – allerdings hat Essen nicht in so starkem Maße unter der Abwanderung zu leiden wie die anderen Vereine. Jtus Duisburg meldet »Mitgliederverlust durch starke Abwanderung«. Anfang 1935 bereits berichtet RjF Bad Mergentheim, das in der süddeutschen Kurstadt über keine Trainingsmöglichkeiten verfügt und Gast bei den Jtus-Klubs Aschaffenburg und Langensebold ist: »Mit diesen Spielen nahm der vorzügliche Mergentheimer Mittelstürmer Julius Kahn von seiner Mannschaft Abschied, da er inzwischen nach Amerika ausgewandert ist.« Von Schild Heilbronn heißt es Ende 1936: »Ein 30-Meter-Tor war übrigens die letzte Tat, die Verteidiger Albert Kahn, der jederzeit faire und zuverlässige Sportsmann, vollbrachte, denn in der Zwischenzeit ist er nach Südafrika ausgewandert.« Eine weitere Nachricht aus der Neckarstadt: »In den letzten Wochen hat die hiesige Sportgruppe verschiedene tüchtige Sportkameraden infolge Auswanderung verloren. Die Mannschaftsaufstellungen werden dadurch immer komplizierter. Gegen den Turnclub Karlsruhe sah man Herbert Marx zum letzten Mal den Heilbronner Dress tragen. Ein weiterer schwerer Verlust, denn Marx war zweifellos der technisch reifste Spieler der

Hiesigen« (mit dem 8.5.1938 stellt Heilbronn den Spielbetrieb ein, die verbliebenen Fußballer schließen sich Schild Stuttgart an).

Im Mai 1937 wird von Makkabi Mainz berichtet: »Im Zuge der allgemeinen Entwicklung verließ uns, infolge Auswanderung, ein großer Teil unserer besten und fähigsten Sportler, die wir in erster Linie nach Erez Israel (Palästina) abgaben. Ein ewiges Sorgenkind unseres Sportbetriebs ist infolge dieser Abwanderung die Trainerfrage.« »Durch Weggang vieler Spieler war die Hakoah gezwungen, eine ganze neue Mannschaft zusammenzustellen«, erfährt man im Herbst 1937 aus Stuttgart. Schild Stuttgart verlassen Anfang 1938 der Vorsitzende Julius (Juler) Rothschild, der nach New York emigriert, außerdem der 2.Vorsitzende und der Landessportwart.

Der Makkabi-Verein aus Stuttgart, dessen Vorsitzender Ernst Freudenheim ist, dessen Spielausschuss Samuel Richter (beide erhalten 1937 die Silberne Makkabi-Ehrennadel) vorsteht und der Julius Baumann als Trainer besitzt, meldet: »Die Spiele der letzten Wochen kennzeichnen sich durch Städtekombinationen der örtlichen Makkabi- und Schildvereine. Diese Kombinationen gestatten wieder die Aufstellung einer erstklassigen Mannschaft, nachdem jeder Verein einen Teil seiner besten Leute durch Auswanderung verlor.« In der Not müssen Makkabi und Schild also nun nicht nur regional, sondern auch auf lokaler Ebene zusammenarbeiten. Anfang 1938 erfährt man aus dem Makkabi-Bezirk Westdeutschland: »In den letzten drei Monaten ist eine besonders starke Abwanderung aus den westdeutschen Vereinen zu konstatieren.«

Aufsehen in der jüdischen Presse erregt noch einmal die Reise, die die Fußballer von BK-Hakoah Berlin, verstärkt durch Frankfurter Kicker, vom 10.3. bis 26.4.1937 nach Palästina unternehmen. Viele hundert Menschen haben sich auf dem Anhalter Bahnhof in Berlin versammelt, als die 35-köpfige Delegation mit Leo Ringel abreist und von Verwandten Päckchen für Emigranten in Palästina mitnimmt. Auf der Zwischenstation Karlsruhe empfangen Makkabim und Makkabioth die Fußballer, weitere Glaubensgenossen trifft man in Straßburg, ehe die »Patria« zu ihrer sechstägigen Reise von Marseille ausläuft. Die Berliner tragen gegen Maccabi Tel Aviv, in Petach Tikwah, Nesszionah, Redowoth und Nataniah zahlreiche Spiele aus.

Die jüdischen Sportveranstaltungen unterliegen nach wie vor der Polizeigenehmigung, Auszüge aus einem Erlass der Gestapo Stuttgart zur »Betätigung jüdischer Sportvereine« vom 5.9.1938: »Es ist jedoch darauf zu achten, dass keine störende Häufung jüdischer Veranstaltungen an einem Ort stattfindet oder dass zu große Massen jüdischer Personen öffentlich in

Erscheinung treten (...) Keinesfalls dürfen die deutschen Sportler mit Juden beim Training oder auf sonstige Weise in den gemeinsamen Anlagen in Berührung kommen (...) Veranstaltungen zwischen jüdischen und deutschen Sport treibenden Organisationen finden nicht statt. Das Tragen von jüdischen Sportabzeichen ist unzulässig. Dagegen können auf den Übungsstätten Verbands- oder Vereinsabzeichen getragen werden.«

Ende 1937 meldet Walter Beck, Geschäftsführer des Sportbund Schild, der vor 1933 die Jiu Jitsu-Sparte leitete, die Mitgliederzahl sei mit 21.000 stabil geblieben – trotz massenhafter Emigration. Tatsächlich zeichnet sich Anfang 1938 noch ein reger Spielbetrieb auf regionaler Ebene ab. In Berlin sind 48 Mannschaften aktiv, wobei die Mehrzahl der zionistische Deutsche Makkabikreis stellt, nämlich deren 23, 15 kommen von der Jüdischen Spiel-Gemeinschaft 1933 des Schild (6 Männerteams, 2 Jugendmannschaften, 3 Schülervereine). Für Makkabi treten BK-Hakoah, Hagibor und Jüdischer Sportklub in Berlin an. Es gibt drei Ligen für Männer, zwei für Jugendliche und zwei für Schüler.

Letzte Ausgabe von »Sport im Makkabi«, September 1938.

Im Westen muss man von drei auf zwei Spielklassen reduzieren. Bochum, der oftmalige Westmeister, spielt gemeinsam mit Mönchengladbach, Bonn, Krefeld, Aachen/Düren, Düsseldorf, Neuwied und dem amtierenden Bezirksmeister Köln in der Mittelrhein-Liga, unter der noch eine B-Klasse und eine Schüler-Liga bestehen. Im Bezirk Westfalen bieten Dortmund, Gelsenkirchen, Münster, Minden und Bielefeld Fußballmannschaften auf.

Im Südwesten, wo laut »Die Kraft« »wohl der beste Fußball im jüdischen Sport in Deutschland gespielt wird«, sind die Teilnehmer in die Gruppen Main und Neckar-Rhein aufgeteilt. In der Main-Gruppe treten Frankfurt (mit fünf Mannschaften), Offenbach (2), Aschaffenburg, Hanau, Mainz, Wiesbaden und Worms an. Zur sog. Südgruppe (= Neckar-Rhein) gehören Stuttgart (2), Mannheim (2), Karlsruhe (2), Heidelberg, Heilbronn, Pforzheim und Pirmasens.

Im Bereich Nordwest kommt trotz Interesse in Hamburg (mehrere Vereine), Altona, Hannover, Bremen und Rostock keine Punkterunde zusammen, auch »die eifrige Auricher Sportgruppe« nimmt nicht teil.

»Unter großen Opfern« werden Rundenspiele in Mitteldeutschland organisiert, an denen schließlich Chemnitz, Dresden und eine Kombination Leipzig/Halle teilnehmen. In Oberschlesien, Niederschlesien und Ostpreußen tragen die jüdischen Klubs keine Serienspiele aus, es bleibt bei sog. Gesellschaftsspielen, dies sind Freundschaftsspiele.

Nachdem aufgrund der dort komplizierten Situation die jüdischen Sportvereine Bayerns im November 1937 dem Reichsausschuss Jüdischer Sportverbände beigetreten sind, beteiligen sich auch die dortigen Vereine bei Schild bzw. Makkabi. Im Duell der klassischen Fußball-Hochburgen Frankens hat 1937 Nürnberg gegen Fürth den Titel gewonnen, beim Nachwuchs stellt dagegen Fürth den Meister.

Schild-Fußballobmann Dr. Eichengrün versucht, den Spielbetrieb zu reglementieren und »wilden Wechseln« vorzubeugen. Gefragt sind Namenslisten; wer von den elf gemeldeten Fußballern der Stammelf nicht mindestens ein Spiel für seinen Klub auf Regionalebene absolviert hat, darf an den Schild-Meisterschaftsspielen nicht teilnehmen. Das beugt der möglicherweise vorhandenen Praxis vor, gute Kicker von anderen, ausgeschiedenen Vereinen aufzunehmen. Im übrigen gilt das »Golden Goal«, das damals natürlich nicht so heißt: Wer in der Verlängerung den Siegtreffer erzielt, ist Gewinner. Eichengrün appelliert nochmals, Disziplin auf dem Spielfeld zu wahren, zu problematisch sind die beschriebenen Vorkommnisse gewesen.

»In der Fremde eine neue Heimat«

Die Auswanderung schwächt Makkabi und Schild auf allen Ebenen. Im Zeitraum 1933 bis Ende 1937 sind von den ca. 20.000 Makkabim und Makkabioth 8.462 emigriert, man berichtet von einem »Auflösungsprozess«. 4.227 von ihnen haben Palästina zum Ziel, 2.116 »Übersee«, 1.193 Europa, 926 ein unbekanntes Land. Bis Herbst 1938 verlassen weitere 3.000 Makkabi-Mitglieder das Land. »Zu tausenden haben unsere Sportkameraden und Sportkameradinnen sich in der Fremde eine neue Heimat gesucht«, meldet auch der Sportbund Schild. Beide Organisationen, die sich nun vor allem aus jugendlichen Mitgliedern zusammensetzen, sind organisatorisch erheblich beschädigt und teils in Auflösung begriffen, als die Juden Deutschlands und Österreichs 1938 dem Novemberpogrom mit Morden, Misshandlungen und KZ-Haft ausgesetzt sind.

Inzwischen, so ist es in der jüdischen Presse zu lesen, bestehen Schild-Exklaven im ausländischen Exil. Einer Fußballelf in Cali, Kolumbien, gehören 1937 sechs ehemalige Schild-Fußballer aus Mönchengladbach/Rheydt an. In New York organisiert H. H. Wertheimer, früher Schild Mannheim, eine Mannschaft, die an Ligaspielen teilnimmt. Die jüdischen Emigranten stammen aus Mannheim, sechs sind es an der Zahl, Mainz, Würzburg, Kassel und Dortmund. Heinz Altschul aus Frankfurt/Main lädt in New York ehemalige Schild-Sportler zu einer Wohltätigkeits-Veranstaltung ein, organisiert mit dem Prospect Unity Club und dem German-Jewish Club, 328 Personen sind anwesend. Das gesammelte Geld soll ärmeren Juden von Schild Frankfurt die Ausreise ermöglichen. Außerdem werden bei der Veranstaltung an jugendliche Sportler Stellen und Bürgschaften vermittelt. In Verbindung mit dem German-Jewish Club organisieren frühere Schild-Fußballer eine Mannschaft, acht der Akteure waren früher in Frankfurt aktiv.

»Tag um Tag verlassen Schiffe mit jüdischen Auswanderern europäische Häfen, Tag um Tag trifft irgendwo im Reich die Abmeldung eines Sportkameraden ein, der nun auch seinen Weg in die Welt antritt, seinen Kampf um eine Existenz jenseits der Meere beginnt«, heißt es. Die Sportgruppe Neuwied des Schild veranstaltet für jeden Auswanderer aus ihren Reihen einen Extra-Abschiedsabend. Walter Beck, Geschäftsführer des Sportbund Schild, legt sein Amt zum 30.4.1938 »unter zeitbedingten Umständen« nieder und verlässt Deutschland. Schild Bremen kann zum letzten Rundenspiel gegen die Hamburger Glaubensgenossen nicht mehr antreten. Darmstadts Fußballer schließen sich Frankfurt an, Mainz bildet eine Spielgemeinschaft mit den Wiesbadener Juden. Von Schild Hamburg emigriert die halbe 1. Mannschaft: »Nun vergeht keine Woche, in der die Hamburger nicht eines der Schiffe besteigen, die sie in vielen Jahren aus ihrem Hafen fahren sahen.«

Einen Hinweis auf die Probleme des jüdischen Fußballs, die durch die Bedingungen in Nazi-Deutschland erzwungen wurden, gibt ein Aufruf von Schilds Reichsfußball-Obmann Dr. Paul Eichengrün aus Gelsenkirchen im Herbst 1937: »Die zunehmende Abwanderung von Schiedsrichtern und öfter zu Schiedsrichtern befähigten älteren Spielern hat eine empfindliche Lücke in die Reihe der an und für sich schon geringen Zahl wirklich guter Schiedsrichter gerissen.«

Letzter Fußball-Meister von Schild wird am 26.6.1938 in Köln erstmals ein westdeutscher Klub, die Sportgruppe Bochum. Der Erfolg kommt zustande, obwohl die Mannschaft aus dem Ruhrgebiet über keinen eigenen Platz verfügt und »unter besonders schweren Trainingsbedingungen«

arbeiten muss. In Bochum feiert man den Erfolg mit einem Festakt, bei dem der Vorstand der Jüdischen Gemeinde, der Rabbiner, die Leiter der Sportgruppen sowie Verbands- und Bezirksfunktionäre anwesend sind.

Noch im März 1938 appellieren beide jüdische Sportvereine in Stuttgart, unbedingt am gemeinsamen »Groß-Sporttag« teilzunehmen, sei es nun aktiv oder passiv, denn: »Die Weiterführung des jüdischen Sports ist gefährdet.« Im September desselben Jahres heißt es: »Dauernde Abgänge und finanzielle Gründe zwingen zur Einschränkung des Sportbetriebs.«

Das »Jüdische Gemeindeblatt für die israelitischen Gemeinden in Württemberg« kündigt am 1.11.1938 ein Jugend-Fußballturnier und die Begegnung Hakoah Stuttgart gegen den langjährigen Makkabi-Meister BK Frankfurt an. »Es wird sicherlich das letzte Mal, dass Hakoah eine solche Großveranstaltung aufzieht«, liest man. Das Ergebnis des Spiels hat man nicht mehr erfahren, denn das »Gemeindeblatt« erscheint an diesem 1. November 1938 zum letzten Mal.

Nach dem Novemberpogrom werden außer der Reichsvereinigung der Juden in Deutschland alle jüdischen Organisationen, darunter auch Makkabi und Sportbund Schild, aufgelöst. Die Geheime Staatspolizei (Gestapo) ordnet an, das Vermögen beider Sportverbände auf die Reichsvereinigung mit Sitz in Berlin zu übertragen; später wird es zugunsten des Deutschen Reiches beschlagnahmt. Das Nazi-Blatt »Völkischer Beobachter« spottet am 27.11.1938 in völliger Verkennung der Verhältnisse, »über die lächerliche Rolle von Außenseitern« seien die jüdischen Sportvereine nie hinausgekommen.

Mit diesem Jahr 1938 endet die erfolgreichste und fruchtbarste Zeit des jüdischen Sports in Deutschland.

»Sein Leben für die jüdische Gemeinschaft«

Zahlreiche Aktive und Mitarbeiter der Vereine, die in Deutschland geblieben sind, werden Opfer der Nazis. Einer davon ist Julius Baumann (1898-1942), ein lediger Kaufmann, bekannter Sportler in Stuttgart und ehemals Fußball-Schiedsrichter der Stuttgarter Kickers, »in den schwersten Jahren als Organisator, Turnlehrer und Vorbeter nach Kräften für das Wohl von Leib und Seele der Gemeinde sorgend« (Maria Zelzer). Beim SK Hakoah ist er Fußballtrainer. Baumann hätte mit dem letzten Zug vor Beginn des Zweiten Weltkriegs 1939 nach England emigrieren können, blieb aber in Stuttgart, wo er sich insbesondere um die nach der Auflösung der Verbände heimatlose jüdische Sport-Jugend kümmerte und z.B. ein Planschbecken beim Sportplatz im Feuerbacher Tal geschaffen hatte. Als er über einen Mittelsmann in der Stuttgarter Markthalle Gemüse (das Juden nicht erwerben durften) für die jungen Sportler kaufen ließ, wurde er denunziert. »Mensch Julius, warum hast du das getan? Jetzt muss ich dich verhaften«, sagte der zuständige Gestapo-Mann.

Im KZ Mauthausen in Österreich ist Julius Baumann am 1.10.1942 »auf der Flucht erschossen« worden. Am 23.10.1942 wurde die Urne mit seinen sterblichen Überresten auf dem Pragfriedhof von Stuttgart beigesetzt. Auf dem Grabstein ist zu lesen: »Er gab sein Leben für die jüdische Gemeinschaft«.

Literatur

Angress, Werner T.: Jüdische Jugend im Umbruch nach 1933 - Schule, Freizeit, Beruf. Vortrag im Staatsarchiv Bremen, 16.11.1999.

Bernett, Hajo: Der jüdische Sport im nationalsozialistischen Deutschland 1933-1938. Schorndorf 1978

Dunker, Ulrich: Der Reichsbund jüdischer Frontsoldaten 1919-1938. Düsseldorf 1977

Fiedler, Eric: Makkabi chai Makkabi lebt. Die jüdische Sportbewegung in Deutschland 1898-1998. Wien 1998

Gemeinde-Zeitung für die Israelitischen Gemeinden Württembergs, später Jüdisches Gemeindeblatt für die israelitischen Gemeinden in Württemberg. Stuttgart 1933-1938

Die Kraft. Blatt für Sport und Jugendertüchtigung. Organ des Sportbundes im Reichsverband jüdischer Frontsoldaten (RjF), Beiblatt des »Schild«. Berlin 1933 - 1938.

Der Makkabi. Organ des Deutschen Kreis im »Makkabi«-Weltverband. Berlin 1932 bis 1938

Peiffer, Lorenz: Der Ausschluss jüdischer Athletinnen und Athleten aus der deutschen Turn- und Sportbewegung nach 1933. Vortrag im Staatsarchiv Bremen am 16.11.1999.

Peiffer, Lorenz (geschäftsf. Hrsg.): Jüdischer Sport. In: SportZeit. Sport in Geschichte, Kultur und Gesellschaft. 1 (2001) 2. Göttingen 2001.

Tegelbeckers, W. Ludwig: »Neuordnung« im Zeichen der »Arierparagraphen«. Der jüdische Sport im nationalsozialistischen Deutschland und sein Niederschlag in der Geschichtswissenschaft. Magisterarbeit. Bremen 1997

Zelzer, Maria: Weg und Schicksal der Stuttgarter Juden. Sonderband der Veröffentlichungen des Archivs der Stadt Stuttgart. Stuttgart o.J.

Dank für Informationen an: Laura Gabriel (Teaneck, USA), Institut für die Geschichte der deutschen Juden (Hamburg), Staatsbibliothek Carl von Ossietzky (Hamburg), Institut für Stadtgeschichte Gelsenkirchen, Stadtarchiv Mainz, Andrea Niewerth (Gladbeck), Hessisches Staatsarchiv Marburg, Stadtarchiv Stuttgart, Württembergische Landesbibliothek (Stuttgart)

Die Fußballmeister von Makkabi und Schild

Es bedürfte einer landesweiten bzw. internationalen, sehr umfangreichen Recherche, die im Rahmen dieses Projektes nicht geleistet werden konnte, um exakte Resultate des Fußball-Spielbetriebs von Makkabi und Sportbund Schild beizubringen. Insofern können wir hier nur einige lückenhafte Ergebnisse mitteilen.

Die Deutschen Fußballmeister von Makkabi
1933/34: Bar Kochba-Hakoah Berlin
1934/35: unbekannt
1935/36: Bar Kochba Frankfurt/Main
1936/37: Bar Kochba Frankfurt/Main.
Der Modus war wie folgt festgelegt: 26.4.37 BK-Hakoah Berlin - Nordwest-Vertreter; 26.4., BK Leipzig - Jtus Nürnberg; 3.5. Meister West - BK Frankfurt/Main; 24.5. BK-Hakoah Berlin - BK Breslau; Jtus Nürnberg - BK Frankfurt; 7.6. Endspiel. Resultate sind nicht überliefert.
1937/38: BK-Hakoah Berlin.
Endspiel in Frankfurt/Main: BK Frankfurt - Berlin 0:2, 520 Zuschauer.

Die Reichsmeister* des Sportbundes Schild
1933/34: Jüdische Sport-Gemeinschaft 1933 Berlin
Regionalmeister: Mannheim (Baden), Stuttgart (Württemberg), Breslau (Niederschlesien), Beuthen (Oberschlesien), JSG 33 (Berlin), Frankfurt (Südwest), Bonn (Mittelrhein), Krefeld (Niederrhein), Bochum (Ruhrgebiet); norddeutscher Vertreter nicht bekannt.
Die Spiele: Stuttgart - Mannheim 3:1, Breslau - Beuthen 3:0, Stuttgart - Frankfurt 2:5, Bonn - Krefeld 3:2, Bochum - Bonn 6:2, Halbfinale: Frankfurt - Bochum 1:0, Breslau - Berlin 2:4, Endspiel: 16.9.1934, TSV Schild Frankfurt/Main - Berliner SG 33 2:3 (1:1)
JSG 33 Berlin: Schwarz, Biegeleisen, Schulmann, Fackler, Rosenberg, Hiß, Goldberg, Goldmann, Hans Reiff, Hilkowitz, Straßberger.
TSV Schild Frankfurt: Rothschild, Mayer, Wertheim, Strauß, Bunna, Sommer, Eis, Kaufmann, Seligmann, Bloch, Mauthner.

1934/35: TSV Schild Frankfurt/M.
Regionalmeister: Stuttgart (Württemberg), Leipzig (Sachsen), Bruchsal (Baden), Bonn (Mittelrhein), Gelsenkirchen (Ruhrgebiet), Hamburg (Norddeutschland), Berliner SG 33 (Berlin), Breslau (Niederschlesien).
Die Spiele: Heilbronn - Stuttgart 0:1, Bruchsal - JSG Heidelberg 5:1, Leipzig - Breslau 6:1,
Stuttgart - Bruchsal 2:1, BTH Hannover - Schild Hamburg 1:1 n.V., 0:1, Hamburg - Berlin 1:2,
Halbfinale: Berliner SG 33 - Leipzig 1:3, Frankfurt - Stuttgart 2:2 n.V., Wh. für Frankfurt,
Endspiel: 1.9. in Leipzig, RjF Leipzig - TSV Schild Frankfurt 2:3 Schild Frankfurt/M.

1935/36: TSV Schild Frankfurt/M.
West-Meisterschaft: 1.3.1936 RjF Paderborn - RjF Bochum 2:7; Endspiel 8.3. in Köln: Bochum - Bonn 0:3; Nordwest-Meisterschaft: Schild Bremen - Schild Hamburg 1:2; Südwest-Meisterschaft: RjF Gießen (Meister Hessen-Liga) - Schild Frankfurt (Meister Main-Liga) 1:5;
Schild Stuttgart (Meister Württemberg) besiegt TK 03 Karlsruhe (Meister Baden); Stuttgart - Frankfurt (Titelverteidiger) 1:0 nach zweimaliger Verlängerung; Sachsen: Schild Dresden - Schild Leipzig 1:9; Oberschlesien: Beuthen zum dritten Mal in Folge Meister.

1936/37: Schild Stuttgart
20.6.37 Schild Hamburg - Sportgruppe Bochum 6:2, TK 03 Karlsruhe - TSV Schild Frankfurt 5:1, 4.7. Sportgruppe Breslau - JSG 33 Berlin (die zuvor Leipzig besiegte) 3:1, Hamburg - Schild Stuttgart 2:4. - Endspiel 29.8.1937 in Stuttgart, Schild Stuttgart - Schild Breslau 5:0, Aufstellungen:
Stuttgart: Kurt Vollweiler, Eugen »Bambula« Scheer, Marx, Sommerfeld, Engländer, H. Scheer, Samuel, Joseph, Fritz Dreifuß (2 Tore), Aronson, Otto Wolf (1), der als »der frühere Internationale« bezeichnet wurde. Salo Josef fehlte verletzt.
Breslau: Schüftan, Herschan, B. Rosen, Pick, Heinz Löbchen, R. Rosen, Nothmann, Gallowsky, Krämer, Engel, Friedländer.
Schiedsrichter: Schmulewitz (Leipzig)
Zuschauer: 500, Sportplatz Feuerbacher Tal

1937/38: Schild Bochum
West-Endspiel: Schild Bochum - Dortmund 2:0 (Bochum zum 3.Mal Westmeister, in vier von fünf West-Finale); Bochum - TSV Schild Frankfurt 6:2, Schild Stuttgart - Schild Mannheim 5:0,
JSG 33 Berlin - Schild Breslau 2:1, Schild Stuttgart - JSC Fürth 5:1, Leipzig kommt kampflos gegen JSG 33 Berlin weiter; Halbfinale: Hamburg - Bochum 1:2 n.V., Sportplatz Lokstedt;
12.6. Stuttgart - Leipzig 4:1, Sportplatz Feuerbacher Tal
Endspiel 26.6.1938, Sportplatz am Fort Deckstein, Köln, Schild Bochum - Schild Stuttgart 4:1.
Bochum: Löwenberg, Gottschalk (Spielführer), Weinberg, Levi, Erich Meyer, Isaak, Alexander, Kohn, Ruthmann, Graf, Herz; Ersatzspieler: Scheyer, Sportleiter Dr. Goldschmidt.

Schild gegen Makkabi
Der erste überregionale Vergleich zwischen, wenn man so will, Verbands-Auswahlen fand am 23.1.1938 zugunsten der Jüdischen Winterhilfe in Berlin statt. »Selten wurde das Ergebnis eines sportlichen Kampfes mit solcher Spannung erwartet. Wo man in Berlin einen jüdischen Sportler trifft, kommt er auf dieses Spiel zu sprechen« – so Paul Yogi Mayer in der Schild-Zeitschrift »Die Kraft«. Die Makkabim setzen ausschließlich auf Berliner Akteure, der RjF schickte eine Südwest-Auswahl. An einem trüben Januarmorgen kamen 2.000 Zuschauer in den Grunewald, den Fußball-Vergleich (2:1) wie den im Handball gewann Makkabi. Die Aufstellungen der Fußballteams:

Makkabi: Nathan (Hagibor), Deutsch (JSK), Singermann (Hag.), Scharf (Hakoah), Kainz (Hag.), Kaufmann, Gerson (beide JSK), Ende, Langsam (beide Hak.), Hecht (JSK), Ringel (Hak.)
Schild: Kurt Vollweiler I (Frankfurt), Eugen Scheer (Stuttgart), Kaufmann (TK 03 Karlsruhe), Eckstein (F), Markiewitz (KA), H. Scheer, Fritz Dreifuß (beide S), Eis (F), Ransenberg (KA), Goldschmidt (JSV Offenbach), F. Vollweiler (S),

Zugunsten der jüdischen Jugendhilfe fand ein weiterer Vergleich Makkabi - Schild (1:1 n.V.) im Juli 1938 vor 2.000 Besuchern in Berlin statt. Bekannt ist lediglich die Aufstellung der Schild-Auswahl.
Sportbund Schild: Kurt Vollweiler I, Eugen Scheer (beide Stuttgart), Gottschalk (Bochum), Hutterer (Leipzig), Levy, Isaak (beide Bo), Samuel (S), Cohn, Ruthmann, Alexander (alle Bo), Klaber (Frankfurt).

* Im Februar 1938 beschloss der Sportbund Schild, den Fußball-Titelkampf nicht mehr als Reichsmeisterschaften, sondern als Schild-Meisterschaften zu bezeichnen

Zusammenstellung: Werner Skrentny

Sport im RjF (Reichsbund jüdischer Frontsoldaten)

Ende 1933 meldete der RjF für seinen Sportbund Schild 81 Sportgruppen und versah diese Mitteilung mit einem Ausrufezeichen. »Wir veröffentlichen nachstehend die Anschriften unserer 81 Sportgruppen, um den Kameraden ihre organisatorische Arbeit zu erleichtern«, hieß es. Die Auflistung in der Zeitschrift »Die Kraft« umfasste folgende Vereine:

Aachen: Julius Rose, Vereinsstr. 19
Andernach: Bruno Lambert, Wilhelmstr. 5
Aschaffenburg: Bernhard Rheinstein, Elisenstr. 5
Berlin: Jiu-Jitsu-Gruppe des RjF; Berliner Sportgemeinschaft im RjF (offiziell als BSG 33 bezeichnet); Tennisclub Grunewald 1933 im RjF;
Berliner Ruder-Club »Helvetia«; RjF, W 15, Kurfürstendamm 200
Beuthen: Siegfried Berg, Schließfach 300
Bochum: Alfred Lekownja
Bonn: Lehrer Siegfried Winterberg, Hundsgasse 18
Boppard: Max Juda, Oberstr. 15
Borken, Bez. Kassel: Leopold Lehrberger
Breslau: Dr. Karl Fried, Scharnhorststr. 19
Bruchsal: Fritz Bär, Schwimmbadstr. 15
Burgsteinfurt: Karl Steinmann, Hindenburgplatz 13
Castellaun: Leo Schwarz
Chemnitz: Gustav Glaser, Siegmar b. Chemnitz, Hoferstr. 51

Darmstadt: Moritz Wieseneck, Alicenstr. 2
Dierdorf, Bez. Koblenz: Alfred Bera
Dresden: Patentanwalt Braun, Viktoriastr. 15
Duisburg: Dr. Wilhelm Kauffmann II, Königstr. 38
Düren: Josef Gordon, Alte Jülicher Str. 27
Emden: Leopold Cohen, Kloster Harsweg b. Emden
Emmerich: Josef Franken, Mennonitenstr. 7
Eschwege: Fritz Cohen, Humboldtstr. 4
Euskirchen: Alex Schwarz, Baumstr. 14
Felsberg: Hans Bodenheimer
Frankfurt a. M.: RjF (Werner Simon), Stiftsstr. 39
Frankfurt a. O.: J. Rosenbaum, Richtstr. 57
Friedberg: Jacob Deutsch
Fürth: Alex Ichenhäuser, Bickerstr. 1
Gebern: Julius Blumenthal i. Fa. Heß Nachf.
Geilenkirchen: Max Baum, Bauchem bei Geilenkirchen
Gelsenkirchen: Dr. Eichengrün, Neustr. 7
Gladbach-Rheydt: Gustav Hirsch, Sittartstr. 51
Glogow: Dr. Lindemann, Am Kriegerdenkmal 4
Göttingen: Ist Nußbaum, Papendiek 29
Görlitz: Reinhardt Fränkel, Helmuth-Brückner-str. 15
Grünberg: Dr. Felix Metis, Bahnhofstr. 15
Halle a. S.: Dr. Julius Fackenheim, Große Steinstr. 12
Hamburg: Geschäftsstelle »Schild«, Jungfernstieg 24
Hanau: Josef Strauß, Marktstr. 30
Hannover: Walter Elsbach, Hohenzollernstr. 48
Heilbronn: Dir. Kirchheimer, Friedenstr. 20
Kleve: Sportgruppe, Große Str. 25
Koblenz: Albert Wassermann, Nizzerstr.
Köln: Ludwig Marx, Breite Str. 92
Königsberg: Heinz Falkenstein, Hoffmannstr. 11
Krefeld: Siegfried Ullmann, Malmedystr. 12
Landsberg a. d. W.: Hermann Stern, Küstriner Str. 24
Laupheim: Edwin Bergmann, Querstr. 1
Linnich: Ludwig Levens
Magdeburg: Erich Herzberg, Annastr. 46
Mainz: Ferdinand Metzger, Adolf-Hitler-Platz 8
Marburg: Heinz Adler, Elisabethstr. 15
Marienwerder: Max Rosenberg, Erich-Koch-str. 2
Meiningen: Jul. Grünstein, Schloßplatz 9
Mergentheim: Lehrer Hanauer, Edelfingen b. Mergentheim
Münster: Fritz Windmüller, Klosterstr. 91
Neiße: Erich Tschauer, Viktoriastr. 7
Neustettin: Julian Wolff, Bismarckstr. 69
Neuwied: Max Stern, Mittelstr. 34
Nürnberg: Dr. Landenberger, Karolinenstr. 28

Oppeln: Walter Kassel, Sedanstr. 28
Pforzheim: Max Lieben, Westliche Karl-Friedrich-str. 35
Pirmasens: Ernst Bär, Buxweiler Str. 28
Ratibor: Georg Stroheim, Schließfach 147
Rheine i. W.: W. Rosenthal, Poststr. 17
Schneidemühl: Kurt Olschowski, Königstr. 77
Soest Westf.: Paul Riechheimer, Bad Sassendorf i. W.
Sprendlingen: Albert Pappenheimer, Hauptstr. 1
Stargard: Paul Camnitzer, Große Mühlenstr. 14
Stuttgart: Hugo Löwenthal, Werastr. 24
Twistringen b. Bremen: Otto Joseph, Langenstr. 11
Wiesbaden: L. Lilienthal, Querfeldstr. 5
Witten Ruhr: Dr. Böheimer, Nordstr.
Worms: Alfred Koßmann, Gewerbeschulstr. 15
Wuppertal-Barmen: P. Ollendorf, Bleicherstr. 8
Würzburg: Max Wolff, Siebaldstr. 5
Ulm: Alfred Adler, Horst-Wessel-Str. 20

Die Anschriften der Landessportleiter:
Ost-/Westpreußen: Dr. Willy Wolffheim, Königsberg, Goltzallee 8
Bayern: siehe Fürth
Kurhessen-Waldeck: Meier Nußbaum, Kassel, Hohentorstr. 4
Mitteldeutschland: Dr. Alfred Jacoby, Leipzig C 1, Markt 8, Treppe A
Niedersachsen: Walter Fürst (vorl.), Hannover, Escherstr. 25
Nordwestdeutschland: Julian Lehmann, Hamburg 37, Hansastr. 57
Schlesien: Richard Brinnitzer, Reuschestr. 16/17
Südwestdeutschland: Dr. Felix Kauffmann, Frankfurt a. M., Stiftsstr. 39
Westdeutschland: Erich Bendix, Köln, Brüsseler Str. 89
Württemberg: Hugo Nathan, Stuttgart, Alexanderstr. 4
Oberschlesien: Dr. Erwin Fränkel, Beuthen, Klosterstr. 2

Zusammenstellung: Werner Skrentny

Anschriften der Vereine des Deutschen Makkabikreise

Berlin	JTSC Bar Kochba Hakoah	Meinekestr. 10
"	J.B.C. Maccabi	NW, Jagowstr. 5
"	J.S.C. Hagibor	Oscar Friedenstein, N 55, Christburgerstr. 41
"	J.R.C. IVRIA	Kurt Sochaczewer, NW 21, Oldenburger Str. 6
"	Tennisclub Bar Kochba	Dr. Alfred Rabau, Charl., Niebuhrstr. 62
Beuthen	JTSV Hakoah	Artur Levinson, Donnersmarktstr. 15
Brakel	Makkabi Hazair	Werner Rothenberg, Brakel, Krs. Höxter i. W.
Brandenburg/Havel	Makkabi Hazair	Bernhard Schelasnitzki, Steinstr. 47 b. Rudels
Bremen	JTSV Bar Kochba	Felix Scheiniak, Ritter Raschenstr. 3
Breslau	JTSV Bar Kochba e.V.	Fritz Friedländer, Schmiedebrücke 43
Chemnitz	Makkabi	Leopold Asrican, Hübschmannstr. 26
Cottbus	Makkabi	Günther Stoppelmann, Lessingstr. 6
Dortmund	Hakoah	A. Feilmann, Weißenburger Str. 9
Dresden	DSV Bar Kochba	Josef Rittberg, Am See 7
Duisburg	Itus	Erwin Stiefel, Weinhausmarkt 13
Düsseldorf	T.S.C. Makkabi	Josef Eltzbacher, Kurfürstenstr. 59
Essen	T.S.C. Hakoah	Friedrich Löwenstein, Wörthstr. 2
Elbing	Makkabi Hazair	Gerda Berlowitz, Schmiedestr. 11
Frankfurt a. Main	SV. Bar Kochba e. V.	Wilhelm Katz, Elkenbachstr. 9
Fulda	JTSV Bar Kochba	Max Strauß, Johannesstr. 4
Gelsenkirchen	Makkabi	H. Ullendorf, Hindenburgstr. 33
Geiwitz O./S.	JTSV Bar Kochba	Alfred Wolff, Bahnhofstr. 4
Glogau	JTSC Bar Kochba	Klaus Ernst Galinski, Hohenzollernstr. 10 b.Blumenthal
Groß-Strehlitz O.S.	Bar Kochba	Dr. Norbert Alexander, Alter Ring 26
Hagen/W.	Makkabi	Simon Janowski, Mittelstr. 3
Halle	JTSV Bar Kochba	R. A. Nemann, Standestr. 5
Hamburg	JTSV Bar Kochba e.V.	Johnsallee 54
"	F.C. Blau-Weiß	Max Krug, 32, Wagnerstr. 20
Hannover	JTSV Bar Kochba e.V.	Willy Londner, Nordfelderreihe 3
Heilbronn a. N.	T.T.C. Blau-Weiß	Sigmund Stobezki, Kramstr. 18
Hindenburg O.S.	Bar Kochba	Fritz Schiftan, Postfach
Hochneukirch/Rhld.	Makkabi	Richard Falkenstein, Hindenburgstr. 86
Jülich/Rhld.	S. C. Hakoah	Hans Voß, Römerstr. 8
Kassel	TSV Bar Kochba	Dr. R. Lewin, Hohenzollernstr. 23
Köln	S.C. Hakoah	Carl Cahn, Gabelsbergerstr. 47
Königsberg Pr.	JTSV Bar Kochba	Friedel Rubinstein, Viktoriastr. 10
Kreuzberg O.S.	Hakoah	Alfred Teichner, Nachodplatz
Lauenburg Pom.	Makkabi Hazair	Walter Wolffberg, Stolperstr. 9—10
Leipzig	JSV Bar Kochba e. V.	Siegmund Lehrfreund, Brühl 32—40
Mannheim	JTSV Bar Kochba	Arthur Loewenbaum, Collini Str. 8
Mörs	T.S.V. Makkabi	Max Steinmann, Niederstr. 2
München	Jüd. Turn- u. Sportverein	Günther Nothmann, Zweigstr. 7/1
München-Gladbach	S.C. Maccabi	Alfred Alexander, Gasthausstr. 10a
Nürnberg	Jüd. Turn- u. Sportverein	Paul Baruch, Innere Laufergasse 35
Oberhausen	JTSV Hakoah	Sally Sonnenreich b. Eckstein, Königstr. 60
Recklinghausen	Jüd. Sportverein	Weißbraun, Görresstr. 20
Schneidemühl	T.S.V. Bar Kochba	Berthold Johr, Alte Bahnhofstr. 48
Stadtoldendorf	Bar Kochba	Theodor Lichtenstein, Teichtorstr. 14
Stettin	JTSV Bar Kochba	Klosterhof 3
Stolp-Schlawe Pomm.	Makkabi Hazair	Helmuth Neumann, Hitlerstr. 17
Stuttgart	Hakoah	Arthur Rimpel, Ernst-Weinstein-Str. 5
Wiesbaden	Hakoah	Jakob Licht, Michelsberg 26.
Wuppertal-Elberfeld	Hakoah	Dr. Heinrich Dreyfuß, Königstr. 114

In der Zeitschrift »Makkabi« abgedruckt: Die Makkabi-Vereine 1933.

Maccabiah, die »jüdischen Olympischen Spiele«

Ursprünglich als »jüdische Olympiade« bezeichnet (wobei die Bezeichnung Olympiade den Zeitraum zwischen den Olympischen Spielen meint), ist die Maccabiah zur bedeutendsten jüdischen Sportveranstaltung geworden. Erstmals 1932 in Palästina veranstaltet, erwartete man für das Fußballturnier Vertretungen von Polen, England, Australien, Belgien, Österreich, USA und Palästina, doch kam es letztlich nur zu einem Spiel Palästina - Polen, das 2:2 endete. Eine deutsche Kicker-Vertretung von Makkabi hätte zu dem Zeitpunkt nicht das Format gehabt, um teilzunehmen.

Anders war es bei der II. Maccabiah, die vom 2. bis 8. April 1935 in Palästina stattfand. Der deutsche Makkabikreis konnte inzwischen aufgrund des Ausschlusses aus dem DFB und des Verbots des Arbeitersports auf ein größeres Kontingent von Spielern zurückgreifen. Bar Kochba Leipzig war Ende 1934 Gastgeber von Auswahlspielen, in denen das endgültige Aufgebot für die Reise nach Jaffa ermittelt wurde. Der Kader lautete folgendermaßen:

Tor: Ball (Breslau), Obstfeld (Mannheim), Schaul (BK-Hakoah Berlin);
Verteidiger: Sperber, Singermann (beide Berlin), Raffe (BK Leipzig), Cohn (Mannheim), Schwarz (Verein unbekannt);
Läufer: Neumann, Weiss/Weiß, Bogner (alle Berlin), Walter Hersch (Würzburg), Grünbaum (BK Frankfurt/M.), Sieradzki, Ziesinsyi (Leipzig);
Sturm: Attermaen, Kleinmann (beide Jtus Duisburg), Sattler (Berlin), Falik (Dresden), Bernhard Grünfeld (Hakoah Stuttgart), Zwickler/Zwicker (Mannheim), Weinstock (Leipzig).

Delegationsleiter der Makkabi-Fußballer war Hans Ringel aus Berlin vom Sportausschuss Fußball.

Gerade eingetroffen – trainiert hatte man während der Überfahrt an Deck der Schiffe –, musste die deutsche Auswahl am Eröffnungstag, dem 2. April 1935, um acht Uhr früh in Tel Aviv gegen England antreten, das Litauen zuvor 0:1 unterlegen war. Die Vertretung des deutschen Makkabikreises gewann trotz Akklimatisierungs-Schwierigkeiten 2:1. Bereits am darauf folgenden Tag spielte man wiederum im »W-System« (1-2-3-5) gegen Rumänien in Petach-Tikwah und gewann 4:1. Gegen Polen traten die Deutschen mit einer ersatzgeschwächten Mannschaft an, lagen zur Pause 0:2 hinten und verloren schließlich 2:3; der Schiedsrichter pfiff sieben Minuten zu früh ab. Erez Israel, die jüdische Vertretung aus Palästina, wurde vom früheren Wiener Hakoah- und US-Profi Erwin Pollack betreut und hatte einige Berufspieler aus Österreichs Hauptstadt in ihren Reihen. Die Deutschen stellten um, nahmen Mittelläufer Walter Hersch in die Offensive (er hatte früher bei Würzburg 04 in der ersten süddeutschen Liga Mittelstürmer gespielt) und gewannen 4:2. In Jerusalem gab es schließlich ein 2:1 gegen Litauen.

Maccabiah-Sieger allerdings wurde man nicht, denn das Turnier war miserabel organisiert: Die entscheidende Partie zwischen Polen und Rumänien war für einen Zeitpunkt angesetzt, als die Polen Palästina bereits wieder verlassen hatten. Die Partie ging kampflos an Rumänien, das dank des besseren Torverhältnisses gegenüber Deutschland gewann.

Eröffnung Maccabiah 1935 in Tel Aviv. Die deutschen Teilnehmer marschierten bei der Zeremonie ohne deutsche Fahne auf.

Foto: Maccabi Sportmuseum Ramat Gan / Israel

Zweiter in der Gesamtwertung der Maccabiah war Deutschland mit 374 Punkten, Österreich erreichte 399,5, es folgte unter 21 teilnehmenden Ländern Erez Israel als Dritter mit 359,5 Punkten.

Was der Stuttgarter Mittelstürmer Bernhard Grünfeld von der Maccabiah berichtete, dürfte auch für die anderen Teilnehmer gegolten haben: »Es war ein unvergängliches Erlebnis: Durfte ich doch unter Tausenden von jüdischen Sportlern aus allen Ländern der Erde kämpfen – und gleichzeitig Erez Israel, das Land der Arbeit und der Gemeinschaft kennen lernen.«

Hinsichtlich der Teilnahme an der III. Maccabiah 1938 in Palästina gab es unterschiedliche Ansichten. »Unser Leistungsstandard seit der II. Maccabiah ist unzweifelhaft sehr gesunken«, verlautete es von offizieller Stelle. Insbesondere die Leichtathletik hatte viele Abgänge zu beklagen. In der Fußballsparte von Makkabi Deutschland sah man die Dinge optimistischer: Man könne »eine durchaus brauchbare, ja vielleicht eine stärkere Mannschaft als zur vorigen Maccabiah stellen. Besonders in den hinteren Reihen besitzen wir immer noch Spieler mit Ligaformat.«

Am 1.8.1937 veranstaltete man in Berlin wiederum so genannte Auswahlspiele, um die Mannschaft für die Maccabiah zu ermitteln. Ein Makkabi-Team ohne Berliner traf auf Hasmonea-Makkabi Wien und spielte gegen eine Kombination JSK Berlin/Hagibor Berlin.

Das Aufgebot lautete diesmal:
Tor: Fries (BK Frankfurt);
Verteidiger: Gigursky, Rosenbusch (beide Frankfurt), Sperber (BK-Hakoah Berlin), Cohn, Bar (BK Mannheim);
Läufer: Walter Grünebaum, Walter Hersch (beide Frankfurt), Ziesinsky (BK Leipzig), Scharf (BK-H Berlin), Kaufmann (Hagibor Berlin), Deutsch (JSK Berlin);
Stürmer: Gerson, Hecht (beide JSK Berlin), Kleinmann (Makkabi Düsseldorf), May (Frankfurt), Kleinmann (Nürnberg), Hilkowitz (BK-H Berlin).

Diese Mannschaftsformation belegt, wie sehr sich in nur zwei Jahren die Situation der Makkabi-Fußballer aus Deutschland verändert hatte: Aus dem Aufgebot von 1935 waren lediglich noch Sperber, Cohn, Hersch, Grünebaum, Ziesinsky und Kleinmann (von Duisburg nach Düsseldorf gewechselt) dabei, also sechs von 22 Spielern. Das beweist, wie viele Spieler inzwischen ins Ausland geflüchtet waren; der Stuttgarter Mittelstürmer Bernhard Grünfeld z.B. wanderte im Sommer 1937 mit seiner Mutter nach Südamerika aus.

Die III. Maccabiah aber kam 1938 nicht zustande: Die Briten fürchteten, zu viele der Sportler würden die Gelegenheit nutzen, um in Israel zu bleiben. So war 1935 das komplette bulgarische Aufgebot nicht mehr ins Heimatland zurückgereist.

Werner Skrentny

Hapoel Bayreuth gegen Makabi Münchberg – die Ligen der »Displaced Persons«

Dies waren Ligen, deren Tabellen in keinem Almanach enthalten sind. Keine deutschsprachige Zeitung hat jemals von ihren Ergebnissen berichtet. Und doch haben sie hierzulande gespielt, Hapoel Bayreuth gegen Makabi Münchberg, der SC »Chasmonai« in Zeilsheim bei Frankfurt und Ichud in Landsberg am Lech.

An all diesen und weiteren Orten bestanden Lager für jüdische Displaced Persons – Entwurzelte, die nach Ende des Zweiten Weltkriegs im Land der Täter geblieben oder dorthin gekommen waren. 250.000 betrug ihre Zahl im Jahr 1946, doch meinte der Begriff Displaced Persons (DPs) in Deutschland eine weitaus größere Gruppe: Kriegsgefangene, Zwangsarbeiter, Flüchtlinge vor allem aus Osteuropa, deren Zahl sich bei Kriegsende 1945 in den späteren drei Westzonen auf 6,5 bis 7 Millionen belief.

Jüdische und nichtjüdische DPs in gemeinsamen Lagern unterzubringen, wie anfangs geschehen, erwies sich als unmöglich: Unter den Nicht-Juden konnten jene sein, die in Weißrussland, in der Ukraine und im Baltikum mit den Nazis kooperiert hatten – SS-Männer, sog. Hiwis, Polizisten, KZ-Kapos etc. Ein Fußball-Vergleich beispielsweise zwischen polnischen Juden und Nicht-Juden aus demselben Land endete in einer Messerstecherei, als die Juden das Spiel gewannen.

So entstanden DP-Lager, in denen ausschließlich Menschen jüdischen Glaubens lebten, vor allem sog. Ostjuden. Es waren die Überlebenden der Konzentrationslager, Zwangsarbeiter, frühere Partisanen, sog. »U-Boote«, die während der Nazi-Besatzung untergetaucht waren. Ihre Heimatorte waren zerstört, die jüdischen Gemeinden zu Hause bestanden nicht mehr. Enormen Zuwachs erhielt diese Gruppe ab dem Frühjahr 1946 durch etwa 150.000 polnische Juden. Sie waren aus der Sowjetunion zurück in ihr Heimatland geschickt worden, wo sie eine Reihe grausamer Massaker durch die Bevölkerung erleben mussten (so wurden in Kielce beim Pogrom 1946 42 Juden ermordet), was zu einer Massenflucht nach Deutschland führte.

Die Lager für die jüdischen DPs entstanden vor allem in der US-Besatzungszone in Wohnblocks wie im Stuttgarter Westen, in einer Werksarbeiter-Siedlung der Farbwerke Hoechst in Zeilsheim bei Frankfurt oder in einer ehemaligen Genossenschafts-Siedlung wie dem Finkenschlag in Fürth. Von der Bewohnerzahl her waren es kleine Gemeinden: Im südhessischen Lampertheim etwa lebten über 1.000 Menschen, in Zeilsheim waren es Mitte 1946 3.300, in Hof wohnten 1.500 in den alten Wehrmachts-Baracken, und die frühere Hermann-Göring-Siedlung im mittelfränkischen Windsheim war mit fast 3.000 Heimatlosen besetzt. Dort existierten sogar zwei jüdische Sportvereine, Makabi und Hapoel. Feldafing bei München, wo in einem ehemaligen Sommerlager der Hitler-Jugend das erste DP-Lager gegründet wurde, in dem ausschließlich Menschen jüdischen Glaubens lebten, zählte 1946 4.000 Einwohner.

»Fußball ohne Unterbrechung«

Abseits der deutschen Bevölkerung – dass in dieser nach wie vor eine antisemitische Stimmung herrschte, ist nicht Thema dieses Beitrags – entwickelten diese DP-Lager unter der Regie des 1943 von 54 Staaten gegründeten Flüchtlingshilfswerks der Vereinten Nationen, der United Nations Relief and Rehabilitation Administration (UNRRA), ein Eigenleben. Verbunden durch die jiddische Sprache, die die Juden im Mittelalter bei ihrer Flucht vor den Pogromen in Deutschland mit nach Osteuropa genommen hatten, das orthodoxe Judentum und die Herkunftsländer, bildete man »Shtetl« (die »Anatevka«-Romantisiererei ist hier nicht gemeint) in einem weitgehend feindlichen Umfeld. Man besaß eine Lagerverwaltung, Lagerpolizei, eine oder mehrere Synagogen, teils sogar koschere Küche und rituelle Bäder (Mikve), Schulen, auch religiöser Art wie »Talmud Torah«, Kultureinrichtungen, Theater – und eben auch Sportvereine. Der Tag für die Heimatlosen, die in Deutschland keiner Arbeit nachgingen, sich im Hinblick auf die Auswanderung nach Erez Israel, nach Palästina, beruflich bildeten oder die landwirtschaftliche Arbeit lernten, war lang. So blieb genügend Zeit für Sport, wobei Fußball, Boxen und Volleyball sich besonderer Beliebtheit erfreuten. »Fußball und Volleyball (Anm. d. V.: in Jiddisch Wolibol) wurden in einigen Camps fast ohne Unterbrechung gespielt«, berichtet Mark

Wyman. Nach Verfolgung und Unterdrückung sollte der Sport eine neue jüdische Identität befördern: »Wir wollen durch Sport die Seele zu neuer physischer und moralischer Kraft entwickeln«, hieß es im November 1945 in einem »Aufruf an die jüdische Jugend« zwecks Gründung des Jüdischen Gymnastik-Sport-Clubs Makkabi in Föhrenwald. »Wir, der Rest des europäischen Judentums, wollen aktiv an der Gründung der jüdischen Selbstständigkeit mitarbeiten und müssen trachten, unserem Volk gesunde und starke Menschen zu schaffen.« Initiator war Maximilian Landau, bis 1939 Leiter von Makkabi Warschau.

Nachdem die DPs als ein Teil deutscher Geschichte lange Zeit überhaupt nicht beachtet worden sind, gibt es seit den 1990er Jahren eine Reihe von historischen Arbeiten, die sich in jüngerer Zeit insbesondere auch mit den Lagern aus regionaler und lokaler Sicht beschäftigen. Da die DPs bislang in der deutschen Fußballgeschichte überhaupt nicht vorkommen, ist es sehr verdienstvoll, dass Autoren wie Eric Friedler, Jim G. Tobias, Angelika Eder und Dieter E. Kesper in ihren Veröffentlichungen auch ein besonderes Augenmerk auf diese Sportart hatten.

Die »Scheerit HaPlejta«, der »Rest der Geretteten« (ein hebräischer Begriff, der auf der Bibel basiert), hatten sich vorübergehend vor allem in Bayern, Nordwürttemberg und Hessen niedergelassen. Teil des »Zentralkomitees der befreiten Juden in Bayern«, dem sich 1946 auch die jüdischen DP-Lager von Hessen und Württemberg-Baden anschlossen, war auch ein Sportressort. Dieses hieß »Center far Fiziszer Dercijung bajm C.K. un Farb. fun Jüdische Turn- un Sport-Farejnen (in der US-Zone)« – »Zentrum für physische Erziehung beim Central Komitee und Verband von jüdischen Turn- und Sportvereinen«. Anfangs gab es Fußball-Freundschaftsspiele zwischen den Lagermannschaften, so im März 1946 vor 3.000 Zuschauern im Stadion Bamberg, wohin man die Anhänger »in vollbesetzten Autobussen« gebracht hatte. Nach der US-Nationalhymne und dem Lied »Hatikwa« (»Hoffnung«, heute Nationalhymne von Israel) sprach der Chawer (= Genosse, Kamerad) Lutinger von Makabi Bamberg und bedankte sich bei der UNRRA für die Organisation. Gast Ichud Landsberg gewann gegen Makabi Bamberg 9:0 – »Der gerangl gejt die gance cajt for die tojrn fun Makabi« (»das Geschehen spielte sich die ganze Zeit vor dem Tor von Makabi ab«), berichtete die Zeitung »Undzer Wort«.

Noch suchten unter der Überschrift »Achtung Jidisze sportler!« die Fußballer aus dem Kinderlager Ansbach-Strüth Gegner (»Der sport-Klub Hapoel bet ale Jidisze sport-Klubn zich cu farbinden mit im« / »Der

Sport-Klub Hapoel bittet alle jüdischen Sport-Klubs, sich mit ihm in Verbindung zu setzen«), doch bald bildete sich ein Ligasystem heraus. Zieht man Zeitumstände und Reisewege in Betracht und vergleicht es z.b. mit der ersten Oberliga-Süd-Saison 1945/46, so war dies alles ohne Unterstützung der US-Army nicht möglich. Leider kam es, so wie in der Oberliga Süd auch, zu Verkehrsunfällen: Bei der Rückreise von einem Auswärtsspiel auf einem Lastwagen verunglückten 1947 die Anhänger der Elf des DP-Lagers Ainring bei Bad Reichenhall in Oberbayern. Acht bis zehn Menschen, die die Nazizeit überlebt hatten, kamen um, darunter Fußball-Fan Laibel Aizenberg.

Dorem-Lige und Cofn-Lige

Jedenfalls bestand in der US-Besatzungszone eine 1. Liga jüdischer DPs, die sich in zwei Staffeln aufteilte: Die Dorem-Lige mit Oberbayern, Niederbayern und der Oberpfalz (Dorem: hebräisch für Süd) und die Cofn-Lige (Nord-Liga mit Schwaben, Franken, Hessen). Darunter existierte zumindest, wie Jim G. Tobias nachgewiesen hat, eine regionale 2. Liga für den »Rayon Franken« (die französische Bezeichnung Rayon für Bezirk wurde ins Jiddische übernommen). Diese DP-Fußballliga Franken begann im September 1946 ihren Spielbetrieb in zwei Gruppen: Dem »Rayon Fürth« gehörten der Jüdische SV Makabi Fürth, Makabi Bamberg, Windsheim, Kadima Schwabach, Hapoel Ansbach-Strüth (das Kinderlager) an, dem »Rayon Hof« die Lager-Vertretungen von Münchberg, Hof, Marktredwitz, Bayreuth und Selb. Offensichtlich hat man zwischen beiden Gruppen in der Endrunde ein System Erster Gruppe I gegen Zweiter Gruppe II angewandt, denn das Endspiel um den Aufstieg in die 1. süddeutsche Liga bestritten am 28.11.1946 Makabi Windsheim und Hakoach Hof. Das Spielfazit in Jiddisch: »Noch a sztarkn Kamf iz Hakoach Hof, a dank zajn techniszer un disciplinirter szpil arojs als ziger mitn rezltat 3:1« (»Nach starkem Kampf ist Hakoah Hof, auch dank seiner technischen und disziplinierten Spielweise, als 3:1-Sieger hervorgegangen«).

Eine weitere regionale Liga bestand 1947/48 im Bereich Oberbayern/Niederbayern/Oberpfalz, die Rangfolge sah wie folgt aus: 1. Landsberg am Lech, 2. Feldafing, 3. Leipheim, 4. Föhrenwald (größtes DP-Lager der US-Zone, 5.000 Bewohner), 5. München, 6. Regensburg, 7. Neu-Freimann, 8. Bad Reichenhall, 9. Gabersee, 10. Pocking, 11. Eggenfelden, 12. Weilheim. Für den Herbst 1946 ist eine Spielklasse im »Frankfurter Kreis« nachgewiesen, in

Aus dem Displaced-Persons-Lager in Landsberg am Lech kam dieses Fußballteam mit dem Davidstern auf der Brust.

A fraindszaftsmecz

Was auf den ersten Blick wie eine ganz fremde Sprache klingen mag, ist so schwer nicht zu verstehen. Alle DP-Lagerzeitschriften waren in Hebräisch oder Jiddisch abgefasst – Letzteres die Sprache, die jüdische Emigranten nach den Pogromen im Rheinland nach Osteuropa mitgebracht hatten. Heute ist sie u.a. noch in Vierteln wie Mea Shearim in Jerusalem oder bei den orthodoxen Juden in Brooklyn, New York, zu hören. Lesen Sie laut oder leise mit, was die Lagerzeitschrift »Undzer Hofenung« am 11.7.1946 in der Rubrik »Fun Sport-leben« vom Spiel der Lager-Fußballmannschaften Eschwege gegen Lampertheim berichtete – Sie werden das meiste verstehen:

»Hakochaw« Eszwege – »Makkabi« Lamperthejm 3:1 (1:1)
Ojf ainladung fun dem Lamperthejmer Sportklub »Makabi« iz undzer sport-klub »Hakochaw« geform szpiln cu zej a frajndszaftsmecz. Die farmestung* iz gewen an interesante un adank der intensiwer szpil fun undzere chawejrim**, hot »Hakochaw« gewunen mit a rezultat fun 3:1. Nor nit dos iz dos wichtikste. Der mecz iz gewena frajutszaffts-mecz un s'iz farsztendlich as s'iz nit kajn grojser problem wer es iz der gewiner, chocz es iz faran di ambicje ba jede manszaft cu zajn der ziger.«

Anmerkungen: * Wettstreit, Wettspiel; ** Freunde, Genossen

der z.B. Kassel und Bad Salzschlirf spielten und Kochaw Eschwege in Nordhessen, das sich zuvor Hakochaw nannte, eine dominierende Rolle spielte. Das weiß man, weil in einem Eschweger Druckhaus der Rechnungen wegen die Lagerzeitung »Undzer Hofenung« des UNRRA D.P. camp 522 abgeheftet blieb. Als bislang einzige Publikation dieser Art ist sie 1996 dank der Initiative von Dieter E. Kesper als fast vollständiger Reprint erschienen.

In der Rubrik »Fun Sport-leben« erfuhr man in der jiddischen Zeitung regelmäßig, was auf den Fußballplätzen geschah. Verlor die spätere Kochaw noch im Sommer 1946, als der »Bergen-Belzener sport-Klub ›Hagibor‹ cu gast in Eszwege« war (gemeint sind Bergen-Belsen und Eschwege), mit 1:3, so eilte man anschließend von Sieg zu Sieg: 3:1 bei Makabi Lampertheim (wo sich die UNRRA-Offiziellen nicht um einen standesgemäßen Empfang bemüht hatten), 4:0 bei Sztern Bergen-Belsen, ein Erfolg in Marburg (Eschweges Sportleiter Feldman beklagte den Zustand des Platzes, dessen Boden aus einem Stein-Glassplitter-Gemisch bestand, weshalb sieben Kochawer mit blutigen Beinen das Spielfeld verließen), 2:1 bei Hagibor Backnang in Nordwürttemberg, 6:0 gegen Hagibor Heidenheim, 2:1 gegen Lager Goldkop (Goldkopf, bei Hessisch Lichtenau), 3:0 gegen Hagibor Fulda-Zalacszlicht, 5:1 gegen Bad Salzschlirf, 4:1 über Kassel. Zwar löste die Siegesserie der Mannschaft von Kapitän A. Skurnicki und »Fußballhelden« wie Liberman (»an ersztklassiker fachman«) im Lager Eschwege eine Riesen-Euphorie aus, doch gestand der Verein Kochawa gleichzeitig ein, man müsse sich mehr um die Jugendlichen kümmern. Im Fußball konnte Kochawa nichtsdestotrotz in dem Lager, das zeitweise 1.800 Menschen zählte, auf etwa 100 Aktive zurückgreifen!

Hätte es übrigens die diversen Lagerzeitungen nicht gegeben, man wüsste kaum noch etwas vom Fußball der jüdischen Displaced Persons. Eine Zeitlang existierte sogar eine »Jidisze Sport Cajtung«, die 14-tägig mit einer Auflage von 5.000 Exemplaren erschien. Andere Organe waren »Dos Fraje Wort« und »Dos Jiddishe Wort« aus Feldafing, die »Jidisze Cajtung« aus Landsberg am Lech in Oberbayern, das »Stuttgart Byuletin«, »Unterwegs« und »Undzer Mut« aus dem hessischen Zeilsheim. Über 70 derartige Lagerzeitungen gab es, viele von ihnen sind heute vor allem im YIVO Institute for Jewish Research in New York archiviert.

Die Sportklubs bildeten ein Zentrum des Lagerlebens. So hatte der SK Hakoah in Stuttgart-West, wo bis 1949 1.000 bis 1.400 Menschen, vor allem polnische Juden, in 34 Wohnblöcken lebten, sein festes Büro im Viertel mit der Adresse Rotenwaldstr. 101. Bereits kurz nach der Einrichtung des DP-

Lagers standen auf der Wunschliste der Bewohner neben Arzt, Krankenschwester, Gebetsraum, Bibliothek, Lehrpersonal auch Sportgeräte »besonders für Fußball und Volleyball«. Im 1. Stock des Hauses des SK Hakoah spielte gelegentlich das »Teater Zal Jewta«, im Café der Sportler gab es Jazz-Konzerte, man konnte Tischtennis, Domino und Schach spielen oder im »Kalendar fun die Futbool Liga-Matchen in der amerikanischen Zone« von kommenden Wettkämpfen lesen.

»Bedarf an Fußbällen und Sportkleidung« hatte auch in Landsberg am Lech Anfang September 1945 die »Sportorganisation der ehemaligen politischen Häftlinge im Lager« angemeldet. Im März 1946 gründete sich der Sportverein Ichud, der den Platz des TSV 1882 (Stadion am Hungerbachweg) mitnutzen konnte und im Lager selbst eine weitere Sportanlage besaß. Landsbergs Fußballer bildeten eines der stärksten Teams im Süden.

Auch außerhalb Süddeutschlands gab es einen Spielbetrieb von Lagerauswahl-Mannschaften, so z.B. in Schleswig-Holstein, doch waren die jüdischen DPs wie erwähnt vor allem in Süddeutschland zu Hause. Das einzige DP Camp in der britischen Zone, in dem ausschließlich Menschen jüdischen Glaubens lebten, war Bergen-Belsen in Niedersachsen, ein früheres Militärlager, dessen Publikation »Undzer Stimme« die größte jiddische Zeitung dieser Besatzungszone war. Die dortigen Klubs Hagibor und Sztern sind oben erwähnt.

Neben Hof stiegen in der zweiten Saison der 1. Liga 1947 aus Franken noch Windsheim und Bamberg auf, was nach Tobias damit zu tun hatte, dass sich in beiden Lagern 2. Mannschaften gebildet hatten. Diese nahmen in der 2. Liga, der Franken-Liga, auch A-Klasse genannt, gemeinsam mit den Neulingen Kulmbach und Makabi Pottenstein teil. Das Endspiel gewann am 15.11.1947 in Bamberg Hapoel Bayreuth (Hapoel stand für Arbeiter-Sportverein) gegen Makabi Münchberg 4:2.

Auch in Österreich bildeten jüdische Flüchtlinge in den Lagern Fußballteams. Eines davon war Hakoah Hallein südlich von Salzburg, deren Spieler aus Ungarn, Rumänien, Polen, der Tschechoslowakei und Russland kamen. Die von Heinrich Schönfeld, der 1925 mit Hakoah Wien österreichischer Meister geworden war, betreute Mannschaft war Mitglied im Fußball-Verband Salzburg, trug seit 1950 Freundschaftsspiele gegen Zweitligisten wie Salzburger AK 1914 und FC Hallein aus und gehörte 1953/54 noch der Amateurliga an, ehe sie sich auflöste.

Die Spiele der DP-Mannschaften wurden allen Berichten nach von den Zuschauern mit reichlich Fanatismus verfolgt, sie waren ein Fixpunkt und

Höhepunkt im Lagerleben. Außerdem hatte sich in den Lagern infolge Untätigkeit und Warten auf die Auswanderung nicht selten Agressivität aufgestaut. Folglich kam es zu Zwischenfällen, die eine »Disciplinar-Komisje« regeln musste. Makabi Windsheim aus Mittelfranken z.B. reichte einen Protest wegen der überharten Spielweise von Hakoah Bamberg im Blitzturnier am 11.4.1947 ein, nachdem ihr Verteidiger bewusstlos ins Krankenhaus eingeliefert worden war. Ulm, Mitglied der 1. Liga, erhielt ein halbes Jahr Sperre für seinen Spieler Kirschenbaum, der den Schiedsrichter beleidigt hatte, und weitere 500 RM Strafe, weil der Unparteiische angegriffen worden war. Als »Schande für alle Einwohner des Rajon« bezeichnete die Zeitung »Undzer Wort« die Schlägereien, an denen bei der Begegnung Hof gegen Marktredwitz in Oberfranken auch Zuschauer beteiligt waren. Eine Ohrfeige für einen Gegenspieler bedeutete z.B. zwei Monate Aussetzen.

Mittelstürmer Susser, eine Ausnahme

Vergleiche der jüdischen Lager-Mannschaften mit deutschen Vereinen sind nicht bekannt, zumal man zu den Einheimischen aus verständlichen Gründen kaum Kontakte unterhielt. Wie konnte es auch sein, dass die DPs gegen Klubs spielten, in deren Reihen womöglich ehemalige Mitglieder von SS, SA, NSDAP usw. standen? Anders handhaben es z.B. die Displaced Persons aus der Ukraine, deren Fußballer als Ukrainischer SV Stisch Regensburg firmierten oder als FC Ukraina auf Tournee gingen und zu Pfingsten 1946 im Stuttgarter Neckarstadion gegen die dortigen Sportfreunde antraten. Einige Ukrainer waren Vertragsspieler in der Oberliga Süd, z.B. bei Jahn Regensburg und dem Karlsruher FV, und später Profis in Frankreich wie Alexander »Iwan« Skocen in Nizza. Von den Weißen Adlern, ehemalige serbische Kriegsgefangene, die Ende 1947 in Bremen gastierten, kam aus dem DP-Lager bei Lübeck der langjährige Werder-Bremen-Schlussmann Dragomir Ilic, der zuvor für Großenbrode gespielt hatte.

Jim G. Tobias hat immerhin einen jüdischen Fußballer ermittelt, der bei einem deutschen Verein spielte: Das war der Mittelstürmer Julius Susser vom TSV 1913 Georgensgmünd, von dem ob seiner Spielweise Ältere vor Ort noch heute schwärmen. Er und seine Ehefrau Lili waren 1945-47 mit 30 Holocaust-Überlebenden von den US-Behörden in dem mittelfränkischen Ort untergebracht worden, der kein eigentliches DP-Lager besaß, doch stürmte Susser auch für Kadima Schwabach, eine fränkische Lagermannschaft. Das Ehepaar, heute in Colorado, USA, ist immer wieder besuchsweise nach Mittelfranken zurückgekehrt, dazu gibt es den Film »Wartesaal zur Emigration« von Tobias. Aber das Doppel-Engagement von Susser war die Ausnahme, denn wenn jüdische Spieler bei einem deutschen Verein mitgewirkt und im Lager-Team unentschuldigt gefehlt hatten, mussten sie sich vor der erwähnten Disziplinar-Kommission verantworten. Eine Strafe konnte den Entzug der Schwerarbeiterzulage, der zusätzlichen Lebensmittel-Versorgung, bedeuten, die Fußballer erhielten.

Mit Datum vom 15.11.1948 nennt das Maccabi World Union Committee for Germany mit Sitz in Landsberg am Lech 97 jüdische Vereine in der US-Zone, sechs für die britische Zone und einen in Berlin. Erfasst wurden hier wohl ausschließlich Makkabi-Klubs, nicht aber die Arbeitersport-Vereine wie Hapoel und Haschomer Hazair oder der religiöse Sportverband Elizur. Zeitweise bestanden in den Westzonen 169 jüdische Sportklubs.

Mit der Auswanderung vor allem nach Palästina – der Staat Israel gründete sich am 14.5.1948 – und in die USA endete die Existenz der Displaced-Persons-Lager im Westdeutschland der 1940er Jahre. Ein letztes Lager in Föhrenwald bestand noch bis 1957. Gleichzeitig bedeutete die Auflösung der DP-Lager das Ende einer jüdischen Sportkultur, die es in dem Ausmaß weder in Polen noch in Deutschland wieder geben sollte.

Literatur

Dietrich, Susanne / Schulze Wessel, Julia: Zwischen Selbstorganisation und Stigmatisierung. Die Lebenswirklichkeit jüdischer Displaced Persons und die neue Gestalt des Antisemitismus in der deutschen Nachkriegsgesellschaft. Veröffentlichungen des Archivs der Stadt Stuttgart Band 75. Stuttgart 1998.

Eder, Angelika: Flüchtige Heimat. Jüdische Displaced Persons in Landsberg am Lech 1945 bis 1950. Schriftenreihe des Stadtarchivs München. München 1998

Kesper, Dieter E.: »Unsere Hoffnung«: das Schicksal Überlebender des Holocaust im Spiegel einer Lagerzeitung von 1946. Eschwege 1996

Tobias, Jim G.: Vorübergehende Heimat im Land der Täter. Jüdische DP-Camps in Franken 1945-1949. Nürnberg 2002

Internet: DP-Lager Landsberg am Lech: www.buergervereinigung-landsberg.de

Werner Skrentny

Maccabi in Schweinfurt – die Gegenwart des Verdrängten

2001 hatte der traditionsreiche FC Schweinfurt 05 den Aufstieg in die 2. Bundesliga erreicht. Um sich ernsthaft vorzubereiten, nahm man gerne das Freundschaftsspiel-Angebot eines Nürnberger Hoteliers an, bei dem der israelische Fußball-Meister Maccabi Haifa im Trainingslager war.

Das Spiel war für Freitagabend, 20. Juli, angesetzt. Am vorhergehenden Montag, 16. Juli, erschien im Nachrichtenmagazin »Der Spiegel« in der Rubrik »Panorama« eine Meldung unter dem Titel »Nazi als Namensgeber«, die sich auf einen Beitrag in »Das große Buch der deutschen Fußball-Stadien« (Göttingen 2000) bezog, in dem es zum Schweinfurter Willy-Sachs-Stadion hieß: »Dieser Name muss nicht sein!«

Stadionstifter Willy Sachs (1896-1958), eigentlich Wilhelm Sachs, Besitzer der Firma Fichtel & Sachs, war nicht nur ab Mai 1933 NSDAP-Mitglied Nr. 2.547.272 gewesen, sondern auch Mitglied Nr. 87.064 der SS, in der der Wehrwirtschaftsführer Karriere machte: Am 18.8.1933 bittet der Reichsführer SS Heinrich Himmler um Genehmigung des Übertritts des SA-Mannes in die SS; mit dem 25.8. wird Sachs als SS-Anwärter geführt, ist mit dem 7.10.1933 Mitglied und wird im selben Jahr SS-Untersturmführer, 1934 dann Obersturmbannführer, am 12.3.1935 Hauptsturmführer. Ebenfalls 1935 erfolgt die Ernennung zum Führer z.b.V. (= zur besonderen Verwendung) beim Stab des Reichsführer SS (RFSS) Himmler gemäß RFSS-Befehl Nr. 2436. Zum 1.7.1943 wird Sachs SS-Obersturmbannführer beim Stab des Reichsführers. Wilhelm Sachs erhielt u.a. den »Totenkopfring« (SS-Jargon) und Ehrendegen der SS. Weitere Mitgliedschaften und Würdigungen nennt seine Akte im Bundesarchiv in Berlin: SA, Nationalsozialistisches Kraftfahrkorps (NSKK), Reichsjagdrat, dahin vom »Reichsjägermeister Göring berufen«, Königlicher Schwedischer Konsul, Ehrenbürger von Schweinfurt, Mainberg und Oberaudorf (Stand 2.4.1938). Es fehlt die Mitgliedschaft im Verein »Das Ahnenerbe e.V.«, die 500 RM Jahresbeitrag kostet. 1941 liest man auf Sachs' Briefbogen außerdem noch in Fettdruck »Wehrwirtschaftsführer«.

Als das Willy-Sachs-Stadion in Schweinfurt 1936 eingeweiht wurde, wimmelte es nur so von NS-Prominenz. SS-Chef Himmler war da, Reichsorganisationsleiter Ley, Reichsarbeitsführer Hierl, Bayerns Reichsstatthalter von Epp, Mainfrankens Gauleiter. Hitler schickte ein Telegramm, Reichspräsident Göring hatte das Stadion bereits am Vortag besichtigt. Die Stadt hatte – nicht unwichtig, weil Sachs gerne als »Stadion-Vater« bezeichnet wird – einen Großteil des Geländes kostenlos zur Verfügung gestellt. Willy Sachs hält eine Rede: »Der Einzelne für die Gesamtheit, die Gesamtheit für den Führer! In diesem Sinne bitte ich Sie, mit mir des Mannes zu gedenken, der uns alle von kleinlichem Denken befreite und uns einte in der unauslöschlichen Liebe zu unserem wiedererwachten, großen, starken und schönen Vaterlande. Unserem großen und geliebten Führer Adolf Hitler ein dreifaches Sieg Heil! Sieg Heil! Sieg Heil!« Die Sonderveröffentlichung zur Stadion-Einweihung schickt Sachs an Himmler: »Meinem lieben Reichsführer in treuer Kameradschaft zugeeignet von seinem Bayern-Willy.«

»Schmierfinken von ›Spiegel‹ und Konsorten«

Nachdem die im Jahr 2000 erfolgte Veröffentlichung im erwähnten Stadion-Buch lokal kaum Aufsehen erregt hatte – ein Leserbrief pro, einer kontra Stadion-Umbenennung –, löste die »Spiegel«-Meldung eine breite Debatte aus. Soll eine israelische Mannschaft in einem Stadion spielen, das nach einem Nazi und SS-Funktionär benannt ist? Schweinfurt hatte sich mit dem Stadion-Namen bis dahin kaum auseinander gesetzt. Willy Sachs, dessen Firma Fichtel & Sachs seit 1942 Zwangsarbeiterinnen aus Russland, Polen und der Ukraine eingesetzt hatte, wurde nach 1945 entnazifiziert und bekam 1957 aus der Hand des CSU-Ministerpräsidenten das Große Verdienstkreuz des Verdienstordens der Bundesrepublik Deutschland.

Schweinfurt 05 gibt im Vorfeld des Spieles gegen die Israelis eine Pressemitteilung heraus: »Aufgrund der aktuellen Medienberichterstattung (…) und um jeder Komplikation aus dem Weg zu gehen, findet das Spiel auf dem Trainingsplatz statt. Maccabi Haifa wird sich im Umkleidehaus Mitte umziehen (Anm. d.V.: und nicht in der Stadiontribüne). Der FC 05 weist darauf hin, dass es sich beim Willy-Sachs-Stadion um ein städtisches Stadion handelt und der Verein keinen Einfluss auf den Namen hat. Eine Namensänderung ist Angelegenheit der Stadt.«

Laut Forum der Schweinfurt-05-website macht sich auch die Polizei Gedanken: Auf Platz 2 im Willy-Sachs-Stadion sei die Sicherheit der Gäste wegen der umgrenzenden Büsche nicht gewährleistet. Platz 9 sei unproblematisch, da erst in den 1950er Jahren angelegt.

Der umstrittene Stadionname wird nun bundesweit aufgegriffen. Die »Berliner Zeitung«: »Schweinfurt hält es noch für zeitgemäß, dass seine Spielstätte den Namen eines SS-Obersturmbannführers trägt.« »Die Welt«: »Auch jetzt, vor dem Hintergrund des Freundschaftsspieles gegen den israelischen Meister, wollte sich die Stadtverwaltung keine Vergangenheitsdebatte aufzwingen lassen.« Die Deutsche Presse-Agentur (dpa) meldet: »Schweinfurter Stadion offenbar nach Nazi-Größe benannt.« Und der »Guardian« aus London erkundigt sich.

Willy Sachs.

Foto: Stadtarchiv Schweinfurt

Für eine große Sportzeitung verfasst ein Redakteur einen Beitrag, der aber nie erscheint. Wäre er erschienen, hätte man lesen können: 1. Gerhard Hertlein, Präsident Schweinfurt 05: »Es interessiert mich nicht, was vor 60 Jahren war. Man sollte einen Schlussstrich ziehen.« 2. Schweinfurts Oberbürgermeisterin Gudrun Grieser: »Es wäre doch unaufrichtig, wenn man den Namen des Schenkers auslöscht, aber das Geschenk weiterhin benutzt.« 3. Michel Friedman, Vizepräsident des Zentralrates der Juden: »Ein Deutscher, der den Nationalsozialismus aktiv unterstützt hat, bleibt auch sechzig Jahre danach ein Nazi und ist untragbar als Namensgeber für ein öffentliches Gelände. Einem Verbrecher kann man keine Ehre antun.«

Insbesondere in den Leserbrief-Spalten des »Schweinfurter Tagblatt« setzt vor und nach dem Maccabi-Auftritt die Diskussion ein. »Wollen irgendwelche Kräfte das Ansehen Schweinfurts (…) schädigen? Stecken dahinter vielleicht gefährliche politische Kräfte?«, fragt einer. »Warum verlangten die israelischen Sportler nicht eine andere Sportstätte?«, ein anderer. »Sollen wir uns heute nach den Israelis oder den jüdischen Gemeinden richten, was wir tun und lassen sollen? (…) Ist es nicht genug, wofür sich Deutschland alles entschuldigt und treu und brav bezahlt hat?«, heißt es an anderer Stelle. »Wer kann nachweisen, dass Willy Sachs von den Nazi-Verbrechen wusste?«, lautet eine weitere Frage. »Wohin kämen wir, wenn jeder

Wichtigtuer Einfluss nehmen könnte auf längst etablierte Einrichtungen?«, die nächste. Eine Dame bringt zu Papier: »Wenn es für einen israelischen Verein unzumutbar war, auf dem Hauptfeld unseres Stadions zu spielen, dürfte kein Jude die Bayreuther Festspiele besuchen. Es könnte durchaus möglich sein, dass er dort eine Sitzgelegenheit benutzt, auf der einmal Adolf Hitler saß! (…) Wer in diesem Land normal und unverkrampft mit seinen Mitbürgern leben will, sollte seine Religionszugehörigkeit nicht wie einen Schild vor sich hertragen!« Ein weiterer Leser kündigt an: »Die Weichen für die Gründung einer Bürgerinitiative zur Erhaltung des Namens unseres Stadions sind bereits gestellt.« Auch die Spielverlegung gegen die Israelis aus dem Stadion heraus wird kommentiert: »Oh, oh, FC, wenn das mal kein Eigentor war! Ich befürchte, dass die Spiele in der zweiten Bundesliga alle auf dem ›Trainingsplatz 2‹ stattfinden müssen: Man stelle sich mal vor: In der gegnerischen Mannschaft ein Schwarzer, ein Schwuler, ein Sozialist.«

Munter geht's auch auf der Website des Vereins zu. Auszüge: »Die Autobahnen sind auch wahnsinnig politisch belastet.« »Diese Schmierfinken vom ›Spiegel‹ und Konsorten.« »Das von den Linken verordnete politisch korrekte Meinungsklima finde ich so allmählich echt zum Kotzen«.

»Initiative gegen das Vergessen«

Der »Initiative gegen das Vergessen – Zwangsarbeit in Schweinfurt«, die sich für eine Umbenennung des Stadions einsetzt, hält der örtliche CSU-MdL »Unanständigkeit« vor: »Dass man jetzt auf dem Rücken des (…) FC 05 huckepack reitet, um ein nicht so recht in Schwung gekommenes Thema anzuschieben, schadet unserer Stadt und vor allem dem Verein.«

Die Kolumnistin der »Schweinfurter Volkszeitung«: »Man sollte die linken Spinner der so genannten Aktion gegen das Vergessen zur Gedächtnisschulung schicken, damit sie sich erinnern, was aus Schweinfurt ohne Sachs geworden wäre.« »Hätte der ›Spiegel‹ darüber nicht berichtet, wäre das überhaupt kein Thema«, stellt der SPD-Fraktionsvorsitzende im Stadtrat fest. Sein Kollege von der CSU äußert, wer eine Umbenennung fordere, würde im Gremium mit einem 1:43-Votum unterliegen.

Es gibt auch andere Stimmen. Dr. Josef Schuster, Vorsitzender der Jüdischen Gemeinde Unterfranken, hält den Stadionnamen für »bedenklich«. Weitere Leserbrief-Auszüge aus dem »Schweinfurter Tagblatt«: »Willy Sachs (…) war der Spender des Ovals, aber er war eben auch ein Freund der Nazibonzen wie Göring, er war ein Kriegsgewinnler und SS'ler. Angesichts dieser Geschichte ist es nun wirklich nicht mehr zeitgemäß, dass unser städtisches Stadion nach diesem Mann benannt ist.«»Fakt ist, dass die Stadien in anderen Erst- und Zweitliga-Städten ›Weser-, Fritz-Walter- oder Wildparkstadion‹ heißen und eben nicht ›Heinrich-Himmler-Stadion‹ oder nach örtlichen NSDAP-Parteigängern benannt sind.« »Was ist peinlicher: Dass jemand Nazi war? Dass er ein Bauwerk auf seinen Namen stiftete? Dass dieses zu seinem Gedenken heute immer noch so heißt? Oder dass Politiker und Normalbürger ›nichts daran‹ finden?«

Der frühere Stabsfeldwebel der US-Army, Wolfgang F. Robinow, der 1945 Sachs festgenommen hat und ca. 800 Nazis verhörte:»Sachs war einer der unangenehmsten Menschen und ein Erznazi.« Daraufhin meldet sich Sachs-Sohn Gunther (ja, der einstige Playboy und Ehemann von Brigitte Bardot), der seit 1936 in der Schweiz gelebt hatte und seinen Vater nach 1945 kennen lernte:»Die finstere Gestalt Adolf Hitlers war für ihn kein Gott.« Gunther Sachs gehört zur Erbenfamilie, die sich hinsichtlich einer Entschädigung für Zwangsarbeiter nicht geäußert hat, wohl aber Fichtel-&-Sachs-Mehrheitsbesitzer Mannesmann, der der Stiftungsinitiative beitrat.

Gerhard Fischer von der »Süddeutschen Zeitung« ist am Spieltag am 20.7.2001 vor Ort. Der Pressesprecher von Schweinfurt 05 sagt ihm:»Alles muss irgendwann vorbei sein«, und: Man habe das Spiel wegen Diskussionen in Israel aus dem Stadion auf einen Nebenplatz verlegt, darüber sei man sich mit Haifa einig gewesen. Maccabi-Manager Hanan Spagat erklärt auf Anfrage der »SZ« dagegen:»Wir haben darum gebeten, das Spiel zu verlegen. Im Stadion hätten wir nicht spielen können.«

Im »Tagebuch der Lokalredaktion« der »Schweinfurter Volkszeitung« liest man dazu:»Das Rathaus hat sich mit vorauseilendem Gehorsam auf einen ›Spiegel‹-Bericht lächerlich gemacht: Kein Spiel des FC 05 gegen die Israelis auf der ›belasteten‹ Hauptarena im Willy-Sachs-Stadion, sondern auf einem ›unbelasteten‹ von der Stadt später angebauten Nebenplatz; dann erneut Verschiebung auf einen ›belasteten‹ Nebenplatz. Als ob sich ein Israeli beschwert hätte. Die müssen sich doch schief lachen über so viel unsinnige Unterwürfigkeit!«

Was »SZ«-Autor Fischer herausfand: Auch der Nebenplatz, auf dem Maccabi Haifa 3:1 gegen Schweinfurt gewann, war 1936 als Teil des Willy-Sachs-Stadions eingeweiht worden.

Der FC Schweinfurt 05 ist inzwischen aus der 2. Bundesliga abgestiegen. Das Stadion der Stadt trägt weiterhin den Namen von Willy Sachs.

Erik Eggers

Oase im NS-Sturm?
Der DFB und die Vergangenheit

Die Polemik, die Walter Jens mit schneidender Stimme vortrug, hätte schärfer und angriffslustiger nicht ausfallen können. Der Tübinger Rhetorik-Professor war vom Deutschen Fußball-Bund (DFB) geladen worden, um am 17. Mai 1975 im Schauspielhaus zu Frankfurt am Main eine launige Laudatio zu halten – auf den deutschen Fußball und seine Dachorganisation DFB, die wenige Monate zuvor 75 Jahre alt geworden war. Nun erwartete die Schar der Gäste eine wortgewaltige Hommage aus dem Munde eines deutschen Intellektuellen, der sich immer schon als Fan des TV Eimsbüttel bekannt hatte. Doch es kam anders. Nach dem einträchtigen Entree durch Fischer-Chöre und Stuttgarter Symphonie-Orchester mit dem Thema »Frieden dieser Welt« sowie einer Begrüßung durch den DFB-Präsidenten trat der Redner an das Pult und zerstörte jäh die Harmonie. Jens, der sich exzellent vorbereitet hatte, nutzte nun nämlich die ihm zur Verfügung stehende Zeit, um den Verband zu der längst fälligen Aufarbeitung seiner Geschichte aufzufordern. Und zwar mit einer Klarheit, die viele anwesende Funktionäre in einen Frostzustand versetzte.

Bei seinen Recherchen war Jens unter anderem auf eine Passage aus der 1954 erstmalig publizierten »Geschichte des Deutschen Fußballsports« von Carl Koppehel gestoßen, eine Passage, die den Übergang des DFB in das NS-Sportsystem im Jahr 1933 beschreibt, dem Jahr der so genannten »Machtergreifung«. Eine unfassbare Verharmlosung jener Zeiten, fand Jens, waren diese Zeilen. »Die Männer, die bisher die Leiter des DFB und seiner Verbände waren«, hob Koppehel darin schönfärberisch an, »fanden auch nach dem politischen Umbruch seitens der, nunmehr zur Leitung des Sports berufenen Personen das Vertrauen, weiterhin die Geschicke des Fußballsports zu lenken. Viele Schranken und Hemmnisse für die Entwicklung des Fußballsports fielen, weil das jetzt herrschende politische System sie hinwegräumte. Damit entfiel auch manches Problem, das in den letzten

Monaten sich besonders zugespitzt hatte.«[1] Dass in diesem Jahr alle Mitglieder jüdischer Konfession aus den bürgerlichen Sportvereinen ausgeschlossen wurden, darüber verlor die Chronik jedenfalls kein einziges Wort. »Die auf politischer oder religiöser Grundlage ruhenden Vereine«, heißt es lediglich, »wurden aufgelöst«.[2] Die Antwort auf die Frage jedoch, was im Anschluss daran mit den jüdischen Fußballern geschah, blieb Koppehel schuldig.

»Das ist ja Aberwitz!«

Festreden sind für gewöhnlich von gütiger Natur, sie wollen keinem weh tun, am allerwenigsten dem Jubilar. Walter Jens aber echauffierte sich über Koppehels Euphemismen: »Wie? Der Leser stockt: Das kann doch nicht wahr sein! Das ist ja Aberwitz! Die Machtergreifung der Nationalsozialisten sei für den Fußballsport eher Befreiung als Fessel gewesen? Das, meine Damen und Herren, nenne ich fürwahr eine makabre Art der Selbstdarstellung: Zuerst der Schulterschlag der Marschälle[3], dann, zur Eröffnung der republikanischen Festschrift, das Gedicht eines wilhelminischen Barden, Rudolf Herzog mit Namen: ›Volk sein heißt, das Schicksal wenden, eins im Blut und eins im Wagen, Volk sein heißt, in tausend Händen nur die deutsche Ehre tragen‹[4]; und endlich – Pointe der These: Sport wird weder von der Gesellschaftsordnung noch von der Staatsform tangiert, in deren Rahmen er sich entfaltet – endlich die zumindest missverständliche Beschreibung jener nationalsozialistischen Sportpolitik, die sich nach unserem Historiografen beinahe wie eine Hebammenkünstlerin ausnimmt: Kräfte entbindend, nicht Kräfte lähmend. Fast scheint es, als habe es während der dreizehn Jahre der faschistischen Herrschaft in Deutschland nur ein einziges Problem gegeben: Wie bringen wir's fertig, die verschiedenen Spielsysteme, das kraftvolle, im Altreich geübte W-M und den eleganten Offensivfußball aus Wien zu verbinden? Auschwitz aber, Buchenwald, Emigration, der Widerstand der Antifaschisten, davon hätte doch auch die Rede sein müssen. Nichts – und das hätte doch, weiß Gott, zum Thema gehört – über das Echo in den eigenen Reihen: die Anpassung und die Verweigerung. Gab's denn keine Fußballspieler, Bar-Kochba-Mitglieder und Arbeitersportler, die damals aus politischen oder rassischen Gründen verfolgt worden sind? (Es gab sie. Ihre Zahl war beträchtlich. Dies ist die Stunde, wo das ›Nicht gedacht soll ihrer werden‹ aufgehoben werden muss.) Wurde kein Sportler, da er Antifaschist war, ermordet? (Doch. Einer hieß Seelenbinder.)

War kein Emigrant unter den DFB-Funktionären? (Doch. Man kennt sogar ihre Namen.) Und alles das darf nicht vergessen sein. Die andere Geschichte zu allerletzt.«[5] Konsequenterweise forderte Jens schließlich eine »große Bestandsaufnahme« für die Geschichte des Jubilars, »eine Abrechnung«. Weil es Zeit werde, »dass der Deutsche Fußball-Bund seine soziale Relevanz kritisch – aber auch nicht ohne Selbstvertrauen und Stolz – analysiert, dass er sich in seiner gesellschaftlichen Funktion begreift und zu realisieren beginnt, was man mit Fußball alles aufstellen kann. In einem vor Jahren aufgefundenen Propagandafilm der Nationalsozialisten wurden Fußball spielende Juden gezeigt: weil man demonstrieren wollte, wie schön es doch in Theresienstadt sei. Der rollende Fußball und die rollenden Köpfe! Da habe noch einer die Stirn und sage, dass Sport kein Politikum sei.« Ein Blick auf die Reaktionen der Fußballfunktionäre nach dieser Brandrede wider das verwahrloste Geschichts- und Aufarbeitungsverständnis des DFB wäre nun interessant gewesen. Doch sie blieben aus. Die mahnende Rede des Rhetorik-Professors wurde schlichtweg ignoriert. Wahrscheinlich haben sich die Funktionäre nur geschworen, diesen streitbaren Intellektuellen nie wieder zu einer Festveranstaltung einzuladen.

Dass die hehre Aufforderung Jens' nicht auf fruchtbaren Boden gefallen war, dass es dann nicht zu der »großen Bestandsaufnahme« kam, das rächte sich spätestens beim nächsten Jubiläum des größten deutschen Sportverbandes, bei der 100-Jahr-Feier im Januar 2000. Erneut hatte der DFB zu einem Festakt eingeladen, diesmal an den Ort der Verbandsgründung nach Leipzig, und erneut mussten sich die Funktionäre des Fußballs starke Kritik an der mangelnden Geschichtsaufarbeitung gefallen lassen. Beim Festakt im Gewandhaus mahnte Bundespräsident Johannes Rau die Verbandsoberen an, endlich auch die Schattenseiten deutscher Fußballgeschichte aufklären zu lassen und vor allem diejenigen Historiker, die sich darum bemühten, nicht in ihrer Arbeit zu behindern. Auch hier besaß das noch zart formulierte Monitum Raus einen Hintergrund: In zahlreichen Zeitungs- und Magazinbeiträgen war die Geschichtspolitik des Verbandes massiv kritisiert worden. Nicht nur »Der Spiegel« hatte vier Tage vor dem Jubiläum darüber berichtet, dass der DFB interessierten Historikern den Zugang zu seinem Archiv verwehrte.[6] Dazu hatten sich ebenfalls vernichtende Rezensionen für die (wegen des Weihnachtsgeschäfts) bereits im Herbst 1999 publizierte Festschrift zur 100-Jahr-Feier gesellt,[7] unter anderem von Walter Jens in der »Woche«[8] sowie vom Verfasser in der »Literarischen Welt«.[9]

Merkwürdigkeiten zum 100-Jährigen

Speziell jene 620 Seiten starke Festschrift, die laut dem Vorwort des damaligen DFB-Präsidenten Egidius Braun vollmundig als eine »kritische Bestandsaufnahme über die ersten hundert Jahre des DFB« angekündigt worden war, erschien aus mehreren Perspektiven als ein veritabler Skandal. Ignorierten die Herausgeber doch nicht nur umfangreiche Forschungsarbeiten, die in den letzten 25 Jahren einiges zur Fußballgeschichte zu Tage gefördert hatten. Nein, zuweilen erweckten die Artikel, die großteilig aus der Feder verdienter Sportjournalisten entstammten, gerade für unbequeme Epochen wie das »Dritte Reich« sogar den Eindruck einer ganz bewussten Auslassung von historischen Tatsachen. Es bedurfte jedenfalls nur wenig Mühe, dem DFB in einigen Punkten Geschichtsfälschung vorzuwerfen. Es würde hier langweilen, alle Lässlichkeiten und Klitterungen der Herausgabe aufzuführen, und dennoch verdienen einige Aufsätze gerade für den hier vorliegenden Sammelband eine umso größere Aufmerksamkeit.

So etwa der Artikel über die Zeit des Nationalsozialismus vom Sportjournalisten Karl Adolf Scherer[10], einem Experten für olympische Geschichte, Ringen und Schwimmen, der indes zur Fußballgeschichte bis dato nur wenig hatte beitragen können. Der Bonner Politologe Arthur Heinrich hat die vielen inhaltlichen Fehler bei Scherer bereits schonungslos offengelegt und auch die frappierende Ungenauigkeit, mit der allein der komplizierten Organisationsgeschichte des Fußballs im »Dritten Reich« begegnet wird.[11] Doch Scherer erweckte zudem mit diversen Zitaten tatsächlich den Eindruck, als habe sich der DFB und mit ihm der gesamte deutsche Fußball nach 1933 so etwas wie eine Eigenständigkeit bewahren können, und manchmal scheint es so, der DFB sei eine vor nationalsozialistischem Wind und Wetter geschützte Oase für Widerständler gewesen. »Einer vom Fachamt musste ja in der Partei sein«, zitiert Scherer beispielsweise den damaligen Generalsekretär Georg »Schorsch« Xandry, so als habe Xandry seinen NSDAP-Mitgliedsantrag nur deshalb unterschrieben, um dem deutschen Fußball ein Opfer darzureichen. Dabei bestand laut Heinrich, abgesehen vom vormaligen SPD-Mitglied Carl Koppehel, »die komplette Führungsriege des deutschen Fußballs aus Parteigenossen, die immer Verlässlichkeit und Treue demonstrierten«.[12]

Es ist gegenüber früheren DFB-Jubiläumsschriften selbstverständlich ein Fortschritt, wenn Scherer auf gut zwei Seiten den Versuch unternimmt, den »Antisemitismus – auch im Fußball-Sport«[13] zu behandeln und er diese unbequeme Tatsache immerhin nicht völlig unter den Tisch der Geschichte fallen lässt. Verhandelt werden dabei die bekanntesten Opfer: die beiden jüdischen Nationalspieler Julius Hirsch und Gottfried Fuchs, der Berliner Simon Leiserowitsch, der norwegische Nationalspieler Asbjørn Halvorsen sowie die beiden berühmten Publizisten Walter Bensemann und Willy Meisl. Aber auch hier ist der Autor in wichtigen Details entweder unkundig, oder er blendet wissentlich unliebsame Tatsachen schlichtweg aus. »Bensemann, der jüdische Vorfahren hatte, wollte sich mit den Nationalsozialisten nicht arrangieren«, schreibt Scherer, und dieser Satz ist bei näherem Hinsehen schon zynisch genug. Denn welcher deutsche Jude wollte sich damals schon mit den braunen Horden arrangieren? »Der Herausgeber des ›Kicker‹ brachte sich Ende März 1933 in Sicherheit; aber er hatte kein Vermögen«, heißt es weiter. Und damit wird ausgeklammert, dass Bensemann nach seinem Weggang in die Schweiz nie etwas sah von dem ihm zustehenden Gesellschafteranteil am »Kicker«.[14]

Die mindestens befremdliche Arbeitsweise bei der Festschrift in geschichtspolitischer Hinsicht wird ebenso deutlich bei der Verhandlung verschiedener Biografien, die für den DFB, was antijüdische respektive antisemitische Ressentiments innerhalb des Verbandes angeht, von größerer Bedeutung sind. Das beginnt mit dem DFB-Gründungsvorsitzenden Ferdinand August Theophil Hueppe, der in der Festschrift 1999 mit exakt 22 Zeilen als »Rauschebart-Träger« gewürdigt wird.[15] »Der Wissenschaftler mit dem Fachgebiet Hygiene«, heißt es dort, »stammte aus Neuwied und fiel in Leipzig durch seine ausgleichende Art auf. Als Herausgeber des Standardwerkes Hygiene der Leibesübungen wird ihm Pionierarbeit zugeschrieben.« Ein anderes Forschungsgebiet, für das Hueppe sich später als Vorreiter rühmte und rühmen ließ, blendet diese Personenbeschreibung, die eher den Charakter einer Hagiografie besitzt, indes aus. Der Schüler des berühmten Bakteriologen Robert Koch hatte nämlich bereits 1897 in seinem Werk »Zur Rassenhygiene und Sozialhygiene der Griechen im Alterthum und in der Gegenwart« sozialdarwinistische, um nicht zu sagen: rassistische Thesen gepredigt, mit einem Vergleich zwischen dem bevorzugten »arisch-hellenischen« Menschen mit dem niederen »semitischen«, Typ »jüdischer Krieger«. Auch machte er sich Gedanken über das just in Troja gefundene Swastika-Symbol, das später vorzugsweise Hakenkreuz genannt wurde.[16] Der Trierer Sporthistoriker Dr. Thomas Schnitzler stufte Hueppe kürzlich daher in einem kleinen Aufsatz als »ideologischen Wegbereiter der nationalsozialistischen Rassenlehre«[17] ein, und auch Hueppe selbst, der erst

1938 starb, sah sich zuletzt als solcher. Der DFB indes sah sich vor diesem Hintergrund offenbar dazu genötigt, für seine Festschrift auf eine Veröffentlichung derart pikanter Forschungsinhalte zu verzichten. Warum? Weil es das romantisierende Bild vom sportfreundlichen Professor zerstört hätte?

Ähnliches gilt für eine ebenfalls bislang in der Öffentlichkeit kaum bekannte Seite des ersten DFB-Reichstrainers, Otto Nerz. Dem Urvater deutschen Trainerwesens wird in der Festschrift ein größeres Kapitel gewidmet, und der sperrige Nerz wird darin sogar für seinen außerordentlich autoritären Führungsstil kritisiert.[18] Kein Wort jedoch fällt darin über die von Nerz als Autor zu verantwortende Artikelserie im Berliner »12 Uhr Blatt« aus dem Jahre 1943, die, als »Bericht über die Juden im Sport« angekündigt, den Nachweis einer angeblich jüdischen Weltherrschaft im kommerziellen Sportbetrieb erbringen sollte.[19] Diese Texte bedienten sich nahezu aller antisemitischen Stereotypen nationalsozialistischer Propaganda: Der Jude übe zersetzenden Einfluss auf das Vereinsleben aus, mache sich vor allem in Ehrenlogen breit, nur selten trete er als Vereinsführer auf, sondern agiere lieber als »Schieber hinter der Kulisse«. Vor der Sportpresse habe die »Verjudung« genauso wenig Halt gemacht wie vor den Verbänden. Auch beim Deutschen Fußball-Bund (DFB) habe sich der Jude einschleichen wollen, der jüdische Kandidat für eine 1927 anstehende Geschäftsführer-Wahl sei indes durchgefallen. Den Grund glaubte Nerz 1943 noch präzise rekonstruieren zu können: »In der Bundesführung wehte kein judenfreundlicher Wind. Sie war judenfrei.« Der letzte Text prognostizierte ein »judenfreie(s) Europa mit einem judenfreien Sport« und ist zu werten als geistige Einstimmung auf die bereits laufende Vernichtung der Juden. Dieses wichtige biografische Detail wird dem Leser der DFB-Festschrift ebenfalls vorenthalten.

Lediglich in dem Kapitel über »Fußball im Dritten Reich« wird es mehr als nebulös angedeutet: »Felix Linnemann«, der damalige DFB-Präsident also, »machte 1927 den DFB-Sportlehrer Otto Nerz (1892 bis 1949), von dessen antisemitischer Haltung er bei seiner Anstellung noch nichts wissen konnte, zum ersten Reichstrainer.«[20] Noch bizarrer als dieser Halbsatz erscheint der offenkundige Antisemitismus des Reichtrainers vor dem Hintergrund, dass er vor seiner DFB-Tätigkeit für gutes Geld als Trainer bei Tennis Borussia Berlin gearbeitet hatte – jenem bürgerlichen Klub in Berlin mithin, dem der höchste Anteil (assimilierter) jüdischer Mitglieder nachgesagt wurde.[21]

Ein Thema, das der DFB zumeist verdrängt oder verharmlost hat: die willfährige Einordnung der Fußballer in das NS-System. Hier zeigt die Nationalelf vor einem Spiel gegen Ungarn (1934) den »Hitlergruß«.

Weitere, für das Geschichtsverständnis des DFB aufschlussreiche Biografien sind die von dem Brüderpaar Gus Randolph und Fred Manning, zwei einflussreiche Figuren der Gründungssitzung des DFB anno 1900.[22] Bereits 1925, in der Festschrift zur 25-Jahr-Feier, fehlten die Mannings in der Ahnengalerie, weil es den damaligen Funktionären offenbar nicht opportun schien, zwei in England geborene Juden als Gründungsväter ihres »ach so deutschen« Sportverbandes zu würdigen – ganz in der Tradition des Kaiserreichs, als die damaligen Fußballfunktionäre ebenfalls alles unternommen hatten, das englische Spiel »Association Football« so schnell wie möglich in einen »Fußball mit deutschen Eigenschaften« zu transformieren, um sich vom seinerzeit ziemlich schwerwiegenden Verdacht der »Engländerei« freizusprechen. Es spricht für das mindestens nationalkonservative Geschichtsverständnis des DFB, wenn damals eine Huldigung der beiden Fußballpioniere aus dem verhassten »Albion« 1925 nicht in Frage kam, doch ist dieses Versäumnis dem DFB heute nicht mehr vorzuwerfen. Doch nun, in der DFB-Festschrift von 1999, fehlt der Name Randolph Manning

erneut im Namensregister – obwohl seine Biografie durch die seriösen Arbeiten des Bonner Sporthistorikers Heiner Gillmeister als rekonstruiert gelten darf.

Dass die DFB-Jubiläumsbücher aus den Jahren 1950, 1954, 1960 und 1975 allesamt auf eine kritische Auseinandersetzung mit der eigenen Vergangenheit verzichteten, auf die antisemitischen Äußerungen von DFB-Funktionären, auf die Thematisierung von Opfern und Tätern, auf die Verstrickung und Instrumentalisierung – all das ist für den Historiker aus heutiger Sicht nachvollziehbar. Es waren ja ganz naheliegende persönliche Gründe, die seinerzeit gegen eine schmerzhafte Auseinandersetzung mit der eigenen Vergangenheit sprachen. Carl Koppehel etwa, der Chronist des Bandes aus dem Jahre 1954, arbeitete die ganze nationalsozialistische Ära hindurch als Fußballfunktionär, und sogar 1975 noch wirkten Journalisten an der Festschrift mit, die, wie beispielsweise Ernst Werner von der Berliner »Fußball-Woche«,[23] durch teilweise schon vor 1933 geäußerte, schlimme antisemitische Ressentiments etwas zu befürchten hatten.[24] Es war daher nur natürlich, dass keiner der damals Beteiligten gern auf die Schattenseiten ihrer Existenzen im »Dritten Reich« aufmerksam machen wollte. Um so befremdlicher aber erscheint nun, da kein Funktionär mehr persönliche Vorwürfe zu erwarten hat, die ganze Geschichtsvergessenheit des Fußballverbandes, wie sie bei der letzten Festschrift offen zu Tage trat – diese fatale Ignoranz gegenüber der historischen Wahrheit, die peinlichen Auslassungen, mit denen zum Beispiel im Fall der angesprochenen Biografien gearbeitet wurde, das Verschweigen vieler jüdischer Opfer, das Verschweigen prominenter Täter, das Verschweigen vieler dunkler Seiten des Fußballs in jener Zeit.

Kontinuitäten?

Immerhin: Im Gefolge der massiven Kritik hat der DFB nun endlich einen Historiker beauftragt, die Geschichte des Verbandes im »Dritten Reich« aufzuarbeiten, sie zu rekonstruieren und nach ersten Antworten auf die vielen verbleibenden Fragen zu suchen. Allein, es wird kein Zufall gewesen sein, dass jener Historiker, Nils Havemann aus Mainz, nur deswegen diesen Auftrag bekommen hat, weil er ein Schüler des in Bonn tätigen Professors Klaus Hildebrand ist, einem der konservativsten Geschichtsdeuter Deutschlands, der ursprünglich vom DFB vorgesehen war und nun als eine Art Supervisor dieser Studie fungiert.

Dass der Dachverband vermutlich versuchen wird, auf diese Studie Einfluss zu nehmen, dessen sind sich zumindest die Macher der im Jahre 2000 gezeigten Ausstellung »Der Ball ist rund« im Oberhausener Gasometer sicher. Versuchten sich damals doch hohe DFB-Funktionäre längere Zeit als (allerdings mehr als dilettantisch operierende) Redakteure jener Texte aus dem dazugehörigen Katalog, die in Frankfurt offenbar als heikel eingestuft wurden – bis zu dem Zeitpunkt, da die Verfasser der betreffenden Texte mit dem Rückzug ganzer Artikel drohten.[25] Vor diesem Hintergrund werden es die Geschichtshüter beim DFB nicht gern vernommen haben, als jener Havemann im August 2002, im Rahmen einer Podiumsdiskussion, sogleich die vom DFB oft und gern formulierte These von einer unpolitischen Oase negierte, als er nämlich davon sprach, dass beim »DFB ganz klar eine Schwäche für Nazi-Parolen« bestanden habe, »außerdem die Machtergreifung von Hitler allseits begrüßt worden sei«[26] – wie zu hören war, reagierten die Fußballfunktionäre jedenfalls recht ungehalten über diese Zitate. Wie unsouverän einige Herren aus der Frankfurter DFB-Zentrale zuweilen sogar schon bei kritischem Journalismus in Sachen DFB-Geschichtspolitik reagieren, damit hat der Verfasser selbst schon Erfahrungen machen dürfen.[27] Man kann die Chuzpe, mit der die DFB-Funktionäre in dieser Hinsicht immer noch vorgehen, wie folgt zusammenfassen: Historisch zu verwertende Unterlagen werden häufig nur dann Historikern oder Journalisten zur Verfügung gestellt, wenn ein, ketzerisch gesprochen, genehmes oder unverfängliches Ergebnis zu erwarten ist. Darin äußert sich eine wahrlich grobschlächtige Geschichtspolitik, die – da sogar Deutsche Bank oder Bertelsmann, Unternehmen also, die erheblich von Entwicklungen im »Dritten Reich« profitierten, mittlerweile einen unbeschränkten Archivzugang für Historiker gewährleisten –, wohl einzigartig sein dürfte in Deutschland. DFB-Kritikern wird damit eine große Angriffsfläche geboten.

Es ist daher für den DFB nicht nur die Frage nach dem Geschichtsverständnis, sondern auch die Frage nach Kontinuitäten und Traditionen zu stellen. Antworten darauf hat der derzeitige DFB-Präsident Gerhard Mayer-Vorfelder in den letzten Jahren selbst häufig gegeben. Zuletzt fokussierten sich dessen nationalkonservative Auffassungen in der wenig erbaulichen Debatte um die Wanderausstellung »Tatort Stadion«[28], deren Organisatoren, weil sie fragwürdige, unter Rassismusverdacht stehende Zitate Mayer-Vorfelders auf einer Tafel präsentierten[29], auf einen ursprünglich zugesagten Zuschuss des DFB in Höhe von rund 5.000 Euro verzichten mussten.

Auch jene Aussage des DFB-Pressesprechers aus dem Jahre 1994 beantwortet die Frage nach den Traditionen und Geisteshaltungen im DFB-Führungsstab fast von selbst. Wolfgang Niersbach, heute im Organisationskomitee für die WM 2006 tätig, hatte seinerzeit anlässlich der ausländischen Proteste im Zuge des schließlich abgesagten Fußball-Länderspiels gegen England, das eigentlich am 20. April 1994, an »Führers Geburtstag« in Berlin stattfinden sollte, eine jüdische Kampagne gegen Deutschland gewittert. »80 Prozent der amerikanischen Presse«, mutmaßte er damals gegenüber einem Hamburger Privatsender, »sind in jüdischer Hand. Da werden die Ereignisse in Deutschland seismografisch genau notiert.«[30] Als Beleg für den angeblich so enormen jüdischen Einfluss nannte Niersbach die »Washington Post«, die zum 50. Jahrestag des Zweiten Weltkrieges eine Serie gedruckt habe, bei der »die Deutschen jeden Tag um die Ohren bekommen« hätten.[31] Immerhin, Niersbach zeigte Reue und entschuldigte sich später für seinen an sich kaum wiedergutzumachenden Fauxpas. Auch vor diesem Hintergrund aber darf man gespannt sein auf die Ergebnisse der Studie über den DFB im »Dritten Reich«, deren Ergebnisse hoffentlich bald vorliegen.

Gute Kontakte zu Israel

Die vielen wertvollen Bemühungen des DFB in den letzten zwei Jahrzehnten im Hinblick auf eine fruchtbare Zusammenarbeit mit dem israelischen Fußballverband – sie verdienen Lob, und sie sollen an dieser Stelle nicht verschwiegen werden. Spielte der DFB doch speziell bei der schwierigen Integration der israelischen Fußballer in die UEFA in den 1980er und 1990er Jahren eine eminent tragende Rolle, von der Israels Vereine, seinerzeit isoliert im Weltfußball, stark profitierten. Und auch bei den Kontakten auf nationaler Ebene zeigte der DFB immer einen guten Willen. So 1987 bei dem ersten Länderspiel in Tel Aviv, im Zuge dessen, wie übrigens auch beim zweiten Gastspiel 1997, die deutsche Nationalmannschaft in der nationalen Holocaust-Gedenkstätte Yad Vashem einen Kranz niederlegte (das dritte und bisher letzte Ländertreffen erfolgte im Frühjahr 2002 in Kaiserslautern). Die ersten Kontakte indes rührten bereits aus den 1960er Jahren, als damals die beiden Amateurnationalmannschaften gegeneinander angetreten waren und insbesondere Borussia Mönchengladbach unter Hennes Weisweiler auf diesem sportpolitisch sensiblen Terrain wahre Pionierarbeit leistete. Der erste Deutsche jedoch, der als Fußballer israelischen Boden betrat, war »Weltmeister« Helmut Rahn, der sich bereits 1965 mit dem holländischen Ehrendivisionär Twente Enschede auf eine Gastspielreise durch Israel begeben hatte.[32]

So sehr diese Kontakte aber auch zu würdigen sind, so muss für die bisher an den Tag gelegte Geschichtspolitik und -schreibung des DFB doch immer noch in vollem Umfang jenes vor drei Jahren gefällte Urteil Arthur Heinrichs gelten. 1975 sei der Verband, stellte der Politologe nüchtern fest, »ein Hort vorgestrigen Denkens«[33] gewesen. Auch Walter Jens, dessen brillante Polemik im Frankfurter Schauspielhaus vor einem Vierteljahrhundert zu nichts geführt hatte, glaubt offenbar nicht an eine Veränderung der stockkonservativen Frankfurter Gedankengebäude. Die Rede von damals, sagte der mittlerweile Emeritierte dem »Spiegel« vor dem Jubiläum im Jahr 2000, »könnte ich heute genauso halten.«[34] Die Geschichte des Deutschen Fußball-Bundes, sie ist demnach immer noch eine »Geschichte ungebrochener Kontinuität von Personal und Ideen«[35].

Und dennoch sollte man die Hoffnung auf eine Änderung des kleingeistigen, ja geradezu spießigen Geschichtsverständnisses beim größten deutschen Sportverband nie vollständig aufgeben. Denn die Hoffnung währt ja bekanntlich ewig, gerade im Sport. Und die nächste Jubiläumsfestschrift, die nächste kritische Rede, die nächste Rezeption – all das, sollten auch die Funktionäre in Frankfurt registrieren, ist ja nachgerade unvermeidlich.

Anmerkungen

1 Carl Koppehel (Bearb.): Geschichte des deutschen Fußballsports, Frankfurt am Main 1954, S. 189.
2 Ebenda, S. 190.
3 Jens hatte die Militarisierung des organisierten Fußballs im Kaiserreich bereits thematisiert.
4 Ebenfalls hatte Jens bereits die antidemokratische Einstellung der meisten DFB-Funktionäre in der Weimarer Republik scharf kritisiert.
5 Walter Jens: Fußball: »Versöhnung mitten im Streit?«, in: Programm für den Festakt anlässlich des 75jährigen Bestehens des Deutschen Fußball-Bundes am 17. Mai 1975 im Schauspielhaus Frankfurt am Main, (Frankfurt am Main) (1975).
6 Michael Wulzinger: »Papa Gnädigs treue Enkel«, in: »Der Spiegel« vom 24. Januar 2000.
7 Deutscher Fußball-Bund (Hrsg.): 100 Jahre DFB. Die Geschichte des Deutschen Fußball-Bundes, Berlin 1999.
8 Walter Jens: »Glanz mit Lücken«, in: Die Woche vom 3. Dezember 1999.
9 Erik Eggers: »Die Deckung steht«, in: Literarische Welt vom 31. Dezember 1999.
10 Karl Adolf Scherer: »›Die Geschichte erwartet das von uns.‹ Fußball im Dritten Reich«, in: DFB (Hrsg.), 100 Jahre DFB, S. 283-310.
11 Vgl. Arthur Heinrich: Der Deutsche Fußballbund. Eine politische Geschichte, Köln 2000, S. 222-225.
12 Ebenda, S. 218.
13 Scherer 1999, S. 299-301.
14 Ebenda, S. 300.
15 Hermann-Josef Weskamp: Immer mit Blick über die Stadiontore hinaus. Die Präsidenten des Deutschen Fußball-Bundes, in: DFB (Hrsg.), 100 Jahre DFB, S. 239-250, hier S. 240.
16 Ausführlicher dazu: Erik Eggers: »Erster DFB-Präsident Hueppe vor 150 Jahren geboren. Wegbereiter der Nazis«, in: »Tageszeitung« vom 24. August 2002.
17 Vgl. Thomas Schnitzler: »Ferdinand Hueppe – der vergessene Präsident des DFB«, in: Sportmuseum Aktuell. Mitteilungsblatt des Fördervereins Sächsisches Sportmuseum Leipzig e.V. 8(2001), Heft 3-4, S. 38-40.
18 Hans-Josef Justen: »Der nächste Gegner ist immer der schwerste.« Die Bundestrainer des DFB, in: DFB (Hrsg.), 100 Jahre DFB, S. 215-238.
19 2. Juni: »Die Juden im englischen Sportbetrieb«; 3. Juni: »Der Jude Weiß vermittelt Fußballspiele«; 4. Juni: »Europas Sport wird frei vom Judentum«; letzter Text publiziert in: Franz-Josef Brüggemeier (u.a.) (Hrsg.): Der Ball ist rund. Katalog zur Fußballausstellung im Gasometer Oberhausen, Essen 2000, S. 187.
20 Scherer 1999, S. 287.

21 Dazu ausführlicher: Jan Buschbom / Erik Eggers, »›So wird ein guter Sportsmann gewöhnlich auch ein guter Staatsbürger sein.‹ Deutsche Juden in den bürgerlichen Sportvereinen der Weimarer Republik – Das Fallbeispiel Tennis Borussia Berlin«, in: »SportZeiten« (2003)1, (i. Dr.)
22 Vgl. auch den Beitrag: Vergessene Wurzeln – Jüdischer Fußball in Berlin in diesem Band.
23 Ernst Werner: Ereignisse und Persönlichkeiten, in: Deutscher Fußball-Bund (Hrsg.), 75 Jahre DFB. Eine Festschrift des Deutschen Fußball-Bundes, München 1975, S. 90-92.
24 So diskriminierte Werner etwa den österreichischen Verbandskapitän Meisl in einem Bericht nach dem FIFA-Kongress 1928 in Amsterdam mit antisemitischen Klischees; siehe auch den Beitrag: Hugo Meisl – der Visionär und sein Wunderteam in diesem Buch.
25 Verfasser wirkte seinerzeit mit an der Ausstellung.
26 Vgl. Margit Rehn: »Beim DFB bestand eine Schwäche für Nazi-Parolen«, in: »Frankfurter Rundschau« vom 21. August 2002.
27 So wurde dem Verfasser seitens des DFB der Archiv-Zugang verwehrt, nachdem einige kritische Presseartikel des Verfassers teilweise heftige Gegenreaktionen von DFB-Funktionären hervorgerufen hatten.
28 Begleitbuch dazu: Gerd Dembowski / Jürgen Scheidle (Hrsg.): Tatort Stadion. Rassismus, Antisemitismus und Sexismus im Fußball, Köln 2002.
29 Angeführt wurden folgende Zitate des DFB-Präsidenten: »Was wird aus der Bundesliga, wenn die Blonden über die Alpen ziehen und stattdessen die Polen, diese Furtoks und Lesniaks, spielen?«; »Wenn beim Spiel gegen Cottbus nur zwei Germanen in den Anfangsformationen stehen, kann irgendetwas nicht stimmen.«; »Hätten wir 1918 die deutschen Kolonien nicht verloren, hätten wir heute in der Nationalmannschaft wahrscheinlich auch nur Spieler aus Deutsch-Südwest.« Zitate entnommen aus: Dietrich Schulze-Marmeling: »Wie DFB-Präsidenten sich um Kopf und Kragen redeten und doch in Amt und Würden blieben«, in: »Tagesspiegel« vom 20. Januar 2002. Mayer-Vorfelder entgegnete auf die große Kritik, alle Zitate seien »aus dem Zusammenhang gerissen worden«. Da sei die Frage erlaubt: Aus welchem?
30 Ebenda.
31 Zitiert ebenda.
32 Weitere Details in: Brücke Sport. Der Beitrag des Sports zur deutsch-israelischen Verständigung. Katalog zur Ausstellung des Deutschen Sportmuseums anlässlich der Woche des Sports 1998, Ruhrfestspiele 1998, (o.O.) (1998). Der DFB konnte auf Anfrage leider keine weiteren Informationen zur Verfügung stellen.
33 Heinrich 2000, S. 221.
34 Wulzinger 2000.
35 Vgl. ebenda, S. 217.

Teil II

International

Jugendmannschaft von Hakoah Wien, 1919.

Michael John

»Körperlich ebenbürtig...« Juden im österreichischen Fußballsport

In Wien datiert die erste Gründung eines Fußballvereins in das Jahr 1894, Baron Rothschild galt als Unterstützer des »First Vienna Football Club«, kurz Vienna.[1] In der Habsburgermonarchie waren die Bedingungen für Juden im Fußballsport günstiger als im deutschen Kaiserreich – lebten im mitteleuropäischen multinationalen Staat doch wesentlich mehr Juden als im Nachbarland. Das Reservoir für Spieler, ebenso wie für Zuschauer und Funktionäre war daher weit größer. In beiden Staaten galt jedoch eine wichtige Grundvoraussetzung – die neue Sportart Fußball war nicht von der alteingesessenen deutschnationalen Turnbewegung dominiert. Bürgerlich-kleinbürgerlich geprägt, war der Fußballsport damals etwas Besonderes, kein Massensport, und bildete zu einem bestimmten Grad einen gesellschaftlichen Freiraum, ebenso wie andere damals neue Sportarten (Schwimmen, Hockey, Eishockey, Wasserball). Präsident des altösterreichischen Fußballverbandes war Ignaz Abeles, ein aus Prag stammender, in Wien lebender assimilierter Jude. Nach den vorliegenden Quellen gab es gegen ihn in seiner Funktion keine Einwände oder Widerstände. Während seiner Präsidentschaft wurden in Österreich Meisterschaften nach englischem Beispiel eingerichtet.

1909 wurde in Wien der Sportverein Hakoah (= hebräisch für Kraft) gegründet. Ziel war das Training der physischen Kräfte der Juden und damit verbunden die Stärkung des Selbstwerts. Die Gründung der Hakoah war einerseits eine Reaktion auf den damals bereits rassistisch argumentierenden Antisemitismus, der Juden auch im Sport massiv diskriminierte. Andererseits war sie charakteristisch für den Einstieg jüdischer Sportler und Funktionäre in vergleichsweise innovative Sportarten.[2] Hakoah stand innerhalb des Judentums für eine zionistische bzw. jüdisch-nationale Linie, bezog sich auf das »Muskeljudentum« und wandte sich im Sinne des Zionisten und Arztes Max Nordau (1849-1923) gegen »Degeneration und Entartung«. Wohl nicht zufällig war der Mitbegründer und Hakoah-Präsident Dr. Josef Körner ebenfalls Arzt. Das frühe Engagement von Juden in diversen »harten«, »männlichen« Kampfsportarten hing wohl auch damit zusammen, dass man glaubte, damit dem sowohl in der Mehrheitsgesellschaft als auch im Judentum selbst verbreiteten Klischee der »Effeminisierung« des jüdischen Körpers nachhaltig entgegenzuwirken.[3]

Fußball wird zum Massensport

Auf dem Gebiet der Monarchie waren 1918/1919 eine Reihe neuer Staaten entstanden. Vor allem im einstigen Zentrum Österreich herrschte in den 1920er und 30er Jahren eine wirtschaftliche und politische Dauerkrise. In dieser Situation war der Antisemitismus zu einem Massenphänomen und merkbar aggressiver geworden. Der deutschnationale Antisemitismus wurde ergänzt vom Antisemitismus hunderttausender Zuwanderer aus den nicht-deutschsprachigen Gebieten der Monarchie, die im postmonarchistischen Österreich mit Chauvinismus und Judenfeindlichkeit den »Makel« ihrer Herkunft zu kompensieren trachteten. Dazu kam noch der wirtschaftliche Antisemitismus des Mittelstands, aber auch vieler Arbeiter, die den Klassenkonflikt durch die antijüdische Brille betrachteten. Dies alles wirkte sich in den Stadien aus, Fußball war mittlerweile zum Massensport geworden. Früher ein »Herrenspiel«, stellte das Ballspiel nach dem Ersten Weltkrieg nun eine Sportart dar, die nicht mehr Hunderte oder Tausende, sondern Zehntausende anzog.

Der Zeitgenosse Fritz Lövinger fasste seine neuen Eindrücke vom Wiener Fußballplatz Anfang der 20er Jahre zusammen – einige Fragmente daraus: »Als ich im verlaufenen Sommer auf einem von fünfzigtausend Zuschauern umsäumten Spielplatz stand, auf dem es brodelte und gärte wie in einem Hexenkessel, als ich die gereckten Hälse, die gestielten Augen und die weit offenen Münder sah … austoben … Zehntausende, die willenlos, ohne selbstständig zu denken, im Banne des Spieles stehen.«[4] Zweifellos kontrastierte das Geschehen auf dem Fußballplatz nun stark mit demjenigen aus der Zeit der Habsburgermonarchie. Bürgerliche Kreise sprachen von »Unkultur«. Emotion und Krakeel zehntausender Zuschauer waren zum einen in gewisser Form eine Kompensation der Frustration der Kriegsjahre, wie sie auch einen Versuch zur Selbstfindung der Massen darstellten.⁵ Sie richteten sich gegen jeglichen Gegner, die vorhandenen Emotionen wurden durch den weit verbreiteten Antisemitismus jedoch zusätzlich angeschärft.

Die »Wiener Morgenzeitung« berichtete im November 1923 über Ausschreitungen auf dem Fußballplatz: »Was sich z.B. beim letzten Spiel Admira - Hakoah zugetragen hat, übertrifft alle noch so fantastischen Vorstellungen. Schimpforgien, in denen das Wort ›Saujud‹ immer wiederkehrte, und wilde Drohungen konnte man von allen Seiten vernehmen. Es vergeht fast kein Wettspiel, bei dem die Hakoahner nicht in der niedrigsten Weise beschimpft und bedroht werden. Auf dem eigenen Sportplatz in der Krieau muss eine Kolonne berittener Wachleute aufgeboten werden, um die Zuschauerhorden in die Schranken zu weisen.«⁶ Einige Monate zuvor war bereits Hakoah-Präsident Körner von einem antisemitischen Spieler des Wiener-Association-Football-Club tätlich angegriffen worden. Beim Spiel Wörgl gegen Hakoah Innsbruck kam es in der Tiroler Kleinstadt zu Beschimpfungen der Hakoah-Mannschaft; als zwei jüdischer Spieler verletzt und die Drohungen des Publikums immer stärker wurden, traten die Innsbrucker ab.⁷ Das Match zwischen dem zionistischen Verein Hasmonea und Josefstädter S.F. in der Wiener 2. Klasse wurde infolge von Spieler- und Zuschauerausschreitungen abgebrochen und zugunsten von Hasmonea gewertet.⁸

Die sich wiederholenden Anfeindungen und Ausschreitungen wurden von einem Teil der österreichischen Sportpresse durch wiederholte antijüdische Witze und Auslassungen begleitet. Eine der wichtigsten Sportzeitungen, das »Wiener Sport-Tagblatt«, richtete eine antisemitische Kolumne ein, in der zwei Juden namens Schatzinger und Schmonzides auftraten. Der »Sport-Papagei« stand dem mit seiner Kolumne über den ständig jiddelnden »kleinen Moritzl« nur wenig nach. Neben rassistischen Anspielungen waren immer wieder Behauptungen zu lesen – und auch sozialdemokratische Zeitungen stimmten hierin überein –, dass es »jüdischen Spielern nur ums Geld ginge«, »sie seien reich«, »die meisten Juden seien unsportlich«, die Leistungen bei der Maccabiade eigentlich lächerlich. Karikaturen, in denen ungeschickte, oft dickbäuchige Juden gezeigt wurden, erschienen regelmäßig.⁹

In Wien umfasste die jüdische Bevölkerung in den 20er und 30er Jahren bis zu 200.000 Personen, so dass es durchaus eine Gegenszene gab. Auch für Juden wurde Fußball zum Massensport mit dem Interesse eines Massenpublikums. Fokus der Auseinandersetzungen im Fußballsport zwischen Juden und der Mehrheitsbevölkerung waren die deklariert jüdischen Mannschaften. In erster Linie waren dies Hakoah Wien, Hakoah Graz, Hakoah Linz (Oberösterreich), Hakoah Innsbruck, Hasmonea, Hakadur, Hechawer, Jordania, Unitas und Kadimah (= hebräisch für: Vorwärts). Hakoah Wien war der bei weitem größte Verein, der auch im Mittelpunkt der Sportöffentlichkeit stand. Im Zeitraum 1919-27 war die Fußballsektion der Hakoah ziemlich elitär ausgerichtet, was die Leistungen anlangte. »Damals«, so der Schriftsteller und Alt-Hakoahner Friedrich Torberg, »war die Fußballsektion von der sportbegeisterten, jüdischen Jugend Wiens so überlaufen, dass sie zeitweilig keine neuen Mitglieder aufnahm. Wer unbedingt in einer jüdischen Mannschaft Fußball spielen wollte, musste mit einem der zahlreichen unterklassigen Klubs vorlieb nehmen.«[10] Hasmonea, Kadimah und Hechawer galten als Reservoir der Hakoah. Die zionistischen bzw. jüdisch-nationalen Vereine waren Mitglied des Jüdischen Sport- und Turnverbandes Österreichs und dieser war Mitglied des Makkabi-Weltverbandes. Jüdische Mannschaften spielten in Österreich u.a. im Rahmen der »Menorah-Konkurrenz« gegeneinander.[11]

Aus dem liberalen (assimiliert-jüdischen und nicht-jüdischen) Bürgertum stammten eine Reihe von Zentralfiguren jener Form der Fußballkultur, die, wie gerne zitiert wird, mit »Elementen der Boheme und Kaffeehauskultur durchsetzt war« und eng mit Theater, Journalismus und anderen Kultursparten verbunden war. Poesie, Essays, intelligente Bonmots wurde in diesen Kreisen Fußballinteressierter in großer Zahl produziert. Friedrich Torberg (Hakoahner und fanatischer Austria-Fan, ein Sonderfall), der über den Austria-Spieler Matthias Sindelar ein bekannt gewordenes Gedicht geschrieben hatte (»Ballade auf den Tod eines Fußballspielers«), Hugo Meisl, Bankbeamter, Kaffeehausbesucher, österreichischer Teamchef sowie die Essayisten Alfred Polgar und Anton Kuh sind in diesem Zusammenhang zu nennen. Im Mittelpunkt dieser Szene stand die Wiener Austria, früher Amateure Sportklub. Im weitesten Sinn gehörten auch der älteste Wiener Fußballverein, Vienna, hierzu, mit weitem Abstand vielleicht auch noch der Verein Libertas unter dem Präsidenten Josef Gerö.[12] Die Trennlinien waren jedoch nicht scharf, auch eine Reihe von Hakoah-Mitgliedern und -fans kann in diesem Zusammenhang genannt werden. In der zeitgenössischen Diktion galten beide, Hakoah wie Austria, als City- oder Kaffeehausklubs.

Stickiger Kaffeehausdunst?
Sportklub Amateure/Austria Wien

Schon 1894 gründete der »Vienna Cricket Club« eine Fußballsektion. Nach Streitereien innerhalb der Cricketer kam es 1910/1911 zu einer Neuformierung. Im März 1911 trat eine Abspaltung der Cricketer, der Wiener Amateur Sportverein (kurz »Amateure«) an die Öffentlichkeit. Präsident Erwin Müller war assimilierter Wiener Jude. Dem Vorstand gehörte damals der spätere Trainer des österreichischen »Wunderteams« der dreißiger Jahre, Hugo Meisl (1881-1937) an. Meisl agierte auch als Sportchef der Amateure. Sein Bruder Willy Meisl (1895-1968) stand nach dem Ersten Weltkrieg im Tor der Amateure (nach der Beendigung seiner Tormannkarriere wurde Willy Meisl in Berlin zu einem der bekanntesten deutschen Sportjournalisten, bevor er vor den Nationalsozialisten nach England flüchtete).[13] Später wurde der Arzt Emmanuel »Michl« Schwarz Präsident des Vereins.

1933 holte Austria Wien den Mitropa-Cup. Der ungarische Verbandspräsident Moritz Fischer (links) überreicht als Vorsitzender des Mitropa-Komitees den Pokal an Mannschaftskapitän Walter Nausch. In der Mitte Austria-Präsident Michl Schwarz.

Im November 1926 nahmen die Amateure den Namen F.K. Austria Wien an. Amateure bzw. Austria Wien war mit der Aura des assimilierten, liberal gesinnten Bürgertums und des Intellektuellenvereins umgeben, es spielten Juden in der Mannschaft, ebenso wie es jüdische Spitzenfunktionäre gab. Antisemitische Vorkommnisse ereigneten sich auch im Zusammenhang mit Amateure-/Austria-Spielen, allerdings nicht regelmäßig; noch seltener kam es zu Anfeindungen bei Spielen der Vienna, die ebenfalls als bürgerlich und judenfreundlich galt. Im Gegensatz zu Hakoah stellte Amateure/Austria keinen jüdisch-nationalen, sondern einen integrierten Profiverein dar. Der in den 1920er Jahren bei dem Verein aktive Mittelfeldspieler Karl Geyer, der später jahrzehntelang Austria-Funktionär und schließlich Teamchef der österreichischen Nationalmannschaft werden sollte, zeichnete ein beinahe idyllisches Bild des Vereinsklimas bei den Amateuren: »Es haben Juden und Nichtjuden gespielt, man hat das natürlich gewusst. Dieses Verhältnis war in etwa 60 zu 40. Aber die jeweilige Abstammung war im Spielbetrieb uninteressant. Man war nicht nur Sportkamerad, man war zuerst gesitteter Mensch.«[14]

Dies bedeutete jedoch nicht, dass es die damals üblichen Auseinandersetzungen mit anderen Mannschaften nicht gab: »Wir (die Amateure) haben ja auch Judenklub geheißen, wir waren die Juden, genauso wie Hakoah«, erinnert sich Karl Geyer. »Lustig war, wenn Hakoah gegen Amateure gespielt hat. Die Amateure waren die vornehmen Juden, das waren die großen Geschäftsleute in der Stadt drinnen, die Hakoah hat auch die Semmeljuden, die kleinen Juden gehabt. Und – wenn Hakoah gegen Amateure gespielt hat, da war immer Rivalität. Da ist es auf der Tribüne zugegangen, da sind Juden gesessen, dort Juden, es ist vorgekommen, dass sie sich gegenseitig geschimpft haben.«[15] Auf diese einschlägigen Gegensätze, die tatsächlich mitunter zu physischen Auseinandersetzungen führten, hatte bereits die Hakoah-Vereinsillustrierte hingewiesen.[16] Für dieses Spannungsverhältnis war einerseits der soziale Hintergrund der jeweiligen Klubanhänger verantwortlich, andererseits auch die unterschiedliche Herkunft: assimiliertes eingesessenes Wiener Judentum versus osteuropäische, jüdische Zuwanderer.

Wesentlich ausgeprägter waren jedoch die Friktionen im Zusammenhang mit Vereinen, deren Fans aus der so genannten Vorstadt bzw. aus den Wiener Unterschichten stammten. Wenn Amateure gegen Wacker oder gegen die Simmeringer Mannschaft »Red Star« antrat, dann hieß es: »Da kommen die Juden.« Ähnlich verhielt sich bei den Treffen mit dem österreichischen Rekordmeister Rapid. »Hauts es eini, die Juden, dann sind's

Austria auf England-Tournee. Die Ankunft in Liverpool, u.a. mit den Spielern Jenö Konrad, Sindelar, Nausch und Jerusalem.

dort, wo's hingehören«, hieß es laut Karl Geyer. »Jedes Match. Man hat das zur Kenntnis genommen, mehr nicht.«[17] Im »Illustrierten Sportblatt« formulierte man die Unterschiede zwischen Rapid und Amateure folgendermaßen: »Rapid wurzelt in der Bevölkerung und vernachlässigt den heimischen Boden nie. Die Grün-Weißen sind ein Vorstadtklub im besten Sinne des Wortes.« Demgegenüber wurde Amateure als »Team des Gagenfußballs benebelt vom stickigen Kaffeehausdunst« bezeichnet.[18] Amateure wurde 1920/21 und 1922/23 Vizemeister, gewann in den Saisonen 1923/24 und 1925/26 den Meistertitel, wurde 1921, 1924, 1925 und 1926 Cupsieger.

Tatsächlich standen die Erfolge des Amateure-Sportvereins im Zusammenhang mit hohen Gagen oder – bevor im September 1924 in Österreich als erstem kontinentaleuropäischen Land der Berufsfußball eingeführt worden war – mit so genannten Remunerationen. Amateure konnte sich zu Beginn der 1920er Jahre mit ungarischen Juden verstärken, die zu Hause antisemitische Ausschreitungen des Horthy-Regimes befürchteten. Zuerst waren es die beiden Stars von MTK-Budapest Jenö und Kalman Konrad, die zu Amateure stießen. Jenö Konrad bekam durch die Vermittlung des Vereins eine Bankanstellung mit sicheren Nebenverdiensten; sein Bruder Kalman, ein technisch besonders versierter Spieler, erhielt als Handgeld eine Jahreskarte der Wiener Börse. Zu ihnen stieß wenig später Alfred »Spezi« Schaffer, der »ungekrönte König des kontinentaleuropäischen Fußballs«. Schaffer avancierte binnen kurzem zu einem der Spitzenverdiener der österreichischen Liga.[19]

Erfolge für Hakoah Wien

Vor den damals in Wien dominierenden Fußballvereinen Amateure/Austria, Rapid Wien und Vienna wurde Hakoah in der Saison 1924/25 österreichischer Meister der Professionals im Fußballsport. Dies war der wohl größte Erfolg einer jüdischen Mannschaft im Europa der Zwischenkriegszeit, als Österreich in diesem Sport durchaus kein »Fußballzwerg«, sondern eine führende Fußballnation war. Schließlich gehörten die Hakoah-Fußballer zu einer Minderheit, die zu diesem Zeitpunkt weniger als 3 % der österreichischen Bevölkerung ausmachte (in Wien allerdings 8-10 %). Die Spieler, die den Erfolg errangen, waren ausschließlich Juden, und zwar: Josef Eisenhoffer, Sandor Fabian, Richard Fried, Max Gold, Max Grünwald, Josef Grünfeld, Béla Guttmann, Alois Hess, Max Häusler, Norbert Katz, Alexander Neufeld (Sandor Nemes), Egon Pollak, Max Scheuer, Ernst Schwarz und Jakob Wegner.[20] Der Erfolg wurde überschwänglich gefeiert, die offizielle Meisterschafts-Siegesfeier fand am 18. Oktober 1925 statt, zur Eröffnung spielte das klubeigene Hakoah-Orchester aus Mozarts Entführung aus dem Serail und aus George Bizets Arlesienne.

Im Kommentar der Klubzeitung »Hakoah« wurde zum Meisterschaftserfolg festgehalten, dies sei »die Führung des klarsten Beweises, dass wir Juden auch körperlich jedem andern Volke ebenbürtig sind«. Der Erfolg sei »für unser Volk geschichtlich geworden, wird erst von Späterlebenden voll erkannt und kann nur uns Mitlebenden durch nebensächliche Mißerfolge verkleinert werden... Zum ersten Male gelang es Juden, auch in den schwersten sportlichen Disziplinen zu siegen.«[21] Und angesichts des Zusammentreffens der Siege der Hakoah sowie der Abhaltung des Internationalen Zionistenkongresses und eines Jüdischen Kongressturn- und Sportfestes im August 1925 in Wien hielt die Zeitschrift »Jüdischer Sport« fest: »Aus den verlachten Judenjungen sind nun doch junge Juden geworden. Die Weltorganisation der jüdischen Turner und Sportler ist kein leerer Begriff, ist vielmehr volle Wirklichkeit. Jüdische Würde und jüdisches Selbstbewusstsein sind in guter Hut, die Witzblattfigur des krummbeinigen, ängstlichen, verächtlichen Juden mutet bereits anachronistisch an, seitdem jüdische Siege sonder Zahl von der kraftvollen Durchbildung des jüdischen Leibes beredtes Zeugnis ablegen.«[22]

Im Alltagsleben fanden die feierlichen Würdigungen ihre Entsprechung in der tatsächlich enormen Bedeutung der Fußballerfolge für breite Schichten des Wiener Judentums. Franz Marek, ein ehemals kommunisti-

1925 wurde die Hakoah der erste Profi-Meister in Österreich.

scher Intellektueller aus Wien, hielt dazu in seinen Erinnerungen fest: »Den leidenschaftlichsten Ausdruck dürfte unser (jüdisches, d.V.) Bekenntnis im Sport gefunden haben, in unserer Anhänglichkeit an den Sportklub Hakoah. Wir kannten jeden Star in allen Sparten, im Langlauf, im Hockey, im Schwimmen, im Wasserball – aber Enthusiasten waren wir vor allem im Fußball. Jahrelang habe ich Sonntag kein einziges Match versäumt, durch ganz Wien bin ich zu Fuß gelaufen, um dabei zu sein; bei jedem Platz gab es entweder eine Grube, durch die man hineinkriechen, ein Klo, einen zerbrochenen Zaun, durch den man sich hineinschmuggeln konnte. Manche Ordner ließen Kinder nach der Halbzeit hinein. Mein Vater ging zu jenen Plätzen, wo man durch ein Loch hineinschauen konnte oder von einem Hügel wenigstens ein Tor sah: Die Eigenheiten jedes Spielers kannte er genauso gut wie ich. Ihre Erfolge waren Labsal gegen den penetranten Antisemitismus, dem wir täglich begegneten.«[23]

Kritiker hielten der Hakoah vor, ihren Fußballerfolg vor allem ausländischen Fußballprofis zu verdanken.[24] Bei Hakoah wurden ebenso wie bei Amateure einige aus Ungarn stammende Spieler eingesetzt, die sich aus unterschiedlichen Motiven in Wien befanden. Dass sich der Ungar Eisenhoffer beschneiden ließ und zum Judentum übertrat, um als Professional bei Hakoah spielen zu können, hat wohl die kritischen Stimmen bestärkt.[25] Eisenhoffer war aber eine Ausnahme, ansonsten handelte es sich um jüdische Spieler aus Budapest, darunter Béla Guttmann, einer der besten Mittelfeldspieler seiner Zeit, der 1921 von MTK Budapest zu Hakoah stieß.[26] Ein absoluter Spitzenspieler war auch der aus Budapest stammende Sandor Nemes, der schon lange in Wien lebte, schließlich seinen Namen zu »Neufeld« entmagyarisierte und österreichischer Staatsbürger wurde. Den Hakoah-Topstar hat man folgendermaßen beschrieben: »Nemes, der, wenn er den Ball in den leeren Raum vorgelegt bekam, dank seiner eminenten Schnelligkeit die Gegner distanzierte und direkt dem Tor zustrebte… Nemes war also kein Vermittler, der dem Innensturm Chancen schuf, sondern er war ein Exekutivorgan.«[27] Schließlich ist für den sportlichen Aufstieg Hakoahs ab 1919 der kraftvolle Sturmtank Iszo Gansl zu nennen, der allerdings in der Meistermannschaft nicht mehr aktiv war. Über Gansl heißt es in einer Erinnerungsschrift aus dem Jahre 1923 – auch hier wurde die Ausländer-Problematik deutlich, indem man schrieb: »Wiewohl Budapester von Geburt, ist Gansl doch als Wiener zu werten… Iszo Gansl war einmal die Verkörperung der Hakoah… Gansl ist Filialleiter eines Pelzhauses und der erklärte Liebling des Klubs. Was die Jugend Galiziens und der Bukowina bei der Tournee der Hakoah mit Gansl an überschwänglicher Verehrung aufführte, wollen wir, um den anderen Fußballern Wiens nicht lange Zähne zu machen, hier lieber nicht erzählen.«[28]

Die Hälfte des Hakoah-Meistermannschafts-Kaders bestand aus österreichischen Juden. Sie hatten vor dem Beitritt zu Hakoah bei unterklassigen Vereinen gespielt wie beispielsweise bei dem Leopoldstädter Klub Romania. Die Hakoah-Spieler Häusler, Halpern, Scheuer und Grünwald hatten noch vor dem Ausbruch des Ersten Weltkriegs das Fußballspielen auf den Praterwiesen erlernt. Moses, genannt Max Häusler, avancierte unter seinem Spitznamen »Mosch Katz« zum Stürmerstar. Er wurde auch im österreichischen Nationalteam eingesetzt, ebenso wie Egon Pollak, Max Grünwald, Richard Fried und Alexander Neufeld (Nemes).[29] Max Häusler ließ sich nicht ohne weiteres antisemitische Äußerungen gefallen, sondern klagte auf Ehrenbeleidigung. Als ihm ein Schiedsrichter »jüdische Manieren« nachsagte, klagte er und behielt Recht.[30] Häusler wurde auf dem Spielfeld als ausgezeichneter Techniker, schussstark, jedoch als Vermeider von Zweikampfsituationen beschrieben – ein früher Sindelar sozusagen. Auch Fritz Kohn war ein wesentlicher Leistungsträger der Hakoah. Der Wiener aus bürgerlichem Milieu, der früher beim Upper-Class-Verein Athletik Sportclub spielte, änderte seinen Namen auf Kerr, galt als Taktiker und wurde als »einer der intelligentesten Spieler Wiens« bezeichnet. Er war beim Erfolg gegen Westham United dabei.[31]

Neben dem Titel im Fußballsport wurde Hakoah 1925 österreichischer Meister im Hockeysport; Ringer und Schwimmer errangen Einzeltitel. Dabei wurden auch die Erfolge der Schwimmerinnen gefeiert, an sich damals keine Selbstverständlichkeit. Hakoah förderte definitiv den Frauensport; zur Gründung einer Damen-Fußballmannschaft kam es allerdings nicht. Dies scheiterte nicht daran, dass man Frauen »harte« Sportarten nicht zutraute: Bereits 1925 war eine Damen-Handballmannschaft aufgestellt worden und Anfang der dreißiger Jahre war eine Damen-Hockeymannschaft aktiv.[32]

Hakoah war bereits in den frühen 1920er Jahren ein professioneller Verein, der in den Sektionen Fußball und Hockey systematisches Training förderte, internationale Tourneen veranstaltete, Werbeverträge abschloss und Sponsoren suchte, Spieler vermittelte, verkaufte und kaufte. Der Verein verfügte über erhebliche Geldmittel, einige Fußballer verdienten bei Hakoah hohe Gagen. Andererseits waren bei diesem Verein tausende Mitglieder eingeschrieben, in einer ganzen Reihe von Sektionen. Ehrenamtliche Funktionäre und Sektionsleiter rackerten sich ab, um die Vereinsziele zu erreichen, voran der unermüdliche Präsident Josef Körner und der Fußball-Sektionsleiter Arthur Baar, der 1927 bis 1938 auch als Vizepräsident der Hakoah wirkte.[33] Die Spieler waren jedoch nicht nur durch hohe Geldsummen motiviert, sondern hatten auch andere Beweggründe für ihren großen Einsatz.

Es gibt Hinweise, die die Vermutung nahe legen, dass die Hakoah-Spieler beim Gewinn des Meistertitels 1924/25 »übermotiviert« waren. Wir kennen dieses Phänomen aus Beispielen jüngeren Datums (1954: Deutschland, Österreich; 1990: Deutschland, Wiedervereinigung; 1998: Kroatien). Zur »normalen«, üblichen Motivation, die die Spieler aufweisen, tritt in diesem Fall eine zusätzliche. Diese kann ethnisch, national, sozial oder in einer anderen spezifischen Form begründet sein. Im Fall der Hakoah ging es eben darum, bei der ersten professionellen Meisterschaft zu zeigen, dass Juden in diesem Sport nicht unterlegen, sondern womöglich besser als die anderen Mannschaften waren. Zudem galt es auf dem Spielfeld den üblichen Antisemitismus ad absurdum zu führen. Dies führte dazu, dass die Hakoah-

Mannschaft, geführt von zwei genialen Regisseuren, für einen gewissen Zeitraum über sich hinauswuchs.

Die Fähigkeit zur extremen Motivation wurde etwa im September 1925 deutlich. Hakoah spielte als amtierender österreichischer Meister in Wien gegen den tschechoslowakischen Meister Slavia Prag. Hakoah konnte einen 0:4- und 1:5-Rückstand aufholen und in einen 6:5-Erfolg umwandeln. Dazu berichtete die »Wiener Morgenzeitung« in der Sprache ihrer Zeit: »Unvergesslich wird jedem der 20.000 der Verlauf des gestrigen Zusammentreffens zwischen Hakoah und Slavia sein. Das war mehr als Spiel und Sport, das war ein erbittertes Ringen der jüdischen Mannschaft gegen das Glück, das auf Seiten der Tschechen war, das war der Kampfgeist einer bis zur Ekstase des Könnens und des Siegeswillens getriebenen jüdischen Elf, die in grandiosem, auf Wiener Boden noch nicht gesehenem Finish den Sieg an sich riss.«[34]

Neben dem Meistertitel erlangte Hakoah Wien internationale Resonanz auch durch einige Auslandstourneen. Hakoah unternahm im Winter 1923/24 und 1924/25 jeweils eine Ägypten-Palästina-Tournee. Die Wiener Mannschaft brach 1926 und 1927 ferner zu zwei ausgedehnten USA-Reisen auf, zu einem Zeitpunkt, als diverse Manager versuchten, Soccer in den USA populär zu machen. Obgleich der Fußballsport in den USA bereits 1884 eingeführt worden war, ist der Durchbruch zum Massensport in diesem Land nicht gelungen. Verbunden mit einer Werbekampagne konnte Hakoah Wien in New York jedoch kurzfristig ein Masseninteresse stimulieren. Zum Spiel der ASL-Auswahl (American Soccer League) gegen Hakoah kamen 1926 46.000 Zuschauer, eine für die USA sensationelle Zuschauerzahl. Nach einem 4:0-Sieg gegen eine New Yorker Stadtauswahl wurde Hakoah Wien von Bürgermeister Walker in das New Yorker Rathaus eingeladen. In der Folge wurden aus dem Hakoah und dem Austria-Kader 1926-28 insgesamt 15 Spieler allein bei den beiden Mannschaften New York Giants und Brooklyn Wanderers engagiert.[35]

Akzeptanz und Ambivalenz

Ein Beobachter des Fußballsports aus der Tschechoslowakei publizierte im Jahre 1924 folgende Überlegungen: »Ein Kapitel für sich bildet die Frage, ob der Fußballsport den Antisemitismus verringert habe. Ich verneine sie... Der Fußballsport ist beim jüdischen Volke sehr beliebt und die Wiener ›Hakoah‹ und die Brünner ›Makkabi‹ können auf ganz hervorragende sportliche Leistungen zurückblicken. Hervorragende Leistungen von Juden sind jedoch nie geeignet gewesen, den Antisemitismus zu verringern (Einstein!). Kann jemand so naiv sein zu glauben, dass diese Tatsache just durch den Fußballsport ad absurdum geführt würde? Glaubt z.B. in Brünn ein nüchtern denkender Jude daran? Dort weiß ja jedes Kind, dass die Brünner Makkabi durchwegs aus sehr gut bezahlten ›Fußballbeamten‹ aus Budapest besteht, dass also ihre Erfolge gekauft sind. Eine Tatsache, welche den Antisemitismus eher fördern als vermindern wird. Aber wenn es sich auch um lauter einheimische Juden handelte, die nicht honoriert werden, so würde die antisemitische Stimmung bei Wettspielen, welche die Juden gewinnen, keine andere sein, als dies jetzt der Fall ist.«[36]

In Wien deckt sich die obige Einschätzung mit den empirischen Quellen nur teilweise. Parallel zum Antisemitismus, der in erster Linie Hakoah und Amateure/Austria betraf und der in den 1920er Jahren auch unter dem Gesichtspunkt gesehen werden muss, dass unorganisierte Gewalt auf den Fußballplätzen zur Alltäglichkeit geworden war, existierte gegenüber im Fußballsport erfolgreichen Juden auch eine gewisse Akzeptanz. Als beispielsweise Hakoah am 3. September 1923 in London als erste kontinentaleuropäische Mannschaft Westham United schlug, jubelten auch Blätter, die der jüdischen Mannschaft ansonsten fern standen. Als die Mannschaft aus England zurückkam, standen tausende begeisterte Wiener in der Mariahilfer Straße Spalier, um die Spieler zu begrüßen.[37] Bereits ein Jahr davor, als Westham United zu einem Freundschaftsspiel nach Wien gekommen war, hatten rund 40.000 Zuschauer den Hakoah-Platz vollständig überfüllt; die Anhängerschaft des jüdischen Vereins hatte damals 8.000 bis maximal 10.000 Personen betragen.[38] Bei dem unerwarteten 6:5-Erfolg gegen Slavia Prag (wie erwähnt, war ein 1:5-Rückstand umgedreht worden) jubelten mehr als 20.000 Zuschauer für Hakoah. Im Zusammenhang mit international beachtlichen Erfolgen wurde in der Vereinszeitung regelmäßig eine Sammlung von Pressestimmen präsentiert, darunter auch Artikel aus antisemitischen Blättern, die über die Erfolge der jüdischen Mannschaft berichteten und sich mitunter anerkennend äußerten.[39] Die jüdischen Fußballspieler waren auf jeden Fall in den 1920er Jahren, teilweise auch in den 1930er Jahren akzeptierter Bestandteil einer noch existierenden mitteleuropäischen Sport- und Fußballkultur.[40]

Auch auf der Funktionärsebene war jahrelang eine gewisse Akzeptanz gegeben. Vienna wurde beispielsweise erfolgreich von dem Managerduo Neumann-Friedmann geleitet, »Michl« Schwarz galt als verdienter und kreativer Klubpräsident von Austria Wien, ohne dass Animositäten laut wurden. Sein Freund Josef Gerö, ein Jurist jüdischer Herkunft, war von 1927-1938 Wiener Fußballpräsident, dass Antisemitismus ihn bei seinem Job behinderte, ist nicht bekannt. Schließlich war auch der bereits erwähnte Ignaz Abeles am Beginn der Zwischenkriegsjahre (1918-1922) Präsident des Österreichischen Fußballverbandes gewesen. Antisemitische Anfeindungen wurden schon viel häufiger gegenüber dem österreichischen Teamchef Hugo Meisl geäußert, der als Coach jedoch zu den besten in Österreich gehörte und lange Jahre zu den höchsten Funktionären des Österreichischen Fußballverbandes zählte. Auf dem internationalen Parkett war Meisl als fähiger Funktionär unbestritten und wurde von einer breiten Öffentlichkeit akzeptiert.[41] Über ungewöhnliche Formen dieser ambivalenten Akzeptanz, insbesondere was die Anhängerschaft aus den Wiener Vorstadt- und Arbeiterbezirken anlangte, hat Friedrich Torberg den berühmt gewordenen Essay »Warum ich stolz darauf bin« (»Hoppauf Herr Jud«) geschrieben.[42]

Schließlich wird gerade durch die Arbeiten Torbergs und auch anderer deutlich, dass in den zeitgenössischen Auseinandersetzungen bis zu einem gewissen Grad der traditionelle, häufig auch gegen Fremde und Fremdes gerichtete »Wiener Schmäh« eine Rolle spielte. Wissenschaftler sprechen vom »Antisemitismus als kulturellem Code« und meinen damit, dass er nicht Handlungsanleitung zu konkreten antijüdischen Tathandlungen, sondern in erster Linie symbolisch gewesen sei. In Österreich und insbesondere in Wien hat dieser »Code« einen Namen, der »Schmäh« heißt, ein Wort, das u.a. Aussagen bezeichnet, die nicht zu 100% ernst gemeint sind.[43] Dieser oft wenig sympathische, mitunter bissige und grenzwertige eigenwillige Humor war eine Realität, der sich im Österreich der Zwischenkriegszeit alle Seiten bewusst waren.[44] Es war vermutlich nicht nur der Vergleich mit den nationalsozialistischen Jahren, sondern auch die Einschätzung als »Schmäh« und »Hetz«, die sich ein Teil der Wiener Bevölkerung bei judenfeindlichen Äußerungen zu Eigen mache, die eine Reihe von Zeitzeugen zu einer eingeschränkten Wahrnehmung des zeitgenössischen Antisemitismus veranlasste.[45]

Wirtschaftskrise und 1930er Jahre

Im Meisterjahr der Hakoah und auch im Jahr danach wurde kaum über antisemitische Vorkommnisse berichtet; als aber der Verein in den Abstiegskampf geriet, kam es wieder zu Ausschreitungen. Bei einem Spiel Sportklub

Hakoah-Spieler beim Kopfballtraining. Zweiter von rechts: Béla Guttmann.

gegen Hakoah im Jahre 1927 berichtete die sozialdemokratische »Arbeiter-Zeitung«, eigentlich Hakoah aufgrund des »kapitalistisch-bürgerlichen« Spielbetriebs nicht wohlgesonnen, folgendes: »Auf dem Sportplatz tauchten auf einmal Visagen auf, denen man sonst dort nicht zu begegnen pflegt: Schmisse, Windjacken, Feldkappen und sonstige deutschnationale Abzeichen. Die Leute hatten vom Fußballmatch keine Ahnung... Kaum war der Schiedsrichter erschienen, als dieser harmlose Mann mit wüsten ›Saujud-Rufen‹ empfangen wurde. ›Vazupf di nach Galizien, ostjüdisches Schwein!‹. Aber das war nur der Anfang. Das Spiel begann und fast jede Aktion der Hakoahleute wurde von den antisemitischen Banden begleitet: ›Jüdischer Bankert!‹ ›Binkeljud‹, ›Auf nach Zion‹, ›Tret't's dem Hebräer 'n Bauch 'nein‹, ›Wann die g'winnen, gibt's an Pogrom!‹«[46]

In den 1930er Jahren nahm der Antisemitismus im Zuge der Auswirkungen der Weltwirtschaftskrise in Österreich neuerlich zu. Berichte über antisemitische Ausschreitungen, die sich in den 1920er Jahren dutzende Male wiederholten, fehlten im Fußballsport in diesen Jahren allerdings weitgehend. Es wäre möglich, dass sich die Art der Berichterstattung geändert hat; dem steht entgegen, dass in anderen Sportarten durchaus über Antisemitismus berichtet wurde. Aus diesen Berichten weiß man auch, dass an die Stelle eines oft unorganisierten Radau-Antisemitismus ein wesentlich besser organisierter trat: Die politisch erstarkenden Nationalsozialisten machten sich auch bei Sportereignissen bemerkbar. Nationalsozialistische Zeitungen hetzten gegen jüdische Spieler und Funktionäre.[47] Auf den Universitäten verfolgten bis 1933 nationalsozialistische Aktivisten jüdische StudentInnen und verletzten sie bei physischen Auseinandersetzungen auf Hochschulboden.[48]

Ab 1933/34, als die Demokratie in Österreich ausgeschaltet worden war, sind zumindest in den ersten Jahren des aus einem christlich-sozialen Regierungsdiktat hervorgegangenen autoritären »Ständestaat«-Regimes, das eine Konkurrenzdiktatur zum Nationalsozialismus darstellte, offen antisemitische Manifestationen auf den Sportplätzen als verbotene, illegale nationalsozialistische Betätigung geahndet worden. Die NSDAP war in Österreich im Juni 1933 verboten worden. Der als antisemitisch geltende Verein Sportklub – ein Wiener Verein, der vor 1938 einen informellen »Arierparagrafen« einhielt und sich als »deutschchristlich« bezeichnete – stand unter Beobachtung, wurde unter Druck gesetzt und zur Zurückhaltung genötigt.[49] Insgesamt wurde in den »Ständestaat«jahren ambivalent agiert: Zum einen hat man einige als antisemitisch auszulegende Maßnahmen gesetzt, zum anderen galten jüdische Institutionen und Wirtschaftstreibende dem Regime als wichtige Verbündete gegen den Nationalsozialismus. Es war die seltsame Situation entstanden, dass eine genuin antisemitische Bewegung wie die christlich-soziale nun – im Rahmen des an Italien angelehnten »Ständestaats« – den Schutz der staatsbürgerlichen Rechte der Juden in Österreich garantierte. Eine brüchige Garantie, wie sich im März 1938 zeigte, aber immerhin.

Karl Haber, langjähriger Vizepräsident der Hakoah, schildert die Situation in der Zeit des »Ständestaats« (1934-38) folgendermaßen: »Es wäre falsch zu glauben, die Wiener Sportszene hätte (damals) nur aus Antisemiten bestanden. Es gab Vereine, zu denen wir gute Beziehungen hatten... und in den meisten Sportarten haben sich die Aktiven durchaus fair verhalten. Bei den Einzelsportarten hat es kaum Auseinandersetzungen gegeben...

Tätlichkeiten hat es allerdings bei den Mannschaftssportarten gegeben. Es wurde von vornherein schärfer gespielt, und wenn es in einem normalen Spiel nach einem Foul hieß: ›Pass auf, ich geb dir eine‹, hieß es bei uns natürlich ›Saujud‹. Aber wir haben uns nichts gefallen lassen. Wenn antisemitische Äußerungen fielen, haben wir zurückgebrüllt: ›Scheißnazi‹ oder ›Drecksnazi‹ – für uns war ein Antisemit ein Nazi. Und für gefährliche Situationen hatten wir eine Art Solidaritätsschutzdienst, in dem vor allem die Ringer aktiv waren.«[50]

In welcher Situation befand sich Hakoah in den 1930er Jahren, wie war die Lage zionistischer Sportvereine insgesamt? Schon 1928 schrieb Robert Stricker in einem Beitrag der von ihm geleiteten »Neuen Welt«: »In jüdischen Kreisen, weit über Wien hinaus, herrschen Bestürzung und Aufregung… Der jüdische Sportklub Hakoah hat in der heurigen Fußballsaison viele Spiele verloren und ist aus der Meisterklasse gestrichen worden. Und wie seinerzeit der Aufstieg dieses Klubs als ein großer jüdischer Sieg gefeiert wurde, wird heute sein Abstieg als eine jüdische Niederlage beklagt.« Stricker selbst sah aufgrund der Niederlage(n) der Hakoah »Anzeichen einer schweren Krise der jüdischnationalen Idee«, ja sogar einer »Verfallserscheinung im zionistischen Leben«.[51] Wolfgang Maderthaner und Roman Horak bezeichnen den Verein Hakoah als »zionistisches Projekt«, sie zitieren zustimmend zeitgenössische Kommentare, die von »Tragödie« und »Zerfall« der Hakoah sprechen. Schließlich ist auch von »Niedergangserscheinungen des Bürgertums« die Rede.[52]

Der Prozess der sozialen Desintegration des Bürgertums und des langsamen Verlusts seiner kulturellen Hegemonie steht für die Zwischenkriegszeit in Österreich außer Frage. Allein Hakoah und die jüdisch-nationalen Sportvereine wiesen in den 1930er Jahren (bis zum »Anschluss« 1938) eine Entwicklung auf, die nicht ohne weiteres mit Krise und Zerfall charakterisiert werden kann. Von einem Scheitern des »zionistischen Projekts« kann bis zur Zerschlagung durch das Deutsche Reich wohl nicht die Rede sein; außerdem kann die zionistische Bewegung in den 1930er Jahren nicht unbedingt als bürgerliche bezeichnet werden. In den Kultusgemeinden, vor allem aber in Wien, wurden der Assimilation verpflichtete Vorstände abgewählt, Zionisten errangen die Mehrheit. In den 1930er Jahren besuchten auch mehr und mehr junge Juden Palästina, die Makkabiaden hatten dazu wesentlich beigetragen. Das erste »jüdische Olympia« hatte 1932 in Tel Aviv stattgefunden, neben Leichtathletik stand vor allem der Fußballsport im Mittelpunkt.[53]

Schließlich förderte der Ständestaat bis zu einem gewissen Grad die zionistische Bewegung. Der Fußballverein Hakoah stieg zwar dreimal aus der obersten Spielklasse ab, stieg aber immer wieder auf. Ausländische Stars hatte man nicht mehr verpflichtet. 1933 wurde Hakoah Achter in der obersten Klasse, man schaffte dies im Wesentlichen mit Spielern aus dem eigenen Nachwuchs. Einige jüdische Aktive dieser Zeit können als Topspieler bezeichnet werden: Donnenfeld, Reich, Mausner oder Ignaz Fischer. Nach wie vor waren viele junge Juden Mitglied der Hakoah, und ab 1934 hatte der Verein Zulauf von jüdischen Arbeitersportlern erhalten, deren Organisationen nach den Februarkämpfen verboten worden waren.[54] Versteht man jedoch unter »zionistischem Projekt« den Versuch, via Sport und Fußball im Besonderen einen eigenen, quasi virtuellen Raum zu konstruieren, der frei von Antisemitismus oder zumindest wesentlich toleranter als die damals existierende Gesellschaft war, dann kann man das Projekt als nicht erfolgreich bezeichnen. Antisemitischer Druck und der Stress der Krisengesellschaft der 1930er Jahre waren mit Sicherheit auch auf dem Fußballplatz spürbar geworden.

Jüdischer Sport und NS-Herrschaft in Österreich

Am 12. März 1938 überschritten deutsche Truppen die österreichische Grenze, in der Folge wurde der »Anschluss« Österreichs an das Deutsche Reich proklamiert. Mit der Entfernung »nichtarischer und undeutscher Elemente« aus dem Sport ganz allgemein und aus dem Fußballsport im Besonderen begannen die neuen Machthaber sogleich. Ein Spezifikum stellten in Wien progromartigen Ausschreitungen dar, die auch auf »Körper« und »Körperlichkeit« rekurrierten. Gerade von illegalen Parteigängern zu Machthabern geworden, zwangen Wiener Nationalsozialisten vor allem ältere Juden und Frauen zu Reibarbeiten auf dem Straßenpflaster; später wurden diese Juden auch zu öffentlichen Turnübungen gezwungen. Als Spektakel inszeniert, wurden die Gewaltakte häufig unter großer Teilnahme der lokalen Bevölkerung durchgeführt. Diese spezifische Ausformung von Judenfeindlichkeit blieb auf Wien beschränkt, im Deutschen Reich registrierte man diese Besonderheit überrascht.[55] Tausende jüdische Männer wurden in den ersten Wochen nationalsozialistischer Herrschaft von Wien aus in das Konzentrationslager Dachau deportiert.

Im April 1938 wurde der Vorstand von Austria Wien seines Amtes enthoben, Präsident Schwarz als Jude festgenommen. Manager Robert Lang musste zur Gestapo, der Verein wurde unter kommissarische Verwaltung gestellt. Der Vereinsname wurde auf SC Ostmark geändert. Im Juli 1938 konnte allerdings die Rückbenennung auf den Traditionsnamen Austria erreicht werden. Die Resultate der Hakoah in der laufenden Meisterschaft wurden annulliert. Sämtliche jüdischen Spieler hat man aus der laufenden Meisterschaft ausgeschlossen. Für eine gemeinsame sportliche Aktivität von Juden und Nichtjuden war im Dritten Reich kein Platz – selbst der Besuch von öffentlichen Bädern war Juden untersagt.[56] Sämtliche den Nationalsozialisten als »Juden« geltende Funktionäre mussten ihre Tätigkeit einstellen. Josef Gerö wurde als Präsident des Wiener Fußballverbandes abgesetzt und in das Konzentrationslager Dachau deportiert (1939 wurde er, so die Fama, nur aufgrund der nachhaltigen Intervention eines hohen italienischen Fußballverbandsfunktionärs freigelassen).[57]

Bald nach dem Anschluss 1938 wurden Sportplatz und Vereinsstätten beschlagnahmt, der Verein Hakoah unter kommissarische Verwaltung gestellt. Gelöscht wurde der Vereinsname 1940, das Vermögen wurde der Zwangsvereinigung »Maccabi Wien, Jüdischer Turn- und Sportverein« überantwortet. Bis zum Winter 1941 betrieb diese Organisation noch Gymnastik-Kurse in einem Lokal in der Praterstraße. Schließlich wurde das Vermögen der Maccabi vom Reichsfiskus beschlagnahmt.[58] Einem verhältnismäßig großen Teil der Hakoah-Mitglieder gelang vor dem Beginn der systematischen Deportationen die Flucht ins Ausland.[59] Für die Fluchtbereitschaft und die erfolgreiche Durchführung der Flucht bei vielen jüdischen Sportlern gibt es eine Reihe von Gründen: »In einem bestimmten Sinne kann man auch sagen, dass der Sport vielen von uns das Leben gerettet hat,« meint Karl Haber, langjähriger Vizepräsident der Hakoah: »Wir waren aktiv, wir hatten kämpfen gelernt, wir wussten 1938, dass wir etwas unternehmen mussten. So sind die meisten Hakoahner rechtzeitig emigriert.«[60]

Ein weiterer Grund war, dass mitunter jüdische Sportler von nichtjüdischen, sogar von nationalsozialistischen Sportlern gewarnt worden waren: »Ich hatte einen Freund, wir haben in unserer Jugend miteinander sehr oft Fußball gespielt«, erzählt der ehemalige Hakoahner und Berufsfußballspieler Ignaz Fischer, geboren 1913. »Er war illegaler Nazi – das wusste ich aber zum Zeitpunkt der Freundschaft nicht –, und später ging er zur SS. Und ich war 1938 in Iglau (Tschechoslowakei), wo ich ein Engagement hatte, und wollte nach Wien zu meiner Familie fahren. Dieser Mann hat mir eine Korrespondenzkarte geschrieben, wobei er mich gewarnt hatte. Als Jude würde man mich festnehmen usw. Er war ein Nazi, der später in einem KZ bei der Wachmannschaft war, also eigentlich ein Schwein!« Später wurde Fischer doch festgenommen und in ein Konzentrationslager deportiert, aber 1938 habe ihn dieser Wiener rechtzeitig informiert.[61]

Selbst während des Zweiten Weltkriegs und in den Konzentrationslagern gab es vergleichbare Vorkommnisse. So beschreibt Fred Schwarz einen gewalttätigen SS-Unterscharführer in einem Konzentrationslager: »Er sieht Feldmann, schnauzt ihn an! ›Vortreten, Namen!‹ ›Ignaz Feldmann‹ ›Beruf!‹ ›Fußballer‹. Plötzlich ist der Sadist ein anderer Mensch. Hat er doch damals in Wien zusammen mit Feldmann in der Meisterschaft und in der Auswahl gespielt. Er war bei der Austria, Feldmann bei Hakoah… Feldmann soll sich melden, wenn wir bei der Baracke sind.« Ignaz Feldmann wurde in der Folge von dem ehemaligen Fußballerkollegen geschützt.[62]

Bei diesen jüdischen Sportlern handelte es sich um gute Sportler, um Leistungsträger und um Personen die auf das bürgerliche Männlichkeitsideal ausgerichtet waren.[63] Es fällt nach derzeitiger Kenntnis der Quellenlage auf, dass fast ausschließlich Männer betroffen waren, und zwar in den Jahren 1938 und 1939. Offenbar hatte sich abseits des Rassenwahns und der politischen Auseinandersetzungen, getragen von den sportlichen Leistungen, eine Form der Akzeptanz und des Respekts herausgebildet, die diese spezifische Beziehungsebene zumindest resthaft ermöglicht hat. Ungeachtet der Betonung antagonistischer Weltbilder in der männerbündischen NS-Welt hatten Rudimente tradierter Werte wie »Männlichkeit« und »Ehrenhaftigkeit«, aber auch ein gewisser Respekt vor »Stärke« den spezifischen Umgang mit jüdischen Leistungssportlern bewirkt.[64]

Diese Besonderheit sollte nicht den Blick darauf verstellen, dass während der NS-Zeit dutzende österreichische Hakoahner und andere jüdische Sportler ermordet oder in den Konzentrationslagern zugrunde gerichtet wurden, wie beispielsweise der ehemalige Nationalspieler Max Scheuer, die Schwimmerin Lisl Goldner oder der bekannte Funktionär Fritz Löhner.[65] Der Fußballspieler Pollak wurde in Auschwitz so gefoltert, dass er seinen Verletzungen erlag. Gefoltert wurde in Auschwitz auch der Hakoahner Norbert Lopper, der als überlebendes Mitglied des Sonderkommandos zur Leichenbeseitigung zu einem wichtigen Zeugen der Shoah wurde. Insgesamt sind mehr als 65.000 österreichische Juden dem Holocaust zum Opfer gefallen, mehr als 120.000 Personen jüdischer Herkunft waren vertrieben worden. »In Wien, wo einmal an die 200.000 Juden gewohnt hatten«, schrieb der Hakoahner Arthur Baar im Jahre 1959, »gab es jetzt weniger Juden als Hakoah im Jahre 1938 Mitglieder gezählt hatte.«[66] Seit den 1950er Jahren hat sich die Zahl der Juden in Österreich nicht wesentlich verändert: Gegenwärtig leben hier etwa 8.000 Juden, in erster Linie im Großraum Wien.

Das komplizierte Verhältnis zu Juden nach 1945

Am 10. Juni 1945 wurde Hakoah Wien offiziell wiedergegründet, mit den Vorbereitungen dazu hatte man bald nach Kriegsende im Mai 1945 begonnen. Die konstituierende Sitzung der Hakoah fand im Café Lechner statt, im Beisein eines sowjetischen Vertreters wurde eine Fußball-, Schwimm-, Leichtathletik- und eine Touristiksektion ins Leben gerufen. Das erste offizielle Spiel der Hakoah wurde Mitte Juli 1945 gegen Wacker Wien ausgetragen.[67] Die jüdische Mannschaft spielte auf dem Platz der »Cricketer«, denn der von der Hakoah gepachtete Platz in der Krieau war von den Nationalsozialisten entschädigungslos eingezogen worden – ebenso wie das gesamte Vereinsvermögen. Es bedurfte eines Vertrages zwischen den USA und Österreich, damit in einem »Joint Settlement Statement on Holocaust Restitution« vom 17. Januar 2001 (!) eine verbindliche Kompensation festgelegt wurde. 2002 erfolgte eine Einigung zwischen der Stadt Wien und der Israelitischen Kultusgemeinde.[68]

Im Vergleich zu Mitgliederzahl und sportlichen Erfolgen wurde Hakoah anfangs in der österreichischen Tages- und Sportpresse viel Platz eingeräumt. So wurde über die »Makkabi-Spiele« im Juli 1946 berichtet, über die Klubmeisterschaften der Hakoah-Schwimmer im Jörgerbad, das erste Turnier der Tischtennis-Sektion und über die Reisen der Fußballmannschaft nach Oberösterreich, Salzburg und Karlovy Vary (Karlsbad). Auch die Neugründung der oberösterreichischen Hakoah ist dokumentiert worden und einige gesellschaftliche Ereignisse wie etwa ein Festabend der Hakoah im November 1947, zu dem Paul Hörbiger, Hermann Leopoldi und Stella Kadmon erschienen waren.[69] Schließlich kehrten auch als Juden vertriebene Funktionäre wie »Michl« Schwarz zurück, Josef Gerö wurde aus dem Gestapo-Gefängnis befreit. Gerö wurde in der Nachkriegszeit Justizminister und übte von 1945 bis 1954 das Amt des Präsidenten des Österreichischen Fußballbundes aus, von 1946 bis 1954 auch das Amt des Präsidenten des Österreichischen Olympischen Komitees.

Die Fußballmannschaft der Hakoah wurde mit Halbprofessionellen separat vom Stammverein geführt, spielte zuerst in der 2. und dann in der 3.

Liga. Unabhängig von der freundlichen Haltung diverser Eliten in Kultur und Politik wurden Fußballmannschaft und Fans von Hakoah Wien in den unteren Ligen wieder mit Antisemitismus konfrontiert, so etwa bei dem Spiel Polizei Wien gegen Hakoah im März 1946 (3:2) in einem Wiener Außenbezirk: »Als in letzter Minute«, so hieß es im Polizeibericht, »vom Schiedsrichter gegen Hakoah ein Strafstoß angeordnet wurde, kam es zunächst zu einer Anrempelung des Schiedsrichters, die zu einer allgemeinen Schlägerei führte, weil angeblich von unbekannter Seite die ›Saujuden‹ gefallen sind... Ein Teil der Zuschauer rief: ›Ins Gras mit ihnen.‹ Die Alarmabteilung der Wiener Polizei musste die nachfolgende Schlägerei beenden.«[70]

Gedenkstein für die von den Nazis ermordeten jüdischen Sportlerinnen und Sportler (Maccabiah Village, Israel).

Ab 1948 geriet die Fußballsektion der Hakoah in existenzielle Schwierigkeiten: Gute polnisch-jüdische und ungarisch-jüdische Spieler, die sich als so genannte Displaced Persons (DPs) in Wien befanden und auf eine Einreisemöglichkeit nach Palästina (oder in die USA) warteten, wanderten ab – im Mai 1948 wurde der Staat Israel gegründet. Im gleichen Jahr stand eine Auflösung der Fußballsektion bevor, der Vorstand plante jedoch zwei Jahre lang auch mit angeworbenen nichtjüdischen Spielern anzutreten und inzwischen eine jüdische Nachwuchsmannschaft aufzubauen.[71] Die Fußballerfolge der 1920er Jahre waren damals schon Legende, um die siegreiche Hakoah-Mannschaft hatte sich ein Mythos entwickelt. Für das jüdische Selbstbewusstsein war die Existenz einer Hakoah-Fußballmannschaft von erheblicher symbolischer Bedeutung. Die Existenz der Hakoah trug damals schließlich das Element eines »Es gibt uns noch«, war ein Symbol dafür, den Nationalsozialismus zu überwinden. Integration in die österreichische Nachkriegsgesellschaft war damals wohl nicht das Ziel; weder von Juden noch von Nichtjuden wurden die Überlebenden der Shoa als selbstverständlicher Teil des österreichischen Kollektivs begriffen.[72] Die Hakoah hatte für jüngere Überlebende eine wichtige Funktion: »Der Verein hat uns damals den Übergang zu einem menschlichen Daseins ermöglicht. Uns von dem Gefühl befreit, Untermenschen zu sein, nicht würdig zu sein«, erzählt Martin Vogel, Hakoahner der Wiederaufbaugeneration. KZ und Unterdrückung hätten Einzelkämpfer und Eigenbrötler aus den jungen Leuten gemacht, der Sportklub machte sie zur Gemeinschaft.[73]

Hinsichtlich des Fortbestandes der Hakoah-Fußballsektion nutzte auch die Reaktivierung des früheren Spitzenspielers Frederico (Fritz) Donnenfeld nichts; Donnenfeld hatte in Kolumbien Asyl gefunden, blieb als Gast einige Monate in Wien und spielte in der Kampfmannschaft mit. Trotz aller Bemühungen stellte 1950 der jüdische Fußballklub aufgrund von Platz-, Finanz- und Nachwuchsproblemen den Betrieb ein. Der Sportverein Hakoah selbst existierte weiter, in der Folge jedoch ohne die Fußballsektion.[74] Neben Hakoah Wien hatte weiter westlich auch eine oberösterreichische Hakoah-Mannschaft gespielt, ebenso wie in Salzburg Hakoah Hallein gegründet worden war. Hakoah Hallein spielte mit DPs aus Ungarn, Rumänien, Polen, der Tschechoslowakei und der Sowjetunion. Die Mannschaft wurde von Heinrich Schoenfeld trainiert, der in den 20er Jahren bei Hakoah Wien gespielt hatte. Vor ihrer Auflösung infolge der Abwanderung der DPs spielte sie 1953/54 in einer Salzburger Amateurliga.

Im Jahre 1964 hat der einstige Hakoah-Spieler Béla Guttmann (1900-1981), der österreichischer Staatsbürger geworden war, einige Monate als Teamchef des österreichischen Nationalteams gewirkt. Er war mittlerweile als Betreuer bei AC Milan, Sao Paulo und Benfica Lissabon zu einem der weltbesten Trainer aufgestiegen.[75] Guttmann trat nach einigen Anfeindungen zurück, lebte aber weiter in Wien bis zu seinem Tod. Seitdem gibt es weder prominente jüdische Spieler noch Trainer im österreichischen Fußballspitzensport.[76] Einzig eine Reihe von Anhängern und einige Funktionäre jüdischer Herkunft waren es, die in der Folge Erinnerungen an die Austria als Verein des jüdisch-assimilierten liberalen Bürgertums wachriefen.

Nach Österreich zurückgekehrte oder im Ausland lebende Juden, die noch Kontakt zu Österreich hielten, hatten nach 1945 ein »favorite team«, und das war Austria Wien. Sei es Ernest Hitz, ehemaliger Vizepräsident von Hakoah New York, der sich bisweilen aus New York telefonisch nicht nur über die Matches von Austria Wien erkundigte, sondern auch über den Linzer Klub LASK Bescheid wissen wollte (Hitz' Schwester hatte lange in Linz gelebt), oder Kurt Münz, der ehemalige Herausgeber der »Hakoah News«, er lebte ebenfalls in den USA. Es gab also auf jeden Fall auch nach 1945 eine gewisse Affinität zu Austria Wien. Am stärksten ausgeprägt war sie wohl bei dem Schriftsteller Friedrich Torberg. Der Ex-Hakoahner lieferte sich beispielsweise in New York einen schriftlichen Schlagabtausch mit dem Widerstandskämpfer, Journalisten und späteren Verleger Fritz Molden. Letzterer war 1947 nach New York geschickt worden, um im Auftrag der österreichischen Regierung die Zeitschrift »Austria Information« zu gründen. Torberg hatte den Eindruck, Molden würde die aus Wien eintreffenden Sportnachrichten manipulieren. Knappe Siege der von Molden favorisierten »Vienna« würden in der Zeitschrift aufgebauscht, Niederlagen herabgespielt, hingegen würden die Erfolge der »Austria« angeblich vernachlässigt. Torberg schrieb tatsächlich eine Reihe von Leserbriefen.[77] Der Journalist Georg Markus, der die skurrile Episode kolportierte, meinte dazu: »Man stelle sich vor, wie groß die Liebe des aus der Heimat Vertriebenen zu Österreich gewesen sein muss, wenn ihm nach fast zehnjährigem Aufenthalt in der Fremde die Reputation des Fußballklubs ›Austria‹ derartige Sorgen bereiten konnte.«[78]

Torberg kehrte 1948 nach Wien zurück – wie bereits erwähnt lebte auch Dr. Schwarz wieder in Wien, er war seit seiner Rückkehr bis zum Jahr 1955 erneut Präsident der »Austria«, bis zu seinem Tod 1968 war er Ehrenpräsident. Ebenfalls seit den vierziger Jahren als Funktionär bei Austria Wien tätig war Jakob Guttmann, der später auch die Funktion des Vizepräsidenten ausübte. Er trat 1997 von seinen Ämtern zurück. Der Industrielle Leopold Böhm war 1973 bis 1977 Präsident von Austria Wien, danach wirkte er lange Jahre als Vizepräsident. Er galt den Spielern als Gönner, wirkte als Mäzen, wie dies für vermögende Bürger der Vorkriegs- und Zwischenkriegszeit üblich war.[79]

Schließlich wurde Austria Wien rund zweieinhalb Jahrzehnte – in der besonders erfolgreichen Periode von den späten 50er bis in die 80er Jahre hinein – von Norbert Lopper gemanagt. Der Auschwitz-Überlebende hielt sich nach seiner Befreiung mehr als ein Jahrzehnt in Brüssel auf und kehrte dann nach Wien zurück. Neben einer erfolgreichen Geschäftsführung, für die Lopper verantwortlich war, führte er unter anderem Austria Wien 1968 zu einer Gasttournee nach Israel und auch nach Yad Vashem. Er versuchte, die beiden israelischen Stürmerstars Spiegel und Spiegler nach Wien zu bringen, ein Transfer, der erst im letzten Moment platzte, und er half dem Sohn des israelischen Kriegshelden Moshe Dayan, Assaf, als sich dieser im Rahmen einer PR-Aktion als Austria-Fußballstar fotografieren ließ. Und schließlich war es auch Loppers Verdienst, insgesamt mehr Internationalität in die Austria hineingebracht zu haben; er holte nicht nur den portugiesischen Internationalen Jose Aguas, den Brasilianer Waldemar Graziano, genannt Jacaré, und den türkischen Torhüter Öczan zu Austria. Über Vermittlung seines Cousins Kurt Blau, eines gebürtigen Wieners aus Montevideo, der 1938 flüchten konnte, gelang es, 1971 die beiden uruguayanischen Stars Martinez und Morales zu engagieren, die in der Folge mitwirkten, Austria zweimal hintereinander zum Meister zu machen.[80]

»Antisemitismus ohne Juden« im Stadion?

Obwohl die Zahl der Juden in Österreich insgesamt gering ist – der Prozentanteil der jüdischen Bevölkerung beträgt zur Zeit rund 0,1 % – existieren judenfeindliche Ausdrucksformen in den Stadien weiter. Die tausendfachen Pfiffe beim Länderspiel Österreich gegen Israel am 28. Oktober 1992 (5:2) während der israelischen Hymne sind hier nicht gemeint, denn der Wiener Stehplatz pfeift seit Jahren – die österreichische ausgenommen – bei jeder Hymne. (Die Problematik der Länderspiele Österreich - Israel ist eine gesonderte, die an dieser Stelle nicht dargelegt werden kann). Angesprochen werden soll ein historisches Relikt. Fast jedes Jahr gibt es im Wien der Gegenwart einen Ausdruck kulturell tradierten Antisemitismus aus der Zwischenkriegszeit: Beim Derby der beiden traditionsreichen und langfristig besehen stärksten Klubs, der aus der historischen Perspektive bürgerlich/jüdischen Austria und dem Unterschichten- und Vorstadt-Klub Rapid skandieren mitunter hunderte Rapid-Anhänger »Hauts die Juden eini!«, obwohl bei Austria seit Jahrzehnten kein einziger jüdischer Spieler aktiv ist und sich die beiden Klubs in Spielerreservoir, Publikum und politischem Umfeld nur mehr wenig unterscheiden. Es ist auch schon vorgekommen, dass »Zyklon-B für Austrianer« gerufen wurde.[81] Rapid Wien hat allerdings eine sehr diversifizierte Fanszene; der Wiener Traditionsklub begeistert unterschiedliche Menschen. So gilt etwa der Oberrabbiner der jüdischen Gemeinde in Wien, Paul Chaim Eisenberg, als Rapid-Sympathisant.[82]

Einen skurrilen Höhepunkt dieser Form des kulturell tradierten Antisemitismus gab es in den 1980er Jahren, als Fans des Wiener Sportklubs bei Spielen gegen den Bundesligaverein SK VÖEST Linz antisemitische Slogans in folgender Art zu skandieren begannen: »SK Vau – Judensau«. Und dies ausgerechnet auf den traditionellen Arbeiterverein Vöest Linz gemünzt, der keinen wie immer gearteten Bezug zum Judentum aufwies und mit einer jugendlichen SKV-Fangemeinde konfrontiert war, die teilweise aus Hooligans bestand.[83] Antisemitismus ist hier als diffuse Grundeinstellung zu interpretieren, als Schlagwort und als Synonym. Dem Antisemitismus kam in dieser Funktion auch Bedeutung bei der Verständigung innerhalb einer Gruppe (in diesem Fall eben von Fußballfans) zu.[84] So absurd es ist – selbst Sportklubspieler und -fans wurden ihrerseits zum Adressaten derartiger Sprechchöre: Im Erstrundenmatch der niederösterreichischen Kleingemeinde SV Hundsheim gegen den Wiener Sportclub am 5. August 2000 in der Regionalliga Ost begann eine Reihe junger Zuschauer die Sportklubfans mit dem Ruf »Judenschweine!« zu belegen.[85]

Offensiver Antisemitismus ist in Österreich und Deutschland nach Auschwitz tabu, er wird in der Regel nicht öffentlich zum Ausdruck gebracht. Wie regelmäßige Umfragen zeigen, erfahren antisemitische Klischees in anonymen Interviews jedoch eine Zustimmung von 20-25 %. Christian Fleck und Albert Müller formulieren, es lasse »sich ein Ortswechsel der Artikulation des Antisemitismus feststellen: weg von der Vorderbühne der politischen Öffentlichkeit, hin zur Hinterbühne, zu halböffentlichen, eher privaten Orten, und seien es hintere Sitzreihen des Parlaments, Hörsäle kleinerer Hochschulen, Amtsstuben, Gasthaus- oder Couchtische.«[86] Zweifellos kann man dieser Liste als exponiertesten Ort auch das Stadion hinzufügen. Das kann dem Umstand geschuldet sein, dass der Sport und insbesondere das Massenereignis Fußball in einer ungebrochenen Tradition seit den 1920er Jahren als »unpolitisches« Phänomen inszeniert und rezipiert wird. Der Sportplatz ist anscheinend ein Ort, wo Antisemitismus doch noch geäußert werden kann, ohne damit öffentlich zu werden.[87]

Tradierung der Hakoah und Gründung von Maccabi Wien

Im Rahmen der Tradierung von Hakoah Wien ist ein Nachfolgeverein anzuführen, der sich nicht in Österreich, sondern in Israel befindet. Veteranen der Hakoah gründeten 1938 den Fußballklub Hakoah Tel Aviv als Nachfolgeklub der in Österreich von den Nationalsozialisten aus der Meisterschaft gestrichenen und in der Folge verbotenen Hakoah. Hakoah Tel Aviv war damit einer der ersten jüdischen Fußballklubs in Palästina/Israel. 1959 verbanden sich die beiden Klubs Hakoah Tel Aviv und Maccabi Ramat Gan zu Hakoah Maccabi Ramat Gan. Hakoah Tel Aviv verfügte über ein gutes Team und Ramat Gan über ein Stadion – daraus entwickelte sich eine erfolgreiche Verbindung. Ramat Gan wurde 1965 und 1973 israelischer Meister, 1969 und 1971 Cupsieger; zur Zeit spielt Ramat Gan in der zweiten Division Israels. Der Klub, der mittlerweile vor allem eine Fangemeinde irakischer Juden hat, versteht sich definitiv in der Nachfolge von Hakoah

Wien. »Since 1909« (dem Gründungsjahr in Wien), heißt es in der Selbstbeschreibung des israelischen Klubs, und »From the Legendary Hakoah Vienna to Hakoah Maccabi Ramat Gan«. Klickt man die Website an, gelangt man zuallerst zu einer Tabelle – und zwar zur Meisterschaftstabelle von 1924/25 in Österreich, die Hakoah als Meister zeigt.[88]

Die Gestaltung der Website und die Nunancierung der Klubgeschichte Ramat Gans sind auch ein Beispiel dafür, dass Hakoah Wien ein eminent hohes Image nicht nur in Israel, sondern in der gesamten jüdischen Welt genießt. Damit ist auch eine besondere Wertschätzung des österreichischen Fußballsports der Zwischenkriegszeit verbunden. Um diese hat sich in Israel zweifellos Arthur Baar (1890-1984) verdient gemacht; der aus Wien stammende Hakoah-Funktionär engagierte sich bald nach seiner Ankunft im Fußballsport. 1945 ermächtigte ihn die British Palestine Authority, eine Nationalmannschaft des Mandatsgebiets aufzustellen. Baar war von 1948-1954 Manager der israelischen Nationalmannschaft, und in den späten 1940er Jahren gründete er mit I. Kerner die Hakoah Federation of Israel. Um das Ansehen von Hakoah Wien haben sich aber auch österreichische Stellen bemüht: So wurde in Wien beispielsweise 1995 eine Ausstellung gezeigt, Medien haben die Erfolge der Hakoah gewürdigt, zweimal – 1995 und 1999 – wurde mit Unterstützung öffentlicher Stellen eine Hakoah-Reunion organisiert: Betagte Hakoah-Mitglieder aus aller Welt wurden nach Wien eingeladen, 1999 konnten nahezu 100 Teilnehmer und Teilnehmerinnen begrüßt werden.[89]

John Bunzl hat formuliert, dass in Wien nach 1948 der Versuch, das Klischee vom körperlich untüchtigen Juden zu widerlegen, mit Erfolg nach Israel verlegt worden sei.[90] Dass die israelische Armee das Klischee gründlich widerlegt hat, und zwar weltweit, steht außer Frage. Dennoch hat auch Hakoah Wien nach 1948 weiter bestanden, mit einer Judosektion, die großen Zuspruch fand, einer Schwimmsportsektion, Tischtennis und anderen; gegenwärtig sind rund 400 Mitglieder eingetragen. 1995 wurde der Verein S.C. Maccabi Wien gegründet, ab 1996 nahm er am Meisterschaftsbetrieb teil. Das Herzstück des Klubs ist die Fußballsektion mit mehreren Mannschaften. Maccabi wollte das Fußballspielen von Juden in Wien erneut einführen, aufgrund unterschiedlicher Schwierigkeiten wurde ein anderer Organisationsrahmen gewählt, als die vor allem mit hohen Erfolgserwartungen verbundene Hakoah. Zwischen Hakoah und Maccabi besteht trotzdem kein Konkurrenzverhältnis: Man vereinbarte, unterschiedliche Sportarten anzubieten – so kann man Basketball und Tennis bei Hakoah spielen,

Bridge und Fußball bei Maccabi. Matti Bunzl sieht in dem Neustart einer jüdischen Fußballmannschaft den Ausdruck einer »new Jewish visibility« ebenso wie einer stärker betonten »cultural autonomy« in Wien und Österreich.[91] Und der Autor Adam Sutcliffe interpretiert gar: »SC Maccabi not only challenges Austrian notions of Jewishness and Jewish maleness but it unspokenly echoes Herzl and Nordau in asserting within the Jewish community the importance of a virile, public masculinity.«[92]

Nun, in der Realität ist die Wahrnehmung des SC Maccabi in Österreich außerhalb der jüdischen Minderheit nicht besonders ausgeprägt. Maccabi spielt zur Zeit in der 2. Klasse, eine untere Leistungsklasse des Wiener Fußballverbandes, und hält sich dort zur Zeit im Mittelfeld. Wie es mit dem Antisemitismus in dieser Unterliga aussehe, wird Vereinspräsident Oskar Deutsch – zugleich Vizepräsident der Israelitischen Kultusgemeinde Wien – gefragt. Eigentlich nicht so schlimm, aber es gäbe Ausnahmen, meint Deutsch: »Hie und da kommt aus dem Publikum ein antisemitisches Statement. Das sind Leute, die nichts anderes können. Diese Ligen sind aber bunt gemischt, und das ist wunderbar. Sehr viele Spieler in den diversen Mannschaften, auch wenn sie nicht gerade FC Cairo heißen, sind aus Migrantenfamilien, die spüren das vielleicht sogar mehr als wir.«[93] Auch der Mittelfeldstar Maccabis, David Lackner, meint: »Generell ist mein Eindruck, dass die meisten Spieler unserer Gegner mit Rassismus nichts am Hut haben.«[94]

Tatsächlich spielen in der 2. Klasse neben Teams wie Simmering, Stadlau, Rennbahn und einzelnen Betriebsmannschaften auch Klubs wie Sakarya Türkgücü oder der assyrische Minderheitenklub Mesopotamien/Suryoyo. Co-Trainer der Maccabi-Equipe war mit Attila Sekerlioglu eine Zeit lang ein Wiener Türke und langjähriger Stammspieler von Austria Wien. Maccabi selbst ist nicht auf hochklassigen Leistungssport angelegt, es spielen jüdische Schüler, Studenten, Handwerker und Büroangestellte. Nach der Selbstdarstellung des Vereins geht es in erster Linie schlicht darum, einen Fußballklub für Juden zu formieren. Aus dem Potenzial der rund 8.000 Juden in Wien spielen analog der Herkunft dieser Bevölkerungsgruppe etliche Spieler aus den ehemaligen Sowjetrepubliken, einige Spieler aus osteuropäischen Ländern, aber auch gebürtige Wiener. Zumindest die derzeitige Entwicklung weist – übrigens nicht nur bei Maccabi sondern auch bei Hakoah – hin zu einer Integration in die Wiener Realität einer multikulturellen Großstadtgesellschaft und weniger in Richtung einer dem Spitzensport verpflichteten Mannschaft, die Meisterschaften gewinnen will. Ein elitäres Projekt ist Maccabi allem Anschein nach keines, schon eher ein Stück Gestaltung jüdischer Lebenswelt.

Anmerkungen

Vielen Dank an Norbert Lopper, John Bunzl, Eva Blimlinger und Matthias Marschik für Hinweise und Tipps.

1. Vgl. Matthias Marschik: Vom Herrenspiel zum Massensport. Die ersten Jahre des Wiener Fußballs, Wien 1997, S. 15.
2. Vgl. John Bunzl: Die Hakoah und die Entwicklung jüdischen Bewusstseins in Wien, in: Jüdisches Museum Wien (Hg.), Hakoah. Ein jüdischer Sportverein in Wien 1909-1995, Wien 1995, S. 7-11.
3. Vgl. dazu allgemein Klaus Hödl: Die Pathologisierung des jüdischen Körpers. Juden, Geschlecht und Medizin im Fin de Siècle, Wien 1997.
4. Fritz Lövinger: Sport und Sozialismus (= Fußball, 1. Heft), Wien 1923, S. 9ff.
5. Vgl. dazu Dietmar Hüser: Selbstfindung durch Fremdwahrnehmung in Kriegs- und Nachkriegszeiten, in: Birgit Aschmann/Michael Salewski (Hg.): Das Bild »des Anderen«. Politische Wahrnehmung im 19. und 20. Jahrhundert, Wiesbaden 2000, S. 55-79.
6. Wiener Morgenzeitung vom 8. November 1923.
7. Vgl. Ernst Vogel: Fußballdämmerung, Brünn 1924, S. 53-55.
8. Wiener Morgenzeitung vom 23. November 1923.
9. Vgl. Michael John: Aggressiver Antisemitismus im österreichischen Sport der Zwischenkriegszeit anhand ausgewählter Beispiele, in: Zeitgeschichte. 25. Jahrgang, Heft 3 (1999), S. 205.
10. Friedrich Torberg: Warum ich stolz darauf bin, in: Bunzl (Hg.): Hoppauf Hakoah, Wien 1987, S. 93.
11. Vgl. Jüdischer Sport. Offizielles Organ des Makkabi-Weltverbandes und des Jüdischen Turn- und Sportverbandes Österreichs, Nr. 2 vom 25. Juni 1925, S. 5.
12. Vgl. Roman Horak: Fußballkultur in Wien, in: SWS-Rundschau, 30. Jahrgang, Heft 3/1990, S. 371-376, 372-373.
13. Vgl. zu Hugo und Willy Meisl die gesonderten Beiträge von Erik Eggers in diesem Buch.
14. Karl Geyer: Wiener Amateure Sportverein. Aufzeichnungen aus den Jahren 1920 bis 1930 (maschinschriftl. Manus.), Wien 1979, S. 1-2.
15. Karl Geyer zit. nach Michael John/Albert Lichtblau: Schmelztiegel Wien – einst und jetzt. Geschichte und Gegenwart der Zuwanderung nach Wien, Wien 1993, S. 437.
16. Hakoah. Offizielles Organ des Sportklubs Hakoah vom 5. August 1926, 5; Hakoah vom 18. September 1925, S. 77.
17. Geyer: Wiener Amateure Sportverein. Aufzeichnungen, S. 3.
18. Illustriertes Sportblatt vom 8. Oktober 1928.
19. Roman Horak / Wolfgang Maderthaner: Mehr als ein Spiel. Fußball und populäre Kulturen im Wien der Moderne, Wien 1997, S. 182.
20. Hakoah. Offizielles Organ des Sportklubs Hakoah Wien vom 16. Oktober 1925, S. 136.
21. Ebenda, S. 135.
22. Jüdischer Sport. Offizielles Organ des Makkabi-Weltverbandes und des Jüdischen Turn- und Sportverbandes Österreichs, Nr. 1 vom 11. Juni 1925, S. 1.
23. Franz Marek: Erinnerungen eines alten Kommunisten (1), Wiener Tagebuch vom Sept. 1979, zit. nach John Bunzl (Hg.): Hoppauf Hakoah. Jüdischer Sport in Österreich, Wien 1987, S. 80.

24 Vgl. Vogel: Fußballdämmerung, S. 89f. und Horak/Maderthaner: Fußball und populäre Kulturen, S. 190.
25 Horak/Maderthaner: Fußball und populäre Kulturen, S. 189.
26 Jenö Csaknady: Die Béla Guttmann Story. Hinter den Kulissen des Weltfußballs, Offenbach/Main 1964, S. 7.
27 Arthur Baar: S.C. Hakoah - Westham United (London) 5:0. Erstes Gastspiel einer österreichischen Fußballmannschaft in England, in: 45 Jahre S.C. Hakoah Wien 1909-1954, Wien 1954, S. 13.
28 Die Hakoah. Ihr Weg von der Vierten in die Erste Klasse, Wien 1923, S. 13f.
29 Neues Wiener Journal vom 1. November 1924.
30 Neue Freie Presse vom 2. Januar 1928.
31 Vgl. Baar: Hakoah - Westham, S. 13f.
32 Vgl. Hakoah. Ein jüdischer Sportverein 1909-1995, S. 29.
33 Vgl. Bunzl, Hakoah und jüdisches Bewusstsein, S. 7-11.
34 Zit. nach Hakoah. Offizielles Organ des Sportklubs Hakoah Wien vom 11. September 1925, S. 57.
35 Vgl. Benjamin Horowitz: Hakoah in New York (1926-1932). A New Dimension for American Jewry, in: Judaism: 25 (1976), No. 3, S. 375-382.
36 Vogel: Fußballdämmerung, S. 89.
37 Vgl. beispielsweise Sport-Tagblatt vom 4. September 1923.
38 Vgl. Arthur Baar, 50 Jahre Hakoah 1909-1959, Tel Aviv 1959, S. 65.
39 Hakoah. Offizielles Organ des Sportklubs Hakoah Wien vom 11. September 1925, S. 56-58.
40 Vgl. Matthias Marschik/Doris Sottopietra: Erbfeinde und Haßlieben. Konzept und Realität Mitteleuropas im Sport, Münster-Hamburg-London 2001.
41 Vgl. Horak/Maderthaner: Mehr als ein Spiel, 161ff.; sowie den gesonderten Beitrag im vorliegenden Buch.
42 Friedrich Torberg: Warum ich stolz darauf bin, in: Bunzl (Hg.): Hoppauf Hakoah, S. 93-95.
43 Vgl. Albert Lichtblau: »A Hetz muaß sein!« Der Wiener und seine Fremden, in: Historisches Museum der Stadt Wien (Hg.), Wir. Zur Geschichte und Gegenwart der Zuwanderung nach Wien, Wien 1996, S. 145-150.
44 In der Hakoah-Festschrift von 1995 wurde beispielsweise ein Artikel des Fußball-Sektionsleiters Arthur Baar abgedruckt, der den Antisemitismus und Antislawismus vor dem Ersten Weltkrieg als eine Art harmloser Folklore darstellt. Vgl. Arthur Baar, Deloschierte und eingeplankte Vertreter, in: Hakoah. Ein jüdischer Sportverein 1909-1995, S. 31f.
45 Interviews mit Kurt Hacker, Norbert Lopper, Karl Haber, Eric Feuer, Kurt Münz, Karl Geyer.
46 Arbeiter-Zeitung vom 7. März 1927.
47 Vgl. beispielsweise Der Stürmer vom 2. September 1933; Der Stürmer vom 23. Juni 1934.
48 Vgl. John: Aggressiver Antisemitismus, S. 209-212.
49 Jedenfalls hatte man dies im Nachhinein in einer Wiener Sportzeitschrift moniert, vgl. Sport-Telegraph vom 27. März 1938.
50 Karl Haber: Antisemiten kann man nichts beweisen, in: Hakoah. Ein jüdischer Sportverein 1909-1995, S. 103.

51 Zit. nach Anton Legerer Jr.: Sportverein Hakoah. Die Geschichte einer zionistischen, jüdisch-nationalen Institution, in: Illlustrierte Neue Welt, Sondernummer Oktober/November 2000, S. 10f.
52 Horak/Maderthaner: Mehr als ein Spiel, S. 194f
53 Vgl. Toni Niewerth: Zwischen alljüdischem Olympia und nationaljüdischem Sportfest. Zur Entstehungsgeschichte der Makkabiaden. In: SportZeit. Sport in Geschichte, Kultur und Gesellschaft 1 (2001) Heft 2 (Jüdischer Sport), S. 53-80.
54 Vgl. Hakoah. Ein jüdischer Sportverein 1909-1995, S. 102.
55 Vgl. Elisabeth Klampar: Der ›Anschlusspogrom‹, in: Kurt Schmid/Robert Streibel (Hg.): Der Pogrom 1938. Judenverfolgung in Österreich und Deutschland, Wien 1990,S. 25-33; ferner John/Lichtblau: Schmelztiegel Wien, S. 370f.
56 Vgl. Bunzl (Hg.): Hoppauf Hakoah, S. 127-137.
57 Josef Gerö konnte das Land verlassen, wurde 1943 in Kroation festgenommen und befand sich in der Folge in Wien bis Kriegsende in Gestapohaft. Telefoninterview mit Eva Blimlinger, Wien, Enkelin von Josef Gerö.
58 Vgl. Hajo Bernett: Der Aufstieg der jüdischen Sportbewegung und ihre Zerschlagung durch das Hitler-Regime, in: Hakoah. Ein jüdischer Sportverein 1909-1995, S. 79f.
59 Vgl. Matthias Marschik: Der Wiener Fußball in der NS-Zeit: Zwischen Vereinnahmung und Resistenz, Wien 1998, S. 115-128.
60 Karl Haber: Antisemiten kann man nichts beweisen, in: Hakoah. Ein jüdischer Sportverein 1909-1995, S. 105.
61 Vgl. John: Aggressiver Antisemitismus, S. 216.
62 Fred West: Züge auf falschem Gleis, Wien 1996, S. 243.
63 Klaus Hödl: Das »Weibliche« im Ostjuden. Innerjüdische Differenzierungsstrategien der Zionisten, in: Ders. (Hg.): Der Umgang mit dem »Anderen«: Juden, Frauen, Fremde..., Wien-Köln-Weimar 1996, 79-102, S. 91-92.
64 Vgl. Klaus Theweleit: Männerphantasien Band 2, Frankfurt 1980, 268-340; Nicolaus Sombart, Männerbund und politische Kultur in Deutschland, in: Thomas Kühne (Hg.): Männergeschichte-Geschlechtergeschichte. Männlichkeit im Wandel der Moderne, Frankfurt-New York 1996, S. 152-155.
65 Vgl. Hajo Bernett: Der Aufstieg der jüdischen Sportbewegung und ihre Zerschlagung durch das Hitler-Regime, in: Hakoah. Ein jüdischer Sportverein 1909-1995, S. 82.
66 Baar: 50 Jahre Hakoah, S. 17.
67 Neues Österreich vom 5. Juli 1945 und vom 20. Juni 1945.
68 Österreich Journal Kurznachrichten Nr. 204 vom 04. 02. 2002: Bürgermeister Häupl – Hakoah bekommt den Sportplatz im Prater.
69 Vgl. dazu Nachrichtenblatt des Sportklub Hakoah, 11/1947.
70 Vgl. Oliver Rathkolb: Zur Kontinuität antisemitischer und rassistischer Vorurteile in Österreich 1945/1950, in: Zeitgeschichte. 16. Jahrgang, Heft 5 (1989), S. 167-179.
71 Vgl. Heinrich Hirschler: Die Krise der Hakoah, in: Neue Welt und Judenstaat, Dezember 1948, S. 1f.
72 Heinz Wassermann: Eine Wohn-, aber keine Lebensgemeinschaft? Notizen zum Verhältnis zwischen nichtjüdischen und jüdischen Österreichern nach 1945, in: Klaus Hödl (Hg.): Jüdische Identitäten. Einblicke in die Bewusstseinslandschaft des österreichischen Judentums, Innsbruck-Wien-München 2000, S. 312.
73 Julia Ortner/Christopher Wurmdobler: Die Unbeugsamen. Geschichte der Hakoah, in: Der Falter 7/02 vom 15. Februar 2002, S. 60.

74 Vgl. Martin Vogel: Kleine Chronik der Hakoah Wien – Teil II: 1945-1995, in: Hakoah. Ein jüdischer Sportverein 1909-1995, S. 87f.
75 Vgl. Csaknady: Béla Guttmann-Story, S. 255-262.
76 1998 wurde der israelische Spieler Shay Holtsman von Austria Wien engagiert, er gehörte allerdings nicht zum engsten Kader der Spitzenspieler und wurde meist nicht vom Anpfiff an eingesetzt.
77 Vgl. Georg Markus: Die Enkel der Tante Jolesch, Wien-München 2001, S. 26.
78 Ebenda, S. 26f.
79 Vgl. Matthias Marschik: Wiener Austria. Die ersten 90 Jahre, Wien 2001, S. 257.
80 Ebenda, S. 152f,
81 Der Falter vom 17. Mai 2000, S. 75.
82 Vgl. Köchl: Maccabi steht für Stärke, in: Fairplay Echo 7/2000, S. 13.
83 Mitteilung von John Bunzl, Wien sowie Matti Bunzl, Chicago, 1997.
84 Vgl. Shulamit Volkov: Antisemitismus als kultureller Code, in: Dies.: Jüdisches Leben und Antisemitismus im 19. und 20. Jahrhundert, München 1991, S. 13-36.
85 Kurt Wachter/Michael Fanizadeh: Rassistische Vorfälle im österreichischen Fußball seit 1998 (FairPlay-Paper), Wien 2000, S. 6.
86 Christian Fleck/Albert Müller: Zum nachnazistischen Antisemitismus in Österreich. In: Österreichische Zeitschrift für Geschichtswissenschaften (ÖZG), 3. Jg., Heft 4/1992, S. 483.
87 Unabhängig von diversen symbolischen Vorgängen auf den Fußballplätzen gibt es in Österreich Jahr für Jahr dutzende Vorfälle, die aktiven, gegen Juden als konkrete Personen gerichteten Antisemitismus dokumentieren. Vgl. beispielsweise ZARA. Zivilcourage und Antirassismus-Arbeit (Hg.): Rassismus-Report 2000, Einzelfall-Bericht über rassistische Übergriffe und Strukturen in Österreich, Wien 2001; Antisemitism Worldwide 2000/01, Nebraska 2001, Report on Austria.
88 Siehe die Website http://www.hakoach.co.il/
89 Vgl. Hakoah. Ein jüdischer Sportverein 1909-1995; Sportklub Hakoah Wien. 90 Jahre 1909-1999. Fest-Event, Broschüre, Wien 1999.
90 Bunzl: Hakoah und jüdisches Bewusstsein, S. 10.
91 Matti Bunzl: Resistive Play: Sports and the Emergence of Jewish Visibility in Contemporary Vienna, in: Journal of Sport and Social Issues, August 2000, Volume 24, S. 232-244.
92 Adam Sutcliffe: Symptoms at Play: Soccer, Austria, and the Jewish Question, in: Journal of Sport and Social Issues, August 2000, Volume 24, S. 257. Deutsche Übersetzung: Der SC Maccabi fordert nicht nur die österreichische Idee von Juden bzw. jüdischer Männlichkeit heraus, sondern gibt auch unausgesprochen Herzl und Nordau wieder, die die Wichtigkeit einer kraftvollen, öffentlichen Makulinität innerhalb der jüdischen Gemeinde beteuern.
93 Zit. nach Sylvia Köchl: Maccabi steht für Stärke, in: Fairplay Echo 7/2000, S. 13.
94 »Mit Rassismus nichts am Hut.« David Lackner, Flügelflitzer von Maccabi Wien, im derStandard.at-Interview über seine Erfahrungen auf dem Spielfeld. Der Standard Online vom 24. April 2002.

Matthias Marschik

»Muskel-Juden« – Mediale Repräsentationen des jüdischen Sports in Wien

Der jüdische Sport im 20. Jahrhundert ist in den letzten gut 20 Jahren vermehrt zum Thema sporthistorischer Forschung geworden, etliche Publikationen und Kongresse haben fast vergessene oder verdrängte Geschehnisse ans Tageslicht gefördert. Die Aufarbeitung der Geschichte jüdischer Sportverbände und -vereine sowie ihre politische Unterdrückung und gesellschaftliche Ausgrenzung standen im Zentrum des Interesses. Was dagegen nur ansatzweise geleistet wurde, ist eine Beantwortung der Frage, wie sich einerseits jüdische Klubs im populären Hochleistungssport positionierten, und andererseits, wie ihre Leistungen und Erfolge – vor allem auch medial – rezipiert wurden. Zu dieser Problematik soll die folgende Arbeit einen Beitrag leisten.

Entwicklungen des jüdischen Sports in Wien

Das viel beschworene Fin-de-Siècle war in Wien, der Hauptstadt des Habsburgerreiches, nicht nur von einem Aufschwung der Kunst, Literatur und Musik oder der Erfindung der Psychoanalyse geprägt, sondern auch von einem (verspäteten) Modernisierungsschub. Dieser manifestierte sich in einer Machtverschiebung vom liberalen Großbürgertum zum christlichsozialen Kleinbürgertum und einer enormen Technisierung ebenso wie im Entstehen erster Massenkulturen. Dies war nicht nur eine Grundlage der Etablierung sportlicher Praxen, die im Gegensatz zur Turn- und Gymnastikbewegung von vornherein den Wettkampfgedanken propagierten, sondern auch der Gründung weltanschaulich orientierter Vereine etwa der Arbeiterbewegung.

Im mehr oder minder antitschechischen und offen antisemitischen Klima der Ära des christlichsozialen Bürgermeisters Lueger (1895-1910) war es naheliegend, dass auch ethnisch ausgerichtete bzw. konfessionelle Sportvereine entstanden. Schließlich waren unter den gut zwei Millionen WienerInnen im Jahr 1900 etwa 140.000 Juden und Jüdinnen, während die Zahl der TschechInnen je nach Zählmethode zwischen knapp 100.000 (»Umgangssprache tschechisch«) und über 400.000 (»geboren in Böhmen oder Mähren«) variierte.[1] Neben der Wiener Sokol, der bereits 1866 gegründet wurde und um 1900 erheblichen Zulauf erhielt, wurden innerhalb weniger Jahre der DTJ (1901), der SK Slovan (1902) sowie der Orel (1909) ins Leben gerufen.[2] Auf jüdischer Seite führte ein 1887 im Wr. Turnverein eingeführter Arierparagraf 1899 zur Gründung eines Ersten Wiener jüdischen Turnvereins, der über viele Umwege zur Hakoah (gegründet 1909) führte: Die Schulung der »Wehrfähigkeit und des Selbstbewusstseins der Juden«, die »Förderung des jüdischen Nationalbewusstseins« und der Nachweis, »dass Juden in der Körperkraft und in der Fähigkeit zum allseitig gebildeten Menschen anderen Teilen der Bevölkerung nicht nachstehen«, waren primäre Vereinsziele.[3]

Die Hakoah (»Kraft«) war zu diesem Zeitpunkt der einzige jüdische Sportverein in Wien, aber keineswegs der einzige Klub, in dem Juden Sport betrieben. Vielmehr versuchte die überwiegende Mehrzahl jüdischer Wiener[4] (und zunehmend auch Wienerinnen), sich zu assimilieren und dafür boten sich gerade auch sportliche Aktivitäten in »neutralen« – und das heißt in diesem Kontext: nicht allzu offen antisemitischen – Vereinen an. Die Gründer der Hakoah dagegen gehörten der »verschwindende[n] Min-

Hakoah-Anhänger um 1925.

derheit« der »Zionisten und Nationaljuden« an, die nur in der jüdischen Studentenschaft stärker vertreten war und »von der Mehrheit bekämpft, ja sogar verhöhnt wurde«[5]. Bis 1914, und im Grunde bis 1918, liefen die Entwicklungslinien der tschechischen und des jüdischen Sportklubs parallel, was ihre öffentliche Resonanz betraf: Versuche der Verhinderung oder zumindest Ausgrenzung auf der einen, Gewährenlassen oder Beschimpfungen auf der anderen Seite waren primäre Erfahrungen dieser »Minderheitenvereine« und auch der tschechischen und jüdischen SportlerInnen, die in anderen Klubs aktiv waren.

Mit Beginn der Ersten Republik änderte sich die Situation in mehrfacher Weise: Erstens wurden etliche Sportgattungen, vor allem der Fußball, zu massensportlichen Phänomenen, zu Zuschauerspektakeln und professionellen Unternehmungen, so dass die Geschehnisse größte öffentliche und mediale Präsenz erhielten. Zweitens erzielten tschechische und jüdische SportlerInnen und Vereine, speziell der SK Slovan und die Hakoah, große Erfolge, die nicht mehr ignoriert werden konnten. Und drittens wuchs die nationale Bedeutung des Sports, war er doch einer der raren Bereiche, wo sich das Land nach innen bestätigen und nach außen bemerkbar machen konnte. Es wuchs aber auch die sportliche Rivalität sowohl innerhalb Österreichs, als auch in transnationalen Konfrontationen.

Jüdischer Sport agierte damit im Gegensatz zu den frühen Jahren nicht mehr im Verborgenen, sondern bewegte sich in einer zum Gutteil sportinteressierten Öffentlichkeit. Das stimmt freilich nicht ganz, denn so wie es kein einheitliches »Wiener Judentum« gab, existierte auch kein jüdischer Sport schlechthin. Die Mehrzahl jüdischer Sportvereine arbeitete ohne große öffentliche Präsenz, und viele jüdische SportlerInnen waren in kleinen Klubs aktiv. Richtig muss also formuliert werden: Der jüdische Sport wurde in erster Linie mit der Hakoah identifiziert, dem jüdisch-nationalen Sportverein, der sich, wie ein Gutteil der jüdischen Sportbewegung, dem Zionismus verbunden fühlte, und davon ausging, dass »eine physische ›Regeneration‹ des jüdischen Volkes Antisemiten beeindrucken oder gar umstimmen könne«.[6] Jüdischer Sport war in der breiten Öffentlichkeit fast identisch mit der Hakoah und ihren erfolgreichen Schwimmern und Schwimmerinnen, LeichtathletInnen, Ringern und Gewichthebern und vor allem ihren Fußballern.

Im Österreich der Zwischenkriegszeit stellte die mediale Präsenz des jüdischen Sports, stellten Bilder erfolgreicher jüdischer Sportlerinnen und Sportler eine Herausforderung dar. Nur eine eher geringe Zahl nichtjüdischer ÖsterreicherInnen besuchte Spiele jüdischer Vereine oder Sportveranstaltungen, an denen jüdische SportlerInnen teilnahmen. Doch aus Medienberichten erfuhren viele Menschen, dass JüdInnen sportliche Höchstleistungen erbringen und Meistertitel erringen konnten. Und auf Bildern in Tages- und Sportzeitungen konnte – oder musste – man erkennen, dass jüdische Kraftsportler »athletisch gebaut«, jüdische Schwimmerinnen »schnell und hübsch« und dass jüdische Fußballspieler nicht nur »technisch und konditionell auf der Höhe« waren, sondern auch im Nationalteam antraten: So trugen zwischen 1917 und 1934 elf Hakoah-Spieler den Dress des österreichischen Teams.

Die Lage der JüdInnen in Österreich war nicht erst seit 1918 von einem (deutsch-nationalen oder christlich-sozialen) Antisemitismus bestimmt, der sowohl nach kulturellen, religiösen und topografischen Differenzen als auch zwischen verschiedenen jüdischen Gruppierungen unterschied und ein Antisemitismus mit spezifisch nationalen Ausprägungen war. Die nunmehr sozialdemokratische Regierung Wiens führte auch dazu, dass aus der offenen mitunter eine latente Judenfeindlichkeit wurde, die nichtsdestoweniger auf (sport-)politischer Ebene zum Ausschluss von Juden und zur Etablierung von Arierparagrafen (etwa im Skiverband) führte, auf ökonomischer Ebene zu finanziellen Benachteiligungen jüdischer Vereine.

Vor allem manifestierte sich der Antisemitismus in Ausschreitungen, die überall dort angezettelt wurden, wo jüdische BürgerInnen in größeren Gruppen auftraten. Verbale und tätliche Angriffe auf JüdInnen gab es zuhauf: Vom »Antisemitenbummel« deutsch-nationaler Hochschüler bis zu Attacken auf jüdische SportlerInnen und AnhängerInnen bei Sportveranstaltungen: Rufe wie »Saujud!« oder »Juda verrecke!« waren oft das Vorspiel zu körperlichen Übergriffen oder Sachbeschädigungen.[7] »Fokus diverser Auseinandersetzungen waren immer wieder die Hakoah-Mannschaften«, nicht nur weil der Klub »immer stärker zionistisch geprägt«[8] war, sondern auch wegen der großen sportlichen Erfolge. Jüdische SportlerInnen, Funktionäre und Schiedsrichter wurden angepöbelt, beschimpft, bespuckt oder verprügelt, Spiele mussten wegen Ausschreitungen abgebrochen werden und am Hakoah-Platz im Prater mussten oft berittene Wachleute für Ordnung sorgen.

Repräsentationen des jüdischen Sportes

Dennoch: Selbst ein grobgerasterter Blick auf die Darstellung des »Jüdischen« in der Massen-Presse der Ersten Republik, also der Zeit zwischen 1918 und dem »Anschluss« im März 1938, macht deutlich, dass sich dieser

Hakoah-Ringer 1925.

Antisemitismus in der Sportberichterstattung nur selten wiederfinden lässt. Zwar existierten Blätter wie der deutschnational orientierte »Turner« oder die den Nationalsozialisten nahestehende »Deutschösterreichische Tageszeitung«, die neben Fragen der Rassereinheit und des Antisemitismus permanent auch Attacken gegen die »Verjudung des Sportes« publizierten. Doch der größte Teil der Tages- wie der Sportzeitungen äußerte sich nur selten offen antisemitisch – und dies ist wohl kaum dadurch zu erklären, dass gerade im Sport etliche jüdische Journalisten tätig waren und der »(Sport-)Telegraph« wie das »Sport-Tagblatt« jüdische Chefredakteure besaßen.

Sozialdemokratische und auch bürgerliche Massenblätter enthielten kaum verbale anti-jüdische Aussagen, weder im Politik- noch im Sportteil; vielmehr wurden antisemitische Ressentiments meist in verklausulierter Form präsentiert, oftmals ironisch gewendet oder in satirische Glossen und Karikaturen verpackt, in denen dann »Kaffeehausjuden« um das »Spielermaterial« feilschten, Wetten abschlossen oder sich über ernsthaft betriebenen Sport mokierten (wobei der jüdische Sport meist mit der Hakoah identifiziert wurde). Gleiches gilt auch für die Sportpresse: »Eine der größten Sportzeitungen, das ›Wiener Sport-Tagblatt‹ richtete eine antisemitische Kolumne ein, in der zwei Wiener Juden namens Schatzinger und Schmonzides auftraten. Der ›Sport-Papagei‹ stand dem mit seiner Kolumne über den ständig jiddelnden ›kleinen Moritzl‹ nur wenig nach.«[9] Zum Verständnis der antisemitischen Praxen der Ersten Republik ist daher eine Differenzierung vonnöten, denn die Einstellungen zum jüdischen Sport wurden

Die Hakoah-Fußballmannschaft Ende 1923 in Ägypten.

Westham United - Hakoah Wien 0:5. Grünwald im Kampf mit einem englischen Verteidiger.

sehr divergent wiedergegeben: Ironische und oft zynische Karikaturen oder Glossen zeichneten das antisemitische negative Bild des Judentums, ein Gutteil der Texte befleißigte sich einer eher neutralen Berichterstattung und überraschend viele der Fotos schließlich zeigten überhaupt einen anderen, einen »positiven« Juden.

Dies war einerseits einer gewissen Vorsicht und einer rudimentären »political correctness« geschuldet, denn vorgeblich ironisierende Karikaturen ließen doch eine gewisse Distanzierung von parteiergreifendem Antisemitismus erkennen oder waren zumindest dahingehend interpretierbar; andererseits war es wohl auf die Bedeutung sportlicher Erfolge für die Selbstbehauptung Österreichs zurückzuführen: Denn es waren letztendlich auch JüdInnen und jüdische Klubs, die den österreichischen Sport repräsentierten und ihren Beitrag zum Nationalbewusstsein leisteten. Als 1923 die »Hakoah«-Fußballer den englischen Cup-Finalisten Westham United in London 5:0 besiegten, war es eben auch ein Sieg der aufkeimenden Wiener Fußballschule. Und als der Hakoahner Nikolaus (Micky) Hirschl 1932 bei der Olympiade in Los Angeles zwei Bronzemedaillen errang, war das auch ein (nicht nur sportliches) Lebenszeichen Österreichs.

Die Berichterstattung der Massenpresse replizierte also nur zum Teil das »beunruhigende Schisma in der jüdischen Identität«, zwischen dem »Muskel-« und dem »Kaffeehaus-Juden«. Vielmehr wurde eine Trennlinie eingezogen zwischen jenen JüdInnen, die man als »positiv« akzeptierte, weil sie große Leistungen vollbrachten, und denjenigen, die man, um es klar zu sagen, ablehnte. Diese Grenze verlief über weite Strecken, aber – wie das Exempel der Hakoah, aber auch der oft als »Judenklub« titulierten Austria verdeutlicht – keineswegs immer zwischen »assimilierten« und »nationalen« JüdInnen, sondern orientierte sich am Beitrag jüdischer SportlerInnen zum nationalen, österreichischen »Nutzen«.

So saßen – aus Sicht der Massenpresse – im »abstrakten« Kaffeehaus jüdische Schacherer und Nichtsnutze, während im »konkreten« Ringcafé Hugo Meisl saß, der kongeniale Teamchef des Fußball-Nationalteams, der mit einem einzigen Federstrich (und mit Unterstützung jüdischer Sportjournalisten) das »Wunderteam« schuf. Abgelehnt wurden dagegen »Muskel-JüdInnen«, sobald sie den Sport angeblich nur zur Erreichung nationaljüdischer oder »zionistischer« Ziele betrieben und die Teilnahme etwa bei den »Maccabiaden« 1932 und 1935 in Tel Aviv als Erfüllung ihres SportlerInnenlebens sahen, während sie die Teilnahme an der Olympiade 1936 boykottierten, wie die Schwimmerinnen Judith Deutsch, Lucie Goldner und Ruth Langer. Gefeiert wurden dagegen jene JüdInnen, die nationale oder gar internationale Erfolge für Österreich errangen, wie jene Hakoahner, die für ein Antreten in Berlin stimmten und, wie der jüdische Stemmer Robert Fein, dort sogar siegreich blieben.[10]

Persiflagen oder Verhöhnungen in Gestalt von Karikaturen stellten eine, und die geschriebene Berichterstattung präsentierte eine andere massenmediale Repräsentation des Judentums: Vordergründig als Resultat der viel beschworenen »unerkannten Kulturmacht« der »Wiener Schule« des Journalismus mit ihrer aufklärerischen Intention und ihrer engen Bindung an die jüdische Journalistik interpretiert, stand dahinter ein konkretes Ziel, eine Vorstellung über die Zukunft des Wiener Judentums, die mit Realisierung der zionistischen Idee oder aber Assimilation zu charakterisieren ist. Die nicht ins »gelobte Land« wollten, sollten sich als »bessere ÖsterreicherInnen« erweisen. Den Beweis, dass es solche JüdInnen bereits gab, steuerte die Bildberichterstattung der Massenpresse bei. Sie präsentierte Bilder positiver, »akzeptabler« und weithin akzeptierter JüdInnen, die Österreichs Renommee im Ausland mehrten, meist ihr Judentum verleugneten und so für »bürgerliche Modernität« und »kulturelle Avantgarde«, zugleich aber für eine Harmonie zwischen Körper und Geist standen, was ja eine Hauptidee der »Maccabi«-Bewegung war.

Jüdischer Sport im Bild

Doch auch von der Hakoah gab es zahlreiche Bilder von bedeutenden Siegen, von der Amerikatournee oder den Sommerreisen nach Polen und Ägypten, von ihren erfolgreichen Wettspielen in London oder in Prag. Die Hakoah wurde gerade während ihrer großen Erfolge Mitte der 1920er Jahre als Botschafterin Österreichs und insbesondere Wiens abgebildet, während ihr jüdisch-nationales Engagement weitgehend ausgeblendet wurde. Zu sehen waren vielmehr Reiseeindrücke, Mannschaftsbilder im fremdländischen Ambiente und Jubelszenen bei der Rückkehr von siegreichen Spielen: Siehe da, hieß das wohl, wenn ihr Österreich erfolgreich vertretet, jubeln wir sogar euch »nationalen« Juden zu.

Als beispielhaft kann dabei die Repräsentation der beiden Amerika-Tourneen der Hakoah-Fußballer angesehen werden: Die Bewunderung für die Abenteurer, die sich in zahlreichen bebilderten Reiseberichten manifestierte, mischte sich mit Begeisterung über die Erfolge des österreichischen Fußballs in den USA. Bei der Rückkehr wurde der Hakoah »ein triumphaler

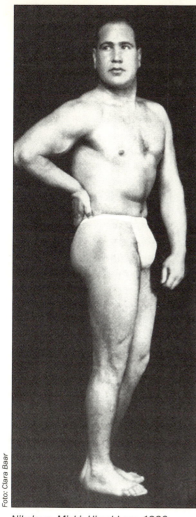

Nikolaus »Micki« Hirschl, um 1930

Lucie Goldner

Franz Weiss 1930 als Gewinner der Österreichischen Muskel-Schönheitskonkurrenz.

Empfang bereitet«, inklusive einer Begrüßungsfeier im Ronacher-Theater.[11] Auf der anderen Seite stand freilich die Schadenfreude darüber, dass ein Großteil der Spieler den Lockungen des Dollars erlag und nicht nach Österreich zurückkehrte[12], sowie die Bestätigung antisemitischer Vorurteile, denn der Aufbau eines professionellen Fußballbetriebs in den USA wurde als »typisch« jüdische Geschäftemacherei interpretiert, mit der die amerikanischen Juden den österreichischen ihre Mannschaft abspenstig machten.

Österreichische Raucherzeitung mit einem Foto der Meisterschwimmerin Hedy Bienenfeld (August 1931).

Andererseits führte die Orientierung des Sportjournalismus an einer maskulinen Öffentlichkeit zu einer spezifischen Motivwahl. Da wurden, am männlichen Blick orientiert, Bilder hübscher Frauen- oder muskulöser Männerkörper präsentiert, in denen sich jene Trennung neuerdings konkretisierte. Die bevorzugte Darstellung attraktiver Sportlerinnen war der Ausweg aus den »widersprüchlichen Konnotationen« des »Begriffes Jüdin«, aus der Diskrepanz zwischen der Anziehungskraft der »orientalischen« Schönheit und der Akzeptanz der liberalen, bürgerlichen Jüdin.[13] Gerade die Hakoah-Schwimmerinnen (zumindest bis zu ihrem Olympia-Boykott) waren in ihren knappen Bade-Trikots bevorzugte Fotomotive der Sportblätter[14]. Hedy Bienenfeld-Wertheimer brachte es sogar zum Titel-Model der »Raucher-Zeitung.«

Männlichen Muskeln kam ein ähnlicher Stellenwert zu: So wurde der Hakoah-Allroundathlet Franz Weiß zu einem beliebten Fotomotiv. Weiß war anfangs in der Hakoah-Ringersektion aktiv, später betätigte er sich als Leichtathlet im Laufen, Kugelstoßen und Diskuswurf. 1930 gewann er die österreichische »Körper- und Muskelschönheitskonkurrenz«. Ob als Läufer, Diskuswerfer oder Body-Builder, Weiß ließ sich, auch aufgrund seiner Selbst-Inszenierung, nahezu als Verkörperung des griechischen Sportideals darstellen, was auch von Seiten der Hakoah nochmals dupliziert wurde, für die er »wegen seiner prächtigen Gestalt« bei Eröffnungsveranstaltungen stets als Fahnenträger eingesetzt wurde.[15]

Den Typus des assimilierten weltgewandten und zugleich erfolgreichen Juden repräsentierte wohl am besten der »Feldherr« des »Wunderteams«, Hugo Meisl, der in Wien schon zu Lebzeiten eine Legende war. Mit dem Juden Meisl konnte Österreich renommieren, weil er sich absolut nicht als Jude gebärdete oder äußerte. »In der Retrospektive erscheint Hugo Meisl als ein Mann von auffallend geradem Zuschnitt; ein Mann der Tat, ein grader, um nicht zu sagen: deutscher Michel. Die Geschichte des Wunderteams

Andenken-Postkarte: Austria Wien als Mitropacup-Sieger 1936.

überliefert uns ein Bild, dem nichts so sehr zuwider ist wie Unehrlichkeit, Winkelzüge, Täuschungsmanöver.«[16] Meisl, der neun Sprachen fließend beherrschte und im europäischen Fußball höchstes Ansehen genoss, war ein »Jude«, wie man ihn sich nur wünschen konnte, wie er »un-jüdischer« nicht vorstellbar schien.

Hugo Meisl war lange Funktionär der »Amateure«, der späteren »Wiener Austria« gewesen, und damit jenes Klubs, der beispielhaft für die bürgerliche Modernität eines liberalen Judentums stand. Auch die Austria wurde daher zum beliebten Exempel der Bilder vom jüdischen Sport. Sie galt, im Gegensatz zu den Vororte- und Arbeitervereinen, als Klub des intellektuellen Bürgertums und der »City«, als Klub des technisch brillanten, aber wenig kämpferischen Spiels.[17] Im Vereinsvorstand wie unter den Spielern mischten sich Juden und Nicht-Juden. Auch wenn die Austria oft als »Juden-Verein« apostrophiert wurde, bildete sie so doch den Gegensatz zur »nationalen« Hakoah.

»Bei der Austria«, erzählt der damalige Spieler Karl Geyer[18], »waren wir ›fifty-fifty‹, wir haben fünf Juden und sechs Christen in der Mannschaft gehabt. Wenn wir uns getroffen haben, hat es geheißen: ›Servus Fritzl‹, ›Servus Ferdl‹. Bei uns ist der Name ›Jude‹ nie gefallen. Wir haben z.B. immer eine ›Hetz‹ gehabt, wenn wir gegen die Hakoah gespielt haben: Wir bei der Austria haben die reichen Juden gehabt, die Geschäftsleute, und die Hakoah hat die armen Juden gehabt. Und die beiden Gruppen haben sich auf der Tribüne immer mit ›Saujud‹ beschimpft. Wir sind unten gestanden und haben zugehört, wie die geschrien und sich befetzt haben. Das war eine Hetz für uns. Das war alles ohne Gewalt: Die haben sich beschimpft und aus, erledigt.« Als Inbegriff funktionierender und funktionaler Assimilation konnte die Austria als Exempel geglückter und erfolgreicher Assimilation präsentiert werden, besonders als sie 1926 (noch unter dem Namen »Amateure«) der nach der Amerika-Reise weitgehend dezimierten Hakoah als Fußballmeister nachfolgte und 1933 und 1936 den Mitropa-Cup gewann. Das einzige Manko des Vereins war, dass er keinen eigenen Platz besaß und daher immer wieder den Spielort wechselte, was zu häufigen Anspielungen auf den »heimatlosen Juden« Anlass gab.

Es sei hier am Rande angemerkt, dass sich die tolerante Haltung gegenüber der Austria nach dem »Anschluss« fortsetzte, freilich abseits der Öffentlichkeit. Zwar musste fast der gesamte Vorstand noch im März 1938 die »Ostmark« verlassen und der Verein wurde vorübergehend unter kommissarische Leitung gestellt, doch während viele tausend österreichische Jüdinnen und Juden dem NS-Regime zu Opfer fielen, konnte Karl Geyer mit seiner jüdischen Frau bis 1945 in Wien bleiben und wurde als stiller Trainer der Austria akzeptiert, so wie der Austria-Kapitän Walter Nausch, ebenfalls mit einer Jüdin verheiratet, noch im November 1939 unbehelligt und offiziell in die Schweiz ausreisen durfte.

Resümee

Wo, so ist abschließend zu fragen, lässt sich die fotografische Präsenz jüdischer SportlerInnen im Gesamtbild jüdischer Lebensstrategien in einer antisemitisch operierenden Gesellschaft verorten? Die Erfahrung zeige, so schreibt John Bunzl, »dass körperliche Untüchtigkeit genauso wie Spitzenleistungen von Juden unschwer in ein antisemitisches Weltbild integriert werden können«[19]. Hier laufen die verschiedenen Diskurse des Umganges mit JüdInnen und dem »Jüdischen« zusammen; es sind Diskurse (verbaler wie tätlicher) Ausgrenzung und (versuchter) Assimilation. Vor allem sind es oktroyierte Diskurse, die JüdInnen nur beschränkte Möglichkeiten des Reagierens und kaum Chancen des Agierens gestatteten. Daher müssen die Diskurse eher als Strategien der Disziplinierung gesehen werden. Die Bandbreite des Umganges mit JüdInnen, von antisemitischen Ausschreitungen bis zur liberalen journalistischen Beschreibung, war darauf gerichtet,

JüdInnen zu zeigen, wie und wo man sie haben wollte; es waren Wegmarken, die dem österreichischen Judentum Pfade der Akzeptanz vorgaben, um den Preis freilich, dass sie entweder des Jüdischen oder des Österreichischen verlustig gehen mussten. Fotografien wurden meist eingesetzt, um eine vollständige Assimilation vorzuzeigen, ein Bild akzeptierter JüdInnen zu entwerfen, die eigentlich keine JüdInnen mehr waren – die Karikaturen hingegen warnten, dass man JüdInnen, so lange sie JüdInnen waren, stets erkennen würde.

Die Disziplinierungsstrategien waren für das österreichische Judentum prekär, weil ab 1933 aus Deutschland andere Signale kamen (die von österreichischen Nationalsozialisten noch verstärkt wurden). Und es waren gegenläufige Signale, die andere, lebensbedrohliche Wege der »Disziplinierung« verhießen. Ab 1938 wurden diese Signale auch in der »Ostmark« Realität, indem die andere Seite der »guten« Jüdinnen ohne großes Aufsehen aktiviert wurde: Schon im Sommer 1938 war der Sport brutal von allen jüdischen »Elementen« gesäubert worden. Die Sportstätten waren fast »judenrein«, auch wenn es in der Diktion der verbliebenen Spieler und ZuschauerInnen simpel hieß, dass die JüdInnen einfach »verschwunden« waren.

Anmerkungen

1 Brousek, Karl M.: Wien und seine Tschechen. Integration und Assimilation einer Minderheit im 20. Jahrhundert, Wien 1980; John, Michael, Albert Lichtblau: Schmelztiegel Wien – Einst und Jetzt. Zur Geschichte und Gegenwart von Zuwanderung und Minderheiten, Wien, Köln, Weimar 1993 [2. Aufl.], S. 14f.; Lichtblau, Albert: Zwischen den Mühlsteinen. Der Einfluss der Politik auf die Dimension von Minderheiten am Beispiel der Tschechen und Juden im Wien des 19. und 20. Jahrhunderts. In: John, Michael, Oto Luthar (Hg.): Un-Verständnis der Kulturen. Multikulturalismus in Mitteleuropa in historischer Perspektive, Klagenfurt, Ljubljana, Wien 1997, S. 87-114, 93.

2 Frey-Materna Daniela: Die Geschichte der tschechischen Turnorganisation Sokol bis 1918. Entwicklung zwischen Eigenständigkeit und Beeinflussung von außen, Wien 2000 [Diss.].

3 Bunzl, John: Hoppauf Hakoah. Jüdischer Sport in Österreich. Von den Anfängen bis in die Gegenwart, Wien 1987, S. 24; Haber, Karl: Kleine Chronik der Hakoah Wien – Teil 1: 1909-1938. In: Jüdisches Museum der Stadt Wien (Hg.): Hakoah. Ein jüdischer Sportverein in Wien 1909-1995, Wien 1995, S. 23-30, 23.

4 Die Begriffe »Jude« und »Jüdin« werden in der Folge nicht durch religiöse Zugehörigkeit oder durch deren Selbsteinschätzung vorgegeben, sondern durch gesellschaftliche Stigmatisierung: Die Charakterisierung traf alle, die von ihrer Umwelt als Juden und Jüdinnen angesehen und behandelt wurden.

5 Baar, Fritz: Hakoahs Heldenzeit. In: Baar, Arthur: 50 Jahre Hakoah. 1909-1959, Tel Aviv 1959, S. 241-246, 241.
6 Bunzl, John: Die Hakoah und die Entwicklung jüdischen Bewusstseins in Wien. In: Jüdisches Museum der Stadt Wien (Hg.): Hakoah. Ein jüdischer Sportverein in Wien 1909-1995, Wien 1995, S. 7-11, 10.
7 Bunzl 1987, S. 100ff.
8 John, Michael: »Haut's die Juden!« Antisemitismus im europäischen Fußball. In: Fußball und Rassismus, Göttingen 1993, S. 133-158, 135.
9 Ebenda.
10 Stecewicz, Ludwig: Sport in der Diktatur. Erinnerungen eines österreichischen Sportjournalisten 1934-1945, hrsg. von Matthias Marschik, Wien 1996, S. 110.
11 Baar, Arthur: 50 Jahre Hakoah. 1909-1959, Tel Aviv 1959, S. 74.
12 Marschik, Matthias: »They lived like Heroes«. Arbeitsemigration im österreichischen Fußball der dreißiger Jahre. In: Spectrum der Sportwissenschaften, 7/2 (1995), S. 14-29, 17, Marschik, Matthias: »Professional Football: The Construction of (National) Identities«. In: Paolo de Nardis/Antonio Mussino & Nicola Porro (Hg.): ›Sport: Social Problems & Social Movements‹, Roma 1997, S. 87-98.
13 Pfister, Gertrud: Die Rolle der jüdischen Frauen in der Turn- und Sportbewegung. In: Manfred Lämmer (Hg.): Die jüdische Turn- und Sportbewegung in Deutschland 1898-1938, Sankt Augustin 1989, S. 65-89.
14 Auch die deutsche Fechterin Helene Mayer wurde unter Ausblendung ihrer »halb-jüdischen« Abstammung noch 1936 als Exempel einer idealen »arischen« Weiblichkeit abgebildet. Vgl. Pfister, Gertrud/Toni Niewerth: Jewish Women in Gymnastics and Sport in Germany 1898-1938. In: Journal of Sport History 26/2 (1999), 287-325, 315.
15 Kolisch, Siegfried: Das Heldenzeitalter der ›Hakoah‹. In: Baar, Arthur: 50 Jahre Hakoah. 1909-1959, Tel Aviv 1959, S. 275-277, 276.
16 Skocek, Johann, Wolfgang Weisgram: Wunderteam Österreich. Scheiberln, wedeln, glücklich sein, Wien, München, Zürich 1996, 48.
17 Horak, Roman, Matthias Marschik: Vom Erlebnis zur Wahrnehmung. Der Wiener Fußball und seine Zuschauer 1945-1990, Wien 1995, S. 29: Marschik, Matthias: Wiener Austria. Die ersten 90 Jahre, Schwechat 2001.
18 Marschik, Matthias: Fußball in der Ostmark. Zur politischen Vereinnahmung eines Massenphänomens sowie zur Möglichkeit »außerpolitischen« Widerstandes. Teil 1, Linz, Wien 1995 (unveröff. Projektbericht), S. 74; Marschik, Matthias: Vom Nutzen der Unterhaltung. Der Wiener Fußball in der NS-Zeit: Zwischen Vereinnahmung und Resistenz, Wien 1998.
19 Bunzl 1995, S. 11.

Erik Eggers

Hugo Meisl – der Visionär und sein »Wunderteam«

Die Franzosen nannten ihn »Monsieur Hugo, le Chef d'Orchestre«. Allerdings war es kein Stab, mit dem Hugo Meisl sein oft brillantes Fußballorchester dirigierte. Mit einem profanen Gehstock schlug er den Takt seines Starensembles. Je nach Verfassung ruhte Meisls massiger Körper auf dieser Ersatzlösung für jene Krücken, die er nach einem Spitalaufenthalt im Jahr 1929 benötigte. Wenn er aber wütend war über die Undiszipliniertheit seiner Spieler, kreiste dieser Gehstock über dem Kopf des österreichischen Verbandskapitäns, und dieser kreiste oft, denn Meisl war oft wütend. Heute, in der glitzernden Welt des gefräßigen Fußballboulevards, wäre dieser Gehstock ein Kultobjekt.

Ein Kultobjekt war damals schon die ganze Person. Es existieren unzählige Anekdoten über den Vater jener legendären österreichischen Elf, der Berliner Zeitungen, als das deutsche Team dort 1931 von den Österreichern mit 6:0 deklassiert worden war, den Namen »Wunderteam« gaben. Einmal wagte »Wudi« Müller, Ersatzmann in jener Elf, direkt vor den Augen des Teamchefs ein riskantes Dribbling und verlor den Ball. Da stürmte Meisl, der außerhalb der 90 Minuten immer formvollendet mit Mantel und Melone auftrat, wutentbrannt auf das Spielfeld und jagte seinen Stock schwingend hinter dem Stürmer her. »›Sie Verbrecher!‹, hat er mir zugeschrieen«, erinnerte sich Müller noch lange danach, »ich machte mich, so rasch ich konnte, aus dem Staub.«[1]

Keine Frage, Hugo Meisl war ein schlimmer Choleriker. Nicht selten wurde er geschildert als Intrigant, viele hassten an ihm diese Mixtur aus »slawischer Verschlagenheit«, »deutschem Spießertum«, »ungarischem Temperament« und »alpenländischer Blödelei«. So charakterisierten ihn jedenfalls seine Feinde. Seine vielen Freunde hingegen faszinierte das kosmopolitische Feuer, der sprühende Witz und die bemerkenswerte Vielsprachigkeit an Meisl, sie bewunderten sein polyglottes Auftreten im Ausland, seine geistvollen Plaudereien und die typisch österreichische Kavaliersschule. Mit einem Satz: Meisl polarisierte die Menschen, die sich für den Fußball Wiener Prägung interessierten.

Vor allem aber versammelte Hugo Meisl in den 1920er und 1930er Jahren in sich die enorme Fußballkompetenz Österreichs, das seinerzeit zu den Großmächten im Fußball zählte. Es ist heute kaum nachvollziehbar, welch enormen Stellenwert der Sport damals besaß in diesem noch jungen Staatsgebilde, das, nach der schmachvollen Niederlage im Ersten Weltkrieg, verzweifelt nach Ausdrucksformen nationaler Identität suchte. Von der stolzen Vielvölkermonarchie war nur ein seelenloses Gerippe übrig geblieben, wirtschaftlich kaum überlebensfähig nach den Versailler Verträgen. Deswegen löste der Sport so große Begeisterung aus: weil er doch einer der wenigen Bereiche war, wo sich dieses junge Land durch Erfolge nach innen bestätigen und nach außen bemerkbar machen konnte. Schnell wuchs so vor allem Fußball heran zu einem Gegenstand des alltagskulturellen Diskurses, er geriet nicht selten zur »nationalen Angelegenheit«. Er war eben nicht nur Spiel, sondern auch und vor allem: »Idee«.

So selbstverständlich, wie in der Zwischenkriegszeit die Hochkulturen Literatur, Musik und Philosophie in den zahlreichen Wiener Kaffeehäusern zum Gesprächsgegenstand wurden, so selbstverständlich diskutierte man dort also auch den Fußball. Aufstellungen, Spielinterpretationen, die nächsten Gegner – all das wurde dort ausgiebig verhandelt, und so speiste sich der Fußball seinerzeit nicht allein (wie das etwa in Deutschland zunächst der Fall war) aus den Quellen der Populär- und Massenkultur, sondern vermengte sich zwangsläufig mit den bohemienhaften Elementen der Kaffeehauskultur. Das Ringcafé in der Bergstraße 9 war das intellektuelle Zentrum des österreichischen Fußballs, dort wurden die elementaren Grundlagen verhandelt, neue Systeme diskutiert, Spieler bewertet, Auffassungen ausgetauscht. Präsidiert wurden diese fußballstrategischen Debatten von einigen wichtigen Sportjournalisten. Über allen indes thronte Hugo Meisl, der rhetorisch brillante Verbandskapitän des Österreichischen Fußball-Bundes.

Förderer des Professionalismus

Welchen biografischen Weg war dieses »Hirn des österreichischen Fußballs« bis dahin gegangen? Am 16. November 1881 im mährischen Ostrava in eine wohlhabende jüdische Kaufmannsfamilie hineingeboren, war Meisl als Sechsjähriger nach Wien gekommen, besuchte dort nach dem Schulab-

Hugo Meisl (vordere Reihe links) als aktiver Spieler, um 1906.

schluss eine höhere Handelsschule. Zunächst nur Tschechisch sprechend, bewies er von Kind an ein hervorragendes Gefühl für Sprachen; neben Deutsch beherrschte er nach diversen Auslandsaufenthalten bald auch nahezu perfekt Englisch, Französisch, Italienisch, Spanisch, dazu ein paar Brocken Russisch. Als Meisl zwischen Oktober 1914 und September 1918, fast also den gesamten Ersten Weltkrieg hindurch, als hochdekorierter Offizier in Serbien diente, flog ihm noch das Serbo-Kroatische zu.

Über das Leben Hugo Meisls vor dem Ersten Weltkrieg sind nur Bruchstücke bekannt, weil viele seiner Aufzeichnungen und Archivalien im Jahre 1934 verloren gingen, als seine Wiener Wohnung in wilden Putschzeiten ausgeplündert wurde. Wie seine erst in Wien geborenen jüngeren Brüder begeisterte er sich früh für die neue Sportart Fußball, kam bereits 1895 zum ein Jahr zuvor gegründeten Vienna Cricket und Football Club. Da er auf seinen häufigen Reisen keinen festen Verein finden konnte, mutierte er während seines Urlaubs in Wien zu einem »Rambler«, so nannte sich jenes Team, das sich jedes Jahr im Sommerurlaub bildete, um im näheren Umland auf Wettspielreise zu gehen. Sein fußballerisches Talent als Rechtsaußen ließ indes offenbar ziemlich zu wünschen übrig, jedenfalls ist darüber in den frühen österreichischen Fußballannalen nicht die Rede. Dafür aber verdiente er, der bis 1932, als er im Rahmen einer Kündigungswelle frühpensioniert wurde, im Hauptberuf bei der Österreichischen Länderbank arbeitete, sich schnell einen Namen als kompetenter Schiedsrichter. Meisl war fachkundig und leitete seine Partien so gut, dass er bald auch internationale Begegnungen bestritt. Zwischen 1907 und 1923 kam er, der zudem die ersten Fußballregeln in Österreich fixierte und herausgab, als Referee immerhin auf 16 Länderspiele.

Vor allem aber verstand Hugo Meisl das schwierige Handwerk der Fußball-Organisation in einer Zeit, in der dieser Sport noch einen stiefmütterlichen Status besaß. Bereits 1905 trat er in den Vorstand des Österreichischen Fußball-Bundes (ÖFB) ein und war dort zunächst zuständig für Schiedsrichterfragen. Bald schickte ihn der ÖFB als Delegierten zum Weltverband FIFA, deren Geschicke er als Funktionär in den 1920er Jahren maßgeblich mitbestimmen sollte. 1911 wurde er Vorstandsmitglied des neu gegründeten Wiener Amateur-Sportvereins (WAS); im gleichen Jahr, als er offiziell als »Reisebegleiter« bei einem Wettkampf in Berlin fungierte, begann seine legendäre Karriere als Betreuer der österreichischen Nationalelf.

Zur dominierenden Persönlichkeit des Wiener Fußballzirkels indes wurde Hugo Meisl erst nach dem Ersten Weltkrieg. Auf seine Initiative hin kamen 1919 die beiden ungarischen Nationalspieler Jenö und Kálmán Konrad von MTK Budapest. Diese Transfers ermöglichten erst jenes nun entstehende »Scheiberlspiel«, mit denen Wiener Mannschaften fortan den übrigen europäischen Vereinsfußball demontierten. Die Idee des Scheiberlns war, grob zusammengefasst, die Verdichtung dreier völlig verschiedener Spielsysteme. Unter der traditionellen »Wiener Schule« verstand man seinerzeit ein betont flaches Zuspiel in Form eines Dreiecks, während die Tschechen einen direkten Kurzpass *(mala ulica)* und die Ungarn ein rasant über die Flügel vorgetragenes Flügelspiel bevorzugten. Der Schmelztiegel Wien vereinigte nun diese Auffassungen, es entstanden nun schnell aufeinander folgende kurze, den direkten Weg durch die »Gassen« der Gegner nehmende, sich quasi gegenseitig zitierende Vorlagen. Die beiden österreichischen Journalisten Johann Skocek und Wolfgang Weisgram nennen diese sich erneuernde Wiener Schule deswegen treffend »ein Produkt eines trilateralen Kulturkarussells«.[2]

Meisl war es auch, der die notwendigen ökonomischen Grundlagen für derartige, Aufsehen erregenden Transfers schuf. Anno 1924 setzte er in

Österreich, und zwar gegen alle Widerstände der auf dem Amateurparagrafen beharrenden FIFA, endgültig die Trennung zwischen Profitum und Amateurismus durch und konzipierte in aller Eile (und noch mit vielen Geburtsfehlern behaftet) eine Profiliga nach englischem Modell. Diese Liga war eine Premiere auf dem europäischen Kontinent, ein gewagtes Experiment, aber eines, das schlussendlich funktionierte; 1925 folgte Ungarn, ein Jahr später die Tschechoslowakei. Mit der letztlich gelungenen Einführung des Profifußballs, die auch in Österreich auf großen Widerstand traf, nahm Meisl den Profifußball heutiger Prägung vorweg. Er trug damit dem Umstand Rechnung, dass auch die Spieler an den enormen Zuschauereinnahmen partizipieren wollten. Bereits 1905 hatte Meisl als Journalist im Rahmen der schon damals geführten Amateurdiskussion von anderen Funktionären gefordert, bei kleineren Vergehen der Spieler die Augen zuzudrücken; er hatte nichts dagegen, wenn Vereine ihren besten Spielern die Fußballschuhe und auch Verdienstausfälle bei Reisen zahlten. Andernfalls, das wusste Meisl, blieb der Fußball einzig und allein elitären Schichten vorbehalten und war seine Popularisierung nicht voranzutreiben. Vor allem aber schien im reinen Amateurfußball eine Leistungssteigerung nahezu unmöglich. »Übrigens werde es«, zitiert ihn eine österreichische Fußballgeschichte aus dem Jahre 1925 bewundernd, »in Wien erst dann erstklassige Spieler geben, bis man es zu waschechten Profis gebracht habe.« Und räumte ein: »Man muss sagen, dass der Mann eine gewisse Voraussicht bewiesen hat.«[3]

In diesem Sinne war er 1927 auch maßgeblich beteiligt an der Genese des Mitropa-Cups, dem Vorläufer des heutigen Europapokals.[4] Mit der Schaffung eines solchen europäischen Wettbewerbs wollte Meisl die nationalen Ligen für die Zuschauer und Vereine noch attraktiver machen, ein Plan, der nach kurzen Anfangsschwierigkeiten aufgehen sollte. Im Übrigen nahm Meisl damals den heutigen Modus der Champions League vorweg, denn die wichtigsten beteiligten Nationen, Österreich, die Tschechoslowakei und Ungarn, durften jeweils vier Vertreter entsenden. Auch der Vorschlag, den Wettbewerb in Hin- und Rückspielen auszutragen, stammt von Meisl, ebenso das Konzept der 1927 erstmals ausgetragenen Europameisterschaft für Nationen, die indes vor dem Zweiten Weltkrieg nicht wirklich populär wurde. Dieser fehlgeschlagene Versuch zeigte: Nicht alle Visionen waren auch kurzfristig zu verwirklichen. So geriet auch die 1. Fußball-Weltmeisterschaft, von der Meisl schon 1904 in einem visionären Brief an den holländischen FIFA-Sekretär Hirschman gesprochen und seit 1928 in diversen FIFA-Kommissionen vorangetrieben hatte, zunächst zu einem rechten Desaster. Nur vier europäische Nationen reisten 1930 nach Uruguay; selbst Meisls Österreich war nicht imstande, die Überfahrt zu bezahlen. Doch der Visionär Meisl ließ sich von solchen Enttäuschungen nicht weiter beirren, er meißelte unbeirrt weiter an der damals für viele kompliziert wirkenden Skulptur des internationalen Fußballs, die heute für alle Fußballfans doch so geläufig ist. Letztendlich sollte er mit seiner damals einsam vertretenen Idee, die seinem Schaffen zugrunde lag, Recht behalten: dass nur professionelle Strukturen das Niveau des nationalen wie internationalen Fußballs heben, das Spiel attraktiver gestalten und mehr Anhänger bringen konnten.

Wie sehr sich der bezahlte Fußball auf die Qualität des Spiels auswirkte, das zeigte nicht zuletzt das Beispiel des Wiener Vereinsfußballs. Nicht wenige Wiener Fußballvereine gelangten seinerzeit zu Weltruhm. So der Arbeiterklub Rapid, der erste Sieger im Mitropacup, so auch die Austria, die, vorwiegend aus einer liberalen und jüdisch-assimilierten Klientel zusammengesetzt, mit ihrer kombinatorisch-brillanten Spielweise die Überlegenheit des österreichischen Vereinsfußballs demonstrierte.[5] Aber auch die zionistisch ausgerichtete Hakoah, in der Saison 1924/25 der erste Meister österreichischen Profifußballs und bei vielen Juden das Gegenargument im Kampf gegen das antisemitische Klischee vom vergeistigten Juden, wurde mit ihren ausgedehnten Tourneen durch die USA, Ägypten und ganz Europa weit über die Wiener Grenzen hinaus bekannt.

»Spüüts euer Spüü!«

Zum leuchtendsten Beispiel einer florierenden Fußballkultur avancierte indes die österreichische Nationalmannschaft, die zwischen Mai 1931 und Dezember 1932 in 15 Spielen ungeschlagen blieb, jene nur »Wiener Wunderteam« genannte sagenhafte Elf, die über Jahrzehnte hinweg zum Synonym für überragende Spielkultur, Leichtigkeit und Erfolg werden sollte. In der kollektiven Erinnerung Österreichs ist haften geblieben, dass Hugo Meisl es war, der jenes Wunderteam erschuf. Allein die Entstehung dieser Elf ist tausendfach beschrieben worden, diese Geschichte wurde in verschiedenen Versionen erzählt: Am 10., 11. oder 12. Mai 1931 betrat ein zutiefst grantiger Hugo Meisl besagtes Ringcafé, passierte wortlos den Ober und ging schnurstracks zum so genannten Impressionistentisch. Er zog einen Zettel – zerknittert, so als habe er ihn häufiger auf- und zusammengefaltet – aus der Tasche seines Mantels mit Samtkragen, den er fast immer trug, und warf diesen Zettel verärgert auf den Tisch. Dann drehte er sofort ab, im Weggehen aber rief er noch: »Da habt's euer Schmieranski-Team!«[6]

Die »Schmieranskis«, das waren die Journalisten, die Meisls Aufstellungen in den letzten Jahren scharf zu kritisieren gewagt hatten. In unzähligen Kommentaren hatten sie verurteilt, dass Meisl seit Jahren die überhöhte Verkörperung der Wiener Fußballschule, Matthias Sindelar von der Wiener Austria, den alle wegen seines schmächtigen Körperbaus nur den »Papierenen« riefen, nicht mehr nominiert hatte. Eine 0:5-Niederlage einer Wiener Stadtelf in Süddeutschland war dem vorausgegangen. Bei der Heimfahrt im Zug hatte Teamchef Meisl einen seiner vielbesungenen Auftritte hingelegt, als er das Spiel der beiden Sturmführer Sindelar und Gschweidl als uneffektiven »Eiertanz« und »Ballettfußball« bezeichnete. »I waß eh, warum ma verlurn ham, Herr Meisl«, soll ihm Sindelar damals hinterfotzig entgegnet haben, »z'wenig g'scheiberlt ham ma halt.«[7] Meisl warf ihn daraufhin raus. Am liebsten hätte er Sindelar das Fußballspielen ganz verboten.

Im Mai 1931 nun, nach vielen Misserfolgen des Nationalteams fast notgedrungen, stand der Name Sindelar wieder auf dem Zettel des österreichischen Verbandskapitäns. »Der Papierene«, so der Plan, würde nach zahlreichen erfolglosen Versuchen auf anderen Positionen wieder als Sturmführer agieren, seinen »Konkurrenten« Gschweidl sah Meisl nun als Verbinder vor. Die Rückberufung des Stars und jener taktische Schachzug galten als die entscheidenden Maßnahmen Meisls. Wenige Tage später jedenfalls, am 15. Mai 1931, schlug exakt jene 5-3-2-Formation, die auf diesem Zettel geschrieben war, die als Lehrmeister geltende schottische Nationalmannschaft im Wiener Stadion auf der Hohen Warte sensationell hoch mit 5:0-Toren. Es war dies nicht nur die höchste Niederlage Schottlands seit 1888, es war der Beginn einer Serie von 15 ungeschlagenen Spielen gegen ausschließlich hochkarätige Gegner. Besiegt wurden Italien, die Tschechoslowakei und Ungarn, auch die Deutschen kassierten herbe 0:6- und 0:5-Niederlagen. Nie wieder konnte eine österreichische Nationalmannschaft den europäischen Kontinent derart dominieren, und nie wieder hat das österreichische Publikum einen Spieler so verehrt, wie es seinerzeit Sindelar verehrte. Das gespannte Verhältnis des Verbandskapitäns zum legendären Sturmführer indes blieb unverändert, denn im Grunde war Meisl ironischerweise mit der Spielweise seines »Wunderteams« nie wirklich einverstanden. Noch schlimmer: Meisl, der den gradlinigen englischen Stil seines Freundes Herbert Chapman – des englischen Trainers, der kurz zuvor das »W-M-System« eingeführt hatte – bewunderte und zu kopieren suchte, verachtete und verschmähte ja nichts mehr als den eleganten Charakter seiner in sich selbstverliebten Elf, die allzu oft allein die Idee der Ausführung in den Vordergrund stellte, weil sie das Toreschießen als profan erachtete.

Die Geschichte dieses »Wunderteams« kulminierte am 7. Dezember 1932 an der Londoner Stamford Bridge, bei der Partie gegen das in Heimspielen gegen Kontinentaleuropäer noch unbesiegte England. Noch Jahrzehnte später ist es unwidersprochen als »Spiel des Jahrhunderts« apostrophiert worden, beileibe nicht nur in Österreich. Schon Wochen vor dem Spiel wurde die Mannschaft zusammengezogen, wochenlang druckten die Zeitungen Vorschauen, in Massen. Hunderte von Journalisten aus allen Nationen waren akkreditiert, denn diese Begegnung versprach nicht allein ein hervorragendes Fußballspiel. Jeder erwartete den spannenden Kampf zweier völlig unterschiedlicher Systeme. Englischer Fußball bedeutete Kraft, Energie, Schnelligkeit, und den körperlich gestählten, kantigen englischen Profis war es völlig gleichgültig, wie der Ball in das gegnerische Tor gelangte. In Österreich hingegen ging es in erster Linie um die wesentliche Frage, »ob es gelingen kann, mittels einer bestimmten Art und Weise des Fußballspiels eine bestimmte Art und Weise der Lebensauffassungen ausdrücken zu können«[8]. Da geriet das Resultat fast zur Nebensache. Als Hugo Meisl einige Tage vor der Partie in englischen Zeitungen den dortigen Vereinsfußball als stilbildend anpries, wurde das in Wien als Vaterlandsverrat empfunden.

Die Österreicher verloren diese Begegnung, die ein eigenes Buch wert wäre, schließlich mit 3:4-Toren. Dennoch war sich die Weltpresse hinterher einig, dass der Spielweise des Wunderteams die Zukunft gehörte. Wie wichtig dieses Fußballspiel für die Nation war, das zeigt die große Rezeption: 1946, als der Krieg just zuende und ein neues Österreich im Entstehen war, goss Paul Meißner den damaligen Zustand in ein weltberühmtes Ölgemälde. Dieses wurde, obwohl von keiner Kunstgeschichte inventarisiert oder gar zitiert, zu einer Gründungsikone der Zweiten Österreichischen Republik. Es zeigt die Mannschaft, die 1932 an der Stamford Bridge auf das Spielfeld läuft, im Vordergrund der berühmte jüdische Verbandskapitän Hugo Meisl. Die beiden österreichischen Journalisten Johann Skocek und Wolfgang Weisgram haben die Szenerie dieses Bildes eindrucksvoll beschrieben: »Es ist der 7. Dezember 1932, ein für britische Verhältnisse klarer, heller Tag. Es ist knapp nach drei Uhr nachmittags. Die Gefühle, welche diese Männer beherrschen, sind so groß und deutlich, aber zugleich auch so entgegengesetzt und sich so widersprechend, dass sie bis heute als emotionales Paradigma Österreichs gelten können. Beinahe unterwürfiger Res-

Vater des »Wunderteams«: Hugo Meisl, wie ihn die internationale Fußballwelt kannte.

pekt, eine ängstliche Vorahnung des Kommenden war das eine. Das andere aber ein hochfahrendes, mit Selbstbewusstsein nur noch formal identes Selbstwertgefühl. Hugo Meisl hat es ihnen noch in der Kabine gesagt, die Wiener Zeitungen haben es immer wieder geschrieben, bis es zu einer Art Siegesmantra geworden war. Und nun glaubten sie es mit einem Teil ihres Herzens selber: ›Spüüts euer Spüü!‹«[9]

Dieses Wunderteam, seine anekdotenreiche Genese, die unvergleichliche Art seiner Spielkultur, die bezaubernde Leichtigkeit und Lässigkeit, mit der das Team zu der Serie von 15 Spielen ohne Niederlage gegen hochkarätige Gegner kam – all das geriet flugs zum Mythos in der Erinnerung nicht nur der Fußballwelt, sondern ganz Österreichs. Als die österreichische Nationalmannschaft, obwohl als Favorit gewettet, bei der Weltmeisterschaft 1934 nach Niederlagen gegen Italien im Halbfinale und gegen Deutschland im kleinen Finale nur den vierten Platz belegte, leistete das der ohnehin schon starken Romantisierung einen noch größeren Vorschub. Legionen von Texten haben das Wunderteam seitdem verhandelt, und immer ist der Charismatiker Meisl, der das Team erschaffen hatte, in diesen Beschreibungen ausführlich gewürdigt worden. Nur die beiden Redakteure des »Kicker«, Hans-Jakob Müllenbach und Friedebert Becker, brachten es fertig, den geistigen Vater dieser Mannschaft in ihrer 1941 erschienenen, 48-seitigen Publikation über das Wunderteam nicht ein einziges Mal zu erwähnen.[10] Weil Meisl Jude war.

»Mit der Geschmeidigkeit seiner Rasse«

Bereits in den 1920er Jahren hatte sich Meisl in Wien, in dem der offene Antisemitismus zum Alltag gehörte, mit unverhohlen rassistischen Vorwürfen auseinander setzen müssen. Oft beschimpften ihn seine Gegner, wenn der Erfolg ausblieb, mit seiner jüdischen Herkunft; speziell die Verfechter des Amateurismus, die in Wien den Kampf gegen das Profitum im Fußball verloren hatten, sahen in ihm die Verkörperung des allein auf das Geschäftliche konzentrierten Juden. Aber auch aus dem Ausland kamen tumb-antisemitische Parolen. Der deutsche Sportjournalist Ernst Werner etwa, Redakteur der einflussreichen Berliner »Fußball-Woche«, charakterisierte Meisl anlässlich eines Berichtes über den FIFA-Kongress 1928 in Amsterdam wie folgt: »Im Plenum ist Hugo Meisl, der Wiener Jude, mit der Geschmeidigkeit seiner Rasse und ihrem zersetzenden Sinn einer der größten Kartenmischer. Er und der deutsche Fußballführer Felix Linnemann – zu Hause ein geschätzter Kriminalist – sind die stärksten Gegensätze, die man sich denken kann. Der eine ein Vertreter des krassen Geschäftemachens mit Fußball, der andere ein Apostel des Amateurismus.«[11]

Dabei entsprach Hugo Meisl in der Wiener Presse so gar nicht dem abstrakten Bild eines jüdischen Schacherers oder Nichtsnutzes, der sich auf Kosten anderer bereicherte – Hugo Meisls wichtiger Einfluss auf die Fußballkultur, zumal für die Wiener, war ja konkret fassbar, wurde gemeinhin anerkannt. Er wurde vielmehr als typischer Vertreter derjenigen Gruppe von Juden begriffen, die sich fast vollständig assimiliert hatten oder wenigstens ihr Judentum nicht öffentlich zur Schau stellten. »Meisl war deshalb ein Jude, mit dem man renommieren konnte«, schreibt der österreichische Sozialhistoriker Matthias Marschik zu diesem Aspekt, »weil er sich absolut nicht als Jude gebärdete oder äußerte, so wie er ein kongenialer Teamchef war, weil er das Wiener ›Scheiberl-Spiel‹ verabscheute: Meisl galt als glühender Verfechter des englischen Stils, den er dem Wunderteam vergeblich einzuimpfen trachtete; gerade daraus konnte jene ›Melange‹ entstehen, die das Wunderteam zu seinen großen Erfolgen führte.«[12]

Auch die beiden Journalisten Skocek und Weisgram weisen in ihrer fantastischen Monografie »Wunderteam Österreich« auf dieses Paradoxon hin. »In der Retrospektive«, analysieren sie, erscheine Hugo Meisl nämlich »als ein Mann von auffallend geradem Zuschnitt; ein Mann der Tat, ein gerader, um nicht zu sagen: deutscher Michel. Die Geschichte des Wunderteams überliefert uns ein Bild, dem nichts so sehr zuwider ist wie Unehrlichkeit,

Winkelzüge, Täuschungsmanöver.«[13] Mathias Marschik drückt die damalige Wahrnehmung noch drastischer aus. Er sieht in Meisl gar »den Typus des assimilierten weltgewandten und zugleich erfolgreichen Juden« wohl am besten repräsentiert. »Meisl, der diverse Sprachen fließend beherrschte und im gesamten europäischen Fußball höchstes internationales Ansehen genoss, war in den Augen vieler Wiener ein ›Jude‹, wie man ihn sich nur wünschen konnte, wie er ›un-jüdischer‹ nicht vorstellbar schien.«[14]

Der Vater des Wunderteams hat die NS-Verfolgungen, denen sich die österreichischen Juden seit dem »Anschluss« im März 1938 ausgesetzt sahen, nicht mehr erleiden müssen. Er starb am 17. Februar 1937 in Wien. Sein Ende war irgendwie zwangsläufig. Er, der dem Fußball sein ganzes Leben gewidmet hatte, erlitt im Gebäude des Österreichischen Fußball-Bundes einen Herzschlag. Er schrieb gerade einen Brief, mit dem er einen Spieler zu einem Länderspiel einladen wollte.

Anmerkungen

1 Zitiert nach Skocek, J./Weisgram, W.: Wunderteam Österreich, Wien/München/Zürich 1996, S. 44.
2 Ebenda, Wunderteam, S. 15.
3 Schmieger, W.: Der Fußball in Österreich, Wien 1925, S. 66.
4 Vgl. o. Verf.: Mitropa Cup (1927-1940), in: Libero 33(2001),2, S. 2f.
5 Vgl. Marschik, M.: Wiener Austria. Die ersten 90 Jahre, Schwechat [2001].
6 Skocek/Weisgram 1996, S. 83-86.
7 Zitiert nach ebenda, S. 81.
8 Ebenda, S. 42.
9 Ebenda, S. 36f.
10 Becker, F./Müllenbach, H.-J.: Das Wunderteam. Aufstieg und Ruhm der berühmtesten europäischen Fußballmannschaft, Nürnberg 1941.
11 Zitiert nach Fanta R./Pöge, A.: Hugo Meisl, in: Libero 33 (2001)2, S. 40-48, hier 48.
12 Marschik, M.: Das Bild vom ›guten‹ Juden, in: Fotogeschichte 62 (1996), S. 42.
13 Skocek/Weisgram, S. 48.
14 Marschik 2001, S. 42.

Erik Eggers

Willy Meisl – der »König der Sportjournalisten«

1965, als Willy Meisl seinen 70. Geburtstag feierte, wurden Hymnen auf ihn gesungen. »Weil er der Erste war, der seine Sportberichte in wohlgedrechselte Sätze kleidete, die auch im ›Romanischen Café‹ in Berlin, dem Treffpunkt der literarischen Welt, eifrig gelesen wurden«, erhob ihn Alex Nathan zum »Vater des modernen Sportjournalismus«[1] – wohlgemerkt in der »ZEIT«, die dem Sport noch heute mehr als reserviert gegenübersteht. Meisls Tod drei Jahre später provozierte dann weitere Elogen. »Man muss den Dr. Willy Meisl gekannt haben, als er jung war«, schrieb sein langjähriger Weggefährte Richard Kirn für das »Olympische Feuer« in einem bewegenden Nekrolog. »Er war ein vollkommener Mensch, hochgewachsen, mit ebenmäßigen Gesichtszügen, mit klugen Augen, so habe ich ihn in Erinnerung. Er hatte alle Tugenden der großen Wiener Journalistik und keine ihrer Untugenden, etwa das Geschwätzige und Klatschhafte; beides war ihm in tiefster Seele verhasst. Er war ein großartiger Stilist. Einige seiner Formulierungen sind später tausendfach gebraucht worden, ohne dass man noch wusste, von wem sie stammten.«[2] Sein Freund Dr. Paul Schneeberger, mit dem er 1934 gemeinsam nach London emigrieren musste, erinnerte bei dieser Gelegenheit an den bereits 1937 gestorbenen Bruder Hugo, den Schöpfer des österreichischen »Wunderteams«. Dieses Brüderpaar, urteilte Schneeberger, und keiner wollte ihm widersprechen, »muss in der Geschichte des europäischen Fußballsports eine Sonderrolle einnehmen: zwei hervorragende Aktive, die später brillante Theoretiker wurden«.[3]

Willy Meisl wurde am 26. Dezember 1895 in Wien geboren, als jüngster Sohn von jüdischen Kaufleuten. Vieles in seiner Jugend ähnelt der Entwicklung seines 14 Jahre älteren Bruders Hugo, der einflussreichsten Figur des österreichischen Fußballs zwischen den Weltkriegen. Wie dieser begeisterte sich Willy früh für den Sport, wie dieser studierte er in Wien Rechtswissenschaften und promovierte, das war 1922. Indes darf Willy zweifellos als der bessere und vielseitigere Sportler bezeichnet werden; als glänzender Schwimmer spielte er im Wasserballteam der 1911 gegründeten »Wiener Amateure«, der später weltberühmten »Austria«, in der sich das assimiliertelitäre jüdische Bürgertum Wiens zum Sport versammelte. Außerdem boxte er einige Jahre und spielte Tennis. Doch den größten sportlichen Erfolg feierte Willy Meisl als Fußballtorwart. In den frühen 1920er Jahren führte er die »Amateure« als Kapitän und bekam sogar einen Einsatz in der Nationalmannschaft (1920, 2:2 gegen Ungarn). Kein Sportjournalist konnte das grausame Schicksal als Keeper später besser nachvollziehen als Willy Meisl, kassierte er doch am 5. März 1922 das wohl spektakulärste Gegentor in der langen Derby-Geschichte zwischen Rapid Wien und der Austria. Damals nahm ein Stürmer Rapids einen Abschlag Meisls an der Mittellinie volley und traf, über den vergeblich zurückeilenden Meisl hinweg, ins leere Tor.

Wie seinerzeit viele aktive Sportler, deren Fachkenntnis gefragt war im boomenden Tageszeitungsgeschäft der frühen 1920er Jahre, rutschte auch Willy Meisl hinein in den Sportjournalismus. Seine ersten Sporen verdiente er sich bei Wiener Zeitungen und als Österreich-Korrespondent beim »Kicker«, den Walther Bensemann 1920 in Konstanz gegründet hatte. Zum Star seiner Branche erhoben Meisl dann jene nur brillant zu nennenden Reportagen von den Olympischen Spielen 1924 in Paris. Von dort aus berichtete er in einem völlig neuen, geradezu feuilletonistischen Stil über Drama und Tragik des modernen Sports. Seine Reportage über die »Sonnenschlacht von Colombes«, den Querfeldeinlauf über 10 Kilometer, setzte neue Maßstäbe. »Paris dampfte, Paris glühte, Paris kochte«, schrieb Meisl einleitend, »es wurde gebraten im eigenen Schweiß. Die Häuser spien flammende Wärme, der Asphalt brannte, und unbarmherzig schoss die Sonne immer neue stechende Strahlen.« Nur 11 der 40 Läufer erreichten das Ziel in jenem Mannschaftswettbewerb, der Sieg für Finnland schien perfekt, als Laihtamainen als dritter Finne das Stadion erreichte. »Aber was war das?«, schrie Meisl förmlich, »30 Meter vor dem Ziel wandte sich Laihtamainen um und lief zurück, und nach wenigen Schritten wandte er sich wieder und dann abermals. Auch ihn hatte die schreckliche Sonnen-Drehkrankheit erfasst. Aber er war nur leicht verwirrt. Er stand nun auf der Bahn, verzweifelt, unfähig, sich zu orientieren, zu begreifen, einen klaren Gedanken zu fassen. Man rief ihm zu, man deutete ihm, schließlich dämmerte ihm ein Begreifen auf, und er ging langsam, schleppend, doch er ging die wenigen Schritte ins Ziel.« Und dann lobte der Beobachter den Sieger, das »Supra-Phänomen« Paavo Nurmi, »dem auch die furchtbarste Sonne nichts anhaben kann, den ein Lauf nicht zu ermüden, nein zu erfrischen scheint. Nurmi, der Heros der Streckenläufer.«

»Alles Glück in ihm versammelt«

Verewigt sind diese stilbildenden Reportagen in einem kleinen Sammelwerk über die Olympischen Spiele 1924.[4] »Ein Experiment« sei dieses Buch, so Meisl im Vorwort, »eine Art Mischung von Statistik, Epik und Lyrik, eine Sportmischung dieser Ingredienzien«. Zehn Tage benötigte Meisl nach eigenen Angaben, um dieses Experiment zu vollenden. »Vielleicht«, schrieb Meisl, »ist in diesem Buche Berichterstattung, zusammengesetzt aus Ziffer, aus Schilderung und Bild, gegeben, die den Leser fesselt, die ihn miterleben, oder doch etwas in ihm mitschwingen lässt.« Die für ihn zeitlebens charakteristische Bescheidenheit sprach aus diesen Zeilen. Dabei hatten Meisls spektakuläre Reportagen, das zeigten die euphorischen Reaktionen seiner Auftraggeber, gerade eben den deutschsprachigen Sportjournalismus revolutioniert. Ullstein etwa verdoppelte kurzerhand das Honorar allein für die »Sonnenschlacht von Colombes« von 100 auf 200 Mark. Und gleichzeitig lockte der Verleger, der in den 1920er Jahren das größte deutsche Zeitungsimperium befahl, mit einem traumhaften Angebot: Meisl, noch keine 30 Jahre alt, sollte ein stilprägendes Sportressort für das intellektuelle Flaggschiff des Verlages aufbauen, für die »Vossische Zeitung«.

Meisl, inzwischen vom Fachblatt »Fußball« als der »beste Sportjournalist in Centraleuropa« bezeichnet, nahm an. Selbstverständlich profitierte Willy in seiner Arbeit auch von den glänzenden Kontakten seines Bruders Hugo, neben Vittorio Pozzo und Herbert Chapman der einflussreichste Fußball-Impresario Europas. Aber im Grunde hatte er das angesichts seiner analytischen Fähigkeiten und seines journalistischen Vermögens gar nicht nötig. Auch ohne die verwandtschaftlichen Bande wäre der Sport der »Tante Voss« also zu einem viel beachteten Forum des deutschen und internationalen Sports geworden. Hier geißelte Meisl, der alles Spießbürgerliche hasste, die Heuchelei in der Amateurdiskussion, hier verurteilte er nicht selten die Kleingeistigkeit deutscher Funktionäre. Wie unabhängig und souverän sich Meisl in der damaligen deutschen Sportpresselandschaft bewegte, wird aus einem Konflikt mit den deutschnationalen Funktionären des Deutschen Fußball-Bundes (DFB) deutlich. Als der Verband 1929 gegen eine kritische Artikelserie Meisls direkt bei Ullstein intervenierte, zeigte der

Angegriffene seine ganze Verachtung für den Kleingeist der Funktionäre. »Für so töricht«, kommentierte er selbstbewusst, »hätte nicht einmal ich die so genannte Bundesleitung gehalten. Diese Herren scheinen nur eine Überzeugung zu kennen und zu achten, die von ihrer eigenen Wichtigkeit.«[5]

Meisl konnte sich Seitenhiebe dieser Art leisten, denn mittlerweile leitete er nicht nur den Sport bei der »Tante Voss«, sondern bekam auch in anderen Ullstein-Redaktionen, wie etwa der auflagenstärkeren »B.Z. am Mittag«, Raum für seine Berichte und Reportagen. Zudem hatten zahlreiche Buchprojekte bei Ullstein seine ohnehin schon vorhandene Reputation noch einmal vermehrt. Unberührt vom hektischen Tagesgeschäft publizierte er kleinere Lehrbücher über Fußball[6] und Schwimmen[7], und er übersetzte die Autobiografie des schwedischen Superstars Arne Borg[8] sowie eine Biografie über die Tennislegende Suzanne Lenglen[9] ins Deutsche. 1928 schließlich gab er den viel beachteten und hoch gelobten Sammelband »Sport am Scheidewege«[10] heraus, in dem er mit wahrlich prominenten Autoren die Probleme des neuen Massenphänomens »moderner Sport« zu analysieren versuchte. Bertolt Brecht, der über das Boxen sinnierte, bedarf auch heute noch keiner Vorstellung, der »rasende Reporter« Egon Erwin Kisch schrieb das Vorwort, Arnold Bronnen galt seinerzeit als einer der bedeutendsten Dramatiker, und Frank Thieß schließlich war der in jenen Jahren anerkannteste Thomas-Mann-Experte.

In diesen Jahren bis 1933, schrieb Kollege Kirn 1968 über Meisl, »schien alles Glück in ihm versammelt. Er war in den frühen dreißiger Jahren so etwas wie ein König der Sportjournalisten in der Reichshauptstadt, als Sportchef der ›Vossischen Zeitung‹ schrieb er eine Wochenrubrik, auf die man sich schon freute, arbeitete für beinahe alle Erzeugnisse des Ullstein-Verlages, nicht nur für Grüttefins enormen Sportteil der ›BZ am Mittag‹, sondern auch für Publikationen wie ›Die Dame‹ und sogar für den snobistischen ›Querschnitt‹ des Herrn von Wederkopp, den heute noch einige, die es eigentlich wissen müssten, die geistreichste Zeitschrift nennen. Und er blieb in all der Zeit jenem Walther Bensemann in Treue verbunden, bei dem er schon vor seiner Berliner Zeit geschrieben hatte. Sie waren einander ebenbürtig: der schwere Epikuräer und Weltbürger ›Benses‹, der einen Fußball nach Deutschland gebracht hatte und der in seinem ›Kicker‹ Glossen von literarischem Glanz schrieb, und dieser Wiener in Berlin, der nie um eines Wortspiels willen die Sache verraten hätte.«[11]

Vor allem in der Kolumne »Was die Woche brachte«, die von Kirn angesprochene feste Sonntagsrubrik in der »Vossischen Zeitung«, bewies Meisl seine schriftstellerischen Qualitäten. Hier analysierte er auch schonungslos den nationalen wie internationalen Fußball, trotz seiner Vielseitigkeit zweifellos seine größte Liebe. Im Mai 1932 etwa, als die Briten ihren Fußball immer noch als wegweisend betrachteten, brachte Meisl den spielerischen Stillstand auf der Insel auf den Punkt. »Die Engländer beherrschen Ball und Körper vorbildlich«, urteilte der Kenner, »sie verstehen sich auf das Spiel und sie verstehen sich gegenseitig sehr gut, nur – ihr Spiel ist inhaltsarm. Es ist in Routine erstarrt, schabloniert. Ihnen fehlt die Fantasie, das Temperament, das Schöpferische. Selten offenbaren sich neue Ideen, geistvolle Einfälle, die man eingebungsreich zu verwirklichen trachtet. Bei den Briten weiß man meist, was nun kommen wird. Man weiß es fast mit jedem Augenblick. Fraglich bleibt lediglich, ob, was kommen soll, auch gelingt. Bei den österreichischen oder ungarischen Fußballkünstlern sieht man viel häufiger einzigartige Züge, die nicht zu erwarten, nicht zu errechnen, nicht vorauszusehen waren. Deshalb ist ihre Fußball-Darstellung mitreißender, schöner und gefällt besser. Sie allein begeistert. Die Briten kann man bewundern, doch sie lassen meist kalt. Fußball ist keine Fabrikware. Fußball ist ein *Spiel*. Zu jedem Spiel, soll es schön sein, gehört Phantasie. Es wird uninteressant, wenn es Schablone wird.« Jedes Wochenende feuerte Meisl Feuilletons ab, bei gleichbleibend hoher Qualität. Bis die Nazis kamen.

Der Weg in die Emigration

Die Texte des wortgewaltigen Redaktionsleiters im Frühjahr 1933 waren zunächst gekennzeichnet von Vorsicht und Hoffnung, von der Hoffnung darauf, dass die braunen Machthaber nicht wie befürchtet ihre diskriminierende Rassenpolitik durchsetzen würden. Meisl, der nichts hielt vom Pakt zwischen Sport und Politik, wollte offenbar kein unnötiges Porzellan zerstören. Aber spätestens der Boykott jüdischer Geschäfte vom 1. April 1933 und die anschließende »Arisierung« öffnete ihm die Augen. Am Ostersonntag 1933 erschien als Reaktion darauf in der »Vossischen Zeitung« ein mit »Von Mendoza bis Carr« überschriebener Artikel, der die bedeutenden Leistungen der Juden im Sport aller Länder pries und zusammenfasste. Derart ausverkauft wurde diese Ausgabe, dass selbst im Ullstein-Haus kein Exemplar mehr aufzutreiben war.[12] Sportchef Meisl bewies damit seinen hohen Grad an Selbstachtung und Mut, geriet er so doch – wie nicht anders zu erwarten – zur Zielscheibe wütender Partei-Angriffe; das Ullstein-Haus bebte in seinen Grundfesten, dem Verfasser jedoch wurde dort kein Wort der Missbilligung ausgesprochen.

Dass sein Job mit der Machtübernahme der braunen Horden stark gefährdet war, das wusste Meisl spätestens Anfang Mai 1933. Dann nämlich ersuchte er in einem ausführlichen Brief an das Wiener Kriegsarchiv um Auskunft über seine Militärzeit im Ersten Weltkrieg.[13] »Ich benötige«, hob er darin an, »zur Erhaltung meiner Stellung im Deutschen Reiche infolge der dort eingetretenen politischen Verhältnisse gewisse Dokumente, welche die Tatsache bestätigen, dass ich während des Weltkrieges Frontkämpfer der österreichischen Armee war.« Seine Militärlaufbahn ist in diesem Brief in allen Details festgehalten: Gemeldet als Kriegsfreiwilliger im Oktober 1914, eingerückt im Dezember 1914, seine zahlreichen Fronteinsätze, unter anderem an der berüchtigten Isonzofront, und seine Beförderungen bis zum Oberleutnant der Reserve am Kriegsende. Am Ende des Briefes berichtete Meisl stolz von dem Lob eines Generals, der ihm »vor versammeltem Stabe« Folgendes erklärt hatte: »Eine Batterie mit einem Offizier wie Sie, Herr Leutnant, wird nie in Verlegenheit geraten.« Doch selbst diese Frontkämpferberichte und die für ihn vorgesehenen Tapferkeitsmedaillen halfen Meisl 1933 nicht weiter – genauso wenig, wie tausende anderer assimilierter deutscher Juden von ihrer patriotischen Gesinnung respektive von Frontkämpfereinsätzen profitieren konnten. Silvester 1933 schrieb Meisl seine letzte Kolumne für die »Vossische Zeitung«, die bald darauf eingestampft wurde. Anfang 1934 emigrierte er mit seiner jüdischen Frau nach London.

Von dort aus konnte er verfolgen, wie ihn das deutsche Sportpressewesen verunglimpfte, verhöhnte, beschimpfte. Hans Bollmann etwa, ein führender Mann im NS-Sportpressewesen, erkannte 1938 in ihm gar die Personifizierung der von den Nazis so verhassten liberalen, »jüdisch versippten« Sportpresse der Weimarer Republik, als er auf den Artikel »Von Mendoza bis Carr« anspielte: »Ja, ein ›Prominenter‹ eines der größten Verlagshäuser der Reichshauptstadt versuchte sogar noch kurz nach dem Umsturz in einer deutsch geschriebenen Zeitung, gewissermaßen am Höhepunkt seines journalistischen Wirkens, die Angehörigen der jüdischen Rasse als Menschen von höchsten sportlichen Qualitäten zu feiern!«[14] Ob Meisl auf Beschimpfungen dieser Art reagiert hat, ist bisher unbekannt, und genauso wenig wissen wir heute, ob (und wenn ja: wie intensiv) er sich in Wien, Berlin und London mit dem Judentum auseinander gesetzt hat. Auch sind die exakten Bausteine seiner weiteren Karriere in England nicht rekonstruiert, nur so viel: Bereits 1936 arbeitete er, der bis zu seiner Emigration kein Wort Englisch gesprochen hatte, als »Foreign Editor« bei der renommierten Zeitschrift »World Sports«, dem offiziellen Organ des britischen olympischen Komitees, und außerdem als Korrespondent für renommierte Tageszeitungen in Schweden, Norwegen, Dänemark, Österreich und der Schweiz. Im Zweiten Weltkrieg diente er, der im Ersten Weltkrieg bereits in der k.u.k-Armee zu Offiziersehren gekommen war, zudem als Offizier nun in der englischen Armee.[15]

Während des Krieges und danach suchte auch Willy Meisl nach Erklärungen für die Genese des »Dritten Reiches«. Zwischen 1939 und 1943 verfasste er deswegen das unveröffentlicht gebliebene Manuskript »Wir turnten zur Macht«, das er seinem alten Bekannten aus der Weimarer Zeit, Carl Diem, Ende der 40er Jahre übersandte.[16] Für Meisl stand fest, dass das Deutsche Turnen große Schuld trug an Hitlers Erfolg. Die »deutsche Turnerei«, formulierte Meisl etwa 1947 in einem Beitrag für die Göttinger Universitätszeitung, »war von jeher ein Hort schärfsten Nationalismus, die Volksschule des Chauvinismus. Ich bin überzeugt, dass gerade das ›teutsche Turnen‹ das deutsche Volk überhaupt erst dem Nationalsozialismus erschlossen hat. Die deutsche Verneinung des Individuums und seiner Freiheit (typisch uneuropäisch und asiatisch), die turnerische Betonung der Gruppe und Annullierung des Individuums ›zugunsten‹ der Gemeinschaft, das sind die Kernpunkte, bei denen eine innere Reform ansetzen muss.«[17]

In seiner Korrespondenz mit Carl Diem, dem umstrittenen Organisator der Olympischen Spiele 1936 in Berlin, manifestierte sich die ganze Tragik in der Biografie Willy Meisls. Nicht selten merkte er an, wie gern er Diem zu dessen Geburtstag in der »Vossischen Zeitung« gratuliert hätte, oft sparte er nicht mit Andeutungen über seine große Zeit in Berlin. Indessen nahm Meisl auch weiterhin keine Rücksicht auf Personen, wenn es um die Sache ging. So bezeichnete er einmal Liselott Diem als »Hitler-Verehrerin«, und er erklärte ihr auch, nachdem diese sich daraufhin bei ihm beschwert hatte, warum. Anfang 1934, erinnerte Meisl sich genau und detailreich, habe sie bei einem Besuch in seinem Haus diesen Eindruck vermittelt, und er konnte sich sogar noch an das betretene Schweigen des Ehemanns erinnern.

Manifest der »Soccer Revolution«

In den ersten Jahren nach dem Krieg tat der Londoner Korrespondent, der schon immer den auf Internationalismus und Liberalität beruhenden Idealen des englischen Sports verhaftet war, alles, um zur geistigen Erneuerung

Beobachter bei der WM 1954: Willy Meisl.

Willy Meisl (links) mit Robert Lemke und Sepp Herberger bei einer Rundfunksendung.

im postfaschistischen Reich beizutragen. Doch oft beschlich ihn bei dieser Aufklärungsarbeit ein tiefer Pessimismus. »Auf eine krasse Formel gebracht«, schrieb er 1947 resigniert an Carl Diem, »wirft man Hitler und seiner Horde auch heute noch nicht vor, den Krieg vorbereitet und entfesselt, sondern bloß ihn verloren zu haben. Das ist die große ›Schuld‹, die wahre Schuld wird entweder nicht wahrgenommen oder geleugnet. Ohne die Erkenntnis dieser Schuld – mitschuldig haben wir uns alle gemacht, aber der Grad variiert – kann es keinen wirklichen Wiederaufbau, keine Umkehr und keine Besserung geben. Ich glaube nicht, dass der Welt schnelles Vergessen dem deutschen Erinnerungsvermögen helfen würde.«[18] Meisl konnte derartige düstere Gedanken publizieren, denn seine Stimme war mittlerweile wieder gefragt in Deutschland. So arbeitete er in den 50er Jahren neben seiner Tätigkeit in England, der Schweiz und Skandinavien wieder für zahlreiche deutsche Organe, etwa für »Deutsche Zeitung«, »Die Welt«, »Die Zeit« und den »Kicker«, und wenn es sein musste, fand er deutliche Worte. So trugen seine 1951 verfassten Leitartikel in Norwegen dazu bei, dass der ehemalige Reichssportführer Karl Ritter von Halt, inzwischen wieder der Chef des deutschen olympischen Sports, nicht zu den Olympischen Winterspielen nach Norwegen einreisen durfte.[19] Meisl war auch in der Nachkriegszeit eine journalistische Kapazität; seine deutschen Kollegen, von denen die meisten im »Dritten Reich« eine mehr als unrühmliche Rolle gespielt hatten, konnten von ihm nur lernen: Meisl war kenntnisreich, kritisch, unabhängig, und vor allem stets sicher in Stil und Urteil.

Meisl besaß ein solch großes journalistisches Renommee, dass er sich zu den großen Veranstaltungen des Sports nicht zu akkreditieren brauchte – er wurde eingeladen zu Olympischen Spielen und Fußball-Weltmeisterschaften. Auch die meisten Kollegen in den 50er Jahren hielten ihn in ihrem Genre für den weltweit besten Schreiber. Dabei war Meisl noch sehr vielseitig, er verfasste Texte über die Leichtathletik, das Schwimmen, Boxen und sogar über Sportbriefmarken. Den größten Einfluss auf eine Sportart aber hatten Meisls Texte seinerzeit auf den Fußball, vor allem als »Chief Foreign Correspondent« der angesehenen Zeitschrift »World Sports«. Denn er verhandelte nicht nur die Geschichte dieses Sports in tiefsinnigen Essays, er versuchte auch immer wieder, Öffentlichkeit, Spieler und Trainer über Regeln und Taktik aufzuklären. Nicht selten schrieb er Artikel gemeinsam mit Funktionären, so 1951 zusammen mit dem späteren FIFA-Präsidenten Stanley Rous den Text »Soccer Law – in Theory and Praxis«. Meisl grübelte über die Probleme des englischen Ligafußballs, wie er über den

Einfluss des neuen Mediums Fernsehen auf das Spiel nachdachte; er schrieb unnachahmliche Vorschauen auf Weltmeisterschaften und analysierte hinterher die neuen Spielsysteme; und er forderte (in der Tradition seines Bruders Hugo, der dies mit dem Mitropa-Cup 1927 vorgedacht hatte) bereits 1960 eine »Super-Liga« mit den besten europäischen Teams.

Es hatte jedenfalls seinen Grund, dass ihn die »World Sports« anno 1954 stets (und unwidersprochen) als »The World's No. 1 Soccer Critic« ankündigte. Seine außergewöhnliche Fähigkeit, die internationale Entwicklung des Fußballs zu lesen und zu interpretieren, sprach auch aus seinem 1955 publizierten Buch »Soccer Revolution«[20], in dem er gleichzeitig historischen Überblick und Momentbeschreibung des Fußballs ablieferte. Dieses Buch schlug in England hohe Wellen. Denn darin fand sich auch eine schonungslose Analyse des Versagens der englischen Nationalmannschaft, die zwei Jahre zuvor erstmals auf eigenem Boden gegen ein Team vom Kontinent verloren hatte. Das 3:6-Desaster in Wembley gegen die Ungarn erklärte Meisl vor allem mit dem variablen und technisch überlegenen Kurzpass-Spiel des Gegners, der auf diese Art und Weise das traditionell auf Athletik beruhende »Kick and Rush« auszuhebeln vermochte; das Hirn, so Meisl schonungslos, habe so über Muskeln triumphieren können. Gleichzeitig sprach Meisl auch ein vernichtendes Urteil über die Fachkompetenz seiner Kollegen aus London, die vor allem die bessere Schusskraft und größere Schnelligkeit bei den Puskas', Koscis' und Hidegkutis für die Niederlage verantwortlich gemacht hatten. »Die Burschen rächen sich jetzt, indem sie mein Buch boykottieren«, schrieb Meisl im Oktober 1955 frustriert an Carl Diem, »es ist schon komisch mit den Hütern der Sportlichkeit! Seit Jahren leben sie von den Brosamen und Brotstücken, die ich entweder für sie abfallen lasse oder die sie sich aus ›World Sports‹ zusammenlesen. Dann kriegen sie's mit dem bösen Gewissen und schweigen den Wohltäter tot.«[21] Diem versprach Meisl eine Buchrezension im »Olympischen Feuer«, und sein Schüler Hennes Weisweiler werde es in der »Leibeserziehung« besprechen.

Ende der 50er Jahre bekam Willy Meisl das erste Mal größere Schwierigkeiten mit seiner Gesundheit, ohne indes weniger zu arbeiten. 1961 schließlich siedelte er um nach Lugano, um mit der besseren Luft die Anfänge eines schweren Kehlkopfkrebses zu bekämpfen. Im März 1963 führte ihn die »World Sports« das letzte Mal als Chefkorrespondenten, der letzte Text Meisls in dieser edlen Zeitschrift ist ein historischer Rückblick vor der WM 1966 in England. Darin erzählt er unter anderem von einem Spaziergang mit seinem Bruder Hugo während der Weltmeisterschaft 1934 in Italien, in dem dieser bereits das vorzeitige Ausscheiden des ehemaligen Wunderteams prognostiziert habe. Überhaupt: Österreich sei nur aus freundschaftlicher Verbundenheit mit dem Gastgeber nach Italien gekommen.

Obwohl angeschlagen, kämpfte Meisl auch in seinen letzten Jahren weiter für die Ideale des Sports. So forderte er etwa 1966 in einer Fernsehsendung des ZDF ein Boxverbot. »Es war erschütternd zu sehen«, schrieb sein Mitstreiter Kirn in seinem Nachruf, »dass die Kamera schonend mit ihm umgehen musste, denn seine rechte Hand zitterte unaufhörlich. Die schwere Krankheit hatte ihn gezeichnet, und von nun an wagte ich es nicht mehr, ihm von eigenen kleinen gesundheitlichen Sorgen zu schreiben: Er, der tödlich Attackierte hatte immer nur Trost für mich gehabt und von der eigenen Bedrängnis mit keiner Silbe gesprochen. Das ist, meine ich, kennzeichnend für diesen Mann.«[22]

Kurz danach, während des WM-Semifinalspiels zwischen England und Portugal, brach Meisl zusammen. Davon hat er sich nie mehr richtig erholen können. Die Karriere des Sportjournalisten aus Wien, den das Schicksal mit solch enormen analytischen und literarischen Qualitäten ausgestattet hatte, neigte sich dem Ende zu. Am 12. Juni 1968 starb Willy Meisl in Lugano.

Nachtrag:
Im April 2002 ist der Verband Deutscher Sportjournalisten (VDS) 75 Jahre alt geworden. In der Chronik des Jubiläumsbandes werden, so wie in jeder Festschrift, die Gründer dieser Organisation bejubelt, selbst dann, wenn Teile dieser Generation sich vor und während des »Dritten Reiches« zu antisemitischen Tiraden hinreißen ließen. Das Jahr 1933 indes findet in dieser Chronik nicht statt – und über die jüdischen Sportjournalisten, die in jenem Jahr ihren Platz räumen mussten und teilweise durch das NS-Regime zu Tode kamen, verliert der Chronist kein Wort. Willy Meisl, der in den 50er Jahren die Geschichtsvergessenheit in der jüngeren deutschen Sportjournalistengeneration angeprangert hatte, wird ebenfalls totgeschwiegen. Ein veritabler Skandal ist dieses Buch, ein heutzutage kaum für möglich gehaltener Fall von Geschichtsamnesie. Keiner in diesem Verband besitzt auch nur annähernd die Klasse eines Willy Meisl.

Anmerkungen

1. Nathan, A.: Dr. Willy Meisl – 70 Jahre alt. Meister des Sportfeuilletons, in: »Die Zeit« vom 24. Dezember 1965.
2. Kirn, R.: Ein großer Sportjournalist. Zum Tode von Dr. Willy Meisl, in: »Olympisches Feuer« vom August 1968, S. 13.
3. Schneeberger, P.: Dr. Willy Meisl gestorben, in: »Sportbericht« vom 16./17. Juli 1968.
4. Meisl, W.: Die Olympischen Spiele 1924 in Wort, Bild, Statistik, Oldenburg 1924.
5. Zitiert nach: »Kicker« 10(1929), S. 1669.
6. Meisl, W./Koppehel, C.: Das ABC des Fußballspiels, Berlin 1925.
7. Meisl, W./Winter, Ph.: Der Schwimmsport, Berlin 1925.
8. Borg, A.: Wie ich um die Welt schwamm, Oldenburg 1925.
9. Anet, C.: Die göttliche Suzanne, Berlin 1927.
10. Meisl, W. (Hrsg.): Der Sport am Scheidewege, Heidelberg 1928.
11. Kirn 1968, S. 14.
12. Nathan 1965.
13. Brief Meisls sowie die Auskunft über Details seiner militärischen Laufbahn 1914-1918 beim Verfasser.
14. Bollmann, H.: Vom Werdegang der deutschen Sportpresse (= Zeitung und Zeit, Schriftenreihe des Instituts für Zeitungswissenschaft an der Universität Berlin, Band IV), Frankfurt/M. 1938, S. 9.
15. Kirn 1968.
16. Vgl. Korrespondenz Carl Diem mit Meisl, einzusehen im Carl- und Liselott-Diem-Archiv an der Deutschen Sporthochschule in Köln.
17. Vgl. Korrespondenz Diem-Meisl.
18. Vgl. Korrespondenz Diem-Meisl.
19. Vgl. Blasius, T.: Olympische Bewegung, Kalter Krieg und Deutschlandpolitik 1949-1972, Frankfurt/M. [u.a.] 2001, S. 70.
20. Meisl, W.: Soccer Revolution, London 1955.
21. Vgl. Korrespondenz Diem-Meisl.
22. Kirn 1968.

Dietrich Schulze-Marmeling

Friedrich Torberg – Schriftsteller und Fußballfan

Friedrich Torberg wurde als Friedrich Ephraim Kantor am 16. September 1908 in der Porzellangasse 7a im 9. Wiener Gemeindebezirk geboren. Die Eltern Alfred und Theresia Kantor waren aus Prag nach Wien gekommen. Alfred Kantor, ein assimilierter Jude, arbeitete in der Wiener Dependance einer Prager Spirituosenfirma. Später wurde er Direktor der Niederlassung.

Torberg war außerordentlich sportlich, kickte viel und gerne. Zunächst in den Gassen und Hinterhöfen, später im nahe des Elternhauses gelegenen Liechtensteinpark – sehr zum Unwillen der Eltern. Torberg: »Fußball galt als roh. Wie ich angefangen hab', Fußball zu spielen, musste ich das noch heimlich tun. Fußball, das war verpönt, war verboten, das war eine Angelegenheit für Pülcher!«[1]

Torberg wurde ein begeisterter Anhänger der Fußballer des SK Hakoah. »Im reifen Alter von zehn Jahren wurde ich Hakoah-Anhänger. Wie sehr das mein späteres Leben beeinflusst hat, weiß ich nicht. Meine Stellung zum Judentum aber hat es nicht nur beeinflusst, sondern bestimmt. Ich hatte das unschätzbare Glück, als Zeuge von Hakoah-Siegen aufzuwachsen, zusammen mit der Hakoah groß zu werden. Ich hatte das unschätzbare Glück, mich niemals – keine einzige Sekunde lang – meines Judentums schämen zu müssen. Wofür hätte ich mich denn schämen sollen? Dafür, dass die Juden mehr Goals schossen und schneller schwammen und besser boxten als die anderen? Ich war ein Kind, als ich das alles zu merken bekam. Und ich war von Kindesbeinen stolz darauf, Jude zu sein.«[2] Jüdische Minderwertigkeitsgefühle waren Torberg fremd: »Ich gehöre weder zu jenen Juden, die erst den Hitler gebraucht haben, um dahinter zu kommen, dass sie es sind, noch auch zu jenen, die es sich von Hitler nicht ›vorschreiben‹ ließen.«[3]

1920 erfolgte der Beitritt zum SK Hakoah. »Als ich dreizehn Jahre alt wurde, durfte ich endlich Mitglied der Hakoah werden. Bis dahin hatten sich meine Eltern heftig dagegen gesträubt, noch heftiger als gegen meine sportlichen Ambitionen überhaupt. Sie fanden das alles nicht recht schicklich. Ein wohl erzogener Junge aus gutem Haus hatte Tennis beim WAC zu spielen, nicht Fußball bei der Hakoah. Aber als sie mich fragten, was ich mir zur Bar Mizwah (die feierliche Aufnahme des jungen Juden als vollberechtigtes Gemeindemitglied) wünschte, antwortete ich ohne nachzudenken: ›Ich möchte der Hakoah beitreten.‹«[4]

Da die völlig überlaufene Fußballsektion keine neuen Mitglieder aufnahm, wurde Torberg Mitglied der Schwimmsektion und Wasserballer. Die Alternative wäre gewesen, sich bei den unterklassig kickenden jüdischen Vereinen wie Kadimah, Hasmonea oder Hechawar einzureihen. Doch Torberg war durch und durch Hakoahner. Sein Beitritt zur Schwimmsektion erfolgte »ohne Hingabe«, »denn meine wahre Liebe galt nach wie vor dem Fußballspiel«[5]. Noch viele Jahre später pries Torberg die psychologische Bedeutung der Hakoah: »Wir wollten die antisemitische Lüge von der körperlichen Minderwertigkeit und Feigheit der Juden entlarven. Wir wollten beweisen, dass wir genauso kräftig und tüchtig und mutig sind wie die andern. Dieser Beweis ist uns damals überzeugend gelungen. Seither wurde er uns vom Staat Israel und seiner Armee abgenommen.«[6]

1921 zog die Familie nach Prag zurück. 1924 nahm Torberg die tschechoslowakische Staatsbürgerschaft an und trat dem jüdischen Sportklub Hagibor Prag bei, mit dessen berühmter Wasserball-Mannschaft er einige spektakuläre Erfolge feiern durfte. Hagibors Wasserballer gehörten zu den besten in Europa. 1928 errang Hagibor als erste jüdische Mannschaft einen tschechoslowakischen Meistertitel. Im Finale wurde PTE Bratislava mit 2:0 besiegt. Zweimaliger Torschütze war Friedrich Torberg. »Es war, glaube ich, der schönste Tag meines Lebens.«[7] Trotzdem bezogen sich Torbergs »›heroische‹ Jugenderinnerungen (…) nicht auf die Siege, an denen ich aktiv beteiligt war, nicht auf die Leistungen, mit denen ich zum Ruhm der jüdischen Sportbewegung beitragen durfte. Sie beziehen sich fast durchwegs auf die Siege der Hakoah-Fußballmannschaft, die an Popularität, ja an Weltgeltung alles übertraf, was von Juden in anderen Sportzweigen geleistet wurde.«[8]

In Prag schrieb Torberg Gedichte für die Zeitschrift »Jung Juda« und betrat ab und an als Conférencier die Kleinkunstbühnen der Stadt. Dort entdeckte ihn sein Mentor Max Brod, der ihn zum »Prager Tageblatt« vermittelte. Brod verdankte Torberg, wie er selbst schrieb, »eine nachhaltige Kräftigung und Vertiefung« seiner »Haltung in jüdischen Dingen«[9]. Weitere einflussreiche geistige Mentoren waren Martin Buber und Ludwig von Ficker. Später arbeitete Torberg auch für den »Prager Mittag«. Auch für das von Felix Weltsch redigierte zionistische Wochenblatt Prags »Selbstwehr – Jüdisches Volksblatt« war Torberg tätig, was ihn in Kontakt mit radikalzionistischen Kreisen brachte. Die Umbenennung von Friedrich Ephraim Kantor zu Friedrich Torberg erfolgte bereits mit den ersten literarischen Beiträgen. Der Name Torberg war eine Kombination aus seinem Geburtsnamen Kantor und dem Mädchennamen seiner Mutter, eine geborene Berg.

Zurück in Wien war Torberg seit 1927 Stammgast in der Wiener Kaffeehaus-Szene, wo er mit diversen literarischen Größen verkehrte. Insbesondere das Café Herrenhof, wo sich literarische Größen wie Franz Werfel, Hermann Broch und Robert Musil einfanden, sowie die Etablissements »Central« und »Rebhuhn«, Treffpunkte von Intelligenz wie Halbwelt, durften sich auf seinen Besuch freuen. Das Kaffeehaus war aber zugleich auch Treffpunkt der Wiener Fußballszene: »Das Wiener Kaffeehaus, Kaffeehausjuden, die sich als Sportler gebärdeten, und Sportler, die als Kaffeehausjuden posierten, das war auch die unnachahmliche Melange, der der Wiener Fußball in den 20er und 30er Jahren seine Weltgeltung zu verdanken hatte. Im Café residierte Hugo Meisl, der jüdische Verbandskapitän des legendären Wunderteams.«[10] Die folgenden Jahre lebte Torberg abwechselnd in Wien und Prag, verdingte sich als Publizist, Theaterkritiker und Vortragender.

1930 erschien sein Erstlingsroman »Der Schüler Gerber«, der zu einem großen Erfolg wurde. Torberg selbst betrachtete sein Werk indes als »sachliche Blamage«. Gemeinsam mit Hermann Hesses »Unterm Rad« und Robert Musils »Der Verwirrungen des Zöglings Törleß« galt der Roman als eines der besten Beispiele für die Thematisierung des Aufbegehrens und des Scheiterns der damaligen Jugend an den rigiden Konservationen der Erwachsenenwelt.

1933 wurde Torberg erstmals politisch aktiv. In Deutschland wurden seine Bücher verboten und verbrannt. 1935 erschien Torbergs »Die Mannschaft. Roman eines Sportlebens«. Das Buch trug stark autobiografische Züge: Es handelt von einem fußballbegeisterten Jungen, der schließlich nach einem längeren Reifeprozess zu einem erfolgreichen Wasserballer avanciert. Sein Individualismus kollidiert jedoch mit dem Teamgeist, weshalb er schließlich vom Team ausgeschlossen wird. Als Verleger fungierte Dr. Paul Fischel, Herausgeber der Mährisch-Ostrauer »Morgenzeitung« und Inhaber des Verlags J. Kittel Nachfolger. Fischel bot den nach 1933 in Deutschland verfemten Autoren eine neue Heimat und rangierte mit seinem Haus nicht weit hinter den Amsterdamer Emigrationsverlagen Querido und Allert de Lange. Torberg schätzte Fischel nicht nur als Zeitungs-

Friedrich Torberg als Hakoah-Sportschwimmer, zusammen mit Idy Kohn.

Foto: »Hoppauf Hakoah«, Wien 1987

mann und Verleger. »Ich bewunderte in ihm einen der besten Fußballer aus der Zeit vor dem Ersten Weltkrieg. Er zählte damals zu den Stützen des kurz ›DFC‹ genannten Deutschen Fußball-Clubs Prag, war wiederholt in das österreichische Auswahlteam berufen worden (u.a. bei den Stockholmer Olympischen Spielen von 1912) und erschien mir aus allen diesen Gründen als der naturgegebene Verleger für meinen Sportroman.«[11]

Torberg hielt zwar Vorträge vor linken Gruppierungen, verkehrte im Prager Brecht-Club und wurde für kurze Zeit als Mitarbeiter der in Moskau erscheinenden Exilzeitschrift »Das Wort« geführt. Doch blieb ihm die Linke suspekt. Insbesondere jener Teil, der dem totalistischen Machtanspruch des Stalinismus frönte. »Prag war zum Sammelpunkt politischer Emigranten sowohl aus den Sphären des Faschismus wie des Stalinismus geworden; Torberg erlebte die Kämpfe und Diskussionen um den Führungsanspruch der Systeme unter den Emigranten mit – und schlug sich auf keine der beiden Seiten. (…) Nicht zuletzt die durch die französische KP 1936 erfolgte Erklärung André Gides zur ›Unperson‹ trug dazu bei, dass Torberg ein tiefes Misstrauen gegenüber totalitären Systemen entwickelte. Gegen die Nationalsozialisten gab es augenscheinlich genug Einwände, um sie radikal abzulehnen, aber auch die stark prosowjetisch – und das hieß: prostalinistisch – orientierte Linke gab Torberg Anlass zu starkem Misstrauen, das später in krasse Ablehnung umschlug.«[12]

Torberg und Sindelar

Kein anderer Fußballer wurde von Torberg so bewundert wie Matthias Sindelar. Der Mittelstürmer von Austria Wien war der Star in Meisls »Wunderteam«. Der »Papierene«, wie der zerbrechlich wirkende Sindelar genannt wurde, stammte aus dem Wiener Stadtteil Favoriten, wo Ende des 19. Jahrhunderts ausgedehnte Ziegeleien mit riesigen Barackenanlagen entstanden waren, in denen vorwiegend aus Böhmen und Ungarn stammende Arbeitsimmigranten mit ihren Familien lebten. Auch die Sindelars waren Zuwanderer.

Torberg in seiner Sindelar-Ballade »Auf den Tod eines Fußballspielers«:

> »Er war ein Kind aus Favoriten
> und hieß Matthias Sindelar.
> Er stand auf grünem Plan inmitten,
> weil er ein Mittelstürmer war.
> Er spielte Fußball, und er wusste
> vom Leben außerdem nicht viel.
> Er lebte, weil er leben musste,
> vom Fußballspiel fürs Fußballspiel.«

Sindelar schloss sich der Austria an, anders als der Lokalrivale Rapid kein proletarischer Vorortverein, sondern ein bürgerlicher »City-Klub«. Auch hinsichtlich ihrer Spielweise unterschied sich die Austria von den rustikaleren Hütteldorfern: »Tore nie gewaltsam schießen«, lautete ihr Motto auf dem Rasen. Der berühmte Aggressionsforscher Friedrich Hacker ergötzte sich am »lustvoll-spielerischen Element« der Austria und urteilte über die »Violetten«: »In der Begeisterung künstlerisch, in der Verzweiflung dilettantisch.«[13] Die Austria galt als typische Verfechterin des »intellektuellen Spiels«, das niemand gekonnter zelebrierte als Sindelar. Der gelernte Autoschlosser galt bei seinen Bewunderern als »denkender Fußballer«, der spielerische Intelligenz und Technik dem kraftvollen Einsatz vorzog und seine körperlich überlegenen Gegenspieler mit spielerischer Leichtigkeit düpierte. Dieses nahezu körperlose Spiel firmierte als »Wiener Schule« und erlangte in den 1930ern Weltgeltung.

»Er spielte Fußball wie kein zweiter,
er stak voll Witz und Phantasie.
Er spielte lässig, leicht und heiter.
Er spielte stets. Er kämpfte nie.

Er warf den blonden Schopf zur Seite,
ließ seinen Herrgott gütig sein,
und stürmte durch die grüne Weite
und manchmal bis ins Tor hinein.

Es jubelte die Hohe Warte,
der Prater und das Stadion,
wenn er den Gegner lächelnd narrte
und zog im flinken Lauf davon.«

Torberg noch viele Jahre später über sein Idol: »Es war sein Einfallsreichtum: Sindelar war ein brillanter Techniker, aber vor allem hatte er ungeheure Einfälle. Er ist auf Sachen draufgekommen, die nie wieder einer konnte. Er war wirklich eine einmalige Erscheinung, und das sage ich im vollen Bewusstsein und in voller Kenntnis des Umstands, dass damals anders gespielt wurde, langsamer, ich möchte fast sagen, behäbiger, dass die Spieler mehr Zeit hatten, Einfälle zu entwickeln und in die Tat umzusetzen. Einer meiner Freunde, ein Theaternarr, hat einmal gesagt, er gehe immer zum Austria-Match, weil es ihn interessiere, wie Sindelar die Rolle des Mittelstürmers auffasse!«[14]

Mit seiner Austria gewann Sindelar zweimal den Mitropa-Cup, einen Vorläufer der späteren Europapokalwettbewerbe, an dem die Meister und

Pokalsieger von fünf zentral- und südeuropäischen Ländern teilnahmen. Für die österreichische Nationalelf bestritt Sindelar zwischen 1926 und 1938 44 Länderspiele, in denen er 27 Tore schoss. Sindelar war Berufsfußballer. Sein internationaler Marktwert wurde auf 40.000 britische Pfund geschätzt. Außerdem war er einer der ersten »Werbeprofis«. Mit Sindelar, »dem besten Spieler der Welt«, wurde u.a. für Molkereiprodukte und Uhren geworben. Sogar ein »Sindelar-Ball« wurde produziert.

Im April 1938, kurz vor der »Volksabstimmung« über den »Anschluss« Österreichs an Hitler-Deutschland, erhielten Österreichs Fußballer ein letztes Mal die Gelegenheit, sich mit einem eigenen Nationalteam zu präsentieren. Der Gegner hieß Deutschland, offiziell wurde die Begegnung als »Deutschösterreich gegen Altreich« angekündigt. Angeblich gab es eine Anweisung »von oben«, die den Gastgebern das Toreschießen untersagte. In der ersten Halbzeit vergab Sindelar zahlreiche hochkarätige Torchancen. Nach dem Wiederanpfiff verwandelte der »Papierene« schließlich einen Abpraller zur 1:0-Führung für seine Farben. Als sein Freund »Schasti« Sesta auf 2:0 erhöhte, zog Sindelar vor die von Nazigrößen okkupierte Ehrentribüne und führte wahre Freudentänze auf.

Deutschland gegen Österreich, genauer: Preußen gegen Wien – schon bevor die Nazis an die Macht gelangten, war dies eine Fußballkonkurrenz, die es in sich hatte. Das Wiener »Scheiberlspiel«, das sich durch Individualität, List und Technik auszeichnete, und der preußische Kraftfußball galten als unvereinbar. Die braune Machtergreifung verstärkte die Differenzen noch, zumal Akteure wie der »schwächliche« Sindelar und der gedrungene, bullige Muskelprotz Sesta nicht dem nationalsozialistischen Körperideal entsprachen.

Im Wiener Fußball mischten sich jüdische und tschechische Elemente mit proletarischer Vorstadt und bohemistischer Kaffeehauskultur. In Wien, Budapest und in Prag wurde das Spiel in einem weitaus stärkeren Maße auch von den Mittelklassen verfolgt als im »Altreich«. Letztlich erschien die Unvereinbarkeit mit dem »Altreichsfußball« größer als die mit dem NS-Regime. »Der ›Widerstand‹ des Wiener Fußballs gegen alle Ein- und Übergriffe von außen war dem Ziel verpflichtet, als autonomer Bereich am Leben zu bleiben, und zwar außerhalb und abgehoben von der Politik. Daher brauchte sich die ›Widerständigkeit‹ auch gar nicht gegen den Nationalsozialismus zu richten, weil sie sich prinzipiell gegen jede politische Beeinflussung stellte. Die primäre Stoßrichtung war daher auf der gleichen Ebene zu suchen und zu finden, nämlich in der ›deutschen‹ Fußballkultur,

Wiener Kaffeehaus in den 1920er Jahren. Hier parlierten Künstler, Journalisten, Intellektuelle – und Sportler.

im ›deutschen‹ Spielsystem, und nur auf dem Umweg über diese Instanzen ging es auch gegen das Regime, dort nämlich, wo der Einfluss der Politik auf den ›deutschen Sport‹ evident wurde. Die ›Widerständigkeit‹ des Wiener Fußballs ist nicht auf dem politischen Terrain und daher auch nicht mit einer politischen Begrifflichkeit in den Griff zu bekommen. Die Verteidigung des Wiener Fußballs war ein Kampf um die Aufrechterhaltung des ›Anderen‹. Der ›Show-Charakter‹ der Wiener Fußballkultur war durch den Nationalsozialismus gefährdet, und er sollte erhalten bleiben. Diese Show wollten sich die Wiener nicht wegnehmen lassen, weil sie ihnen eines der letzten Versprechen von ›Utopie‹ repräsentierte.«[15]

Am 14. März 1938 trat das »Gesetz über die Wiedervereinigung Österreichs mit dem Deutschen Reich« in Kraft. Für Sindelars Austria brachen nun schwere Zeiten an, denn der Klub firmierte in der Öffentlichkeit nicht nur als »nobel«, sondern auch als »jüdisch«. Zunächst muss Austrias jüdischer Präsident Dr. Emmanuell Schwarz sein Amt quittieren. Statt seiner übernimmt ein von den Nazis ausgesuchter »Vereinsführer« die Leitung des Traditionsklubs. Der als anhänglich charakterisierte Sindelar blieb seinem Präsidenten treu: »Der neue Vereinsführer hat uns verboten, dass ma Ihna griaß'n. I, Herr Doktor, wer' Ihna oba immer griaß'n.«[16] Austria Kapitän Walter Nausch und Camillo Jerusalem emigrierten. Der Jude Jerusalem ging nach Frankreich, sein Mannschaftskamerad Nausch, mit einer Jüdin verheiratet, wechselte zu Grasshoppers Zürich.

Währenddessen bemühte sich Reichstrainer Sepp Herberger um die Dienste des »Papierenen« für seine »großdeutsche Auswahl«. Sindelar verwies auf sein Alter, obwohl er mit 35 Jahren noch immer zu den besten Mittelstürmern Europas zählte, weshalb Herberger zeitlebens politische Motive vermutete: »Ich brauchte einen Mann wie Sindelar wegen seiner Erfahrung, seiner Spielübersicht und seiner Autorität. Aber Sindelar wollte nicht, und zwar aus politischen Gründen. Das gab er mir gegenüber freilich nicht zu.«[17]

Am Morgen des 23. Januar 1939 verbreitete sich in Wien wie ein Lauffeuer die Nachricht vom Tod des Matthias Sindelar. Der Kicker war leblos in seinem Bett vorgefunden worden, neben seiner bewusstlosen Lebensgefährtin Camilla Castagnola. Die »halbjüdische« Italienerin katholischen Glaubens starb wenige Tage später.

Mord, Selbstmord, Doppelselbstmord oder nur ein Unglücksfall? Polizeibericht und Sachverständigengutachten sprachen von »Tod durch Kohlenoxydgasvergiftung infolge Rohrgebrechens«. Die Staatsanwaltschaft führte zwar Nachforschungen in der »Strafsache Matthias Sindelar gegen unbekannte Täter«, indes halbherzig und erfolglos. Herberger vermutete wohl, das Fußballgenie habe seinem Leben selbst ein Ende bereitet. »Ohne dass ich es wusste, befand er sich damals schon in einer ausweglosen Situation.«[18] Auch Friedrich Torberg ging von Selbstmord aus, zog aber eine Verbindung zur braunen Herrschaft, die das Fußballgenie in den Tod getrieben habe:

»Bis eines Tages ein anderer Gegner
ihm jählings in die Quere trat,
ein fremd und furchtbar Überlegner,
vor dem's nicht Regel gab noch Rat.

Von einem einzigen harten Tritte
fand sich der Spieler Sindelar
verstoßen aus des Planes Mitte,
weil dies die neue Ordnung war.

Ein Weilchen stand er noch daneben,
bevor er abging und nachhaus.

> Im Fußballspiel, ganz wie im Leben,
> war's mit der Wiener Schule aus.
>
> Er war gewohnt zu kombinieren,
> er kombinierte manchen Tag.
> Sein Überblick ließ ihn erspüren,
> dass seine Chance im Gashahn lag.«

Der Historiker Wolfgang Maderthaner hält die Unfall-Version für die wahrscheinlichste. Für den Mythos Sindelar seien die äußeren Umstände seines Todes jedoch völlig irrelevant. »Genies, zumal in Wien, sind früh vollendet und sterben häufig in jungen Jahren. Erst ihr Ableben vor der Zeit fördert jene Legenden- und Mythenbildung durch die Nachwelt, die sie in den Rang unsterblicher und unantastbarer Heroen emporhebt. So auch bei Matthias Sindelar.«[19]

Da die Polizeiakten in den Kriegswirren verschwanden, wird wohl nie geklärt werden, was an jenem Januarmorgen wirklich geschah. Das Favoritener Arbeiterkind sympathisierte mit der Sozialdemokratie, aber in der Öffentlichkeit gab sich Sindelar stets unpolitisch. Der »deutsch-preußische« Nationalsozialismus war Sindelar völlig fremd. Doch Abneigung und Verachtung für das neue Regime waren weitgehend passiver Natur und hinderten ihn nicht daran, im August 1938 ein arisiertes Café in der Wiener Laxenburgerstraße zu erwerben. Allerdings zahlte Sindelar dem ihm gut bekannten jüdischen Vorbesitzer Simon Drill mit 20.000 RM eine Summe, die dem tatsächlichen Wert der Liegenschaft entsprach.

Nach Sindelars Tod wollte zunächst seine Mutter das Café übernehmen, doch der zuständige »Kreispersonalamtsleiter« erklärte sie für »eine Förderung durch den NS-Staat nicht würdig«. Der »Nationaltschechin« wurde vorgeworfen, sie habe »für die Bewegung absolut nichts übrig. Sie war stets gegnerisch eingestellt, verteilte an tschechische Kinder Lebensmittel, ist eine große Egoistin, die nur auf sich bedacht ist.« Als dann Sindelars Schwestern die Weiterführung beantragten, zögerte die Gauleitung der NSDAP zunächst ebenfalls. Sindelar sei als »sehr judenfreundlich« bekannt gewesen, und seine Angehörigen würden wohl ähnlich eingestellt sein. Außerdem habe sich die Leitung des Kaffeehauses gegenüber Sammlungen der Partei »ziemlich ablehnend« verhalten. Plakate seien nur sehr widerwillig oder überhaupt nicht angebracht worden. Die Schwestern durften das Unternehmen dann schließlich doch noch weiterführen. Wolfgang Maderthaner vermutet,»weil Sindelar von den Nazis, die fürchteten, dessen Popularität könne nach seinem Tod gegen sie ausschlagen, vereinnahmt und zum ›bekanntesten Soldaten des Wiener Fußballs‹ stilisiert wurde«.[20]

Exil

Als Sindelar starb, befand sich Torberg bereits in der Emigration. Als die Deutschen in Österreich einmarschierten, saß der Schriftsteller noch in Prag. Torberg verließ Prag in Richtung Schweiz, wo er in Zürich sein Kaffeehausleben wieder aufnahm. Mit der Annexion der Tschechoslowakei erlosch seine Staatsbürgerschaft, was seine Aufenthaltserlaubnis bei den Eidgenossen gefährdete. Torberg kam seiner Ausweisung durch Flucht nach Frankreich zuvor, wo er den Sommer mit anderen Emigranten an der Côte d'Azur verbrachte.

Im Oktober 1939 trat Torberg der tschechischen Exilarmee bei, die in Frankreich aufgestellt und ausgebildet wurde. Doch bereits die Grundausbildung überforderte den Schriftsteller, der an Herzbeschwerden litt, gesundheitlich, weshalb er für Büroarbeiten verpflichtet wurde, die ihn jedoch langweilten. Nach nur sieben Monaten wurde Torberg entlassen. In einer französischen Armeebaracke entstand anlässlich seines Geburtstages das Gedicht »Kurzgefasste Lebensgeschichte des Friedrich Israel Torberg«, das zu den beeindruckendsten Zeugnissen jüdischer Identität gezählt wird. Mit neuen Papieren gelangte er über Paris, Bordeaux und Bayonne an die spanische Grenze, die er einen Tag vor der Schließung durch deutsche Truppen passierte. Torberg schlug sich weiter durch bis Lissabon, da er nur dort ein amerikanisches Visa erhalten konnte.

Am 11.9.1940 hielt Torberg das begehrte Papier schließlich in seinen Händen und verließ die portugiesische Metropole noch im Oktober des gleichen Jahres. Befreundete Emigranten in den USA hatten ihn auf die Liste der Outstanding German Anti-Nazi-Writers gesetzt. In den USA arbeitete er zunächst als Drehbuchautor in Hollywood. Im Exil entstanden mit »Kaddisch 1943« und »Seder 1944« einige der schönsten jüdischen Gedichte. 1942 schrieb Torberg die Erzählung »Mein ist die Rache«, 1944 bis 1951 lebte Torberg in New York, publizierte in Exilzeitschriften und beriet den Bermann-Fischer-Verlag. Zu seinen Freuden in den USA zählte u.a. der »Linke« Heinrich Mann[21]. Nichtsdestotrotz wird Torbergs Rolle im Exil häufig kritisch betrachtet. So wird ihm nachgesagt, er habe sich an der Hexenjagd gegen kommunistische Kollegen in der McCarthy-Ära beteiligt.

Zurück in Wien

1951 kehrte Torberg nach Wien zurück, von wo aus er nun das österreichische Kulturleben nachhaltig beeinflusste. Als Theaterkritiker, Sportreporter und Feuilletonist geriet er zu einer Instanz im Nachkriegs-Österreich. Torberg war zunächst Mitarbeiter des Wiener »Kurier«, der »Sendegruppe Rot-Weiß-Rot« sowie Wiener Kulturkorrespondent für die »Süddeutsche Zeitung«.

Zur WM 1954 fuhr Torberg als Korrespondent des »Kurier« in die Schweiz. Österreich feierte zwar mit einem dritten Platz sein bestes Abschneiden in der Geschichte des Turniers, erlitt aber im Halbfinale gegen Deutschland eine blamable 1:6-Niederlage. Für Torberg »die vernichtendste Niederlage gegen Deutschland seit Königgrätz«.[22] In der Schweiz traf Torberg Willy Meisl, Bruder des ehemaligen »Wunderteam«-Managers, renommierter Sportjournalist und wie der Schriftsteller ein ehemaliger Wasserballer. Torberg pries Willy Meisl stets als »bemerkenswerten Fall des Zusammenklangs von Sport und Intellekt«[23]. Im WM-Finale hätte Torberg lieber die Ungarn als Sieger gesehen. Als Anhänger des Wiener Fußballs mit Leib und Seele fällte er ein harsches Urteil über die Darbietung von Fritz Walter und Co.: »Ich war – wie sehr viele andere – vom Sieg der deutschen Mannschaft nicht nur überrascht, sondern geradewegs schockiert, und daraus machte ich am Expertentisch keinen Hehl. In meinen Augen war es ein Sieg des nüchternen Zweckfußballs über die technisch ungleich schönere Spielweise der Ungarn, ein Sieg der nur auf das Endziel gedrillten Roboter über die Vertreter der Fußballästhetik; in meinen Augen hatte ein Kombinationszug zwischen den ungarischen Ballkünstlern Puskas und Hidegkuti, auch wenn er zu nichts führte, mehr mit dem Sinn des Spiels zu tun als ein erfolgreicher Torschuss des bulligen deutschen Außenstürmers Rahn. ›Es ist das Ende der Poesie im Fußball‹, resümierte ich. ›Regen Sie sich nicht auf‹, beruhigte mich Willy Meisl. ›Es ist nur das Ende des Hexameters!‹«[24]

1954 bis 1965 leitete Torberg die von ihm mitbegründete kulturpolitische Monatszeitschrift »Forum«. 1965 gab er die Herausgebertätigkeit an seinen Zögling Günther Nenning ab.

Die Liste der Autoren, die für die Zeitschrift bis zu ihrer Einstellung im Jahre 1995 schrieben, liest sich wie ein Who is Who der Geistesgeschichte des 20. Jahrhunderts: Theodor W. Adorno, Hannah Arendt, Thomas Bernhard, Ernst Bloch, Albert Camus, Elias Canetti, Paul Celan, Rudi Dutschke,

Jürgen Habermas, Friedrich Heer, Elfriede Jelinek, Georg Lukacs, Herbert Marcuse, Boris Pasternak, Jean Paul Sartre etc. Unter Torbergs Ägide besaß das Blatt eine strikt antikommunistische Ausrichtung. In den Jahren des Kalten Krieges beschäftigte sich das »Forum« immer wieder mit angeblichen oder tatsächlichen Verbindungen verschiedener Autoren mit dem sowjetischen Regime und Kommunismus. Torbergs Antikommunismus ging so weit, dass er sich gegen die Aufführung von Stücken Berthold Brechts in Österreich engagierte. Laut seinem Nachfolger Nenning habe jedoch in der Redaktion stets ein liberales Klima geherrscht, so dass er, Nenning, genauso viel habe über Brecht publizieren dürfen wie Torberg gegen Brecht veröffentlichte.

Seinen letzten großen literarischen Erfolg – auch außerhalb Österreichs – feierte Torberg mit dem 1975 erschienenen Erinnerungsbuch »Die Tante Jolesch oder der Untergang des Abendlandes in Anekdoten«, in dem er Gestalten und Milieu des jüdisch-liberalen Bürgertums und der Boheme des ehemals habsburgischen Kulturkreises 1918 bis 1938 in satirischer Weise porträtiert. 1978 folgte »Die Erben der Tante Jolesch«, das auch ein Kapitel dem Thema »Juden und Sport« – und hier insbesondere dem Fußball – widmet. Auch übersetzte Torberg die Bücher Ephraim Kishons aus dem Englischen.

»Torberg sah im Nachkriegsösterreich seine öffentliche Aufgabe und Funktion explizit darin, als letzter deutsch-jüdischer Schriftsteller (womit er sich zum Glück geirrt hatte) die unwiderruflich zerstörte deutsch-österreichisch-jüdische Symbiose, die er in den beiden authentischen und viel gelesenen Anekdotensammlungen ›Die Tante Jolesch‹ und ›Die Erben der Tante Jolesch‹ beschrieb, zu bezeugen: ›Wenn ich überhaupt noch eine jüdische Funktion habe, dann ausschließlich die, mein öffentliches Wirken so zu gestalten, dass möglichst viele Nichtjuden den Tod des letzten deutschjüdischen Schriftstellers als Verlust empfinden; ob trauernd oder aufatmend ist mir gleichgültig, sie sollen nur merken, dass etwas zu Ende gegangen ist, wofür sie keinen Ersatz haben…«[25] Anton Pick, der damalige Präsident der Wiener Israelitischen Kultusgemeinde, schrieb anlässlich des 70. Geburtstages des Schriftstellers: »Wir sehen in Torberg den letzten in der Reihe der jüdischen Romanciers in Österreich, wir achten in ihm den bewussten Juden, der in deutscher Sprache schreibt, wir schätzen in ihm den Mann, der zwei Epochen jüdischen Lebens in sich vereinigt und der die Brücke bildet zwischen einer alten und einer neuen Zeit des europäischen Judentums.«[26]

1964 erhielt Torberg den Preis für Publizistik, 1968 das Ehrenkreuz für Wissenschaft und Kunst, 1973 die Goldene Ehrenmedaille der Stadt Wien, 1976 das Ehrenzeichen für Wissenschaft und Kunst und 1979 den Großen Österreichischen Staatspreis für Literatur. Torberg starb kurz nach seiner letzten Ehrung 71-jährig am 10. November 1979 im Krankenhaus Lainz.

Anmerkungen

1 Zit. nach Lutz Maurer: Friedrich Torberg und der Sport, in: aviso – Zeitschrift für Wissenschaft und Kunst in Bayern (Hrsg: Bayerisches Staatsministerium für Wissenschaft, Forschung und Kunst), Ausgabe 3/2002, S. 13
2 Zit. nach John Bunzl: Hoppauf Hakoah. Jüdischer Sport in Österreich. Von den Anfängen bis zur Gegenwart, Wien 1987, S. 93
3 Zit. nach Alexander Glück: Vor 20 Jahren starb Friedrich Torberg, in: Wiener Zeitung v. 12.11.1999
4 Zit. nach Bunzl 1987, S. 93
5 Zit. nach Maurer 2002, S. 13
6 Zit. nach Evelyn Adunka: Friedrich Torberg und Hans Weigel – zwei jüdische Schriftsteller im Nachkriegsösterreich, in: Context21 – Internetforum for Literature, Art & Social Affairs (www.giga.or.at/others/context 21/weigelto.html)
7 Zit. nach Bunzl 1987, S. 94
8 Zit nach Bunzl 1987, S. 94
9 Adunka in: Context
10 Maurer 2002
11 Friedrich Torberg: Die Erben der Tante Jolesch. München 1981 (11. Auflage), S. 130 und 131
12 Borgmann: Der Kritiker Friedrich Torberg, Seminararbeit, Berlin 2001, Seite 12
13 Zit. nach Dietrich Schulze-Marmeling: Der gezähmte Fußball. Zur Geschichte eines subversiven Sports, Göttingen 1992, S. 132
14 Zit. nach Maurer 2002, S. 19
15 Matthias Marschik: Vom Nutzen der Unterhaltung. Der Wiener Fußball in der NS-Zeit: Zwischen Vereinnahmung und Resistenz, Wien 1998, S. 404
16 Zit. nach Schulze-Marmeling 1992, S. 132
17 Zit. nach: ebenda, S. 132
18 Zit. nach: ebenda
19 Wolfgang Maderthaner: Der papierene Tänzer, in: Roman Horak/Wolfgang Reiter (Hrsg.): Die Kanten des runden Leders, Wien 1991, S. 214
20 Ebenda
21 Die Darstellung des Lebensweges in den Jahren der Emigration folgt Borgmann 2001.
22 Torberg 1981, S. 130
23 Zit. nach Maurer 2002, S. 21
24 Torberg 1981, S. 130
25 Zit. nach Adunka in: Context.
26 Zit. nach Adunka in: Context.

Friedrich Torberg

»Hoppauf, Herr Jud!«

Der Wiener Schriftsteller Friedrich Torberg beschreibt eindrucksvoll das gesellschaftliche Klima, in dem im Österreich der 1920er Jahre jüdische Fußballer ihrem Sport nachgingen.

Es war die Zeit, als mein Klub, die Hakoah, sich den Aufstieg aus der zweiten in die erste Spielklasse erkämpfte und auf dem Weg dorthin auch an allerlei wüste Vorstadtmannschaften geriet, die sich gegen den jüdischen Gegner ganz besonders energisch, ja man darf ruhig sagen: brutal ins Zeug legten. Nicht nur auf dem Spielfeld und nicht nur im Zuschauerraum wussten die Rowdys – im Fachjargon »Pülcher« geheißen – dafür zu sorgen, dass es mitunter lebensgefährlich zuging, auch hinter den Kulissen ließ man nichts unversucht, um die missliebigen Siegesanwärter zu blockieren.

Wieder einmal hatte die Hakoah unter derart bedrohlichen Umständen anzutreten, gegen eine selbst für unterklassige Verhältnisse besonders derbe Mannschaft, auf einem graslosen, holprigen, schotterhaltigen Spielfeld, einer so genannten »G'stetten«. In diesem Match sollte sie durch einen aus Budapest herübergeholten Stürmer verstärkt werden, aber es war nicht sicher, ob die Formalitäten des Übertritts von einem Verband zum andern rechtzeitig erledigt werden könnten und ob der neue Mann spielberechtigt wäre. In der Hoffnung, Endgültiges über seine Mitwirkung zu erfahren, trieb ich mich im Kabinengewirr herum und gelangte in Hörweite eines Gesprächs, das der Schiedsrichter mit einem Funktionär des gegnerischen Vereins führte. Der Schiedsrichter war zweifelsfrei als solcher kenntlich, und dass der Funktionär nur dem gegnerischen Verein angehören konnte, unterlag gleichfalls keinem Zweifel (denn die eigenen Funktionäre, die man natürlich kannte, sahen anders aus). Das Gespräch hatte allem Anschein nach ergeben, dass der Ungar trotz ungeklärter Sachlage spielen würde, und was der Funktionär jetzt äußerte, bildete unverkennbar den Abschluss:

»I sag Ihna wos. Mir treten unter Protest an. Wann mir g'winnen, is eh guat. Und wann die Juden g'winnen, gilt's nix.«

Es will mir scheinen, als hätte dieser Ausspruch die Situation des Staates Israel um Jahrzehnte vorweggenommen.

(…)

Unter ähnlichen äußeren Umständen wie in jenem Protestspiel, noch in der zweiten Klasse und auf einem erbärmlichen Platz, hatte die Hakoah einen anderen Vorstadtklub zum Gegner, den vom Abstieg in die dritte Klasse bedrohten Brigittenauer A.C. Er lag auf dem vorletzten Tabellenplatz und würde im Fall einer Niederlage vom Letzten der Tabelle, dem im Wiener Vorstadtbezirk Simmering beheimateten F.C. Vorwärts 06, überholt werden. Die Simmeringer Anhänger hatten somit alles Interesse an einem Sieg der Hakoah und sahen sich in der absonderlichen Zwangslage, für eine jüdische Mannschaft Partei ergreifen zu müssen, was sie mit lautstarker Selbstverleugnung besorgten.

Die Hakoah, obwohl spielerisch weit besser und ständig feldüberlegen, hatte es auf dem holprigen Boden gegen die mit rücksichtslosem Einsatz agierenden Brigittenauer nicht leicht, und das Spiel stand lange Zeit 0:0. Endlich, um die Mitte der zweiten Halbzeit, bekam Norbert Katz, Hakoahs gefährlich schneller Linksaußen, einen weiten Vorleger, der mit größter Wahrscheinlichkeit zu einem Tor führen musste – vorausgesetzt, dass Katz den Ball erlief. Die Anfeuerungsrufe, unter denen er startete, kamen nicht nur vom Hakoah-Anhang, auch die Simmeringer stimmten kräftig ein, und einer von ihnen, mit hochrotem Gesicht über die Barriere vorgebeugt, konnte sich an wilden »Hoppauf!«-Rufen nicht genug tun. Nun wird dem »Hoppauf« üblicherweise auch der Name des Angefeuerten hinzugefügt, aber den kannte der wackere Simmeringer nicht, und das geläufige »Saujud«, das er und seinesgleichen immer bereit hatten, schien ihm in der gegebenen Situation nicht recht angebracht.

Da überkam ihn die rettenden Erleuchtung: »Hoppauf!« brüllte er. »Hoppauf, Herr Jud!«

(…)

Im Fußball hatte sich eine besonders heftige Rivalität zwischen Hakoah und Austria entwickelt. Wenn die beiden Mannschaften aufeinander trafen, geschah das unter dem Kennwort »Juden gegen Israeliten«, das sich allerdings mehr auf die beiderseitigen Anhänger und vielleicht noch auf die Funktionäre bezog, nicht auf die Spieler. Wie weit diese Rivalität gehen konnte, lehrt das folgende Beispiel, zu dessen vollem Verständnis die vorstehende Einleitung notwendig war.

Am Ende der Spielzeit 1924/25 gab es nur noch zwei Anwärter auf den Meistertitel, Austria und Hakoah. Die Konstellation der Tabelle war auf höchste Spannung angelegt: Austria hatte bereits alle Spiele absolviert und führte um einen Punkt vor Hakoah, die ihr letztes Spiel unbedingt gewinnen musste, um Meister zu werden – wenn sie nur unentschieden spielte, wäre Austria Meister. Gegner der Hakoah war der Wiener Sportclub, im Mittelfeld der Tabelle liegend, also für sich selbst chancenlos; aber die Hakoah um den Meistertitel zu bringen, war auch für ihn – wie Hamlet so richtig sagt – »ein Ziel, aufs innigste zu wünschen« und war es vor allem für den Austria-Anhang, der zur Unterstützung der Sportclub-Mannschaft in voller Stärke angerückt kam.

Wohlhabende Freunde hatten mich auf die Tribüne mitgenommen und fieberten mit mir dem Kommenden entgegen. Unmittelbar vor uns saßen zwei feindliche Anhänger, das war schon nach wenigen Minuten klar; abgesehen davon, dass sie kein Wort miteinander sprachen, ging es eindeutig aus ihren diametral gegensätzlichen Reaktionen auf das Spielgeschehen hervor. Wenn der eine »Pfui!« rief, rief der andere »Bravo!«, wenn die Hakoah einen Angriff unternahm, schrie der eine »Hoppauf!« und der andere schwieg, bei einem Sportclub-Angriff verhielt sich's umgekehrt, ebenso bei den Entscheidungen des Schiedsrichters – es bestand, kurzum, kein Zweifel, dass der eine den Sieg der Hakoah herbeisehnte und der andere ihre Niederlage oder wenigstens ein Unentschieden.

Hakoah ging 1:0 in Führung, Sportclub erzielte den Ausgleich, zur Pause stand's 1:1, ungefähr in der 30. Minute der zweiten Halbzeit schoss Hakoah ein zweites Tor, und da sie auch weiterhin überlegen blieb, sah es ganz danach aus, als sollte sie den Vorsprung halten können. Wir begannen uns bereits dem triumphalen Hochgefühl hinzugeben, dass der österreichische Fußballmeister Hakoah heißen würde.

Da, zehn Minuten vor Schluss, führte ein Gegenangriff des Sportclubs zu einem Corner, der Ball kam hoch herein, die Hakoah-Verteidigung brachte ihn nicht rechtzeitig weg, und es hieß 2:2. Daran nicht genug: In dem entstandenen Gedränge hatte der Hakoah-Tormann Fabian eine Verletzung erlitten, wurde vom Platz getragen und musste, da es damals noch keinen Austausch gab, durch einen Feldspieler ersetzt werden. Die Wahl fiel notgedrungen auf den auch als Tormann geschulten Stürmer Nemes, den Einzigen, der vielleicht imstande gewesen wäre, in den verbleibenden zehn Minuten das Spiel doch noch für Hakoah zu entscheiden. Mit ihm im Tor statt im Sturm und mit einem Mann weniger im Feld gab es nichts mehr zu hoffen. Der Meistertitel war beim Teufel oder auf dem Weg dorthin. Nur ein Wunder konnte ihn retten.

Das Wunder geschah. Es begann damit, dass Fabian, den verletzten Arm in einer Schlinge, wieder aufs Feld kam, natürlich nicht um seinen Posten im Tor einzunehmen, sondern um die Mannschaft wenigstens zahlenmäßig zu komplettieren. Er lief recht und schlecht auf dem von Nemes verlassenen rechten Flügel mit, und da es die Sportclub-Vereinigung für überflüssig hielt, den Halbinvaliden zu decken, stand er plötzlich frei – bekam den Ball zugespielt – riskierte auf gut Glück einen Schuss – und es stand 3:2 für Hakoah. Bis zum Spielende fehlten nur noch wenige Minuten. Hakoah hatte die österreichische Fußballmeisterschaft gewonnen. Es war die tollste Sensation, die sich denken ließ.

(…)

Wie aus den beiden vorangegangenen Geschichten hervorgeht, kamen die Anhänger einer Mannschaft oft genug in die Lage, für eine andere Mannschaft zu »drucken«, sei es aus Gründen einer bestimmten Tabellen-Konstellation, sei es aus Sympathie oder aus nationaler Verbundenheit, die vor allem gegen ausländische Mannschaften zum Tragen kam. Das ging so weit, dass die Hakoah, als sie einmal in Wien gegen den jüdischen Sportklub Vivo Budapest ein Freundschaftsspiel austrug, vom nicht-jüdischen Teil des Wiener Publikums mit Rufen wie »Hoppauf Hakoah, zeigt's es denen Juden!« angefeuert wurde. Für die Dauer dieses Spiels war sie eben keine jüdische, sondern eine Wiener Mannschaft. Juden waren die Ungarn.

Auch in Brünn gab es einen jüdischen Sportverein namens Makkabi, der eine eher bescheidene Rolle spielte – bis einige Mäzene aus der finanzkräftigen Textilbranche sich zusammentaten und, vom Ruhm der Hakoah angestachelt, aus Budapest eine Anzahl jüdischer Klassespieler nach Brünn holten (»kaperten«, wie man das damals nannte). Auf diesen Kader gestützt, kam Makkabi tatsächlich zu beachtlichen Erfolgen, konnte eine Zeit lang im internationalen Spitzenfußball mithalten, brachte zu Hause dem oftmaligen österreichischen Fußballmeister Rapid eine Niederlage bei und wurde zu einem Revanchespiel nach Wien eingeladen. Überflüssig zu sagen, dass der Hakoah-Anhang sich vollzählig auf dem Rapidplatz einfand, um dem Brünner Bruderklub den in der Fremde doppelt nötigen stimmlichen Rückhalt zu geben.

Irgendwie, sei's durch den Irrtum einer Vorverkaufsstelle oder aus sonst einem unerforschlichen Versehen, war unter die Hakoahner, die einen Teil der Tribüne besetzt hielten, ein Rapid-Anhänger geraten, an seinem Äußeren wie an seinen Äußerungen sofort als solcher erkennbar und, wie man sich denken kann, in einer nicht just beneidenswerten Situation. Sie wurde ihm obendrein dadurch versauert, dass Makkabi sich an diesem Tag in Hochform befand und nach einem furiosen Angriffsspiel zur Halbzeit 3:0 in Führung lag (das Endergebnis lautete 4:2). Und nach jedem Tor fand sich der versprengte Rapid-Anhänger dem von Mal zu Mal gesteigerten Beifallgetöse seiner Umgebung ausgesetzt. Beim 1:0 ließ ihn das noch einigermaßen gleichgültig – es hatten schon andere Mannschaften gegen Rapid geführt und dann verloren. Beim zweiten Tor, das ihm sichtlich näher ging, reagierte er auf den ringsumher losgebrochenen Jubel mit unverhohlener Missbilligung und dem brummigen Ratschlag an seine Sitznachbarn, sie mögen sich gefälligst nichts antun. Als aber das 3:0 kam, litt es ihn nicht länger. Er wartete, bis der feindliche Beifall, der ihn umdröhnte, verebbt war, dann erhob er sich und blickte kopfschüttelnd in die Runde:

»Was is denn?« fragte er ungläubig. »Lauter Brünner san do? Lauter Brünner?«

Auszüge entnommen dem Buch: Friedrich Torberg, Die Erben der Tante Jolesch. © 1978 by Langen Müller Verlag in der F.A. Herbig Verlagsbuchhandlung GmbH, München.

Dietrich Schulze-Marmeling

Die gescheiterte Assimilation: Juden und Fußball in Budapest

Budapest entstand erst 1872 aus der Vereinigung der drei Städte Pest, Buda und Obuda. Es war der Beginn des »Goldenen Zeitalters«, in dem Budapest binnen kurzer Zeit zur glänzenden Metropole des ungarischen Vielvölkerstaates aufstieg.

Die Geschichte der jüdischen Gemeinden von Buda, Obuda und Pest verlief sehr unterschiedlich. Sie begann in Buda, wo sich bereits im 11. Jahrhundert Juden niederließen. Als 1686 ungarische und österreichische Truppen die Türken aus Buda vertrieben, bedeutete dies auch das Ende der dortigen jüdischen Gemeinde. Mindestens die Hälfte der Juden Budas wurden von den Österreichern niedergemetzelt. Ihre Häuser wurden geplündert und Thora-Rollen verbrannt.

Jüdisches Leben verlagerte sich nun nach Obuda, wo einige Jahrzehnte später ein neues jüdisches Zentrum entstand. Die Juden kamen aus Buda, Tschechien und Mähren. Seine Blütezeit erlebte das jüdische Obuda Ende des 18. Jahrhunderts / Anfang des 19. Jahrhunderts. Nach Pozsony (Pressburg) besaß Obuda die größte jüdische Gemeinde auf ungarischem Boden. Ein reges jüdisches Leben existierte in Obuda zwar noch bis zum Holocaust, doch im Lauf des 19. Jahrhunderts avancierte Pest zum neuen Zentrum des Budapester und ungarischen Judentums.

Dabei entwickelte sich die jüdische Gemeinde Pests unter völlig anderen Voraussetzungen als die Budas und Obudas. 1783 hatte Kaiser Joseph I., ein Anhänger des aufgeklärten Absolutismus, den Juden einen freien Aufenthalt im ganzen Land garantiert. Zugleich beschnitt der Kaiser aber auch deren kulturelle Selbstbestimmung. Das folgende Jahrhundert sah zunächst eine Reihe neuerlicher Einschränkungen für die Juden. Da den Juden nun aber die Niederlassung innerhalb der Stadtgrenzen gestattet wurde, kamen viele jüdische Händler aus Obuda, Tschechien und Mähren nach Pest. 1833 lebten in Pest bereits 1.400 jüdische Familien, viele von ihnen allerdings illegal. 1848 wurden knapp 19.000 Juden in der Stadt gezählt, 1869 sogar 45.000, was fast 17 % der Gesamtbevölkerung entsprach.

Die bürgerliche Revolution von 1848/49, die sich vornehmlich gegen die österreichische Herrschaft in Ungarn richtete, wurde von vielen Juden materiell und ideell unterstützt. Im Juli 1849 beschloss der Reichstag die gesetzliche Gleichstellung der Juden. Doch wenige Wochen später wurde der ungarische Unabhängigkeitskampf niedergeschlagen. Die österreichischen Sieger bestraften die Juden mit einer hohen Geldbuße und verweigerten ihnen die rechtliche Emanzipation.

Diese erfolgte erst 1867, als Folge des so genannten Ausgleichs zwischen Ungarn und Österreich und der Etablierung der Doppelmonarchie, durch die die Ungarn einen Teil ihrer Autonomie zurückerhielten. Noch im gleichen Jahr beschloss das Parlament die politische und rechtliche Gleichstellung der Juden. Auf ihre religiöse Gleichstellung mit den anerkannten christlichen Konfessionen mussten Ungarns Juden allerdings noch weitere 30 Jahre warten. Die rechtliche Emanzipation bewirkte – ähnlich wie in Deutschland – das Entstehen einer neuen Schicht jüdischer Unternehmer und Intellektueller. 1910 waren in Budapest 45 % der Rechtsanwälte, 49 % der Ärzte und 42 % der Journalisten Juden.

Viele der Pester Juden begannen sich an die ungarische Mehrheit Budapests anzupassen, gefördert von den Behörden. Im Vordergrund stand dabei die Annahme der ungarischen Sprache. 1880 waren nur 47 % der Bevölkerung des Landes Magyaren. Die Mehrheit stellten die Volksgruppen der Rumänen, Kroaten, Slowaken und Deutschen. Die Magyarisierung der Juden sollte helfen, die Vormachtstellung der Magyaren im ungarischen Vielvölkerstaat zu bewahren. Deren Sprache war durch die jahrhundertelange Vorherrschaft der Habsburger geschwächt worden. Als Amtsprache hatte sehr lange Latein fungiert, als Umgangssprache vielfach Deutsch. Die Revitalisierung der eigenen Sprache wurde zum Instrument der Emanzipation gegenüber Österreich. Um 1900 bezeichneten ca. 85 % der Budapester Juden Ungarisch als ihre Muttersprache.

Ungarns Judentum war in zwei Lager gespalten. Konservativ-Orthodoxe standen Reformorientierten und Assimilationsbefürwortern gegenüber. »Ungarn stand an der Scheidelinie der großen historischen Ereignisse, die das Judentum des 19. Jahrhunderts geprägt und die jüdische Lebenswelt in ganz Europa tiefgreifend verändert hatten: im Westen der Geist der Aufklärung, die Haskala, Emanzipation und Integration und, als Folge davon, eine tiefgreifende Krise des europäischen Judentums. Im Osten hingegen die Orthodoxie und, als Reaktion auf die große Krise und die westlichen Reformbestrebungen, die Neo-Orthodoxie. In Budapest prallten die Gegensätze heftiger aufeinander als in irgendeiner anderen Stadt in Europa. In keiner jüdischen Gemeinschaft war der Graben zwischen Reformjudentum und Orthodoxie so tief, gingen die Emotionen derart hoch wie in Budapest. Die Spaltung des Judentums war letztlich auch Ausdruck eines Dilemmas, vor dem im 19. Jahrhundert fast das gesamte europäische Judentum stand. Es hatte zwischen zwei sehr verschiedenen Wegen zu wählen: Auf der einen Seite lag der lange Weg der Gleichberechtigung, allerdings unter der Voraussetzung, dass die Juden ihr Judentum auf den Glauben reduzierten. Auf der anderen Seite der Weg der Bewahrung des Judentums als Lebensform, allerdings unter Verzicht auf eine gesellschaftliche Integration. Die Besonderheit der ungarischen Situation war, dass mit der Trennung von Neologie und Orthodoxie zu einem verhältnismäßig frühen Zeitpunkt für den Reformflügel der Weg in die völlige Assimilation ungehindert freistand.«[1]

Für das jüdische Großbürgertum und die neuen Mittelschichten war ihre jüdische Identität nur noch eine Frage des Glaubens, nicht mehr der Lebenswelt. Vor diesem Hintergrund hatte auch der Zionismus Probleme, in Budapest Fuß zu fassen, obwohl mit Theodor Herzl und Max Nordau seine bedeutendsten Köpfe Budapester waren. Die assimilierten Juden Budapests empfanden sich durch und durch als Ungarn. Vor dem 1. Zionistenkongress in Basel, zu dem aus Ungarn nur eine Handvoll Delegierter erschien, schrieb der bekannte jüdische Publizist Adolf Silberstein in der Zeitung »Egyenlöség«: »Wir haben unsere gesegnete ungarische Heimat, wir suchen keine neue. Hier genießen wir die Freiheit, die Rechtsgleichheit. Man hat uns in das öffentliche Leben integriert, die Machtfaktoren binden uns an sich, Liebe und Achtung umgibt uns.«[2] Auch viele Orthodoxe standen im Widerspruch zum Zionismus, wobei hier religiöse Motive ausschlaggebend waren.

Zwischen Assimilierung und Ausgrenzung

Diese besondere Situation sollte auch die Geschichte der ungarischen Juden im Sport prägen, wo ebenfalls innerjüdische Gegensätze aufeinander prallten. Auf dem 2. Zionistenkongress 1898 in Basel propagierte Nordau die Idee des »Muskeljudentums«. In Berlin kam es im direkten Anschluss daran zur Gründung des jüdischen Turnvereins Bar Kochba. Nicht so in Budapest, wo bereits drei Jahre zuvor Henrik Schuschny in der Izraelita Magyar Iroldami Tásulat (Jüdisch-ungarische Literaturgesellschaft) einen anderen, nämlich »ungarischen« Weg vorgeschlagen hatte. Auch Schuschny betonte die Bedeutung der körperlichen Erziehung für die jüdische Emanzipation, doch im Gegensatz zu Nordau verfolgte er das Ziel der Assimilation: »Körperliches Training erhöht nicht nur körperliche Kraft, sondern auch das Selbstbewusstsein. Wenn ein ungarischer Jude nicht nur patriotisch gesinnt und gebildet ist, sondern auch über einen trainierten Körper und Selbstbewusstsein verfügt, dann bleibt als einziger Unterschied zwischen ihm und jedem anderen patriotischen Einwohner unseres Landes seine Religion.«[3]

In den 1880er Jahren hatte der ungarische Sport einen Demokratisierungsschub erfahren, der seine soziale Ausbreitung beförderte. Bis dahin waren die unteren Schichten der Gesellschaft vom organisierten Sportbetrieb weitgehend ausgeschlossen gewesen. Im Herbst 1885 beklagte ein im zeitgenössischen Sport-Magazin »Hercules« veröffentlichter Artikel, dass Angehörige der Mittelschichten, Juden wie Nicht-Juden, in den aristokratisch dominierten Klubs keine Aufnahme finden würden: »In Budapest gibt es mindestens 5.000 intelligente junge Juden, die ihren Mut in jedem Sport zeigen könnten. Aber Juden werden daran gehindert, irgendeinem Klub, mit Ausnahme von NTE (Nemzeti Torna Egylet), Vívó Club, Vasparipa Egylet und einigen anderen, beizutreten.«[4] Der Autor beließ es nicht bei seiner Klage, sondern forderte die »nicht-antisemitischen Mitglieder der christlichen Welt« auf, ihre aktuellen Klubs zu verlassen, um gemeinsam mit den Juden »neue Sportorganisationen aufzubauen, wo religiöse und soziale Unterschiede unbekannt sind«.[5]

Um 1900 lebten in Budapest 165.000 Juden, was einem Fünftel der Gesamtbevölkerung entsprach. In einigen Vierteln war ihr Anteil noch deutlich höher. Bis 1920 sollte die Zahl der Budapester Juden auf 210.000 steigen. Das bevorzugte Siedlungsgebiet war die im VII. Bezirk Erzsébetváros (Elisabethstadt) gelegene Gegend zwischen Orczy-Haus[6], Gemeindezentrum und den beiden großen Synagogen. Diese Gegend ist auch heute noch Mittelpunkt des jüdischen Lebens Budapests.

Ungarn war relativ lange ein gutes Pflaster für Juden. Im 19. Jahrhundert war Ungarn das einzige Land in Osteuropa, in dem Juden ein Mindestmaß an Sicherheit und gesellschaftlicher Integration genossen. »In der ersten Periode der neuzeitlichen ungarischen Unabhängigkeit – zwischen 1867 und 1918 – war die Gesellschaft relativ offen für die Aufnahme von Juden gewesen; viele konvertierten zum Christentum, und einige wurden geadelt.«[7] 1913 wurde mit dem Nationalökonom Ferenc Heltai erstmals ein Jude Oberbürgermeister Budapests. »Budapest hatte in antisemitischen Kreisen längst den Spottnamen ›Judapest‹ erhalten.«[8]

Jüdisch-ungarischer Antagonismus

Doch die scheinbar unzerstörbare Symbiose zwischen jüdischen und nichtjüdischen Ungarn sollte nicht von Dauer sein. Krieg und Revolution beförderten antisemitische Stimmungen, und es entwickelte sich ein ungarisch-jüdischer Antagonismus.

Im März 1919 waren die von Béla Kun geführten Rätekommunisten an die Macht gekommen, die sich jedoch nicht lange halten konnten. Im August des gleichen Jahres besetzten rumänische Truppen Budapest und vertrieben Kun. Am 16. November 1919 übernahm der rechtsgerichtete Admiral Miklós Horthy mit der Armee die politische Macht. Es folgte der »weiße Terror«, der sich nicht zuletzt gegen die Juden im Lande richtete. Als Vorwand diente, dass in den 133 Tagen der Räterepublik 161 von 203 der höchsten Amtsinhaber Juden gewesen waren. Als Verlierer des Ersten Weltkriegs musste Ungarn zwei Drittel seines Territoriums und drei Fünftel seiner Bevölkerung abtreten. Antisemitische Kreise machten hierfür den »Dolchstoß« der »Judäo-Bolschewisten« verantwortlich. Die meisten der 3.000 Juden, die dem »weißen Terror« zum Opfer fielen, hatten allerdings mit der Rätebewegung nicht das Geringste zu tun. Die Gebiets- und Bevölkerungsverluste bedeuteten das Ende Ungarns als Vielvölkerstaat. Im verbleibenden Territorium bildete die ungarische Volksgruppe die Mehrheit, weshalb die Juden in ihrer Funktion als »Mehrheitsbeschaffer« ausgedient hatten. Folglich verlor sich das Interesse an einer Magyarisierung und Integration der Juden.

1920 wurde das Königreich erneut proklamiert und Horthy zum Reichsverweser ernannt. Mit dem Horthy-Regime befanden sich Ungarns Antisemiten nicht länger in der Opposition, sondern sahen sich in das autoritäre System integriert. Horthy selbst galt als »moderater Antisemit«: An den Universitäten und Hochschulen wurde ein Numerus clausus eingeführt, der den Anteil der jüdischen Studenten auf fünf Prozent begrenzte. Allerdings bewirkte die Ausgrenzungspolitik eine Neubelebung jüdisch-kultureller Aktivitäten. Budapests Juden widmeten sich nun wieder stärker ihrer eigenen Geschichte im Land.

MTK, UTE, VAC

Ungarische Juden waren im Sport besonders erfolgreich. Laut Encyclopedia Judaica entfielen bis 1968 fast ein Drittel der für Ungarn gewonnenen olympischen Medaillen auf Sportler jüdischer Herkunft.[9] Als 1896 in Athen die ersten Olympischen Spiele der Neuzeit abgehalten wurden, gewann der 18-jährige Jude Alfréd Hájos-Guttmann in den Schwimmrennen über 100 und 1.200 Metern die ersten Goldmedaillen für sein Land. Ungarn entsandte sieben Athleten nach Athen, über die vom Nationalen Olympischen Komitee Ungarns in geheimer Wahl entschieden wurde. Drei von ihnen waren Juden. Alfréd Hájos-Guttmann war ein Allroundathlet, der auch Fußball spielte und zu Ungarns Fußball-Nationalspielern der ersten Stunde gehörte. Bei den Olympischen Spielen 1924 wurde er für seine Beiträge zur Entwicklung der Stadion-Architektur ausgezeichnet. Nach dem Zweiten Weltkrieg wurde Hájos-Guttmann Präsident des Nationalen Olympischen Komitees Ungarns.

Den ersten Weltmeistertitel für Ungarn errang die jüdische Eisschnellläuferin Lili Kronberg, und der Fechter Dr. Jenö Fuchs gewann bei den Olympischen Spielen 1908 und 1912 insgesamt vier Goldmedaillen. Der Fechtsport, der am Anfang eines jüdischen Sportinteresses in Ungarn stand, war zeitweise eine Domäne ungarischer Juden. Hierfür gab es zwei Gründe: Fechten war eine akademische Angelegenheit, und Ungarns Juden verfügten über einen sehr hohen Ausbildungsgrad, waren folglich an den Universitäten, der Wiege des Fechtsports, stark vertreten. Nur Männer mit Hochschulbildung wurden zum Fechtsport und Duell zugelassen. Jüdische Studenten erlernten das Fechten, um sich mit ihren antisemitischen Kommilitonen zu duellieren. Aber auch der Wunsch einer Minderheit nach Selbstverteidigung in einer Welt voller Antisemiten dürfte die Popularität des Fechtsports genährt haben.

Auch im Wasserball waren Ungarns Juden internationale Klasse. Die ungarischen Teams, die 1932 und 1936 olympisches Gold gewannen, bestanden mehrheitlich aus Juden. Ungarische Juden erwähnen zuweilen nicht ohne Stolz, dass der erfolgreichste jüdische Olympionike aller Zeiten, der Schwimmer Mark Spitz, siebenfacher Goldmedaillengewinner bei den Olympischen Spielen von 1972, ein Nachfahre ungarisch-jüdischer Emigranten sei.

Ungarische Juden machten aber auch als Sportfunktionäre von sich reden. Dr. Ferenc Kemény war ein Pionier der modernen olympischen Bewegung und enger Mitstreiter Pierre Coubertins. 1894 gehörte Kemény

MTK Budapest als ungarischer Meister 1918/19. Zweiter von rechts: Alfred Schaffer.

zu den Gründungsmitgliedern des International Olympic Commitee (IOC). Ein Jahr später wurde er 1. Sekretär des Nationalen Olympischen Komitees. Dass Kémeny Jude war, wurde erst bekannt, als er und seine Frau den Selbstmord dem Tragen des Judensterns vorzogen. Léo Donáth war von 1928 bis 1940 Generalsekretär des internationalen Schwimmverbands Federation Internationale De Natation (FINA).[10]

Doch zum Fußball: 1888 wurde in Budapest der Verein MTK (Magyar Testgyakorlók Köre = Ungarischer Turnzirkel) gegründet. Unter den MTK-Vätern waren viele bürgerliche Juden, Kaufleute und akademische Selbstständige, die das Turnen als zu konservativ empfanden. Ihre Vision war ein Sportklub, in dem jeder ohne Diskriminierung die Chance besaß, seinen Sport auf höchstem Niveau zu betreiben. MTK war Ungarns erster Mittelschichtsverein, der sich dem modernen Sport verschrieb.

1901 wurde eine Fußballabteilung ins Leben gerufen. 1905 wurde mit Alfréd Brüll ein jüdischer Bürger Präsident von MTK und blieb dies bis 1940. Brüll diente dem Klub zugleich auch als Mäzen. Brüll gilt als Pionier des ungarischen Sportfunktionärswesens. Nicht nur MTK bediente sich seiner Fähigkeiten. Alfréd Brüll war auch Präsident der Fußball-Liga und des ungarischen Turnverbands. Dem nationalen Schwimmverband diente er ebenfalls als Offizieller. Von 1924 bis 1928 war Brüll außerdem Präsident der International Amateur Wrestling Federation (IAWF).

MTK war keine exklusiv jüdische Adresse, sondern ein »ungarisch-jüdischer« Klub. Vor dem Ersten Weltkrieg bestand etwa die Hälfte der MTK-Spieler aus jüdischen Sportlern. Damit war MTK der bei den jüdischen Athleten populärste Verein, nicht aber der Einzige mit »jüdischer Orientierung«. Auch beim härtesten Rivalen Ferencváros kickten vor 1914 eine Reihe von Juden. Und beim 1885 im Stadtteil Ujpest gegründeten Verein Újpesti Torna Egylet (UTE), der Ende der 1920er neben MTK und Ferencváros zur dritten Kraft im ungarischen Vereinsfußball avancierte, wirkte ein bedeutender jüdischer Mäzen: Lipót Aschner, Erfinder der Kryptonlampe und Gründer der weltberühmten Firma Tunsgram. UTE war möglicherweise um die Jahrhundertwende der erste Verein auf dem Kontinent, der sich der Unterstützung durch ein bedeutendes Industrieunternehmen erfreuen konnte. 1922 erhielt der Verein das Megyeri-Stadion, Ungarns erste richtige Fußballarena, die über 50.000 Zuschauern Platz bot. In den 1930ern installierte Tunsgram hier eine Flutlichtanlage. Als 1926 in Ungarn der Professionalismus legalisiert wurde, wurde aus den UTE-Profifußballern der Ujpesti FC. 1949, die Fußballer waren inzwischen zum Stammverein zurückgekehrt, erfolgte die Umbenennung zu Ujpesti Dózsa, 1956 zum Ujpesti Dózsa SC. Seit 1991 hat der Verein wieder seinen ursprünglichen Namen angenommen: Ujpesti Torny Egylet.

Weitere prominente jüdische Mäzene von Fußballklubs waren Manfréd Weiss (Csepel) und Ignác Goldberger (Goldberger SE). 1906 gründete der bekannte Zionisten-Führer Lajos Dömény mit VAC (Vivó és Atlétikai Club = Ungarischer Fecht- und Athletikklub) einen exklusiv jüdischen Sportklub in Budapest, im Übrigen der Einzige im Land. VAC stand in der Tradition des von Max Nordau propagierten Muskeljudentums. Dömény war auch Gründer einer jüdischen Pfadfindergruppe (Kadima) und der ersten jüdischen Zeitung Ungarns namens »Zsidó Néplap«. VACs Basis war die jüdische Hochschule in der Stadt, deren Einrichtungen der Klub nutzte. Die meisten Klubfunktionäre waren Lehrer, viele der Aktiven Schüler der Einrichtung. Obwohl Ungarns beste jüdische Athleten paritätische Zusammenhänge vorzogen, konnte VAC in vielen Disziplinen eine herausragende Position erobern. Neben Fechten- und Leichtathletik wurden unterm VAC-Dach auch Turnen, Fußball, Schwimmen, Wasserball, Basketball, Tennis, Tischtennis und Handball betrieben. Die Männerturnriege und das Tischtennisteam der Frauen errangen nationale Meistertitel. Das VAC-Fußballteam war Anfang der 1920er in der 1. Liga vertreten. VAC spielte eine herausragende Rolle bei der Einführung und Verbreitung von Tischtennis und Handball in Ungarn.

Exkurs: Prag

Im Sport hat es den Staat Österreich-Ungarn nie gegeben. Gemeinsame Teams der beiden Reichshälften traten nicht an. Bei den ersten Olympischen Spielen 1896 in Athen waren unter den 13 teilnehmenden Nationalteams sowohl ein österreichisches wie ein ungarisches. Bei der Olympiade 1900 in Paris kam mit dem tschechischen noch ein drittes Nationalteam aus dem Habsburger-Reich hinzu. Die Wiener Behörden protestierten, indes erfolglos. Denn das IOC orientierte sich nicht an Staaten, sondern an einem Nationenbegriff, der vorwiegend sprachlich definiert war.

Im Fußball war die Situation noch komplizierter. 1901 wurden ein ungarischer und ein böhmischer Verband gegründet, 1904 folgte ein österreichischer. Innerhalb Böhmens gab es eine Zweiteilung. Im böhmischen Verband waren nur Vereine der Tschechen, die der Deutschsprachigen blieben außen vor. Vom Verband in Wien wollten sie ebenfalls nichts wissen, sondern orientierten sich auf Deutschland und den DFB. So war es möglich, dass der erste Präsident des DFB mit dem Universitätsprofessor Ferdinand Hueppe aus Prag kam. Hueppe vertrat auf der Gründungsversammlung am 28. Januar 1900 in Leipzig den Deutschen Fußball-Club (DFC) Prag. Der DFC Prag zählte damals zu den besten Adressen auf dem Kontinent. Der Klub galt als Heimat der deutschnational gesinnten Prager Juden, die auch die deutsche Universität in Prag dominierten.

Walter Koch, der Anfang der 1920er Jahre deutscher Botschafter in Prag wurde, schreibt in seinen Erinnerungen: »An eines musste ich mich in Prag freilich erst gewöhnen. Ich hatte in Deutschland niemals gesellschaftlichen Umgang mit Juden gehabt. Hier in Prag war fast jeder Deutsche der Gesellschaft ein Jude oder Judenstämmling. Wenn hier einmal die Großeltern nachgeprüft würden – es würden ganz wenige reine Arier übrig bleiben. (…) Ich habe immer ein stark ausgeprägtes Rassegefühl gehabt und das Wesen des Juden als etwas mir vollkommen Fremdes empfunden. (…) Hier in Prag freilich musste ich die Distanz gegenüber dem Judentum schon etwas verringern, und zwar im Interesse des Reiches. (…) Ich habe unter den Juden Prags neben einer Unmenge von üblen Typen auch eine Anzahl von Männern getroffen, denen ich meine Hochachtung nicht versagen vermag. Männer, die zu Deutschland mit Verehrung und Liebe aufblickten, die sich als Deutsche fühlten und die ihre Gesinnung auch durch die Tat bewiesen, indem sie insbesondere in der Zeit der deutschen Inflation deutsche Anstalten und Familien mit Geld reichlich unterstützten.[11]

Die Mehrzahl der Funktionäre und Spieler des DFC waren Akademiker. Hueppe selbst war allerdings kein Jude, sondern pflegte antisemitische Klischees. Der Professor mit dem Fachgebiet Hygiene verglich in seinem 1897 erschienenen Werk »Zur Rassenhygiene und Sozialhygiene der Griechen im Alterthum und Gegenwart« den »arisch-hellenischen Menschen« mit dem niederen »semitischen«, Typ »jüdischer Krieger«.[12]

Der DFC war auch beim ersten Finale um die Deutsche Fußballmeisterschaft dabei. Am 31.3.1903 unterlag der DFC auf dem Altonaer Exerzierplatz dem VfB Leipzig mit 2:7. Bis 1914 blieb der DFC ein wichtiger Teil des deutschen Spielbetriebs. Darüber hinaus bestritt der DFC zahlreiche Freundschaftsspiele gegen Teams aus Wien und Budapest, nie jedoch gegen tschechische Vereine. Spieler an die deutsche Nationalmannschaft durfte der DFC nicht abstellen, wohl aber an die Österreichs. Zu denen, die vom ÖFB berufen wurden, gehörte u.a. Dr. Paul Fischl, Verleger und Zeitungsherausgeber, für den Schriftsteller Friedrich Torberg »einer der besten Fußballer aus der Zeit vor dem Ersten Weltkrieg«.[13] Nach 1933 bot sein Verlag J.Kittl Nachfolger für viele von den Nazis verfemte Autoren wie Ernst Weiß, Ludwig Winder, Julien Green, Sinclair Lewis und Louis Ferdinand Céline eine neue Heimat, über die sie ihre deutschsprachige Leserschaft erreichen konnten.

1925 und von 1933 bis 1936 spielte der DFC in der tschechoslowakischen Profiliga. Ab 1925 war auch in der Tschechoslowakei der Abschluss von Profiverträgen legal. 1938 gab es ca. 500 derartiger Verträge. Im Juni 1938 wurde das Profitum der deutsch-böhmischen Vereine illegalisiert. »Der Deutsche Fußballverband in der Tschechoslowakei kehrte offiziell zum Amateurismus zurück. Neue Spielerverträge wurde nicht abgeschlossen, laufende Abschlüsse nicht erneuert.«[14] Im April 1938 war der Deutsche Fußballverband (DFV) unter dem Druck der so genannten »Henlein-Faschisten« in den völkischen Erziehungsverband der sudetendeutschen Volksgruppe« eingetreten. Zuvor hatte der »Kicker« einen »Säuberungsprozess« für den deutsch-böhmischen Fußball gefordert, der dem Professionalismus den Garaus machen sollte. Wer sich nun weigerte, eine »völkische« Leitung einzusetzen, wurde vom DFV ausgeschlossen. Dies bedeutete den Ausschluss vom organisierten Spielbetrieb. »Prominentestes Opfer der Ausschlüsse war der DFC Prag, Heimatverein zahlreicher deutsch-jüdischer Bürger in der Moldaustadt, dessen Führung sich im Herbst 1938 zur Selbstauflösung gezwungen sah.«[15] Auch für die exklusiv-jüdischen Klubs wie Hagibor Prag, Maccabi Prostejov und Maccabi Brünn kam das Ende.

In der 1918 gegründeten Tschechoslowakischen Republik waren die religiösen, rassischen und wirtschaftlichen Hintergründe von einer Judenfeindlichkeit überlagert worden, die in Juden vor allem Deutsche sah. Man setzte sich in einer ganzen Reihe von Artikeln mit dem Problem auseinander. So stellte etwa Ernst Vogel aus dem mährischen Znaim/Znojmo die Frage, ob der Fußballsport völkerverbindend wirke: »Ein Kapitel für sich bildet die Frage, ob der Fußballsport den Antisemitismus verringert habe. Ich verneine sie... Der Fußballsport ist beim jüdischen Volke sehr beliebt, und die Wiener Hakoah und die Brünner Makkabi können auf ganz hervorragende sportliche Leistungen zurückblicken. Hervorragende Leistungen von Juden sind jedoch nie geeignet gewesen, den Antisemitismus zu verringern (Einstein!). Kann jemand so naiv sein zu glauben, dass diese Tatsache just durch den Fußballsport ad absurdum geführt werden würde? Glaubt z.B. in Brünn ein nüchtern denkender Jude daran? Dort weiß ja jedes Kind, dass die Brünner Makkabi durchwegs aus sehr gut bezahlten Fußballbeamten aus Budapest besteht, dass also ihre Erfolge gekauft sind. Eine Tatsache, die den Antisemitismus eher fördern als vermindern wird. Aber, wenn es sich auch um lauter Brünner Juden handelte, die nicht honoriert werden, so würde die antisemitische Stimmung bei Spielen keine andere sein, als dies jetzt der Fall ist. Die zahllosen Raufszenen ... und die darauf folgenden polizeilichen Interventionen sind jedem Leser der Brünner Tages- und Sportzeitungen geläufig. Sie tragen zweifellos antisemitischen Charakter.«[16]

Besonders spannungsgeladen waren die Spiele zwischen dem mehrmaligen Meister Sparta Prag, soziologisch betrachtet ein »Arbeiter- und Vorstadtverein«, und jüdischen Vereinen. Ein Skandalmatch fand beispielsweise am 26. August 1923 statt. Das »Prager Tageblatt« schrieb anschließend: »Die wüstesten Szenen, die sich jemals auf dem Sportplatz von Makkabi abspielten.... Sparta spielte roh. Die Rohheiten häuften sich, die antisemitischen fanouskove (Fußballgesindel) schmunzeln. Zwei Spieler bluten, der eine von einem Mitspieler angefallen, der andere vom Publikum halb gelyncht. Das Publikum drang in das Spielfeld ein und vollendete bei dem Makkabi-Spieler Reiner all das, wozu die Spartaner nicht ausreichten.«[17] Doch auch wenn Makkabi-Klubs in den deutschsprachigen Regionen der Tschechoslowakei spielten, kam es zu Auseinandersetzungen, etwa bei Makkabi Brünn gegen DSV Troppau Liga, als unter dem Beifall der Troppauer Schlachtenbummler der Schiedsrichter (!) vor dem Makkabi-Spieler Feldmann ausspuckte und lauthals »Judenbagage« schimpfte.[18]

Bei Kriegsende lebten von den ehemals 357.000 Juden nur noch 55.000 im Lande. In Prag, das im 18. Jahrhundert die größte jüdische Gemeinde aller europäischen Städte beherbergte, »wo die jüdische Symbiose sowohl mit der deutschen als auch mit der aufstrebenden tschechischen Kultur« geblüht hatte«[19], wurden 1945 nur noch einige tausend Juden gezählt. Mitte der 1950er waren die meisten der verbliebenen tschechoslowakischen Juden nach Israel oder in die USA ausgewandert.

Blaue und Grüne

Fußball war in Ungarn das populärste Spiel, auch und gerade bei den Juden im Lande. Zwischen 1901 und 1918 trugen etwa 30 Juden das Trikot der ungarischen Nationalelf. Um 1900 war die Mehrzahl der ungarischen Topkicker Juden. Auch in den frühen 1920er Jahren spielten Juden im Nationalteam noch eine große Rolle. 1924 fuhr die ungarische Nationalmannschaft nach Paris zu den Olympischen Spielen mit acht Juden im Kader.[20] Einem grandiosen 5:0-Auftaktsieg gegen Polen folgte eine peinliche 0:3-Schlappe gegen Ägypten.

Bis Mitte der 1950er war Ungarn eine internationale Fußballmacht. 1926 wurde in Ungarn der Professionalismus eingeführt. Von 1927 bis 1939 standen nicht weniger als sieben ungarische Vereine im Finale des Mitropa-Cups. Viermal kam der Sieger aus Budapest: 1928 und 1937 Ferencváros, 1929 und 1939 Dózsa Ujpesti. 1938 und 1954 wurde Ungarn jeweils Vize-Weltmeister.

Die Dynamik des ungarischen Fußballs wurde bis zum Zweiten Weltkrieg wesentlich von der Rivalität zwischen MTK und dem 1899 von deutschstämmigen Mittelklässlern gegründeten Ferencvárosi Torna Club (FTC) bestimmt. FTC hatte seine Heimat in Budapests 9. Bezirk, der damals noch »Franzstadt« hieß und deutschsprachig war. FTC wurde zum Treffpunkt der deutschstämmigen Industrie- und Gewerbejugend. Vom Volksmund wurde das Team »Fradi« genannt. Auch bei Ferencváros kickten Anfangs eine Reihe von Juden. Vor dem Ersten Weltkrieg soll etwa ein Viertel der Mannschaft aus Juden bestanden haben.[21]

Die »Fradi«-Anhängerschaft bestand zu einem großen Teil aus Arbeitern und Kleinbürgern. FTC war ein typischer Vorortverein. MTK galt indes als Klub der Bürger aus dem Stadtzentrum. Diesbezüglich ähnelte die Rivalität der zwischen dem SK Rapid und FK Austria in Wien. Allerdings hatte FTC nicht nur im 9. Bezirk Anhänger. Auch Fußballfans aus anderen Vorstädten Budapests, die über kein Erstligateam verfügten, sympathisierten mit dem Klub. MTK kopierte als erstes ungarisches Team das schottische Flachpassspiel. Präsident Alfréd Brüll engagierte mit Edward Shires einen schottischen Spieler und später (1911) mit einem Mann namens Robertson auch einen schottischen Coach. MTK wurde bald attestiert, dass seine Spieler mit dem »Gehirn« spielten, »elegant« und »wissenschaftlich«. Die »Fradi«-Anhängerschaft setzte dagegen, dass ihr Team bodenständiger sei sowie »Fußball mit Herz« zelebrieren würde.[22]

Der Soziologe Miklós Hadas sieht die Rivalität zwischen den beiden bedeutendsten Budapester Klubs als »Wettbewerb zweier Assimilationsmodelle«.[23] Zu den Besonderheiten des ungarischen Vielvölkerstaates gehörte, dass bei Beginn der Industrialisierung weder das Unternehmertum noch die Facharbeiterschaft im ethnischen Sinne ungarisch waren. »Der Motor der ›modernen‹ Gesellschaft waren jüdische und deutschstämmige Industrieunternehmer, Kapitalisten und kleine Geschäftsleute sowie deutschstämmige, tschechische und jüdische Facharbeiter. Die ungarnstämmige Herrschaftsklasse gab den Ton in der Landwirtschaft, als hauptsächliche Landbesitzer und in der Staats- und Militärbürokratie an.«[24] Sowohl Juden wie nicht-jüdische Deutsche wähnten sich unter einem Assimilationsdruck. Es begann ein Assimilationsrennen zwischen ungarischen Juden und deutschstämmigen Nicht-Juden, als dessen Bühne auch der Fußball diente.

1912 bezog MTK sein eigenes Stadion, ca. 20 Gehminuten von der nur ein Jahr zuvor eröffneten Spielstätte Ferencváros' in der Üllői-Straße entfernt. Möglicherweise war es kein Zufall, dass Brüll und Co. die Hungária Straße als Standort ausgewählt hatten. Als sich die Profifußballer 1926 vom Stammverein lossagten, wurde dieser nicht von ungefähr Hungária FC getauft. Der Verein wollte auf diese Weise ein Bekenntnis zur ungarischen Nation demonstrieren. Im Bemühen um Assimilation mochten die MTK-Macher ihren deutschen Konkurrenten nicht nachstehen, doch deren Modell erwies sich, auch bedingt durch die Entwicklung der politischen Großwetterlage, als erfolgreicher. FTC dokumentierte seine Assimilationsbestrebungen u.a. durch die Wahl der »ungarischen Farbe« Grün. Mit dem sozialen Aufstieg und der Magyarisierung der Deutschstämmigen avancierte »Fradi« zum Symbol eines nationalistischen »Ungarntums«.

Schon vor dem Ersten Weltkrieg lieferten sich MTK und FTC einen erbitterten Kampf um die Vorherrschaft in Budapest und Ungarn. 1904, 1908 und 1914 hieß der Landesmeister MTK. Ferencváros war mit acht

Meistertiteln 1903, 1905, 1907, 1909, 1910, 1911, 1912, 1913 bis dahin erfolgreicher. Von 1903 bis 1929 hieß der ungarische Meister ununterbrochen entweder MTK oder Ferencváros.

Zu den Leistungsträgern von MTK gehörte vor dem Ersten Weltkrieg auch der Jude Imre Taussig, der zeitweise als bester Rechtsaußen im ungarischen Fußball galt. Aufgrund seines schwachen Nervenkostüms kam Taussig allerdings nur auf fünf Länderspiele (ein Tor).[25] Die berühmtesten MTK-Spieler der Zeit bis 1920 waren allerdings die Konrad-Brüder Jenö und Kalman sowie Alfred »Spezi« Schaffer. Jenö Konrad, ein Mittelfeldstratege mit Tordrang, schloss sich MTK 1911 an. Sein jüngerer Bruder Kalman, Rechtsaußen und ein klassischer Vollstrecker, stieß 1913 zum Klub. Von 1913 bis 1919 schoss Kalman Konrad in 88 Spielen 94 Tore für seine Farben. Beide Konrads waren auch Internationale.[26] Der schillerndste MTK-Akteur dieser Jahre war jedoch Alfred »Spezi« Schaffer, der bei www.jewsinsport.org ebenfalls als jüdischer Spieler geführt wird. Der in Siebenbürgen geborene deutschstämmige Schaffer schloss sich 1915 MTK an. 1915, 1918 und 1919 wurde Schaffer ungarischer Torschützenkönig. In 154 Ligaspielen für MTK schoss Schaffer 89 Tore. Schaffer avancierte zu einem internationalen Fußballstar und erstem Vollprofi im europäischen Fußball. In 17 Länderspielen für Ungarn erzielte der »Fußballgott«, wie Schaffer auch genannt wurde, 15 Tore. Bei seinem Debüt im November 1915 gegen Österreich (6:2) gelang dem Stürmer ein Hattrick.

Die 1919 in Ungarn herrschenden politischen Verhältnisse bewirkten eine starke Abwanderung von MTK-Spielern. »Im Sommer 1919 begab sich der starke ungarische Klub MTK Budapest auf Tournee durch Deutschland, und etliche Spieler nutzten diese Reise, um der politischen Situation in Ungarn zu entkommen: Die Räterepublik Béla Kuns war beseitigt und durch das autoritäre Regime Horthys ersetzt worden. Alfred Schaffer und Peter Szabo blieben in Deutschland, während Hugo Meisl im Namen der Amateure dem berühmten Brüderpaar Kalman ... und Jenö Konrad ... ein ausgezeichnetes Angebot unterbreitete.«[27] In Wien war der Professionalismus – wenngleich auch hier noch inoffiziell – bereits weiter gediehen als in den anderen Zentren des »Donaufußballs«. Meisls Amateure (später FK Austria) waren nicht die Einzigen in Wien, die hiervon wie von den politischen Umständen in Ungarn profitierten. »In dieser Saison wurde Wien überhaupt zur ›Kaperstadt‹. Die bürgerlichen Klubs WAC und WAF, aber auch die Hakoah verpflichteten ungarische Spieler, und die ungarische Presse zog heftig über Wien her, das nach außen hin weiter am Amateu-

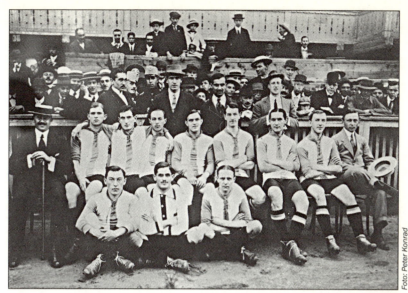

Budapester Fußball-Sonntag, 29. Juni 1914, kurz vor Beginn des Ersten Weltkriegs. Jenö Konrad in der oberen Spielerreihe 2. v. l., links von ihm »Fußballkönig« Schaffer. Kalman Konrad (mit Hut) steht hinter dem 3. und 4. Spieler von links.

rismus festhielt.«[28] Wien mag aber auch noch aus anderen Gründen für die Konrads und andere Akteure von Interesse gewesen sein, denn die österreichische Hauptstadt war die »jüdischste« unter den Metropolen des »Donaufußballs«.

Mit der Ankunft der Konrads erfuhr das Spiel der Amateure eine Revolutionierung. Die »Budapester Schule« hielt nun auch bei den Amateuren Einzug.

Alfred »Spezi« Schaffer verließ Ungarn aus politischen Gründen. Der Mittelstürmer-Star war ein Unterstützer der Rätekommunisten um Béla Kun gewesen und fürchtete die Rache des Horthy-Regimes. Schaffer wechselte zum 1. FC Nürnberg. Weitere Stationen seines bewegten Fußballerlebens waren der FC Basel, Wacker München, Austria Wien, Sparta Prag und der AS Rom. In einem Wiener Fußballlexikon heißt es über Schaffer, er sei der »wohl attraktivste Spieler seiner Zeit« gewesen[29]. »Der Frauenschwarm wollte nicht nur balltechnisch, sondern auch mit sauberem Trikot glänzen. Als der Ball einmal in einer riesigen Pfütze liegengeblieben war, wartete er, bis ihn der Gegner an Land bugsiert hatte, um ihm daraufhin das Leder lässig vom Fuß zu spitzeln.«[30]

Nach dem Zweiten Weltkrieg starb Schaffer in einem Lager für Displaced Persons in Prien am Chiemsee, wo er auch begraben liegt. Eine ausführlichere Würdigung Schaffers befindet sich auf der Internetseite des TuS Prien: Dort heißt es u.a.: »Alfred Schaffer stammte aus einfachen Verhältnissen. Er spielte in den Vorstädten Budapests Fußball und faszinierte das ärmliche Publikum wie er später die Reichen verhexte. (…) Er wusste, dass er ein Künstler war. Für ihn bedeutete das Fußballspiel eine ebenso begnadete Kunst wie z.B. das Spiel der Violine. (…) Ihm gelang alles, was er sich vornahm. Er schoss Tore, wenn es seine Mannschaft brauchte. Er ließ den Ball und damit die Gegner laufen und lief selbst am wenigsten. Und er blieb immer ein Grandseigneur. Der ›Fußballkönig‹ wohnte in den besten Hotels. Das Hotel war sein Zuhause und der Inbegriff seiner Unrast, die ihn durch alle Länder trieb, immer hinter dem Ball her.«[31]

Nach dem Ersten Weltkrieg wurde Ungarns Fußball zunächst von MTK dominiert, das von 1914 bis 1925 ununterbrochen Landesmeister war. Seine Meistertitel hatte MTK auch einem »Fradi«-Überläufer zu verdanken: Imre Schlosser, ein krummbeiniger, dribbelstarker Stürmer, der der deutschen Minderheit entstammte. Schlosser avancierte zum ersten großen Star des ungarischen Fußballs und unterschrieb 1926 einen Profivertrag beim Wiener SK. In 68 Länderspielen erzielte der »Wunderstürmer« 58 Tore für sein Land.

Weitere namhafte MTK-Spieler dieser Jahre waren die Juden Gyorgy Molnar, Béla Guttmann und Gyula Mándi (Mandel). Der Flügelstürmer Molnar kickte auch in der Nationalelf. Sein Debüt in der 1. Mannschaft von MTK feierte Molnar in der Saison 1919/20. Das Team gewann in dieser Saison die Landesmeisterschaft mit der Rekordbilanz von 26 Siegen, einer Niederlage und einem Unentschieden. Das Torverhältnis betrug 113:17. 1925 wurde Molnar mit 21 Treffern Torschützenkönig. Neben der Meisterschaft gewann MTK in diesem Jahr auch noch den Pokal. Molnar verbrachte insgesamt zehn Spielzeiten bei MTK und schoss in 180 Meisterschaftsspielen 138 Tore. Sein erstes Tor für die Nationalelf erzielte Molnar 1922 beim 1:1 gegen Österreich. Als Ungarn 1924 Italien mit 7:1 besiegte, gelang Molnar ein Hattrick. Molnar bestritt 26 Spiele und schoss elf Tore für das Nationalteam. Bei den Olympischen Spielen 1924 war er nur aufgrund einer Verletzung nicht dabei. Nach seiner MTK-Zeit zog es Molnar in die USA, wo er 30 Spiele (sechs Tore) für die New York Giants und 14 Spiele (sechs Tore) für die Hakoah All Stars bestritt. In seiner letzten Saison 1929/30 war Molnar für Nat Agar's Brooklyn Wanderers am Ball (zwölf Spiele, ein Tor).[32]

MTK Budapest auf Auslandstournee, hier am 21.7.1919 in Nürnberg.

Béla Guttmann trug das MTK-Trikot von 1920 bis 1922. Der gelernte Tanzlehrer war für seine elegante, geschmeidige und ästhetische Spielweise berühmt. Da er bei MTK für seinen Geschmack zu wenig zum Einsatz kam, wechselte Guttmann im Herbst 1922 nach Wien zum dortigen jüdischen SK Hakoah, mit dem er 1925 erster Profimeister Österreichs wurde. Von dort ging es 1926 in die USA, wo er bis 1932 für New York Hakoah FC, Hakoah All Stars Brooklyn und New York Soccer Club kickte. 1938 kehrte Guttmann nach Budapest zurück, wo er als Trainer mit Lipót Aschners Ujpesti FC 1939 Meister wurde und im gleichen Jahr auch den Mitropa-Cup gewann.[33]

Gyula Mándi, der als Julius Mandel zur Welt kam, war von schmächtiger, geradezu zerbrechlich wirkender Gestalt. Auf dem Fußballplatz kompensierte Mándi seine physischen Nachteile durch eine überragende fußballerische Intelligenz. Mándi galt als Virtuose des Stellungsspiels und Weltmeister des Timings. Der Abwehrspieler war bei allen sechs Titelgewinnen der MTK von 1920 bis 1925 dabei. Auf dem Höhepunkt seiner Karriere erlitt Mándi 1925 25-jährig eine schwere Knieverletzung. In den späten 1920er Jahren kehrte der 31fache ungarische Nationalspieler wieder auf das Spielfeld zurück, das er nun erst im Alter von 40 Jahren endgültig verließ. Anschließend wurde Mándi ein international respektierter Trainer. Mándi begann seine Trainerkarriere als Assistenztrainer des ungarischen »Wunderteams«, das er auch bei der WM 1954 betreute. 1956 verließ Mándi seine Heimat und trainierte in Brasilien den FC America. 1953 wurde der Ungar Nationaltrainer Israels und blieb dies bis 1963. Anschließend kehrte Mándi nach Ungarn zurück, wo er dem nationalen Fußballverband als Berater und Beobachter diente.[34]

1930 wurde mit Lipót Aschners Ujpesti FC erstmals seit 1903 ein anderer Verein als MTK oder FTC Landesmeister. UTE war Budapests erfolgreichstes Team der 1930er, denn auch 1931, 1933, 1935 und 1939 hieß der Meister UTE. 1934 und 1938 hatte FTC, 1936 und 1937 MTK bzw. Hungária die Nase vorn. Anfang der 1940er übernahm dann wieder Ferencváros die Führung, auch dank der veränderten politischen Machtverhältnisse. Für die Klubs mit jüdischem Einfluss brachen schwere Zeiten an.

Deutsche und ungarische Nazis

Nach der Machtergreifung der Nazis näherte sich das Horthy-Regime bereits sehr früh dem mächtigen Nachbarn Deutschland an. Horthy erhoffte sich hiervon die Rückgewinnung der im Ersten Weltkrieg verlorenen Gebiete. Ein Kalkül, das zunächst aufging. Allerdings zu dem Preis, dass Ungarn an die Seite Hitlers in den Krieg gegen die Sowjetunion eintreten musste.

Am 24. Mai 1938 hatte Ministerpräsident Bela Imvedy das erste Judengesetz erlassen, denen 1939 und 1941 weitere folgten. Das dritte Judengesetz, das sich eng an die Nürnberger Rassegesetze anlehnte, definierte über Nacht 100.000 Christen zu Juden um. Denn nun galt auch als Jude, wer mehr als zwei jüdische Großeltern besaß. Imvedy selbst musste allerdings im Februar 1939 zurücktreten, nachdem man auch bei ihm jüdische Vorfahren entdeckt hatte.

Am 18. Juli 1940 wurde MTK aufgelöst. Auch National, ein weiteres Erstligateam mit jüdischem Hintergrund, das mit seinem Namen ebenfalls die Ziele Integration und Assimilation verkündete, wurde verboten.

Die MTK-Funktionäre riefen die Fans des Vereins zur Unterstützung von Vasas auf, dem Team des sozialdemokratisch gesinnten Teils der Arbeiterschaft. »Bürgerliche Juden« und »sozialdemokratische Arbeiter« hatten drei Dinge gemeinsam: soziale Non-Konformität, Marginalisierung und Antifaschismus.

Ungarns Juden lebten entrechtet und in ständiger Angst, zumal die faschistische »Pfeilkreuzler«-Bewegung das Land mit antisemitischen Ausschreitungen und Terror überzog. Doch im Unterschied zu anderen Ländern begannen die Deportationen später. Hierfür waren allerdings nicht humanitäre Erwägungen verantwortlich. Vielmehr versuchte die Horthy-Regierung sich aus dem verhängnisvollen Bündnis mit Deutschland zu befreien. Ein eigener Weg in der »Judenpolitik« sollte die Alliierten moderat stimmen. Horthys Weigerung, die »Judenfrage« nach deutschem Vorbild zu lösen, führte am 19. März 1944 zum Einmarsch deutscher Truppen. Teile des ungarischen Militärs, vor allem aber die »Pfeilkreuzler« begrüßten die

Invasoren. Unter Führung von Döme Sztójay wurde eine Marionettenregierung gebildet. Noch am Tag des Einmarsches begann der eigens angereiste Adolf Eichmann mit seinem »Sonderkommando« mit den Vorbereitungen für die Deportation und Vernichtung der ca. 800.000 ungarischen Juden. Die ersten Deportationen erfolgten am 15. Mai 1944, betrafen aber nur die Juden in der Provinz. Die Eliminierung der über 200.000 Budapester Juden war für Juli 1944 vorgesehen. In einem letzten Versuch, den Krieg für Ungarn zu beenden und die Fronten zu wechseln, ließ Horthy, als Reichsverweser immer noch im Amt, die Deportationen stoppen und enthob die Sztójay-Regierung ihres Amtes.

Im folgenden Chaos besetzten Einheiten der »Pfeilkreuzler« strategische Punkte der Haupstadt. Unter dem Druck der Deutschen musste Horthy den Führer der ungarischen Faschisten, Férenc Szálasi, zum neuen Ministerpräsidenten ernennen und anschließend selbst zurücktreten. Die verhängnisvolle Symbiose von deutschem und ungarischem Antisemitismus hatte eine erbarmungslose Jagd auf Budapests Juden zur Folge. Zehntausende Budapester Juden wurden ermordet, 30.000 in Todesmärschen nach Österreich getrieben. Vor dem Zweiten Weltkrieg lebten im Bereich zwischen Kivály utca, Klauzaltér, Dohány utca und Kleinem Ring viele jüdische Budapester, vor allem aus den ärmeren Schichten. In der Absicht, ein Ghetto zu bilden, wurden hier nun 70.000 Juden zusammengetrieben, wo sie in 4.500 Wohnungen vegetieren.

Unter den Deportierten und Ermordeten befanden sich auch zahlreiche MTK-Akteure und -Anhänger. Darunter auch Präsident Alfréd Brüll, der 1941 nach Auschwitz deportiert wurde, wo er 1944 starb.[35] Weitere prominente jüdische Sportler, die im KZ oder als Zwangsarbeiter ermordet wurden, waren die Fecht-Olympiasieger János Garay, Oszkár Gerde und Attila Petschauer.[36]

Dem Lokalrivalen Ferencváros erging es völlig anders. Die faschistischen Jahre beförderten dessen Assimilationsmodell. FTC wurde zum Repräsentationsteam der »Pfeilkreuzler«. Ende der 1930er war noch ein Dutzend der FTC-Funktionäre jüdischer Herkunft. Die »Fradi«-Führung protestierte beim zuständigen Staatssekretär Gidófalyu gegen die Behandlung des Lokalrivalen. Der Protest hatte lediglich zu Folge, dass nun auch die Fradi-Führung »arisiert« wurde. Ferencváros geriet zum Spielball der Faschisten. Neuer »Fradi«-Präsident wurde Andor Jaross, Nazi-Innenminister der Sztójay-Regierung. Nach dem Krieg wurde Jaross als einer der Hauptverantwortlichen für die Juden-Deportationen hingerichtet.

Der Bezirk Ferencváros gehörte neben Obuda, Józsefváros und Csepel zu den Hochburgen der faschistischen Bewegung in Budapest. Trotzdem erfolgte die Faschisierung des Vereins gegen den Willen der Klubführung sowie einiger Spieler und Teile der Anhängerschaft.

Als der Schrecken vorüber war, wurden der Gesamtverlust der jüdischen Gemeinde Budapest mit ca. 100.000 beziffert. Dass sich ca. 119.000 den Nazi-Häschern entziehen konnten, hatten sie den Alliierten sowie dem mutigen Engagement einiger ausländischer Diplomaten, namentlich des Schweden Raoul Wallenberg und des Schweizers Carl Lutz, zu verdanken. Budapest war damit die einzige Großstadt im Herrschaftsbereich der Nazis, wo eine größere jüdische Gemeinde überleben konnte.

Einer der Überlebenden war Lipót Aschner, der zwar in die Fänge der Nazis geraten war, das Konzentrationslager jedoch lebend verlassen konnte. Mit seinem Unternehmen Tunsgram ging es allerdings nach der kommunistischen Machtergreifung steil bergab.

Stalinismus

Nach dem Zweiten Weltkrieg erfuhren die jüdischen Institutionen in Ungarn eine Revitalisierung – allerdings nur für kurze Zeit: 1949 wurde Ungarn zur Volksrepublik, was das Ende des zwischenzeitlichen politischen Pluralismus bedeutete. KP-Generalsekretär Mátyás Rákosi regierte das Land in diktatorischer Weise. Rákosi war zwar Jude, doch in seiner Volksrepublik war kein Platz für ein eigenständiges jüdisches Leben. Der 1946 wiedergegründete jüdische Sportverein VAC wurde 1949 aufgelöst, jüdische Kultur unterdrückt und zionistische Organisationen zerschlagen.

In der Zwischenkriegszeit und während des Zweiten Weltkriegs hatten sich zahlreiche Juden unter den aktiven Kadern der KP befunden. Der Widerstand gegen das stalinistische Regime artikulierte sich daher auch in antisemitischer Form. »Für viele Ungarn waren die einmarschierenden Sowjets nicht Befreier sondern Besatzer. Ganz anders war die Wahrnehmung der Budapester Juden: Sie wurden tatsächlich von den Soldaten der Roten Armee aus dem Ghetto befreit. Sie fühlten sich den Sowjets verpflichtet und unterstützten deshalb auch das neue Regime, das sich nach 1948 etablierte. Der Anteil der Juden in der kommunistischen Partei war deshalb überproportional hoch. Viele von ihnen hatten das Bedürfnis, bei der Entnazifizierung des Landes mitzuhelfen, und sie betätigten sich aktiv in der politischen Polizei. Wiederum entstand in Teilen der Bevölkerung das

Bild, dass es die Juden seien, welche in Ungarn die Macht in den Händen hielten. Die Tatsache, dass sowohl der verhasste stalinistische Parteichef Mátyás Rákosi als auch der Chef des berüchtigten Staatssicherheitsdienstes Gábor Péter jüdischer Herkunft waren, bekräftigte das Klischee.«[37]

MTKs »jüdischem Charakter« begegneten die Machthaber zunächst mit Reserviertheit. Es waren wohl opportunistische Erwägungen, weshalb die Vereinsführung von den Traditionsfarben blau und weiß (entspricht der Fahne Israels) Abstand nahm und zu rot und weiß wechselte.

1949 erhielt MTK Unterstützung durch die Textilarbeitergewerkschaft und wurde in Textiles SE Budapest umbenannt. Für Beobachter ein Indiz für die Fortsetzung der »jüdischen Tradition«, denn seit seiner Gründung waren die Mäzene des Klubs häufig jüdische Textilfabrikanten und -kaufleute gewesen. In den frühen 1950ern wurde István Vas, ein führendes Mitglied der KP-Elite, MTK-Präsident. Vas gehörte zu den wenigen Parteikadern, die ihre jüdische Herkunft nicht verleugneten. Vas äußerte sogar ab und an offen Sympathien für den Zionismus. 1951 wurde MTK offiziell Team der Geheimpolizei AVH, der verhasstesten Institution des stalinistischen Regimes. Für die MTK-Gegner, namentlich die »Fradi«-Anhänger, geriet MTK zum Symbol eines »jüdisch-kommunistischen Machtzentrums«. MTK, das nun Bástya (Bastion) hieß, zählte bald wieder zu den Topadressen im Lande.

Doch der populärste Verein war Ferencváros. Nach der Errichtung der kommunistischen Herrschaft wurde FTC aufgrund seiner Kollaboration mit den Nazis zunächst von offizieller Seite geschnitten. Doch angesichts der geringen Popularität der Herrscher sollte Ferencváros von deren ablehnender Haltung langfristig profitieren. »Fradi« galt bald als antiinstitutionell, antirussisch und antikommunistisch. Die Heimspiele »Fradis« gerieten zu Versammlungen von Nationalisten und Antikommunisten, und der Verein avancierte zum Symbol von Opposition gegen das stalinistische Regime. Später hieß es: »Es gibt zwei Parteien in Ungarn: die ungarisch-sozialistische Arbeiterpartei und die Fradi-Partei.« In der Saison 1948/49 wurde FTC wegen »faschistischer Provokationen« für vier Wochen vom Meisterschaftsbetrieb ausgeschlossen. Heftige Proteste bewirkten eine Umwandlung der Strafe zu einer Platzsperre. Nichtsdestotrotz gewann FTC die Meisterschaft mit elf Punkten Vorsprung auf MTK.

MTK erging es umgekehrt, allerdings nicht nur wegen der Verbindung mit der Staatssicherheit. Der Holocaust bzw. die Ermordung vieler MTK-Unterstützer und die Emigration bewirkten eine erhebliche Verringerung der Anhängerschaft. Die Furcht vor dem Antisemitismus führte dazu, dass

Juden häufiger ihre Identität verleugneten und ihre Kinder zur Unterstützung anderer Fußballklubs – sogar »Fradi« – animierten. In den 1950ern und 1960ern wechselten einige traditionell mit MTK verbundene Familien zu Úpesti Dósza, das zwar ebenfalls eine jüdische Geschichte hatte, aber weit weniger als MTK mit dem Etikett des »Judenklub« behaftet war.

Das Lieblingsteam des Regimes war allerdings Honvéd, eine Kreation des Sportministers Farkas. Am 15.12.1949 hatte sein Ministerium den Vorstadtklub Kispesti AC übernommen und in Honvéd Budapest umgetauft. Der Klub wurde der Kontrolle der Armee unterstellt, und seine Mitglieder waren in der Regel Armeeangehörige. Der Professionalismus war auch unter den kommunistischen Machthabern verboten, doch genossen die Honvéd-Akteure als so genannte »Staatsamateure« Privilegien, von denen so mancher westliche Profi nur träumen durfte. Die Regierung sorgte dafür, dass sich bei Honvéd, von wenigen Ausnahmen abgesehen, die besten Spieler des Landes konzentrierten, darunter auch ehemalige »Fradi«-Akteure. Honvéd war das Rückgrat der ungarischen Nationalmannschaft und Geheimnis ihrer Erfolge, da Verein und Nationalmannschaft nahezu identisch waren. 1952 wurde Ungarn Olympiasieger, 1953 brachte man als erstes kontinentaleuropäisches Team den Engländern eine Heimniederlage bei. In einer der legendärsten Begegnungen der Fußball-Weltgeschichte gewann Ungarn in Wembley mit 6:3.

Als Ungarn im WM-Finale von 1954 Deutschland mit 2:3 unterlag, standen mit Lantos, Zakariás und dem legendären Nándor Hidegkuti drei MTK-Spieler auf dem Rasen des Berner Wankdorfstadions. Den Rest der Mannschaft stellte Honvéd. Die überraschende Niederlage des favorisierten »Wunderteams« löste daheim die ersten Straßenproteste seit der Installierung des stalinistischen Regimes aus, die sich als Vorboten des Ungarn-Aufstands von 1956 erweisen sollten. Antikommunismus mischte sich hierbei einmal mehr mit Antisemitismus. In der Öffentlichkeit kursierte das Gerücht, das Finale sei an den deutschen Autohersteller Mercedes-Benz verkauft worden. Insbesondere Ference Puskas und Trainer Gustav Sebes gerieten ins Visier der Kritik. Sebes, der als Gustav Scherenbeck geboren wurde und ein Nachfahre ungarischer Schwaben in Budapest war, hatte von 1927 bis 1940 für MTK gekickt. Puskas hatte sich während des Turniers mit einem Benz ablichten lassen. Von Sebes hatte man gehört, er wolle sich ein solches Gefährt zulegen.

Die ungarische Revolution von 1956, angeführt vom Nationalkommunisten Imre Nagy, wurde von nationalistischer Fremdenfeindlichkeit begleitet, die sich nicht nur gegen die Russen, sondern auch die ungarischen Juden richtete. Nach der Niederschlagung des Aufstands durch sowjetische Truppen flohen zehntausende über die Grenze nach Österreich. Nicht nur Antikommunisten, sondern auch fast 20.000 Juden.

Das folgende Regime von János Kádár betrieb eine vorsichtige Liberalisierung der ungarischen Gesellschaft und gegenüber den Juden eine für osteuropäische Verhältnisse tolerante Politik. Die Religionsausübung wurde als private Angelegenheit geduldet. Anfang der 1960er Jahre wurden auch einige Formen jüdischen Kulturschaffens zugelassen. 1960 gestattete die Regierung die Hundertjahrfeier der Geburt von Theodor Herzl. Das Budapester Rabbinerseminar war die einzige Ausbildungsstätte dieser Art im realsozialistischen Machtbereich Moskaus.

Unter dem »Reformkommunisten« Kádár erlangte der Fußball seine Autonomie zurück. MTK und FTC erhielten wieder ihre alten Namen und Klubfarben. Gleichzeitig schwand die privilegierte Position von Honvéd und MTK, nicht zuletzt zugunsten von FTC. 1963 wurden viele der politischen Gefangenen des Ungarn-Aufstands entlassen. Im gleichen Jahr wurde FTC Meister und die Fans skandierten:»Meister ist Ferencváros, der Spitzenmann Kádár János!«[38] Die größte Investition im ungarischen Fußball der 1960er und 1970er Jahre war 1974 der Wiederaufbau des FTC-Stadions an der Üllöi Straße.

Neuer alter Antisemitismus

In den 1960er und 1970er Jahren kam es zu relativ wenigen antisemitischen Ausfällen bei MTK-Auftritten. Der spektakulärste Zwischenfall ereignete sich in den 1970ern in der Provinz, als bei einem MTK-Gastspiel in Székesfehérvár eine Horde Gänse auf das Spielfeld getrieben wurde, denen man blau-weiße Schleifen, die Farben MTKs und Israels, um den Hals gebunden hatte. Eine Anspielung auf die Gans als rituelles Tier der Juden. Dieser Vorfall fand noch einige Male andernorts Nachahmer.

In den 1980ern war Ungarn das einzige osteuropäische Land außerhalb der UdSSR, in dem noch eine größere jüdische Bevölkerung lebte. In Budapest zählte man in den 1970ern noch 30 Synagogen, zehn koschere Schlachtereien, eine jüdische Oberschule, ein Krankenhaus, Waisenhaus und Museum. Nach der Wende von 1990 entfaltete sich in Budapest wieder ein eigenständiges jüdisches Leben, wovon u.a. die Renovierung der Großen Synagoge (u.a. mit Geld des US-Schauspielers Tony Curtis), die Eröffnung neuer koscherer Restaurants und die Erneuerung des Rabbinerseminars zeugten. Insbesondere das ehemalige jüdische Ghetto profitierte hiervon. Die Wesselény utca war geprägt von jüdischen Geschäften, Restaurants und Institutionen. Die Glanzzeiten des jüdischen Budapest gehörten zwar der Vergangenheit an, doch lebten immerhin 80.000 Juden in der Stadt, weit mehr als in Wien oder Amsterdam.

Die Neubelebung des jüdischen Lebens rief erneut den Antisemitismus auf den Plan. Als 1990 erstmals seit über 40 Jahren wieder freie Wahlen stattfanden, profilierten sich einige Kandidaten mit antisemitischen Ausfällen. Das Ferencváros-Stadion wurde zur »Hinterhofbühne« des wiedererstarkten Antisemitismus, insbesondere wenn der Gegner MTK hieß. FTC-Fans begrüßten die MTK-Spieler mit »Ga-Ga-Ga«-Rufen, die ein Gänsegeschnatter imitieren sollten. Danach hoben die Fans die Hand zum Hitler-Gruß. »Waggon, Waggon«-Geschrei spielte auf die Deportationszüge nach Auschwitz an, ebenso wie »Die Lokomotive nach Auschwitz ist schon angeheizt«. Nazi-Symbole und Karikaturen hakennasiger Juden wurden gezeigt, an den Zäunen hingen Transparente einer Fan-Gruppe namens »Aryan Greens«.

In den vergangenen 40 Jahren hatten zwar nur wenige Juden bei MTK gekickt, weshalb die Spieler die antisemitischen Manifestationen mit Verwunderung registrierten. Anders sah es auf den Rängen aus: Die Mehrzahl der Fans waren tatsächlich Juden oder verfügten über jüdische Vorfahren. Nach der Wende geriet der Assimilationsprozess erneut in eine Krise: Eine wachsende Zahl von MTK-Fans betrachtete sich nun wieder in erster Linie als Juden und machte aus seiner jüdischen Identität keinen Hehl.

Ferencváros hatte sich zwischenzeitlich zu einer »nationalen Adresse« und zum Repräsentanten des ungarischen Fußballs auf der internationalen Bühne entwickelt. In dieser Funktion mobilisiert FTC Anhänger auch

Foto: MTI

Antisemitisches Transparent bei heutigen Anhängern von Ferencváros. Der MTK-Rivale wurde ausgerechnet vom Besitzer des traditionell jüdischen MTK aufgekauft.

außerhalb Budapests und weiß heute weit mehr Fans hinter sich als jeder ungarische Konkurrent. Das Publikum von »Fradi« entstammt zu einem großen Teil den unteren Schichten und dem Kleinbürgertum. Die Anhängerschaft von MTK ist indes deutlich kleiner und intellektueller geprägt.

Ein Jude kauft »Fradi«

Gábor Várszegi ist ein bekennender Jude und einer der reichsten Bürger Ungarns. Vor der politischen Wende war Várszegi einer der beliebtesten Rockmusiker Ungarns. Auf den Alben der populären Rockgruppe Omega, die in den 1970ern zu den wenigen auch im Westen gehörten »Ostblock«-Rockern gehörte, zeichnete Várszegi für die meisten Texte verantwortlich. Sein kometenhafter Aufstieg als Geschäftsmann begann in den Jahren des ungarischen »Gulaschkommunismus«. Várszegi siedelte in die USA über, wo er sich zum Marketing-Fachmann für Unterhaltungselektronik ausbilden ließ und sich das für eine Geschäftsgründung notwendige Kapital beschaffte. Mitte der 1980er kehrte Várszegi in seine Heimat zurück und gründete den amerikanisch-ungarischen Fotodienst Fotex. Seit 1990 ist das Unternehmen an der Budapester Börse notiert. Fotex ist heute ein Mischkonzern, mit Tochterfirmen in Kalifornien, Österreich, Schweiz, Spanien und Panama. 1996 wurde Várszegi Mehrheitsgesellschafter und Klubdirektor bei MTK Budapest. Sein Engagement sollte Wirkung zeigen: MTK, 1995 in die Zweitklassigkeit abgestiegen, kehrte in die 1. Liga zurück und wurde zweimal Meister (1997, 1999) und Pokalsieger (1997, 1998). Nicht nur der FTC-Anhang reagierte auf Várszegis Einstieg in den Fußball mit verstärktem Antisemitismus. Die Isolierung MTKs außerhalb der eigenen Fangemeinde nahm weiter zu.

Fünf Jahre später, 2001, kaufte sich Várszegi zum Schrecken aller »grünen Arier« auch noch Ferencváros hinzu, wo er 90-prozentiger Teilhaber des Fußballunternehmens und geschäftsführender Vorstandsvorsitzender wurde.[39] Zu diesem Zeitpunkt drohte FTC der Bankrott, nachdem sich die Wahl des Rechtspopulisten József Torgyán zum Klubchef als Flop erwiesen hatte. Im Fußballgeschäft agierte Torgyán ähnlich dilettantisch wie in der Landwirtschaft. Darüber hinaus war FTC aber auch europaweit in Verruf geraten: 1995 hatte sich FTC für die Champions League qualifizieren können. Das Betreten der europäischen Bühne wurde von hohen Erwartungen begleitet. In der Gruppenphase musste sich FTC auch mit dem Pokalverteidiger Ajax Amsterdam messen. In den ungarischen Medien wurde die

Begegnung zum Duell zwischen Ost und West hochstilisiert. Ging es in der Vergangenheit bei derartigen Treffen um den Nachweis der Überlegenheit des realsozialistischen gegenüber dem kapitalistischen System, so stand nun der Beweis einer Zugehörigkeit Ungarns zu Europa auf der Tagesordnung. Ajax gewann mit 5:1, wobei das Ergebnis aus der Sicht der Gastgeber sogar noch schmeichelhaft ausfiel. Weit weniger schmeichelhaft war der Rassismus, der von den Rängen des »Fradi«-Stadions auf die farbigen Ajax-Akteure niederprasselte und den ungarischen Annäherungsversuchen an das von Westeuropa dominierte europäische System einen Dämpfer verleihen sollte. Ajax war seinerzeit die Speerspitze unter den europäischen Topklubs im Kampf gegen Rassismus und Antisemitismus. Drei Wochen nach dem Spiel erschien in der spanischen Zeitung »Marca« ein offener Brief, in dem Real Madrid aufgefordert wurde, durch einen Sieg über FTC für dessen Verschwinden von der europäischen Bühne zu sorgen. Zu den Unterzeichnern gehörten u.a. Frank Rijkaard und Johan Cruyff.[40]

Die FTC-Klubführung segnete die Fotex-Übernahme mit 69:0-Stimmen ab. Várszegi investierte 20 Mio. Euro in die Rettung des Vereins. In fünf bis sechs Jahren sollte der Klub an die Börse gehen. Der bereits zitierte Soziologe Hadas vermutete weniger politische Motive hinter diesem ungewöhnlich anmutenden Schritt, sondern sah hier primär einen Investor am Werke: »Ferencvaros ist von seinem Potenzial her mehr wert als alle anderen ungarischen Mannschaften zusammen. Wer mit dem Kopf eines Investors denkt, will nicht Erzieher der Massen sein.«[41]

Ungarns Antisemiten tobten oder waren schlichtweg sprachlos. László Bognár, Vizepräsident der rechtspopulistischen MIEP, charakterisierte auf einer Pressekonferenz die Fotex-Investoren und den Fradi-Kauf wie folgt: »Ein hemmungsloser Kreis von Geschäftsleuten; sie reißen sich jetzt die Mannschaft unter die Krallen und haben nichts mit Ungarntum zu tun. Dieser Verkauf ist ein Akt der Schande, ... eine Affäre, die gegen die Nation gerichtet ist. Die Fußballer fühlten sich immer als einfache Kinder des braven Volkes gegenüber denjenigen, die in der sozialen Hierarchie höher stehen und mit dem Begriff ›Juden‹ erfasst werden können.«[42] Da der seit jeher »von den vermögenden, jüdischen Bürgern beherrschte Klub MTK auch im Besitz der von den Reformkommunisten gegründeten und von ihnen vielseitig beherrschten Fotex-GmbH ist, bedeutet der Verkauf von Fradi den Betrug am Volk dieses Vereins.«[43] Hämische Reaktionen ließen nicht lange auf sich warten. Ujpest-Dónasz-Fans skandierten beim Spiel ihrer Mannschaft gegen FTC: »Statt grüne Adler seid ihr blaue Gänse«.

Ob Várszegis Pro-FTC-Engagement die »grünen Arier« vom Schwachsinn ihres Antisemitismus überzeugen kann? Die Geschichte gemahnt eher zur Skepsis. Der Schriftsteller György Konrad: »Assimiliert werden, aufgenommen werden, eins werden mit den anderen, das ist es, was wir gern gesehen hätten. Es ist nicht gelungen. Es hat nicht gelingen können.«[44]

Anmerkungen

1. Peter Haber: Budapest. Eine kurze Einführung in die jüdische(n) Geschichte(n) der Stadt, in: ders.: Jüdisches Städtebild Budapest, Frankfurt 1999, S. 23
2. Ebenda, S. 27
3. Lajos Szabó: The Reasons of the world-wide Success of Hungarian Jewish Athletes, Hungarian Museum of Physical Education and Sports, 1998
4. Zit. nach ebenda
5. Zit. nach ebenda
6. Das Orczy-Haus spielte eine wichtige Rolle in der Entwicklung der jüdischen Gemeinde Budapests. Der großzügige Gebäudekomplex gehörte der einflussreichen adeligen Familie Orczy, die als aufgeklärt galt. Die Orczys vermieteten die Räumlichkeiten bevorzugt an Juden. Im Orczy-Haus gab es eine Synagoge, Gebetsräume, ein rituelles Bad. 1814 öffnete hier die erste öffentliche jüdische Schule. »Für die Juden, die aus der Provinz kamen, war das Orczy-Haus eine erste Anlaufstelle, für die Besitzer hingegen, die Familie Orczy, wurde das Haus zu einer sicheren Geldquelle. Im Grunde genommen setzten sie mit ihrem Haus die Tradition der Grundherren fort, die den Juden das Bleiberecht verkauften – nun allerdings in einer Bürgerstadt.« (Haber 1999, S. 16)
7. Bernard Wasserstein: Europa ohne Juden. Das europäische Judentum seit 1945, London 1996, S. 249
8. Haber 1999, S. 28
9. Enzyclopedaia Judaica (Internetadresse)
10. Vgl. Andrew Handler: From the Ghetto To The Games: Jewish Athletes in Hungary, Boulder, Co: East European Monographs, No.192, 1985 und Szabó 1998
11. Erinnerungen von Walter Koch (geb. 1870 in Dresden), ab 1921 deutscher Botschafter in Prag. www.dhm.de/lemo/forum/kollektives_gedaechtnis/062/
12. Zit. nach Erik Eggers: Opfer für den Fortschritt. Über den DFB-Gründer Ferdinand August Theophil Hueppe, in: » Der Tagesspiegel« v. 24.8.2002
13. Friedrich Torberg: Die Erben der Tante Jolesch, München 1981 (11. Auflage), S. 130
14. Rudolf Oswald: »Ein Gift mit echt jüdischer Geschicklichkeit ins Volk gespritzt« (Guido von Mengden): Die nationalsozialistische Judenverfolgung und das Ende des mitteleuropäischen Profifußballs, in: »SportZeiten« – Sport in Geschichte, Kultur und Gesellschaft, Göttingen, 2. Jahrgang 2002, Heft 2, S. 63
15. Ebenda, S. 63
16. Zit. nach Michael John/Dietrich Schulze-Marmeling: »Haut's die Juden!« Antisemitismus im europäischen Fußball, in: Beiersdorfer u.a.: Fußball und Rassismus, Göttingen 1993, S. 138

17 Zit. nach ebenda, S. 138
18 Zit. nach ebenda, S. 138
19 Wasserstein 1996, S. 263
20 Vgl. Handler 1985
21 Vgl. Miklós Hadas: Football and Social Identity: The Case of Hungary in the Twentieth Century, Soros Foundation Open Archives, 1997
22 Zur sozialen Identität von MTK und FTC sowie der Rolle der beiden Klubs in der ungarischen Fußballgeschichte siehe Miklós Hadas (1997) und Tamás Krausz: Soccer and Racism in Hungary, in: »Eszmélet – Consciousness«, Budapest 1997, S. 157-159
23 Zit. nach Paul Kreiner: Blaue Gänse, grüne Adler. Ungarns Spitzenfußball und der bleibende Antisemitismus, in: »Der Tagesspiegel« v. 18.11.2001
24 Krausz 1997, S. 157
25 Vgl. www.jewsinsports.com
26 Zu den Konrad-Brüdern siehe ausführlicher den Beitrag von Werner Skrentny in diesem Buch.
27 Matthias Marschik: Wiener Austria. Die ersten 100 Jahre, Wien 2001, S. 30
28 Ebenda, S. 31
29 Zit. nach Christoph Bausenwein / Bernd Siegler / Harald Kaiser: 1. FC Nürnberg. Die Legende vom Club, Göttingen 1996, S. 357
30 Ebenda, S. 357
31 Zit. nach www.tusprien.de
32 Vgl. www.jewsinsports.com
33 Vgl. Sándo Szabó, Robert Franta u.a.: Legendäre Trainer des Weltfußballs: Béla Guttmann (Ungarn/Österreich), in: Libero International, No. 21, 1. Quartal 1996
34 Vgl. Handler 1985 und www.jewsinsports.com (Berichte vom Jugendfußball)
35 Vgl. www.jewsinsports.com
36 Angaben nach Szabó 1998
37 Haber 1999, S. 34/35
38 Zit. nach Hadas 1997
39 Zur Person Várzeghis und zur Fotex-Übernahme siehe u.a. András Alföldi: »Vom Rock-Gitarristen zum Millionär«, in »Frankfurter Rundschau«; Yehuda Lahav: How the eagles turned into geese. When a Jewish businessman buys Hungary's most popular soccer team, anti-Semitism rears its head, in: »Haaretz« v. 24.8.2001; Eugen Pogany-Falkenhausen: Als es Orbán die Sprache verschlug. Fußball und Weltanschauung, in: »Die Presse« v. 2.8.2001
40 Zur »Fradi«-Ajax-Kontroverse siehe: Tamás Krausz (1997), S. 164-170 sowie János Bali: Ferencváros, Hungary and the European Champions League: The Symbolic Construction of Marginality and Exclusion, in: Gary Armstrong/Richard Giulianotti: Fear and Loathing in World Football, Oxford/New York 2001, S. 251-266
41 Zitiert nach Kreiner 2001
42 Zitiert nach Andrea Dunai: Mit Atemschutz im Parlament. Ungarn und seine rechten Flügelmänner, in: »Freitag« v. 22.2.2002
43 Zit. nach Pogany-Falkenhausen 2001
44 Zit. nach Haber 1999, S. 38

W. Ludwig Tegelbeckers

Béla Guttmann – Weltenwanderer ohne Kompromiss

Jeder habsburgische Erbe ist ein echter Mensch der Zukunft, da er früher als viele andere gelernt hat, ohne Zukunft zu leben, in einem Aussetzen jeglicher historischer Kontinuität, und mithin nicht zu leben, sondern zu überleben.

Claudio Magris[1]

Es ist keine Übertreibung, den ungarischen Juden Béla Guttmann als avantgardistische Figur eines zu seiner Zeit längst noch nicht globalisierten Weltfußballs zu kennzeichnen. In sechs Jahrzehnten als Fußballspieler und Trainer war Guttmann in 13 Ländern Europas, Nord- und Südamerikas hauptberuflich tätig (für wenigstens 24 verschiedene Vereine sowie – teils haupt-, teils ehrenamtlich – für drei Nationalteams). Auf dem Höhepunkt seiner Trainerlaufbahn triumphierte er mit Benfica Lissabon zweimal hintereinander – 1961 und 1962 – im Europapokal der Landesmeister und durchbrach mit seinem Team so die Vorherrschaft von Real Madrid, das die Königsklasse des europäischen Fußballs seit ihrer Einführung (1955/56) bis dahin fünfmal in Folge gewinnen konnte. Diese beiden Titel, sowie insbesondere die Art und Weise, wie die Finals gegen Barcelona (1961 in Bern) und Real Madrid (1962 in Amsterdam) mit begeisterndem Angriffsfußball gewonnen wurden, machten den – zuvor durchaus schon erfolgreichen – Trainer Guttmann in der Wahrnehmung der Fußballwelt zum »Erfolgstrainer«.

Um genau diesen ranken sich nicht erst seit seinem Tod im Jahr 1981 etliche Mythen: Zwar sagt der Name Guttmann zahlreichen Fußballexperten heute nicht mehr viel, dennoch sind es nicht eben wenige Stimmen, die ihm posthum große, manchmal auch fabelhafte Taten (wie etwa den Gewinn eines argentinischen Meistertitels mit dem Team von Peñarol Montevideo[2]) nachsagen. So gilt Guttmann unter anderem als einer der

Urheber für die Erfolge, die das brasilianische Nationalteam bei den Weltmeisterschafts-Turnieren 1958, 1962 und 1970 erringen konnte. Das kreative und angriffsbetonte brasilianische 4-2-4, das den traditionell »W-M« spielenden Fußballmannschaften jahrelang die größten Probleme bereitete, war – wenngleich es nicht von Guttmann selbst erfunden wurde – in der Tat ein ungarischer Import.[3] Durch Béla Guttmann fand es in Brasilien Verbreitung, als dieser hier ab Anfang 1957 für anderthalb Jahre den São Paulo Futebol Clube trainierte.[4]

Trotz – oder auch gerade wegen – seiner Bekanntheit umgab den charismatischen Trainer zeitlebens eine gewisse Aura des Geheimnisvollen, der er selbst durch seine stets kurzen, zugleich aber offenkundig eindrucksvollen Engagements an den unterschiedlichsten Orten Vorschub leistete. Einer möglichen »Verfestigung« von Zuständen und Gewohnheiten pflegte Guttmann durch den frühzeitigen Abbruch seiner Zelte am Ort des jeweiligen Geschehens vorzugreifen – so jedenfalls in seiner eigenen Sicht, die er 1962 gleichsam exemplarisch beschrieb, als er am Vorabend des Amsterdamer Finals das Ende seiner Arbeit für Benfica Lissabon begründete. Das Verhältnis als Trainer zu den Spielern auf der einen, sowie zur Klubleitung auf der anderen Seite sei mit einer Ehe vergleichbar, die irgendwann unweigerlich langweilig werde: »Die begeisterungsfähige Ausstrahlung, die die Grundlage für eine erfolgreiche Arbeit eines Trainers ist, nutzt sich mit der Zeit ab und verstumpft.« In bewusster Zuspitzung formuliert liege das Geheimnis des Erfolgs gleichsam in der »Kunst des Ende-Machens« begründet, durch das allein dem vorhersehbaren Absturz ins Banale zu entkommen sei.[5] In der Tat war Guttmann ein Wandervogel par excellence und konnte am Ende seiner mehr als vier Jahrzehnte umspannenden Trainertätigkeit 1974 auf gerade ein einziges Engagement zurückblicken, das ohne Unterbrechung länger als zwei Jahre andauerte.

Vor dem Zweiten Weltkrieg trainierte Guttmann ab Mitte 1933 zunächst Hakoah Wien, den SC Enschede und Ujpest Budapest. Nach dem Kriege waren seine Stationen bis Mitte 1948 nacheinander Vasas Budapest, Ciocanul Bukarest, Ujpest und Kispest Budapest, nach rund einem Jahr ohne Engagement dann ab Sommer 1949 Padova Calcio und US Triestina (bis Herbst 1951). Weiteren anderthalb Jahren ohne Beschäftigung folgten ab Anfang 1953 die südamerikanische Station Quilmes, danach Apoel Nikosia sowie ab Herbst 1953 der AC Milan und Lanerossi Vicenza (bis Frühjahr 1956) und dann – wiederum in Südamerika – 1957/58 der São Paulo FC. Die vier krönenden Jahre seiner Trainerlaufbahn erlebte Guttmann 1958-

62 in Portugal beim FC Porto und insbesondere bei Benfica Lissabon (sowie zudem im Nebenberuf als portugiesischer Nationaltrainer). 1962 und 1963 betreute Guttmann mit Peñarol Montevideo abermals ein südamerikanisches Team, bevor seine Karriere zwischen 1964 und 1967 in Europa mit kurzen Engagements als Trainer des österreichischen Nationalteams sowie der Klubmannschaften von Benfica Lissabon, Servette Genf und Panathinaikos Athen im Grunde ihren Abschluss fand.[6]

Nach sechs Jahren Abstinenz als Wiener Privatier kehrte der nunmehr 74-jährige Guttmann 1973 zwar nochmals in die Arena zurück, als technischer Direktor bei Austria Wien wie als Trainer des FC Porto war er aber naturgemäß nurmehr ein Schatten früherer Tage und trat alsbald – und nun endgültig – von der Fußballbühne ab.

Offensive – Leitmotiv auf allen Ebenen

Unendlich viel Energie – und unendlich große Ungeduld: Diese beiden Eigenschaften Guttmanns lassen sich als die vielleicht zentralen Determinanten seiner Trainerlaufbahn fassen. Ganz gleich, ob es um die Frage ging, auf welche Art seine Mannschaft im Verlauf eines Fußballspiels wenigstens ein Tor mehr zustande bekommen konnte als der Gegner, oder darum, wie eine missliebige Situation im Verein zu überstehen war – Guttmann zog ohne Zweifel das »jetzt« dem »gleich« vor. Er strebte für sich wie für das von ihm betreute Team buchstäblich und immerfort den »Abschluss« an, bevor ihm jemand zuvorkommen konnte, und perfektionierte so im Verlauf seiner Karriere – ob nun bewusst oder nicht – die Flucht nach vorn zu seinem zentralen Handlungsmotiv. Die Kunst des Toreschießens war in dieser »Konzeption« ebenso wesentlicher Bestandteil wie die bereits zitierte »Kunst des Ende-Machens«.

Allerdings: Um die Letztgenannte, die er über viele Jahre so sehr idealisiert (und wohl auch stilisiert) hatte, war es ganz zum Schluss seiner Karriere dann auch bei Guttmann selbst geschehen. Im Verlauf der Stationen, die auf sein Engagement als österreichischer Bundestrainer unmittelbar folgten, offenbarte sich immer häufiger, dass die physische Kraft des alternden Trainers ebenso wie seine Überzeugungskraft nicht mehr ausreichten. Mit dem Eingeständnis dieser Tatsache aber scheint sich Guttmann, der nach dem Bekunden seiner Zeitgenossen das eigene Naturell – mit allen Stärken und Schwächen – über Jahrzehnte hinweg auf seine Arbeit übertrug, indem er buchstäblich immerfort »Vollgas« gab, bis zuletzt nie abgefunden zu haben.

Und es fällt bei näherem Hinsehen auch vergleichsweise leicht, nachzuvollziehen warum.

Kraft – für die Arbeit des Trainers Béla Guttmann erschien dieses Element als der optimal geeignete Transmissionsriemen, mit dem er eine Philosophie vom Fußball in die Praxis umsetzen (lassen) konnte, die in erster Linie nicht von strategischen, sondern von motivatorischen Gesichtspunkten geprägt war. Der Schlüssel für alles Erreichbare lag für Guttmann in der Mobilisierung und Ausschöpfung der verfügbaren körperlichen und (im Gegensatz zu den zeitgenössischen »Standards«) auch psychischen Kräfte.

Béla Guttmann als Trainer.

Wahrscheinlich war es als die eigentliche und zentrale Stärke Guttmanns anzusehen, dass er es vermochte, seinen Spielern immerfort mehr Vertrauen in die eigenen Fähigkeiten einzuimpfen. Im Gegenzug erhielt er von ihnen ein hohes Maß an Bereitschaft zurück, sich für die ihnen gestellten Aufgaben buchstäblich zu zerreißen. Die wohl höchste und zugleich nachhaltigste Qualität im Zusammenwirken der Faktoren Kraft und Motivation erreichte Guttmann während seiner vierjährigen Tätigkeit in Portugal 1958-1962, wobei das von Benfica (nach frühem 0:2 und einem 2:3 zur Pause) mit 5:3 gegen Real Madrid gewonnene Landesmeisterfinale 1962 gleichsam als Synthese angesehen werden kann. Hans Blickensdörfer titelte damals: »Nie hat es eine dynamischere Elf gegeben als Benfica!«

In seinem anschließenden Spielbericht erinnerte Blickensdörfer unter anderem an das Endspiel von 1961: »Welche Fortschritte hat diese Mannschaft gemacht, seit sie vor einem Jahr ihr erstes Europapokalendspiel gegen Barcelona gewann! ›Damals‹, so sagte mir Béla Guttmann, (...) ›damals haben die Burschen erst angefangen zu begreifen, was überhaupt in ihnen steckt. Drei Jahre lang habe ich ihnen gepredigt, dass sie sich von keiner Mannschaft Komplexe einzujagen lassen brauchen und dass sie in der Lage sind, jeden Rückstand aufzuholen.‹« In der Beschreibung des Spiels wird die »gewaltige konditionelle Übermacht der Portugiesen« hervorgehoben, mit deren »höllischem Tempo« Real nur in der ersten Halbzeit mitzuhalten vermochte: »Gewiss leisteten sich auch die Portugiesen in der ersten halben Stunde einige taktische Schwächen, aber als die Kondition zu sprechen begann, registrierte man nur noch bei den Spaniern Fehlleistungen. Benficas entfesselter Angriff (…) degradierte Männer, die man bislang als Könige betrachtet hatte, zu Knechten!«[7]

Diese Aussagen spiegeln deutlich wider, dass Guttmann – der ja zeitlebens in keinem anderen Fall mehr als zwei Jahre am Stück mit einer Mannschaft arbeitete – nicht nur im Hinblick auf den zählbaren Erfolg, sondern insbesondere auf die Art und Weise, wie dieser erarbeitet wurde, gerade in seinem dritten Jahr bei Benfica die Früchte der vorangegangenen Arbeit ernten konnte. Vor diesem Hintergrund mag die Frage nahe liegen, was möglich gewesen wäre, hätte Guttmann auch an anderen Orten nur länger mit seinen Teams gearbeitet. Diese Frage griffe allerdings nur kurz, oder anders gesagt: Sie konnte im »wirklichen« Leben eigentlich nie zur Diskussion stehen, denn die Trainertätigkeit Guttmanns fand in fast allen Fällen, die überliefert sind, ihr jeweiliges Ende durch einen handfesten Eklat. Aus der langen Reihe der Guttmann-Abschiede im Unfrieden finden sich diverse Fälle in der 1964 erschienenen »Béla Guttmann Story« erschöpfend dargestellt. Diese sind allerdings mit Bedacht zu interpretieren, denn im Vordergrund steht hier buchstäblich die »Story«, und diese wiederum bietet dem Leser im Hinblick auf die vielen Konflikte um Béla Guttmann nur die eine Option, die stets Guttmann im Recht und seine Opponenten im Unrecht sieht.[8] Dem hochkomplizierten und oft von starken inneren wie äußeren Widersprüchen gekennzeichneten Wesen Guttmanns wird eine solche Sichtweise indes nicht wirklich gerecht, denn sie versagt sich von vornherein einer Auseinandersetzung mit den möglichen Ursachen der Konflikte.

So unterschiedlich die Anlässe für jede einzelne Trennung gewesen sein mögen, so deutlich scheint doch im Längsschnitt insgesamt die Kontinuität des Leitprinzips »Motivation« durch, das – im Positiven wie im Negativen – wohl als die zentrale Konstante in der Trainerkarriere Guttmanns anzusehen ist, mit der alles, was den Bereich seiner professionellen Tätigkeit berührte, stand und fiel. Guttmann sah in seiner Rolle als Trainer niemals weniger als die Alleinzuständigkeit für die sportlichen Zielsetzungen seiner jeweiligen Teams, der sich alles und alle unterzuordnen hatten – die Spieler seines Vereins ohnehin, die Funktionäre überdies. Dem Faktor Motivation aber kam in diesem Zusammenhang die Bedeutung eines übergeordneten Regulativs zu, das sich – ein wenig überspitzt – auf die folgende Formel bringen lässt: Als »Motivator« in Person war Béla Guttmann imstande,

Unerwartetes bis Unglaubliches auch aus eher unterbemittelten Teams herauszuholen, so lange die Alleinzuständigkeit des Trainers – und damit genau genommen die Motivation des Motivators – unangetastet blieb.

Da allerdings die für ein Zerwürfnis entscheidende Störung des Guttmannschen Selbstbildes durchaus schon einmal durch den spontanen Kabinenbesuch eines überschwänglichen Vereinsfunktionärs hervorgerufen werden konnte,[9] war es um die Leistungsbereitschaft des sensiblen wie heißblütigen Ungarn an vielen seiner Stationen nicht übermäßig lange gut bestellt – siehe oben!

Wenn nun die Gründe dafür, dass Guttmanns Tätigkeit für einen Arbeitgeber nur selten einmal Kontinuität erreichte, sicherlich zu einem guten Teil dem Naturell des ungarischen Trainers geschuldet waren, bleibt auf der anderen Seite stets zu berücksichtigen, dass das Vollziehen einer Trennung – gerade wegen seines Naturells! – für Guttmann immer auch eine Art befreiende Wirkung zu haben schien. Folgt man der Darstellung der biografisch motivierten »Béla Guttmann Story«, dann war für ihn das (gewohnt) offensiv geführte Aushandeln eines neuen, gut dotierten Vertrages an einem neuen, gleichsam »unbelasteten« Ort ein regelrechtes Lebenselixier. Durch die »Story« zieht sich die minutiöse Darstellung der Honorare und Prämien, die dem Ungarn für seine Engagements gezahlt wurden, wie ein roter Faden, so dass sich dem Leser manches Mal die – am Ende unbeantwortete – Frage stellt, welche Motivation die für Guttmann letztlich dominierende war – die sportliche, oder doch die finanzielle. In jedem Fall galt Béla Guttmann in den 1960er Jahren als einer der Großverdiener im internationalen Fußballgeschäft. Und dies lag einerseits – wenigstens ab einem gewissen Zeitpunkt – in seinem Ruf als erfolgreicher Trainer begründet, war andererseits jedoch immer auch Ergebnis eines sehr sicheren Geschäftssinns des Ungarn.

Die biografische Konstante: Geld und Fußball

Der Faktor Geld als Motiv seiner Orientierungen spielte in der Vita Guttmanns nur in Ausnahmefällen eine untergeordnete Rolle.[10] Gelegenheit, seinen Geschäftssinn zu entwickeln und auszubilden, hatte sich Guttmann bereits seit den frühen 1920er Jahren in ausreichendem Maße geboten. 1899 in Budapest geboren,[11] wuchs er zur richtigen Zeit am richtigen Ort exakt in die Generation von Fußballspielern hinein, die (im spielerischen Sinne) den kontinentaleuropäischen Fußball dominierte und (im wirtschaftlichen

Sinne) zur Avantgarde derer zählte, die jenseits der britischen Insel erstmals größere Geldsummen allein durch Fußballspielen verdienen konnte. Da Guttmann in Budapest schon früh als überdurchschnittlicher Fußballer in Erscheinung getreten war, führte ihn sein Weg gleichsam unweigerlich in eine der Kaderschmieden des Donaufußballs. Die lebenslange Mobilität Guttmanns, ebenso wie sein rast- und furchtloses Selbstverständnis, überall in der Welt zu Hause zu sein, wo er andere von der Qualität seiner Fähigkeiten überzeugen konnte, wurzelten hier: Die Netzwerke des post-habsburgischen Fußballs im Allgemeinen, sowie der zionistisch inspirierten Makkabi-Weltbewegung im Speziellen sind als die berufliche Sozialisations- und Bildungsinstanz des Spielers und Trainers Béla Guttmann zu bezeichnen. In Verbindung mit seinem individuellen fußballerischen Können ermöglichte ihm eben dieser Fundus in den Folgejahren nicht nur eine endlose Reihe abenteuerlicher und oft genug auch hoch dotierter Engagements, sondern ersparte ihm mit großer Gewissheit auch das Schicksal der 600.000 ungarischen Juden, die Opfer der Shoah wurden.

Assimiliertes Budapester Judentum

Die Familie, in die Béla Guttmann 1899 hineingeboren wurde, repräsentierte als Teil der unteren Mittelschicht gleichsam exemplarisch die für eine kurze Periode von Erfolg gekrönten Assimilationsbestrebungen der Juden in Ungarn. Beide Eltern, Abraham und Eszter Guttmann, waren von Beruf Tanzlehrer, und die Einübung von Fertigkeiten zur »Gesellschaftsfähigkeit« auf diesem Feld somit buchstäblich ihr Broterwerb. Ihr Judentum verstand Familie Guttmann offenkundig als Konfession, nicht jedoch als eine eigene Kultur oder gar Lebensform. Das spärliche biografische Material über die Jahre, in denen Béla Guttmann noch nicht als Fußballer bekannt war, spricht nicht dafür, dass er oder seine Familie der Orthodoxie nahe gestanden hätten – aus der Überlieferung kann vielmehr das Gegenteil geschlossen werden, namentlich eine bewusste Distanz zu den Ritualen des Judentums.[12] Es war dies exakt die Haltung, die insgesamt als repräsentativ für das aufstrebende jüdische Bürgertum im Ungarn der Jahrhundertwende angesehen werden kann.[13]

Der Budapester Fußballklub MTK (Magyar Testgyakorlók Köre) von 1888, der Béla Guttmann 1919 in seine Reihen aufnahm, lässt sich als modernes Projekt des jüdisch-ungarischen Bürgertums der Hauptstadt bezeichnen.[14] Gegründet von überwiegend nichtjüdischen Mitgliedern der bürgerlichen und aristokratischen Oberschicht,[15] entwickelte sich der Klub in den folgenden Dekaden zu einem Forum hauptstädtischer Eliten, die vereinfachend als »Wirtschaftspatriziat« gefasst werden können und zunehmend durch arrivierte Vertreter des assimilierten bürgerlichen Judentums mitgeprägt wurden. Für den »einfachen« Juden Béla Guttmann war die Aufnahme in den exklusiven Kreis des MTK – vielleicht ein wenig übertrieben ausgedrückt – eine Art gesellschaftlicher Ritterschlag, für den (im Unterschied zu den jüdischen Kaufleuten, Juristen und Ärzten im MTK) allein der Gesichtspunkt seiner fußballerischen Leistung den Ausschlag gab.

Die Konkurrenz war damals groß, und dies gleich in doppelter Hinsicht: Um aus dem in Budapest schier unbegrenzt vorhandenen Potenzial an fußballerischen Talenten herauszuragen, bedurfte es außergewöhnlicher Klasse, um für den MTK überhaupt interessant zu sein. Guttmann, der diese Voraussetzung buchstäblich spielend erfüllen konnte, sah sich als Mitglied des MTK-Aufgebots mit einem Phänomen konfrontiert, das rund acht Jahrzehnte später den Nachwuchs des globalisierten und kommerzialisierten Profifußballs in immer wieder neue Depressionen stürzt: Vor seiner Nase hatte er ein Ensemble von Topstars, die zur Creme des europäischen Fußballs zählten.

Absolvent der »MTK-Schule«

War der habsburgische Fußball jenseits der britischen Inseln das Maß der Dinge in Europa, so war Budapest neben Wien und Prag eines seiner Gravitationszentren. Nachdem 1913 noch der ewige Rivale des MTK, Fradi, die Liga Evi Bajnoksag gewonnen hatte, gab es bis 1926 (abermals Fradi) immer nur einen und denselben ungarischen Meister, und dies war der MTK, der unter quasi-professionellen Bedingungen die besten ungarischen Spieler in seinem Aufgebot hatte. Dies waren unter anderem József (»Csibi«) Braun, Gyula Feldmann, Gyula Mándi, György Molnár, György Orth, Alfred (»Spezi«) Schaffer oder Imre Schlosser, die seit 1917 unter der Regie des englischen Startrainers Jimmy Hogan eine hocheffektive Melange aus britischer Strategie und habsburgischer Spielkreativität und -technik einübten und damit den »Donaufußball« zur regelrechten Kunstform des Fußballspiels kultivierten.

Für Guttmann, der in der ungarischen Liga als Mittelläufer bereits zwei Jahre zum Stamm von Törekvés gehört hatte, stellten die Jahre 1920 und 1921 beim MTK Budapest so etwas wie die eigentlichen Lehrjahre als Fußballspieler dar: Hier konnte er auf höchstem Niveau seine spielerischen Fähigkeiten vervollkommnen, und hier ging er auch außerhalb des Platzes weiter in die Lehre. Wie oben bereits angedeutet, führte ihn die Mitgliedschaft im MTK in die Kreise des arrivierten Budapester Bürgertums ein. Die Reisen, die die Mannschaft unternahm, trugen immer auch ein wenig den Charakter einer Grand Tour für Fußballspieler, durch die diese jenseits der sportlichen Begegnungen jeweils ein Stück weit mit der Führungsschicht der gastgebenden Städte in Berührung kommen sollten.[16] Vor allem aber drang Guttmann in die Netzwerke des Fußballs ein, lernte die Praktiken und Logiken kennen, die die Starspieler aus Ungarn und den anderen Ländern für ihr eigenes Vorankommen nutzten. Und er begegnete im MTK erstmals auch Hugo Meisl, dem der Budapester Klub unter anderem die Vermittlung des erfolgreichen Trainers Jimmy Hogan verdankte. Meisl, der als »aus der Art geschlagenes« Mitglied des jüdischen Wiener Finanzadels das personifizierte Netzwerk des Donaufußballs war, blieb bis zu seinem Tode 1937 väterlicher Freund und Berater Guttmanns und vermittelte auch das Trainerengagement, das den Ungarn 1935 nach Enschede führen sollte.

Béla Guttmann, der sowohl als Fußballer wie beruflich als ausgebildeter Tanzlehrer (und hier gewissermaßen im doppelten Wortsinn) Führungsqualitäten bereits vor seiner MTK-Zeit entwickelt hatte, erhielt in der »MTK-Schule« den ersten Schliff für seine folgende Karriere als Führungskraft im Profifußball. Als er Budapest verließ, war sowohl sein fußballerisches Potenzial, als vor allem auch seine Ahnung von den Möglichkeiten, dieses Potenzial Gewinn bringend zu Markte zu tragen, offenkundig bereits ausgeprägt entwickelt. Am 28. Januar 1922 vermeldete die in Wien erscheinende ungarischsprachige Tageszeitung »Becsi Magyar Ujság« den Wechsel Guttmanns vom MTK zu Hakoah Wien: »Guttmann II, der in der Nationalmannschaft spielende Centerhalf des MTK, bat den Verband über seinen Klub um eine Spielberechtigung. Nachdem es keinen Grund gab, die Lizenz zu verweigern, erhält Guttmann sicherlich die Genehmigung, an den Meisterschaftsspielen in Wien teilzunehmen. Wir müssen nicht betonen, dass Hakoah mit Guttmann einen erstrangigen Spieler gewinnt.«[17]

Der Hinweis, es gäbe »keinen Grund« für eine Lizenzverweigerung, stellte sich vor dem zeitgenössischen Hintergrund dabei als ebenso aussagekräftig wie interpretationsfähig dar. Denn Ungarns Fußballszene wurde im Winter 1921/22 von einem Skandal geschüttelt, der es in sich hatte.[18] Stein des Anstoßes war die Verurteilung des Budapester Vereins KAC (Kispest) wegen Scheinamateurismus, in deren Gefolge auch der über Jahre verdeckt praktizierte Professionalismus des MTK aufflog und etliche Spieler verurteilt wurden.[19] Béla Guttmann gehörte wenn nicht zu den unbezahlt, so doch zu den unbestraft gebliebenen Spielern – darüber, ob sein Weggang vom MTK dennoch in irgendeinem Zusammenhang zu dem Skandal stand, könnte an dieser Stelle bestenfalls spekuliert werden. Mit Gewissheit ist jedoch davon auszugehen, dass sein Wechsel zur Wiener Hakoah in erster Linie nicht auf sportlichen, sondern auf finanziellen Motiven beruhte.[20]

Professioneller Zionismus

Die 1909 gegründete Hakoah war nicht zuletzt eine unmittelbare Konsequenz des Antisemitismus in Wien, der hier bereits damals – anders als zur gleichen Zeit in Budapest – ein ausgesprochen allgegenwärtiges Phänomen war. Die nationaljüdische wie auch die zionistische Strömung im engen religiösen Sinne (die im assimilierten Budapester Judentum zu Zeiten der Donaumonarchie quasi inexistent war),[21] konnte bereits vergleichsweise früh einen beträchtlichen Anteil der Wiener Juden an sich binden, als »deren« Sportverein auch die Hakoah entstand.[22]

Wenn man so will, sah sich der Jude Béla Guttmann als junger Erwachsener in diesem Umfeld erstmals mit seiner eigenen jüdischen Identität konfrontiert. Tatsächlich scheint diese Konfrontation jedoch nie die klar umrissenen Grenzen durchbrochen zu haben, die Guttmann für sich selbst zwischen innerer und äußerer Beschäftigung mit der nationaljüdischen Sache festgelegt hatte. Der Davidstern auf seinem Trikot, den er über ein Jahrzehnt lang repräsentierte, war für Guttmann offenkundig nicht mehr und nicht weniger als ein selbstverständlicher Teil professionell verkörperter »Corporate Identity«: Guttmann suchte die Verwirklichung seiner beruflichen Perspektiven konsequent im Fußballsport, und er zählte zu der damals überschaubaren Zahl von Spielern, die bereits vor der Einführung des Profitums am Fußball gut verdienten. Dass Guttmann als in Budapest assimilierter ungarischer Jude sich der zionistischen Hakoah anschloss, ist allein darauf zurückzuführen, dass dieser Klub am Beginn der 1920er Jahre seine nationaljüdisch motivierten Zielsetzungen nicht ausschließlich im Volkssport verfolgte, sondern sich mit seinem Fußballteam gleichzeitig den kalkulierten Luxus eines leistungssportlichen Aushängeschildes leistete. Dessen hohes Wettkampfniveau erkaufte der jüdische Klub um den Preis einer teuer bezahlten Professionalmannschaft – und dies bereits deut-

Béla Guttmann feierte Erfolge als Spieler von Hakoah Wien.

lich vor dem Zeitpunkt, zu dem der Österreichische Fußballverband 1924 unter maßgeblicher Beteiligung von Hugo Meisl den Professionalismus offiziell einführte. In Wien war die Bezahlung der Hakoah-Spieler ein offenes Geheimnis. Als 1922 der Wiener Sport-Club die Meisterschaft knapp vor der Hakoah für sich entschied, galt er bezeichnenderweise als »Mannschaft ohne Autos«.[23] Die Fußballsektion der Hakoah war nach ihrem Aufstieg in die erste Division 1920 aus dem Mutterverein ausgegliedert und organisatorisch verselbstständigt worden. Was in den Jahren bis 1927 folgte, war nicht weniger als die planmäßig aufgezogene Promotion der zionistischen Sache auf dem Feld des Leistungsfußballs, die zwar – wenigstens anfangs – Hakoah-intern auf heftige Kritik stieß,[24] sich aber zu einem Propagandaerfolg mit buchstäblich weltweiter Dimension entwickeln sollte. Durch die Leitung der Sektion wurde eine Mannschaft zusammengestellt, deren Spieler vor allem zwei Voraussetzungen einzubringen hatten: ausgewiesene, fertige Könner zu sein – und Juden.

Die in diesem Sinne professionelle Spielart des Zionismus führte, als der Profifußball in Österreich ab September 1924 in seine erste Runde ging, die Hakoah gleich zum Gewinn des österreichischen Meistertitels. Béla Guttmann zählte zu den Stars des Teams, und es heißt, der Klub habe seine Dienste mit einem Gehalt entlohnt, das im Österreich jener Jahre sonst »nur für Minister« ausgegeben worden sei.[25]

Spielerische Größe

Guttmann war ein exzellenter Fußballspieler. Die zeitgenössischen Presseberichte, die seine Spiele im Trikot der Hakoah kommentieren, sind buchstäblich von der ersten bis zur letzten Partie Guttmanns ein Spiegel seines weit über dem Durchschnitt liegenden spielerischen Niveaus. Sein Debüt gab er im März 1922 im Spiel gegen Hertha Wien, und die »Wiener Morgenzeitung« berichtete wie folgt:

»Bisher stand und fiel die Hakoah mit ihrem Angriff. (…) Gestern aber liefen die Läufer der Hakoah zu einer derart respektablen Form auf, dass der Angriff zum Teil seiner verantwortungsvollen Arbeit enthoben war. Die Verbesserung der Deckung war auf die Einstellung der beiden neuen Spieler Guttmann und Pollak zurückzuführen. Der Debütant Guttmann spielte vor der Pause nicht schlecht, doch vermochte er sich nicht besonders auszuzeichnen. Nach Seitenwechsel lieferte er ein Spiel, wie wir es in Wien selten gesehen haben. Guttmann ist das, was man einen Angriffshalf nennt. Sein Spiel nützt in erster Linie den eigenen Stürmern. Sein taktisches Verständnis, sein Zuspiel und sein Stellungsvermögen stempeln ihn zu einem Läufer von Klasse.«[26]

In einem weiteren Bericht hebt die »Morgenzeitung« vor allem auf das blinde taktische Verständnis Guttmanns mit seinem kongenialen Partner Max Grünwald ab. Neben dem konstruktiven Aufbau des eigenen Mannschaftsspiels hätten es diese beiden Spieler zu Wege gebracht, en passant auch noch die Kräfte des Gegners aufzureiben, in dem sie deren Mittelläufer und besten Kombinationsspieler »von Mann zu Mann« jagten, bis diesem – und damit der gegnerischen Schaltzentrale – buchstäblich die Luft ausging.[27] Das äußerst kreative Zusammenspiel von Guttmann und Grünwald, auf das in den Folgejahren in ungezählten Spielberichten immer wieder die Sprache kam, symbolisiert gleichsam »unter dem Brennglas« den Kern des Erfolgs der Hakoah in jenen Jahren, nämlich die fruchtbare Balance zwischen österreichischer und ungarischer Fußballkunst.[28]

Die jüdische Matrix

Irgendwann, als er längst ein berühmter Trainer war, soll Guttmann den folgenden Satz geäußert haben, für den ein überzeugter »Zionist« sich wohl eher die Zunge abgebissen hätte, als ihn so auszusprechen: »Ich habe immer zwei Laster zu tragen, einmal weil ich überall ein Ausländer bin, zum anderen weil ich Jude bin.«[29]

Es versteht sich, dass eine solche Aussage nicht verwendet werden kann, ohne dabei zugleich den zeitgeschichtlichen und persönlichen Hintergrund eines Menschen zu berücksichtigen, der aufgrund seiner Biografie ein Verfolgter des Nationalsozialismus war und dessen eigener Bruder in einem Konzentrationslager starb. Und in demselben Zusammenhang ist auch die 1964 in Deutschland erschienene »Béla Guttmann Story« zu sehen: Die Tatsache, dass in der (durch ihn selbst autorisierten) Erzählung der Trainergeschichte Guttmanns ein Hinweis auf die jüdische Abstammung des Ungarn ebenso fehlt wie die Erwähnung seiner dreijährigen Trainertätigkeit für die Wiener Hakoah,[30] erklärt sich im Grunde von selbst, sobald sich deren Leser den Zustand vor Augen hält, in dem die deutsche – respektive die österreichische – Gesellschaft sich hinsichtlich ihres Umgangs mit der (eigenen) NS-Vergangenheit damals befand.

Wie ernst gemeint das von Guttmann bezeichnete »Laster« in seiner Wahrnehmung aber nun immer gewesen sein mag – ohne seine jüdische Abstammung, die ihm eine Mitgliedschaft in der Hakoah ja erst ermöglichte, hätten seine Karriere und sein Leben einen vollständig anderen Verlauf genommen: Konnte Guttmann die größte Zeit seines Lebens mit der (durch ihn selbst vital verkörperten) Gewissheit leben, dass er seine nächste individuelle Chance buchstäblich jederzeit und überall auf der Welt finden würde, so verdankte er diese Gewissheit allem voran diesem einzigartigen, dezidiert jüdischen Verein.

Die Wiener Hakoah war der mit Abstand größte jüdische Sportverein der Welt. Im Sinne des programmatischen Begriffs vom »Muskeljudentum«, der durch Max Nordau 1897 eingeführt[31] und durch die Hakoah seit ihrer Gründung gleichsam idealtypisch in die sportliche Praxis umgesetzt wurde, begriff sich der Verein als »Mutter der jüdischen Sportbewegung«, dessen vorrangige Mission es war, Juden an allen Orten der Welt zur Gründung eigener jüdischer Sportvereine zu inspirieren, die dann ihrerseits Zentren und Schrittmacher dezidiert jüdischen Sporttreibens in der Diaspora werden sollten. Der Aufbau des Fußball-Leistungsteams sowie dessen gezielte Inanspruchnahme für die bezeichneten übergeordneten Ziele der Hakoah sind unmittelbar in diesem Zusammenhang zu sehen.

In den Jahren 1923 bis 1927 organisierte die Fußballsektion der Hakoah ausgedehnte Propagandatourneen der Leistungsmannschaft, die das Team in die europäischen Nachbarländer, auf die britischen Inseln,[32] in das Baltikum, nach Nordafrika, nach Palästina und in die Vereinigten Staaten führten. Diese Tourneen, die nicht zuletzt Ausdruck der bereits in den 1920er Jahren beeindruckend weit reichenden Netzwerke des Makkabi-Weltverbandes waren, entwickelten eine enorme Massenwirksamkeit. So mobilisierte die legendäre USA-Reise der Hakoah im Frühjahr 1926, der im Hinblick auf die Zukunft Béla Guttmanns entscheidende Bedeutung zukommen sollte, buchstäblich Hunderttausende: Insbesondere in den Zentren des US-amerikanischen Judentums, New York und Chicago, sorgten die Matches des amtierenden österreichischen Meisters für Zuschauerrekorde, die für den »Soccer« in den USA auf ein halbes Jahrhundert unerreicht bleiben sollten.[33]

New York

Waren die zehn Partien der Hakoah auf amerikanischem Boden insgesamt eine glänzende Promotion der zionistischen Sache, so stellten sie sich für Béla Guttmann (wie auch für einige seiner Teamkollegen) doch allem voran – und wortwörtlich – als Public Relations in *eigener* Sache dar. Im Sinne der professionellen Ambitionen, die er im Fußball verfolgte, war Guttmann hier ein weiteres Mal zur richtigen Zeit am richtigen Ort, denn in Gestalt der hervorragend organisierten und finanzierten American Soccer League (ASL) stand die nordamerikanische Spielart des Fußballs in jenen Jahren eine (im Endeffekt äußerst kurze) Zeitlang auf dem Sprung, sich zu einer »amerikanischen« Sportart zu entwickeln. Folgt man der jüngsten Studie des Politologen Andrei S. Markovits zum »Fußball in der amerikanischen Sportkultur«, dann war der insbesondere durch irische und schottische Spitzenspieler geprägte ASL-Fußball zwischen 1924 und 1928 auf international höchstem Niveau konkurrenzfähig.[34] Und: In jedem Fall konnten gute europäische Spieler hier mehr verdienen als in ihrer Heimat.

Sein – auch schriftstellerisch und journalistisch ambitionierter – Teamkollege Moritz Häusler schilderte in der Wiener »Stunde«, wie Guttmann in Anbetracht der Angebotslage keine Sekunde zauderte, seine Zelte in Wien abzubrechen, um ab der Saison 1926/27 für das ASL-Team der New York

Eine im »Illustrierten Sportblatt« abgedruckte Karikatur stellt – auf der Mitte einer Bühne und im Clownskostüm – Guttmann als Dressurreiter eines Fußball spielenden Esels dar. Als Zirkustruppe um ihn herum gruppiert sind die Teamkollegen Häusler, Grünwald und Schwarz.

Giants aufzulaufen: »Guttmann, der im vorletzten Match in New York eine noch nie gesehene Leistung bot, wurde nach dem Spiel von den Managern förmlich belagert. Er erwies sich bei den Verhandlungen als sehr tüchtig. Der Vertrag, den er unterschrieb, verpflichtet ihn, am 1. September in New York zu sein. Er bekommt 350 Dollar im Monat und 500 Dollar Handgeld und kann noch einen zweiten Beruf ausüben.«[35]

Für Béla Guttmann, der später mit Blick auf die New Yorker Jahre seine eigenen »genialen geschäftlichen Schachzüge«[36] rühmte, scheint die bezeichnete Option des zweiten Berufs von Anbeginn an nie bloße Nebensache gewesen zu sein – im Gegenteil. Der historische Wirtschaftsboom der »Roaring Twenties« stand in voller Blüte, und der bislang »nur« Fußball spielende Guttmann wurde in New York buchstäblich zur Diversifizierung seines Tätigkeitsfeldes inspiriert. Schon im Oktober 1926 berichtete die Wiener Presse von kommerziell vermarkteten Bühnenauftritten, die die ehemaligen Wiener Spieler als »Sportartisten« in amerikanischen Varietés absolvierten.[37]

Im Januar 1927 hatte es Guttmann bereits zum Teilhaber an der größten Bar New Yorks gebracht,[38] und zum Zeitpunkt des Börsencrashs an der

Wall Street im Oktober 1929 verfügte er – nach eigener Angabe – über Rücklagen, deren Höhe sich auf das mehr als 150fache seines oben genannten (und nicht eben bescheidenen) ersten Monatslohns bei den »Giants« belief.[39]

Fußballerisch war Béla Guttmann zwischen 1926 und 1932 in New York an fünf Stationen für insgesamt vier Teams tätig, deren Namen und Eigentümer mitunter rascher wechselten als ihre Spieler (New York Giants, New York Hakoah FC, Hakoah All Stars Brooklyn, New York Soccer Club[40]), denen jedoch allen ihr – mittelbarer bis unmittelbarer – Bezug zum New Yorker Judentum gemein war. Der Kollaps der American Soccer League im Frühjahr 1932 bezeichnete das Ende der Spieleraktivität Guttmanns in den USA, als deren sportliches Highlight an erster Stelle der Gewinn des United States Open Cup 1929 mit New York Hakoah zu nennen ist,[41] sowie darüber hinaus eine halbjährige Südamerikatournee mit den Hakoah All Stars, die den Ungarn 1929/30 erstmals nach Argentinien, Brasilien und Uruguay führte. Nachdem er 1932 noch für einige Monate in seinem ursprünglichen Beruf als Tanzlehrer tätig war, verließ Guttmann die in tiefer Rezession steckenden USA im Herbst 1932.

Daheim in der Fremde

Abgesehen von seinem knapp zweijährigen Gastspiel im holländischen Enschede (1935-37) verbrachte Guttmann die Folgejahre bis zum Beginn des Zweiten Weltkriegs dort, wo er als Fußballer wie als Mensch sozialisiert war, nämlich im Donauraum. Seine Spielerkarriere beendete er im Frühjahr 1933 im Trikot der Wiener Hakoah, die (nach den sieben »fetten« Jahren 1920-27) mittlerweile in jeder Hinsicht wieder auf »Normalmaß« angekommen war.[42] Eben hier begann im Juli 1933 die lange Trainerkarriere des Ungarn. Und eben hier war Guttmann als Trainer tätig, als im März 1938 durch das Hitler-Regime der »Anschluss« Österreichs an das nationalsozialistische Deutschland vollzogen wurde. Für die Hakoah bedeutete der nun einsetzende Dauerpogrom dasselbe wie für alle jüdischen Einrichtungen: ihre unmittelbare Zerschlagung. Das Leben des ungarischen Juden Béla Guttmann trat nun konkret in jene Phase ein, die sich unweigerlich gleichsam als dritte biografische Linie über seine Spieler- und Trainerbiografie legte, namentlich die des rassisch Verfolgten. Zunächst gelang Guttmann die Flucht von Wien nach Budapest (und hier – etwas gespenstisch anmutend – am Vorabend des Kriegsbeginns mit dem

Gewinn des Mitropa-Cups sogar ein namhafter sportlicher Triumph), nach September 1939 verliert sich seine Spur. Sein Verbleib in der Zeit des Zweiten Weltkrieges ist bislang unerforscht geblieben, jedoch mehren sich – dank verschiedener Hinweise ungarischer Zeitgenossen Guttmanns[43] – die Indizien dafür, dass Béla Guttmann nach Ausbruch des Krieges seine in den USA aufgebauten Kontakte nutzen konnte und New York als Fluchtpunkt wählte, um von hier aus letztlich ins südamerikanische Exil zu gehen. Als Guttmann nach dem Zweiten Weltkrieg in Budapest relativ unvermittelt wieder auf der Bildfläche erschien, soll er – anders als noch 1939 – der portugiesischen Sprache mächtig gewesen sein, was einen längeren Brasilien-Aufenthalt zumindest nahe legt (und mit Blick auf die späteren großen Jahre des Trainers in Portugal von nicht geringer Bedeutung war).

Im eingangs zitierten Sinne war Béla Guttmann ein »echter Mensch der Zukunft«, denn bereits lange vor dem Kommunikationszeitalter entdeckte er die Welt (und nicht alleine die des Fußballs) für sich als globales Dorf und Handlungsraum, in dem ihn überall und jederzeit die nächste Chance erwartete, seine individuellen Fähigkeiten Gewinn bringend zu nutzen. Sowohl als Jude wie als Ausländer, als der er sich – wie an anderer Stelle angedeutet – jeweils »überall« sah, lebte Guttmann ausdrücklich und intensiv im Hier und Jetzt: Schicksal begriff er nicht als Fügung, in die man sich kampflos ergab, sondern immer als Handlungsmöglichkeit, aus der sich einmal mehr, einmal weniger entwickeln konnte, die in jedem Fall aber wieder neue Wege für neue Optionen bereitete.

Anmerkungen

1 Claudio Magris. Donau. Biographie eines Flusses. München/Wien 1988, 313.
2 Hardy Grüne (alias R. Keifu). Die Trainerlegende. Auf den Spuren Béla Guttmanns. Kassel 2001, 89.
3 Entwickelt hatte es der großartige Marton Bukovi, der sein Team, den MTK Budapest, stets als Laboratorium für strategische Experimente ansah und die überkommenen »Rollenspiele« im Fußball aufbrach, indem er die traditionell starr positionsgebundenen Aufgaben der einzelnen Spieler flexibilisierte. Als sukzessiven Schritt führte Bukovi den – das gegnerische Team – überraschenden spontanen Rollentausch zwischen den Spielerpositionen und damit den (als Begriff erst später in Holland so bezeichneten) »totalen Fußball« ein. Vgl. hierzu die exzellente Schrift von Rogan Taylor / Klara Jamrich (Hg.). Puskas on Puskas. The Life and the Times of a Footballing Legend. London 1998.
4 Ebd.

5 Zitiert nach Jenö Csaknady. Die Béla Guttmann Story. Hinter den Kulissen des Weltfußballs. Offenbach/M. 1964, 15.
6 Vgl. zu den Daten der Trainerstationen die separate Übersicht. Die biografisch motivierte »Béla Guttmann Story« von Csaknady (1964) [wie Anm. 5], die als relativ alternativlose Quelle auch den Guttmann-Beiträgen von Libero International (1/1996, 68-81 = Legendäre Trainer des Weltfußballs. Béla Guttmann) und Grüne (2001) [wie Anm. 2] zu Grunde liegt, hält hinsichtlich der zeitlichen Angaben zu den einzelnen Trainerstationen Guttmanns einer genauen Überprüfung nur in Ausnahmefällen stand, dementsprechend irreführend sind mitunter die Angaben – auch zu Titelgewinnen Guttmanns – in allen drei Schriften. Der Libero-Beitrag geht auf Urheber aus zwölf verschiedenen Ländern zurück, deren Einzelrecherchen in puncto Genauigkeit teilweise extrem weit auseinander liegen, zu einem Teil aber von ausgezeichneter Qualität sind. Allgemein ist als unentbehrliche Datenquelle für fußballhistorische Forschungen auf die Online-Dokumentation der Rec.Sport.Soccer Statistics Foundation hinzuweisen, die im Internet unter der Domain www.rsssf.com ohne Einschränkungen verfügbar ist.
7 Sportbericht (Stuttgart), 3. Mai 1962. Zitiert in: Csaknady (1964), 48-52 [wie Anm. 5].
8 Da die Fülle an Beispielen groß ist, sei hierfür exemplarisch auf zwei relativ knapp gehaltene Einzelbeispiele – Ujpest und Kispest – hingewiesen. Über den eigentlichen Fall hinausgehend repräsentiert das dargestellte Beispiel Kispest zudem recht anschaulich den sprachlichen und weltanschaulichen Tenor des ganzen Buches. Csaknady (1964), 79-96 [wie Anm. 5].
9 Ebd., 180.
10 Einen dieser Fälle stellte das Engagement Guttmanns als österreichischer Nationaltrainer dar, das er im März 1964 unentgeltlich übernahm. Die Wiener »Presse« wies damals auf die nur kurz zurück liegende ehrenamtliche Tätigkeit Guttmanns als portugiesischer Nationaltrainer hin und zitierte ihn wie folgt: »Damals lernte ich erstmals, etwas umsonst zu tun!« Die Presse, 21. März 1964.
11 Geburtsdatum 27.01.1899 lt. Abschrift der Geburtsurkunde Guttmanns, abgebildet in Grüne (2001), 52, Nr. 101 [wie Anm. 2]. Vielfach wird das Jahr 1900 als Geburtsjahr Guttmanns genannt, kurioserweise sogar bei Grüne, der damit in Widerspruch zu seiner eigenen authentischen Quelle gerät (ebd.).
12 Ebd., 13. Grüne, dem der Nachlass Guttmanns vorlag, bevor dieser versteigert wurde, bezeichnet die Haltung Guttmanns gegenüber den Ritualen des Judentums als »eher passiv«. Eine Quelle wird nicht genannt.
13 Vgl. zur ungarisch-jüdischen Geschichte allgemein Raphael Patai. The Jews of Hungary. History, Culture, Psychology. Detroit 1996; sowie zur Zionismus-Thematik Peter Haber. Die Anfänge des Zionismus in Ungarn 1897-1904. Köln 2001.
14 Als »Kreis Ungarischer Körpertrainer« unterstrich der MTK zum einen seine »ungarische« Identität, zum anderen erklärte er sich zum Verfechter des modernen und universalistisch verfassten englischen Sportideals. Anders als der 1906 gegründete zionistische Budapester VAC (Fecht- und Athletikclub) war der MTK weder im religiösen noch im ethnischen Sinne jemals ein »jüdischer« Verein – er war vielmehr ungarisch und jüdisch. Vgl. dazu die Ausdeutungen bei Tamász Krausz. Soccer and Racism in Hungary or: What's the Ajax-Fradi Conflict All About? In: Eszemelét 29/1996; sowie Miklós Hadas. Football and Social Identity: The Case of Hungary in the Twentieth Century. In: The Sports Historian 20 (2000), 2, 43-66. Auf den rein »theoretischen« Zionismus des VAC, der als Verein in Wirklichkeit eine jüdisch-assimilatorische Orientierung gehabt

habe (und die eigene ideologische Legitimation damit im Grunde ad absurdum führte), verweist Andrew Handler. From the Ghetto to the Games: Jewish Athletes in Hungary. Chicago 1985.

15 Krausz (1996) und Hadas (2000) [wie Anm. 14] liefern einander widersprechende Angaben zur Sozialstruktur der MTK-Gründer.

16 Auf einer der Auslandsreisen, die das Team 1919 nach Nürnberg führte, entstand unter anderem jenes Mannschaftsfoto, das im 2001 versteigerten Nachlass Béla Guttmanns der früheste Nachweis seiner Zeit beim MTK war. Vgl. Abbildung 104 in Grüne (2001), 53 [wie Anm. 2]. Bis dato fehlt ein genauer Beleg für den Zeitpunkt des Guttmann-Wechsels zum MTK. Libero (1996, 68) datiert den Wechsel auf Anfang 1920, jedoch ohne Nachweis [wie Anm. 6].

17 Becsi Magyar Ujság, 28. Januar 1922. Für die Übersetzung dankt der Verfasser dem Redakteur von Radio Budapest International, Csaba Banky.

18 Vgl. Wiener Morgenzeitung, 17. Januar 1922 (»Skandalaffären in Budapest«).

19 Vgl. Wiener Morgenzeitung, 24. Januar 1922; 13. Februar 1922.

20 Die in Libero (1996) formulierte These, dass sich Guttmann beim MTK im sportlichen Sinne »unter Wert behandelt« gefühlt habe, baut auf der fälschlichen Annahme auf, dass er bis zum Herbst 1922 beim MTK – und dort ohne Spielpraxis – geblieben sei. Ebd., 69 [wie Anm. 6].

21 Vgl. Haber (2001) [wie Anm. 13].

22 Zur Geschichte der Hakoah vgl. die Monografie von John Bunzl e.a. Hoppauf Hakoah. Jüdischer Sport in Österreich. Von den Anfängen bis zur Gegenwart. Wien 1987.

23 Sport-Tagblatt, 16. Juli 1921; Lamento in Wiener Morgenzeitung, 17. Juli 1922.

24 Vgl. den Artikel »Die Fußballsektion der Hakoah« von Fritz Baar, der die qualitative Vernachlässigung der Fußball-Nachwuchsarbeit bei Konzentration aller Mittel auf die Spitze kritisiert. Der Autor sieht den Overkill, in dem der Hakoah-Fußball fünf Jahre später ankommen wird, präzise vorher: »Für den Auslauf eines derzeit noch großen Stromes wird ein Bett für einen See gegraben, obwohl die Quellen dieses Stromes zu versiegen drohen.« Wiener Morgenzeitung, 8. Juli 1922 (der Autor ist nicht zu verwechseln mit dem Leiter der kritisierten Sektion, Arthur Baar).

25 Österreichische Fußball Bundesliga (Hg): Bundesliga Magazin 1/1999, 18. In mehreren Veröffentlichungen kursieren Angaben über zweistellige Millionengehälter, die im ersten Jahr der österreichischen Profiliga an Guttmann, Schaffer und andere gezahlt worden seien. Diese Zahlen sind angesichts der damaligen Inflation als Vergleichsmaßstab jedoch nur von begrenztem Wert.

26 Wiener Morgenzeitung, 13. März 1922. Es ist nicht ohne Pikanterie, dass Guttmann sich in späteren Jahren als Trainer ausgerechnet in puncto »Deckungsarbeit« immer wieder den massivsten Kritiken ausgesetzt sah. Das von ihm selbst ausgegebene Motto, Angriff sei die beste Verteidigung, wurde ihm so z.B. von der italienischen Presse regelrecht um die Ohren geschlagen, als er seine vom Abstieg bedrohte Triestina-Mannschaft immerfort stürmen, nicht aber »mauern« ließ. Vgl. als Beispiel Giornale di Trieste, 5. Dezember 1950.

27 Wiener Morgenzeitung, 14. März 1922.

28 Horak und Maderthaner haben bereits darauf verwiesen: Mit Guttmann, Fabian, Wegner, Nemes, Schwarz und Eisenhoffer standen im Kader der Hakoah-Meistermannschaft von 1925 sechs Ungarn. Roman Horak / Wolfgang Maderthaner. Mehr als ein Spiel. Fußball und populare Kulturen im Wien der Moderne. Wien 1997, 190.

29 Zitiert in Libero (1996), 79, ohne Angabe der Quelle [wie Anm. 6].
30 Erwähnung gebührt in diesem Zusammenhang dem Hinweis, dass der Autor der »Béla Guttmann Story«, Jenö Csaknady, im Stillen ein großzügiger Unterstützer deutschjüdischer Gedenkarbeit ist.
31 Nordau appellierte auf dem ersten Zionistischen Weltkongress an die Schaffung eines neuen »Muskeljudentums« als körperbetontes Korrektiv des jüdischen Intellektualismus. Vgl. den Aufsatz, der in der ersten Ausgabe der Vereinszeitung des Berliner »Bar Kochba« erschien: Max Nordau. Muskeljudentum. In: Jüdische Turnzeitung 1/1900.
32 Der 5:0-Erfolg der Wiener Hakoah gegen den englischen Zweitdivisionär West Ham United galt als Paukenschlag sowohl angesichts der Tatsache, dass es der erste Sieg einer kontinentalen Vereinsmannschaft gegen eine englische auf deren Boden war, als auch ob der Art und Weise, wie er herausgespielt wurde. Vgl. den Beitrag von Arthur Baar in: 45 Jahre SC Hakoah Wien 1909-1954. Wien 1954.
33 Die 46.000 Besucher des Hakoah-Spiels gegen eine kombinierte New Yorker Auswahl stellten eine im US-Soccer bis Ende der 1970er Jahre unerreicht gebliebene Rekordmarke auf. Vgl. Libero (1996), 71 [wie Anm. 6]. Insgesamt zogen die zehn in den USA bestrittenen Partien der Hakoah rund 200.000 Zuschauer an.
34 Andrei S. Markovits / Steven L. Hellerman. Im Abseits. Fußball in der amerikanischen Sportkultur. Hamburg 2002, 178-185. Die Rede ist hier wörtlich von »mit« dem besten Fußball der Welt.
35 Die Stunde, 12. Juni 1926. Bezeichnenderweise war Guttmann unter den Hakoah-Spielern, die in den USA Angebote von ASL-Teams bekamen, der Einzige, der sich bereits unmittelbar vor Ort zum Wechsel nach Amerika entschloss. Die Hakoah-Mannschaft kehrte (im Widerspruch zu bisherigen Darstellungen) im Juni 1926 komplett nach Wien zurück und absolvierte – mit Guttmann – ihre noch ausstehenden Saisonspiele. Erst in Wien entschlossen sich auch Moritz Häusler, Ernö Schwarz und Max Grünwald, sich Guttmann anzuschließen, um ab September für die »Giants« zu spielen.
36 Csaknady (1964), 231 [wie Anm. 5].
37 Die abgedruckte Karikatur findet sich in: Illustriertes Sportblatt, 27. Oktober 1926 (»Der Zirkus Hakoah in New York«).
38 Vgl. Horak/Maderthaner (1997), 192 [wie Anm. 28]. Angabe nach »Der Professional«.
39 Vgl. Csaknady (1964), 231. Die Rede ist von 55.000 Dollar, die Guttmann durch den »Black Friday« verlor [wie Anm. 5].
40 Vgl. die gute Kurzdarstellung der New Yorker Jahre Guttmanns in Libero (1996), 70-73, die auf den kanadischen Fußballhistoriker Colin Jose zurückgeht [wie Anm. 6].
41 Zum Ende der ASL wie zum United States Cup vgl. Colin Jose. The American Soccer League 1921-1931: The Golden Years of American Soccer. Lanham, Md. 1998.
42 Nach zwei Abstiegen 1928 und 1930 und dem jeweiligen direkten Wiederaufstieg war Hakoah Wien von 1931 bis 1937 abermals erstklassig.
43 Die zur Zeit noch nicht abgeschlossene Recherche ist Teil einer für 2004 geplanten Veröffentlichung des Verfassers.

Trainerstationen Béla Guttmanns 1933-1974

Hakoah Wien, Österreich: 1933-35 und 1937/38. 1933/34 und 1934/35 jeweils Tabellenzehnter (von 12) in der ersten österreichischen Division. 1937/38 in der zweiten Division Trainer bis zur Zerschlagung des Vereins durch das NS-Regime im März 1938.

SC Enschede, Niederlande: 1935-1937. Ostholländischer Meister und Dritter der Endrunde um die niederländische Meisterschaft 1936. Tabellenvierter (von 10) der »Eerste Klasse Oost« 1937.

Ujpest Budapest, Ungarn: 1938/39 und 1946/47. Mitropacup-Sieger und ungarischer Meister 1939; ungarischer Meister und Pokalsieger 1947.

Vasas Budapest, Ungarn: 1945. Erstes Nachkriegsengagement Guttmanns, das – lt. »Béla Guttmann Story« – auf einem »Naturalienvertrag« basierte und bis Anfang 1946 dauerte.

Ciocanul Bukarest, Rumänien: 1946. Von Anfang 1946 bis zum Neubeginn der rumänischen Liga im Sommer Teilnahme am lokalen Wettbewerb »Onoare«; Anfang 1947 Abgang Guttmanns nach Streit.

Kispest Budapest, Ungarn: 1947/48. Abgang nach Eklat um Ferenc Puskas im Frühjahr 1948. Kispest schloss die kurz darauf beendete Saison der »Évi Nemzeti Bajnokság« als Tabellenvierter ab.

Padova Calcio, Italien: 1949/50. Entlassung nach dem 33. von 38 Spieltagen im April 1950 (zum Zeitpunkt der Entlassung Tabellenplatz 15 von 20 in Serie A).

US Triestina, Italien: 1950-1951. 1950/51 Tabellenplatz 15 (von 20 in Serie A); Entlassung nach dem 10. Spieltag der Saison 1951/52 im November 1951 (19. von 20).

Quilmes, Argentinien: 1953. Guttmann trainierte diese wenig bekannte argentinische Mannschaft in der zweiten Halbserie 1952/53 und erreichte mit ihr Tabellenplatz 5 der zweiten Liga (Primera B).

Apoel Nikosia, Zypern: 1953. Dreimonatiges Engagement (August bis Oktober) beim Vorjahresdritten der ersten zypriotischen Liga am Anfang der Saison 1953/54.

AC Milan, Italien: 1953-1955. 1953/54 Tabellenplatz 3 nach Übernahme des Teams vor dem 10. Spieltag (als 5. der Serie A) im November 1953. Entlassung nach dem 19. von 34 Spieltagen der Saison 1954/55 (Tabellenführer mit einem Punkt Vorsprung).

Lanerossi Vicenza, Italien: 1955/56. Entlassung kurz vor Saisonschluss. Lanerossi Vicenza war eines von fünf Teams, die am Ende der Saison 1955/56 punktgleich Platz 9 der Serie A belegten.

Exilmannschaft Honvéd Budapest: 1956. Guttmann betreute die legendäre Brasilienreise der Mannschaft um Puskas, Kocsis, Czibor und anderen Nationalspielern, die nach dem ungarischen Volksaufstand im Oktober nicht mehr von ihrem Europapokalspiel in Bilbao in die Heimat zurückkehrte.

São Paulo FC, Brasilien: 1957-1958. Gewinner der »Paulista« 1957 (von Juni bis Dezember ausgespielte Meisterrunde des Bundesstaates São Paulo). Eine nationale Meisterschaft wurde damals noch nicht ausgetragen. Die besten Mannschaften der Staaten São Paulo und Rio spielten jeweils im Frühjahr den »Torneio Rio-São Paulo«

aus. Im Frühjahr 1957 erreichte Guttmann hier mit dem São Paulo FC Rang 7 (von 10), im Frühjahr 1958 Rang 4.

FC Porto, Portugal: 1958/59 und 1973/74. Portugiesischer Meister 1959 nach Antritt des Engagements im November 1958 (bei anfangs fünf Punkten Rückstand auf die Tabellenspitze); 1973/74 Tabellenvierter der ersten portugiesischen Liga.

Benfica Lissabon, Portugal: 1959-1962 und 1965/66. Sieger im Europapokal der Landesmeister 1961 und 1962, Portugiesischer Meister 1960 und 1961, Pokalsieger 1962; Dritter der portugiesischen Meisterschaft 1961/62. 1959/60 nebenberuflich portugiesischer Nationaltrainer. Das problematische zweite Engagement 1965/66 endete mit der Entlassung Guttmanns im Frühjahr 1966 (Meisterschaftszweiter).

Peñarol Montevideo, Uruguay: 1962 sowie 1963. Guttmann betreute Peñarol im Juli und August 1962 während der insgesamt sechs Partien, die das Team in der Copa Libertadores bestritt. Nach dem verlorenen Entscheidungsspiel gegen Santos am 30. August verließ Guttmann Uruguay. Nach einem halben Jahr (ohne Beschäftigung) in Europa kehrte Guttmann Ende März 1963 zurück und betreute Peñarol nochmals bis Mitte August desselben Jahres.

Österreichische Nationalmannschaft: 1964. Bundestrainer unter Bundeskapitän Joseph Walter zwischen März und Oktober 1964 (sechs Spiele, 3/2/1).

Servette Genf, Schweiz: 1966/67. Schwieriges und letztlich erfolgloses Engagement, in das Guttmann während der bereits laufenden Spielzeit eingestiegen war. Entlassung im Frühjahr 1967 (Rang 5 von 14 in der Schweizer Nationalliga A).

Panathinaikos Athen, Griechenland: 1967. Kurzes Engagement, das Guttmann vor dem Hintergrund eines (auch politisch) problematischen Umfelds bereits nach wenigen Spielen selbst beendete.

Béla Guttmann (links) mit Vater und seinem Bruder, der 1945 im KZ ermordet wurde.

Werner Skrentny

Von Serbien nach New York, von Budapest nach Stockholm: die Odyssee der »Konrad-Zwillinge«

Serbien, Ungarn, anfangs noch Teil der k.u.k.-Monarchie, Österreich, Rumänien, Deutschland, wieder Österreich, Tschechoslowakei, erneut Rumänien, Italien, Frankreich, Portugal, schließlich USA hießen die Stationen des einen. Ungarn, Österreich, USA, wieder Ungarn, vermutlich Deutschland und die Schweiz, Tschechoslowakei, Rumänien, Tschechoslowakei, Schweden die des anderen.

Es waren Lebenswege, die die jüdischen Brüder Eugene Konrad, bekannt unter dem Vornamen Jenö und der Bezeichnung Konrad I, und Kalman Konrad, genannt »Csami« oder Konrad II, nicht aus freien Stücken gewählt hatten. Beide waren bekannte europäische Fußball-Größen; noch im Jahr 2000 ist Kalman vom britischen Magazin »World Soccer« zu den 100 besten Spielern aller Zeiten gezählt worden.

Geboren wurde Jenö am 13. August 1894 im serbischen Nemeth-Palanka, einem Städtchen an der Donau, das eine jüdische Gemeinde besaß. Nemeth-Palanka trägt heute den Namen Backa Palanka, es liegt 40 km westlich von Novi Sad an der Grenze von Serbien zu Kroatien an der Donau. Dort wurde am 23. Mai 1896 auch Bruder Kalman Konrad geboren. Salomon, genannt »Sanyi« bzw. »Schandi«, der älteste Bruder, wurde kein Fußballer, sondern war später Funktionär der ungarischen Drucker-Gewerkschaft, die Schwestern hießen Ilona und Janka.

Viele »Landjuden« zogen die Großstädte vor, so ließen sich auch die Eltern Konrad, Wilhelm und Dora, in Budapest nieder. Der Vater war Schuhmacher, soll aber dank beträchtlichen Landbesitzes ein wohlhabender Mann gewesen sein. Auf den Gedanken, sein Handwerk anzuwenden, um den Jungen Fußballschuhe zu fertigen, kam er allerdings nicht: Jenö und Kalman traten als Straßenfußballer barfuß gegen die Papierkugel.

Karrieren bei MTK Budapest

In der Stadt der österreichisch-ungarischen Monarchie, zu dieser Zeit auch ein Begriff geradezu königlicher Fußballkultur, begannen die Brüder Jenö und Kalman Konrad ihre Fußball-Karrieren, so wie viele andere Söhne der Ober- und Mittelschicht auch. Jenö war 14 Jahre alt, als er sich 1908 Budapest AK anschloss. Ein Jahr später fragte der Klubmanager bei dessen Mama nach, ob er nicht eine Gastspiel-Reise nach Rom mitmachen dürfe – er durfte. Dem englischen Trainer Robertson fiel das Talent des Jungen auf, so kam der mit 17 Jahren zu MTK Budapest, einem der führenden Vereine der Donaumetropole; der andere hieß Ferencváros, ab 1909 fünfmal in Folge Meister. Jenö debütierte in der Spielzeit 1911/12 bei den Blau-Weißen vom Magyar Testgya Korlók, deren Farben ab 1914 im Alter von 18 Jahren auch Konrad-Bruder Kalman trug. Der MTK hatte da bereits 1914 erstmals Ferencváros als Titelträger abgelöst.

1914 begann der Erste Weltkrieg, Jenö hatte sich gleich nach der Matura, dem österreichischen Abitur, als Freiwilliger gemeldet. Kálmán Konrád, so die magyarische Schreibweise, gewann kurz vor Kriegsbeginn am 7.6.1914 in der Üllöi út vor 8.000 Zuschauern mit MTK Budapest zum ersten Mal den Pokal und erzielte als Youngster zwei Tore beim 4:0 über MAC Budapest. Jenö stieg im Militärdienst zum Offizier auf und besaß in diesem Rang einen so genannten »Pfeifendeckel«, einen persönlichen Diener, der die Ausstattung wie die Stiefel und das Pferd pflegte (der eigenartige Name rührt daher, dass Rekruten nach zweijähriger Dienstzeit sich zur Erinnerung einen Maßkrug oder aber eine Pfeife zulegten, wobei »Pfeifendeckel« heute in manchen deutschen Landstrichen als Schimpfwort gilt).

Jenös Kriegsbegeisterung legte sich, seinem Bruder Kalman riet er vom Militärdienst ab. Vermutlich als Heimaturlauber verzeichnete Jenö Konrad in der inoffiziellen Meisterschaftsrunde, der so genannten Frühjahrs-Meisterschaft, in der auch Bruder Kalman beim Vizemeister mitwirkte, noch zehn Tore. 1915 wurde er in die ungarische Nationalmannschaft berufen. Kalman, der Jüngere, hatte bereits im Jahr zuvor debütiert und kam bis 1928 auf zwölf Länderspiele und 14 Tore.

Mit MTK Budapest holte Kalman 1916/17 den Meistertitel. Der von Ferencváros gekommene Starstürmer Imre Schlosser war nun sein Mannschaftskamerad, ebenso der spätere »Fußballkönig« Alfred »Spezi« Schaffer, der als erster mitteleuropäischer Vollprofi galt und dessen Grab man heute an den Gestaden des oberbayerischen Chiemsees in Prien findet. Schlosser traf bei insgesamt 113 Toren 38-mal, Schaffer 37-mal, Kalman Konrad 20-mal. Bereits 1915 hatte MTK Budapest, »regiert« vom jüdischen Präsidenten Alfréd Brüll (1876-1944, in Auschwitz von den Deutschen ermordet), die sog. Herbstmeisterschaft gewonnen, dabei waren beide Brüder Konrad. 1917/18 stürmte MTK wieder zur Meisterschaft, 147 Treffer erzielte MTK, 98 davon gingen auf das Konto des Trios Schaffer, Schlosser, Konrad II: 46 Schaffer, 41 Schlosser, 22 der jüdische Akteur György Orth und 12 sein Glaubensgenosse Konrad II. Auch 1918/19, bei der Meisterschafts-Wiederholung, lag Kalman Konrad in der Torjäger-Spitze: 116 Tore fielen insgesamt für den MTK, 26 von Schaffer, 25 von Konrad II, damit Vize der ungarischen Torjäger-Rangliste, 23 von József Braun, 21 von Schlosser. Kalman Konrads Torbilanz von 1913 bis 1919 bei MTK Budapest: 88 Spiele, 94 Tore, pro Begegnung also 1,068 Treffer! Der ältere Bruder Jenö war in der Saison 1918/19 nach 22 Monaten russischer Kriegsgefangenschaft, aus der er während der Kerensky-Revolution 1917 befreit wurde, ins Team von Meister MTK zurückgekehrt.

Die »Konrad-Zwillinge«, wie sie genannt wurden, waren jedenfalls 1919 im mitteleuropäischen Fußball ein Begriff. Jenö galt als Fußball-Stratege und intelligenter Spieler mit Tordrang. Kalman war ein dribbelstarker Innenstürmer, Torjäger, gleichzeitig mit exzellentem Spielverständnis ausgestattet, so dass er auch Regie auf den Fußballfeldern führen konnte.

In der »Roten Armee«?

Warum beide ihr Heimatland Ungarn und die Heimatstadt Budapest, in der damals alle zwölf Erstligisten zu Hause waren, 1919 verließen, dazu gibt es unterschiedliche Versionen. Diverse Quellen geben als Grund die politischen Unruhen an, die das neu gebildete Land nach dem Ersten Weltkrieg erschütterten, als die Rätekommunisten unter Führung von Béla Kun gegen die Faschisten des Admiral Horthy kämpften und sich zudem antisemitische Tendenzen verstärkten. »Aus politischen Gründen haben sie Ungarn verlassen«, weiß eine Chronik ihres späteren Vereins FK Austria. Auch Karl H. Schwind (in: Geschichten aus einem Fußballjahrhundert) teilt mit, die Brüder seien vor Béla Kun und seinen Anhängern geflohen.

Der ungarische Fußball-Historiker József Uri dagegen berichtet in der IFFHS-Fußball-Weltzeitschrift (No. 34, 2000): »Die Liga-Meisterschaft war wegen des ›roten Terrors‹ der Kommunisten zwischen dem 13. April und 1. Juni 1919 unterbrochen worden. Einige Spieler kämpften an der Seite der

›Roten Armee‹ (kommunistischen Armee). Diesbezüglich Verbündete wie Alfred Schaffer und die Brüder Jenö und Kalman Konrad emigrierten noch vor Saisonende, allerdings gen Westen und nicht nach Osten. Diese seltsamen politischen Umstände verursachten auch beim MTK Budapest viel Tratsch und große Debatten, die dem Verein ernsthafte Schwierigkeiten bereiteten. Die Torschützenliste wurde von vier MTK-Spielern angeführt, doch die beiden Erstplatzierten Alfred Schaffer (26 Tore) und Kalman Konrad (25 Tore) waren längst außer Landes, andererseits wäre ihre Torausbeute größer gewesen.«

Zum »Fußballkönig« Schaffer merkt Uri noch an: »Während des roten Terrors 1919 fungierte Alfred Schaffer als politischer Gehilfe, arbeitete mit den Kommunisten zusammen, und nach dem Kun-Regime floh er aus Ungarn (…) Hätte er die Finger von der Politik weggelassen, immer wie ein Sportler gelebt und nicht die Tingeltour eingeschlagen, er wäre ein unsterblicher Weltstar geworden.« Das ist nun eine etwas eigenartige Charakterisierung, denn »Fußballkönig« bleibt »Fußballkönig«, unvergessen z.B. in Italien, wo er die Roma 1942 als Trainer zur Meisterschaft führte.

Zurück zu den Konrad-Brüdern: Wolfgang Maderthaner schreibt, basierend auf der Wiener »Arbeiter-Zeitung« vom 1.11.1924, Jenö Konrad habe sich »als Offizier und Kommunist dem Räteexperiment Béla Kuns angeschlossen und antisemitische Ausschreitungen des sich konstituierenden Horthy-Regimes befürchtet«, deshalb sei er nach Österreich gewechselt. Jenös Tochter Evelyn Konrad, die heute in New York lebt, bezeichnet diese Aussage als blanken Unsinn: Ihr Vater habe eher sozialdemokratischen Prinzipien gehuldigt, der jüngere Bruder sei konservativ gewesen. Auch Peter Konrad, Sohn von Kalman Konrad und in Stockholm lebend, verneinte jedes Engagement der Brüder bei den Rätekommunisten.

Wie dem auch gewesen sein mag: Der Weg der »Konrad-Zwillinge« führte nun nach Wien in die multikulturelle ehemalige Habsburgerresidenz, nach Warschau und Budapest die europäische Stadt mit dem größten jüdischen Bevölkerungsanteil. Und in eine Stadt, die damals einen Spitzenplatz im europäischen Fußball einnahm. Dr. Hugo Meisl, Jude, Sportjournalist und späterer Vater des österreichischen »Wunderteams«, war seit Sommer 1919 wieder sportlicher Leiter der Wiener Amateure (des späteren FK Austria). Er überzeugte die beiden Konrad, die ihm natürlich bestens bekannt waren, zu den Amateuren in die österreichische Hauptstadt zu wechseln.

»Ein genialer Handstreich« – in Wien

»Ein für damalige Zeiten genialer Handstreich«, berichtet die Austria-Chronik, denn prompt begann mit »den ersten beiden Legionären« eine Hoch-Zeit der Amateure in Wien, zumal später noch Klasseleute wie der Fürther Torwart-Riese Theodor »Teddy« Lohrmann, »Fußballkönig« Schaffer und Österreichs späteres Idol, der tragisch geendete Matthias Sindelar, genannt »Der Papierne«, hinzukamen – »Verstärkungen, durch die der Verein immer besser wurde«. Konrad I erhielt dank eines jüdischen Gönners mit dem Vornamen Boas eine Jahreskarte für die Wiener Börse. Seine Schwiegermutter Laura Breitner hat nach dem Ersten Weltkrieg das »Nestroy Ton Kino« in Wien gegründet, an dem Jenö einen 50-prozentigen Anteil erwirbt. Gemeinsam mit Bruder Kalman besitzt er außerdem ein Lichtspieltheater in Berlin. Kalman selbst bekommt als »Handgeld« ebenfalls eine Jahreskarte an der Börse und betätigt sich als Spekulant. Beide Brüder sind populäre Größen in der virulenten Vielvölkerstadt Wien, nicht allein auf den Fußballplätzen, sondern auch auf gesellschaftlichem Parkett. Die Amateure sind ein feiner Klub, vergleichbar mit Tennis Borussia Berlin, die Anhängerschar ist eher begrenzt, aber ihr »Violette Redoute« und der »Violette Ball«, als »eines der schönsten Tanzfeste des Wiener Karnevals« bezeichnet, gelten als gesellschaftliche Höhepunkte.

Konrad II, also Kalman, traf gleich beim Debüt für die Wiener Amateure am 15.8.1919 im Freundschaftsspiel gegen den Arbeitersport-Verein Karl Marx Wien. Als sein Glanzstück gelten vier Tore beim 5:0 im Derby-Klassiker gegen Rapid Wien am 9.5.1926; das Bürgertum triumphiert hier gewissermaßen übers Proletariat, das Milieu, aus dem die Rapidler kamen. Die Presse schreibt: »Das große technische und taktische Genie des Ungarn feiert wahre Triumphe. Er schoss vier Tore, die in die Heldengalerie berühmter Goals gehören.« Und an anderer Stelle: »Er ist derzeit wirklich der einzige Mann in Wien, der vollendeten Fußball spielen kann.« Man schrieb dem etatmäßigen Strafstoß-Schützen Kalman Konrad »sieben Sinne und zwanzig Beine« zu, feierte »das große technische und taktische Genie« des Stürmers, »den großen Spielmacher und Dirigent« – »manchmal bewegt Kalman Konrad selbst beim Torschuss nicht seinen Fuß«.

Ruhm ist bekanntlich vergänglich, und von vielen Fußball-Größen etwa der 1920er Jahre weiß heute kaum einer mehr. Umso überraschender, dass das britische Magazin »World Soccer« in seinem »Special« »The 100 Greatest Footballers of All Time« von Ademir bis Zoff im Jahr 2000 wie erwähnt auch Kalman Konrad würdigte: »Konrad war eine der ersten Größen im mitteleuropäischen Fußball (…) Seine Spielweise war Vorbild für andere frühe Stars wie Alfred Schaffer (…) und Gyorgy Orth.« Da ist er also nun verewigt worden, Konrad II, zwischen fußballerischen Größen wie Sandor Kocsis und Raymond Kopa. Und als die Austria 2001 im Wiener Rathaus ihr 90-jähriges Bestehen feierte, konnte Peter Konrad als Gast miterleben, dass sein Vater über 75 Jahre nach seinem letzten Spiel für die Violetten für deren »Jahrhundertelf« infrage kam.

Bruder Jenö nahm in Wien die Mittelläufer-Position ein. Seine ausgezeichnete Technik kam ihm dabei zugute, was sich später in seiner Zeit als Fußballlehrer auch in einem Lehrbuch, das in Ungarn erschien, niederschlug. Auch er trug sich in die Torschützenliste ein; bei einem 15:0 über St. Pölten im Jahre 1920 steuert er drei und Kalman ebenfalls drei Treffer bei.

Gelegentlich mussten die Wiener-Amateure-Stars auch Kritik einstecken. Jenö sei es, wurde berichtet, »der die zweite Halbzeit nicht liebt« (gemeint sein wird die Kondition, doch waren beide Brüder Antialkoholiker und Nichtraucher. Peter Konrad berichtet, es habe zu Hause lediglich an hohen jüdischen Feiertagen sowie an Geburtstagen ein Glas Wein gegeben). »Kalman Konrad glaubt, jedes Spiel mit dem linken Fuß gewinnen zu können«, wurde geurteilt, woraufhin der Betroffene meinte: »Antworten ich nix da, bitte schöön, werde ich antworten auf Platz.«

Die Amateure wurden – mit Jenö und Kalman Konrad – 1921 erstmals österreichischer Pokalsieger. Später verstärkte noch »Fußballkönig« Schaffer das ungarische Element der Elf. Wolfgang Maderthaner: »Die Ungarn übertrugen ihren besonderen Stil, im Prinzip eine Verfeinerung der schottischen Spielweise, auf die Wiener Amateure: Ein schnelles, flaches, engmaschiges Kurzpass- und Kombinationsspiel, das minutiös und mit großer Präzision in Szene gesetzt wurde. Sindelar hat als Nachfolger Kalman Konrads bei der Austria dieses System weiterentwickelt.« Seit 1924 waren die Spieler offiziell Professionals, nach der Runde 1924/25 gewann der Verein das Double, Titel und Cup, Letzteres mit einem 8:6-Sieg. Dasselbe wurde 1926 wiederholt, da war Kalman Konrad noch mit von der Partie, 1920, 1921, 1923, 1925 war man Vizemeister, 1922 im Pokal-Endspiel. Jenö und Kalman spielten allerdings nicht durchgängig bei den Amateuren, 1924/25 gehörten sie dem First Vienna Football Club, einem anderen noblen Verein mit britischen Wurzeln, auf der Hohen Warte an.

Die Brüder aus Budapest galten als »Fußball-Intelligenzler«. Kalman war sprachkundig, an der Oberschule gab er den Kollegen Nachhilfeunterricht. Nach dem Abitur arbeitete er an einer Bank; gemeinsam mit Ehefrau Gertrud, genannt Gertie, liebte er es später, komplette Opern und Operetten anzuhören. Bruder Jenö hatte sogar vor, Professor zu werden, doch war Mutter Dora dagegen. Er beherrschte sechs Sprachen: Ungarisch, Deutsch, Französisch, Italienisch, Englisch und Russisch, das er in der Kriegsgefangenschaft gelernt hatte, und war außerordentlich belesen, was auf die Tochter Evelyn Konrad überging, die den Familiennamen zu Ehren des Vaters behielt. Sie »verschlang« wöchentlich zehn bis zwölf Bücher, schlug eine journalistische Laufbahn ein und besucht heute als älteste Studentin mit 74 Jahren die Vorlesungen der Cardozo School of Law in Manhattan. Sie mochte den Vater über alle Maßen und erinnert sich gerne an die »Bildungsausflüge« mit ihm: »Ich werde nie, so lange ich lebe, die wunderschönen Sonntagsspaziergänge mit ihm vergessen, bei denen er mir aus der Geschichte und Literatur erzählt hat. Er hat mir die Welt des Wissens eröffnet. Am Sonntagvormittag haben wir das Naturhistorische Museum oder das Kunsthistorische Museum in Wien oder den Wienerwald besucht. Ich war so stolz, wenn die Jungs hinter unserem Fiaker herrannten und meinen Vater um Autogramme baten.« Was die literarischen Verwandtschaften angeht: Wen wundert's, dass die Frau von Kalman eine Cousine hatte, die Helene Weigel hieß – das Stichwort Bertolt Brecht, wenn der Name der Weigel nichts sagt, müsste genügen.

Jenö Konrad muss wegen einer Meniskusverletzung 1925 seine spielerischen Aktivitäten beenden und schlägt die Laufbahn eines Fußballlehrers ein, entweder erst im Dienst der Wiener Amateure, die sich am 28.11.1926 in FK Austria umbenennen, oder bei Wacker Wien, das heute im Vereinsnamen des Bundesligisten VfB Admira Wacker Mödling »versteckt« ist.

»Kriminalfall« Konrad

Bruder Kalman aber brach zu ganz anderen Ufern auf, wie die Austria-Chronik »80 violette Jahre« zum Herbst 1926 berichtet: »›Kriminalfall‹ Konrad: Kalman Konrad, der beste Spieler Wiens, der als ›Meister- und Cupsieger-Macher‹ gefeiert wurde, ist plötzlich bei Nacht und Nebel verschwunden. Bald bestätigen sich die Gerüchte, dass er für eine Traumgage bei einem amerikanischen Verein spielt…« Der legendäre Matthias Sindelar wurde seinerzeit als »beste Kalman-Kopie« bezeichnet, der Star aber war Konrad II, der nun in den USA angeheuert hatte. Am 12.5.1926, beim

4:3 im Cup-Finale gegen die Vienna, tauchte Konrad II letztmals als Torschütze bei den Amateuren auf.

Zu der Zeit tourte Hakoah Wien, eine Mannschaft, die sich ausschließlich aus Spielern jüdischen Glaubens zusammensetzte, bereits durch Nordamerika, wo eine Reihe ihrer Spieler bleiben würde. Wie, durch wen und wann der Kontakt zwischen New York und Kalman Konrad zustande gekommen ist, weiß man nicht. Jedenfalls war der Wechsel Geheimsache, denn erst als Konrad II bereits auf dem Schiff war, gab am 26.8.1926 der jüdische Manager des Profiteams Brooklyn Wanderers in New York, Nathan »Nat« Agar, »the biggest deal of the year« bekannt. Kalman Konrad wurde als »die Sensation im ungarischen Fußball« (»The Globe«) angekündigt, »der beste Rechtsaußen Ungarns«. Gemeinsam mit Nemes Neufeld, einem Nationalspieler von Hakoah Wien, sollte der dynamische Stürmer den rechten Flügel bei den Wanderers bilden. Alleine blieb der Fußballstar übrigens nicht in der neuen Welt, seine Vereinskameraden Hans Tandler (18facher österreichischer Nationalspieler) und Viktor Hierländer (5 Länderspiele für Österreich, 1920 mit der SpVgg Fürth Deutscher Vizemeister und auch in Augsburg aktiv) sah er bald in New York wieder. Beide allerdings unterschrieben nicht bei den Brooklyn Wanderers, sondern den New York Giants.

Der Aufenthalt in der Weltstadt erwies sich als Intermezzo: Berufsspieler Konrad II absolvierte 27 Spiele, Hierlander (wie er in USA genannt wurde) 21, dann beendeten beide den Aufenthalt in den Staaten. Tandler blieb noch eine weitere Saison bei den Giants und kam bis 1928 auf insgesamt 60 Begegnungen in der American Soccer League (ASL).

Manager Nathan Agar hatte seinen Stürmerstar Kalman Konrad 1926/27 in »Libby's Hotel« in New York untergebracht, inmitten der Lower East Side, wo die osteuropäischen Juden leben, »wo Menschheit aus allen Fenstern und Türen zu schwitzen schien«. Kalman war vom US-Soccer nicht angetan, wie sich sein Sohn Peter erinnert: Vieles war nicht in Ordnung, es gab kaum Trainingsmöglichkeiten, und die Platzverhältnisse waren schlecht.

Zurück in Europa, kehrte Konrad II 1927/28 nach Budapest zurück, spielte für den Hungaria FC, identisch mit MTK, und absolvierte sein letztes Länderspiel, um dann ebenso wie sein Bruder Trainer zu werden. Wo und wann, darüber bestehen einige Unklarheiten. In einem Sportzeitungs-Bericht schreibt Sepp Kirmaier 1929 über das Endrundenspiel FC Bayern München - Dresdner SC (3:0): »Kalman Konrad hat seine Leute vorzüglich in Form gebracht.« Für dieses Engagement 1928-30 sprechen Quellen aus den USA und Ungarn; mit dem FC Bayern gab es in der Deutschen Meisterschaft 1929 im Viertelfinale ein 3:4 n.V. beim SC Breslau 08. FCB-Experte Hans Schiefele, der Sportjournalist und frühere Vizepräsident, zu dieser Frage:»Trainer des FC Bayern in der Zeit von 1927 bis 1931 war der Ungar Konrad Weiß. Hier scheint also eine Verwechslung vorzuliegen.« Kalmans Sohn Peter dagegen ist sich sicher, dass sein Vater vor oder nach Konrad Weiß Trainer des FC Bayern München war.

Beim oft im Zusammenhang mit Konrad II für die Spielzeit 1929/30 oder 1930/31 erwähnten FC Zürich ist er als Coach heutzutage unbekannt. »Nachforschungen in alten Klubbüchern und bei jahrzehntelangen Vereinsmitgliedern haben zu keinem Ergebnis geführt«, schrieb uns FCZ-Geschäftsführer Erich Schmid. Kalmans Sohn Peter hat von den Eltern erfahren, dass sein Vater zumindest eine Saison in Zürich engagiert war (»dass er dort als Trainer tätig war, steht außer Zweifel«). Anschließend zog die Familie – Kalman und Gertrud hatten 1929 geheiratet –, nach Berlin-Weißensee um, wo sie 1928 in der Elbingerstraße 47 das Lichtspieltheater »Komet« gekauft hatte. 1931 wurde das Kino für die Vorführung von Tonfilmen eingerichtet, 1932 wurde in Berlin Sohn Peter geboren. Nachdem das Haus unter einem Pächter in Schwierigkeiten geraten war, verkaufte Fußballstar Konrad II nun Karten und führte Filme vor. 1933 übernahm ein vermutlich »arischer« Pächter das Lichtspieltheater von den jüdischen Besitzern.

Ob Kalman Konrad bei den »Zusammengeflickten« von Slavia Prag amtierte, dazu erhielten wir vom Verein keine Bestätigung, doch spricht einiges dafür. Wenn es denn im Zeitraum 1933 bis 1936 so war, dann gewann der Ungar mit dem damaligen europäischen Spitzenteam 1934 und 1935 die Meisterschaft und 1935 den tschechoslowakischen Pokal.

Gesichert ist, dass Konrad II von 1936 bis 1937 als rumänischer Nationaltrainer amtierte und in Bukarest lebte – kaum vorstellbar, dass ihn der Verband ohne vorherige Trainertätigkeit verpflichtet hätte. Seine Bilanz mit Rumänien: 5:2 gegen Griechenland, 4:1 gegen Bulgarien, 2:1 gegen Belgien, 1:1 gegen die CSR, 1:2 gegen sein Heimatland Ungarn (durchweg Heimspiele). Es gibt Angaben, dass er »nebenbei« mit Rapid Bukarest und ASC Venus Bukarest gearbeitet hat – Doppelfunktionen, die durchaus möglich erscheinen. Kontakte nach Rumänien mag der ältere Bruder Jenö geknüpft haben, der dort bereits, wie noch zu lesen sein wird, in den 1920er Jahren tätig war.

»Der 1. FCN geht am Juden zugrunde«

Jenö Konrad betreute den AC Temesvar in Rumänien, einen weiteren Wiener Klub und ab August 1930 den 1. FC Nürnberg, zu der Zeit mit fünf Titeln Deutscher Rekordmeister im Fußball. Bernd Siegler hat im Buch »1. FC Nürnberg. Die Legende vom Club« dokumentiert, welch rassistischen Attacken der international renommierte Ex-Nationalspieler ausgesetzt war. »Der 1. Fußballklub Nürnberg geht am Juden zugrunde«, hatte im August 1932 das nationalsozialistische Hetzblatt »Der Stürmer« des nach den Nürnberger Prozessen erhängten NSDAP-Gauleiters Julius Streicher geschrieben. »Ein Jude ist ja auch als wahrer Sportsmann nicht denkbar. Er ist nicht dazu gebaut mit seiner abnormen und missratenen Gestalt... Klub! Besinn Dich (...) Gib Deinem Trainer eine Fahrkarte nach Jerusalem.«

Um Fußball hatte sich »Der Stürmer« bis dahin nie gekümmert, es ging ihm auch diesmal nur darum, dumpfen Hass und Vorurteile zu kanalisieren. Jenö Konrad war angesehen in der Noris: Er und seine Frau Grete spielten im Tennisklub, waren befreundet mit dem Baron Faber aus der Bleistift-Dynastie und mit Hans Kalb, dem Club-Nationalspieler und späteren Zahnarzt. Als Konrad I in die Noris kam, lag die letzte Deutsche Meisterschaft der »Cluberer« drei Jahre zurück. 1930/31 schloss man als Zweiter hinter der SpVgg Fürth in Nordbayern ab, 1931/32 lag man fünf Punkte vor dem Erzrivalen, hatte die meisten Tore erzielt und die wenigsten Gegentore erhalten. In der Südmeisterschaft, Qualifikation für die DM-Endrunde, war Bayern München knapp vor dem 1. FCN, doch zur Teilnahme reichte das. Jenö Konrads Endrunden-Premiere war ein 5:2 über West-Vize 1. SV Borussia 04 Fulda vor 10.000 auf dem Fürther Ronhof, und im Viertelfinale gewann man 4:0 auf dem Hamburger Victoria-Platz gegen die Kieler Sportvereinigung Holstein. Im Halbfinale dann gab es ein 0:2 gegen den späteren Meister Bayern München, dessen Trainer ein Glaubensgenosse von Jenö Konrad war: Richard »Little« Dombi (Kohn), der ebenfalls die MTK-Farben in Budapest getragen hatte. Konrad I hatte in seiner Nürnberger Zeit »Oldie« Heiner Stuhlfauth im Tor durch Georg »Hauptmann« Köhl ersetzt, unter ihm kamen junge Leute wie Richard »Tipfi« Oehm, ein Student, und Willi Billmann, der noch viele Jahre für die Rot-Schwarzen auflaufen sollte, in die Mannschaft.

Die Hetze des »Stürmer« aber verfehlt ihre Wirkung nicht. Am Abend des 5. August 1932 reist Jenö Konrad mit Frau Grete und der dreieinhalbjährigen Tochter Evelyn im Nachtzug von Nürnberg zurück nach Wien. »Ich bin in meiner Person beschimpft worden (...) Nach reiflicher Überlegung entschloss ich mich, sofort zu gehen (...) Für mich waren die zwei Jahre beim Club keine kleine Episode, die man im Zuge zwischen Nürnberg und Wien vergisst, sondern ein Erlebnis, das mit mir weiterlebt, wenn ich schon lange, lange Jahre anderswo lebe.« Die Club-Verantwortlichen bedauern den Weggang des Trainers, wie Bernd Siegler ermittelt hat: »Mit aufrichtiger Rührung haben die Anwesenden einen untadeligen Menschen von sich gehen sehen, dem bitteres Unrecht angetan worden ist« (Vereinsvize Karl Müller). Die Vereinszeitung des 1. FCN berichtet im August 1932: »Die Bemühungen der Vereinsleitung, ihn zum Bleiben zu veranlassen, sind ohne Erfolg gewesen.« »Der Stürmer« schreibt in seiner nächsten Ausgabe: »Jud Konrad ist abgedampft.«

Kalman: Exil Schweden

Bruder Kalman wird vom Geschehen in Nürnberg selbstverständlich erfahren haben und muss geahnt haben, was da kommen würde, zumal im Lauf der folgenden Jahre die politische Lage in Europa immer mehr eskaliert. Nach der Station Bukarest arbeitet er von 1937 bis 1939 beim FC Zidenice in Brünn in der Tschechoslowakei, wo sein Bruder bereits in den frühen 1930er Jahren war. Hinter Sparta und Slavia aus Prag wird Brünn 1938 Liga-Dritter, die folgende Spielzeit beendet man auf Rang sechs. Die politische Situation in der Tschechoslowakei, wo Kalman

Foto: Peter Konrad

Kalman Konrad als Trainer bei FC Zidenice in Brünn, 1938

Kalman Konrad als Trainer in Atvidaberg.

Konrad mit seiner Familie lebt, hat sich inzwischen zugespitzt. Am 1.10.1938 hat die deutsche Wehrmacht das Sudetenland besetzt.

Eine Karte trifft bei Kalman Konrad ein, gesandt »Per Flugpost-Express« an die Adresse Na Povance 51, Brno, verfasst von Peter Brie, einem aus Berlin gebürtigen jüdischen Sportjournalisten, den Konrad aus Prag kennt und der seit ca. 1937/38 in Schweden lebt und arbeitet, u.a. beim »Idrottsbladet« in Stockholm, der größten Sportzeitung des Landes. »Sehr geehrter Herr Konrad«, schreibt Brie, »haben Sie Interesse für einen Trainerposten in Skandinavien? In diesem Falle erbitten wir umgehende Mitteilung mit Honorarforderung an Brie/obenstehende Adresse.« Kalmans Sohn Peter bezeichnet die kleine Postkarte als »mein Goldstück – das war der Anfang der Rettung unserer Leben vor Verfolgung und Krieg«.

Bereits an 20.1.1939 meldet »Idrottsbladet« mit der Titelzeile über die fast gesamte Breite der Zeitung: »Kalman Konrad till Örebro!« und äußert die Hoffnung, auch Bruder Jenö könnte ab Sommer in Schweden als Coach arbeiten. »Idrottsbladet« nennt Konrad II »vielleicht Europas bester Fußballspieler« und »einen der besten Fußballtrainer.«

Schweden war Kalman durchaus vertraut, hatte er doch 1921 und 1922 mit Bruder Jenö und den Amateuren aus Wien eine Tournee durch das Land bestritten, auf die sich die Brüder mit Sprachkursen vorbereitet hatten. Es war seinerzeit ein begehrtes Ziel, denn im Ersten Weltkrieg war es neutral geblieben, und so war die Versorgungslage dort wesentlich besser als in Österreich. Es heißt, die 18 Spieler hätten während der Gastspielreise insgesamt 95 kg zugenommen! Die Wiener verloren damals kein Spiel, für eine weitere Nordlandreise wurden die Brüder Konrad dann sogar an MTK Budapest ausgeliehen.

Am 5.3.1939 erhält Kalman Konrad, der als ungarischer Staatsbürger gilt, eine Einreisebewilligung für Schweden. »Einreisebewilligung für Sie vorliegt«, telegraphiert die Schwedische Gesandtschaft aus Prag, »für

Familie abgelehnt.« Die erste Trainer-Stelle in Skandinavien wird beim Örebro Sportklubb 1908 sein, auf halber Strecke zwischen Stockholm und Oslo im Herzen Schwedens. Die Klubverantwortlichen nehmen sich auch der Sorgen um die Familie an: »Da Ihre Familie nicht mit Ihnen folgen kann, sondern später kommt, kann ja ein Visum für die Familie später geordert werden. Sie (Anm. d. V.: das Außenministerium) erklärten in Stockholm, dass man alles sehr genau untersuchen muss, weil man nun viele tausend Bemühungen von Ausländern hat. Die Vorsicht kommt daher, dass man nicht alle Ausländer in Schweden aufnehmen kann. Aber das Visum der Familie ist ganz sicher, wenn Sie als Familienoberhaupt in Schweden angekommen sind.« Eine möblierte Zwei-Zimmer-Wohnung halte man im übrigen in Örebro bereit.

Während Ehefrau Gertie mit Sohn Peter und ihrer 63-jährigen Mutter Gisela in Brünn bleiben muss, entwickelt sich die politische Lage dramatisch. Am 14.3.1939 hat die Slowakei die CSR verlassen, am 16.3. marschieren die Deutschen in der so genannten Rest-Tschechei ein, die nun als »Reichsprotektorat Böhmen-Mähren« bezeichnet wird.

Am 13. Juni aber bekommen auch Mutter und Tochter Ausreise- bzw. Einreisebewilligung. Peter Konrad: »Wir sind im Zug 3. Klasse, ohne Schlafwagen, von Brünn via Berlin und Sassnitz nach Trelleborg gekommen. Als Reisekasse durfte meine Mutter zehn Mark mitnehmen. Davon mussten wir in Berlin von einem Bahnhof zum nächsten mit dem Gepäck im Taxi fahren. Bei Ankunft in Schweden besaßen wir noch zehn Groschen. Während der ganzen Reise haben wir kein Geld zum Essen gehabt. Meine Mutter hat mir sehr sehr oft erzählt, wie sie gezittert hat, ob Vater auch nach Trelleborg kommen würde.« Kalmans Schwiegermutter darf drei Wochen später ausreisen.

Hatten die Konrads bislang in europäischen Großstädten gelebt, so kommt ihnen Örebro mit seinen ca. 35.000 Bewohnern nun doch eher bescheiden vor. Es gibt nur noch eine weitere jüdische Familie in der Stadt, die Katzin, die ein Kleidergeschäft betreiben. Kalman Konrad betreut im Stadion Eyrevallen nicht nur die Fußballer, sondern auch die Bandy-Sektion des Vereins.

Bandy ist damals der schwedische Wintersport, Eishockey gibt es kaum. Und obwohl er nicht Schlittschuh laufen kann, unterrichtet der Ungar die elf Spieler, die auf dem Eis mit Stöcken einen kleinen, harten, roten Ball vor sich hertreiben, in der Taktik dieser Sportart. Konrad II war bei Örebro SK Coach, bis er 1942 durch den schwedischen Nationalspieler Harry »Dicko« Magnusson abgelöst wird, nachdem er 1940 mit Örebro, bis dahin vor allem bekannt für die Herstellung von Keksen und Schuhen, in die 2. Liga aufgestiegen war.

Ab dem Jahr 1942 betreut er Atvidabergs FF und prägt eine Glanzzeit des Vereins. Kalman Konrad ist in dem nur 3.500 Einwohner zählenden Ort beim bedeutendsten Industriewerk von Atvidaberg angestellt, dem Atvidabergs Industrier, das die populäre Rechenmaschine »Facit« herstellt und den lokalen Fußballklub sponsert. Firmen-Geschäftsführer Elof Ericsson findet in ihm seinen Wunschtrainer und beschäftigt ihn in der Rechnungsabteilung der Fabrik. Später arbeitet Konrad II in den Winterpausen bei Facit sowie in den Schwesterfirmen Svängsta (Rechenmaschinen) in Bräkne-Hoby und Ohdner (Schreibmaschinen) in Göteborg, wo er das Know-how lernen soll, um die Firma nach Kriegsende als Repräsentant in Wien oder Budapest zu vertreten. Dazu allerdings kommt es nie, zu wichtig ist Konrad II die Arbeit als Coach. Ericsson ist im Übrigen eine wichtige Persönlichkeit im schwedischen Sport, zeitweise Vorsitzender des Fußball-Verbandes, vor dem Zweiten Weltkrieg Handelsminister, sein Sohn Gunnar war bis vor einigen Jahren im IOC.

Zwar erreicht Atvidabergs FF den Erstliga-Aufstieg erst 1951, als Konrads Landsmann Josef Nagy Trainer ist, doch wird in den 1940er Jahren die Grundlage für diesen Erfolg gelegt. Mit Trainer Konrad wird Atvidabergs FF 1942/43, 1945/46 und 1946/47 jeweils Vizemeister der 2. Liga, 1944/45 Meister, scheitert aber in zwei Qualifikationsspielen. Größter Erfolg unter Konrad II ist 1946 das Erreichen des schwedischen Pokalendspiels, in dem man dem Erstligisten Malmö FF unterliegt. Zuvor hat man die Erstligisten Halmia aus Halmstadt und AIK Stockholm besiegt. Das Endspiel im Nationalstadion Rasunda in Stockholm wird ein großes Erlebnis, an dem auch Konrad-Ehefrau Gertie und Sohn Peter teilhaben. Peter Konrad: »Das war ein Abenteuer für uns alle aus der Provinz.«

In Örebro und Atvidaberg bleiben die Konrads, während in Europa der Zweite Weltkrieg tobt. In Sicherheit können Sie sich allerdings nicht wähnen, besitzen sie doch keine schwedische Staatsbürgerschaft. Als sie 1939 ankommen, muss man drei Jahre auf die Einbürgerung warten. 1942 wird diese Wartezeit auf vier Jahre verlängert, danach noch einmal auf sieben Jahre. Peter Konrad: »Ich weiß, dass dies meinen Eltern großen Kummer gemacht hat. Sie hatten immer Angst, Schweden verlassen zu müssen.« Am 25.8.1947 setzt sich Torsten Tegnér, der damals berühmteste schwedische Sportjournalist, in Bundesdeutschland als »T.T.« ein Begriff, Chefredakteur und Besitzer der Sportzeitung »Idrottsbladet«, für Kalman Konrad ein: »Da mir zur Kenntnis gekommen ist, dass der in Ungarn geborene Fußballlehrer Kalman Konrad um die schwedische Staatsbürgerschaft nachsucht, möchte ich gerne der betreffenden Behörde mein Urteil mitteilen, das sich auf eine 26-jährige Bekanntschaft mit ihm in Wien, Stockholm, Örebro und Atvidaberg gründet. Kalman Konrad ist eine gediegene, gewissenhafte und hochqualifizierte Person. Aus all diesen Gesichtspunkten würde er als Förderer des rationellen Sports eine Verstärkung für unser Volk bedeuten.« Zum 1.7.1947 verpflichtet Malmö den ungarischen Fußballlehrer. Malmö, mit etwa 150.000 Einwohnern die drittgrößte Stadt in Schweden, besitzt auch eine jüdische Gemeinde mit Synagoge. Zum ersten Mal seit Brünn 1938 kann die Familie wieder mit Glaubensgenossen Gottesdienste feiern. In all den Jahren zuvor hatte man zu Hause gebetet und dort die hohen jüdischen Feiertage begangen. In der Hafenstadt am Öresund arbeitet Kalman Konrad mit etlichen Nationalspielern und dem »Baby-Sturm« (fast alle Akteure aus dem Juniorenteam) überaus erfolgreich: Vizemeisterschaft 1948, Meisterschaft 1949 und 1950, Pokalsieg 1947. In der Saison 1948/49 startet Malmö FF unter Konrad II eine Serie von 49 Erstliga-Spielen ohne Niederlage. Drei bis fünf Tage pro Woche wird trainiert – da etliche Akteure bei Feuerwehr, Polizei und Eisenbahn im Schichtdienst arbeiten, in unterschiedlichen Einheiten mal vormittags und mal nachmittags. So, wie er es in seiner Laufbahn gelernt hat, verlangt er Disziplin und einen sportlichen Lebenswandel. Als einer der Nationalspieler zum Vorspiel der Reserven alkoholisiert kommt, stellt ihn Konrad in der Kabine unter die kalte Dusche, damit er zum Hauptspiel wieder fit ist.

1950 endet das Engagement bei Malmö FF. Weil Peter Konrad noch ein Jahr das Handelsgymnasium in Malmö besuchen muss (er ist später 35 Jahre lang im Tourismus als Reiseveranstalter beschäftigt), verpflichtet sich der Vater für ein Jahr als Trainer im 50-60 km von Malmö entfernten Raa, einem Vorstadt-Fischerdorf von Helsingborg, bei Raa IF. Dort schreibt er an einem Fußball-Märchen mit: Raa erreicht als Neuling der Allsvenskan, der 1. Liga, einen sensationellen zweiten Rang (steigt aber, nachdem Konrad gegangen ist, 1952 ab).

Von 1951 bis 1955 arbeitet Konrad II bei BK Derby 1912 in Linköping, einer Stadt, die sich seit Ansiedlung der Saab-Flugzeugwerke im Aufschwung befindet. Derby steigt von der 4. bis in die 2. Liga auf. Am 1. Mai 1952 trifft Jenö in Linköping ein, um den Bruder Kalman wiederzusehen. Der aber ist mit der Mannschaft beim Spiel in Eskilstuna, so fährt Jenö mit der Bahn hinterher und findet den Bruder im Stadion Tunavallen der

Eisen- und Stahlstadt – auf einem Fußballplatz, welch' symbolischer Ort für das Zusammentreffen der »Konrad-Zwillinge« nach mehr als 15 Jahren.

Die traurigen Gewissheiten aus der alten Heimat Ungarn haben die Brüder da schon gewusst. Manzi, der Ehemann ihrer Schwester Janka, hat den »Todesmarsch« der ungarischen Juden nicht überlebt. Vater Wilhelm (ungarisch: Vilmos) ist in Budapest am 17.12.1944 gestorben, Mutter Dora (Vilmosné) am 23.12.1944. Beide sollen nach der Befreiung an Hunger gestorben sein, nachdem sie am »Todesmarsch« teilnahmen.

Kalman Konrads letzte Trainerstation ist von 1955 bis 1956 Junsele IF in Schweden, wo er mit 60 Jahren die Fußballlehrer-Laufbahn beendet. 1957 lassen sich Kalman und Gertie Konrad in Stockholm nieder und kaufen ein Lebensmittelgeschäft, das sie selbst bis 1961 führen. »Spezialist wird Spezerist«, hatte »Idrottsbladet« gemeldet, als die Konrads das Kaffee-Spezialgeschäft »Peterson« übernahmen. Sohn Peter lebt seit 1956 in der Hauptstadt, er hat dort 1960 geheiratet. 1997 ist seine Mutter gestorben.

Jenö: Brünn, Triest, Lille, Paris, Lissabon, New York

Jenö Konrad, 1932 aus Nürnberg von der NS-Propaganda vertrieben, nimmt für die Saison 1932/33 eine Trainerstelle bei einem der führenden rumänischen Vereine an: Ripensia Timisoara (Temesvar), die 1933 Landesmeister werden und bei der WM 1934 fünf Spieler für Rumänien stellen. Anschließend lässt Jenö Konrad sich in Wien nieder. Arbeit als Fußballlehrer findet er bei SK Zidenice in Brünn, der mährischen Metropole (der 1913 gegründete Verein trägt heute den Namen FC Stavo Artikel Brno und ist tschechischer Erstligist). 1934/35 wird Brünns beste Mannschaft hinter den legendären Prager Klubs Slavia und Sparta Dritter, 1935/36 Vierter der tschechoslowakischen 1. Liga. Dann zieht Jenö Konrad mit seiner Familie nach Italien um: Union Sportiva di Trieste – die Hafenstadt war ehemals ebenso wie Budapest, Timisoara, Brünn Bestandteil der österreichisch-ungarischen Monarchie – gehört der 1. Italienischen Liga an. 1936/37 erreicht Triest, heute als U.S. Triestina Calcio in der 2. Liga, den zwölften Rang, 1937/38 wird man Sechster. Torjäger und Nationalspieler Memo Trevisan liegt lediglich zwei Treffer hinter dem mit 20 Toren erfolgreichen Torschützenkönig Guiseppe Meazza, nach dem heute das Mailänder Stadion benannt ist.

Man dürfte an der Adria zufrieden gewesen sein mit dem Allenatore »Eugenio« Konrad, doch verfügt die Mussolini-Diktatur die Ausweisung

Jenö Konrad hat als Trainer mit Olympique Lillois das französische Pokalendspiel am 14.5.1939 im Stade de Colombes gegen Racing Paris (1:3) erreicht und wird dem französischen Präsidenten Albert Lebrun vorgestellt.

aller ausländischen Juden aus Italien. Cassali, der Präsident von Triest, setzt sich vergebens für Jenö Konrad ein. Dessen Tochter Evelyn hat die neuen Gesetze bereits einige Wochen zuvor erfahren: Sie muss die katholische Klosterschule Notre Dame de Sion in Triest verlassen.

Wohin die Familie nun gehen soll, ist zunächst ungewiss. Eine Nachbarfamilie namens Scherianz bietet sich an, das Mädchen aufzunehmen, bis man einen neuen Wohnort außerhalb Italiens gefunden hat. Dasselbe offeriert Camillo Gentili, der jüdische Generaldirektor der Versicherungs-Gesellschaft Assicuranzione Generale di Trieste.

Die Konrads verlassen als erste ausländische Juden Triest und reisen nach Budapest, wo sie bei Jenös Eltern Wilhelm und Dora und seiner Schwester Ilona Haasz Aufnahme finden. Deutschland ist im Februar 1938 in das Sudetenland einmarschiert. Jenö fürchtet, als Reserve-Offizier in die ungarische Armee einberufen zu werden. Man empfindet auch das Regime von Horthy im Land der Magyaren als »kriegslüstern«, zudem ist der Admiral pro Hitler.

Jenös Schwester Ilona, die mit Ehemann Deszö Haasz eine Seidenblumen-Fabrik in Budapest besitzt, schickt ihren Bruder als »Strohmann«

nach Paris, angeblich um die neuesten Mode-Trends zu begutachten. Tatsächlich bemüht sich Jenö Konrad in der französischen Hauptstadt um ein Visum für seine Familie. Das gelingt, die 32-jährige Ehefrau Grete und die zehn Jahre alte Tochter Evelyn erhalten Besuchervisa und reisen dem Vater nach. Sie machen noch einmal in Wien Station. Evelyn sieht zum letzten Mal die »Omutti« genannte Großmutter mütterlicherseits; Laura Breitner wird auf dem Transport in das KZ Treblinka ums Leben kommen.

Beim Grenzüberschritt 1938 versichern die französischen Beamten den Flüchtlingen: »Die Maginot-Linie ist sicher!« In Frankreich hat Jenö Konrad ein Angebot des FC Metz abgelehnt – die lothringische Stadt ist ihm zu nahe an Deutschland, wo am 9. November 1938 die Mord- und Brand-Nacht stattfindet. Der Ungar übernimmt das Team von Olympique Lillois, heute OSC Lille, in der 1. Liga und führt den Klub ins französische Pokal-Endspiel (1:3 gegen Racing Club Paris); vor Beginn wird Eugene Conrad, wie er nun heißt, dem französischen Präsidenten Albert Lebrun vorgestellt. Doch die Vorurteile gegen ausländische Emigranten in Frankreich nehmen zu, Lille will Konrad nicht mehr länger beschäftigen.

Die Familie lebt in der Rue de la Liberté über einer Bar. Das »Appartement« besteht aus einem Schlafzimmer und einer Küche, in der Tochter Evelyn schläft. Das Wasser zum Waschen trägt der Vater täglich zwei Stockwerke hoch. Am 1. September 1939 überfällt Deutschland Polen, am 3. September 1939 erklärt Frankreich Deutschland den Krieg. Weil Ungarn mit den Nazis gemeinsame Sache macht und die Konrads als ungarische Staatsangehörige gelten, besteht die Gefahr, dass sie als »feindliche Ausländer« interniert werden. Jenö Konrad hält die Familie für ungefährdet, doch Ehefrau Grete bittet ihre früher in Wien und nun in Nordamerika ansässigen Cousins, sich um Affidavits zu bemühen, die die Ausreise nach USA ermöglichen. Währenddessen bietet Bruder Kalman aus Schweden an, die kleine Evelyn mit einem Kindertransport dorthin und in Sicherheit zu bringen. Kalman würde das Mädchen aufnehmen, doch dieses will die Eltern nicht verlassen.

Man erhält ein Besuchervisum für Portugal, doch im Grenzort Villa Formosa werden die Konrads aus dem Zug geholt, die Visa werden nicht anerkannt. Drei Tage lang wohnt man bei der Familie des Grenzvorstehers und dessen Ziegen, dann haben Fußballfreunde in Portugal, denen Jenö Konrad ein Begriff ist, den Diktator Salazar umgestimmt: Die Flüchtlinge können weiterreisen nach Lissabon. Inzwischen ist Deutschland im Februar 1940 in Frankreich einmarschiert.

In Lissabon arbeitet Konrad I, nun wieder unter neuem Namen als Eugenio Conrado, als »Delegado Tecnico«, also als Trainer, 1939/40 für den Sporting Club de Portugal in Lissabon. Allerdings ist die Lage der Familie weiterhin ungewiss: Erhält sie kein Visa für die USA, droht die Internierung in Tanger in Nordafrika. Zwar sind die Konrads Ungarn, doch kommt ihnen der serbische Geburtsort Nemeth-Palanka des Vaters zugute, der nun zu Jugoslawien gehört. Jenö Konrad wird vom US-Konsulat in Lissabon am 29.4.1940 dem jugoslawischen Flüchtlings-Kontingent zugeschlagen – für dieses Land erlauben die USA noch »Quotennummern« zur Einreise, für aus Ungarn stammende Juden gibt es auf Jahre hinaus keine mehr. Glücklicherweise darf er seine Frau, die als ungarische Staatsangehörige geführt wird, und die Tochter mitnehmen. Konrad hatte zwar ein Angebot, in Montevideo in Uruguay als Trainer zu arbeiten, doch drängt Frau Grete darauf, in die Vereinigten Staaten auszureisen.

Weil im Mai 1940 keine Passagierschiffe mehr über den Atlantik verkehren, besorgen sich die Konrads eine Passage auf der Jungfernfahrt des Frachtdampfers »San Miguel«, der Kork nach USA exportiert. Die letzten vorhandenen Gold-Dollar hatte die Mutter in das einzige Mitbringsel, einen großen Koffer, eingenäht. Außer der Flüchtlingsfamilie gibt es keine weiteren Passagiere. Die Überfahrt dauert 15 Tage, in Santa Maria auf den Azoren macht man Zwischenstation. Vor dem Hafen von New York liegt das Schiff für zwei Tage fest, weil Nebel die Einfahrt verhindert.

Das Erste, was die Flüchtlinge von New York sehen, ist die Freiheitsstatue. Die Inschrift an dem Denkmal: »Gebt mir Eure Müden, Eure Armen, Eure zusammengepferchten Massen, die sich danach sehnen, frei zu atmen...«, werden sie erst später lesen.

Jenö Konrad erhält vom US Department of Labor die Immigrant Identification Card Nr. 2 776 731, als Nationalität ist Jugoslawien angegeben. Ehefrau Margherita, geb. Dukler, reist mit Tochter Evelyn als Ungarin ein.

Die Konrads verfügen noch über 500 Dollar, Jenö geht sofort auf Arbeitssuche. Sein starker ungarischer Akzent ist dabei wenig hilfreich. »In Wien fand man den charmant, während des Krieges in den USA allerdings weniger«, berichtet Tochter Evelyn. In New Jersey versucht sich Konrad als Masseur, der frühere Trainer ist dann Fabrikarbeiter im Nähmaschinenwerk Singer Machine Corporation, seine Ehefrau arbeitet in einer Blusenfabrik, ehe sie mit Hilfe eines Cousins ein Vorhanggeschäft in Elizabeth, New Jersey, eröffnet. Geklagt wie andere Emigranten habe der viermalige Großvater nie.

Letztmals als Trainer tätig war Jenö Konrad 1939/40 bei Sporting Lissabon. Hier sein Ausweis.

Am 17. Mai 1955 sieht Jenö Konrad den Nürnberger Club wieder, als der im Stadion Ebbets Field in Brooklyn gegen den FC Sunderland aus England 1:1 spielt. Wie Bernd Siegler ermittelt hat, schreibt Konrad I an seinen ehemaligen Verein: »Ich war stolz darauf, wieder einmal feststellen zu können: Der Verein ist der alten Tradition treu geblieben und ist nicht nur eine ganz ausgezeichnete Fußballmannschaft, sondern ein wunderbar geführter Club, der in jeder Beziehung dem Sport Deutschlands Ehre bringt.« Nach Wien ist er noch einmal zurückgekehrt: »Jetzt ist er wieder der Herr Konrad!«, hat seine Ehefrau gesagt.

Zur Fußballszene in den USA hat Jenö Konrad keinen Kontakt mehr gesucht, da hatte er aus Mitteleuropa wohl ein anderes Spielniveau im Sinn. So hat er sich dann für Baseball interessiert, sicher auch auf der Suche nach Identität: Baseball ist der US-amerikanische Sport schlechthin, Soccer galt als Immigranten-Sportart. Und wer über Baseball mitreden kann, ist eben ein US-Amerikaner.

Am 15. Juli 1978 ist Jenö Konrad eine Woche nach einer Herzattacke in New York verstorben. Peter Konrad: »Mein Vater ist ganz bleich im Gesicht vom Telefon zurückgekommen, als er die Nachricht erfuhr. Es dauerte eine gute Weile, bis er uns anderen davon erzählen konnte. Mein Vater war sehr, sehr gerührt, denn er und Jenö gehörten doch zusammen.«

Knapp zwei Jahre nach dem älteren Bruder stirbt Kalman Konrad am 10. Mai 1980 in Stockholm.

PS: Gewissermaßen haben wir mit der Recherche zu diesem Beitrag auch zu einer Familien-Zusammenführung beigetragen. Denn Evelyn Konrad, die Tochter von Jenö in New York, vermutete Peter Konrad, den Sohn von Kalman, in Malmö. Und Peter Konrad wusste nicht, wie Evelyn in den USA zu erreichen war. In Malmö suchten wir vergebens, bis wir den richtigen Peter Konrad unter drei Männern dieses Namens in Stockholm ausfindig machten. Nun sind Evelyn und Peter erstmals seit vielen Jahren wieder in Kontakt getreten.

Literatur

Bausenwein, Christoph / Kaiser, Harald / Siegler, Bernd: 1.FC Nürnberg. Die Legende vom Club. Göttingen 1996

Billisich, F.R.: 80 violette Jahre. Die Wiener Austria im Spiegel der Zeit. Wien 1991

IFFHS Fußball-Weltzeitschrift No. 34. Nationale Fußball-Historie Ungarn, Wiesbaden 2000

Kastler, Karl: Fußballsport in Österreich. Von den Anfängen bis in die Gegenwart. Linz 1972

Dank für Informationen an: Roy Andersson (Atvidaberg/Schweden), Atvidabergs FF, »Dagens Nyheter« Sportredaktionen (Stockholm), Márton Dinnyés - Ungarischer Fußball-Verband MLSZ (Budapest), Bettina Klinger (Radeburg), Evelyn Konrad (New York), Peter Konrad (Stockholm), Anders Larsson (Malmö FF), OSC Lille, Olympique Marseille, Jens R. Prüß (Hamburg), Eve Rosenzweig Kugler (New York), Günter Rohrbacher-List (Ludwigshafen a. Rh.), Hans Schiefele (FC Bayern München), Erich Schmid (FC Zürich), Jacques Verhaege (Lille), Karl-Axel Thornström (BK Derby 1912 / Schweden)

Dietrich Schulze-Marmeling

Fahrräder, Juden, Fußball: Ajax Amsterdam

Vor dem Zweiten Weltkrieg und dem Einmarsch der Deutschen firmierte Amsterdam als »Jerusalem Europas« und wurde in ähnlicher Weise als »jüdische Stadt« charakterisiert wie heute New York. Für den Journalisten und Literaten Egon Erwin Kisch war die niederländische Metropole schlicht »die Stadt der Fahrräder und Juden«. Der Amsterdamer Slang ist noch heute reich an jiddischen Begriffen. Von ihren Bürgern wird die Stadt auch »Mokum« genannt, der jiddische Begriff für »Ort«.

Die Geschichte Amsterdams ist nicht zu trennen von der seiner Juden, die hier einen Assimilations-, Integrations- und vor allem Akzeptanzgrad erreichten wie vielleicht in keiner anderen europäischen Stadt.

Im 15. und 16. Jahrhundert existierten noch mehrere Weltwirtschaftssysteme nebeneinander, deren Zentren zunächst die Städte Venedig, Genua und Barcelona, in der postkolumbianischen Ära Sevilla und Lissabon, dann Antwerpen und Amsterdam und schließlich auch London waren. Durch die Entdeckung und Erschließung Amerikas erfuhr die Alte Welt einen immensen Machtzuwachs. 1612 wurde auf amerikanischem Boden die Kolonie Neu-Niederlande gegründet. 1624 ließen sich dort auf der Insel Manhattan 32 Familien aus den Niederlanden und Wallonien nieder und gründeten auf diesem strategischen Außenposten am Hudson River Nieuw Amsterdam, das Hauptstadt der niederländischen Kolonie wurde. Die Stadt wurde von Gouverneuren regiert, die die Niederländisch-Westindische Kompanie entsandte. Der letzte von ihnen war Peter Stuyvesant. Die multikulturelle Einwohnerschaft Nieuw Amsterdams blieb dem Puritaner fremd. 1654 versuchte er den Zuzug von Juden zu verhindern. Doch die Niederländisch-Westindische Kompanie zählte eine große Zahl von Juden unter ihren Investoren, weshalb Stuyvesant die Bereicherung der Stadt um eine weitere kulturelle Facette hinnehmen musste. Nach ihrer Einnahme durch die Engländer 1664 wurde aus Nieuw Amsterdam New York.

Ende des 16. Jahrhunderts wurde Amsterdam zum »Kaufhaus der Welt«, wo in den nächsten 150 Jahren die Fäden zusammenliefen. Amsterdams Dominanz im weltumspannenden Fernhandel basierte auf seiner Mittlerstellung zwischen Baltikum und Iberischer Halbinsel, seinen finanztechnischen Errungenschaften wie Börse, Beteiligungskapital, Anleihen und Staatskredite und seinen mächtigen Handelsgesellschaften. Der Sozialhistoriker Mark Girouard: »Was Zeitgenossen an Amsterdam am meisten beeindruckte, war, dass sich die Stadt voll und ganz dem Geldverdienen verschrieben hatte.«[1] Erst im späten 18. Jahrhundert sollte London diesen Entwicklungsvorsprung einholen und Amsterdams Hegemonie brechen.

Mokum

Kleinere jüdische Gemeinden hatte es in den Niederlanden bereits im Mittelalter gegeben, vornehmlich in den damaligen Wirtschaftszentren: den südlichen Niederlanden, Limburg, Gelderland und Overijssel. Der Status der Juden war zunächst nicht weniger unsicher als im restlichen Europa nach den Kreuzzügen.

Das Jahr 1579 markierte eine einschneidende Änderung für die Juden in den Niederlanden. In der Utrechter Union versicherten sich die nördlichen Provinzen der Niederlande der gegenseitigen Unterstützung gegen Spanien und verkündeten außerdem, dass niemand wegen seines Glaubens verfolgt würde. Dies war zunächst nur eine Reaktion auf die Unterdrückung des Protestantismus durch die katholischen Spanier, von der jedoch auch die Juden profitieren sollten. Ende des 16. Jahrhunderts erfreuten sich die Juden in der jungen Republik der Vereinigten Niederlande mehr Freiheiten als an jedem anderen Ort in Europa. »Die Verbindung von Religionsfreiheit und blühendem Handel – die tatsächlich untrennbar miteinander verbunden sind – übte eine große Anziehungskraft auf Ausländer aus, auch auf viele Juden.«[2]

Noch im 16. Jahrhundert trafen die ersten jüdischen Flüchtlinge aus Portugal und Spanien in Amsterdam ein. Es handelte sich bei ihnen um Marranen, Nachkommen jener sephardischen Juden, die 1492 in Spanien die Taufe dem Tod vorgezogen hatten. In Spanien schwebte über ihnen das Damoklesschwert der Inquisition. Jedes Zeichen der »Judaisierung« wurde mit dem Tod auf dem Scheiterhaufen bestraft. Amsterdam war für die Flüchtlinge ein Paradies. Mit der calvinistisch-reformierten Kirche (»Gereformeerde Kerk«) existierte zwar offiziell nur eine Glaubensrichtung, doch faktisch herrschte Glaubensfreiheit. In den Niederlanden kehrten viele der als »gute Katholiken« eingetroffenen Marranen zum jüdischen Glauben zurück. Um 1600 gestattete Amsterdams Bürgermeister die Gründung einer portugiesisch-jüdischen (sephardischen) Gemeinde, die ein hohes Maß an Autonomie genoss. Niederländischer Pragmatismus und Geschäftssinn machten sich die Einwanderung zu Nutze. Unter den Neuankömmlingen befanden sich auch zahlreiche wohlhabende und gebildete Juden, die über enge – auch kulturelle – Beziehungen zum westeuropäischen Umland und internationale Geschäftskontakte verfügten. Insbesondere die portugiesischen Juden leisteten einen wesentlichen Beitrag zur Entwicklung des Amsterdamer Welthandels.

Das größte Maß an Toleranz genossen die Juden in der Provinz Holland, deren Provinzialstaaten 1619 verfügten, dass die Städte jeweils selbst über die Aufnahme von Juden entscheiden sollten. »Den Städten, die Juden aufnahmen, wurde allerdings bindend auferlegt, den Juden keinerlei äußere Unterscheidungsmerkmale abzuverlangen. Hiermit war Holland das einzige Land in Europa, in dem Juden als gleichberechtigt anerkannt wurden, auch wenn sie ihren eigenen Glauben praktizierten.«[3] In keiner anderen Stadt Europas erfuhren die Juden so wenig Diskriminierung wie in Amsterdam. Die Ablehnung jeglicher Form der Stigmatisierung, sei es durch die freie Wahl des Wohnortes anstatt Ghettoisierung oder den Verzicht auf Formen ihrer äußerlichen Kennzeichnung, beförderte eine in Europa wohl einmalige Verschmelzung mit der übrigen lokalen Bevölkerung und deren Kultur.

Die nächste Welle jüdischer Einwanderer waren Pogromflüchtlinge aus dem Rheinland. Um 1650 folgten polnische Juden, die in ihrer Heimat von den Kosaken verfolgt wurden. Im Kontrast zu den sephardischen Juden aus Portugal und Spanien waren die Jiddisch sprechenden aschkenasischen Juden deutscher und polnischer Herkunft deutlich weniger gebildet und wohlhabend. Im Laufe des 18. Jahrhunderts trieben Pogrome in Polen und Deutschland weitere tausende aschkenasischer Juden nach Amsterdam. Betrug der Anteil der Juden an der Amsterdamer Bevölkerung zu Beginn des Jahrhunderts nicht einmal 3 %, so stieg er bis an dessen Ende auf mehr als 10 %. Rund um den Waterlooplein und die Jodenbreestraat war ein Ghetto (Jodenbuurt) entstanden, das ein jüdisches Proletariat beherbergte. Ein »Babylon des Schmutzes«, wie ein Reisender befand. In der zweiten Hälfte des 18. Jahrhunderts wurde dieses Proletariat noch durch portugiesische Juden verstärkt, die im Zuge des damaligen wirtschaftlichen Niedergangs verarmt waren. Die Verelendung eines erheblichen Teils der jüdischen Einwanderer dokumentieren folgende Zahlen: 1795 waren fast 54 % der Sephardim und 87 % der Aschkenasim auf Armenhilfe angewiesen – gegenüber 37 % der Gesamtbevölkerung.

Toleranz war aber auch in den Niederlanden nicht unbegrenzt, antijüdische Diskriminierung existierte auch hier. 1598 hatten die Amsterdamer Stadträte den portugiesischen Kaufleuten zwar den käuflichen Erwerb der Bürgerrechte gestattet, aber von öffentlichen Ämtern blieben Amsterdams Juden ausgeschlossen. Auch in den Zünften blieben sie nach einer Verordnung von 1632 außen vor, so dass sie sich in einigen Berufen konzentrierten, im Einzelhandel und Bankgewerbe sowie in zunftfreien Handwerksberufen wie Diamantschleifen, Zuckerraffinerien, Seidenherstellung, Tabakdrehen und Drucken. Amsterdam und Den Haag wurden zu Standorten berühmter Buchdruckereien. Um 1700 beherrschten die Juden den Effektenhandel, Mitte des 18. Jahrhunderts die Diamantindustrie. Die Diamantverarbeitung war der einzige Erwerbszweig, in dem Juden im größeren Maßstab beschäftigt waren. Es gab zwar viele jüdische Ärzte, aber der Zugang zum Beruf des Rechtsanwalts blieb den Juden lange Zeit verwehrt. 1796 graduierte der progressive Jude Jonas Daniel Meijer erst 16-jährig zum Doktor der Rechtswissenschaft. Meijer, nach dem später der Jonas Daniel Meijerplein benannt wurde, an dem sich heute das Joods Historisch Museum befindet, war der erste Amsterdamer Jude, der seine Anwaltszulassung erhielt.

1796 war ein gutes Jahr für die niederländischen Juden. Am 2. September 1796 erlangten die niederländischen Juden unter dem Einfluss der französischen Revolution die rechtliche Gleichstellung und wurden somit gleichberechtigte Staatsbürger. Die Juden durften sich nun überall niederlassen, erhielten das Wahlrecht und durften auch Regierungsämter bekleiden.

Die Abschaffung der Zünfte bedeutete außerdem die freie Berufswahl. In der Landespolitik hatten sie, im Unterschied zu den Juden in anderen Ländern, keinen Einfluss, »wohl aber an der Stadtpolitik in der Hauptstadt. Zudem leisteten sie, unter anderem durch die Gründung einer Vielzahl von Betrieben, einen wichtigen Beitrag zum wirtschaftlichen Wiederaufstieg Amsterdams nach 1850, und auch in Kunst, Literatur und Presse fanden sie ihren Platz«.[4]

Vor dem Einmarsch der Deutschen lebten ca. 140.000 Juden in den Niederlanden. Mehr als die Hälfte von ihnen, ca. 80.000, wohnten in Amsterdam, wo sie nun ca. 13 % der Bevölkerung stellten.

Amsterdams Juden wohnten noch immer vor allem dicht gedrängt im traditionellen Judenviertel um die Jodenbreestraat, Waterlooplein und die Uilenburgerstraat, aber in zunehmendem Maße auch im Süden und Osten der Stadt. Die wohlhabenderen Juden zog es in den teuren Amsterdamer Süden, wo die Churchillaan von der Walstraat bis zum Victorieplein zu einer jüdischen Allee avancierte. Bereits Mitte des 19. Jahrhunderts war in unmittelbarer Nachbarschaft zum Judenviertel die grüne Vorstadt Plantage Middenlan entstanden, deren großzügige Straßen und elegante Häuser einen krassen Gegensatz zur Enge in der Jodenbuurt bildeten und zur Heimat zahlreicher Juden aus der Diamantenindustrie wurden. Die »modernen« Arbeiter zog es wiederum in die neuen Arbeiterviertel von Amsterdam-Oost, die unmittelbar an das alte Judenviertel anschlossen. Diese Entwicklung korrespondierte mit einer Säkularisierung der jüdischen Arbeiter, unter denen sozialistisches Gedankengut einen großen Einfluss gewonnen hatte. »Innerhalb der jüdischen Gemeinschaft übernahmen die sozialistischen Anführer bald die Rolle der religiösen Oberhäupter, so dass die Juden erstmals mit der Kultur außerhalb der Grenzen des eigenen Ghettos Bekanntschaft machten. Für die jüdischen Arbeiter eröffneten sich neue Welten: Sie lasen Multatuli, Emile Zola und bewunderten den Architekten Berlage. In der ›Zentrale der Arbeiterjugend‹ und anderen Organisationen fand die jüdische Jugend eine neue Ideologie, gemeinsam mit der Jugend anderer Herkunft. Mischehen wurden immer normaler.«[5]

Noch im 19. Jahrhundert waren die Juden Amsterdams ärmste Bevölkerungsgruppe gewesen, konnten sich aber zunehmend gesellschaftlich emanzipieren und nun auch Berufe ergreifen, die sie früher nicht ausüben durften. Die meisten proletarischen Juden konnten davon allerdings nicht profitieren, was ihre Politisierung beförderte.

Bis in die 1890er Jahre wurden die Interessen der Amsterdamer Juden durch den 1886 ins Parlament gewählten Bankier A.C. Wertheim vertreten, ein typischer Repräsentant des emanzipierten und wirtschaftlich erfolgreichen Juden. Wertheim verlor nun zusehends seine sozialistisch gesinnte proletarische Wählerbasis. Neue Leitfigur der jüdischen Unterklassen wurde der Jude Henri Polak, ein reformistischer Sozialist und Gründer des 1894 aus der Taufe gehobenen Algemene Nederlandse Diamantwerkersbond (ANDB), der ersten Gewerkschaft im sozialistischen Sinne. Polak propagierte Erziehung und Bildung als Wege aus dem Elend. Der ANDB besaß eine große Ausstrahlung auf die niederländische Arbeiterschaft und wurde zum Motor der jungen Sozialdemokratie. Auch dass die Besucherzahlen der

Synagogen zurückgingen, darf als Indiz für die fortschreitende Assimilierung gewertet werden. Viele Juden besuchten nur an hohen Festtagen des jüdischen Kirchenjahres eine Synagoge.

Besatzungszeit

Vor dem Einmarsch der Deutschen schienen die Niederlande, und hier insbesondere Amsterdam, die Heimat der Juden in Europa schlechthin zu sein, wo sie sich mühelos assimilieren konnten. »Es war kennzeichnend für die Situation in den Niederlanden, dass der Zionismus hier vor 1940 nie eine größere Anhängerschaft erwerben konnte. Er blieb eine Bewegung der Elite; der Arbeiter fühlte sich in der sozialistischen Partei viel mehr zuhause. Für den traditionsbewussten Juden dagegen waren die Niederlande ein besonders sicheres Land, da hier in den 300 Jahren ihres Aufenthaltes keinerlei Verfolgungen stattgefunden hatten.«[6]

In Amsterdam wurde der Aufstieg des Faschismus in Italien und Deutschland mit einer Vielzahl von Aktivitäten beantwortet. Schon kurz nach der Machtergreifung Hitlers kam es zu militanten Protesten von Jugendlichen auf dem Rembrandtplein, die die Aufführung des Filmes »Morgenrot«, das erste deutsche Filmwerk mit eindeutig nationalsozialistischer Tendenz, verhindern wollten. 1936 wurde sogar ein Komitee gegen die

Die deutschen Besatzer richteten in Amsterdam ein Juden-Ghetto ein.

Olympischen Spiele in Berlin aus der Taufe gehoben: »De Olympische Spelen Onder Dictatuur« (»Die Olympischen Spiele unter Diktatur«).

In Amsterdam trafen tausende jüdischer Flüchtlinge aus Deutschland ein, die sich vor allem in den neuen Vierteln des Berlage-Pleins niederließen. Die Amsterdamer Bevölkerung war den Neuankömmlingen nicht gerade wohlgesonnen: nicht wegen ihrer jüdischen Herkunft, sondern weil sie Deutsche waren und nicht ihre Sprache sprachen. Teile des Amsterdamer Mittelstands und des gehobenen Bürgertums hegten sogar Sympathien mit dem Nationalsozialismus, dessen organisatorischer Ausdruck in den Niederlanden die National-Socialistische Beweging (NSB) war.

Am 15. Mai 1940 marschierten deutsche Truppen in Amsterdam ein. In den Tagen zuvor waren Tausende von Juden nach Ijmuiden geflohen, in der Hoffnung, noch ein Schiff nach England zu ergattern. Über 150 Amsterdamer Juden wählten aus Angst vor den Besatzern den Freitod, darunter ganze Familien. Im jüdischen Ghetto formierten sich so genannte Rollkommandos, die es mit den NSB-Gruppen aufnahmen. Das erste dieser Rollkommandos wurde von Schülern der jüdischen Boxschule Maccabi gebildet und trainierte dreimal pro Woche. Der Boxsport war die populärste Disziplin des »Muskeljudentums«. Der berühmteste jüdische Boxer dieser Jahre hieß Ben Bril, vor dem Krieg wurde er niederländischer Meister. Auf dem rechten Bein seiner Shorts trug Bril einen Davidstern. Der Boxer weigerte sich später im Lager Westerbork, einen jüdischen Mitinsassen zu schlagen. Nebenbei hatte Bril als Torhüter für Utrechts jüdischen Klub UJS gespielt.

Als es am 11. Februar 1941 wieder einmal zu Kämpfen rund um das Judenviertel kam, wurde der NSB-Aktivist Hendrik Koot zu Tode geprügelt. Die Besatzer nahmen dies zum Anlass, das Judenviertel von der Außenwelt abzuriegeln. Am 22. und 23. Februar 1941 wurden Razzien durchgeführt, bei denen die Besatzungsmacht 425 jüdische Männer als »Geiseln« nahm und auf dem Jonas Daniel Meijerplein zusammentrieb. Anschließend wurden die Verhafteten abtransportiert. Amsterdam sah sie nie wieder.

Der 25. Februar 1941 ging als »Februarstreik« in die Geschichte des Widerstands ein, die einzige »konfessionsübergreifende« Streikaktion in Westeuropa gegen die Judendeportation und Vernichtung. Die Initiative hierzu wurde von der illegalen Kommunistischen Partei (CNP) ergriffen. »Innerhalb einiger Jahrzehnte hatte sich eine politisch aktive jüdische Arbeiterbewegung herausgebildet, die enge Verbindungen mit Arbeitergruppen in anderen Vierteln pflegte. Die Integration der Juden spiegelte sich auch im Februarstreik wider. Nichtjüdische Arbeiter legten die Arbeit für ihre jüdischen Kollegen nieder, junge Männer aus dem Jordaan und von den Inseln kämpften Seite an Seite mit den Rollkommandos aus den Judenvierteln gegen NSB-Gruppen – für einen kurzen Moment fühlte sich die Stadt wieder eins. (…) Ein anständiger Amsterdamer sprang für die Unterdrückten in die Bresche, und diese Unterdrückten waren in diesem Moment die Juden.«[7] Christliche Amsterdamer rebellierten, weil sie die verfolgten Juden kannten – aus der Schule, vom Markt oder von den Rängen des Ajax-Stadions.

Den Anfang machten die Bediensteten der öffentlichen Verkehrsbetriebe, Stadtreinigung und Stadtwerke. Schnell sprang der Funke auf die großen Werften und die Metall verarbeitenden Betriebe in Amsterdam-Noord über. Die Organisatoren forderten die Auflösung der braunen Terrorgruppen, die Selbstverteidigung der Betriebe und Viertel. Weiter hieß es in ihren Pamphleten: »Entzieht die jüdischen Kinder der Nazi-Gewalt, nehmt sie in euren Familien auf.« Die Deutschen entsandten ein deutsches Polizeibataillon und zwei SS-Totenkopf-Infanteriebrigaden in die Stadt und führten eine Sperrstunde ein. Die Einschüchterung zeigte Wirkung. Nach zwei Tagen war der Streik beendet. Die bei den Razzien verhafteten Juden wurden bis auf zwei Ausnahmen in das KZ Mauthausen deportiert. Im Herbst 1941 war keiner von ihnen mehr am Leben.

Trotz des hohen Assimilationsgrades der niederländischen Juden waren auch die Niederlande nie völlig frei vom Antisemitismus. Auch in den Niederlanden existierte ein antisemitisches Spektrum. »Dem stand jedoch auch viel Positives gegenüber. Insgesamt betrachtet darf man behaupten, dass es ohne die gewaltsame Besatzung in den Niederlanden niemals zur signifikanten Diskriminierung gekommen wäre.«[8]

Die relative Toleranz, die die Juden in den Niederlanden genossen, sollte ihnen nach dem Einmarsch der Deutschen gewissermaßen zum Verhängnis werden. Mit 75% war der Anteil der niederländischen Juden, die Opfer der »Endlösung« wurden, höher als in jedem anderen westeuropäischen Land. »Da die Juden seit Generationen ungestört hier lebten, da sie schon seit Jahrhunderten kein Pogrom mehr durchmachen mussten, fehlte ihnen schlichtweg das Vorstellungsvermögen für derartige Gräuel.«[9]

98 Deportationszüge mit gut 100.000 Juden konnten die Niederlande ohne nennenswerten Zwischenfall verlassen. Die Deportation der Juden lief »wie am Schnürchen«, erklärte Adolf Eichmann stolz. Nach der Befreiung wurde fast eine halbe Millionen Niederländer registriert, die in irgendeiner Weise mit den Besatzern kollaboriert hatten. 120.000 von ihnen wur-

Das Mahnmal am Waterlooplein erinnert an die von den Nazis ermordeten Amsterdamer Juden.

den zu Gefängnisstrafen verurteilt, 34 exekutiert. Unter ihnen war auch der NSB-Führer Mussert.

Von den ca. 140.000 Juden, die vor dem Zweiten Weltkrieg in den Niederlanden gezählt wurden, endeten ca. 107.000 in den NS-Vernichtungslagern. 25.000 Juden konnten untertauchen, von denen allerdings 8.000 verraten, verhaftet und ermordet wurden. Von den 80.000 Amsterdamer Juden überlebten nur 5.000 den antisemitischen Terror.

Nach der Befreiung wartete auf die Überlebenden zunächst eine schreckliche Enttäuschung. Viele von ihnen hatten gehofft, an das Leben vor der deutschen Besatzung nahtlos anknüpfen zu können, erneut »Niederländer unter Niederländern« zu sein. Ob jemand Jude war oder nicht, war in den Niederlanden vor dieser Zeit weitaus weniger eine Frage gewesen als in anderen europäischen Ländern. »Es ist den Nazis nicht gelungen, das niederländische Volk für die nationalsozialistische Ideologie zu gewinnen, wohl aber, eine antisemitische Stimmung herbeizuführen. Dieser Nachkriegsantisemitismus war in keiner Weise vergleichbar mit dem Wiederaufleben des Antisemitismus im Nachkriegspolen oder mit den antijüdischen Bestimmungen in der Sowjetunion. Hatte vor dem Krieg in den Niederlanden ein milder Antisemitismus geherrscht, so wurde während des Krieges durch die Besatzer ein ›Judenproblem‹ geschaffen, indem mittels zahlreicher Maßnahmen die Entfremdung zwischen dem jüdischen und dem nichtjüdischen Teil der Bevölkerung gefördert wurde. Dies hat nicht so sehr dazu geführt, dass man gegen die Juden war, sondern dass man sich überaus bewusst war, ob jemand Jude oder nicht war. Die Juden bildeten in den Niederlanden erneut eine Gruppe für sich.«[10] Der Antisemitismus der unmittelbaren Nachkriegsjahre nahm wieder ab, als die Bevölkerung mit Bilddokumenten aller Art über das Schicksal der niederländischen Juden konfrontiert wurde. »Die Juden gingen in der multikulturellen, pluralistischen Gesellschaft auf, in die sich die Niederlande gewandelt hatten.«[11]

Den ca. 5.000 Juden, die zwischen April und Juni 1945, aus den Lagern in Auschwitz, Bergen-Belsen oder Theresienstadt kommend, in den Niederlanden eintrafen, hatte die Regierung allerdings noch jede zusätzliche Hilfe verweigert. »Bürokratische Formalitäten – nicht Mitgefühl – waren an der Tagesordnung. Einige Juden wurden aufgefordert, Mieten oder Versicherungsprämien für die Zeit ihrer Deportation nachzubezahlen. Die frühere Widerstandszeitschrift ›De Patriot‹ ermahnte jüdische Rückkehrer, ihre Dankbarkeit zu demonstrieren, indem sie die Verantwortung für den Schadensersatz an diejenigen übernehmen, die durch ihre Unterstützung von Juden selbst zu Opfern wurden.«[12]

Ajax und die Amsterdamer Juden

Der Fußballklub Ajax wurde am 14. März 1900 im Kaffeehaus »Oost-Indie« in der Kalverstraat gegründet. Gründungsvater Floris Stempel hatte bereits 1893 einen Klub ins Leben gerufen, der den Namen eines griechischen Heerführers der Troja-Sage trug. Der Klub existierte jedoch nur bis 1896 und spielte auf einem kleinen Feld am Ende von Overtoom, außerhalb der Stadtgrenzen. Ajax' »zweite Gründung« war langlebiger und erfolgreicher. Der erste Ajax-Platz lag in der Buiksloterham-Gegend im Norden der Stadt. 1907 zog Ajax in den Amsterdamer Osten um. Der Klub spielte bis 1934 im so genannten »Holzstadion« am Middenweg (heute befindet sich dort der Christiaan Huggensplein) im Stadtteil Watergraafsmeer, bevor er die Straße weiter hinunter ins De-Meer-Stadion zog, das bis 1996 seine Heimat blieb. Seither kickt Ajax in der futuristischen ArenA im südlich von Watergraafsmeer gelegen Stadtteil Bijlmermeer, auch für sein surinamisches Ghetto bekannt.

Ajax war kein jüdischer Klub, aber stets ein Klub mit einer großen jüdischen Fanbasis. Nur zwölf von 431 Mitgliedern mussten im Herbst 1941 den Verein aufgrund der Anti-Juden-Verordnungen der deutschen Besatzer verlassen. Allerdings konnten sich viele Juden eine Ajax-Mitgliedschaft auch finanziell nicht leisten. Die überwiegende Mehrheit der Ajax-Mitglieder waren zu jedem Zeitpunkt der Klubgeschichte Christen. Zu den jüdischen Mitgliedern der Zeit vor dem Zweiten Weltkrieg gehörte Mozes van Praag, der in der Diamantindustrie gearbeitet hatte, bevor er ein Klaviergeschäft eröffnete. Van Praag lebte in der Pretoriusstraat, auf dem Weg vom alten Judenviertel zum Ajax-Stadion gelegen, wohin er jeden Sonntag mit seinem Sohn Jaap pilgerte. Mozes van Praag zählte seit 1912 zu den Gönnern des Klubs. Sein Sohn Jaap und dessen Sohn Michael sollten später Ajax-Präsidenten werden (s.u.). Ajax' Tradition als Klub, mit dem viele Amsterdamer Juden sympathisierten, führte dazu, dass die Söhne der Juden ebenfalls Ajax-Fans wurden und werden.

Bereits 1938 wehte über dem Ajax-Stadion De Meer erstmals die Hakenkreuzfahne. Anlass war ein Gastspiel von Admira Wien aus dem annektierten Österreich. Im Herbst 1941 erfolgte auch bei Ajax, wie bei allen anderen niederländischen Klubs, der offizielle Ausschluss von Juden. Im offiziellen Ajax-Report der Saison 1941/42 finden sich zum Verschwinden der jüdischen Mitglieder immerhin folgende etwas verklausulierte Zeilen: »Wir sind von den Ereignissen in der Welt beeindruckt und wir befürchten, dass viele unserer Mitglieder von uns genommen werden, darunter Menschen, die seit 35 Jahren oder länger bei uns sind und von denen wir bislang nichts gehört haben. Viele von uns sind bereits gegangen und wir sehen der näheren Zukunft mit Furcht entgegen, da wir nun in einer Zeit leben, in der uns niemand sagen kann, wer zurückkehren wird und wer nicht.«[13] Trotz der Judenverfolgung verzeichnete Ajax in diesen Jahren noch jüdische Neuzugänge, die vermutlich als solche nicht identifiziert wurden. So die »Halbjuden« Luc Sacksioni, der vorher für nun aufgelöste jüdische Klubs gespielt hatte, und Hans Boskamp, der später niederländischer Nationalspieler wurde.

Nach dem Fußball schlug Boskamp eine Schauspielerkarriere ein. Der ungarische Jude Elek Schwartz, niederländischer Nationaltrainer von 1957 bis 1964 (49 Spiele) und später u.a. bei Rot-Weiß Essen, MSV Duisburg und Eintracht Frankfurt auf der Bank, nannte Boskamp schon zu dessen Fußballerzeiten einen »Schauspieler«. Schwartz selbst mochte über seine jüdische Herkunft nicht sprechen. Ajax-Veteran Bennie Muller (s.u.) wusste lange Zeit nichts über das Geheimnis seines ehemaligen Nationalcoaches, der in den Niederlanden manchmal »der Zigeuner« genannt wurde. Anlässlich der Einweihung der Ajax-ArenA 1996 fasste sich Muller, im Übrigen selbst jüdischer Herkunft, ein Herz: »Sagen Sie, Herr Schwartz, ist es wahr, dass Sie ein Jude sind?« Schwartz: »Ja, natürlich bin ich einer. Aber ich möchte nicht, dass dies jeder weiß, da, wie Sie wissen, genug Abschaum auf diesem Planeten herumwandert.«[14]

Vor dem Zweiten Weltkrieg gab es in Amsterdam mindestens fünf jüdische Fußballvereine. Einer dieser Vereine war AED, für den der Vater des späteren Ajax-Stars Sjaak Swart (s.u.) spielte. AED war der Verein der jüdischen Arbeiterschaft. Sein letztes Spiel bestritt der Klub 1941. Als AED 1939 gegen APGS, das Team der Amsterdamer Polizei kickte, zogen Tausende von Juden aus der Waterlooplein-Gegend zu dem Spiel. Das »Nieuw Israelietisch Weekblad« sprach 1965 in einem Rückblick vom größten jüdischen Ereignis in der Geschichte der Niederlande. Drei Jahre später waren APGS-Spieler damit beschäftigt, ihre Fußballkollegen von AED auf die Deportationszüge nach Westerbork zu verfrachten.

Blauw-Wit, gegründet 1902, war das Team der assimilierten Mittelschichtsjuden im wohlhabenden Amsterdamer Süden und somit das soziale Gegenstück zu AED. Der in den Farben Israels kickende Klub wurde als weitaus »jüdischer« betrachtet als etwa Ajax. Blauw-Wit spielte im Olympiastadion und mobilisierte respektable Zuschauerzahlen. 1922 wurde Blauw-Wit niederländischer Vizemeister. 1965 spaltete sich die Profiabteilung als BV Blauw-Wit ab, fusionierte 1972 mit DWS zu FC Amsterdam 1972, dem sich 1974 auch noch die Profifußballer von De Volewijckers anschlossen. 1982 wurde der Klub aufgelöst. Der einzige Klub, der heute noch an die Zeit jüdischer Vereine erinnert, ist WV-HEDW, eine Fusion aus drei jüdischen Klubs, in dessen Trikot heute allerdings kaum ein Jude kickt.

Aber auch Ajax wurde von der im Osten der Stadt starken jüdischen Kultur erfasst. Die einzigen Institutionen im Amsterdamer Osten, in denen man vor dem Zweiten Weltkrieg keine jüdische Kultur vorfand, waren die holländische Nazi-Partei NSB und die Kirchen.

Die Gründe, warum sich eine besondere Beziehung zwischen Ajax und den Amsterdamer Juden entwickelte und der Klub viele jüdische Bürger mobilisierte, waren somit primär geografischer Natur. Das Ajax-Stadion war für die vornehmlich im Osten und Süden der Stadt lebenden Juden gut erreichbar, so dass sich viele fußballbegeisterte Juden auf seinen Rängen trafen. Um den Waterlooplein herum und im Amsterdamer Osten war Ajax das von den dort lebenden Juden bevorzugte Team. Der jüdische Künstler Rebbe Meyer de Hond, der 1943 in Sobibor ums Leben kam, beschwerte sich 1926 darüber, dass sich die Juden zu sehr Ajax und zu wenig der Synagoge widmen würden.

Für Ajax' Popularität bei den Amsterdamer Juden gab es freilich noch einen anderen Grund. Bennie Muller: »Jüdische Menschen mögen Unterhaltung. Sie gingen in die Theater, Kasinos, sie spielten – und Fußball war auch Unterhaltung.«[15] Etwas, das sie von vielen strengen und freudlosen Calvinisten unterschied.

Meisterschaften wurden im Theater von Abraham Tuschinski gefeiert, Klubpartys im Café d'Ysbrecker an der Weesperzijde, einem Treffpunkt

401

jüdischer Sozialisten. Die Klub-Revue »Ajax - Blauw Wit«, die erstmals am 1. Januar 1918 im Theater an der Amstelstraat aufgeführt wurde, entstammte der Feder des jüdischen Journalisten und Reporters Leo Lauer. Lauer schrieb für das 1923 von Simon Weyl gegründete und in der Herengracht ansässige Sonntagsblatt »Cetem«, dessen Autoren und Verkäufer hauptsächlich Juden waren. Die letzte Ausgabe von »Cetem« erschien am 19. März 1944, hatte aber mit der ursprünglichen Orientierung des Blattes nichts mehr zu tun.

Ajax als rettendes Netzwerk

Die Tatsache, dass Ajax kein jüdischer Klub war, bewahrte einige seiner jüdischen Mitglieder und Sympathisanten vor dem Vernichtungslager. Wer im jüdischen Viertel lebte und für jüdische Klubs spielte, hatte gewöhnlich nur wenige Nicht-Juden unter seinen Freunden und Bekannten. Nicht so die »Ajax-Juden«. Denn dank Ajax waren sie zumeist mit Christen gut bekannt. Einige von ihnen gewährten ihren Vereinskameraden Unterschlupf. Nicht Ajax als Klub, wohl aber ein informelles Netzwerk von Ajax-Mitgliedern und Anhängern, rettete so manchen Juden vor der Deportation in die Vernichtungslager.

Einer dieser »Engel« war Kuki Krol, Vater des späteren Ajax-Stars Ruud Krol, Kapitän der niederländischen Nationalmannschaft und Vize-Weltmeister 1978. Ruud Krol wuchs in der Nieuwmarket-Gegend auf und war mit Juden seit frühester Jugend bekannt. Kuki Krol, Mitglied einer Amsterdamer Widerstandsgruppe, versteckte während der Besatzung 14 Juden und rettete ihnen das Leben. Darunter auch George Horn, Bruder von Leo Horn, dem berühmtesten Schiedsrichter der niederländischen Fußballgeschichte. Leo Horn, der 1941 vom niederländischen Fußballverband als Jude ausgeschlossen wurde, war am 21. November 1953 Schiedsrichter beim legendären 6:3-Sieg des ungarischen »Wunderteams« über England vor 105.000 Zuschauern im Londoner Wembley Stadion. Gustav Sebes, Trainer der Ungarn, war anschließend voller Anerkennung für den Niederländer: »Uns war zunächst ein wenig bange vor einem Schiedsrichtergespann aus dem Westen. Wir kannten den Schiedsrichter und seine Linienrichter nicht. Nun wissen wir, was wir an ihm haben. Horn war ein neutraler Schiedsrichter.«

Auch Leo Horn war ein aktiver Widerständler. Seine Decknamen lauteten »Doktor Van Dongen« und »Ingenieur Varing«. Mit einem weißen Kittel und einem Stethoskop ausgerüstet, gelang es Leo Horn, eine von der Gestapo gesuchte Schlüsselfigur des Widerstands in das Wilhelmina Gasthuis Hospital zu schmuggeln. Ein anderes Mal war er an der Eroberung von zwei Munitionswaggons der Besatzungsarmee beteiligt. Zehn deutsche Soldaten fanden sich gefesselt und geknebelt. Edgar Horn, ein weiterer Bruder Leo Horns, wurde von den Nazis im KZ ermordet. Leo Horn selbst war bis zu seinem Tod 1995 auf Psychopharmaka angewiesen.[16]

Ed van Thijn, Ajax-Fan, Sozialdemokrat und ehemaliges Amsterdamer Stadtoberhaupt, überlebte die Verfolgung durch die Nazis in 18 verschiedenen Verstecken. Im Januar 1945 landete der zu diesem Zeitpunkt zehnjährige van Thijn schließlich doch im Lager Westerbork. Van Thijn hatte Glück. Die Transporte in die polnischen Vernichtungslager hatten mittlerweile aufgehört. Im April 1945 wurde van Thijn von kanadischen Soldaten befreit. Van Thijn war eines von ca. 4.000 jüdischen Kindern, die Verfolgung und Krieg überlebten. Schätzungsweise die Hälfte von ihnen war bei Ende der Nazi-Herrschaft Waisen. Mit seinem Vater blieb van Thijn über Ajax in Verbindung. Vater van Thijn ging bei Ajax ein und aus und war mit vielen Ajax-Spielern persönlich bekannt.[17]

Ein anderer, der der Vernichtung entging, war der bereits erwähnte Jaap van Praag. Im November 1945 bedankte sich van Praag in einer Veröffentlichung des Ajax-Vorstands bei »allen Ajax-Freunden, die mir, nach meiner langen Zeit des Verstecktseins, mit so viel Freundlichkeit begegnet sind«. Van Praags besonderer Dank galt Cor und Jan Schoevaart, die ihm während der gefährlichsten Wochen in ihrer »gastfreundlichen Residenz« Unterschlupf gewährt hätten.[18] Vermutlich war die Zeit der ersten Juden-Deportationen im Jahre 1942 gemeint. Jan Schoevaart war der Vater von Wim Schoevaart, später bei Ajax für die Buchführung zuständig. Die letzten drei Jahre des Krieges überlebte van Praag unter dem Decknamen Jaap van Rijn in einem Haus in Overtoom, das er kaum verlassen konnte. Seine Eltern und seine kleine Schwester wurden von den Nazis ermordet.

Der Holocaust konzentrierte sich in den Niederlanden weitgehend auf die Amsterdamer Region. Trotz seines Netzwerks blieb auch Ajax nicht verschont. Eddy Harmel, in den 1920ern ein populärer Flügelstürmer, wurde deportiert und 1943 in Auschwitz ermordet. Harmel, geboren 1902 in New York, hatte zwischen 1922 und 1930 125 Liga-Spiele für Ajax absolviert, in denen er acht Tore schoss.

Die »Breslauers«, die Mullers, Swart und Cruyff

Ajax blieb auch nach dem Zweiten Weltkrieg eine wichtige Adresse für Amsterdams Juden. Uri Coronel, Vizepräsident der Versicherungsgesellschaft AON Nederland, von 1989 bis 1997 dem Ajax-Vorstand angehörig und einer der treibenden Kräfte beim ArenA-Projekt: »Ich wurde dort [bei Ajax, d.V.] fast geboren. Wir hatten keine Angehörigen mehr, sie waren alle gestorben, kaum jemand war zurückgekommen. Aber wir hatten einen großen Freundeskreis. 99 % von ihnen waren Juden, und fast alle der Männer gingen zu Ajax. Man traf dort viele Juden. Man muss das allerdings im richtigen Verhältnis sehen: Wenn ich ›viele‹ sage, dann meine ich einige hundert. In einem Land, wo kaum noch Juden leben, ist das viel.«[19]

Ajax' jüdisches Image sollte den Holocaust nicht nur überleben, sondern erfuhr während der so genannten »goldenen Jahre«, als der Klub zur Nr. 1 in den Niederlanden und in Europa aufstieg, eine Erneuerung. In den acht Spielzeiten 1965/66 bis 1972/73 wurde Ajax sechsmal niederländischer Meister. 1971, 1972 und 1973 gewann der Klub den Europapokal der Landesmeister und 1972 als Zugabe auch noch den Weltcup für Vereinsmannschaften.

Die Überlebenden des Holocaust hatten daran großen Anteil. Simon Kuper: »Das große Ajax-Team der 1970er wurde in gewisser Weise in Teilen vom Holocaust geformt.«[20] Bis Mitte der 1960er hatte Ajax keine dominierende Rolle im niederländischen Fußball gespielt. Bei der Vergabe des Meistertitels waren noch deutlich mehr Mannschaften im Rennen, als dies heute der Fall ist, wo sich der Kandidatenkreis auf Ajax, Feyenoord Rotterdam und PSV Eindhoven reduziert. Von 1947 bis Mitte der 1960er hatte Ajax nur dreimal den nationalen Titel gewonnen (1947, 1957 und 1960).

Anfang der 1960er musste sich Ajax selbst noch in Amsterdam der Konkurrenz anderer Klubs erwehren, namentlich DWS und Blauw-Wit. DWS wurde 1964 Meister. Den Unterschied zwischen Ajax und dem Rest der Amsterdamer und schließlich auch der niederländischen Fußballlandschaft sollten nun einige zu Wohlstand gekommene Überlebende des Holocaust, die sich als Ajax-Gönner betätigten, sowie Spieler wie Swaart, Muller, vor allem aber Johan Cruyff herstellen.

Seit 1964 hieß der Ajax-Vorsitzende Jaap van Praag und blieb dies bis 1978. Nach van Praag wurde auch die Haupttribüne im Stadion De Meer getauft. Van Praag war Besitzer einiger Elektro- und Schallplattenläden. Die Familie der Holocaust-Überlebenden bei Ajax nahm nun Konturen an. Als

Ajax-Legenden: Johan Cruyff mit seiner Frau Danny und Jaap van Praag (rechts).

van Praag sich aus seinem Amt verabschiedete, hielt Leo Horn eine Rede, während Ruud Krol ein Gedicht vortrug. Johan Cruyff, der mit van Praag so manchen Konflikt ausgefochten hatte, gehörte bei dessen Beerdigung zu den Sargträgern. Eine Reihe von Gönnern in den »golden Jahren« waren Juden, namentlich Maup Caransa, Jaap Kroonenberg, Leo Horn, der Vater von Rob Cohen, des heutigen Schwiegervaters und persönlichen Managers von Nationalspieler Roland de Boer, sowie dessen Schwiegervater Max Polak und Isaac Koekoek.

Maup Caransa, der in der im Herzen des jüdischen Viertels gelegenen Rapenburgerstraat aufwuchs, heiratete 1941 eine Katholikin. Die Mischehe sowie sein »unjüdisches Aussehen« retteten ihm das Leben. Nach dem Krieg sollte der aus armen Verhältnissen stammende Caransa zu einem Amsterdamer Immobilientycoon aufsteigen, um den sich viele Mythen rankten. In Anspielung auf die Unterstützung, die Ajax durch Caransa erhielt, schrieb die Presse zuweilen nicht »Ajax«, sondern »Caransajax«. Der Rembrandtplein, an dem Caransa über Eigentum verfügte, wurde von Straßenbahnfahrern »Caransaplein« getauft.

Sein Hauptrivale im Kampf um Immobilien hieß Jaap Kronenberg, dessen soziale Herkunft ähnlich der Caransas war. Leo Horn eröffnete noch während des Krieges seinen ersten Textilladen. 1946 zog er in die Jodenbreestraat um. Sein Vermieter war Maup Caransa. Horn kommandierte zeitweise 31 Zweigstellen. Zu seinen Angestellten gehörten auch die Ajax-Spieler Piet Keizer und Ruud Krol. Auch Max Polak und Isaac Koekoek versorgten Ajax-Akteure mit Arbeit und Lohn.

Rob Cohens Vater verdankte sein Überleben ebenfalls einer Mischehe. Als Kind beobachtete Rob Cohen sen., wie seine Eltern von den Deutschen aus der Weesperstraat abgeholt wurden. Cohen verlor zwei Brüder und eine Schwester. Nach seinem Ableben fand die Familie in seiner Brieftasche einen Brief, der die Geschichte ihres Todes in Auschwitz erzählte. Nach dem Krieg eröffnete Cohen sen. am nur wenige Fußminuten vom ehemaligen Judenviertel gelegenen Rembrandtplein einen Sandwich-Shop mit dem Namen »De Kuil«. Die Deutschen hatten ihm seine beiden Metzgereien in der Weesperstraat geraubt. Cohen gelang es, eine neue Kette von Fleischerläden aufzubauen. Rob Cohen: »De Kuil war ein berühmter jüdischer Sandwich-Shop – aber kein koscherer.« Wie Ajax eben – jüdisch, aber nicht koscher. Nach Titelgewinnen lud Vater Cohen das Ajax-Team zum Dinner ins »De Kuil« ein. Zu den Stammgästen im »De Kuil« gehörten auch Caransa und Kroonenberg.

Zur Charakterisierung der »jüdisch-proletarischen Geschäftsleute«, die zum Aufstieg der Ajax-Elf beitrugen, bemüht der Autor Simon Kuiper eine Figur aus Leon de Winters Roman »Supertex«, den Textiltycoon Simon Breslauer. Breslauer ist der einzige Überlebende seiner Familie. Nach dem Krieg stürzt er sich in den Aufbau eines florierenden Textilunternehmens namens »Supertex«, das sein Geld mit billiger Massenware verdient. De Winter porträtiert Breslauer als den typischen Holocaust-Überlebenden. Leute wie Breslauer wollen weder darüber nachdenken, geschweige denn darüber sprechen, was ihnen und ihren Familie zugestoßen ist. Gleichzeitig ist es ihnen unmöglich, das Geschehene zu bewältigen. Ihren Kindern – viele niederländische Juden wurden in den Jahren 1947 und 1948 geboren – geben sie die Vornamen der ermordeten Angehörigen. Anschließend gründen sie Unternehmen, um nie wieder in die Abhängigkeit irgendeines Mitmenschen zu geraten und Demütigungen zu erfahren. Sie häufen ein Vermögen an, damit ihre Kinder für den »worst case«, nämlich die Rückkehr der Nazis, gewappnet sind.[21]

Auch Saul Muller, der legendäre Physiotherapeut der »goldenen Jahre«, war ein Jude, während die Spieler Bennie Muller, Sjaak Swaart, Rekordspieler des Klubs und – wie Jaap van Praag – Träger des Titels »Mister Ajax«, jüdische Elternteile besaßen.

Saul Muller, der 1959 zu Ajax stieß und dort bis 1974 tätig war, verlor sämtliche Familienangehörigen in Auschwitz und Sobibor. Muller war sechs Jahre alt, als er das letzte Mal seine Eltern sah – auf der Bühne des Hollandsche Schouwburg Theaters an der Plantage Middenlaan, wo man sie mit Hunderten anderer Amsterdamer Juden zusammengetrieben hatte. Muller wollte zu ihnen hingehen, doch die Deutschen zogen ihn beiseite.

Im Oktober 1941 hatten die Nazis das Theater in »Joodsche Schouwburg« umbenannt, zu dem nun nur noch Juden Zutritt hatten – als Schauspieler wie als Zuschauer. Die Stigmatisierung von bestimmten Plätzen und Gegenden als »jüdisch« sollte die Trennung zwischen jüdischen und nichtjüdischen Bürgern bewirken, was sich in Amsterdam, der Stadt der Toleranz und Assimilation, als schwierig erwies. Im Sommer 1942 wurde die Schouwburg beschlagnahmt und von den Nazis zum Sammelplatz für die Deportation der jüdischen Bevölkerung nach Westerbork umfunktioniert. Die jüngsten Kinder wurden in ein Kinderheim auf der gegenüber liegenden Seite der Straße gesteckt. So auch Saul Muller, eines von 600 Kindern, die vom Heimpersonal gerettet werden konnten. Bis zum Ende der Besatzung fand Muller bei acht verschiedenen Adressen Unterschlupf. Mal wurde er als Protestant aufgezogen, mal als Katholik. Er kannte weder seinen Namen noch sein Geburtsdatum. Erst nach der Befreiung erfuhr er von der Vergasung seiner Eltern.

Sjaak Swart (Jg. 1938), der 31-mal das Oranje-Trikot trug, wurde als Sohn einer christlichen Mutter und eines jüdischen Vaters geboren. Sein Vater verlor beide Elternteile, sieben Brüder und eine Schwester an die Nazis. Swaart Senior verkaufte später Souvenirs vor dem Ajax-Stadion »De Meer«.

Bennie Muller (Jg. 1938), in den 1960ern 43facher niederländischer Nationalspieler, wuchs wie Maup Ca-

Bennie Muller

Sjaak Swart (rechts) bei einem Spiel Feyenoord gegen Ajax, 1963.

ransa in der Rapenburgstraat auf. Seine jüdische Mutter wurde in das Lager Westerbork verschleppt, doch die Ehe mit einem Nicht-Juden rettete ihr das Leben. Auch Johan Neeskens (Jg. 1951), der im WM-Finale 1974 die Niederlande in Führung brachte, wird in der Encyclopedia Judaica als jüdischer Kicker geführt.[22] Und dann war da noch Johan Cruyff (Jg. 1947), zwar selbst kein Jude, aber ebenfalls ein Kind des Amsterdamer Ostens. Cruyff wurde unweit vom Ajax-Stadion geboren, in der auf der anderen Seite vom Middenweg gelegenen Akkerstraat. Später zog die Familie in die benachbarte Weidestraat. Vater Cruyff war ein kleiner Gemüsehändler. Als er starb, war Sohn Johan zwölf Jahre alt. Seine Mutter verdingte sich nach dem Tod ihres Mannes mit Putz- und Kantinenarbeiten bei Ajax.

Cruyff besaß mehr jüdische Freunde und jüdische Verwandte als so mancher niederländische Jude. Der geniale Kopf des niederländischen Fußballs avancierte für viele jüdische Landsleute zu einer Art heiligem Patron. Mit Männern wie van Praag, Caransa und Co. verbanden Cruyff viele Gemeinsamkeiten. Auch Cruyff war der Sohn eines kleinen Händlers aus dem Osten Amsterdams. Und auch Cruyff hatte den frühen Verlust seines Vaters zu beklagen, wenngleich unter völlig anderen Umständen. Seine Tante war mit einem jüdischen Diamantenhändler verheiratet. Seine Schwägerin hatte ebenfalls einen Juden zum Mann. Ihr Sohn, zu dem Cruyff eine enge Beziehung unterhält, wurde ein Orthodoxer und ging nach Jerusalem. Bei der Maccabiade gewann er eine Medaille in Karate.

Für viele Menschen seiner Generation war Cruyff mehr als nur ein Fußballer. Hubert Smeets, Politik- und Kulturkommentator des NRC Handelsblad, sieht in ihm den hauptsächlichen Vertreter jener kulturellen, politischen und sozialen Revolution, die die Niederlande in den 1960ern von einem rückständigen Land zu einer der progressivsten Adressen in Europa transformiert habe. Wie keinem anderen seiner Generation sei es Cruyff gelungen, eine Verbindung von Kollektivismus und Individualismus zu realisieren. Cruyffs System sei das eines kreativen Individualismus gewesen.[23]

Jüdische Kultur

Auch nicht-jüdische Spieler der »großen Ajax-Jahre« bewegten sich in einem jüdisch beeinflussten Milieu, wie es in den Post-Holocaust-Niederlanden andernorts nicht mehr existierte. Barry Hulshoff (Jg. 1946), von 1966 bis 1977 in der 1. Mannschaft von Ajax und 14facher Nationalspieler, erinnert sich vor allem an den »jüdischen Humor«, der die Atmosphäre in den Jahren der Europapokaltriumphe prägte. »Wenn wir lachten, dann häufig mit einer jüdischen Art von Humor. Wo hört man in Belgien und in Holland die Witze zuerst? In Amsterdam und Antwerpen – ich fühle mich in Belgien am wohlsten, wenn ich in Antwerpen bin, das ein wenig von der gleichen jüdischen Atmosphäre hat. (…) Bei Ajax befanden wir uns im Zentrum der jüdischen Community, so brachten sie alles zu uns.«[24]

Laut Salo Muller, der im Gegensatz zu vielen anderen Ajax-Juden seine Identität zelebrierte, mochten die Spieler es, »Juden zu sein – obwohl sie keine waren. Wir hatten in Amsterdam einen jüdischen Metzger – Hergo in der Beethovenstraat. Vor jedem Europapokalspiel gab er mir eine Amsterdamer Salami, eine jüdische Salami. Und die Jungs sagten: ›Oh, es ist eine jüdische – wir mögen sie!‹ Dick van Dijk machte immer Witze darüber. Wenn es eine andere Art Salami gab, sagte er: ›Kommt, werft sie weg – es ist eine katholische Salami. Wir mögen nur die koschere.‹ Jaap van Praag erzählte uns vor jedem Spiel jüdische Witze. Co Prins war ein typischer Amsterdamer Spieler, ein richtiger Amsterdamer Junge. Seine Familie arbeitete auf dem Markt mit vielen jüdischen Männern, die jüdische Wörter benutzten. So benutzte Co auch immer jüdische Wörter. Das war normal. Er selbst war kein Jude. Aber er benutzte die Wörter, weil diese ein Teil von Amsterdam waren, ein Teil der hiesigen Kultur.«[25]

Ihr Brot kauften viele Spieler beim jüdischen Bäcker Dave Verdonner. Zu Verdonners Stammkunden zählten u.a. Johan Cruyff und Piet Keizer.

Für David Winner hat Amsterdam auch heute noch eine »irgendwie jüdische Seele«.[26] Und für Simon Kuper ist Ajax Amsterdam noch heute das Thema, das Amsterdamer Juden miteinander verbindet. Als der Klub 1994 an Yom Kippur, dem jüdischen Neujahrstag, gegen AC Mailand spielte, verfolgten die Leute außerhalb der Synagoge das Spiel am Radio, obwohl dies der jüdische Feiertag untersagte. Innerhalb der Synagoge wurden die Menschen über den Spielstand auf dem Laufenden gehalten.

Pro-Semitismus ohne Juden kontra Antisemitismus ohne Juden

»Ajax ist ein Judenklub!«, »Hamas, Hamas – alle Juden ab ins Gas!«, »Wir jagen die Juden!«, »Der Ajax-Zug nach Auschwitz ist abfahrbereit!« – solche und ähnliche Schmährufe beggnen den Fans und Spielern von Ajax Amsterdam bei ihren Auftritten in fremden Arenen – vornehmlich in den Stadien von Feyenoord Rotterdam und FC Utrecht. Eine bereits lange Tradition besitzen die durchdringenden Zischlaute, mit denen die Ajax-Gegner auf den Rängen das Geräusch ausströmenden Gases imitieren. Tausende von Feyenoord-Fans, von denen viele den im Sommer 2002 ermordeten Rechtspopulisten Pim Fortuyn zu ihrem Idol und Märtyrer erkoren, hüpfen im Takt zum Schlachtruf »Wer nicht mitspringt, ist ein Jude«.

Insbesondere im Verhältnis zwischen Ajax und dem traditionsreichen »Arbeiter- und Vorortverein« Feyenoord, dem Klischee folgend ein sozialer Antipode der Amsterdamer, ist der Antisemitismus zu einem festen Bestandteil der Fanfolklore geworden.

Als Feyenoord im August 2002 ein Testspiel gegen den ebenfalls als »Jodenclub« bezeichneten Londoner Klub Tottenham Hotspur bestritt, präsentierte sich der scheidende Verteidiger Ulrich van Gobbel als Einpeitscher, indem er im Mittelkreis wippend den Tanz des antisemitischen Mobs dirigierte. Der »Spiegel« über den Vorfall: »Kaum jemand störte sich mehr daran. Die örtliche Zeitung schrieb von einem ›emotionalen Abschied‹ des beliebten Profis. Drei Jahre zuvor hatte van Gobbel noch für eine nationale Affäre gesorgt. Als er den diffamierenden Text auf der Meisterschaftsfeier von Feyenoord angestimmt hatte.«[27] Auch in den Niederlanden sind die antisemitischen Stimmen lauter geworden – nicht nur in den Fußballstadien. Viele Fußballfunktionäre pflegen die antisemitischen Gesänge einiger Fan-Gruppen als »Fußball-Tribalismus« abzutun. Auch Youri Mulder, Sohn des ehemaligen Ajax-Spielers und niederländischen

Internationalen Jan Mulder und selber Profi bei Schalke 04, möchte die Angelegenheit möglichst niedrig hängen: »Ajax ist halt der Judenklub in Holland. Oder glaubt ihr ernsthaft, dass die gegnerischen Fans wirklich wollen, dass Juden vergast werden?«[28] Andere Stimmen sehen indes die Gefahr, dass die Duldung und Bagatellisierung des Fußball-Antisemitismus die Enttabuisierung antisemitischer Verhaltensweisen auch außerhalb des Fußballstadions fördern könnte.

Ein Teil der Ajax-Fans beantwortet den Antisemitismus mit »Juden! Juden! Wir sind Super-Juden!« und »Die Juden werden siegen«. Die Nationalflagge Israels und der Davidstern sind längst feste Bestandteile der Ajax-Folklore, auch wenn Ajax-Präsident Michael van Praag, seit 1989 an der Spitze des Vereins, beteuert: »Ajax ist kein jüdischer Klub. Diese Fans sind so Juden, wie ich ein Chinese bin.«[29] Womit van Praag zweifellos Recht hat, zumal seit dem Umzug des Klubs vom relativ kleinen Stadion De Meer in die deutlich größere Amsterdam ArenA. Ein großer Teil des mehr als doppelt so großen ArenA-Publikums sind Auswärtige. Ajax ist nicht mehr in gleicher Weise ein Amsterdamer Klub wie früher und folglich auch weniger »jüdisch«. Juden gehören unverändert zu den Besuchern der Ajax-Spiele, doch verlieren sie sich mehr denn je in der Masse auf den Rängen. Jüdische Traditionen sind auch heute noch in Amsterdam zu spüren, aber das Gros der ca. 30.000 Juden und ca. 10.000 israelischen Staatsbürger in den Niederlanden lebt in den Vorstädten südlich von Amsterdam.

Die »Breslauers« zogen sich bereits Mitte der 1970er von Ajax zurück und sind mittlerweile fast alle verstorben. In der heutigen Fußballwelt könnten sie auch finanziell nicht mehr viel ausrichten. An die Stelle der Caransas, Kroonenbergs und Co. ist die Großbank ABN-AMRO getreten.

Der Klub scheint tunlichst darauf bedacht zu sein, nicht in den Ruf eines »Judenklubs« zu geraten. Mitunter um den Preis der Verleugnung der eigenen Geschichte. Weshalb sich Simon Kuper ein Statement wie das folgende wünscht: »Wir sind stolz auf den jüdischen Aspekt unserer Identität. Wir werden der Tausenden von Juden, die während des Kriegs getötet wurden, mit einer Statue Eddy Harmels in der Arena erinnern.«[30]

An die Stelle der realen Juden sind die »F-Side-Juden« getreten, die die Ajax-Tradition als Klub der Juden im Amsterdamer Osten in zuweilen kruder Weise pflegen. Während die überwiegende Mehrheit der realen Juden eher darauf bedacht ist, ihre Herkunft nicht herauszustellen, demonstrieren die »falschen Juden« ihre adoptierte »Identität« so sichtbar und hörbar wie möglich.

Der militante Prosemitismus einiger Ajax-Fans war ursprünglich eine Reaktion auf den Antisemitismus gegnerischer Fans, mit dem sich der Verein schon zu den Zeiten von Swart, Muller und Jaap van Praag konfrontiert sah. Ein Antisemitismus, der sich nicht nur gegen Ajax, sondern auch gegen die Stadt Amsterdam als das ehemalige »Jerusalem Europas« richtete, dessen Quellen auch die fußballerische Überlegenheit der Ajax-Teams und der Metropolen-Status der niederländischen Hauptstadt waren. Nicht nur die Spieler von Ajax, sondern Amsterdamer allgemein wurden außerhalb der Hauptstadt als »Juden« begrüßt.

1980 hatten Utrecht-Fans ein Banner aufgehängt, auf dem »Ajax« stand. Allerdings waren die A's als Davidsterne und das X als Hakenkreuz abgebildet. Die erste Reaktion bestand darin, dass im Block »F« des alten Ajax-Stadion de Meer immer mehr Leute israelische Fahnen aufhängten. Ein Teil der Ajax-Fans nahm die als Beleidigung beabsichtigte Bezeichnung als »Juden« auf und wandten sie gegen ihre Gegner. Jüdische Symbole standen nun für provokatives Außenseitertum wie Überlegenheit. Später begannen die Ajacieden auch mit dem Skandieren von »joden, joden«. Heute ist »joden« eines der meist strapazierten Wörter in den von der »F-Side« angestimmten Gesängen: Die »F-Side«, im Übrigen eine der ersten Hooligan-Gruppen im niederländischen Fußball, wurde ursprünglich auch von Fans des Londoner Klubs Tottenham Hotspur inspiriert, die sich »Yid Army« nannten. (75 % der Juden Englands leben im Nordwesten Londons, dem Hinterland der Spurs.)

Mit der Zeit wurden die prosemitischen Demonstrationen der »F-Side« mehr und mehr auch von den Mainstream-Fans getragen. In der Saison 2002/03 eskalierte das gespannte Verhältnis zwischen den Hardcore-Fans von Ajax und Feyenoord mal wieder. Nachdem es bei der Saisoneröffnung von Feyenoord zu antisemitischen Sprechchören gekommen war, erhielt Feyenoord Trainer Bert van Marwijk Drohbriefe mit Revolverkugeln, die u.a. mit »Jüdische Gemeinschaft« unterzeichnet waren.

Die »F-Side« selbst betrachtet sich als »geselliges Chaos« und »kreativste und anarchistischste« niederländische Fan-Gruppe.[31] Logo der »F-Side« ist ein Davidstern mit einem »F« in seiner Mitte, auch »Ajax Ster« (Ajax-Stern) genannt. Ajax und Juden sowie Davidstern und Ajax-Stern werden in den Niederlanden häufig wie Synonyme behandelt. So beklagte sich ein Rabbi schon einmal darüber, dass Menschen auf der Straße bei seinem Anblick »Ajax« gerufen hätten. Ein silberne Davidsterne verkaufender Juwelier aus dem Süden Amsterdams wusste zu berichten, dass Kunden ihn fragten:

»Haben Sie Ajax-Sterne?« Die »F-Side« selbst macht aus ihrem »nicht-jüdischen« Charakter keinen Hehl. David Winner zitiert ein »F-Side«-Mitglied wie folgt: »Natürlich ist der Stern ein gefährliches Symbol. Aber es bedeutet uns nichts. Wir haben keine Beziehungen zu wirklichen Juden oder irgendwelche Gefühle bezüglich Israel. Wir mögen es, mit diesem Symbol ein wenig zu provozieren. Ajax ist einer der meistgehassten Klubs in Holland.

»Pro-semitisches« F-Side-Logo.

Und wenn du den Stern trägst, drehen die Leute durch. Bei uns sind Surinamesen, Chinesen, sogar eine Hand voll Nordafrikaner. Aber keiner von uns ist Jude.«[32] Die meisten Amsterdamer Juden betrachten die prosemitischen Bekundungen mit Skepsis bis Ablehnung. Nicht nur, weil dadurch Antisemitismus provoziert würde. Sondern auch weil es sich dabei – analog zum »Antisemitismus ohne Juden« – um einen »Prosemitismus ohne Juden« handeln würde und somit um eine Auseinandersetzung auf ihrem Rücken.

Bennie Muller, dessen weitere Familie 200 Holocaust-Opfer zu beklagen hat: »Wenn ich manchmal im Stadion sitze und diese verrückten Leute ›wir sind Super-Juden‹ und ›die Juden sind Meister‹ rufen höre, empfinde ich dies als so schrecklich, dass ich nach Hause gehe. Ältere Menschen wissen, was im Krieg geschah. Aber diese Fans wissen es nicht. (...) Sie laufen herum und sagen ›jüdisch, jüdisch‹. Sie tragen den Davidstern auf ihren Mützen. (...) Ich rede viel mit Israelis darüber. Sie alle scheinen das zu mögen. Sie lachen darüber. Aber für die Amsterdamer Juden hier ist es so entsetzlich, es ist unglaublich.«[33]

David Winner vermutet, dass die adoptierte »jüdische Identität« eine Folge von Amsterdams tief verwurzelter jüdischer Tradition sei: »Könnte das Zeigen der israelische Fahne und sonderbarer Fußball-Graffiti (der Davidstern mit dem Buchstaben F für F-Side ist überall hingekritzelt) in Wahrheit eine Form von unbewusster Post-Holocaust-Solidarität mit den ermordeten und vermissten Juden der Stadt sein? Ich möchte dies gerne annehmen. Ich empfinde es als liebevoll, warmherzig und freundlich. Aber es kann sein, dass ich völlig falsch liege. Ich bin ein Jude, aber ebenso ein Fremder. Und Fremde neigen häufig dazu, kulturelle Signale falsch zu lesen.«[34]

Winner ist nicht die einzige Stimme, die das Agieren der »F-Side« als einen Akt der Solidarität mit den Opfern interpretiert. Auf diese Weise würde kundgetan, dass die Stadt ihre Juden vermisse und nicht vergesse habe. Eines dürfte gewiss sein: Es gibt nur wenige Städte in Europa, wo eine derartige Form prosemitischer Demonstration vorstellbar ist und auch noch Zuspruch mobilisiert. Dass die Erkennungsmelodie der radikalsten Ajax-Fans ein militanter Prosemitismus ist, ist irgendwie typisch Ajax und Amsterdam, nur mit der Geschichte der Juden in der Stadt zu erklären und in keiner anderen niederländischen Stadt denkbar. Dass Nicht-Juden sich jüdische Symbolik zu eigen machen und sich als Juden »verkleiden«, ist auch ein Ausdruck von Respekt, Assimilation und Integration.

Ajax und Israel

Auch nach 1945 blieb eine besondere Verbundenheit der niederländischen Juden zu ihrem Land bestehen. Gleiches gilt auch für das Verhältnis Israels zu den Niederlanden, was auch und gerade im Fußball seinen Ausdruck findet. Als Ex-Ajax-Star und Nationalspieler Ronald de Boer einmal die Äußerung tätigte: »Mein Schwiegervater heißt Cohen und sein Schwiegervater Polak. Es muss irgendeine Form von Bande zwischen mir und Israel geben«, füllte diese Bemerkung eine komplette Seite der israelischen Zeitung »Jediot Achronot«.[35]

Nach Auffassung vieler Israelis befanden sich die Niederlande im Zweiten Weltkrieg und während des Holocaust auf der Seiten »der Guten«. Die Historikerin Nanda van der Zee untersuchte als Erste die Ermordung der niederländischen Juden kritisch und rührte am Tabu der Kollaboration. Ihr Buch löste einen Skandal aus. Laut van der Zee litt kaum ein anderes besetztes Land unter dem antisemitischen Terror der Nazis so stark wie die Niederlande, weshalb sie zur Entlastung anführt: »Wenn man sich vor Augen führt, welch schreckliche Strafen bis hin zum Abtransport in ein KZ beispielsweise bei der Unterstützung der Juden drohten, so grenzt es im Grunde an ein Wunder, dass überhaupt Widerstand geleistet worden ist und dass immerhin rund 25.000 Juden Unterschlupf gefunden haben. Ganze Schiffsladungen jüdischer Kinder sind nach Friesland gebracht worden, wo gläubige Bauernfamilien sie bei sich aufgenommen haben. Es hat individuelle Beispiele der Mitmenschlichkeit gegeben, die ebenso kaum zu glauben sind wie die Unmenschlichkeit und der Eigennutz so vieler anderer, die vor nichts und vor niemandem Halt machten.«[36]

Johan Cruyff, des Hebräischen mächtig, gegenüber jüdischen Angelegenheiten aufgeschlossen und an den Problemen des jüdischen Staates stets interessiert, genießt auch in Israel große Popularität. »In Israel wird Cruyff als der Mann betrachtet, der Anne Frank rettete«, zitiert Simon Kuper den israelischen Fußballanalytiker und Philosophen Saggie Cohen. Würde Cruyff in Israel eine politische Partei gründen, wären ihm in der Knesset zwei bis drei Sitze garantiert. Johan Cruyff würde von vielen Israelis wie ein Ehrenbürger ihres Staates betrachtet. Während großer Turniere habe er wiederholt Kolumnen für eine von Israels großen Tageszeitungen geschrieben. Manchmal habe darunter gestanden: »Speziell für Israel«.[37] Als Israels Bevölkerung während des Golfkrieges vor dem Fernseher saß, in Furcht vor einem irakischen Raketenangriff, wurden die Nachrichten unterbrochen, um das Fernsehpublikum über eine Herzoperation Cruyffs zu informieren.

Johan Cruyff steht wie kein anderer Nicht-Jude für eine Amsterdamer Besonderheit. Vor einigen Jahren teilte ein niederländischer Nicht-Jude dem Autor dieses Beitrags seine Überzeugung mit, dass Cruyff ein Jude sei. Genauer: »ein typischer Ajax-Jude«. Als Beweis wurden Cruyffs Physiognomie (»typische Juden-Nase«) sowie das jüdische Umfeld des Kickers, namentlich sein privater Agent, der Journalist und Ajax-Historiker Frits Barends, genannt. Trotz der antisemitischen Klischees, die hier mitschwingen, war Cruyffs Stigmatisierung als Jude keineswegs abwertend gemeint, handelte es sich doch bei dem Gesprächspartner um einen ausgesprochenen Fan des ehemaligen Ajax-Stars.

Obwohl Cruyff mitnichten jüdischer Herkunft ist, entdecken nicht nur Antisemiten an Cruyff viel »Jüdisches«. Elemente jüdischer Kultur haben im kulturellen Mainstream Amsterdams in einem Ausmaß und mit einer Tiefenwirkung Eingang gefunden, wie nur an wenigen anderen Orten Europas. Ein Prozess, der im Amsterdamer Osten auch die unteren Schichten erfasste. Nur in Amsterdam und vielleicht noch in London können Nicht-Juden – siehe die »F-Side« -so überzeugend Juden spielen.

Dies findet auch seinen Ausdruck in den anti-niederländischen Ressentiments hierzulande, bei denen häufiger Klischees verwandt werden, die aus dem Katalog des Antisemitismus stammen: Niederländer sind (intellektuell) arrogant, geschäftstüchtig, hauen brave Deutsche übers Ohr etc. Der Niederländer gerät bei dem einen oder anderen deutschen Nachbarn zum »Ersatz-Juden«.

Die auch in den Niederlanden nach wie vor virulenten Ressentiments gegenüber dem deutschen Nachbarn machen das Land aus der Sicht vieler Israelis zu einem Freund und Verbündeten. Saggie Cohen: »Jeder, der gegen die Deutschen ist, wird in Israel als guter ›Jude‹ betrachtet. Deshalb werden die Holländer als ›Ehrenjuden‹ gesehen.«[38]

Als die Niederlande bei der EM 1988 das DFB-Team in Hamburg mit 2:1 schlugen, war dies im Bewusstsein vieler Niederländer weit mehr als nur ein Fußballspiel, sondern ein neuerliches Aufeinandertreffen von Widerstandsbewegung (David) und deutscher Wehrmacht (Goliath), das dieses Mal der Widerstand für sich entscheiden konnte. Rinus Michels, niederländischer Teamchef: »Vor allem ältere Menschen waren zum Weinen gerührt, das hatte sicher noch etwas mit dem Krieg zu tun.« Ein ehemaliger Widerstandskämpfer erklärte vor laufender Kamera: » Es ist, als ob wir noch den Krieg gewonnen hätten.« Im Stadion sangen die massenhaft und stimmgewaltig präsenten Oranje-Fans: »1939 kamen sie, 1988 kamen wir, Holadiay, Holadio«.[39] In den Niederlanden versammelten sich neun Millionen Menschen (d.h. über 60 % der Bevölkerung!) auf den Straßen und Plätzen, um den historischen Sieg ihrer Elf zu feiern. Es war die größte öffentliche Versammlung seit der Befreiung des Landes von der braunen Besatzung.

Auch in Israel nahm man Anteil am Sieg von Ruud Gullit und Co. Ein Reporter des niederländischen »De Telegraaf« schrieb, dass ein israelischer Kollege ihm auf der Pressetribüne mitgeteilt habe, dass er zu den Niederlanden halte: »Sie wissen schon warum...«[40]

Israels Sympathien für die Niederlande haben allerdings nicht nur mit dem Zweiten Weltkrieg zu tun, sondern auch mit anderen Umständen – mit den »blonden Mädchen, die hier in den 1970ern im Kibbuz arbeiteten, und der Stadt Amsterdam, die viele Israelis in jenen Tagen besuchten« (Cohen).[41]

Als Ajax in der Saison 1999/2000 im UEFA-Pokal gegen Hapoel Haifa spielte, sprach der Hapoel-Vorsitzende von einem »jüdischen Derby«. Evi Shvidler, Journalist der israelischen Zeitung Ha'aretz, porträtierte Ajax als den »wahrscheinlich jüdischsten Klub der Welt und ohne Zweifel Israels Lieblingsklub«.[42]

Angesichts derartiger Sichtweisen überrascht es nicht, dass das Auftreten der »F-Side« in Israel und von vielen in den Niederlande lebenden Israelis wesentlich positiver bewertet wird als von niederländischen Juden, insbesondere den Älteren unter ihnen. In Haifa gewann Ajax mit 3:0. Beim Rückspiel in der Arena behielten überraschend die israelischen Gäste mit 1:0 die Oberhand. Nach dem Schlusspfiff wurde das Hapoel-Team von der »F-Side« mit Ovationen und »Juden-, Juden«-Rufen verabschiedet. Hapoel-Trainer Eli Gutmann: »Wir waren nach dem Spiel glücklich. Erstens weil wir gewonnen hatten, zweitens weil Ajax – und kein anderes Team – die nächste Runde erreicht hatte. Wenn ich all diese israelischen Fahnen bei Ajax-Spielen sehe, wird mir ganz warm ums Herz.«[43]

Anmerkungen

1 Zit. nach Christopher Catling (Hrsg.): Amsterdam, München 1991
2 Nanda van der Zee: »Um Schlimmeres zu verhindern«. Die Ermordung der niederländischen Juden: Kollaboration und Widerstand, München/Wien 1999
3 Joods Historisch Museum Amsterdam (Hrsg.): Handbuch für das Museum für Jüdische Geschichte, Amsterdam 1988, S. 48
4 van der Zee 1999, S. 89
5 Geert Mak: Amsterdam. Biografie einer Stadt, Berlin 1997, S. 241
6 Joods Historisch Museum 1988, S. 52
7 Mak 1997, S. 262 und 267
8 van der Zee 1999, S. 89
9 Mak 1997, S. 267
10 van der Zee 1999, S. 312
11 van der Zee 1999, S. 312
12 Bernhard Wasserstein: Europa ohne Juden. Das europäische Judentum seit 1945, Köln 1999, Seite 30
13 Zit. nach Simon Kuper: Ajax, de Joden, Nederland. Die englische Fassung des Textes wurde 2000 auf der Internetseite www.ajax-usa.com veröffentlicht.
14 Zit. nach: ebenda
15 Zit. nach: ebenda
16 Zu Leo Horn siehe auch: Leo Horn: Fluit, Amsterdam/Brüssel 1963
17 Ed van Thijn: Het verhaal, Amsterdam 2000
18 Kuper 2000
19 Ebenda
20 Ebenda
21 Leon de Winter: SuperTex, Zürich 1996
Die Figuren in den Romanen des niederländische Schriftstellers und Filmregisseurs (Jg. 1954) sind Menschen, die sich in einer verfremdeten Welt auf der Suche nach ihrer eigenen, häufig jüdischen Identität befinden. Weitere Titel: Hoffmanns Hunger (1990), Serenade (1991), Der Himmel von Hollywood (1997) und Leo Kaplan (2001).
Hauptfigur in SuperTex ist der 36-jährige niederländische Jude Max Breslauer, Erbe des Textilimperiums SuperTex. Nachdem Max mit seinem Porsche einen auf dem Weg zur Synagoge befindlichen chassidischen Juden angefahren hat, begibt er sich auf die Couch einer Analytikerin. Bis dahin ein Yuppie, sieht sich Max plötzlich mit einer Reihe von Fragen konfrontiert: Warum kam es immer wieder zu Auseinandersetzungen mit dem Vater Simon, der das KZ nur mit knapper Not überlebte? Warum konvertiert seine große Liebe, die sephardische Jüdin Esther, zum orthodoxen Glauben? Warum verliebt sich sein Bruder Boy in eine marokkanische Jüdin aus einer bettelarmen, gläubigen Großfamilie? Alle diese Fragen münden schließlich in eine einzige existenzielle: Was bin ich eigentlich, ein Jude, ein Goij, und was ist der Sinn meiner Existenz?
Kuiper entdeckt in »SuperTex« gewisse Ähnlichkeiten zwischen Simon Breslauer und dem Ajax-Präsidenten Jaap van Prag. Jaap van Praag starb am 5. August 1987 an den Folgen eines Autounfalls. Van Praag hatte seinen Wagen in der Nähe von Badhoevedorp in einen Graben gefahren. In »SuperTex« lässt Leon de Winter Simon Breslauer in seinem Mercedes 560 SEL nahe der Stadt Loosrecht ertrinken, nachdem dieser mit seinem Fahrzeug ebenfalls in einem Graben gelandet ist.

Für Jaap van Praags Sohn Michael war es übrigens unmöglich, mit seinem Vater über dessen Erlebnisse in den Jahren der deutschen Besatzung zu sprechen. Van Praag sen. antwortete stets in gleicher Weise: »Ich möchte darüber nicht sprechen – Schluss, aus.«
22 Encyclopedia Judaica (CD-Rom Edition). Siehe auch: www.jewsinsports.com
23 Zit. nach David Winner: Brilliant Orange. The neurotic genius of dutch football, London 2000, S. 26. Zur Person Cruyffs siehe auch: Frits Barend / Henk van Dorp: Ajax – Barcelona – Cruyff. The ABC of an Obstinate Maestro, London 1998; Bert Hiddema: Cruijff! Van Jopie tot Johan. De opkomst van de beste voetballer aller tijden, Amsterdam 1996
24 Winner 2000, S. 216
25 Ebenda, S. 217
26 David Winner: Soccer Tribalism, in: »The Jerusalem Report Magazine«, 1998
27 Michael Wulzinger: Blut und Kugeln, in: »Der Spiegel«, Ausgabe 37/2002
28 Interview mit Youri Mulder in »Schalke Unser«, Nr. 11
29 Zit. nach Michael John/Dietrich Schulze-Marmeling: »Haut's die Juden«. Antisemitismus im europäischen Fußball, in: Beiersdorfer u.a.: Fußball und Rassismus, Göttingen 1993, S. 153
30 Kuper 2000
31 Zur Selbstdarstellung der »F-Side« siehe auch das Buch »F-Side is niet makkelijk« (Amsterdam 2001). Autoren sind die Macher des »F-Side«-Fanzines »De Ajax Ster« (»Der Ajax-Stern«), dessen Erscheinen aufgrund der Arbeit am Buchprojekt eingestellt wurde.
32 Winner 2000, S. 218
33 Ebenda, S. 220
34 Ebenda, S. 219
35 Zit. nach Kuper 2000
36 van der Zee 1999, S. 296
37 Zit. nach Kuper 2000
38 Zit. nach Kuper 2000
39 Simon Kuper: Football against the Enemy, London 1994, S. 11
40 Ebenda, S. 5. Siehe auch: Dietrich Schulze-Marmeling/Hubert Dahlkamp: Fußball für Millionen. Die Geschichte der deutschen Nationalmannschaft, Göttingen 1999, S. 348-360
41 Zit. nach Kuper 2000
42 Zit. nach: ebenda
Eine Untersuchung eines israelischen TV-Senders kam allerdings zu einem anderen Ergebnis. Dieses spricht dafür, dass auch israelische Fußballfans zumindest partiell globalen Trends folgen. Populärstes Team war Manchester United, gefolgt vom FC Liverpool, Arsenal London, FC Barcelona und Ajax Amsterdam. Laut Saggie Cohen hat auch der FC Bayern München in Israel viele Fans. Allerdings dürfte der fünfte Platz für Ajax deutlich über dem Abschneiden des Klubs in anderen Ländern liegen. Bei Barcelona fallen einem zudem spontan ein: Cruyff (als Spieler wie als Trainer), Neeskens, Kluivert, Frank und Ronald de Boer und weitere niederländische Internationale sowie die Gleichung Anti-Real = Anti-Franco = Anti-Hitler.
43 Zit. nach: ebenda

Günter Rohrbacher-List

Jean Bernard-Lévy – der »Fußball-Verrückte« von Paris

Die belebte Rue de Rivoli, die mitten durch das 4. Arrondissement von Paris führt, lässt bereits beim Verlassen der Metro-Station St. Paul erahnen, dass es hier äußerst lebhaft zugeht. Nur wenige Meter weiter verläuft die Rue des Rosiers, mitten im Zentrum des Jüdischen Viertels von Paris, am Übergang vom 3. ins 4. Arrondissement. Noch am Tag zuvor wegen des Sabbats wie ausgestorben, präsentiert sich die Rosiers wie die umliegenden Straßen sonntags wie ein bunter Jahrmarkt der Kulturen. Zwar haben sich im Lauf der Jahrzehnte auch in anderen Gegenden von Paris, etwa um den Gare St. Lazare, jüdische Gemeinschaften entwickelt und sind rund 40 Synagogen über ganz Paris verstreut, doch das originäre jüdische Viertel ist und bleibt das Marais. Fast folkloristisch muten sie an, die alten Bäckereien, wo Beagles, Hefekuchen mit Kartoffeln und Fleisch, angeboten werden und die vielen Imbissläden mit ihren Baguettes Felafel. Über die Bestandteile der koscheren Köstlichkeiten wacht die Autorität, wie eine Tafel über einem der größeren Läden zeigt: »Sous la surveillance de Rhab Raz de la Communité Israélite Orthodoxe Paris«. Der Rabbi der Orthodoxen passt auf, dass alles bleibt, wie es ist. McDonalds ist im Marais unerwünscht, nach Protesten der Händler und Geschäftsinhaber gaben die Amerikaner ihr Vorhaben auf, hier eine Filiale zu eröffnen.[1]

Seit dem Mittelalter ist das Marais das Zentrum jüdischen Lebens in Paris. Schon damals wurden Juden ausgegrenzt und verfolgt. Viele wurden vertrieben oder verließen freiwillig ihr Heimat-Quartier. Zur Zeit der Französischen Revolution lebten hier nur noch 1.000 Juden. Im 19. Jahrhundert gab es eine Massenimmigration polnischer und russischer Juden, die in ihren Ländern verfolgt wurden. Nach dem Ersten Weltkrieg blühte das Marais auf, seine Gemeinschaft funktionierte und trug wesentlich zur kulturellen Vielfalt in der Stadt bei. Dabei beschränkten sich die Aktivitäten der jüdischen Bürger von Paris keineswegs auf Tätigkeiten innerhalb der Jüdischen Gemeinde. Sie wirkten in der Politik und in der Kunstszene, trugen zur wirtschaftlichen Prosperität bei und betätigten sich in Sportvereinen und nahmen dank des französischen Laizismus keinerlei Sonderstellung aufgrund ihres Glaubens ein.

Racing Club de France

Der renommierteste französische Sportverein jener Zwischenkriegszeit, der auch heute noch zu den größten und angesehensten Klubs gehört, war der am 20. April 1882 gegründete Racing Club de France (RCF). Von Beginn an, unter seinem Präsidenten Albert Le Page und dem Generalsekretär Georges de Saint Clair, verstand sich der RCF als Verein, »der durch und für seine Mitglieder besteht« und als Amateur- und Ausbildungsverein, dem das physische und psychische Wohlergehen seiner inzwischen über 20.000 Mitglieder am Herzen liegt. Der RCF war und ist ein bürgerlicher Verein, der im Bois de Boulogne herrliche Sportanlagen sein Eigen nennt, und selbstverständlich waren damals und sind auch heute unter seinen Mitgliedern viele Pariser Juden.[2]

Fußball wurde auch gespielt im RCF. In der Saison 1917/18 nahm man zusammen mit 47 anderen Clubs, darunter Olympique Marseille, Stade Rennes und AJ Auxerre, am neu geschaffenen Pokalwettbewerb »Coupe Charles Simon« teil. 1924, als Frankreich kurz davor war, mangels tauglicher Sportstätten auf die Austragung der Olympischen Spiele in Paris zu verzichten, war es der RCF, der sich westlich der Stadt in Colombes am Bau des 65.000 Zuschauer fassenden Stade Yves-le-Manoir beteiligte und so mithalf, die Spiele vom 3. Mai bis zum 27. Juli zu retten. Fortan stand das Stadion auch für große Fußball- und Rugbyspiele zur Verfügung. Zur ersten Fußball-Weltmeisterschaft 1930 in Uruguay reisten die Franzosen unter den damals üblichen abenteuerlichen Umständen, überstanden aber die Vorrunde nach einem 4:1 gegen Mexiko und zwei 0:1-Niederlagen gegen Chile und Argentinien nicht. Trotzdem kamen Funktionäre und Spieler voller Tatendrang zurück. Noch gab es in Frankreich nur Amateur-Fußball, aber das Geld begann eine immer größere Rolle zu spielen. Spieler wurden z.B. mit großzügigen Angeboten von Paris nach Marseille gelockt. Und 1930 ging der ungarische Spitzenclub MTK Budapest auf Tour durch Frankreich und nahm am Ende des Trips mit Friedmann vom FC Sête einen der besten Spieler mit.[3]

Ein Fußballverrückter

Verantwortlich für den Fußball beim RCF war der jüdische Immobilienmakler Jean Bernard-Lévy. Dessen Liebe zum Fußball begann im Vélodrome Buffalo, ganz in der Nähe des Bois de Boulogne. Am 9. März 1897 in Paris geboren, ging Lévy kurz nach dem Ersten Weltkrieg, von seinen Freunden gedrängt, zu einem Fußballspiel zwischen dem Club Francais und dem Club Athlétique de Paris. Sein Vater, ein reicher Industrieller, glaubte nur an eine kurze Kapriole seines Sohnes, doch für Bernard-Lévy Junior wurde es weitaus mehr. Sobald er seine Hausaufgaben erledigt hatte, trat er fortan auf dem nächsten freien Platz vor den Ball. Am 5. Mai 1921 erlebte Lévy im Stade Pershing beim Länderspiel Frankreich gegen England eine Sternstunde. Der Fußball von der Insel begeisterte Bernard-Lévy und ließ ihn nicht mehr los.

Wie sein Vater wurde Jean Bernard-Lévy ein angesehener Geschäftsmann. Und da die Lévys dem noblen Racing Club de France quasi seit dessen Gründung angehörten, kümmerte sich Jean Bernard-Lévy um die Belange des Fußballs im Verein und wurde Präsident der »Commission de Football« des Klubs. Lévy galt als vorbildlicher Sportsmann, dem man nicht ohne Grund den »Prix du meilleur Racingman«, den Preis für den besten und treuesten Racing-Mann verlieh. Diese Auszeichnung war nicht für den besten Spieler gedacht, sondern für den »meilleur camarade«, den besten Sportfreund, der die größte Treue gegenüber seinen Farben »bleu-ciel et blanc«, himmelblau und weiß zeigte. Er war, wie das Statut sagte, »le plus chic type«, der patenteste Typ während einer Saison.

Bernard-Lévy ließ seinen Blick schon frühzeitig über die Grenzen Frankreichs hinaus schweifen. Dem Freund des englische Fußballs war es eine besondere Freude, seinen Kollegen aus der »Commission« am 24. Juli 1930 bekannt zu geben, dass der RCF mit Unterstützung der Zeitung »Le Journal« ein Spiel gegen Arsenal London bestreiten werde. Dieses fand am 11. November 1930, dem Jahrestag des Waffenstillstands des Ersten Weltkriegs statt, und Arsenal siegte mit 7:2. Für Bernard-Lévy war es nun an der Zeit, dass der französische Fußball etwas dafür tat, international Anschluss zu halten. Bei der Präsidiumssitzung des RCF am 18. Dezember 1930 pries er seine aufblühende Fußballabteilung und forderte qualifizierte Trainer für alle Mannschaften, auch für die Jugend.

Bernard-Lévy war ein brillanter Querdenker, der, wie noch lebende Verwandte berichten, stets tausend Ideen in seinem Kopf herumtrug und zwischen Klub, Beruf und Familie hin- und herhetzte. Seine Familie fand es zuweilen übertrieben, wie er sich für den Fußball aufopferte und welche Summen er in den Klub steckte. Vor einem wichtigen Spiel ließ er sich einmal ausnahmsweise nicht von seinem Chauffeur in das Klub-Büro in der Rué Ampère fahren, sondern nahm ein Taxi. Als er den Ort wieder verließ, erschrak er und rief: »Man hat mir mein Auto gestohlen!« Erst auf dem Komissariat von Auteuil wurde ihm sein Irrtum bewusst, als er zufällig »seinen« Taxifahrer wieder traf.[4]

Pionier des Professionalismus

Auch auf nationaler Ebene wurden Initiativen ergriffen. Am 17. Januar 1931 kam es beim Treffen des Nationalrats des Französischen Fußballverbandes F.F.F.A. zu einem Beschluss, der das Profitum im französischen Fußball legalisierte. Mitbeteiligt an dem klaren Votum – es gab nur 17 Gegenstimmen – war Jean Bernard-Lévy, der dieses Anliegen auch auf Klub-Ebene voranbringen wollte. Zunächst wurde er am 26. März 1931 als Präsident der »Commission« wieder gewählt und nahm weiterhin für den RCF an den Sitzungen des Gremiums teil, das das Profistatut ausarbeitete und dem Persönlichkeiten wie Gabriel Hanot, Chefredakteur von »L'Auto«, dem Vorläufer der »L'Équipe«, sowie Emmanuel Gambardella angehörten. Im Juni 1931 wurde das Statut verabschiedet, die erste Profi-Saison konnte 1932 starten.

Doch im passionierten Amateurclub Racing Club de France regte sich Widerstand. Während der Präsidiumssitzung des RCF am 28. Januar 1932 sprach sich dessen Mehrheit gegen den Professionalismus aus. Auf die Frage von Monsieur Genin, welche Politik der Klub angesichts des neuen Profistatuts verfolge, erläuterte Bernard-Lévy seine Sichtweise. Nach langer Diskussion (über die Kräfteverhältnisse des Pro und Contra gibt das handschriftliche Protokoll der Sitzung keine Auskunft, sondern bemerkt anonym »il est décidé« – es wurde beschlossen) hieß es, »dass der RCF nicht an der Aktion Professionalismus teilnehmen« werde und dass man keinem Profiklub erlauben werde, den Namen »Racing« zu tragen.

Doch Bernard-Lévy war von seiner Idee so beseelt, dass er gemeinsam mit Jules Rimet, dem Präsidenten des Fußballverbandes F.F.F.A., und anderen Gleichgesinnten nicht locker ließ. So kam es zu einem Treffen von Repräsentanten des RCF mit Rimet. Anschließend weichte die starre Haltung des RCF auf. Der ordentlichen Präsidiumssitzung am 11. Februar 1932, die gegen 22.30 Uhr im Festsaal von »Le Journal« geendet hatte, folgte auf Initiative von Präsident Pierre Gillou eine Sondersitzung, die nur ganze 45 Minuten dauerte. Jean Bernard-Lévy stellte das Profistatut vor, danach wurde abgestimmt. Mit 20 zu drei Stimmen – nur die Messieurs Bernstein, Champ und Genin waren dagegen – akzeptierte die nächtliche Männerrunde den folgenden Text: »Das Comité des RCF nimmt davon Kenntnis, dass Monsieur Jean Bernard-Lévy einen neuen Amateurclub nach dem Gesetz von 1901 gründen darf, der den Statuten des F.F.F.A. entspricht und der Profi-Spieler beschäftigen darf«. Und mit 18 zu fünf Stimmen – zu den Nein-Sagern gesellten sich noch Croisier und Faillot – nahm man zur Kenntnis, »dass der neue Club ... den Namen Racing Club de Paris« tragen wird.[5]

Jean Bernard-Lévy hatte die erste Etappe seiner Arbeit für den Fußball im RCF erfolgreich abgeschlossen. Bernard Morlino schreibt in seinem Buch »Les Défis du Racing«, Lévy habe mit dem RCF gebrochen und die Spieler und die Vereinsfarben einfach mitgenommen.[6] Das ist falsch, wie auch in der Zentrale des RCF anno 2001 bestätigt wurde. Im Gegenteil, ohne entscheidenden Dissens mit dem RCF waren die Modalitäten festgelegt worden, wie der Racing Club de Paris (RCP) im bzw. neben dem RCF existieren sollte.[7] Trotz der organisatorischen Trennung verband Bernard-Lévy weiterhin viel mit seinem alten Racing Club de France, dessen Leitungsmitglied er blieb. Misstrauische Traditionalisten belehrte er: »Auch wenn unsere Spieler aus administrativen Gründen beim Racing Club de Paris angestellt sind, bleiben sie vor allem Teil des Racing Club de France und verteidigen tapfer unsere Fahne.«

Racing Club de Paris

Der 15. März 1932 war der Stichtag des Nationalrats des F.F.F.A. für die Bewerber um einen Platz in der ersten Profiliga des französischen Fußballs. 20 Klubs hatten sich erfolgreich beworben und wurden in zwei Gruppen aufgeteilt. Aus Paris kamen vier Mannschaften: Cercle Athlétique, Red Star 93, Club Francais und der RCP. Dazu traten Olympique Antibes, FC Sête, SC Nîmes, FC Sochaux, AS Cannes, OGC Nice, S.O. Montpellier, Olympique Marseille, Olympique Alès, FC Hyères, FC Mulhouse, Excelsior Roubaix, FC Metz, Stade Rennes, SC Fives und Olympique Lille an. Die Beziehung zwischen dem RCP und dem RCF hatte Bernard-Lévy so geregelt: Der RCP sollte im Profibereich spielen, während der RCF mit allen seinen Mannschaften im Amateurbereich antreten und die Möglichkeit haben sollte, Spieler vom RCP auszuleihen. Vor Beginn der Saison 1932/33 trat der RCF ein allerletztes Mal im großen Fußball in Erscheinung. Eine Kombination aus RCF und Red Star 93 empfing im Mai 1932 den englischen Pokalsieger Newcastle United in Colombes.

Sein erstes Profijahr beendete der RCP als Tabellendritter der Gruppe A. Durch die Einführung des Profitums war Frankreich plötzlich für ausländische Spieler attraktiv geworden, und es kamen Spieler aus Österreich und Ungarn, in denen sich bereits die Vorzeichen des herannahenden Faschismus zeigten. Bernard-Lévy war ein weltoffener Mann, der immer schon den Unterschied im Niveau zwischen dem englischen und dem französischen Klub-Fußball beklagt hatte. Diese Diskrepanz wurde stets bei den traditionellen jährlichen Spielen gegen Arsenal London deutlich. Folglich litt auch die »Équipe Tricolore« darunter und erlitt im Februar 1933 eine 0:4-Schlappe gegen das so genannte österreichische »Wunderteam«. Der Zuschauer Bernard-Lévy hatte vor allem Augen für zwei Spieler aus Austria: Torhüter Rudi Hiden und Stürmer Gustav Jordan. Ihr Wechsel zum RCP für 80.000 Francs leitete die Internationalisierung der französischen Profiliga ein. Marseille verpflichtete die Ungarn Kokut und Eisenhoffer, Lille holte deren Landsmann Simonyi, während Sas zu Red Star 93 ging. Die Österreicher Stroh und Hiltl unterschrieben bei Racing Strasbourg bzw. in Roubaix, und die beiden Deutschen Wollweiler und Kaiser gingen zu Stade Rennes. Das größte Kontingent an ausländischen Spielern stellte Österreich, von wo auch Roman Schramseis, Georg Braun, Karl Gall, Adolf Vogel, Karl Duspekt, Karl Humenberger, Franz Hanreiter und Camillo Jerusalem gekommen waren. Auch nach dem Zweiten Weltkrieg spielten Österreicher in Frankreich, der Bekannteste war Ernst Happel, der von 1954 bis 1956 beim RCP war.[8]

Wie international der Fußball in Frankreich gerade in diesen Zeiten des Chauvinismus in Europa war, zeigt eine Idee, die Gabriel Hanot im »Mirroir des Sports« äußerte. Einen »Coupe d'Europe des Clubs« wollte er ins Leben rufen, »um chauvinistischen Erscheinungen im nationalen Einerlei vorzubeugen und entgegen zu wirken«. Was in Deutschland und in Italien geschah, beunruhigte die Nachbarn in Frankreich, zumal auch die instabile politische Lage im benachbarten Spanien Sorge bereitete. Da ein Wettbewerb im großen Stil, wie später ab 1955 der Europapokal der Landesmeister oder gar die Einführung einer Art Champions League aus Gründen nationaler Egoismen und Feindschaften damals nicht machbar war, tat sich der RCP mit dem »roten« Club Red Star 93 aus der traditionell kommunistischen nördlichen Pariser Vorstadt Saint Ouèn zusammen. Gemeinsam bestritten sie so genannte »inter-capitals«-Spiele gegen Teams aus europäischen Hauptstädten wie Wien, Prag und Budapest, in denen damals der beste Fußball auf dem Kontinent gespielt wurde. Diese Spiele brachten die Franzosen in ihrer Entwicklung voran und beugten nationalistischem Denken vor. Höhepunkt war das Spiel des RCP vor 40.000 Zuschauern in Colombes gegen eine Auswahl Spartak/ Dynamo Moskau.

Jean Bernard-Lévy, der aufgrund seiner geschäftlichen Aktivitäten mit vielen Menschen unterschiedlicher Nationalitäten zu tun hatte, war jegliches nationalistisches Gedankengut ein Gräuel. Mit Sorge betrachtete er die politische Entwicklung in den angrenzenden Ländern, war aber voller Vertrauen in die republikanischen Werte der französischen Gesellschaft.

Aufstieg an die nationale Spitze

Bernard-Lévy engagierte den englischen Trainer »Mister« George S. Kimpton, der nach dem 1:3 der französischen Nationalelf gegen Deutschland zudem noch das Amt des Nationaltrainers übernahm. Kimpton führte das W-M-System beim RCP ein, hatte aber alle Hände voll zu tun, um sich gegen die aufmüpfigen Spieler durchzusetzen. »Verfolgt eure Gegner bis zur Toilette«, wiederholte er immer wieder, wohl wissend, dass ihm dies keine Sympathien bei den Spielern einbrachte und zudem das Publikum gegen ihn aufbrachte: »Die französischen Spieler sind doch keine englischen Profis, Modelle an Disziplin und von großer Ernsthaftigkeit!« Doch mit der Zeit kamen die ausländischen und die französischen Spieler des RCP immer besser mit dem taktischen Konzept des »Mister« zurecht. Nach Platz elf 1934 und dem dritten Platz im Jahr darauf reichte es 1936 zum bis heute einzigen Meistertitel für den RCP. Die Vorwürfe, ihr Spiel sei zu ökonomisch, grausam anzusehen und nicht spektakulär genug, hatten das internationale Ensemble kalt gelassen.

Zwischen den Pfosten stand der exzentrische Österreicher Rudi Hiden, einst Keeper von Hugo Meisls »Wunderteam«, der sich drei Jahre später naturalisieren ließ und danach auch ein Länderspiel für Frankreich bestritt. Dabei hatte es gerade mit ihm zu Anfang seines Engagements beim RCP Probleme gegeben, aufgrund derer er in der Meistersaison nur acht Spiele absolvierte. Weil er wegen der Gestaltung seines Vertrags unzufrieden war, hatte Hiden es vorgezogen, erst einmal in Wien zu bleiben und abzuwarten. Ende September 1935 bequemte er sich dann nach Paris und schwärmte gegenüber Jean Bernard-Lévy von angeblichen Angeboten aus Spanien und Südamerika. Doch der seriöse Geschäftsmann behielt den Überblick und ließ sich nicht beirren, denn vorausschauend hatte er präventiv einen zweiten sehr guten Torhüter, François Roux aus Cannes, verpflichtet, und der machte seine Sache hervorragend. Mitte Dezember reiste der nach wie vor aufsässige und widerspenstige Hiden erneut zurück nach Wien, wo man ihm eine Rolle in einem Zirkusfilm angeboten hatte. Er musste sich dabei von den Zirkusbesuchern Bälle auf ein in der Manege platziertes Tor schießen lassen. Für Geld tat Hiden fast alles. Doch als es in der Meisterschaft in die Schlussrunden ging, schuf der RCP die Grundlage für seinen Triumph. Hiden wurde nach Paris beordert, wo er am 28. Januar 1936 eintraf. Am 23. Februar, knapp vier Wochen später, kehrte er ins Tor des RCP zurück und half mit, zunächst den Anschluss an die führenden Mannschaften aus Lille und Strasbourg zu halten, sie noch zu überholen und Meister zu werden.

Der zweite Österreicher, der sich 1938 naturalisieren ließ – auch eine Reaktion auf den von den Nazis erzwungenen Anschluss an Deutschland –, war Gustav Jordan. Jules Mathé kam gebürtig aus Ungarn und wurde 1939 Franzose, weil er panische Angst davor hatte, in seine Heimat zurückzukehren und dort zu spielen. Er fürchtete dort starke Kräfte, die offen mit den Nazis kollaborierten. Außer den Franzosen Robert Mercier, Émile Veinante, Roger Couard, Maurice Banide, Raoul Diagne, Maurice Dupuis und Edmond Delfour gab es noch den englischen Mittelstürmer Frederick Kennedy. Diese von Lévy und Kimpton sorgfältig und planvoll zusammengestellte Mannschaft eiferte dem FC Sête nach und holte nach dem Titel auch den französischen Pokal. Zweitdivisionär F.C.O. Charleville, in dessen Reihen außer den beiden Österreichern Myrka und Bieber mit Helenio Herrera der spätere Trainer von Inter Mailand stand, zog mit 0:1 den Kürzeren. Am Gewinn des Double hatten außer den genannten RCP-Akteuren auch Branca, Ozenne, Zivkovic, Roux, Gantheroux und Schmitt ihren Anteil. Zu einem Freund sagte Präsident Bernard-Lévy, außer sich vor Freude: »Du kannst mich heute als Schwachsinnigen bezeichnen, aber nicht als Fußballkundigen!«

Aber der Fußball war es nicht alleine, was in diesem erfolgreichen Jahr den Mann an der Spitze des RCP beschäftigte. In der französischen Politik tobte, am Vorabend des Spanischen Bürgerkriegs und in unmittelbarer Nachbarschaft zu den faschistischen Staaten Deutschland und Italien, der Kampf zwischen links und rechts. »Die Volksfront gegen den Faschismus!«, titelte die Zeitung »L'Oeuvre«, die Bernard-Lévy am Abend vor der entscheidenden Wahl zur Nationalversammlung und vor dem Pokalfinale las. Er ahnte, dass sich eine neue Seite der französischen Geschichte abzuzeichnen begann, zog es aber vor, seine Gedanken dem Fußball zu widmen. In den frühen Morgenstunden nach der Pokalfeier verließ ein zufriedener Präsident das »Grand Hôtel de la Rue d'Enghien«. Er kaufte sich an der Place de l'Opéra alle Pariser Morgenzeitungen und schlug die Sportseiten auf. »Racing hat den Pokal geholt« (»Le petit Parisien«), »Sieg! Racing triumphiert!« (»L'Humanité«) und »Die Partei von Racing erringt einen eklatanten Sieg!« (»Le Populaire«).

Doch der RCP war nicht der alleinige Sieger des Sonntags. Auf Seite eins prangten die Lettern: »Die Volksfront hat gesiegt!« Léon Blum vom Sozialistischen Parteienbündnis S.F.I.O. sollte neuer Präsident werden und die Polarisierung in Frankreich weiter zunehmen. Der RCP und die Volksfront hatten zusammen gewonnen. Und Mussolinis Truppen hatten Addis Abeba eingenommen. Die internationalen Spannungen nahmen immer mehr zu...

Die »Pingouins«, wie der RCP wegen seiner Spielkleidung vom Volksmund genannt wurde, waren also erfolgreich und bewiesen allen Skeptikern im RCF, dass der Schritt in den Professionalismus der richtige war. Bei der Generalversammlung des RCF zog Bernard-Lévy, der weiterhin dem Präsidium des Renommierklubs angehörte, eine positive Bilanz: »Hätten wir denn das Recht gehabt, die Früchte unserer langjährigen Arbeit anderen zugute kommen zu lassen? Ich sage nein! In Meisterschaft und Pokal haben wir glänzend abgeschnitten, und bei den internationalen Spielen gegen Moskau und Arsenal haben wir mehrere hunderttausend Franc eingenommen, die wir dem Hilfswerk der Kriegshinterbliebenen zur Verfügung stellen konnten.« Innerhalb von vier Jahren seit der Gründung des RCP hatte sich die Anzahl der Fußballmannschaften im Verein von 16 auf 52 erhöht. Sie spielten in den Ligen der Region Île-de-France um Punkte und trugen die guten Namen von RCF und RCP hinaus in die Provinz. Der Erfolg und die Umsicht von Jean Bernard-Lévy hatten erst gar keine Probleme zwischen Stammverein und Profi-Abkömmling aufkommen lassen.

In der Saison 1936/37 reichte es zwar nicht zur Titelverteidigung, aber dafür gelang ein 2:1-Prestigesieg in einem Freundschaftsspiel gegen den FC Chelsea, der als erste englische Profimannschaft auf britischem Boden gegen eine französische Elf verlor. Nach einem weiteren eher mittelmäßigen Jahr ohne Titel erreichte der RCP 1939 das Pokalfinale gegen Olympique Lille. Der Elsässer Oscar Heißerer, der Argentinier Perez von San Lorenzo de Almagro und die Franzosen Aston und Zatelli verstärkten die »Pingouins«, deren Sportdirektor Marcel Galey einen echten Pinguin aus dem Zoo von Vincennes mit nach Colombes gebracht hatte, um das immer internationaler zusammengesetzte Team stilgerecht zu unterstützen. Das Tier brachte Glück, der RCP siegte mit 3:1, doch die Freude über den sportlichen Erfolg wurde überdeckt von der unerfreulichen politischen Entwicklung in Europa, das nun geradewegs auf einen massiven Konflikt zusteuerte.

Zwar hatte man in Frankreich sowohl Mussolinis Wirken in Italien wie auch Hitlers Machtergreifung in Deutschland registriert, doch man hielt diese Entwicklungen für nationale Episoden, die genauso vorübergehen würden wie der Spanische Bürgerkrieg und die Errichtung der Franco-Diktatur. Doch die französische Politik hatte sich verrechnet und, wie England, viel zu lange zugesehen, ohne einzugreifen. Und dazu war es nun zu spät, denn im Inneren Frankreichs tobte ein politischer Richtungskampf zwischen den großen Lagern, der alle Kräfte band und der wenige Jahre später den Nazi-Okkupanten nützen sollte. Der wirkliche Ernstfall trat für die französische Politik im September 1939 ein, als Hitlers Armee Polen überfiel und damit den Zweiten Weltkrieg anzettelte. Dadurch änderte sich von heute auf morgen alles, auch für den französischen Fußball.

Am 3. September 1939 um elf Uhr, vier Stunden nach Großbritannien, befand sich Frankreich im Kriegszustand mit Deutschland. Es wurde mobilisiert, und im Winter 1939/40 befanden sich die besten französischen Spieler – vom RCP waren es Dupuis, Diagne, Heißerer, Mathé sowie Präsident Bernard-Lévy – in Uniform an der Front. An einen regulären Spielbetrieb war nun nicht mehr zu denken. Die Kommission für Profifußball im F.F.F.A. schuf aus der Not heraus einen Wettbewerb in den drei geografischen Zonen Nord, Südost und Südwest, bei dem der geschwächte RCP im Norden den 9. Platz belegte. Ein Finale konnte nicht mehr ausgespielt werden, die deutschen Panzer kamen zu schnell...

Das Pokalendspiel konnte aber noch ausgetragen werden. Am 5. Mai 1940, während sich die französische und die englische Flotte im Mittelmeer versammelten, um den Deutschen ihre vereinte Macht zu demonstrieren, pilgerten 30.000 Zuschauer in den Parc des Princes, der den Stade de Colombes als Austragungsstätte solcher großen Spiele abgelöst hatte. Der RCP traf auf Olympique Marseille und konnte mit Ausnahme von Veinante, den die Armee nicht freigestellt hatte, alle seine »Spieler in Waffen« einsetzen: Dupuis, Diagne, Heißerer, Mathé sowie Hiden, Hiltl und Jordan, die drei Österreicher, die alle ihr neues Land verteidigen mussten. Marseille ging mit 1:0 in Führung, doch Roulié und Mathé sicherten den 2:1-Sieg für den RCP.

Am 5. Mai 1940 gewinnt Racing noch einmal den französischen Pokal. Zu dieser Zeit ist Jean Bernard-Lévy (links, in Uniform) bereits zur Armee einberufen. Elf Tage später stirbt er an der Front.

Es war der dritte Pokalsieg für die »Pingouins«, und keiner war glücklicher an diesem Tag als Jean Bernard-Lévy, dessen Engagement und Geradlinigkeit der Klub seinen Aufstieg an die nationale Spitze zu verdanken hatte.

Besatzungszeit und Vichy-Regierung

Fünf Tage später fielen die Nazi-Truppen in Holland, Belgien und Luxemburg ein, die deutsche Offensive gegen Frankreich hatte begonnen. Aus Paris flohen die Menschen, vor allem Juden aus dem Marais und anderen Vierteln, vor den Aggressoren. Capitaine (Hauptmann) Jean Bernard-Lévy verließ Paris in die umgekehrte Richtung. Das Regiment, dem er angehörte, sollte das Eindringen der Deutschen nach Nordfrankreich von Belgien aus verhindern. Für Jean Bernard-Lévy war der Sieg seines Klubs gegen Marseille seine letzte sportliche Freude. Am 16. Mai 1940 wurde er im Kampf von den deutschen Okkupanten getötet.

Bald befand sich der gesamte Norden Frankreichs in deutscher Hand. Am 14. Juni 1940 marschierte Hitlers Armee in Paris ein, drei Fünftel Frankreichs waren jetzt deutsch besetzt. An Fußball war kaum noch zu denken, die einzelnen Zonen waren nicht mehr durchlässig. Der FC Toulouse aus der »freien Zone« (»zone libre«) war Nutznießer der Flucht zahlreicher Profis, die sich aus Paris in Richtung Süden aufgemacht hatten. Aus Angst vor den brutal auftretenden deutschen Soldaten hatten sie der Hauptstadt adieu gesagt. Vom RCP waren Dupuis, Diagne, Schmitt, Bastien und Zatelli bei den Toulousains gelandet; dazu kamen Frey vom FC Metz, Marek vom RC Lens, Curt Keller von Racing Strasbourg und Facinek vom FC Sochaux. Zahlreiche Fußballer waren gefallen, darunter Jacques Mairesse, und andere, wie z.B. Jean-Marie Prévost, waren in deutsche Kriegsgefangenschaft geraten.

Die französische Vichy-Regierung, eine Versammlung opportunistischer Politiker ohne moralische Grundsätze, kollaborierte nicht nur mit den Besatzern, sondern übertraf die Härte und Grausamkeit der Deutschen zuweilen gar in einer Art vorauseilenden Gehorsams. An der Spitze der französischen Marionettenregierung stand Marschall Pétain, dem man im Juli 1940 in Vichy die Regierungsvollmachten übertragen und der die »nationale Revolution« als Ziel proklamiert hatte. Allen Minderheiten und Unangepassten ging es nun schlecht: Freimaurerlogen wurden aufgelöst, Kommunisten verfolgt, und vor allem wurde man nicht müde, eine antijüdische Hetze zu verbreiten. Proklamiert wurde, wie die Professorin Barbara Vormeier von der Université de Lyon im September 2000 bei einem Symposium im Jüdischen Gemeindezentrum Mannheim ausführte, der »Kampf gegen die kapitalistische Plutokratie«, was nichts anderes hieß, als dass man die Juden eliminieren wollte. Diejenigen Juden, die französischer Nationalität waren, wurden per Gesetz vom öffentlichen Leben ausgeschlossen und als Parias ins Abseits gestellt. Dies bedeutete einen tiefen Einschnitt in die französische Gesellschaft. Ende 1939 lebten 270.000 Juden in Frankreich, drei Viertel davon in Paris. Die offene Atmosphäre des Zusammenlebens der Kulturen in Paris hatte auch Juden aus Belgien und den Niederlanden angezogen, so dass es 1940 ca. 300.000 Juden waren, die in Frankreich lebten, davon mehr als die Hälfte in großer Gefahr in den besetzten Gebieten.[9]

Im Sport bekämpfte das Vichy-Regime unerbittlich den Professionalismus und glorifizierte den Amateurismus. Fußballspiele verkürzte man willkürlich auf 80 Minuten, die Spieler wurden ihren Vereinen entzogen und 16 regionalen Auswahlmannschaften zugeordnet. Die »Équipe Fédérale Paris-Capitale« hatte vereinzelt auch Spieler des RCP in ihren Reihen, der Rest der polyglotten Mannschaft war in alle Winde verstreut. Ihrer aller gedachte der Nachfolger von Jean Bernard-Lévy als Präsident des RCP,

Monsieur Dehaye, als er 1943 vor den Mitgliedern des Klubs an Bernard-Lévy, an den ebenfalls im Krieg getöteten Generalsekretär des RCF, Georges Hoffherr, und an die im Krieg gefallenen und die vor den Nazis geflohenen Spieler erinnerte (»Gedenken wir derer, die durch die Ereignisse gezwungen wurden, Paris zu verlassen: Peduzzi, Mathé, Heißerer, Barbier«).

Dem Einmarsch der Hitler-Truppen und der Besetzung von Paris folgten Übergriffe und repressive Maßnahmen, auch im jüdischen Viertel Marais, wo man vor allem rund um die Rue des Rosiers darauf achtete, dass alle Juden einen Judenstern trugen. Juden durften in nicht-jüdischen Geschäften nicht mehr einkaufen und wurden aus den anderen Stadtvierteln systematisch verjagt. 1942 forderten die Besatzer von den Vichy-Kollaborateuren, dass »ganz Frankreich judenfrei«[10] gemacht werden müsse. Zunächst wurde nach der »Wannsee-Konferenz« im Januar 1942 die »Auswanderung deutscher Juden aus Frankreich« angeordnet. Ihr fremdbestimmter Weg führte meist direkt in das Vernichtungslager Auschwitz. Insgesamt wurden bis 1944 um die 70.000 französische Juden nach Auschwitz deportiert. Am 16. Juli 1942 fand in Paris eine berüchtigte Razzia statt, bei der die französische Polizei Hunderte von Männern, Frauen und Kindern im Marais verhaftete. Sie wurden zusammen mit den Juden vom Montmartre und aus den anderen Stadtvierteln im Radstadion Vélodrôme d'Hiver (Vel d'Hiv) zusammengetrieben.[11]

»Trauer und Scham«

Fast auf den Tag genau fünf Jahre nach dem dritten Pokalsieg gegen Marseille gewannen Jean Bernard-Lévys »Pingouins« mit einer neu zusammengestellten Mannschaft aus alten (Dupuis, Jordan, Heißerer) und neuen (Molinuevó, Bongiorni, Vaast) Spielern mit einem 3:0 gegen Olympique Lille zum vierten Mal den Pokal.

Während der RCF wie geschildert schon frühzeitig seine gefallenen und vertriebenen Sportler ehrte, tat sich der französische Staat sehr viel schwerer damit, sich dem Gräuel des Krieges und des Vichy-Regimes zu stellen. Erst im April 1999 war es die kommunistische Sportministerin Marie-George Buffet aus der Regierung von Lionel Jospin, die eine Gedenksäule zu Ehren der deportierten bzw. im Krieg gefallenen Sportlerinnen und Sportler enthüllte. Buffet setzte auch eine Studienkommission ein, die das Geschehen in der Sportpolitik in Frankreich von 1940 bis 1944 aufdecken soll. Die ursprüngliche Initiative hierzu ging 1997 vom »Kongress der Jüdischen Studentenunion Frankreichs« aus. »Eine Identität definiert sich nicht nur durch die Momente des Sieges, der Größe und der Freude«, sagte der damalige Ministerpräsident Jospin zum Gedenken an die Opfer, »eine Identität wird auch geprägt von der Trauer, vom Leiden und sogar der Scham.«

Jean Bernard-Lévy, der Racing Club de Paris und der Racing Club de France bilden auch heute, mehr als 60 Jahre nach dem Tod des kreativen Sportsmannes, eine unzertrennliche Einheit, auch wenn der RCP nach heftigen Turbulenzen, Neugründungen sowie nach einem wirtschaftlich bedingten Lizenzentzug 2002 in die Amateurklasse zwangsversetzt wurde.

Im Foyer des RCF in der Rue Eblé blicken die Mitglieder des heutigen Präsidiums und die Besucher des Klubs auf eine große Gedenktafel. Auch Jean Bernard-Lévy hat dort seinen Platz. Als Anerkennung für seine Verdienste um den RCP und den RCF hat ihm der Racing Club de France nach dem Krieg posthum die Goldmedaille des Klubs verliehen.

Anmerkungen

1 Christoph Lennert: »Boutiquen, Galerien und koscheres Essen«, ohne Angabe, »Trierer Bistumsblatt PAULINUS« (www.paulinus.de). Marc D. Herzka: »Jüdische Objekte im Marais präsentiert«, »Zürcher Tages-Anzeiger« vom 20.3.1999 (www.tages-anzeiger.ch)
2 »Ciel & Blanc«, Monatsmagazin für die Vereinsmitglieder des Racing Club de France, Paris
3 J. Thibert/ J.-Ph. Réthacker: »La fabuleuse histoire du Football«, Paris 1974
4 Telefon-Interview mit Louis Bernard-Lévy, Neffe von Jean Bernard-Lévy. Louis Bernard-Lévy, heute über 80 Jahre alt, ist dem Fußball als Ehrenmitglied von Girondins de Bordeaux verbunden. Auch die Witwe von Jean Bernard-Lévy war bei Abfassung dieses Beitrags noch am Leben. Mit ihren über 90 Jahren zwar nicht mehr allzu gut auf ihren Beinen, aber geistig durchaus rüstig. Ihren im Zweiten Weltkrieg getöteten Mann verehrt sie noch heute, wie Monsieur Louis berichtet, »auf kultische Art«.
5 Protokolle der Präsidumssitzungen des Racing Club de France von 1930 bis 1936 (unveröffentlichtes Eigentum aus dem Archiv des RCF), Paris
6 Bernard Morlino: »Les Defis du Racing«, Paris (ohne Jahr)
7 »Revue Mensuelle des Sports«, monatliches Mitgliedermagazin des Racing Club de France aus den 30er Jahren (unveröffentlichtes Eigentum aus dem Archiv des RCF), Paris
8 J. Thibert/ J.-Ph. Réthacker, 1974.
9 Barbara Vormeier: »Menschen in Gurs«, ohne Ort und Jahr, vergriffen. Landeszentrale für politische Bildung Baden-Württemberg: »…und es geschah am helllichten Tag«, Stuttgart (ohne Jahr). Bibliografie zum Holocaust in Frankreich (www.amgot.org)
10 Vormeier
11 J.C.: »L'indispensable mémoire du sport« »L'Humanité« vom 22.4.1999 (www.humanite.fr)

Werner Skrentny

Hakoahs Exodus: Importe für die US-Profiligen

Der Fußball in den USA wird aus europäischer Sicht eher argwöhnisch betrachtet und als Randsportart wahrgenommen; dominierend seien doch American Football und Baseball und Basketball und Eishockey. Das mag stimmen, und dennoch hat diese Sportart in den Vereinigten Staaten eine fast so lange Tradition wie in Deutschland auch. Eine wesentliche Rolle haben dabei im klassischen Einwanderungsland USA immer die Zuwanderer gespielt, zu denen in den 1920er Jahren eine komplette österreichische Meister-Mannschaft jüdischen Glaubens gehörte, nämlich die in diesem Buch bereits an anderer Stelle beschriebene Hakoah Wien; hinzu kamen viele jüdische Fußballer, die ihre Heimat freiwillig und unfreiwillig verließen.

Die Hakoah aus Wien, österreichischer Meister des Jahres 1925, war 1926 auf Tournee in die USA gegangen. Sie hatte zuvor bereits Palästina, Ägypten und Polen bereist, nun war sie nach dem Pilgrims F.C. (1905 und 1909, ein englisches All-Star-Amateur-Team), den Corinthians London (1906, 1911 und 1922) und den Dick Kerr Ladies aus Preston (1922) der vierte europäische Fußballklub, der in Nordamerika antrat. Es sei kurz erwähnt, dass die Dick Kerr Ladies ein Unikum der Fußballhistorie darstellten. Dieses Frauenteam, Werksmannschaft einer von den Schotten W. B. Dick und John Kerr geleiteten Fabrik für Beleuchtung in Preston in Nordengland, war während des Ersten Weltkriegs entstanden, als die Männer an der Front waren. Die Ladies spielten in den USA ausschließlich gegen Männermannschaften, ihre sportliche Bilanz konnte sich sehen lassen.

Nun aber kam mit Hakoah Wien ein Männerteam und bescherte dem US-Soccer einen Zuschauerzuspruch, den der bis dahin nicht gekannt hatte. Abgesehen vom Sensationscharakter der Gastspiele besaß die rein jüdische Mannschaft in New York entsprechende Zugkraft. Bis heute beherbergt die Millionenstadt die größte jüdische Gemeinde der Welt. Im 19.

Jahrhundert waren Juden aus Deutschland (vor allem aus Bayern) und Böhmen eingewandert, jene Generation, die in der Neuen Welt zuweilen Traumkarrieren machte: vom Hausierer zum Kaufhauskönig, Fabrikant oder Finanzier, vom Kleiderhändler zum Filmmogul. Infolge von Antisemitismus und Pogromen begann in den 1880er Jahren die Zuwanderung osteuropäischer Juden. 850.000 kamen bis ins Jahr 1905, und es waren die zu Wohlstand gekommenen Glaubensgenossen der New Yorker Upper East Side, die den Neuankömmlingen bei der sozialen Eingliederung halfen.

Ein Zuschauerrekord, der 51 Jahre lang bestand

So sah denn »die jüdische Stadt« New York das erste Auftreten der jüdischen Fußballer aus Wien. 25.000 erlebten ein 3:1 gegen die Brooklyn Wanderers, eine Profielf aus der American Soccer League (ASL). Deren Eigentümer war Nathan Agar, ein jüdischer Einwanderer aus England, dem bei der Verpflichtung der Österreicher für die Gastspiele eine wesentliche Rolle zukam. 30.000 kamen zum zweiten Spiel, dem 0:0 gegen die Lavenders, 36.000 wurden beim 4:0 über eine New Yorker Auswahl gezählt. Die Besucherzahl am 1. Mai 1926 in den Polo Grounds von New York, bis 1923 Heimstätte der berühmten New York Yankees-Baseballer, danach der New York Giants, belief sich gar auf 46.000 – das war Rekord für Fußball in den USA und eine Bestmarke, die bis 1977 (!) Bestand hatte. Erst dann schraubte Cosmos New York mit Pelé, Beckenbauer und Chinaglia die Bestmarke in ungeahnte Höhen: 77.691 Besucher gegen Fort Lauderdale (mit Gerd Müller).

Ausgerechnet die meistbesuchte Partie verlor die Hakoah gegen die New York Stars (eine Kombination von Indiana Flooring und New York Giants, Letztere nicht zu verwechseln mit dem Baseballteam) mit 0:3, obwohl sie nach Zeitzeugenberichten 87 Minuten in Ballbesitz gewesen sein soll. Noch ein Jahrzehnt später galt diese Partie als Legende: Dr. Gus Manning, ein wichtiger Mann im US-Fußball, war voll des Lobes über die Wiener, und Nathan Straus, der Kauf-

»The Mascotte« – das »Maskottchen« des SC Hakoah Wien für die USA-Tournee 1926.

Foto: Illustriertes Sportblatt Wien

1926 besuchte Hakoah Wien erstmals Nordamerika und spielte u.a. gegen eine New Yorker Auswahl. Nach der Tournee entschlossen sich die meisten Spieler dazu, in den USA zu bleiben.

haus-König von »Macy's«, hatte als Besucher auf der Ehrentribüne angesichts der Mannschaft mit dem Davidstern auf der Brust vor Freude geweint. Schließlich empfing sogar US-Präsident Calvin Coolidge die Wiener, ebenso New Yorks Bürgermeister Jimmy Walker.

Bereits am nächsten Tag ging die Tournee weiter, 6.000 kamen ins Cycledrome von Providence in Rhode Island (2:2), 22.000 sahen das Gastspiel im Ebbets Field Brooklyn (6:4), 6.000 waren in Jersey City in New Jersey (3:3),

30.000 wiederum in den New Yorker Polo Grounds (2:1) und 25.000 in Philadelphia (3:0).

Mit folgendem Kader hatte Hakoah Wien die Tournee vom 20.4. bis 31.5.1926 bestritten: Alexander Fabian (7 Spiele), Max Gold (7), Vogelfanger (2), Alex Hess (5), Albert (Béla) Guttmann (5), Max Scheuer (4), Leo Drucker (3/1 Tor), Jacob Wegner (2), Gustav Pollak (6), Josef Eisenhoffer (6/3), Alexander Neufeld (7/2), Moritz Häusler (4), Heinrich Schönfeld (6/9), Siegfried Wortmann (5/2), Josef Grünfeld (1), Max Grünwald (1); weiter wurden Ernö Schwarz, Theodor Wegner und Alfred Kraust eingesetzt, Trainer war Valentin Rosenfeld.

Tour-Managerin von Hakoah war die aus Budapest gebürtige Jüdin Anna Lederer, die in den USA aufgewachsen war. Als Anna Lederer Rosenberg Hoffman (1902-1983) machte sie bei den Demokraten später eine bemerkenswerte politische Karriere und wurde 1950 – obwohl »unamerikanischer Aktivitäten«, also der Sympathie für den Kommunismus verdächtig – zur Assistant Secretary of Defense ernannt, der bis dahin höchsten Position für eine Frau beim Militär.

Trotz des großen Besuches wurde die Tournee ein finanzieller Misserfolg für die Hakoah. Das Minus belief sich auf 30.000 $, die örtlichen Veranstalter hatten wohl zu viele Freikarten ausgegeben. Nach Rückkehr in Wien trat denn auch der Präsident des Klubs zurück.

Exodus jüdischer Kicker

Diese erste USA-Tournee 1926 bedeutete gleichzeitig das Ende der österreichischen Meistermannschaft. Ein Akteur nach dem anderen heuerte entweder sofort oder kurz darauf in der professionellen ASL an, deren Geschichte dank Colin Jose und Dave Litterer inzwischen vorzüglich dokumentiert ist. Insgesamt 15 Hakoahner, darunter die Besten, blieben mit der Zeit in New York. Sie wirkten allerdings erst einmal in keiner gemeinsamen Mannschaft, sondern für verschiedene Klubs.

Die New York Giants verpflichteten die ersten Hakoah-Spieler, darunter den späteren Weltklasse-Trainer Béla Guttmann, einen Ungarn (siehe eigenes Kapitel in diesem Buch), und Ernö Schwarcz, ebenfalls Magyare und später eine bedeutende Persönlichkeit im US-Fußball. Andere Wiener hatten bei den Brooklyn Wanderers unterschrieben, dem Team des jüdischen Besitzers Nathan Agar, darunter Torjäger Josef Eisenhoffer. In Briefen in die Heimat klagten die Wanderers-Profis, sie müssten »so viel roboten« (d.h.

arbeiten), und »die Arbeitsmaschine für einen Menschen (Anm.: gemeint war Manager Agar) abgeben«. Wohl aber verdienten die Brooklyner Gastspieler gut, denn anfangs unterstützten sie ihre Kollegen bei den Giants, die offensichtlich nicht so viel bekamen. Die Spielerimporte jedenfalls zahlten sich aus, denn 1927 gewannen die Wanderers den Nathan Straus Cup, den der jüdische Besitzer des weltberühmten Kaufhauses »Macy's« gestiftet hatte. Anfang 1927 meldete Torjäger Eisenhoffer nach Hause, die Profis aus Zentraleuropa seien nun »Oberhelden von ganz Amerika«, bekannter noch als Boxweltmeister Jack Dempsey und der Goldmedaillenschwimmer von 1924, Johnny Weissmüller, was wohl maßlos übertrieben war. Einen Bekanntheitsgrad, in welchem Umfang auch immer, besaßen die Profifußballer allenfalls an der Ostküste.

Als die berühmte Sparta Prag, Meister der CSR, im Herbst 1926 in die USA kam, spielten die früheren Wiener bereits für ihre neuen Klubs. Die Brooklyn Wanderers erreichten im Ebbets Field, dem größten Stadion des

Mitteleuropäische Spieler-Importe für die New York Giants in der American Soccer League (von links): Eisenhoffer, Häusler, Nemes, Guttmann, Grünwald.

Foto: Illustriertes Sportblatt Wien

Borough Brooklyn in New York, ein 3:3, in einer zweiten Begegnung gelang sogar ein 3:1 über die »Geflickten« von der Moldau. Beim 0:6 der New York Giants gegen Sparta boten die Gastgeber zwei Ex-Wiener auf.

Ein zweites Mal ging Hakoah Wien vom 20.4. bis 9.7.1927 auf USA-Tournee. Der Kader hatte sich in Anbetracht der zahlreichen Abgänge gegenüber dem Vorjahr wesentlich verändert. Zwar durften Guttmann (4 Spiele), Grünwald (3 Spiele/5 Tore), Häusler (4/2) und Schwarz (4) von den New York Giants dank einer Sondergenehmigung bei ihrem Stammklub mitwirken, auch Fabian (6), Gold (5/1), Grünfeld (0) und Wortmann (5) waren bei der ersten US-Tournee im Vorjahr dabei gewesen, sonst aber las man andere Namen:

Barback I (1 Spiel), Barback II (2), Beer (0), Feldman (3), Fischer (6/2, der Torhüter spielte im Feld!), Richard Fried (6/Nationalspieler)), Heinrich Fuss (0), Alex (oder Alois) Hess (5), Norbert Katz (1), Kestler (1), Kovacsi (1), Mausner (2), Rudolf Nickolsberger (4/2), Max Scheuer (6), Joseph Strohs (oder Stross) (4), Weiss (0), Siegfried Wortmann (5), Jacob Wegner (unbek.).

Bei dieser zweiten Tournee trug Hakoah, als »Europameister« angekündigt (am EM-Vorläufer Mitropa Cup hatte allerdings Rapid Wien als österreichischer Vertreter teilgenommen) 13 Begegnungen aus, davon eine in Toronto in Kanada; die Bilanz lautete: 5 Erfolge, 5 Remis, 3 Niederlagen. Die meisten Besucher zählte man mit 40.000 genau ein Jahr nach dem Polo-Grounds-Rekord in New York an gleicher Stätte beim 2:2 gegen die New York Giants. Bald darauf gab auch der jüdische Verein Maccabi F.C. Tel Aviv aus Palästina mit etlichen Spielern aus dem deutschen Sprachraum ein Gastspiel in USA; Torwart Fischer aus Wien war in allen Begegnungen Schlussmann der Maccabi. Was auch immer schief gelaufen sein mag bei dem Gastspiel: Nach Rückkehr in Palästina wurde die Mannschaft aufgelöst.

Auch nach dieser zweiten Tournee in Übersee gab Hakoah Wien wichtige Akteure an die American Soccer League ab. Innenstürmer Siegfried Wortmann z.B. unterschrieb bei den New York Nationals, mit denen er 1928 gegen die Chicago Bricklayers (1:1 n.V. in New York, ein Wortmann-Tor; 3:0 im Soldier Field Chicago vor 15.000, ein Wortmann-Treffer) den US-Open Cup gewann.

Den Aderlass konnte Hakoah in Wien letztlich nicht verkraften: 1928 stieg man aus der 1. Liga Österreichs ab, kehrte 1929/30 noch einmal zurück, um postwendend wieder abzusteigen. Erstklassig war man dann wieder von 1931 bis 1937, spielte aber stets auf den hinteren Rängen mit. Man hatte darauf verzichtet, aus dem Gebiet der einstigen Kaiserlich-Königlichen (k.u.k.) Monarchie weitere Stars z.B. aus Ungarn oder der CSR zu verpflichten, sondern baute auf Eigengewächse.

Bei ihren Anhängern nahm man den Exodus der Hakoahner nach USA »in jüdischen Kreisen, weit über Wien hinaus«, mit »Bestürzung und Aufregung« auf. »Der jüdische Sportklub Hakoah hat in der heurigen Fußballsaison (Anm. d. V.: 1927/28) viele Spiele verloren und ist aus der Meisterklasse gestrichen worden. Und wie seinerzeit der Aufstieg dieses Klubs als ein großer jüdischer Sieg gefeiert wurde, wird heute sein Abstieg als eine jüdische Niederlage bezeichnet« (Robert Stricker, in: »Neue Welt«, 1928). Dabei war die Erfolgsmannschaft selbst innerhalb der jüdischen Presse umstritten gewesen. Die Tageszeitung »Der Morgen« beklagte Mitte der 1920er Jahre, bei den Blau-Weißen spiele mit Max Scheuer nur ein Mann aus dem eigenen Nachwuchs, ansonsten seien dort Akteure, »aus allen möglichen Ländern, von allen möglichen Vereinen zusammengekauft. Für sie bedeutet der Name Hakoah nichts anderes als ein Unternehmen, das am Ersten pünktlich die Gage zu zahlen hat.«

1927 registrierte dieselbe Zeitung angesichts der »Tragödie Hakoah« bei dem jüdischen Klub »Zerklüftung, Demoralisierung und Zerfall«. Die sozialdemokratische »Arbeiter-Zeitung« spottete im September 1926: »Die Hakoah ist ausgezogen, um ausgerechnet mit einer Professionalmannschaft die geistige Einigung des Judentums herbeizuführen. Da kam der reiche Onkel aus Amerika und nahm ihr die gehätschelten Lieblinge fort. Ja, wenn man mit Geld eine Idee verkörpern will, da kann man eben durch einen schweren Dollarsack überwunden werden.« Der erwähnte Max Scheuer, österreichischer Nationalspieler, flüchtete später vor den Nazis von Österreich nach Frankreich und ist nach der Besetzung des Landes durch die Deutschen ermordet worden.

Auch ein anderer populärer österreichischer Klub, die Wiener Amateure, die sich Ende 1926 in FK Austria umbenannten und heute Erstligist mit dem Namen FK Austria Memphis sind, litt unter dem jüdischen Exodus. Kalman Konrad II, der damals als bester Spieler der Donaustadt galt, verschwand im Herbst 1926 »bei Nacht und Nebel« in die USA. Gemeinsam mit ihm gingen die österreichischen Nationalspieler (und Nicht-Juden) Hans Tandler (17 Berufungen 1924-30) und Viktor Hierländer (5, 1920 mit der SpVgg Fürth Deutscher Vizemeister).

Nathan Agar, ein New Yorker Pionier

Eine der Triebfedern bei der Verpflichtung der Mitteleuropäer in die US-Profiliga war der erwähnte Nathan Agar (1887-1978), der aus Sheffield in England stammte. Der jüdische Fußball-Pionier hatte mit 17 Jahren den Sport 1904 in New York eingeführt, 1905 den ersten US-Klub namens »The Critchleys« in Coney Island in Brooklyn, die erste New Yorker Liga und die Organisation New York State Associated Soccer ins Leben gerufen. 1913 war er Mitgründer der US-Football Association. Noch 1911 spielte Agar in der New Yorker Auswahl gegen die legendären Corinthians aus London. Später fungierte der allseits respektierte und zuverlässige Geschäftsmann als Präsident der International Soccer League mit Klubs aus USA und Kanada. Nathan Agar war ab 1922 oder 1923 Besitzer der Brooklyn Wanderers, für die er als Außenstürmer in der ASL siebenmal auflief. 1929 dann bildete er das Hakoah-All-Stars-Team, das sich fast ausschließlich aus Spielern jüdischen Glaubens zusammensetzte.

1927/28 spielten die Ex-Hakoahner wie beschrieben bei unterschiedlichen Klubs (Max Grünwald verpasste mit 29 Toren in 51 Spielen um einen Treffer die Torjäger-Krone). Gegner in Freundschaftsspielen war u.a. Uruguay, der Olympiasieger von 1924, ehe die Liga 1928/29 vom Soccer War, dem US-»Fußballkrieg«, betroffen war. Einmal nahm der Weltverband FIFA, bei dem die Fußball-Verbände von Österreich, Ungarn, der Tschechoslowakei und Jugoslawien interveniert hatten, bei seiner Tagung am 4.6.1927 in Helsinki Anstoß an den zahlreichen Verträgen der ASL mit europäischen Spielern. Zum zweiten weigerte sich ein Teil der Profiklubs, während der Punkterunde im Pokal, dem National Challenge Cup, mitzuwirken. Drei ASL-Klubs, die an diesem Wettbewerb teilnehmen wollten, wurden von der Liga ausgeschlossen, woraufhin der Dachverband United States Football Association (USFA) die gesamte Profiliga suspendierte. Die spielte nun, u.a. mit den Brooklyn Wanderers als Fünftem, »wild«, während die USFA im Herbst 1928 mit der Eastern Soccer League (ESL) eine neue Spielklasse installierte.

Nun ist das mit Profiteams in den USA so eine Sache: Kurzfristig können sie von einem Ort an einen anderen verlegt werden – das nachhaltigste Beispiel ist der Verkauf des bis heute beliebten Baseballteams Brooklyn Dodgers nach Los Angeles, der dem ganzen New Yorker Borough für lange Zeit die Seele raubte. Eine Um- oder Neubenennung spielt da schon gar keine Rolle. In der neuen ESL jedenfalls tauchte neben ethnischen New Yorker Teams wie Hungaria, Hispano und Celtics erstmals New York Hakoah auf – gewissermaßen überseeischer Nachfolgeklub des früheren österreichischen Meisters. Nathan Agar verwirklichte mit dem neuen Klub die Idee einer rein jüdischen Mannschaft. Der Neuling in der neuen Liga war das dominierende Team: Mit zwölf Siegen, vier Remis und zwei Niederlagen sowie 68:23 Toren gewann New York Hakoah die Meisterschaft der ESL. Außerdem siegten die Emigranten 1929 im landesweiten National Challenge Cup, für manchen Hakoahner war es nach der österreichischen Meisterschaft und dem ESL-Gewinn bereits der dritte Titel.

Das Pokalfinal-Hinspiel im Sportmans Park St. Louis hatte New York am 31.3.1929 vor 18.000 Besuchern mit 2:0 gegen den Madison Kennel Club St. Louis gewonnen. Die New Yorker Elf setzte sich fast ausschließlich aus früheren Hakoahnern zusammen, lediglich der Ungar Sternberg von Ujpest Dósza aus Budapest hatte nicht in Wien gespielt. Die Aufstellung: Fischer, Grosz, Sternberg, Nickolsberger, Drucker, Mahrer, Schwarz, Häusler, Grünwald, Wortmann (1 Tor), Eisenhoffer (1); im Rückspiel ersetzte Guttmann Drucker. 20.000 sahen die zweite Partie im Dexter Park Brooklyn – eine derartige Besucherzahl wurde nie mehr in einem Cup-Finale erreicht. Dank Treffern von Schwarz, Grünwald und Häusler gewann Hakoah am 7.4.1929 mit 3:0. Für St. Louis bedeuteten die beiden Resultate die ersten Saisonniederlagen.

Die Zeit war nun reif für internationale Vergleiche, so gegen Preston North End aus der 2. englischen Division vor 11.000 im Innisfail Park New York (1:1) und gegen Sabaria Budapest (3:0) im Starlight Park, einer Partie, in der der einzige US-Amerikaner im Hakoah-Team, der Rechtsanwalt Philip Slone, mitwirkte. 1930 gehörte der Verteidiger zum WM-Aufgebot der USA.

Im Herbst 1929 ging die ASL ohne den Segen des Dachverbandes in ihre zweite Spielzeit als »wilde Liga«. Neu in dieser Klasse war nun Brooklyn Hakoah, wo ebenfalls einige Ex-Wiener wie Heinrich Schönfeld und Josef Eisenhoffer spielten. Neben ihnen stürmte Miklos Weisz, ein Ungar.

Projekt Hakoah All Stars

Als die USFA am 9.10.1929 die ASL wieder anerkannte, wurde diese mit der ESL vereinigt und bekam den Namen Atlantic Coast League. Brooklyn Hakoah aus der ASL und New York Hakoah aus der ESL bildeten daraufhin die Hakoah All Stars. Ihr erster Besitzer war mit einem 75-Prozent-Anteil der Belgier Maurice Vandeweghe (oder: Vanderweghe). Da ihm ebenfalls die New York Giants gehörten, musste er den Liga-Statuten gemäß die All Stars verkaufen. Der erwähnte Nathan Agar wurde sein Nachfolger und Mitgründer der »Hakoah Exhibition Company-Inc.«, als deren Präsident Dr. Max Krauss amtierte. Um gute Spieler wurde hart gerungen: So entschied im Herbst 1929 ein Brooklyner Gericht, Ex-Brooklyn-Wanderers-Stürmer Eisenhoffer dürfe nicht zu den Hakoah All Stars wechseln. Nach 15 Monaten Spielsperre wurde er zusätzlich mit 500 $ Bußgeld bestraft. Bei der Gelegenheit erfuhr man, welches Geld im Berufsfußball im Umlauf war: Der frühere ungarische Nationalspieler hatte für seine Unterschrift von der Hakoah im April 1929 500 $ Handgeld erhalten, monatlich war ein Salär von 300 $ vorgesehen. Schließlich waren elf frühere Wiener Hakoah-Akteure bei den All Stars unter Vertrag.

Bei verschiedenen Gelegenheiten bekannte sich der Klub zum Judentum: Am 2.9.1929 lief man im Starlight Park am Bronx River in New York gegen Bethlehem Steel F.C. mit Trauerflor auf und legte eine Gedenkminute ein. Der Anlass war der arabische Aufstand in Palästina, wozu der Mufti von Jerusalem mit den Worten »Schlachtet die Juden!« aufgefordert hatte; 133 jüdische Siedler kamen ums Leben, über 300 wurden verwundet. Wohltätigen Zwecken jüdischer Organisationen galt ein »Exhibition game« am 31.5.1929 vor 10.000 Zuschauern (örtlicher Besucherrekord für Fußball) im Municipal Stadium von Philadelphia, wo Hakoah 2:1 gegen Bethlehem Steel F.C. gewann.

Die Punkterunde beendeten die All Stars mit Platz 3, Meister wurden die Fall River Marksmen aus Massachusetts. Die brachen daraufhin im Sommer desselben Jahres zu einer Mitteleuropa-Tournee in die alte Heimat der Hakoahner auf (Spiele gegen Slavia Prag, Wiener AC, Austria Wien, Ferencvaros Budapest), während die Hakoah All Stars selbst ein ganz anderes Reiseziel hatten: Sie waren über einen Monat lang in Südamerika unterwegs, absolvierten in diesem Zeitraum 21 Spiele (!), u.a. gegen Vasco da Gama, FC Santos, Corinthians Sao Paulo, Penarol Montevideo, Rosario Stars (Bilanz: 3 Siege, 11 Remis, 7 Niederlagen). In New York hatte man am 14.3.1930 Sportivo Buenos Aires empfangen. Bis auf Sternberg lief wieder eine fast komplette Hakoah-Wien-Elf auf: Fischer, Grosz, Sternberg, Nickolsberger, Guttmann, Mahrer, Schwarz, Häusler, Grünwald, Wortmann, Grünfeld. Béla Guttmann und Neufeld verließen nach dieser Runde die All Stars und wechselten zum New York Soccer Club, der allerdings nach einer Saison mit den Fall River Marksmen zu den New York Yankees fusionierte.

»German Gemutlichkeit«, Tanz und Gänsebraten

Wie haben sich all die Österreicher, Ungarn und Tschechen wohl zurechtgefunden im New York der 1920er Jahre? Im Fußball mussten sie erst einmal umdenken: Zur Saison 1926/27 hatte die American Soccer League neue Regeln eingeführt. Erstmals durften eine Viertelstunde vor dem Abpfiff zwei Akteure ausgewechselt werden, und entsprechend dem Eishockey-Reglement gab es Strafzeiten. Die wurden nicht auf einer Strafbank am Spielfeldrand verbüßt, der Betroffene musste sich hinter dem eigenen Tor aufstellen. Der Strafkatalog: »Schlechtes Benehmen« bedeutete fünf Minuten Strafzeit und 5 $ Bußgeld, bei einem weiteren Vergehen desselben Spielers wurden zehn Minuten Strafe und 20 $ verhängt, bei Fouls gab es 10 Minuten und 20 $, im Wiederholungsfall 15 Minuten und 25 $. Ausgenommen davon waren – wie im Eishockey – die Torhüter. Neu waren auch – eine weitere Anleihe beim Eishockey – die beiden Torrichter. Mit Saisonende 1927 verzichtete man allerdings auf die neuen Regeln.

Die Europäer kamen nach einer zehntägigen Transatlantik-Schifffahrt, in eine Weltstadt, die ihnen rasant, unglaublich, eben als »Neue Welt« vorgekommen sein muss. Jedoch fanden sie auch all die ethnischen »Inseln« in der »Stadt der Dörfer«, auf die sie sich zurückziehen konnten. »German Gemutlichkeit« herrschte in Yorkville auf der Upper East Side rund um die East 86th Street, dort reihte sich ein deutsches Vergnügen an das andere. Es gab österreichische Enklaven samt Kaffeehäusern, ungarische Restaurants und die Wohngegend der tschechischen Emigranten, in der es am Sonntag stets nach Gänsebraten roch. Gut möglich, dass sie ohne Kenntnis der englischen Sprache durchs Leben kamen: Im Bierhaus »Luechows« an der 14th Street verstand man, was gewünscht wurde, nicht anders war es in Lokalitäten wie dem »Alt Heidelberg« in der Nähe, im »Hofbräuhaus« am Broadway, im »Postkeller« im Woolworth Building oder im »Little Hungary«. Deutsches Theater gab's am Irving Place, vom Fußballgeschehen konnten sie in der »Staatszeitung« und im »N.Y. Herold« in deutscher Sprache lesen.

Neben dem Fußball hatten die Zuwanderer ohnehin noch Zeit für andere Aktivitäten, die aus heutiger Sicht verwundern. Béla Guttmann brachte gegen Honorar Hafenarbeitern den Tanz bei, hatte das aber nicht mehr nötig, als er Teilhaber der größten Bar von Manhattan wurde. Moritz Häusler soll, wenn man den »Briefen aus Amerika« in der Wiener Sportpresse glauben darf, zwei erfolgreiche Romane mit den Titeln »Aufrichtige Worte« und »Wir lieben uns alle als Brüder« verfasst haben. Laut Kalman Konrad, einem weiteren

US-Profi aus Wien, sollen die Werke mehrere Auflagen erreicht haben und Lieblingslektüre der US-Farmer gewesen sein. Max Grünwald, ein anderer Auswanderer von der Hakoah aus Österreich, hatte sich bereits Anfang der 1920er Jahre in der Wiener Savoy-Bar als Pianist betätigt.

Derartige Talente bündelten die Brooklyn-Wanderers-Spieler für Auftritte in Varietés und Bars, über die Wolfgang Maderthaner schreibt: »Die aus Wien kommenden Spieler der Wanderers besserten ihre Einkünfte ab Oktober 1926 durch ein Engagement als ›Künstlertruppe‹ auf, wobei sie ihre ›Theatertournee‹ über alle jene Orte führte, in denen ihr Verein Spiele austrug. Vor Beginn ihrer Auftritte in den diversen Varietés wurden sie in Zivilkleidung vorgestellt, danach folgte ein Kurzfilm mit Ausschnitten aus ihren Spielen und schließlich ihr Auftritt in Dress und Gummischuhen. Die Kicker produzierten sich mit vielfältigen Tricks und Kabinettstückchen, wobei insbesondere Kalman Konrad zu glänzen vermochte. Er erhielt den Beinamen ›Bernard Shaw des Fußballs‹ (Anm. d. V.: George Bernard Shaw, Literatur-Nobelpreisträger 1925). Den Abschluss bildete ein improvisiertes Wettspiel auf der Bühne, mit leichten Schüssen aufs Tor, welche den Torleuten Gelegenheit zu besonders effektvollen Paraden und Posen verschaffen sollten« (nach: »Der Professional«, 11.10.1926).

Ganz so ungewöhnlich waren diese Gastspiele für das deutschsprachige Auswanderer-Publikum damals nicht: Bei einer Mitteldeutschland-Tournee in den 1920er Jahren hatten die Hakoahner sogar einen Festabend vor 2.000 Besuchern in Leipzig gestaltet. Egon Pollak war der Bariton, Koby Neumann der Conférencier, Kurt Juhn rezitierte, Norbert Katz spielte Piano und Felix Slutzky Cello. Und Karl Sesta, später Mitglied des österreichischen Wunderteams, setzte sich als Ringer und Sänger in einem Löwenkäfig im Zirkus (!) in Szene.

Für die Spieler aus Zentraleuropa war das Judentum in New York allerorten präsent: Im East Village, wo noch Aufschriften wie »Einigkeit macht stark« und Porträts von Mozart und Beethoven an den Häuserwänden an das frühere »Deutschländle« erinnerten, war nun die Second Avenue »der jüdische Rialto« mit unzähligen jiddischen Theatern und koscheren Restaurants. Die Lower East Side war das dicht bevölkerte Wohnviertel der osteuropäischen Juden mit zahllosen Synagogen; in den Hotels des »jüdischen Kalkutta« brachte man die Spieler aus Mitteleuropa unter, und auf der vornehmeren Upper East Side standen die großen jüdischen Gotteshäuser. »Fremd« werden sie sich also nicht gefühlt haben in New York City: Heimat und Glauben waren vielerorts präsent.

Imported soccer to USA

Nun aber wird wieder Fußball gespielt: 1930/31 schlossen die Hakoah All Stars als Sechster von neun Teilnehmern ab. Wieder spielte man international, um die Kasse aufzufüllen: 1:1 am 11.6.1931 vor 20.000 Zuschauern in den Polo Grounds gegen Celtic Glasgow, 1:3 gegen Velez Sarsfield Buenos Aires, 1:2 am 15.10.1932 gegen den Racing Club Paris, 1:2 gegen Bella Vista Montevideo. Die Sommertournee führte diesmal nach Kuba und Costa Rica.

Die Wirtschaftskrise in den USA, »the Great Depression« nach dem Schwarzen Freitag, dem Börsenkrach vom 25.10.1929, hatte inzwischen auch im Sport ihre Auswirkungen. Internationale Gäste reisten 1932 nicht mehr an, die Brooklyn Wanderers hatten ihre Existenz bereits vor dem Saisonstart 1931 beendet. Sieben ASL-Teams waren übrig geblieben, die Hakoah landete auf Platz 2, ihre Stürmer Nikolsberger und Häusler unter den zehn besten Torschützen.

1932/33 aber brach dann auch die American Soccer League zusammen – das Ende des Golden Age of Soccer, wie die Erfolgszeit der ASL I von den US-amerikanischen Fußball-Historikern genannt wird. Zwar gab es im Herbst 1932 noch einige Spiele, darunter auch von der Hakoah, doch im Frühjahr waren nur noch fünf Vereine übrig geblieben, darunter wieder die Brooklyn Wanderers, aber nicht mehr die Hakoah All Stars.

Obwohl der Zuschauerschnitt im Raum New York bei 6.000 pro Spiel lag, hatte sich »der nichtamerikanische Sport ausländischen Ursprungs« (Markovits/Hellerman) letztlich nicht durchgesetzt. Es waren ja nicht nur die mitteleuropäischen Ballkünstler, die man aus Fußball-Metropolen wie Wien, Budapest und Prag in die Staaten importiert hatte. Hinzu kam eine weitere »Invasion« englischer, schottischer und irischer Profis, deren Ursachen die Nicht-Mitgliedschaft Großbritanniens in der FIFA von 1920-24, der irische Bürgerkrieg und gutes Salär von Werksklubs wie Bethlehem Steel F.C. waren. Als grundlegender Fehler der American Soccer League aber erwies sich, dass man fast nur ausländische Spieler rekrutierte – es war nicht »Soccer made in USA«, sondern »imported Soccer to USA«. Es gab keine Nachwuchsarbeit im Lande, an den Universitäten und Colleges war der Fußballsport so gut wie nicht verankert, so musste er denn mit dem Stempel des »Einwanderer-Sports« leben.

Dass der Profi-Fußball dennoch einigermaßen in den USA florierte, ist angesichts der Konkurrenz anderer Sportarten wie Baseball bemerkenswert. Jacob »Jake« Ruppert (1867-1939) etwa, der seinen deutschen Akzent nie verleugnen konnte, besaß als größter Brauerei-Inhaber des Landes seit 1915 die New York Yankees – vielleicht ein Grund für deutsche Einwanderer, dem Baseball zugeneigt zu sein? Zumal dort ihresgleichen Karrieren machten: Baseball-Star Lou Gehrig (1903-1941) etwa war Sohn armer deutscher Immigranten, sein New-York-Yankees-Kollege Babe Ruth hieß eigentlich George Hermann Ruth Jr. (1895-1948), sein Großvater und seine Mutter kamen unter dem Namen Schamberger in die USA. Und jüdische Idole im Boxring waren z.B. die Weltmeister Benny Leonard (= Benjamin Leiner) und Maxie Rosenbloom. All diese Namen allerdings haben als US-Sport-Legenden überlebt, Konrad II und Eisenhoffer und Häusler und Guttmann und all die anderen nicht.

Das Jahr 1933, das Ende der American Soccer League I und der Hakoah-Profis in USA, bedeutete auch die Machtübernahme der Nazis in Deutschland. Es begann die Emigration von Juden, von denen viele nach New York kamen. Wer weiter Fußball spielen wollte, hätte natürlich in der German-American Soccer League aktiv sein können. Die war 1923 entstanden, die Gründungsmitglieder hießen S.C. New York, Wiener Sports Club, D.S.C. Brooklyn, Hoboken FC, Newark S.C., im darauf folgenden Jahr kamen Swiss F.C., Elizabeth S.C., Eintracht S.C. und Germania S.C. hinzu.

Man sprach deutsch – aber war dies der Ort für Juden, um Sport zu treiben? Es gab in einigen der erwähnten Sportvereine durchaus Sympathien für Nazi-Deutschland. Welcher Geisteshaltung mancher Einwanderer war, verriet der erwähnte St.-Louis-Trainer Moßmann bei einem Vortrag in Kaiserslautern, als er beklagte, er habe in den USA zuerst als Geschirrwäscher »mit Schwarzen, Gelben und anderem Kroppzeug« zusammenarbeiten müssen. Bereits vor 1933 war eine erste NSDAP-Ortsgruppe in der Bronx, damals teils noch deutsch-amerikanische Enklave, gegründet worden. Berlin versuchte über den faschistischen German-American-Bund Anhänger des Nazi-Regimes zu rekrutieren, zu einem Deutschtumfest der Nazi-Anhänger im (zweiten) Madison Square Garden kamen immerhin 22.000 Besucher. Der Bund aber blieb letztlich ohne große Resonanz, sein US-amerikanischer »Führer« ging wegen seiner Vorlieben für Blondinen und den Broadway 1939 ins Gefängnis. Die Reichsregierung bezeichnete die USA schließlich enttäuscht als »Massengrab der deutschen Auswanderer«.

Aber die Pro-Nazi-Tendenzen in Fußball-Klubs waren unübersehbar, und so entschieden sich die jüdischen Vereine für die Teilnahme in der Eastern District Soccer League (EDSL), die seit 1928 bestand. Dort spielten ethnische Klubs und keine NS-Sympathisanten, was jüdischen Sportorganisationen wie dem Prospect Unity Club und dem New World Club entgegen kam. Der Prospect Unitiy Club war im »deutschen« Viertel Yorkville auf der Upper East Side beheimatet und zog 1940 nach Washington Heights im Norden von Manhattan um. Diese Gegend wurde auch als »Frankfurt on the Hudson« und »The Fourth Reich« bezeichnet, denn in die Neubauten zogen vor allem Emigranten aus Deutschland und Österreich ein (heute leben dort fast ausschließlich Einwanderer aus der Dominikanischen Republik). Der New World Club bzw. seine Fußballabteilung waren aus dem »German-Jewish Club New York« entstanden, dessen Nachrichtenblatt »Aufbau« hieß, eine deutsch-jüdische Wochenzeitung, die bis heute besteht.

Eine neue Hakoah

Doch zurück zur Hakoah: Mit dem Ende der ASL I war ihre Geschichte in New York noch nicht zu Ende. Nachdem Österreich als »Ostmark« Teil des Deutschen Reiches geworden war, waren Sportler, Funktionäre und Mitglieder der Wiener Hakoah über die ganze Welt verstreut und auch nach USA bzw. New York emigriert. So fand am 10.3.1940 zwischen Hudson und East River ein Treffen einstiger Hakoahner statt, die den Klub wiedergründen wollten. Allerdings bestand unter dem Namen New York Hakoah noch ein Fußballteam, weshalb man sich den Namen Hakoah Amateur-Club New York gab. Aktiven Sport wolle man nicht mehr ausüben, hieß es, sondern als eine Art Erinnerungsgemeinschaft bestehen. Das änderte sich, als der Wiener Fussball Club New York der Hakoah beitrat und viele Anhänger als neue Mitglieder mitbrachte. Man gründete daraufhin eine Fußball-Abteilung, die von Ben Passweg geleitet wurde. Als Trainer fungierte der aus Berlin stammende David »Papa« Gruenbaum (Grünbaum), und Mitglied Meyer Levin stiftete einen Pokal für die New York State Soccer Association. Als man im Januar 1943 im Hotel Riverside Plaza den »1. Hakoah-Ball« feierte, wurde bekannt gemacht, dass man mit zwei Herren- und einer Junioren-Mannschaft in der Eastern District Soccer League vertreten sei, in der man 1942 den Titel gewann. 65 Spieler stünden zur Verfügung, davon 22 unter 18 Jahre alt. 35 Mitglieder seien im Zweiten Weltkrieg im Dienst der US-Army. 1944 errang der Hakoah Amateur-Club die Herbstmeisterschaft in seiner Liga. Inzwischen hatten sich auch in San Francisco, Hollywood, Cleveland und Philadelphia weitere Hakoah-Klubs gegründet.

Der Hakoah Athletic Club of New York Inc. besteht heute nicht mehr, seine Geschichte erfuhren wir aus einer Broschüre »Hakoah. 35 years of the Hakoah«, herausgegeben von Dr. H. H. Glanz, in der Jewish Branch der New York Public Library. Die Jubiläumsschrift war bereits arg zerfleddert, aber da wir nun von weither kamen, hat sie uns die Archivarin nach einigem Zögern doch noch ausgehändigt. Der Hakoah Athletic Club of New York Inc. feierte mit dieser Festschrift 1944 das 35-jährige Bestehen, sah man sich doch ganz in der Tradition der 1909 gegründeten Wiener Hakoah. So grüßte denn auch David Herbst, von 1930 bis 1938 letzter Präsident des Vereins, aus London, und nochmals wurde an den 5:0-Erfolg der Hakoahner bei Cupsieger Westham United in London erinnert. Man zitierte Dr. Wall vom Fußball-Weltverband FIFA (»Wir haben das Match gegen die zionistische Hakoah [Anm. d. V.: in London] nicht nur genehmigt, sondern gewünscht«) und FIFA-Präsident Jules Rimet (»Dank für die Aktivitäten im Königreich des Sports und die gute Absicht, die Nationen zu versöhnen«).

Sieht man die Anzeigen der Broschüre durch, so begegnet dem Leser ein österreichischer Nationalspieler wieder, der ehemals zu den Profis der Hakoah All Stars gezählt hatte: »Sigi« Wortmann war in Midtown Manhattan ansässig geworden und verkaufte dort Mäntel und Anzüge. Vereinstreffpunkt war »Joshy Gruenfelds Restaurant« – der ehemalige Hakoah-Stürmer Josef Grünfeld betrieb dieses im »Hotel Fulton« auf der Upper West Side, einem damals bevorzugten Wohngebiet jüdischer Emigranten; auch die Geschäftsstelle von Hakoah befand sich dort. Annonciert hat in der Hakoah-Broschüre 1944 auch die »Gesellschaft zur Verhinderung des Weltkriegs 3«: »Never again a strong Germany!«, »Niemals mehr ein starkes Deutschland!«

Die Existenz von Hakoah in New York mag entscheidend dafür gewesen sein, dass dieser Name 1949 wieder in der ersten Fußballliga auftauchte. Die Besitzer-Familie Graham hatte die nun wieder existenten Brooklyn Wanderers aus finanziellen Gründen nach nur einem Spiel an eine »Hakoah-Gruppe« veräußert. Diese hatte die Absicht, wieder eine rein jüdische Mannschaft aufzubauen, so, wie es einst die Hakoah All Stars gewesen waren – weshalb man alle Spieler, die nicht jüdischen Glaubens war, veräußerte, darunter John O'Connell, der 1949 bester Spieler der Liga gewesen war. Das Experiment allerdings scheiterte: Bei drei Siegen und zehn Niederlagen wurde Hakoah Letzter, obwohl sie in Benjamin Watman sogar einen US-Nationalspieler besaß.

So durften die Gojim, die Nichtjuden, wieder zurückkehren, und von nun an stellte sich auch der Erfolg ein. 1957, 1958 und 1959 gewann Hakoah

Die Gründerelf der New Yorker Hakoah, 1948.

New York die Meisterschaft, ebenso das Hallenturnier 1959 im (alten) Madison Square Garden. 1957 stand man in den Endspielen um den US-Open-Cup. Die Torjäger jener Ära waren Lloyd Monsen, Hormin und Allen Sonnenblick. Im Sommer 1959 nahm man auch die Tradition internationaler Begegnungen wieder auf, gemeinsam mit Galicia trat man im Zerega Oval in der Bronx gegen Rapid Wien (1:12) an und trennte sich von Helsingborg 2:2. Das geschah im Stadion Ebbets Field in Brooklyn, »Der Sport Herold« bezeichnete die Hakoahner als Profielf, die sich damals wie folgt zusammensetzte: Mc Nully, Huisman, Cinowitz, Farquhar, Otto Decker, Silberstein, George Athineos, Sonnenblick, Moussen, Hanmolu, Nash, später noch Gene Grabowski.

Auch Auslandsreisen wurden wieder unternommen, im Sommer 1960 und im Winter 1962/63 bereiste man die Bermudas. Zuvor, mit Beginn der Spielzeit, hatte man sich mit den New York Americans zu den New York Hakoah-Americans zusammengeschlossen. Mitbesitzer des Vereins war der jüdische Herausgeber der »Soccer-News«, Milton Miller (1911-1969), ein in New York bekannter Gewerkschafts- und Sportjournalist. Die Fusion zeitigte nicht das erhoffte Resultat, und so zog sich der Klub 1964 aus der American Soccer League II zurück. Immerhin stellte er in Avner Wolinow (nach anderen Quellen: Wollanow) noch den besten Spieler der Saison. Heute gibt es keinen New York Hakoah S.C. mehr.

Lamm, Manning, Heilpern, Kissinger

In jener vorletzten Spielzeit 1962/63 amtierte zum zehnten Mal nacheinander Kurt Lamm (1919-1987) als Coach der Hakoah. Er war eine bedeutende Persönlichkeit des US-Soccer und über 43 Jahre lang Trainer, Manager und Funktionär in den Vereinigten Staaten. Seine Fußball-Laufbahn begann er als Torwart beim FC Schmalnau in der hessischen Rhön. In dem Dorf, das eine Synagoge besaß, lebten Ende der 1920er Jahre 15 jüdische Familien, darunter die Eltern von Kurt Lamm, die in der Bahnhofstraße ein Schuhgeschäft besaßen.

US-Soccer-Funktionär Kurt Lamm (am Mikrofon).

Foto: Steve Flamhaft

Als die Familie vor der Emigration für ein halbes Jahr nach Fulda zog, ist Lamm dort nach eigenen Angaben beim SC Borussia Fulda aktiv gewesen. Dies muss man wohl ausschließen, denn auch dieser Verein durfte keine jüdischen Mitglieder aufnehmen (laut Auskunft des SC Borussia ist Kurt Lamm dem Ältestenrat unbekannt).

Am 31.7.1936 verließ die Familie Lamm Deutschland, am 14.8.1936 erreichte sie New York. Bereits drei Tage später spielte Lamm als Verteidiger beim Prospect Unity Club mit. 1939 schloss er sich den New York Americans an und 1944 Eintracht New York, die zur German-American League gehörte und den US-Amateur-Cup gewann. Als Spielertrainer betreute Lamm von 1946 bis 1952 den jüdischen Prospect Unity Club, ehe er ab 1953 als Sekretär von New York Hakoah SC amtierte, die – wie berichtet – dreimal die US-Meisterschaft gewann und 1957 das US-Open-Cup-Finale. 1957 und 1962 wurde der Emigrant aus Hessen in den USA als »Manager des Jahres« ausgezeichnet, stellte das American Soccer League All Star Team zusammen und betreute es; ab 1963 amtierte er als Präsident der Hakoah.

Angesichts seiner erfolgreichen Arbeit wurde Kurt Lamm nun auch in überregionale Positionen berufen: 1959 Vizepräsident der American Soccer League II, 1963 bis 1968 deren Präsident, ab 1971 Exekutiv-Sekretär der US-Soccer Football Association bis zu seinem Tod im Alter von 68 Jahren 1987.

Kurt Lamm war wesentlich daran beteiligt, dass Weltstar Pelé 1977 zu New York Cosmos wechselte, und mit Franz Beckenbauer wird er dort bestimmt den einen oder anderen Plausch in der Muttersprache gehabt haben.

Neben dem erwähnten Nathan Agar war ein weiterer jüdischer Fußball-Pionier, der sich bereits in Deutschland in den Anfängen dieses Sports große Verdienste erwarb, Dr. Gus Manning (eigentlich Gustav Randolph Manning [1873-1953]) (siehe Kapitel über Berlin in diesem Buch). Der Mediziner wurde 1911 erster Präsident der American Amateur Football Association, die 1912 mit der seit 1884 bestehenden American Football Association zusammengeführt werden sollte, was allerdings nicht gelang. So gründete sich am 5.4.1913 im Astor House in New York die United States Football Association (USFA, Vorläufer des heutigen Verbandes), deren Präsident Gus Manning am 21.6.1913 wurde. Ziel war es, den Fußball als »nationalen Zeitvertreib im Winter« zu etablieren. Am 15.8.1913 wurde die USFA, 1974 in USSF umbenannt, provisorisches FIFA-Mitglied, 1914 dann Vollmitglied. Auswanderer Manning, der aus dem Ersten Weltkrieg als Colonel Surgeon zurückkehrte, war von 1928 bis 1948 Präsident der Fußballer im Staat New York und seit Bestehen der USFA deren »Außenminister« (Vorsitzender Foreign Relations Committee). Als erster US-Amerikaner wurde er 1948 ins FIFA-Komitee gewählt und nahm an zahlreichen internationalen Kongressen teil. Noch zu Lebzeiten des New Yorkers wurde um die Gus-Manning-Trophy gespielt; 1950 wurde Dr. Manning als einer der »Builders« in die National Soccer Hall of Fame der USA in Oneonta im Staat New York aufgenommen.

Ein anderer jüdischer Emigrant, der wesentlich zur Entwicklung des Fußballs in den USA beitrug und 1988 ebenfalls in der Sparte »Builder« zum Mitglied der National Soccer Hall of Fame ernannt wurde, war Herb (Herbert) Heilpern (1919-1999). Der Österreicher war für sein Heimatland 1936 Olympiateilnehmer im 100-m-Lauf und hütete als Allroundsportler auch das Tor von Hakoah Wien. Einer seiner Vorgänger in dieser Position war übrigens Wilhelm Halpern, 1917/18 dreimal österreichischer Nationalspieler. 1920 stieg Halpern mit der Hakoah in die 1. Liga auf; möglicherweise ist er identisch mit Willy Halpern, der in den 1940er Jahren mit Partner Arthur Hirschler in Manhattan, nahe der jüdischen »Diamond Row«, ein Schmuckgeschäft betrieb.

Der 20-jährige Torhüter Herb Heilpern, vielleicht verwandt mit dem erwähnten Halpern, flüchtete 1939 in die USA, wo er bis zum Alter von 39 Jahren beim Bronx Jewish Soccer Club, Hakoah S.C. (Meister 1942) und

New World Club (Meister 1949) in New York spielte. Als Trainer brachte er den Drittligisten Blue Star Soccer Club in die erste Klasse der German-American Soccer League, deren Präsident er von 1969 bis 1975 war. Herb Heilpern widmete sich der Nachwuchsarbeit, war 1976 im Executive Board der German-American Junior League, später deren Präsident, außerdem Soccer Coordinator für New York und seit 1985 1. Vizepräsident der Eastern New York Youth Soccer Association. Heilperns Vorschlag, pro Jahr zwei bis drei US-amerikanische Teams nach Europa zu schicken, wo sie am Ligabetrieb teilnehmen sollten – »wenn Amerikaner gegen Amerikaner spielen, lernen sie nie etwas« –, wurde nicht realisiert. 1967 war der Emigrant Mitgründer der North American Soccer League (NASL) und 1971 von New York Cosmos.

Womit wir auch schon bei Heinz Alfred Kissinger (geb. 27.5.1923) wären, guter Freund des brasilianischen Weltstars Pelé von Cosmos, mit dem er im Mai 2000 Soccer als »Investment-Alternative« bei der Veranstaltung eines Bankhauses anpries. Henry A. Kissinger, Harvard-Professor, war 1973 bis 1977 US-Außenminister (der erste Einwanderer, der dieses Amt innehatte), für den Vertrag mit Nordvietnam im Vietnamkrieg 1973 erhielt er den Friedensnobelpreis.

Der Lehrersohn entdeckte seine Leidenschaft für das runde Leder, wie er 1986 in der »Los Angeles Times« mitteilte, »in einer Fußball-verrückten Stadt in Süddeutschland«. Die hieß Fürth und deren herausragender Verein war die Spielvereinigung. Zum Leidwesen der Eltern war ihm der Klub wichtiger als Opern-, Theater- oder Museumsbesuche. Kissinger kickte erst beim jüdischen Sport-Klub Bar Kochba in der Frankenstadt, dann schloss er sich als Schüler der SpVgg an. Man berichtet, er sei eher »Stratege« auf dem Spielfeld als »Brecher« gewesen, jedenfalls wählte ihn seine Schulklasse zum Spielführer. (Da er 1933 erst zehn Jahre alt war, kann die Vereinszugehörigkeit auch in umgekehrter Reihenfolge gegolten haben.)

1938 verließen Louis und Paula Kissinger mit ihren beiden Söhnen die Mathildenstr. 23 in Fürth und emigrierten nach New York. Neben der späteren politischen Karriere vergaß Henry A. Kissinger seine Fußball-Leidenschaft nie: Vorlage in seinem Büro sollen am Montagvormittag stets die Ergebnisse der Spielvereinigung gewesen sein. 1977 übernahm er den Vorsitz des Board of Governors der North American Soccer League, doch gelang es ihm nicht, die WM 1986 in die USA zu holen. Als das Turnier 1994 dann in den Vereinigten Staaten stattfand, war der Politiker im Organisationskomitee. 1978 war Kissinger Ehrengast bei der WM in Argentinien und lobte –

zum Ärger von US-Präsident Jimmy Carter –, die Videla-Diktatur. Die WM 2002 kommentierte er für das Boulevard-Blatt »New York Post«.

Die Heimatstadt Fürth hat Henry A. Kissinger des öfteren besucht, 1998 posierte er mit Fanschal im Stadion in Ronhof. Er ist Ehrenmitglied der SpVgg Greuther Fürth und seit 1998 auch Ehrenbürger der Stadt.

(Zu wenige) Fußballer in der Ruhmeshalle

Die Tradition der jüdischen Fußballer in USA setzte u.a. der Maccabee Athletic Club Los Angeles fort, der unter Mitwirkung israelischer Studenten (und Nicht-Juden) 1973, 1975, 1977 und 1978 – viermal in sechs Jahren – den US-National Challenge Cup gewann. Als erste Mannschaft der Los Angeles Soccer League blieben »The Maccabees« in der Saison 1976/77 unbesiegt. Der Verein war 1948, in dem Jahr, als auch der Staat Israel gegründet wurde, entstanden. Trainer Zvi Friedman: »Ich möchte, dass die Leute wissen, dass der Jude nicht nur ein Mann der Literatur ist, sondern auch ein aktiver und erfolgreicher Sportsmann sein kann.« Beispiele dafür gibt es viele: U-19-Titelträger der USA waren 1936 und 1937 die Hatikvoh Juniors of Brooklyn und 1961 Hakoah San Francisco. Yair Allnut gewann die Goldmedaille bei den Panamerikanischen Spielen und war 1992 mit dem US-Fußballteam Olympiateilnehmer. Jeff Agoos ist ein weiterer Nationalspieler jüdischen Glaubens und Debbi Belkin wurde 1991 in China mit den US-Damen Weltmeisterin.

Weitere bekannte jüdische Spieler waren Shep Messing (Meister mit Cosmos, 1972 als Torhüter Olympiateilnehmer in München), Torwart Arnold Mausser (Tampa Bay Rowdies), der 1976 in der NASL »Spieler des Jahres« wurde, und Alan Mayer (San Diego Sockers), der den Titel 1978 gewann. Rechtsanwalt Alan Rothenberg, seit 1990 Präsident der US-Soccer Federation, war bei den Olympischen Spielen 1984 für das Fußballturnier zuständig, zudem hauptverantwortlich bei der Ausrichtung der WM 1994 in USA.

In Israel, in der Sporthochschule Wingate Institute nahe dem Badeort Netanya, befindet sich die International Jewish Sports Hall of Fame, die Ruhmeshalle des jüdischen Sports, eine Tafelausstellung, die bei unserem Besuch vor einigen Jahren infolge von Brandschäden etwas mitgenommen aussah. Da das Auswahlkomitee für die Hall of Fame US-amerikanisch dominiert ist, spielt der Fußball eher eine Nebenrolle. Bislang aufgenommen wurden Hakoah Wien, dessen Fußball-Abteilungsleiter Arthur Baar,

Béla Guttmann, ebenfalls Hakoah und US-Profi, Hugo Meisl als Vater des österreichischen »Wunderteams« und der ungarische Nationalspieler Gyula Mandel bzw. Julius Mandel, Trainer von Ungarn, Brasilien und Israel. Es gibt dann noch eine Unterkategorie der Hall of Fame namens The Pillar of Achievement, in der man aus dem Fußballbereich den MTK Budapest-Präsidenten Alfréd Brüll (1876-1944, in Auschwitz ermordet) und den erwähnten Kurt Lamm findet. Die Liste der Hall-of-Fame-Mitglieder scheint für den Fußball doch ergänzungsbedürftig.

Die Erinnerung an die Hakoah-Fußballprofis in den USA wirkte jedenfalls wenigstens punktuell noch länger nach, als es der Eindruck aus dem Wingate Institute vermitteln mag. Der Autor Harvey Frommer widmete sein 1980 erschienenes »The Great American Soccer Book« seinem Schwiegervater Abe Katz – und der war ein Number-one-Fan der Hakoah All Stars.

Literatur

Frommer, Harvey: The Great American Soccer Book. New York 1980

Glanz, Dr. H. H. (Editor): 35 years of the Hakoah. New York 1935

Horak, Roman / Maderthaner, Wolfgang: Mehr als ein Spiel. Fußball und populare Kulturen im Wien der Moderne. Wien 1997

Jose, Colin: American Soccer League 1921-1933. The Golden Years of American Soccer. Lanham (MD)/London 1998.

Kuhn, Helmut: Fußball in den USA. Bremen 1994

Markovits, Andrej S. / Hellermann, Steven: Im Abseits. Fußball in der amerikanischen Sportkultur. Hamburg 2002.

Der Sport-Herold. Jhrg. 1959. New York 1959

Quellen im Internet u.a.:

American Soccer History Archives: www.sover.net/~spectrum/

US National Soccer Hall of Fame: www.soccerhall.org

Dank für Informationen an: SC Borussia Fulda, Stadtarchiv Fulda, Bibliothek Deutsche Sporthochschule Köln, David Litterer (US American Soccer History Archives), New York Public Library (NYPL) Jewish Branch Manhattan, Haim Zimmer - Chief Executive Israel Football Association (Ramat Gan)

Wanderer zwischen den Welten: Spieler-Porträts

Zahlreiche Fußballer wechselten in den 1920er Jahren vom europäischen Festland nach New York, um dort als Berufsspieler in der American Soccer League (ASL) aktiv zu sein. Nachstehend nennen wir die jüdischen Akteure aus Europa, die in den USA spielten. Die Angaben in Klammern beziehen sich auf Einsätze und Tore, wobei wir die Statistik der kurzlebigen Eastern Soccer League (ESL) hinzu gezählt haben.

Jozsef (Josef) »Ciby« Braun (1901-1944): Mit MTK Budapest von 1919 bis 1925 siebenmal ungarischer Meister, Pokalsieger 1923 und 1925. Dribbelstarker Regisseur bzw. Außenstürmer. 1929 von MTK zu Brooklyn Hakoah, danach Brooklyn Wanderers (57/33). Zurück nach Ungarn. 1918 bis 1926 Nationalspieler Ungarns, Debüt mit 17 Jahren, 27 Länderspiele und elf Tore, 1924 Olympiateilnehmer. Kam als Soldat der ungarischen Armee 1944 ums Leben.

Leopold (Leo) Drucker: Mittelläufer, 1926 von Hakoah Wien zu den Brooklyn Wanderers (149). Später New York Hakoah (US-Open Cup 1929) und bis 1931 bei Hakoah All Stars. Stand 1934 neben seinem früheren Profi-Kollegen in USA, Josef Eisenhoffer, mit Olympique Marseille im französischen Pokal-Endspiel. Ein Länderspiel für Österreich.

Josef (Jozsef) Eisenhoffer (1900-1944): Eine beeindruckende Karriere brachte dieser von den 1920er bis in die 1940er Jahre (!) berühmte Torjäger hinter sich. Eisenhoffer, dynamisch und explosiv, mit einem »starken linken Schuss« ausgestattet, hatte in Ungarn für den AC Kispest und Ferencvaros Budapest (1923-24: 29 Begegnungen, 25 Tore) gespielt. In 8 Länderspielen für Ungarn gelangen ihm 7 Tore. 1924 trat er zum jüdischen Glauben über und ließ sich beschneiden, um für Hakoah Wien auflaufen zu können. Da die österreichischen Sozialisten »den jüdischen Nationalismus als grundsätzlich reaktionär einschätzten« (Maderthaner), schrieb ihr Organ »Arbeiter-Zeitung« am 21.9.1924: »Das zionistische Ideal ist reaktionär und utopisch, aber wenigstens das eine schien es bisher zu erheischen, dass wer sich zu ihm bekennt, auch hinter ihm steht. Kann es aber einen ärgeren Verrat an dem eigenen Ideal geben, als dass man zur höheren Ehre des Rebbachs (Anm. d. V.: viel Gewinn machen, vgl. die Bezeichnung Reibach) die Bekundung der Tüchtigkeit jüdischen Muskeltums durch einen bezahlten Goi besorgen lässt?« (Anm. d. V.: Goi/Gojim: Bezeichnung für Nichtjuden). Fortan nannte die »Arbeiter-Zeitung« Hakoah Wien polemisch »Ha-goi-ah Wien«.

1926 wechselt Eisenhoffer zu den Brooklyn Wanderers (182/56). Frankreich ist das vierte Land, in dem er stürmt: 1932/33, nach dem Ende der ASL I, spielt er unter dem englischen Trainer Charlie Bell und neben dem Deutschen Schnöck beim Vizemeister Olympique Marseille. 1934 steht »OM« im Pokalendspiel (1:3 gegen FC Sète), 1935 gewinnt Eisenhoffer den Coupe de France, in der kommenden Saison löst er den österreichischen Coach Vincent Diettrich ab und fungiert als Spielertrainer. 1937, nun ist er ausschließlich Coach, gewinnt Olympique die Meisterschaft, wird 1938 Zweiter und erobert erneut den Pokal. Inzwischen ist auch der frühere Hakoah-Wien-Spieler Friedrich/Fritz (Frédéric) Donnenfeld, ein Jude, der als »staatenloser Österreicher« bezeichnet wird, zu »OM« gestoßen. 1934 stand Donnenfeld in Österreichs Nationalelf.

Im Oktober 1938 verlässt Josef Eisenhoffer bzw. »Eisi«, wie er bis heute am Mittelmeer genannt wird, Marseille und betreut den RC Lens, um 1939 als Spielertrainer (!) zurückzukehren. Zu seinen Schützlingen in Marseille gehört Ahmed Ben Bella, der später algerischer Präsident werden wird. Im Pokalendspiel 1940 (1:2 gegen RC Paris) kehrt er in die Stadt zurück, in der er 1924 an den Olympischen Spielen teilgenommen hatte. Der 40-Jährige spielt auf Halbrechts, bei Paris sind die »naturalisierten« Österreicher Hiden, Jordan, Hiltl, die auch für die französische Nationalelf auflaufen, sowie die aus Ungarn stammenden Mathé und Weiskopf (auch als Edi Weißkopf bezeichnet, er ist Jude, spielte bei Hakoah Wien und war 1936-39 bei Marseille) dabei. Die Deutschen marschieren in Frankreich ein, der nun 41-jährige Josef Eisenhoffer erringt mit Olympique Marseille die Meisterschaft der »Südzone«. 1941 beendet er offensichtlich die Trainer-Laufbahn.

Wenig war bislang über das weitere Schicksal des großen Eisenhoffer bekannt; es hieß, er sei während des Zweiten Weltkrieges in Frankreich gestorben. Tatsächlich, so informierte uns Olympique Marseille kurz vor Redaktionsschluss, kehrte Josef Eisenhoffer in sein Heimatland Ungarn zurück. 437.000 ungarische Juden wurden nach Auschwitz deportiert, Eisenhoffer entging den Razzien. Als die Rote Armee Ende 1944 Budapest einkreiste, verbarg sich der Fußballer mit seiner Frau und seiner Tochter in einem Unterstand. Als er diesen kurzfristig verließ, um sich ein Bild von der Lage zu machen, wurde er von einem Granatsplitter am linken Fuß getroffen. Die Wunde entzündete sich, ärztliche Hilfe war in den Wirren der Kämpfe zwischen Buda und Pest nicht zu erlangen. Als ein sowjetischer Militärarzt eintraf, war Eisenhoffer bereits verloren. »Hätten wir Budapest einen Tag früher befreit, ich hätte diesen Menschen noch retten können«, sagte der Mediziner. So starb Josef »Eisi« Eisenhoffer mit 44 Jahren in seiner Heimatstadt Budapest, von wo er einst in die große weite Fußballwelt aufgebrochen war.

Donnenfeld, der 1943 Marseille verließ und in den Niederlanden lebte, und Weiskopf waren später in der französischen Widerstandsbewegung gegen die Deutschen, der Résistance, aktiv. Donnenfeld soll unter den Decknamen »Donny« und »Marquis« für den britischen Nachrichtendienst gearbeitet haben, nachdem die Alliierten 1944 in der Normandie landeten (lt. »Wiener Zeitung« vom 18.7.1946). Nach anderen Angaben überlebte er die Besatzungszeit in Frankreich als Frederico Donnenfeld in Kolumbien. Weiskopf nahm im Krieg den Decknamen »Guiage« an.

Alexander (Sandor) Fabian (geb. 1904): Torhüter, der aus Ungarn stammte. 1926 von Hakoah Wien zu den Brooklyn Wanderers (47). 1927 New York Giants, danach New York Hakoah.

Lajos Fischer (geb. 1902): Akrobatischer Torhüter von Vívó és Atlétikai Club (VAC) Budapest, dem einzigen Fußballklub Ungarns mit ausschließlich jüdischen Mitgliedern. Bei Vienna Wien, danach Hakoah Wien, 1926 zu den Brooklyn Wanderers (139). 9 Länderspiele für Ungarn.

Maximilian (Max) Gold (geb. 1902): 1927 von Hakoah Wien zu den New York Giants (48/1). Verteidiger, in der Saison 1929/30 bei den Hakoah All Stars New York. Nationalspieler Österreichs, zwei Berufungen.

Josef »Joshy« Grünfeld: In Deutschland geborener Innenstürmer, aktiv bei den Stuttgarter Kickers, dann Hakoah Wien. 1929 zu Brooklyn Hakoah, danach Hakoah All Stars New York und New York Hakoah (77/32). Später Inhaber eines Restaurants in Manhattan.

Max Grünwald: Torjäger, 1926 von der Wiener Hakoah zu den New York Giants, später New York Hakoah und Hakoah All Stars New York. In 161 Punktspielen in USA 71 Treffer. In der ewigen Torschützen-Rangliste der ASL I auf Rang 21. Ein Länderspiel für Österreich. Ex-Barpianist, später Vorsitzender der Profispielerunion Wien.

Béla Guttmann (13.3.1900-28.8.1981): 1921 von MTK Budapest zu Hakoah Wien, 1926 zu den New York Giants, später New York Hakoah und Hakoah All Stars (193). Zu seiner Biografie siehe den eigenen Beitrag in diesem Buch.

Moritz (Max, Moses) Häusler (1901-24.12.1952 Wien): 1926 Kapitän der Hakoah, im selben Jahr schloss sich der ausgezeichnete Stürmer den New York Giants an, dann New York Hakoah und Hakoah All Stars New York (178/57). Die »New York Evening Post« lobte »faszinierende Pässe« des Innenstürmers, die »New York Times« schrieb, Häusler sei »schwer auf Draht und von großer Vitalität«. Von 1922 bis 1925 7 Länderspiele für Österreich. In den USA betätigte sich Häusler als Schriftsteller und verfasste zwei Romane.

Pavel »Paul« Mahrer (geb. 1900): Halbstürmer aus der Tschechoslowakei, dort beim Teplitzer FK und Erstligist DFC Prag, Anfang der 1920er Jahre Südamerika-Tournee mit Teplitz. 1926 von Hakoah Wien zu den Brooklyn Wanderers (131/6). 1927 Rückkehr in die CSR, 1928 bei New York Hakoah, 1933 wieder Deutscher Fußball-Club Prag. 1945 Auswanderung in die Vereinigten Staaten. Sohn Jerry Mahrer spielte ebenfalls in der American Soccer League. 6 Länderspiele für CSR, Olympiateilnehmer 1924.

Gyorgy »Hanaya« Molnar (geb. 1901): Ungarischer Außenstürmer von MTK Budapest, 1917-1927 167 Tore in 138 Spielen (Schnitt 0,83), 26 Länderspiele/11 Tore, darunter ein Hattrick beim 7:1 gegen Italien 1924. Seit 1919 in der 1. Mannschaft von MTK, seit 1920 sechsmal Meister von Ungarn, 1925 Torschützenkönig mit 21 Treffern, im selben Jahr auch Pokalsieger. 1927/28 bei New York Giants, 1928/29 Hakoah All Stars New York, 1929/30 Brooklyn Wanderers (56/13).

Sandor Nemes (Nemes Neufeld, Alexander Neufeld, Perry Neufeld) (vermutlich 1903-1986): Geboren in Budapest, Rechtsaußen von Ujpest, mit 17 Jahren in der Jugendauswahl seines Heimatlandes. 1926 von Hakoah Wien zu den Brooklyn Wanderers (47). 1929-30 zurück in die USA und bei den Hakoah All Stars in New York unter Vertrag. 1932 Profi in Alexandria, Ägypten. Spielte 1934 mit der Auswahl von Alexandria gegen Palästina. 1935 wollte Neufeld zu einem libanesischen Klub wechseln, doch auf dem Weg dorthin überzeugte ihn in Jaffa sein Freund Willi Berger, Torhüter der Auswahl von Palästina, als Mittelstürmer für Maccabi Tel-Aviv aufzulaufen. Nach Angaben des israelischen Fußball-Verbandes trat Perry Neufeld, wie er in Palästina genannt wurde, zum jüdischen Glauben über und heiratete eine jüdische Frau. 1938 wurde er von Palästina in der WM-Qualifikation gegen Griechenland eingesetzt (1:3, 0:1, Neufeld erzielte ein Tor), nachdem er früher bereits 2 Länderspiele für Österreich bestritten hatte. Mit seinem ehemaligen Hakoah-Wien-Mitspieler Pollak machte er 1939 die Australien-Tournee von Maccabi Tel-Aviv mit und schoss in 19 Begegnungen 27 Tore. 1945 Ende der aktiven Laufbahn infolge Verletzung, 1945/46 Trainer von Maccabi Tel-Aviv. Perry Neufeld war in Tel-Aviv an einer Tankstelle beschäftigt und verstarb 1986.

Rudolph »Reszo« Nickolsburger (geb. 1900): Ungarischer Nationalspieler und Stürmer, früher Ferencvaros Budapest, 1928 von Hakoah Wien zu New York Hakoah, anschließend Hakoah All Stars New York (74/29 ohne ESL). Danach in Italien.

Egon/Gustav »Erwin« Pollak (1898-1981): Geboren in Wien, bei der Hakoah Halbrechter. 1926 zu den New York Giants (19), blieb nur eine Saison. 1 Länderspiel für Österreich im Jahre 1924. 1934 nach Palästina, wo er Trainer von Maccabi Tel-Aviv F.C. war. Betreute bei der Maccabiah 1935 in Palästina die jüdische Auswahl Palästinas, kontinuierlich dann ab 1937 neben seiner Trainertätigkeit bei Tel Aviv. Mit Maccabi 1936 USA-Tournee und 1939 Australien-Tournee. Blieb für ein Jahr als Jugendtrainer in Sydney auf dem fünften Kontinent. Als der Zweite Weltkrieg begann und seine Familie keine Einreisevisa für Australien erhielt, kehrte er nach Palästina zurück, wo er erneut bei Maccabi Tel-Aviv tätig war. Von 1948 bis 1950 betreute Pollak die israelische Nationalmannschaft, danach war er für Jugendteams zuständig. Egon Pollak übersiedelte in den 1970er Jahren nach Deutschland, vermutlich in die Bundesrepublik, wo er 1981 starb.

Heinrich Schönfeld: Mittelstürmer von Hakoah Wien, 1926 zu den Brooklyn Wanderers (24/14). Kehrte 1929 in die USA zurück, aktiv für Brooklyn Hakoah und Hakoah All Stars New York (42/25). 1950 Trainer von Hakoah Hallein im Salzkammergut, einer Mannschaft aus jüdischen Displaced Persons.

Erno (Ernö, Ernst) Schwarz (Schwarcz) (geb. 1903 Budapest): 1926 von Hakoah Wien zu den New York Giants (163/38). Zuvor ungarischer Nationalspieler bei Ferencvaros Budapest. Unterschrieb 1928 bei den Glasgow Rangers, erhielt aber keine Arbeitserlaubnis für Großbritannien. 1929 Kapitän der Hakoah All Stars New York, seit 1931 Spielertrainer der New York Americans, mit denen er 1933 das US-Open Cup Final und 1937 die Meisterschaft erreichte. Im selben Jahr musste der 34-Jährige aufgrund eines Beinbruchs seine aktive Laufbahn beenden. Später Geschäftsführer der American Soccer League, Organisator der ASL II und von US-Tourneen des FC Liverpool und von Manchester United. Reiste als Spielausschuss-Vorsitzender 1952 mit der US-Nationalmannschaft nach Schottland und Irland. 1951 in die US-National Soccer Hall of Fame aufgenommen.

Laszlo Sternberg (geb. 28.5.1905): Ein weiterer Wanderer »zwischen den Welten«. Ungarischer Verteidiger, 1925/26 bei Novese Novi in der 2. Liga Italiens, in der folgenden Spielzeit bei Andrea Doria in Genua, 1927/28 in seinem Heimatland bei Ujpest Dosza in Budapest, 1928/29 bei den New York Nationals. Wechselte inmitten der Saison nach sieben Einsätzen zu New York Hakoah in die ESL, dann Hakoah All Stars New York (111/3). 1933 wieder in Ungarn bei Ujpest, 1934 Kapitän der Nationalmannschaft bei der WM (19 Länderspiele), 1935 Meister mit Ujpest, 1935-36 AC Kispest, anschließend Red Star Paris.

Siegfried »Sigi« Wortmann (geb. 1908): Innenstürmer, 1927 von Hakoah Wien zu den New York Nationals (139/43), mit denen er 1928 den US-Open Cup gewann. Später New York Hakoah (ebenfalls US-Open-Cup-Gewinner) und Hakoah All Stars New York. 1 Länderspiel für Österreich.

Albert Lichtblau

Kulturtransfer, Netzwerk und Schlammschlacht. Exilfußball in New York und Shanghai

Wenn sich die Forschung mit der Kultur von Migranten beschäftigt, dann agiert sie oft wie bei einer ökonomischen Bilanz. Alles, was an Einfluss gewann und sich durchsetzte, wird bevorzugt behandelt. Der Einfluss der aus Europa vertriebenen Flüchtlinge auf den Brennpunkt amerikanischer Kultur, »Hollywood«, erregt dementsprechend weitaus mehr Aufmerksamkeit als andere kulturelle Praktiken, die lediglich ein Festhalten am Mitgebrachten nachweisen, jedoch nur geringfügige Wirkung auf das Aufnahmeland ausüben. Dabei handelt es sich beim Kulturtransfer von Migranten sehr oft um einen defensiven Versuch, Teile der mitgebrachten kulturellen Praktiken trotz des isolierenden Effektes im Aufnahmeland zu bewahren, gleichsam als Anknüpfungspunkt an das einst Vertraute.

Vielleicht ist die geringe Außenwirkung einer der Gründe für die Vernachlässigung eines Kulturtransfers jüdischer Flüchtlinge aus Mitteleuropa seitens der Exilforschung: die Vernarrtheit und Liebe zum Fußballsport, von dem die Vertriebenen – zumindest in den ersten Jahren des Exils – nicht ablassen wollten. Ihre unbeschreibliche Begeisterung für den Sport ging auf die Zeit vor dem Nationalsozialismus zurück. Eine Begeisterung, die an sich nichts Spezifisches für den jüdischen Teil der Bevölkerung war, sondern eine allgemeine. Erst die Politik des Antisemitismus und die unaufhörliche Wiederholung auf den »jüdischen Körper« bezogener Stereotypen hatten den Sport für die jüdische Bevölkerung zu etwas Besonderem stilisiert. Aus ihrer Sicht sollten die Leistungen der jüdischen Sportler derartige Klischees endgültig ad absurdum führen, insbesondere jenes vom »schwächlichen Juden«, der körperliche Arbeit und Betätigung meide. Wie befreiend muss es gewirkt haben, wenn die Muskelprotze der Wiener Hakoah-Ringermannschaft ihre Gegner aufs Kreuz legten und eine Meisterschaft nach der anderen gewannen. Signalisierten sie doch auch den Erfolg des Emanzipationskonzeptes: Integration durch Anpassung. In einer Mischung aus Anpassung – so zu sein wie andere, eben allgemein anerkannte, erfolgreiche Sportler und Sportbegeisterte – und einer amorphen Melange aus Zionismus und jüdischem Nationalismus pilgerten die sportbegeisterten jüdischen Väter mit ihren Kindern allsonntäglich auf die Fußballplätze, um ihre Mannschaft anzufeuern und um sie gegen die wüsten antisemitischen Beschimpfungen verbal bzw. handfest zu verteidigen.[1]

Vor dem Durchbruch des Nationalsozialismus war der jüdische Sport u.a. der Versuch einer exponierten Minderheit, Gleichwertigkeit einzufordern und durch Leistung akzeptiert zu werden. Sport hatte eine ähnliche Funktion wie der zweite Bereich, in dem Juden damals prominent vertreten waren, die Kultur. Beide produzierten eine moderne bzw. aktuelle kulturelle Identität. Trotz der Attacken und der Ablehnung seitens einer breiten antisemitisch gestimmten Bevölkerung und Presse schien es in diesen Kernbereichen moderner Identitätsschaffung für Juden eine Möglichkeit zu geben, aktiv zu partizipieren und sich eben zugleich jüdisch als auch patriotisch zu identifizieren. Die Nominierung jüdischer Sportler in die National- und Olympiamannschaft konnte wohl als Ausdruck einer geglückten Integration interpretiert werden.[2]

Wer nicht mehr aus der Religion Ruhe, Selbstvertrauen und Selbstbewusstsein bezog, dem konnte wirtschaftlicher Erfolg, die Begeisterung für die Opern- und Theaterwelt oder eben der Stolz auf die jüdischen Pioniere in der Sportwelt einen adäquaten Ersatz bieten. Obwohl wir wenig über die Zusammensetzung des Publikums bei den Spielen jüdischer Fußballmannschaften wissen, gibt es Hinweise dafür, dass die Begeisterung selbst sehr religiöse Menschen erreichte. Der Vater der Direktorin des Jerusalemer Central Archives for the History of the Jewish People, Hadassah Assouline, arbeitete als Schächter für den chassidischen, aus dem galizischen Husiatyn stammenden Rabbiner Friedmann. Hadassah Assouline erinnert sich, wie es ihren Vater magnetisch auf den Fußballplatz zu den Hakoah-Spielen zog. Das ging so lange gut, bis die Jeshíwe-Bócher ihren Lehrmeister bedrängten, ihnen doch auch den Besuch der Fußballspiele zu gestatten. Da sie dabei mit der Sportbegeisterung des »Shojchet« argumentierten, musste dieser sich den Spaß selbst versagen, um nicht ein schlechtes Beispiel abzugeben. Noch in der amerikanischen Emigration versuchte er vergeblich, seiner

Tochter die Raffinesse des Fußballspiels zu erläutern, und er empfand die allgemeine Ignoranz gegenüber seinem Lieblingssport im amerikanischen Alltagsgeschehen als Qual.

Der Fanatismus des jüdischen Publikums für »seine« Mannschaften beruhte auch auf den beeindruckenden Erfolgen der jüdischen Fußballer. Hakoah stieg 1920 in die erste Liga Österreichs auf, und 1924/25 gelang ihr die Sensation: Die jüdische Fußballmannschaft gewann die österreichische Meisterschaft![3] »Es ist dies eine nicht genug zu würdigende Tat Wiener Juden, die das Märchen, dass der Jude für Sport und Hygiene nichts übrig hat, zunichte machte«, schrieb die liberal-jüdische Zeitung »Die Wahrheit«.[4] Fußball gehörte für einen Teil der männlichen jüdischen Bevölkerung zur Alltagskultur, zum Lebensrhythmus, zur von außen beständig attackierten Identität.

Amerika:
Soccer Hall of Famer Herb(ert) Heilpern

In der amerikanischen Emigration litten die vertriebenen europäischen Fußballenthusiasten unter der völligen Bedeutungslosigkeit ihres Lieblingssportes.[5] Baseball und Football waren ihnen kein oder nur ein schwacher Ersatz.[6] Noch dazu: Im Fußball konnten die Flüchtlinge keine Integration in die amerikanische Gesellschaft erleben, sondern sie mussten akzeptieren, dass sie einer isolierenden, europäischen kulturellen Praxis verfallen waren.

Der 1919 in Wien geborene Herbert (Herb) Heilpern ist einer der wenigen, die es geschafft haben: Seine Erfolge wurden in der Soccer Hall of Fame gewürdigt, die im Bundesstaat New York in Oneonto liegt. Stolz trägt er den Ring, den er für diese Auszeichnung bekam. Stolz erwähnt er, dass der aus Fürth stammende Fußballfan und Friedensnobelpreisträger Henry A. Kissinger zur Verleihung nach Oneonto kam. Bis zum Schluss habe er, Heilpern, sich bemüht, »soccer« in den USA populär zu machen. Beim Interview 1995 hatte er allerdings die Hoffnungen bereits aufgegeben, dass sich der Sport zu einer Konkurrenz der weitaus populäreren amerikanischen Sportarten entwickeln könnte.[7]

Heilpern stand in Wien zuerst im Tor der Jugend-Handballmannschaft und wurde Läufer bei der Hakoah. Der Anschluss 1938 unterbrach seine sportlichen Ambitionen abrupt. Aufgewachsen ist er im Bezirk mit dem größten jüdischen Bevölkerungsanteil, der Leopoldstadt, sein Vater Rechtsanwalt, über den jüngeren Bruder mag er nichts erzählen, da er von den Nazis ermordet wurde. Natürlich ging er mit seinem Vater zu jedem Fußballspiel der Hakoah: »We were very Viennese.«

Hall of Famer wurde Heilpern wegen seiner Aktivitäten als amerikanischer Fußballfunktionär. Bedeutung erlangte er als Mitbegründer der North American Soccer League und der legendären Profimannschaft New York Cosmos mit Stars wie Pelé und Franz Beckenbauer.[8] Zuvor war er unter anderem Präsident des aus mehreren jüdischen Fußballklubs gebildeten Blue Star Sport Club[9] und Vizepräsident (1967) bzw. Präsident (1969 bis 1975) der seit 1923 an der Ostküste bestehenden German-American Soccer League, die schließlich 1977 ihren Namen in Cosmopolitan League änderte und heute noch existiert.[10]

Während des Zweiten Weltkrieges mieden die jüdischen Mannschaften natürlich die bereits etablierte Liga der deutschen Einwanderer, die German-American Soccer League. Die jüdischen Exilmannschaften im Bereich New Yorks versammelten sich in der Eastern District Soccer League und spielten gegen einige andere ethnisch formierte Klubs wie gegen die Lithuanian Americans, Swiss F.C. oder eine Mannschaft der Pelzarbeiter namens Furriers.[11] Dass die jüdischen Mannschaften schließlich nach Kriegsende doch in der Liga der deutschen Auswanderer spielten, diese letztendlich offen für Neuzuwanderer aus Europa und der Karibik war und den Namen Cosmopolitan League annahm, scheint einerseits auf die Wirkung der Amerikanisierung zurückzuführen zu sein, andererseits auf den Spielermangel.[12] Das Aussetzen von jugendlichen Nachwuchsspielern zwang zu einer Annäherung der einst verfeindeten Lager von Juden und Nichtjuden aus Deutschland und Österreich.

Das Erste, was Herb Heilpern im Interview zu seiner Präsidentschaft bei der German-American Soccer League[13] einfiel, war die Einladung zu einem geselligen Abend der Mannschaft mit dem Namen Gottschee. Als sie das Horst-Wessel-Lied sangen, so Heilpern, verließen er und seine Frau fluchtartig das Lokal. Niemand von Gotschee hätte seine Reaktion verstehen können, es wäre nicht so gemeint gewesen. Es scheint, als wäre der Zwischenkriegs-Antisemitismus in diesem Randbereich der Kultur nach Amerika exportiert und konserviert worden. In der Croatia genannten Mannschaft seien die schlimmsten Antisemiten gewesen.

Die Spiele jüdischer gegen deutsche Mannschaften während des Zweiten Weltkrieges seien furchtbar gewesen, so Heilpern. »We called them German pigs.« Obwohl sie an der Ostküste in verschiedenen Ligen spielten,

Spiel der N.Y. Americans gegen den New World Club am 29. April 1944.

wurden Cup-Wettbewerbe gemeinsam ausgetragen. Die jüdischen Mannschaften seien »tough teams« gewesen. Während 1942 der Krieg in Europa tobte und die Nationalsozialisten die Ermordung europäischer Juden vorantrieben, spielten in New York die German American All Stars gegen die Jewish All Stars.[14]

Als er bei einem Cupspiel im Throggs Neck Stadium in der Bronx mitspielte, hatte er Angst. In seiner Erinnerung sieht Herb Heilpern noch das Hakenkreuz dort hängen und ist überzeugt, dass alle Nazis waren. Die damaligen Spieler des Eintracht S.C. aus der German-American Soccer League bezeichnet er als »a bunch of Nazis«. Nach den Cupspielen gegen die deutschen Mannschaften hätten sie ihre Kleidung zusammengerafft und seien so schnell wie möglich weggefahren. Andere Spieler urteilen jedoch gemäßigter über ihre deutschen nichtjüdischen Kontrahenten.[15]

Seine Fußballkarriere hatte für Herb Heilpern nach der geglückten Flucht in New York damit begonnen, dass ihn ein Freund zum Bronx Jewish Soccer Club brachte. Als er gegen die Hakoah im Tor stand, spielte er das Spiel seines Lebens. Dadurch wurde Hakoah auf ihn aufmerksam und warb ihn ab.[16]

Dabei hatten die aus Österreich geflüchteten Hakoahner nach ihrer Ankunft im amerikanischen Asyl eine böse Überraschung erlebt: Ihr Vereinsname war in New York bereits etabliert und geschützt. Das war so gekommen: Als die Wiener Hakoah 1926 in New York gastierte, mobilisierte sie – obwohl es an einem Samstag stattfand – bei einem Spiel in den Polo Grounds die bis dahin bei amerikanischen Fußballspielen unerreichte Zuschauerzahl von 46.000 Besuchern.[17] Deswegen ging die Tournee der Hakoah in die amerikanische Fußballgeschichte ein und wird in allen fußballhistorischen Arbeiten erwähnt. Die Abwerbung von Spielern nach Amerika stürzte die Wiener Mannschaft in eine schwere Krise und kostete Hakoah schließlich die Teilnahme an der obersten österreichischen Liga. Einer der in Amerika abgeworbenen Stars von Hakoah, Ernö Schwarz (Schwarcz), wurde später Manager der New York Americans und ist wie Herb Heilpern ein Hall of Famer. In der Saison 1928/29 debütierte die New York Hakoah in einer Profiliga, der Eastern League. Der anfängliche Erfolg und die große Fangemeinde litten jedoch bald unter der wirtschaftlichen Depression, und 1933 musste der Spielbetrieb eingestellt werden.[18] Selbst eine Profi-Baseballmannschaft spielte unter dem Vereinsnamen New York Hakoah. Als die Wiener Flüchtlinge in den USA ihren Verein Hakoah revitalisieren wollten, mussten sie erst eine Vereinbarung mit den Inhabern des amerikanischen Vereinsnamens Hakoah treffen. Schließlich durften die aus Österreich stammenden Flüchtlinge 1940 ihren Verein Hakoah Amateur Club nennen, und sie waren es, die ihre Hakoah-Fußballmannschaft in die Eastern District Soccer League sandten.[19] Auch in Philadelphia, Cleveland und San Francisco spielten Mannschaften der Flüchtlinge unter dem Namen Hakoah.

Der Transfer mentaler Differenz spiegelte sich auch im Exilsportgeschehen wider, die Spannungen zwischen den aus Deutschland und Österreich Stammenden überlebten in der Emigration. Wenn auch nicht so arg wie gegen die Ostjuden, waren die Vorurteile auf beiden Seiten bemerkenswert. Den Österreichern wurde etwa ihr eigenartiges Deutsch vorgehalten und die Schlampigkeit, den Deutschen die vermeintliche Arroganz. Herb Heilpern: »I didn't like the New World Club, because they were Germans.« Zusätzlich spielte der damals noch konkurrierende unterschiedliche Spielstil eine Rolle. Das Hauptspiel der Saison sei immer jenes zwischen dem deutsch-jüdischen New World Club und der Hakoah gewesen, bei dem die Animositäten zelebriert wurden.

Die wichtigste Klubgründung der aus Deutschland stammenden Flüchtlinge fand am 1. April 1939 statt. Fußballbegeisterte aus bayerisch-jüdischen Vereinen gründeten eine Fußballsektion des German-Jewish

Club, also jenes Klubs, der die bedeutende deutschsprachige Exilzeitung »Aufbau« herausgab. Die Anpassung an die neue Gesellschaft und der Kriegsausbruch machten eine Namensänderung notwendig; Ende 1940 kam es zur programmatischen Umbenennung auf New World Club.[20] Abgesehen von Hakoah galt für den New World Club der jüdische Traditionsverein Prospect Unity Club als Hauptkontrahent. Die Fußballmannschaft des von europäisch jüdischen Zuwanderern gegründeten Klubs spielte in den 30er Jahren noch gemeinsam mit den nichtjüdisch-deutschen Klubs in der German-American Soccer League, und der Verein war im Viertel der Deutschen Manhattans, in Yorkville, stationiert. Erst 1940 übersiedelte der Prospect Unity Club ins Zentrum des deutsch-jüdischen Viertels Washington Heights, und sein Klubhaus Ecke Broadway und 158. Straße entwickelte sich zu einem wichtigen Treffpunkt für die Vertriebenen.[21]

Die Bedingungen, unter denen gespielt wurde, waren im Vergleich zu europäischen Fußballplätzen katastrophal. Oft wurde in Parks gespielt. Sonntags fuhr man mit dem IRT-Broadway bis zur Endstation in der 242. Straße und spielte in der Bronx im Van Cortlandt Park. Wenn die Migrantenkultur als eigenständige Übergangskultur verstanden wird, dann eignen sich auch die amerikanischen Spielplätze zur Illustration dafür. Viele Stadien waren eigentlich für Baseball-Spiele konzipiert. D.h., die Erhöhung des »pitcher's mound« konnte den Spielverlauf durchaus irritieren. Der Zustand der Spielfläche ließ oft zu wünschen übrig. Bei Schlechtwetter verwandelte sich der Boden zu einer glitschigen Masse, und die Spiele, beispielsweise im Metropolitan Oval im New Yorker Stadtteil Queens, arteten in eine regelrechte Schlammschlacht aus.[22] Aber die sportbegeisterten Europäer ließen sich durch nichts entmutigen.

Max Behrens, der frühere Sportkorrespondent der »Frankfurter Allgemeinen Zeitung« und Autor für die Zeitung der Deutsch-Amerikaner, der New Yorker »Staats-Zeitung« kommentierte oft mit strengen, Disziplin einfordernden Worten die Misere im Aufbau.[23] Im Aufbau bemängelte er 1940 die Ausrüstung des Bronx Jewish Soccer Club, der ein Spiel gegen die zweite Mannschaft des German Jewish Club soeben verloren hatte: »Der Bronxer jüdische Bruderklub hielt sich wacker, doch ist der Elf anzuraten, das nächste Mal in einheitlicher Sportkleidung zu erscheinen.«[24] Ob sich die Kicker in der Bronx die Mahnung zu Herzen nahmen, bleibt ungeklärt. Sie verzichteten später jedoch auf die bei jüdischen Klubs beliebte blau-weiße Farbkombination und zeigten mit rot-weiß gestreiftem Hemd und blauer Hose die amerikanischen Farben an ihren Körpern.[25]

Ab und zu kam es zu einer Überhitzung der Gemüter. Bleiben wir beim Bronx Jewish S.C., der vom gestrengen Max Behrens als »böse Buben«-Mannschaft bezeichnet wurde. Wieder einmal gerieten sie mit dem nun New World Club genannten Verein in die Haare. Nach einem Foul schlug der Bronxer »Centerhalf« Loeb seinem Kontrahenten ins Gesicht, die Zuschauer stürmten das Feld, unter ihnen ein Spieler des New World Club, der damals zugleich Vizepräsident der Eastern District Soccer League war, Ludolf Heidecker. Das Spiel musste schließlich abgebrochen werden, da sich der ausgeschlossene Loeb weigerte, das Spielfeld zu verlassen.[26] Ein ähnlicher Skandal ereignete sich 1945 beim Abbruch eines Spiels zwischen dem New World Club und Maccabi.[27] Bei der Rauferei nach einem Foul eines Maccabi-Spielers ist offenbar auch der Schiedsrichter angegriffen worden, der fluchtartig das Feld verlassen musste. Dies dürfte der Grund dafür gewesen sein, dass Maccabi die Eastern District Soccer League verlassen wollte.[28]

In den ersten Jahren boten die Fußballklubs wichtige kulturelle Oasen und soziale Netzwerke in der noch fremden amerikanischen Lebenswelt. Vereinslokale bildeten den Mittel- und Ausgangspunkt des sozialen Lebens, eines Lebens, in dem noch Deutsch gesprochen wurde, in dem Partnerschaften in der vertrauten Weise angebahnt wurden und in dem es keiner großen Erklärung bedurfte, um verstanden zu werden. Die Spieler der Hakoah trafen sich in einem Keller in der 72. Straße beim Broadway.[29] Herb Heilpern: »We had a good time. The girls came… Oh boy, did we have girls. They were running after us, unbelievable!« Von dort aus war es nicht weit zu den anderen Emigrantentreffpunkten, etwa dem in der Art eines Wiener Café geführten Eclair, wo die durch den Klub zusammengeschweißte Freundesgruppe bis in die Morgenstunden blieb. Amerikaner konnte man auf diese Weise allerdings nicht kennen lernen. Im Januar 1943 fand der erste Hakoah-Ball im Riverside Plaza statt.

Herb Heilperns Erfahrung ähnelt jener anderer europäischer Flüchtlinge: Erst die Armee machte ihn zum Amerikaner. Als er für die Military Police in Kalifornien stationiert war, spielte er auch dort Fußball, und zwar für Hakoah San Franciso. Amerikaner? Nicht im Sport – natürlich langweile ihn Baseball, Football hingegen gefalle ihm. Der Krieg hatte den Spielbetrieb massiv gefährdet, und der legendäre Prospect Unity Club musste für kurze Zeit deswegen sogar seinen Spielbetrieb einstellen.[30] Zugleich hofften die Fußballfanatiker in ihrem missionarischen Optimismus, dass die amerikanischen Soldaten endlich eine Liebe für Fußballsport entdecken könnten.»Der Krieg ist der beste Förderer, denn die amerikanischen Soldaten, die Fußball in allen fünf Erdteilen lieben gelernt haben, werden ihn als schönsten Gemeinschaftssport in die Heimat verpflanzen.«[31]

Nach dem Krieg, der Erfahrung in der Armee und seiner Amerikanisierung war Herb Heilpern nicht mehr so sehr auf die Emigrantenkultur angewiesen, er heiratete schließlich eine Amerikanerin. Hakoah erlebte nach Kriegsende nochmals einen Höhenflug, als die Mannschaft zwischen 1955 und 1958 dreimal die Meisterschaft in der American Soccer League gewann.[32]

Zwischenspiele: Antilleninsel Hispaniola

Es soll hier nicht der Eindruck entstehen, als wären alle Fußballbegeisterten im Exil wie verrückt weiterhin dem Ball hinterhergelaufen. Der Überlebenskampf ließ dafür oftmals keinen Raum mehr. Wo es aber möglich war, wurde gespielt, selbst an ausgefallenen Orten.[33] Als die verzweifelten, in Europa in der Falle sitzenden Juden nur mehr in exotische Länder fliehen konnten, fand eine Gruppe in jenem Teil der Antilleninsel Hispaniola Asyl, der nun Dominikanische Republik heißt. Sie gründeten die landwirtschaftliche Kolonie Sosua, die als Touristenressort überlebt hat. Den mit der Landwirtschaft nur wenig vertrauten Flüchtlingen war beim Aufbau der Siedlung eines wichtig: Sogleich nach ihrer Ankunft funktionierten sie eine Wiese in ein Fußballfeld um und luden Mannschaften der Umgebung zu Spielen ein. Ein klappriger Lastwagen brachte sie zu Auswärtsspielen.[34]

Wie sehr Fußball im Überlebenskampf nicht nur eine soziale Funktion einnahm, sondern auch eine materielle, die das physische Überleben sicherte, zeigt ein anderes Beispiel aus dem westlichen Teil der Insel, Haiti. Paul Rudolfer (1890-1957) gehörte 1909 in Wien zu den Gründungsmitgliedern der Hakoah und hatte sich besonders für die Fußballsektion engagiert.»My father's life was soccer.« So erinnert sich Lillian Scharlin an ihren Vater. Ihm war es gelungen, die hervorragenden jüdischen Spieler aus seinem Geburtsland Ungarn anzuwerben, mit denen die Wiener Hakoah in den 20er Jahren die größten Erfolge feiern konnte. Genauso erfolgreich leitete er die Ringersektion der Hakoah in Wien, die bei allen gewalttätigen Konflikten zur Stelle war, um bedrohte jüdische Sportler zu beschützen. Paul Rudolfer gelang es, aus Nazideutschland nach Haiti zu fliehen, wo eine

Zeitschrift über ihn schrieb: »Hitler's Loss is our Game«. In seinem ca. einjährigen Aufenthalt punktete der charismatische Rudolfer durch die Erfolge der von ihm betreuten, regierungsnahen Mannschaften. Das gelang ihm, obwohl er kein Wort Französisch sprach. Am stärksten dürfte ihn ein Spiel gegen eine deutsche Mannschaft aufgeregt haben, ein Spiel, das er unbedingt gewinnen wollte. Er weigerte sich, das Schiff der Deutschen zu betreten und blieb demonstrativ sitzen, als die deutsche Hymne gespielt wurde. »They played like never before«, und die Presse feierte Rudolfer wie einen Volkshelden.[35]

Hinter der kurzen, einjährigen Erfolgsgeschichte lag jedoch das Drama einer europäischen jüdischen Familie. Rudolfer gelang es aufgrund seines schnellen Erfolges und der Kontakte zu Regierungskreisen, seine Familie nach Haiti nachzuholen. Als ihm ein fußballbegeisterter Jude aus Brooklyn das Affidavit für sich und seine Familie schickte, konnte diese schließlich, nach ca. einem Jahr, in die USA auswandern. Auch dort blieb er dem Kreis der Hakoahner treu, das Vereinslokal am Broadway wurde seine Heimstätte. Mit den aus Deutschland geflüchteten Juden hingegen hatte er wenig Beziehung. Die ehemalige Stütze der Wiener Hakoah, Joschy Grünfeld,[36] war 1939 nach New York geflohen. Das von ihm geführte Restaurant im Beacon Hotel in der 75. Straße und Ecke Broadway wurde zu einem Treffpunkt der Wiener.[37] An sein früheres Leben konnte Paul Rudolfer in den USA jedoch nicht mehr anschließen, und er blieb bis zu seinem Lebensende isoliert in der deutschsprachigen Viennese Jewish Community New Yorks.

Von Shanghai nach New York:
Leo Meyer

Die Exilerfahrung in Shanghai gehörte zu den beschwerlichsten. Die enorme kulturelle Distanz und eine für viele schwer erschließbare Sprache, bittere Armut, Ungewissheit, die Okkupation der Stadt durch die mit den Deutschen verbündeten Japaner, die Ghettoisierung und der Krieg belasteten den Alltag der jüdischen Flüchtlinge sehr. Das Fußballspiel bekam hier einen hohen Stellenwert für die körperliche und psychische Stabilisierung der von Verzweiflung Bedrohten und deren Kindern. Als begabte Vereinsmeier gründeten die Flüchtlinge bald nach ihrer Ankunft Fußballmannschaften und sogar eine eigenständige Liga, die Jewish League, der acht Mannschaften angehörten. In den Kriegsjahren gewann der A.H.V. (Altherren-Verein) dreimal die Meisterschaft, in der Saison 1942/43 siegte eine Mannschaft mit dem

Namen Barcelona. Diese Benennung beruhte auf dem gleichnamigen Restaurant mit Wiener Küche, dessen Besitzer die Mannschaft finanziell unterstützte.[38] Ebenfalls nach seinen Sponsoren nannte sich die Mannschaft Shanghai Jewish Chronicle, die später in Blue White umbenannt wurde. Ein Name durfte auch hier nicht fehlen: Hakoah. Ihr gehörten jedoch nicht nur Wiener, sondern auch Flüchtlinge aus Deutschland an. Wayside, nach einer Straße in Hongkew, nannten junge Fußballfanatiker ihre Mannschaft. Ohne Geld und mit den von Müttern geschneiderten Dressen traten sie an. Embankment nannten sich jene, die im eben so genannten Aufnahmegebäude Shanghais Unterkunft gefunden hatten. Nur eine jüdische Auswahlmannschaft spielte in der allgemeinen Shanghai League[39] gegen chinesische und Mannschaften anderer Zuwanderergruppen, Jewish Recreation Club, kurz J.R.C. Der Club wurde bereits 1912 von russischen Juden gegründet.[40]

Leo Meyer (verdeckt durch die Schrift) spielte für die Auswahlmannschaft Shanghais, Shanghai Interport, in Macao.

Foto: Privatarchiv Leo Meyer

Der A.H.V. (Alte Herren) war die erfolgreichste Mannschaft Shanghais.

Foto: Privatarchiv Ann Bernfeld

Angesichts der schwierigen klimatischen Bedingungen und der geringen finanziellen Mittel konnten in der Jewish League keine hohen Ansprüche gestellt werden. Bis 1940 wurde in der Kinchow Road gespielt, danach in der Chaoufoong Road.[41] Die Zeitschrift Shanghai Jewish Chronicle schrieb beispielsweise über den schlüpfrigen Boden bei einem Cupspiel der Mannschaft Embankment, »dass man die Spieler mehr auf dem Boden als auf den Füßen sah«.[42] Der Platz lag im so genannten District, dem als Hongkew bezeichneten Ghetto der jüdischen Flüchtlinge, in das sie ab Februar 1943 von den japanischen Okkupanten gezwungen wurden und in dem sie unter extrem schwierigen und unzumutbaren hygienischen Bedingungen leben mussten. Während des Krieges und der japanischen Besetzung regierte ein Bürokrat namens Ghoya brutal über die ghettoisierten Flüchtlinge.[43] Die Selbstherrlichkeit des Mannes, der sich selbst »König der Juden« bezeichnete, richtete sich auch einmal gegen die Fußballer. Ein Artikel des »Aufbaus« berichtet, dass Ghoya den Fußballplatz sperren und die Fußballfunktionäre zu sich bestellen ließ. Für einige Wochen blieb der Spielbetrieb unterbrochen und dem danach wieder aufgenommenen Spielbetrieb fehlte es an Freude seiner Spieler und Zuschauer.[44]

Der Sport im Allgemeinen und Fußball im Besonderen war den Flüchtlingen eine willkommene Ablenkung an den Sonntagen. Es sei wie eine Therapie gewesen, erinnert sich Alfred Zunterstein, der in Shanghai als der »Boxer Zunterstein« bekannt war. Endlich gab es eine Ablenkung zu den tagtäglichen Sorgen, und die Nerven fanden eine Entlastung.[45] Spannungsabbau nennt es Robert Winokur, der als Tormann für diverse Shanghaier Mannschaften spielte, manchmal mehrmals am Tag für die Jugend und die Erwachsenenmannschaften. Alfred Lambert sieht es genauso: »Es war wunderbar. Es war eine große Abwechslung für uns. Unter der Woche hatten wir gearbeitet, und Sonntags haben wir Fußball gespielt.«[46] Hätte ich zu Hause sitzen und Daumen drehen sollen, meint auch Anne Bernfield, die als junge Frau in Shanghai lebte. Fußball gehörte für sie zu den Zerstreuungen ebenso wie Theater oder Kabarett. Ihr Vater, der beim Wiener WAC und in Wiesbaden gespielt hatte, hatte seine Laufbahn bereits aufgegeben. Erst in Shanghai begann er wieder zu spielen, und zwar in einer Altherren-Mannschaft.[47] Nach den Spielen ging es in die Gaststätten, die als Art Cafés bzw. Nightclubs fungierten.

Die Armut konnte auch das geschlechtsspezifische Selbstbewusstsein massiv untergraben. Fußball war eine Gegenstrategie dazu, bei der die jungen Spieler bei den Frauen attraktiv wirken konnten.

Improvisation war für die Fußballfanatiker alles. Der Platz der jüdischen Liga bestand lediglich aus Erde. Um das Wasser abzuleiten, bohrte man kleine Löcher in das Feld, damit trotz schlechter klimatischer Bedingungen bei Nässe gespielt werden konnte.[48] Ein anderes Beispiel: Ein Wiener Schuhmacher fertigte aus alten Gummireifen die Sohlen für die Fußballschuhe an.[49] Korrektheit blieb den Sportbegeisterten dennoch ein Anliegen, um die sich ein eigener Schiedsrichterverband bemühte. Eine Besonderheit waren die Spiele um den Mini Soccer Pokal, auf halbiertem Spielfeld mit verkleinerten Toren, einem leichteren Ball, mit weniger – sieben – Spielern und verkürzter Spielzeit. Damit konnte der heiße und feuchte Sommer nach Saisonende genutzt werden. Was sonst wäre die Sonntagsunterhaltung für Fußballfanatiker gewesen? Die Sportfreunde waren immer bestens informiert, erstens von den diversen Exilzeitungen, wie der »Gelben Post«, oder einer eigenen Zeitung namens »Sport«, die alle Spiele ausführlich kommentierte.

Kurt Duldner spielte in der zweiten Mannschaft von Embankment. Der Name wurde vom Embankment Building abgeleitet, in dem die Aufnahmestelle untergebracht war.[50] Manche Shanghailänder, so auch er, bekommen noch heute leuchtende Augen, wenn sie vom Höhepunkt der Saison

Auswahlmannschaft der Eastern District Soccer League (EDSL) in New York. Leo Meyer ist der 5. von links in der oberen Reihe.

Foto: Privatarchiv Hugo Heilpern

erzählen. Es handelte sich um die nun schon bekannte Konstellation, nämlich das Spiel Wien – Berlin. Es sei immer laut zugegangen, aber zu Raufereien kam es nicht.

Auf die Frage nach herausragenden Spielern erinnern sich die meisten an einen: Leo Meyer. In einem Interview charakterisierte er sich selbst so: »Ich war kein feiner Fußballspieler. I was hard, you know!« Damit machte er sich zwar nicht unbedingt beliebt, doch er hinterließ bei allen einen Respekt einflößenden Eindruck.[51] 1911 in Langenfeld bei Leverkusen als Sohn eines Viehhändlers geboren, gab es für Leo Meyer von Kindesbeinen an nur eine Ambition: Sport. Bis zum Ausbruch des Nationalsozialismus spielte er als Rechtsaußen für Solingen-Ohligs. Unter dem Terrorregime wich er nach Düsseldorf aus und spielte dort für Maccabi Düsseldorf. Erst 1939 gelang ihm die Flucht nach Shanghai: »… und der Sport hat geholfen.« Leo Meyer, dessen Name als Fußballer bekannt war, bekam sofort eine Anstellung als Sportlehrer an der Schule, die der jüdische Mäzen Horace Kadoorie für die Flüchtlingskinder errichten ließ. Mit Gymnastikunterricht für die »reichen Frauen« konnte Leo Meyer zusätzlich verdienen. Er blieb auch in Shanghai aktiver Fußballer und spielte bei Hakoah und dem J.R.C. Besonders stolz erzählte er während des Interviews über seine Nominierung in die Shanghai Intersport, der Auswahl aller Mannschaften Shanghais, in die er als einziger Jude nominiert wurde. Gemeinsam mit chinesischen und russischen Spielern trug er Spiele in Hongkong und Macao aus.

Auch er erinnert sich an die Spiele Wien - Berlin und daran, dass Österreicher und Deutsche sich nicht so gut verstanden hätten und nicht befreundet waren. Während andere den Stil der Wiener als eher technisch orientiert sehen und von »Drippeln« sprechen, meint Leo Meyer, die Wiener seien eher aggressiv gewesen. »I wanted to win too.«

Mit dem Kriegsende begann die Abwanderung der Flüchtlinge. Nur wenige sahen eine ökonomische Perspektive, die Isolation im Ghetto hatte auch eine kulturelle Isolation zur Folge gehabt. Und spätestens mit der Machtübernahme der Kommunisten verließen auch jene China, die eigentlich bleiben wollten. Immer wieder wurden für bekannte und beliebte Spieler Abschiedsspiele gegeben.[52] Der Tormann Robert Winokur ging nach Los Angeles und spielte wieder, dieses Mal für die Los Angeles Hakoah. In seiner Mannschaft kannte er niemanden. Als sie jedoch gegen die San Francisco Hakoah spielten, kannte er deren halbe Mannschaft, die aus ehemaligen Kickern in Shanghai bestand.

1947 verließ auch Leo Meyer Shanghai und fand sein neues Asyl in New York. Wiederum funktionierte das soziale Netzwerk »Fußball« für ihn. Sofort konnte er beim New World Club zu spielen beginnen. Es handelte sich zwar nicht um einen Profisport, doch die umworbenen Spieler wurden durch eine Arbeitsstelle bei einem der Finanziers entlohnt. Da ihm die vermittelte Arbeit als Fleischhauer nicht behagte, wechselte er den Klub und ging zu Hakoah. Bei seinem Mäzen, der Firma Langermann Schuhe, hätte er nie viel zu tun gehabt. Wiederum zählte er zu den besten Spielern seiner Liga, wiederum wurde er in die Auswahlmannschaft gewählt, dieses Mal spielte er in jener der EDSL, der Eastern District Soccer League.

Die ehemaligen sozialen Netzwerke existieren zum Teil bis in die Gegenwart.[53] Als sich die Shanghailänder 1985 im New Yorker Concorde Hotel zu einer »reunion« trafen, hielten es die Männer nicht aus. Sie mussten unbedingt Fußball spielen. Welche Paarung schien am naheliegendsten? Natürlich war es die Neuauflage Wien - Berlin. Wie in alten Zeiten mangelte es an Ausrüstung und Dressen, also entschlossen sie sich dazu, dass die »Berliner« in Unterhemden und die »Wiener« mit nacktem Oberkörper spielten. Leo Meyer, inzwischen 74-jährig, spielte wie eh und je, nämlich mit vollem Körpereinsatz und ohne Rücksicht auf Verluste. Das Spiel endete trotzdem mit einem knappen Sieg der Wiener, einem 1:0.[54]

Bibliografie

Bücher
Almanach-Shanghai 1946/47, Shanghai 1946.
Baar, Arthur: Fußballgeschichten. Ernstes und Heiteres. Wien 1974.
Baar, Arthur: 50 Jahre Hakoah. 1909-1959. Tel-Aviv 1959.
Bunzl, John: Hoppauf Hakoah. Jüdischer Sport in Österreich. Wien 1987.
Frank, Stanley B.: The Jews in Sports. New York [1936].
Frommer, Harvey: The Great American Soccer Book. New York 1980.
Hakoah 1909, 1944-45. 35 Years. New York 1945.
Harris Paul/ Foulds Sam: America's Soccer Heritage. A History of the Game, Manhattan Beach, Cal. 1979.
Henshaw, Richard: The Encyclopedia of World Soccer. Washington, D.C. 1979.
Heppner, Ernest G.: Shanghai Refugee. A Memoir of the World War II Jewish Ghetto, Lincoln / London 1993.
Kuhn, Helmut: Fußball in den USA. Bremen 1992.
Levine, Peter: Ellis Island to Ebbets Field. Sport and the American Jewish Experience. New York / Oxford 1992.

Lowenstein, Steven M.: Frankfurt on Hudson. The German-Jewish Community of Washington Heights, 1933-1983. Its Structure and Culture. Detroit 1989.
1951-52 North American Soccer Guide. Brooklyn, N.Y. 1952.
Ribalow, Harold U.: The Jew in American Sports. New York 1959.
Ross, James R.: Escape to Shanghai. A Jewish Community in China. New York / Oxford / Singapore / Sydney 1994.

Artikel

Jose, Colin: How Hakoah Helped To Spread the World. In: Soccer: May 1995.
Gleba, Scott: CSL Still Kicking after 72 Years. In: Soccer: April 1995, p. 20-21.
Horowitz, Benjamin: Hakoah in New York (1926-1932). A New Dimension for American Jewry. In: Judaism: 25 (1976), no. 3, pp. 375-382.
Kuhn, Helmut: Der Tiger der Thora. In: Aufbau: 7. Januar 1994, pp. 8-9.
Single, Erwin A.: How Can Soccer be Made »Big-Time« in America. In: 1955-56 North American Soccer Guide, Brooklyn, N.Y. 1956, pp. 28-31.

Zeitungen

Aufbau. New York, N.Y.
Austro-American Tribune. New York, N.Y.
Hakoah News. New York, N.Y.
New Yorker Staats-Zeitung und Herold. New York, N.Y.
The New York Times. New York, N.Y.
Gelbe Post. Shanghai.
Newsletter. Soccer Hall of Fame. Oneonto, N.Y.
Shanghai Chronicle. Shanghai.
Soccer. New York.
Sport. Shanghai.
Die Wahrheit. Wien.

Archive

Soccer Hall of Fame, Oneonto, N.Y.
Leo Baeck Institue, New York.
Wingate Institute for Physical Education & Sport, Netanya, Israel.
Winokur, Robert: Privatarchiv.
YIVO, New York.

Interviews

Bernfield, Anne: 14. Oktober 1995 in New York.
Breuer, Jerry: 25. September 1998 in Salzburg.
Duldner, Kurt: 28. Mai 1995 in Salzburg.
Heilpern, Herbert: 21. Oktober 1995 in Englewood, N.J.
Hirsch, Ralph: 29. Mai 1995 in Salzburg.
Lambert, Alfred: 8. Mai 1996 in New York.
Maimann, Kurt: 4. März 1997 in Tel Aviv.
Meyer, Leo: 8. Mai 1996 in New York.
Münz, Kurt: 15. Juli 1992 in Bad Hofgastein.
Rosenkranz, Kurt: 23. August 1999 (Telefonat).

Schreiner, Ernest: 7. Oktober 1995 in Lakewood, N.J.
Sharlin, Lillian: 10. Oktober 1995 in New York.
Stoerger, Eric: 19. Oktober 1995 in New York.
Winokur, Robert: 23. August 1999 (Telefonat).
Zunterstein, Alfred: 27. Mai 1995 in Salzburg.

Anmerkungen

1 Das betraf auch Klubs, die nicht als »jüdische« im Sinne von Vereinen gelten konnten, sondern beispielsweise von der Bevölkerung als jüdische Klubs gesehen wurden, da viele der Geldgeber oder Fans Juden waren. Eine derartige Mannschaft war z.B. die Wiener Austria.
2 Bis zu den Olympischen Spielen 1932 gewannen jüdische Sportler (Otto Herschmann, Paul Neumann, Otto Wahle, Siegfried Flesch, Otto Scheff, Margarete Adler, Klara Milch, Josephine Sticker, Hans Haas, Fritzie Burger, Nikolaus Hirschl) 19 Medaillen für Österreich, hiervon drei Goldmedaillen. Auskunft des Wingate Institute for Physical Education & Sport.
3 Vgl. Baar 1959; Baar 1974; Bunzl 1987.
4 Die Wahrheit, no. 25, 1925, p. 10.
5 Immer wieder diskutieren die Experten in den Exilzeitungen Strategien zur Popularisierung des Fußballsports in den USA. Aufbau: 21. Februar 1941, p. 15; 30. Mai 1941, p. 15; 6. Juni 1941, p.18 (Interview mit dem Ex-Hakoahner Imre Mausner). Vgl. auch den Beitrag des Herausgebers der New Yorker Staatszeitung, Erwin A. Single.
6 Über die Amerikanisierung der vor dem Nationalsozialismus angekommenen jüdischen Einwanderer durch Baseball vgl. Levine 1992.
7 Die Informationen beruhen auf dem Interview mit Hugo Heilpern und den Unterlagen im Archiv der Soccer Hall of Fame, Oneonto, N.Y.
8 Andere Funktionen kamen hinzu, etwa die Funktion als »Soccer Coordinator for the City of New York« und die Präsidentschaft der Eastern New York Youth Soccer League.
9 1951 vereinigten sich der New World Club, Maccabi und der Prospect Unity Club zu Blue Star, 1970 schloss sich schließlich auch Hakoah dieser Mannschaft an.
10 Vgl. Gleba 1995; Frommer 1980, pp. 68-71.
11 Es handelte sich um landsmannschaftlich organisierte Klubs oder Mannschaften, die von Unternehmen unterstützt wurden. Der Swiss F.C. hatte die German-American Soccer League nach Kriegseintritt der Amerikaner verlassen und spielte bis Kriegsende in der Eastern District Soccer League. Die Aufspaltung in verschiedene Ligen in einer Region wurde von den europäischen Flüchtlingen als eine der strukturellen Schwächen des amerikanischen Fußballsports betrachtet.
12 Vgl. Albert Lichtblau, »I war a Fußballnarr, you know«. In: Visa. Das Magazin von Visa-Austria, Nr. 6/1996, pp. 56 f.
13 Die Liga hieß später auch German-American Football Association.

14 Es handelte sich um eine »internationale Pokal-Konkurrenz« der New York State Football Association. Das Spiel wurde im Woodward Oval in Ridgewood ausgetragen. Aufbau: 20. Februar 1942, p. 19; 27. Februar 1942, p. 23; 6. März 1942, p. 23. In anderen Cup-Wettbewerben trafen Mannschaften beider Ligen immer wieder aufeinander.
15 Beispielsweise Eric Stoerger.
16 Vgl. Kuhn 1992, p. 82 ff.; auch Kuhn 1994, p. 8 f.
17 Vgl. The New York Times: 2. Mai 1926; Jose 1995, p. 43.
18 Vgl. Horowitz 1976, pp. 375-382. Ribalow 1959, pp. 286 ff. Ernö Schwarcz-file im Archiv der Soccer Hall of Fame, Oneonto; Vgl. auch 1951-52 North American Soccer Guide 1951, p. 19.
19 Vgl. Hakoah 1945, p. 24; Interview mit Kurt Münz; Baar 1959, pp. 222-223.
20 Aufbau: 1. Juni 1939, p. 24 und 20. Dezember 1940.
21 Lowenstein 1989, bes. pp. 104-105.
22 Es kam noch dazu, dass auch in den Wintermonaten gespielt wurde und beim Auftauen die Plätze sich in schlammige Böden verwandelten. Vgl. beispielsweise Aufbau: 16. und 23. Februar 1945. Da deswegen Spiele oft abgesagt werden mussten, war sogar der reguläre Abschluss der Meisterschaft gefährdet.
23 Beispielsweise kritisierte er die Spieler der Hakoah, die eine Niederlage damit entschuldigten, am Vorabend eine Party gefeiert zu haben. Aufbau: 17. Oktober 1941, p. 21.
24 Aufbau: 14. Juni 1940, p. 6.
25 Vgl. Max Behrens, Offener Brief an den Bronx Jewish S.C. In: Aufbau: 21. August 1942, p. 23.
26 Aufbau: 20. Februar 1942, p. 14; 27. Februar 1942, p. 23 und 6. März 1942, p. 23.
27 Der Maccabi Athletics Club, New York, war eine Gründung der aus Deutschland und Österreich stammenden Maccabim und Maccabioth. Sie hatten ihr Vereinslokal [1939] anfangs im Gymnasium des Tempel »Ansche Chesed« in der 100th Street und Westend Avenue, danach bekamen sie ein eigenes Klubhaus in der 150th Street. Ab 1943 verlegten sie es in die Nähe des Prospect Unity Clubs, an die Ecke Broadway und 159th Street. Vgl. Aufbau: 15. März 1939, p. 12; Lowenstein 1989, pp. 104-105, 288-289.
28 Aufbau: 16. März 1945, p. 27 und 25. Mai 1945, p. 20.
29 Das Sekretariat der Hakoah hatte die Adresse 245 West 72nd Street.
30 Aufbau: 10. April 1942, p. 22; 12. Mai 1944, p. 19. Im Herbst konnte der Spielbetrieb doch wieder aufgenommen werden. Doch der Prospect Unity Club vergab die Punkte bei einem Spiel wegen Spielerschwäche. Vgl. Aufbau: 22. September 1944, P. 21; 27. April 1945, p. 25. Der Aufbau erhob es zur patriotischen Pflicht und Unterstützung der Spieler in der Armee, dass der Spielbetrieb weiter lief. Aufbau: 10. April 1942.
31 Aufbau: 14. Mai 1943, p. 23.
32 Über die 1933 gegründete American Soccer League vgl. z.B. Henshaw 1979, pp. 263 ff. Über Kurt Lamm, den damaligen Sekretär der New York Hakoah vgl. Newsletter. National Soccer Hall of Fame: 5 (1985), no. 2, p. 1, 3. Lamm stammt aus Salmünster und spielte bereits kurz nach seiner Ankunft in Amerika für den Prospect Unity Club.
33 Ein extremer Ort war das sibirische Kok-Usek, in dem die jüdischen Flüchtlinge von sowjetischen Behörden interniert wurden und unter schwierigsten Bedingungen lebten. Selbst dort, ohne einen Platz und manchmal nur mit einem Ball aus Fetzen – wie die Wiener sagten, ein »Fetzenlaberl« – fanden Spiele statt, zwischen polnischen, rumänischen und österreichischen Mannschaften. Interview mit Kurt Rosenkranz.
34 Interview mit Ernest Schreiner.

35 Baar 1959, pp. 252-253.
36 Baar 1959, pp. 193-194.
37 Die Informationen beruhen auf einem Interview mit Lillian Scharlin. Joschy Gruenfeld annoncierte in den Exilzeitungen, beispielsweise der Austro American Tribune und warb darin für die »ausgezeichnete Wiener Küche«.
38 Zum Restaurant Barcelona vgl. Ross 1994: p. 25.
39 Auch Shanghai Athletic Federation.
40 Shanghai galt als eine der wichtigsten chinesischen Fußballstädte. Besonders beliebt waren die Länderspiele China gegen Japan, die China meist für sich entscheiden konnte. China nahm auch, wenig erfolgreich, an den Olympischen Spielen 1936 teil. In ihrem einzigen Spiel verlor die Mannschaft gegen England. Vgl. Henshaw 1979: pp. 130-131.
41 Vgl. das vom Shanghai Echo veröffentlichte Almanach-Shanghai 1946: pp. 73-74, 76. 1946 wurde wieder in der Kinchow Road gespielt.
42 Shanghai Chronicle: 29. Dezember 1941, p. 6.
43 Heppner 1993: pp. 113-115, 132-134; Ross 1994: pp. 205-207.
44 Aufbau: 29. März 1946, p. 24.
45 Interview mit Alfred Zunterstein.
46 Interview mit Alfred Lambert.
47 Interview mit Anne Bernfield.
48 Interview mit Kurt Maimann.
49 Interview mit Jerry Breuer.
50 Z.B. Heppner 1993, pp. 40-41.
51 Vgl. auch Ross 1994: pp. 74-75, 185-186.
52 Vgl. z.B. Shanghaier Emigrantenzeitungen vom 16. Februar 1948, die darüber berichten, dass das zu Ehren von Robert Winokur angesetzte Mini-Soccer Spiel wegen Schlechtwetter entfiel und er mit drei anderen Sportlern ersatzweise bei Tanz und Tee verabschiedet wurde. Privatarchiv Robert Winokur.
53 Wenn auch nur mehr ein Spieler der früheren Fußballmannschaft der Hakoah – Walter Beer – dazugehört, sind die Treffen der Hakoah in New York und die, derzeit von Walter Komink herausgegebenen »Hakoah News« ein Indiz für das Überleben alter Netzwerke. Auch die Fußballer des Prospect Unity Club trafen sich bis in die 80er Jahre zu »Reunions«.
54 Für Hinweise danke ich den »Experten« Colin Jose, Roger Allaway, meiner Kollegin Helga Embacher und meinem alten Weggefährten Michael John, den Interviewpartnern und Informanten, vor allem Walter Beer, Anne Bernfield, Jerry Breuer, Kurt Duldner, Horst Eisfelder, Erwin Finsterwald, Karl Haber, Herbert Heilpern, Ralph Hirsch, Walter Komink, Alfred Lambert, Kurt Maimann, Leo Meyer, Kurt Münz, Ernest Schreiner, Lillian Scharlin, George Stein, Dr. Eric Stoeger, Robert Winokur, Alfred Zunterstein.

Michael John / Albert Lichtblau

»Killer« and »Cat«

Die ungewöhnliche Karriere des Boxers und Fußballers Robert H. Winokur in Shanghai

Der 10-jährige Horst Winokur war ein typischer Berliner Junge. Nun, so typisch auch wieder nicht – er war ein besonderes Bewegungstalent, spielte bereits in der Bubenmannschaft von Hertha BSC Berlin, dem führenden Fußballverein der deutschen Hauptstadt. Schließlich war er auch Mitglied des deutschnationalen Turnvereins, der den Namen des »Turnvaters« Jahn trug. Der im Stadtteil Neukölln aufgewachsene Horst interessierte sich nur für Sport, doch 1933 erlitt er einen unerwarteten Schock: So wie viele andere Jungs aus der Hertha-Mannschaft und aus dem Jahnturnverein wollte er der Hitler-Jugend, der HJ, beitreten, als er von seinem Vater erfahren musste, dass dies nicht möglich sei. Vater Winokur stammte nicht nur aus Russland, sondern war noch dazu Jude, seine Frau allerdings Nichtjüdin und Protestantin. Es dauerte noch einige Jahre, bis die Situation für die Familie unerträglich wurde; 1938 beschloss sie, Deutschland so rasch wie möglich zu verlassen. Shanghai wurde als Ziel gewählt, da Juden dort damals noch ohne größere Formalitäten aufgenommen wurden. Nach einer mehrwöchigen Schiffsreise kamen die Winokurs in China an: »When we left Germany I did not understand what was going on. Then we were on a ship for weeks. For me all this was somehow a big adventure«, erzählte uns Robert H. Winokur, der nach seinem Aufenthalt in Shanghai nach Kalifornien emigrierte.[1] Den Namen Horst legte er ab, da er von den Amerikanern nur unter Schwierigkeiten ausgesprochen werden konnte und außerdem an das Horst-Wessel-Lied erinnerte.

Zum Schwersten gehörte es für die Neuankömmlinge im fernen Osten, sich an die harten klimatischen Bedingungen zu gewöhnen, vor allem die Hitze während des Sommers und die hohe Luftfeuchtigkeit. Der damals 16-jährige Winokur begann aber sofort wieder mit dem Fußballspiel. Das feucht-heiße Klima war übrigens ein Grund dafür, dass in Shanghai häufig – bei Freundschaftsspielen und Turnieren – Mini-Soccer gespielt wurde.

Horst (Robert H.) Winokur in voller Aktion bei einem Mini-Soccer-Spiel in Shanghai 1947.

Ein eingeschränktes Feld, verkürzte Spielzeit und je sieben Spieler führten dazu, dass das Spiel nicht so anstrengend war wie ansonsten üblich und die Kicker ihre Fußballbegeisterung auch in den Sommern ausleben konnten.[2]

Shanghai galt als eine der wichtigsten chinesischen Fußballstädte. Besonders beliebt waren die Länderspiele China gegen Japan, die China meist für sich entscheiden konnte. Das Fußballteam Chinas nahm auch, allerdings wenig erfolgreich, an den Olympischen Spielen 1936 teil. In ihrem einzigen Spiel verlor die Mannschaft gegen England.[3] Ursprünglich war der Fußballsport jedoch Domäne der im International Settlement und der French Concession Shanghais lebenden Europäer. Die Teams waren dementsprechend nach den Herkunftsstaaten der Spieler zusammengesetzt. In Shanghai wurde in der so genannten Shanghai League gespielt und auch eine jüdische Mannschaft des Jewish Recreation Club, kurz J.R.C. spielte in dieser Liga mit. Der J.R.C. war bereits 1912 von russischen Juden gegründet worden. Der Fußballmannschaft des J.R.C. gelang jedoch erst 1933 der Aufstieg in die erste Division der Shanghai League. Später gehörten der Mannschaft auch etliche NS-Flüchtlinge an, unter ihnen war auch der Goalkeeper Horst Winokur.

Die »europäischen« Mannschaften spielten auch gegen chinesische Teams, dies sorgte aber oft für Konfliktstoff. Robert H. Winokur erinnert sich an ein »heißes« Spiel gegen eine chinesische Mannschaft: »Our forward was a Viennese guy. Willy Arbeit was fantastic. ... Finally Arbeit turned around and said to Leo Meyer: ›Go, brech ihm...‹ – Wie hat er gesagt? ›Hau ihm die Schläuch o!‹ [= Klopp ihm eene über die Beene] Und der China-Mensch sagt: ›Ich bin in Wien aufgewachsen. Mir haut niemand die Schläuch o!‹«

Horst Winokur hatte Glück, denn die ortsansässigen, ebenfalls sportbegeisterten Juden Shanghais kümmerten sich um die aus Deutschland und Österreich ankommenden Flüchtlinge. Im Dezember 1938 traf sich das Exekutivkomitee des J.R.C. zum Thema »Sport for the Emigrants« und am 23. April 1939 wurde das erste Spiel von zwei aus Flüchtlingen bestehenden Teams am so genannten Kinchow Place veranstaltet. Die beiden Teams wurden vom J.R.C. übernommen, zusammengefasst und für die Dritte Division der Shanghai League nominiert. Damit war ein Impuls gegeben, und als begabte Vereinsmeier gründeten die Flüchtlinge bald eine eigenständige Liga. Mit der Spielsaison 1940/41 wurde die Jüdische Liga (Jewish League), der bis zu acht Mannschaften angehörten, etabliert. Damit spielten die Flüchtlinge völlig abgeschlossen in einer eigenen Liga und konnten damit fortsetzen, was sie in Europa so liebten: das Fußballspiel.

Horst Winokur spielte in mehreren Mannschaften der Jüdischen Liga, denn als begnadeter und draufgängerischer Tormann war er ein begehrter Mann. Es schien nichts weiter auszumachen, dass er einmal für die Mannschaft Wayside und dann wieder für die Hakoah versuchte, den Laden dicht zu halten. Dass Winokur einer der besten Tormänner unter den jüdischen Fußballern war, beweisen nicht nur zahlreiche Artikel von Shanghaier Exilzeitungen, sondern auch seine Nominierung in die Mannschaft des J.R.C. Das »Shanghai-Echo« war eine von den deutschsprachigen jüdischen Bewohnern Shanghais gelesene Zeitung. Das »Echo« schrieb, dass sich die »Leute zwischen den Pfosten« seit jeher größter Beliebtheit beim fußballbegeisterten Publikum erfreuen würden. Der Goalkeeper als entscheidender letzter Mann »wird stets im Brennpunkt des Allgemeininteresses stehen. Auch im kleineren Rahmen, auch bei uns hier in Shanghai.« In der Folge wurden die einzelnen Torhüter in der Emigranten-Zeitung diskutiert. Lange Zeit sah es so aus, als sei Rudi Hadda der beste Mann oder zumindest »der« dominierende Tormann: »Seine artistischen Fähigkeiten verwendete er auch beim Fußballspielen. Die Frauenwelt liebt derartige schöne Posen und applaudiert begeistert, der Fachmann nennt es Galeriespiel. Es sah einmal so aus, als ob Hadda ein großartiger Goalkeeper werden würde, aber

Haddas leichtsinniges Spiel verwischte gar bald diese gute Meinung.« Hingegen hieß es über den damals 19-jährigen Horst Winokur, er dürfte »beste Chancen haben ›unser‹ Tormann zu werden. Dieser junge, unerschrockene Spieler verfügt über einen Bombenabstoß, wie er selten zu sehen ist, und zeigte letzthin Leistungen, die beachtlich, nein erstaunlich waren. Ein wenig mehr Ruhe und noch etwas Routine, und wir haben in ihm ›den‹ Mann zwischen den Pfosten.«[4]

Für Winokur, der vor wenigen Jahren noch der HJ hatte beitreten wollen, war es nun etwas ganz Besonderes, in jener jüdischen Mannschaft zu spielen und die Exilgemeinde nach außen hin zu präsentieren. Wir fragten ihn, ob es einen Unterschied macht, in der Jüdischen Liga gegen eine jüdische Mannschaft zu spielen oder im J.R.C. gegen eine nichtjüdische: »Yes you had more pride, because you represented us. Over there I just represented Wayside against somebody with whom I drink coffee some 15 minutes later. … But over there, you want to beat them, because, they are richer, they have better clothes, better shoes, they had better equipment, better fields and you came out of nowhere and we tried to beat them. And so you take a little pride, if you could do it. So it's a little bit more incentive. … How can I – e.g., if you represent your country, at Olympics or whatsoever – so it's a little extra incentive.«[5]

Ob es stimme, dass damals auch viele Mädchen den Matches zugesehen hätten und die Burschen begeistert anfeuerten? Ja, die weibliche Aufmerksamkeit wurde auf diese Weise auf die besseren Spieler gelenkt. Gerti Winokur, die Gattin des Fußballers, schaltete sich an diesem Punkt unvermittelt in das Gespräch ein und erzählte, dass sie mit den anderen weiblichen Fans hinter dem Tor ihres Angebeteten stand und begeistert »Horsti, Horsti« schrie. Dabei hatte die aus Wien stammende Gerti ihrem späteren Mann gegenüber typisch österreichische Vorbehalte. Heute bemerkt sie augenzwinkernd: »I couldn't stand him. My girlfriend said: ›Der ›Piefke‹ ist schon wieder da. Da vorn sitzt er im Kino.‹ ›Lets get out!‹« Später war es aber kein Einfaches, die zahlreichen Verehrerinnen ihres gut aussehenden Mannes abzuwehren. Aber mit dem »Feschsein« allein hatten die Männer angesichts der geringen Einkommen und der nicht vorhandenen Lebensperspektiven und angesichts des Männerüberschusses unter den Flüchtlingen trotzdem nicht die besten Chancen bei den Frauen. Erfolg im Sport half eben, aus der unter den tristen Umständen leidenden Masse herauszustechen.

Nach dem Interview meinte unser Interviewpartner, jeder habe in seinem Leben 15 Minuten in der Sonne. Für ihn war es eben die Anerkennung, die er in der Flüchtlingsgemeinde von Shanghai genießen konnte. Sein Ruf beruhte nicht nur auf seinen Leistungen als Fußballer, sondern auch auf jenen als Boxer: »Over here, in America – I would not have been – quote on quote, as famous as over there. But being over there – we were 20.000 refugees and we had about 10 soccer teams and 150 players. And I was in the better teams, and was in every better team – and in boxing, we had 5-6 fighters and we were the only five among 20.000 guys. So obviously everybody knew us.«[6]

Auf die Frage, ob es Matches gegeben habe, die von vornherein »heiß« waren, d.h. besonders spannungsgeladen, nennt er die Matches der jungen Spieler von »Wayside« etwa gegen den A.H.V., den deutsch-jüdischen »Altherrenverein« mit einer Reihe von Altstars, die in den ersten Ligen in Europa gespielt hatten. Wayside war jene erwähnte Mannschaft, die nach einem Flüchtlingsheim benannt worden war, in dem jene Flüchtlinge gestrandet waren, die in Shanghai kaum Einkommensmöglichkeiten finden konnten. Und dass die jungen »Kids« gegen die erfahrenen Hasen gewinnen konnten, war schon etwas Besonderes: »We were the kids, the Wayside team. And when we went out and played against the A.H.V. and we beat them, that was a big thing. Unbelievable, you know. How could those kids beat the A.H.V.?«

In der multikulturellen Welt Shanghais wurden viele Sprachen gehört und verwendet: Die Juden sprachen Deutsch, aber auch Englisch wurde ebenso gesprochen wie Französisch oder Russisch. Da Horst Winokur auf dem Zentralmarkt Gemüse für den Marktstand der Eltern seiner Frau einkaufte, musste er Chinesisch lernen. Es handelte sich allerdings nicht um Mandarin, sondern den Dialekt Shanghais. Es fällt ihm plötzlich eine Geschichte ein. In Los Angeles spielte er eines Tages Tennis und hörte zwei Spieler miteinander im Shanghai Dialekt sprechen: »And as they went away, they said goodbye to each other in Shanghai dialect. And I hold on and say: I see you tomorrow. And he said ›Ya‹ and he walked off and he stopped and he said: ›Wait a minute! Did you just tell me…?‹ And I said ›Ya‹. I plaid against him soccer 55 years ago. His team was Tunghwa and ours was J.R.C. obviously, because we got together. And I told him that I remember: ›You played goalie for J.R.C.‹ And I said ›Yes‹. … And at that time when you played against a international team, you change jerseys like you do now too. And the Chinese goalkeeper was too narrow, his jersey wouldn't fit me. So he gave me his emblem of the thing. And he could not believe it till I showed it to him.«[7]

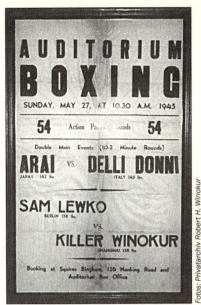

Aufnahme von »Killer Winokur« für den Boxkampf gegen Sam Lewko, der am 27. Mai 1945 im Shanghais Boxing Auditorium ausgetragen wurde.

Ein Boxkampf Horst Winokurs wurde in den »Daily News« Shanghais als »main event« des Jahres 1946 beschrieben: »Winokur runs up narrow victory against Fischer.« Kurt Fischer wurde übrigens später Philosophieprofessor an der Wiener Universität.[8] Im Rahmen der Amateur Boxing Championships war dem Weltergewichts-Champion von Shanghai, »Killer« Winokur, wie man ihn wegen seiner vielen K.o.-Siege nannte, ein großer Sieg gelungen. Kurt Fischer, genannt »Whirlwind« galt als »foxy type of boxer«, der listig und infolge seiner Schnelligkeit die Gegner besiegte. Und Fischer stellte auch seinen Mann: »In the second round the Whirlwind smacked home a solid punch on Winokur's nose. Right up to the end Winokur seemed little worried and carried the fight to his opponent when he was given the slightest chance.«[9] Letztlich siegte Winokur und damit der athletischere, der stärkere Boxer mit dem härteren Punch. Die Sportberichterstattung fasste die weiteren Ergebnisse dieses großen Boxabends zusammen. »Fred Zunterstein beat Young Walter on points – Kid Matsushita beat Hans Gelfand on points – Chilian Chiang beat Sacha Leda on points – Bull

Danziger drew with Kid Georg – Little Heinz beat Young Hans 2nd round k.o.« Winokur wurde vom Hakoahner Eli Ruckenstein trainiert, Training und Kämpfe fanden meist im Chinese YMCA statt.[10]

»Killer Winokur« ist natürlich eine starke Bezeichnung. Auf die Frage, ob seine Frau bei den Boxkämpfen Angst gehabt hätte, meinte sie lachend, ihrem Mann damals auf den Weg in den Ring gesagt zu haben: »Go, kill him, you know.« Noch im Interview ist seine damalige Entschlossenheit zu spüren. Auf die Frage, ob er so aggressiv gewesen sei, meinte Robert H. Winokur: »Yeah, I was aggressive, I was totally aggressive. I had no defence at all. I don't take the back step. You go forward, all the way. Either fall or you go. … There is no back step at all!«

Wir gehen von der These aus, dass Sport insgesamt ungemein wichtig war, den von ständiger Bedrohung eines »Exillebens im Wartesaal« belasteten Zustand zu kompensieren. Sei es beim Fußballspielen oder Boxen, konnten die Sportler die Aggressionen körperlich ausleben, und das zahlreiche Publikum durfte seine aufgestaute Wut und Frustrationen in Anfeuerungsrufen und wütendem Schreien ventilartig ausleben.

Boxen wurde nach der Befreiung von der japanischen Besetzung zu einem besonders publikumswirksamen Sport; 1945 bis 1948 wurde in Shanghai viel geboxt und auch gewettet. Dazu trugen auch die US-Amerikaner bei. Regelmäßig legten amerikanische Kriegsschiffe an; unter den Mannschaftsmitgliedern waren eine Reihe von Boxern. Horst Winokur hatte wenig Glück, denn einer seiner Gegner war ein wesentlich gewichtigerer Hüne, der ihn »schwarz und blau« schlug. Von der Größe seines Gegners wusste er bei Vertragsunterzeichnung allerdings noch nichts, sondern erst, als er in den Ring stieg.

Die aus rassistischen Gründen Verfolgten wussten, dass der Aufenthalt in Shanghai nur ein vorübergehender war. Die wesentlichen Fragen waren, ob man den Krieg unter den mit den Nazis verbündeten Japanern ungeschoren überleben würde, und wann man endlich an einen Ort übersiedeln könnte, der eine Lebensperspektive bot. Schließlich war man in dieser internationalen Stadt Chinas permanenten Bedrohungen ausgesetzt – japanischen Aggressoren, chinesischen Gangstern und am Kriegsende den Bombenangriffen der Amerikaner. Dies produzierte Ängste, aber schuf auch Aggressionen. Gleichzeitig war das zivilisatorische Niveau in Shanghai hoch genug, um der jungen Generation hinreichend Ernährung und Freizeit zu bieten, so dass sich eine vitale Sportszene herausbilden konnte. Im Mittelpunkt des Sportgeschehens standen publikumswirksame Kampfsportarten

– Shanghai war eine Art Druckkochtopf, Sport war ein Ventil für psychische und physische Belastungen. Andere Betätigungen, wie etwa politische Diskussionen, schienen wenig zielführend. Da Shanghai von der Welt ziemlich abgeschnitten war, ist die Zufuhr kultureller Produkte (z.B. Bücher) beschränkt gewesen.

Im »Shanghai Echo« wurde am 14. Februar 1948 folgende Notiz abgedruckt: »Am kommenden Sonntag findet auf dem Gelände der SJYA School ein Spiel zur Ehrung des am 17. d. Mts. Shanghai verlassenden Horst Winokur statt. Es spielen HAKOAH und SCC. Bei der Beliebtheit des Sportlers Winokur ... wird sich bestimmt eine große Anzahl von Zuschauern einfinden. Horst Winokur wird an diesem Nachmittag Gegenstand von Abschiedsehrungen sein.«[11] Leider fiel das Spiel buchstäblich ins Wasser, starker Regen machte das Spiel unmöglich. Man feierte den Abschied daher nur in privatem Rahmen.

In Shanghai sah Horst Winokur wie die meisten anderen keine Perspektive und rechnete mit der Machtübernahme durch die Kommunisten. Nach Deutschland zurückzugehen wäre für den ehemaligen russischen Staatsbürger keine Alternative: »Going back to Germany I would not. Because once they kicked me out, I didn't wanted to go back where somebody doesn't want me to begin with. They mistreated my dad, they mistreated my mother, so why should I go back? I had no family back there. ... America was the land of opportunities.«

Als Horst Winokur und Gerti Fischer endlich in San Francisco ankamen, wurden sie schon erwartet: »The funny thing is, when we came to San Franciso, we arrived at 10 o' clock in the morning. And the secretary from the Hakoah team in San Francisco met us and said, they have a team in Golden Gate Park, a game tomorrow at 3, they want you to be there. (lacht). And I walked of the ship ... So you know, they waited for me. Its so nice to be wanted. (lacht). ... Half of the team of the San Francisco Hakoah were all Shanghaiers.«[12] Somit half Fußball den Winokurs nochmals im Leben. In San Francisco war bereits für alles gesorgt. Mit dem Beitritt zur Mannschaft war auch schon ein Arbeitsplatz reserviert. Als er ein Jahr später von der Los Angeles Hakoah abgeworben wurde, bekam er abermals eine Arbeitsstelle vermittelt.

Fußball half demnach abermals bei der Integration in eine völlig fremde Kultur und konnte somit den Bogen der biografischen Kontinuität zur Ausgangssituation in Berlin spannen. Doch das Leben wurde von faktischen Zwängen bestimmt, eine Familie mit Kindern erforderte klare Strukturen, die nicht von Verletzungsgefahr bedroht werden sollte. Robert H. Winokur wollte in den USA nicht nur Fußball spielen, sondern wegen des Geldes auch Boxkämpfe absolvieren. Seine Boxerkarriere beendete er allerdings nicht wegen erlittener Niederlagen, sondern aus völlig anderen Gründen. Im Interview wird seine Stimme immer leiser, als er erzählt, dass ihn der Arzt seiner Frau anrief und frage, ob er möglicherweise seine Frau schlage. »And I say: ›God! Forbid, no.‹ And he says: ›There is something you do that upsets her.‹ So we went home and she said: ›I don't want you to fight.‹ And I said: ›O.k. and I dropped it.‹«[13]

Mit dem Fußballspielen hörte Robert H. Winokur allerdings nicht auf. Von der Hakoah San Francisco wechselte er zur Hakoah Los Angeles. »Soccer was very popular there. It was a game of foreigners.« Gespielt wurde vor allem gegen Mannschaften anderer Einwanderergruppen, etwa gegen die »Hungarians«. In Shanghai spielte Robert H. Winokur Fußball mit aller Ernsthaftigkeit, in Amerika war es anders: »We played here for fun!«

Anmerkungen

1 Alle Interviewzitate entstammen dem Interview mit Horst Winokur (geb. 1923) und Grete Winokur (geb. 1923) vom 17. Dezember 2002 in Laguna Hills, Kalifornien, USA. *Übersetzung:* »Als wir Deutschland verließen, verstand ich nicht, was vor sich ging. Dann befanden wir uns für Wochen auf einem Schiff. Für mich war das alles wie ein großes Abenteuer.«
2 Weitere Details zu Shanghai sind dem Artikel von Albert Lichtblau in diesem Band zu entnehmen.
3 Vgl. Henshaw, Richard: The Encyclopedia of World Soccer. Washington, D.C. 1979, S. 130-131.
4 »Shanghai Echo« vom 31. Dezember 1942.
5 *Übersetzung:* »Ja, du hast mehr Stolz, weil du uns repräsentierst. Drüben vertrat ich nur Wayside gegen jemanden, mit dem ich etwa 15 Minuten später Kaffee trank. Aber hier, hier wolltest du sie schlagen. Weil sich reicher waren, weil sie bessere Kleidung trugen, bessere Schuhe, sie hatten einen bessere Ausrüstung, bessere Spielfelder, während du aus dem Nirgendwo her kamst, und wir versuchten sie zu schlagen. Und so erfüllte es dich mit ein wenig Stolz, wenn dir das gelang. So ist ein wenig mehr Ansporn dabei. Wenn du dein Land repräsentierst, bei der Olympiade oder wo auch immer, ist da ein bisschen Extra-Ansporn dabei.«
6 *Übersetzung:* »Hier, in Amerika, wäre ich nicht so berühmt gewesen wie dort drüben. Aber dort drüben waren wir 20.000 Flüchtlinge, und wir hatten ungefähr 10 Fußballteams und 150 Spieler. Und ich war in den besseren Teams, in jedem der besseren Teams – und beim Boxen hatten wir 5 bis 6 Kämpfer, und wir waren 5 unter 20.000 Burschen. So kannte uns natürlich jeder.«

7 *Übersetzung:* »Als sie weggingen, sagten sie zueinander ›Auf Wiedersehen‹ im Shanghai-Dialekt. Ich wartete und sagte: ›Ich sehe euch morgen.‹ Und er sagte: ›Ja‹, ging weiter, stoppte und sagte: ›Warte eine Minute! Hast du mir gerade erzählt...?‹ Und ich sagte: ›Ja‹. Ich hatte gegen ihn vor 55 Jahren Fußball gespielt. Sein Team war Tunghwa und unseres J.R.C., offensichtlich kamen wir zusammen. Und ich erzählte ihm, dass ich mich erinnere: ›Du spieltest Torwart für J.R.C.‹ Und ich antwortete: ›Ja‹. ... Und seit dieser Zeit tauschtest du das Trikot, wenn du gegen ein anderes internationales Team spieltest, wie man es heutzutage tut. Und der chinesische Torwart war zu klein, sein Trikot passte mir damals nicht. So gab er mir das Emblem davon. Und er konnte es nicht glauben, bevor ich es ihm zeigte.«

8 Lebensgeschichte von Kurt Fischer (unveröff. Typoskript).

9 *Übersetzung:* »In der zweiten Runde verpasste der Wirbelwind Winokurs Nase einen soliden Punch. Bis zum Ende schien Winokur wenig besorgt und trug den Kampf zu seinem Gegner, wenn sich nur die geringste Chance bot.«

10 Shanghai Amateur Boxing Club, monthly program 1946-47.

11 »Shanghai Echo« vom 14. Februar 1948.

12 *Übersetzung:* »Das Komische ist: Es war 10 Uhr morgens, als wir in San Francisco ankamen. Der Sekretär des Hakoah-Teams von San Francisco traf uns und sagte, sie würden ein Team im Golden Gate Park haben, ein Spiel morgen um 3 Uhr, sie wünschten, dass wir dabei wären. Und ich verließ das Schiff. ... So wusste man, dass sie auf mich warteten. Es ist schön, begehrt zu sein. ... Die Hälfte des Teams von San Francisco Hakoah bestand aus Shanghaiern.«

13 *Übersetzung:* »Und ich sagte: ›Um Gottes Willen, nein.‹ Und er sagte: ›Da ist etwas, was sie aus der Fassung bringt.‹ So gingen wir nach Hause und sie sagte: ›Ich möchte nicht, dass du kämpfst.‹ Und ich sagte: ›O.k.‹, und ich gab es auf.«

Stefan Mayr

Zwischen Intifada und Champions League: Fußball in Israel

»Mach bitte keine Dummheit«, flehte Rachel Shapira ihren Mann durchs Telefon an. »Okay, okay«, antwortete Robie und legte den Hörer auf. Er nahm eine Pistole und schoss sich eine Kugel durch den Kopf. Der 52-Jährige hinterließ seine Frau, drei Kinder und einen Fußballverein.

Der Freitod des Klubpräsidenten von Hapoel Haifa war ein Schock für alle Hapoel-Fans, die von einem Tag auf den anderen um die Existenz ihres Vereins bangen mussten, aber auch für die anderen Fußballfreunde Israels. Am darauf folgenden Spieltag hielten Anhänger in allen Stadien selbstgepinselte Plakate zu Shapiras Ehren in die Stille der Trauerminute.

Der Selfmademan hatte in Nigeria mit gefrorenem Fisch ein Vermögen von geschätzten 250 Millionen Dollar gemacht und 1993 seinen geliebten Arbeiterverein von der Gewerkschaft »Histadrut« übernommen. Er pumpte etwa 15 Millionen Dollar in den Klub, rettete ihn vor dem Abstieg aus der ersten Liga und führte ihn aus dem Schatten des großen Stadtrivalen Maccabi Haifa zum ersten Meistertitel in der Vereinsgeschichte. 1999 ließen die Hapoel-Spieler und -Fans ihren Chef und Meistermacher hochleben. Was sie damals noch nicht wussten: Shapiras finanzieller Abstieg hatte bereits begonnen. Nach dem Machtwechsel in Nigeria brach das Fischimperium langsam zusammen. Hoffnungslos in der Schuldenfalle verfangen, halbierte Shapira Hapoels Etat und versuchte verzweifelt, den Verein wieder abzugeben. Vergeblich. Am 14. Dezember 2001 sah er nur noch einen Ausweg. Sein Selbstmord führte Israels Fußballfreunden gnadenlos vor Augen, wie abhängig die Topvereine des Landes von ihren Präsidenten sind, die oft auch die Hauptsponsoren sind. Eine Erkenntnis, die die Stimmung schlagartig in den Keller sinken ließ.

Dabei hatte die Gemütslage im heiligen Land nur eine Woche vor Shapiras Tod einen noch nie dagewesenen Höhepunkt erreicht; die gesamte

Fußball-Nation feierte den größten Erfolg einer israelischen Vereinsmannschaft. Hapoel Tel Aviv war mit zwei Siegen über Lokomotive Moskau ins Achtelfinale des UEFA-Cups eingezogen. Zuvor war noch jedes Team spätestens in der Runde der letzten 64 ausgeschieden. »Geht raus und macht alle Tränen, die Israel zuletzt vergossen hat, zu Freudentränen.« Mit diesen Worten hatte Tel Avivs Trainer Dror Kashtan sein Team zum Erfolg getrieben. Es war die Zeit der zweiten Intifada, als sich auf den Straßen des Landes palästinensische Selbstmordattentäter in die Luft sprengten. Die Tel Aviver schafften es später sogar bis ins Viertelfinale, wo sie dem AC Mailand nur unglücklich mit 1:0 und 0:2 unterlagen. Nach dem Rückspiel feierten 10.000 Hapoel-Anhänger im Guiseppe-Meazza-Stadion ihr Team und intonierten spontan die Nationalhymne.

Dieser historische Triumphzug von Chelsea über Moskau und Parma bis San Siro wurde wiederum überschattet von einem Bestechungsskandal, der zeitgleich die heimische Liga erschütterte. Sechs Schiedsrichter wurden vorübergehend festgenommen, etliche Spieler verhört, ein Trainer wurde unter Hausarrest gestellt, Verteidiger Yisrael Cohen von Hapoel Haifa wurde gar fristlos entlassen. Der – nicht bewiesene – Verdacht gegen ihn: Im Stadtderby gegen Maccabi Haifa soll er im Auftrag eines Wettrings in der Schlussphase bewusst einen Foulelfmeter verursacht haben, um das Ergebnis zu beeinflussen. Das »Dezernat für internationale Kapitalverbrechen« ermittelte, Parlamentsabgeordnete forderten vergeblich die Einstellung des Spielbetriebs, vom Abstieg betroffene Vereine versuchten sich vor ordentlichen Gerichten zum Klassenverbleib zu klagen. Die seriöse Tageszeitung »Haaretz« zitierte einen »ehemaligen Sportler«, ohne seinen Namen zu nennen: »Ich kann sicher sagen, dass der Sport absolut verdorben ist. In den zwei höchsten Fußball-Ligen weiß ich von Spielern und anderen Funktionären, dass sie in Wettringen involviert sind. Wenn nicht mit abgesprochenen Spielen, dann mit dem Überbringen von entscheidenden Fakten.«

Die Ermittlungen verliefen im Sande. Nach sechsmonatiger umfassender Berichterstattung konzentrierten sich die Medien auf ein erfreulicheres Thema: Im August 2002 zog Maccabi Haifa als erste israelische Mannschaft aller Zeiten in die Champions League ein. Wegen der Intifada verbot die UEFA zwar internationale Spiele auf israelischem Boden, so dass die Fans die Stars von Manchester United nicht zu Gesicht bekamen. Dennoch schafften es die Haifaim, mit zwei 3:0-»Heimsiegen« in Zypern gegen Olympiakos Piräus und Manchester United, die Nahost-Erweiterung der UEFA in den Köpfen der europäischen Fans endgültig zu verankern.

Ein Wechselbad der Fußballgefühle

Shapiras Selbstmord, Tel Avivs Sprung ins UEFA-Cup-Viertelfinale, der Wettskandal, Haifas Einzug in die Champions League – das alles geschah innerhalb von acht Monaten. Acht Monate, die eines verdeutlichen: Das Wechselbad der Fußballgefühle fällt zwischen Mittelmeer und Jordan extremer aus als anderswo. Vielleicht ist der Fußball deshalb Israels Volkssport Nummer eins, obwohl etwa die Basketballer viel konstanter spielen und im Gegensatz zu den Kickern längst in Europas Elite etabliert sind. So qualifizierten sich die langen Kerls von Maccabi Tel Aviv von 2000 bis 2002 dreimal in Folge für die Final Four der Euroleague. Aber an der Vormachtstellung des Fußballs änderte weder der Triumph der Tel Aviver Basketballer in der SuproLeague 2000 noch der Bestechungsskandal etwas.

Die von Affären und Rückschlägen geschüttelten Fußballfans haben ihr eigenes Gegenmittel zur Linderung der Nervenbelastung gefunden. Es ist erhältlich an jeder Straßenecke, und gottlob auch bei den fliegenden Händlern im Stadion: Sonnenblumenkerne. Was dem deutschen Stadiongänger das Bier und die Würstchen, sind dem Israeli seine Sonnenblumenkerne. Zur Geräuschkulisse eines jeden Ligaspiels gehört das Knabbern und Knistern der Zuschauer, die mit Zähnen und Zunge einen Kern nach dem anderen aus der Schale fieseln. Egal ob Sieg oder Niederlage, egal ob im Stadion oder vor dem Fernseher – ohne Sonnenblumenkerne zwischen Fingern und Zähnen ist ein Fußballspiel nur die Hälfte wert. Und es gibt einiges zu knabbern in der Geschichte der Israel Football Association (IFA; hebräisch: Hítachdut LeCádurégel beIsraél): vor allem, wenn die Nationalelf spielt. Denn die »Nivchéret« (deutsch: Auswahl) scheitert eher selten am Gegner, sondern meist an sich selbst. Dies gilt international als Konsens, seitdem Fernseh-Analyst Günter Netzer am 6. Juni 2001 in der ARD-Sportschau sein Urteil verkündete: »Die Israelis spielen einen hervorragenden Fußball, den sie nicht in Ergebnisse umwandeln können.«

1999 zum Beispiel steigerte die »Nivchéret« den Knabberfaktor ihrer Fans innerhalb weniger Tage ins Unermessliche. Es ging um die Qualifikation zur EM 2000, noch nie waren die Israelis so nahe daran wie in diesem November: Zunächst hatten sie sich mit einem grandiosen 5:0-Sieg gegen Österreich den zweiten Platz in der Qualifikationsgruppe gesichert. Dieser berechtigte zum Entscheidungsspiel gegen Dänemark. Doch in diesem Match setzte es eine peinliche 0:5-Schlappe im ausverkauften Nationalstadion von Ramat Gan. Als wäre das noch nicht genug der Schmach für die stolzen Fans, bekamen sie wenig später die Ursache für die Niederlage aufgetischt: Vier Nationalakteure hatten sich am Vortag des wichtigsten Länderspiels seit langem mit Callgirls amüsiert. Der so genannte »Nuttengate«-Skandal war geboren. Die Spieler hätten mit einem Sieg gegen Dänemark israelische Fußballgeschichte schreiben können. Sie zogen es vor, als das »Nuttengate«-Team in die Annalen einzugehen.

Was außerhalb des Stadions seit »Nuttengate« evident ist, ist auf dem Spielfeld nicht viel anders: »Es fehlt an taktischer Disziplin«, sagt Professor Moshe Zimmermann und fügt hinzu: »auch an Schnelligkeit und Kondition.« Zimmermann ist Historiker an der Hebräischen Universität Jerusalem und wählt nach eigenen Angaben seine wissenschaftlichen Mitarbeiter danach aus, ob sie die Uni-Elf verstärken oder nicht. »Nuttengate« blieb nicht ohne Folgen: Nationaltrainer Shlomo Scherf musste nach acht Dienstjahren gehen. Ihn ersetzte im Februar 2000 der Däne Richard Moeller-Nielsen. Eine extra einberufene Ethik-Komission beschäftigte sich eingehend mit dem Vorfall. Die vier hyperaktiven Spieler kamen allerdings ohne Konsequenzen davon. Die Namen sind der IFA bekannt, wurden aber nie veröffentlicht. Was vielleicht sogar verständlich ist: In dem Land, das weniger Einwohner hat als der Deutsche Fußball-Bund Mitglieder, ist das Reservoir an Topspielern eher begrenzt.

Ein Jahr später folgte der Beweis, dass das mit der Vorbildfunktion der Nationalspieler keine leere Worthülse ist: Tatsächlich meinten einige U-21-Auswahlakteure, sich am Vortag eines Länderspiels mit Sex im Mannschaftshotel vorbereiten zu müssen. Diesmal griff die IFA durch und verhängte für fünf Spieler eine zweijährige Sperre. Diese wurde allerdings nach zwölf Monaten wieder aufgehoben, was wohl wiederum mit dem überschaubaren Angebot an starkem Nachwuchs zusammenhing. Die Talentförderung ist ohnehin schwer genug, weil alle israelischen Jungen mit 18 Jahren für drei Jahre zum Militär müssen. Dabei ist es ausgeschlossen, dass ein hoffnungsvoller Youngster den Wehrdienst verweigert. Denn nur, wer die drei Jahre komplett abgeleistet hat, darf laut IFA-Statuten für die »Nivchéret« spielen.

Zehn Jahre vor »Nuttengate« hatten die Israelis sogar schon einmal die Tür zur Weltmeisterschaft weit aufgestoßen, stolperten aber auch damals über die eigenen Füße. Aus dem ersten Entscheidungsspiel in Kolumbien brachte die »Nivchéret« eine 0:1-Niederlage nach Hause. Eigentlich eine gute Ausgangsposition für das Rückspiel. Aber das Team um Stürmerstar Ronnie Rosenthal schaffte es in Ramat Gan nicht, das eine nötige Tor zu erzielen. Mit einem 0:0 sicherten sich die Kolumbianer um Rene Higuita und Carlos Valderrama das Ticket nach Italien.

Auch in der Qualifikation zur WM 2002 scheiterte die »Nivchéret« unglücklich: Im letzten Gruppenspiel zu Hause gegen Österreich musste ein Sieg her, um als Tabellenzweiter in die Entscheidungsspiele einzuziehen. Die Österreicher traten ohne 14 Spieler an, denen der Flug ins heilige Land wegen der Intifada zu gefährlich war. Die Israelis führten 1:0 und vergaben etliche Chancen zur Vorentscheidung. Dies bestrafte Andreas Herzog in der Nachspielzeit mit einem Freistoß zum 1:1. Wieder einmal blieben Israels Fans nur die Sonnenblumenkerne in den Händen, während Österreich ins Play-Off einzog und dort gegen die Türkei mit 0:1 und 0:5 unterging.

So harrt die »Nivchéret« nun schon seit mehr als 30 Jahren ihres Auftritts auf der großen Bühne des Weltfußballs. Der letzte datiert aus dem Jahre 1970, als Israel bei der WM in Mexiko mitkickte.

Erfolge mit Scheffer: Olympia 1968 und WM 1970

1968 wurde Emanuell Scheffer Cheftrainer der »Nivchéret«. Scheffers erster Arbeitstag begann mit einem Missverständnis. Der neue Nationaltrainer stellte sich der Mannschaft mit folgenden Worten vor: »Ab jetzt haben wir dreimal Training.« Die Spieler nahmen es zur Kenntnis und wollten wissen, an welchen Tagen sie kommen sollen: »Um 7 Uhr, um 11 Uhr und um 15 Uhr«, antwortete Emanuell Scheffer. Der Profifußball in Israel hatte begonnen. Und die Ära einer Mannschaft, die zu einem nie mehr dagewesenen Höhenflug ansetzte.

Emanuell Scheffer lebt heute zurückgezogen im Tel Aviver Nobelvorort Ramat Hasharon. Er erinnert sich nicht selten an die grandiosen Erfolge der 1970er Jahre zurück. Aber noch öfter an die grausamen Erfahrungen, die er als Jugendlicher während des Holocaust in Europa machte. Scheffer wurde am 11. Februar 1923 in Recklinghausen geboren. Nach Hitlers Machtergreifung wanderte er als Elfjähriger 1934 mit seiner Familie nach Polen aus. Die Scheffers ließen sich an der polnisch-ukrainischen Grenze in Drohobycz/Drobovic bei Lemberg nieder. Doch sechs Jahre später holte Nazi-Deutschland die Familie ein. Im Spätsommer 1940 drangen deutsche Mörder in das Haus der Scheffers ein und löschten alle anwesenden Familienmitglieder aus: Der Vater, die Mutter und ihre drei Töchter starben. Nur der 17-jährige Emanuell entkam, weil er sich zwei Tage zuvor Richtung Osten aufgemacht hatte. »Aus Zufall«, wie er heute sagt.

Der jüdische Waise verbrachte in Russland vier Jahre im Arbeitslager. Nach Kriegsende und der Befreiung kehrte er nach Polen zurück. Er spielte noch fünf Jahre lang in der 2. Liga, ehe er 1950 nach Israel auswanderte. Hier musste er sich zum vierten Mal in seinem jungen Leben eine neue Existenz aufbauen. Zum ersten Mal fühlte er sich wirklich willkommen – nicht zuletzt dank seines fußballerischen Talents. Hapoel Haifa, ein Verein der soeben gegründeten Nationalliga, verpflichtete Scheffer und verschaffte ihm einen Job im Hafen. »Wenn Training und Spiel war, hatte ich frei«, berichtet Scheffer. Schon damals gab es also eine Art Halb-Profitum.

Emanuel Scheffer, der Vater des israelischen Profifußballs.

Der Linksaußen stürmte später noch für Hapoel Kfar Saba und schaffte es sogar in die Nationalelf seiner neuen Heimat. Seine Länderspielbilanz: Sechs Spiele, sechs Tore.

Bald nach seiner aktiven Karriere kehrte Scheffer ins Land der Mörder seiner Familie zurück. Freiwillig. Aber nicht, um die Vergangenheit aufzuarbeiten, sondern seine Zukunft zu gestalten. 1958, sieben Jahre vor der Wiederaufnahme diplomatischer Beziehungen zwischen Israel und Deutschland, ließ er sich an der Sporthochschule Köln zum Fußballlehrer ausbilden. Mit dem Diplom von Hennes Weisweiler in der Tasche kletterte Scheffer in Israel schnell die Karriereleiter hoch. Nach vier Jahren als Ligatrainer übernahm er 1963 die Junioren-Nationalmannschaft. 1968 stieg er zum Cheftrainer auf – und formte aus dem Nationalteam mit deutscher Gründlichkeit ein erfolgreiches Kollektiv.

Auf Anhieb gelang nun, was zuvor noch keiner anderen israelischen Nationalelf gelungen war: der Sprung zu den Olympischen Spielen in Mexiko. Allzu schwer war die Qualifikation allerdings nicht. Die zugelosten Gegner Burma, Iran und Indien boykottierten den Staat der Juden. So reichten zwei Siege über Ceylon (7:0, 4:0), um das erste und billigste Olympiaticket aller Zeiten zu lösen. In Mittelamerika angekommen, rechtfertigten die Israelis ihre Anwesenheit eindrucksvoll. Scheffers Elf besiegte Ghana mit 5:3 und El Salvador mit 3:1. Die anschließende 0:2-Niederlage gegen Ungarn konnte den Einzug ins Viertelfinale nicht mehr gefährden. Dort erkämpften sich die Israelis ein 1:1-Remis gegen Bulgarien. In der Verlängerung fiel kein Treffer mehr, so dass das Los entscheiden musste. Zwei Zettel wurden beschriftet und in einen Sombrero geworfen. Der französische Schiedsrichter zog »Bulgarien« heraus. Die Israelis schlichen sich vom Feld, während die Bulgaren später die Silbermedaille holten.

Scheffer gab sich mit diesem schicksalsbehafteten Achtungserfolg nicht zufrieden. Er bereitete sein Team systematisch auf die Qualifikation für die WM 1970 vor, unter anderem mit einem Trainingslager in der Sportschule Hennef. Derart präpariert kämpfte sich Israel durch die Vorrunde in Ozeanien. Nach zwei Siegen (4:0 und 2:0) gegen Neuseeland stand nur noch Australien der Verwirklichung des Traumes im Wege. 50.000 Zuschauer sahen in Ramat einen 1:0-Sieg. Schütze des goldenen Tores war Israels Spielmacher Mordechai Spiegler. Das Rückspiel in Sydney endete 1:1. Scheffer verließ das Spielfeld auf den Schultern seiner Spieler. Innerhalb von zwei Jahren hatte er eine Mannschaft, die bei vergangenen WM-Qualifikationen noch vier Niederlagen in vier Spielen kassiert und nur ein Tor erzielt hatte, in den Kreis der Weltelite geführt.

Doch wenige Wochen später war der Jubel verflogen, geriet Emanuell Scheffer unter Druck. Die Vorbereitung auf die WM-Endrunde begann mit einer Niederlagenserie, deren Tiefpunkt eine 0:6-Klatsche gegen Borussia Mönchengladbach war. Diese löste Unruhe in der Verbandsspitze und sogar in der Knesset, dem israelischen Parlament, aus. Doch Scheffer ließ sich nicht von seiner Linie abbringen. Das Abschneiden beim WM-Turnier gab ihm Recht: 0:2 gegen den späteren WM-Vierten Uruguay, 1:1 gegen Schweden und 0:0 gegen den späteren Vizeweltmeister Italien. Beim Spiel gegen die Schweden am 7. Juni 1970 sollte sich Mordechai Spiegler mit seinem linken Fuß endgültig in die Sportannalen seines Landes schießen. »Es waren 25 Meter, ein starker Rückenwind und das Tor muss in Richtung Jerusalem gestanden haben«, erinnert sich Spiegler schmunzelnd an seinen Linksschuss zum 1:1 gegen Schweden in Toluka. Es war der erste Treffer für die israelische Nationalmannschaft bei einer Weltmeisterschaft. Und blieb bis heute auch der einzige. Ein Tor, das Spieglers Leben veränderte: Er spielte später zusammen mit Pelé bei Cosmos New York, war Trainer in Israel, später Berater und dann Kommentator der großen israelischen TV-Fußballsendung am Sabbat. Kein Wunder also, dass Spiegler in den Geschichtsbüchern seines fußballfanatischen Volkes einen Platz gleich hinter David Ben

Bei seinem bislang einzigen Auftritt bei einem WM-Turnier schlug sich Israel 1970 in Mexiko achtbar. Gegen die starken Schweden gab es ein 1:1 (links der israelische Verteidiger Itzchak Schum).

Gurion und Golda Meir einnimmt. Spiegler ist heute der Franz Beckenbauer Israels.

Trotz des vorzeitigen Ausscheidens wurde die »Nivchéret« bei der Landung in Tel Aviv von 30.000 Fans gefeiert wie ein Weltmeister. Die zwei Punkte und das Tor waren ein Triumph für den jungen Staat, der erst 22 Jahre zuvor gegründet worden war. Selbst die Stars von damals – neben Mordechai Spiegler noch Giora Spiegel und Torwart Itzak Visoker – waren älter als ihr Staat. Das Gefühl von damals ist wohl vergleichbar mit dem der Deutschen anno 1954. »Wir sind wieder wer«, hieß es seinerzeit vom Bodensee bis zur Nordsee. »Wir sind jetzt da«, dachten sich 1970 die Menschen zwischen Mittelmeer und Jordan, die drei Jahre zuvor im Sechs-Tage-Krieg noch um das Existenzrecht ihres Staates gekämpft hatten.

1971 ging die erfolgreichste Trainer-Ära in der Geschichte Israels zu Ende. 1978 übernahm Scheffer zwar noch einmal das Amt des Nationaltrainers, konnte aber nicht an seine früheren Erfolge anknüpfen. 1979 kündigte er und kümmerte sich fortan ausschließlich um seine Firma, die Textilien herstellte. In den 1980er Jahren schrieb er noch das Buch »Die Grundlagen der Fußballtechnik«, dann wurde es zunehmend ruhiger um ihn. 1990 verkaufte er 67-jährig seine Fabrik, um den Lebensabend zu genießen. In der Öffentlichkeit spielte er trotz seiner Erfolge und seiner Verdienste bald keine Rolle mehr. Auf der Straße wird er allenfalls noch von älteren Männern erkannt, seine Meinung ist weder vor noch nach wichtigen Länderspielen gefragt. Ganz im Gegensatz zu Mordechai Spiegler, dem zweiten Vater des Triumphes von 1970. Doch »Motke«, wie er von der ganzen Nation genannt wird, ist bescheiden geblieben. »Der wahre Vater unseres damaligen Erfolgs war nicht ich, sondern Emanuell Scheffer«, sagt Spiegler über seinen damaligen Nationaltrainer.

Der erfolgreichste israelische WM-Teilnehmer ist freilich ein Schiedsrichter: Avraham Klein, der bei den Turnieren 1970, 1978 und 1982 eingesetzt wurde. 1978 leitete Klein das »kleine Finale« um den dritten Platz. Klein war sogar als Schiedsricher für das »große Finale« in der Diskussion, nachdem er die Partie Argentinien gegen Italien bravourös geleitet hatte. Die gastgebenden Argentinier fühlten sich aber benachteiligt und akzeptierten den Israeli nicht. Die herrschende Militärjunta war gegenüber Juden alles andere als freundlich gesinnt. Vor dem Spiel des Gastgebers gegen Italien hatte Klein Argentiniens Jüdische Gemeinde besucht: »1978 war eine schlimme Zeit für die Juden in Argentinien. Und ich weiß, obwohl sie es mir so nicht erzählten, dass sie wirklich Angst hatten, weil ich das Spiel zugeteilt bekam.« Klein wurde von argentinischer Seite auch deshalb Voreingenommenheit unterstellt, weil der Finalgegner Niederlande hieß. Als »Kriegswaise« hatte Klein ein Jahr im niederländischen Apeldoorn verbracht. Und mit Ruud Krol trug ein Mann die Kapitänsbinde der »Oranjes«, dessen Vater in den Jahren der deutschen Besatzung Juden das Leben gerettet hatte.

Anfänge: Briten, Juden, Araber

Der Auftritt seines Nationalteams in Mexiko 1970 blieb bis heute der größte Erfolg in der noch jungen Geschichte des israelischen Fußballs. Wann erstmals ein Ball im »gelobten Land« getreten wurde, ist heute umstritten. Es gibt einen mündlich überlieferten Bericht, wonach 1910 ein jüdisches Team von der Herzliya High School gegen arabische Schüler des American College in Beirut antrat. Das erste schriftlich belegte Spiel fand 1912 zwischen Maccabi Rehovot und Maccabi Rishon Lezion statt. Das Ergebnis ist bis heute unbekannt. Inoffiziell wurde natürlich schon vorher gekickt – auf den Straßen, in Schulhöfen. Es waren europäische Einwanderer, die der jüdischen Bevölkerung Palästinas das Spiel mit den selbst gebastelten Kugeln näherbrachten. Die arabischen Bewohner ihrerseits lernten die Kickerei von Händlern und Studenten, die erstmals in Beirut oder Damaskus gegen den Ball getreten hatten.

Die damaligen politischen Führer der jüdischen Gesellschaft erkannten den Fußball schnell als Vehikel zur nationalistisch-zionistischen Bewusstseinsbildung. Deshalb waren alle Vereine, die gegründet wurden, Ableger politischer Parteien. 1912 entstand der Maccabi-Verband, dessen Klubs der Bourgeoisie nahe standen. 1924 gründeten die rechtsgerichteten Revisionisten ihre Dachorganisation Betar. 1926 wurde der Verband Hapoel (deutsch: »Der Arbeiter«) als Kind der Gewerkschaft Histadrut geboren. Trotz aller politischen Unterschiede hatten die Vereine einen gemeinsamen Nenner: den Zionismus.

Immer öfter trafen sich jüdische, arabische und britische Mannschaften zu Spielen. So besiegte Maccabi Tel Aviv 1921 ein britisches Militär-Team und den Christlich-Arabischen Sportclub Jaffa. Den ersten Pokalwettbewerb organisierten die Briten 1922. Es siegten die »Royal Flyers« – und zwar ununterbrochen bis 1928. Einen ersten Fußball-Boom im heiligen Land löste 1925 der Besuch der Starelf von Hakoah Wien aus. Hakoah fertigte in Tel Aviv eine Maccabi-Auswahl zwar mit 11:2 ab, lockte aber 10.000 Zuschauer ins Stadion. Das Interesse am Fußball war noch nie so groß. In der Folge organisierte ein britischer Offizier in Haifa eine Liga mit neun arabischen und jüdischen Teams. Das Projekt musste aber vorzeitig eingestellt werden – wegen Gewalttätigkeiten auf den Plätzen und Streitereien zwischen den Klubmanagern.

Im Sommer 1928 trafen sich 14 jüdische und ein arabischer Vertreter in Jerusalem und gründeten die Palestine Football Association, die 1929 von der FIFA als volles Mitglied anerkannt wurde. Der Spielbetrieb wurde sofort mit jüdischen, arabischen und britischen Teams aufgenommen. 1928 spielten 28 Mannschaften den ersten Meister im Pokalmodus aus. Im Finale siegte Hapoel Allenby Tel Aviv mit 2:0 über Maccabi Hashmonai Jerusalem, setzte dabei aber einen nicht spielberechtigten Akteur ein. Daraufhin entschied der Verband, dass jeder Verein den Pokal für ein halbes Jahr in seine Vitrine stellen darf. 1932 – der Staat Israel war immer noch 16 Jahre entfernt – nahm die Nationalliga mit neun Mannschaften ihren Betrieb auf. Sieger war ein nicht unbedingt sehr israelisches Team: die Auswahl der britischen Polizei. Das ließen sich die jüdischen Teams nur einmal gefallen, danach machten zunächst die Tel Aviver Klubs Maccabi und Hapoel die Meisterschaft unter sich aus.

1934 kam es zum Bruch zwischen Arabern und Juden. Erstere waren unzufrieden mit der jüdischen Dominanz an der Verbandsspitze und gründeten ihren eigenen Verband, The General Palestinian Sports Federation. Dies war das Todesurteil für den gemischten Spielbetrieb. Die arabischen Vereine zogen sich aus der Palestine Football Association zurück. Fortan hatten Juden und Araber ihre eigenen Vereine und ihre eigenen Wettbewerbe. Der zuvor rege Austausch kam praktisch zum Erliegen.

Im selben Jahr – 14 Jahre vor der Staatsgründung – fand das erste offizielle Länderspiel statt. Das (komplett jüdische) Team Palästina trat in der Qualifikation zur Weltmeisterschaft gegen den arabischen Nachbarn Ägypten an. Das Hinspiel war in Kairo. Da es weder Fernseh- noch Radio-Übertragungen gab, versammelten sich etliche Fußballfreunde im Tel Aviver Café Sapir und warteten auf den verabredeten Anruf aus Kairo. Dann machte die Kunde vom 1:0-Sieg Palästinas die Runde. Die Leute sangen und tanzten auf der Allenby-Straße. Bis das wahre Ergebnis aus Kairo übermittelt wurde: 7:1 für Ägypten. Die Fans hatten sich zu früh gefreut, der erste Sieg in einem WM-Qualifikationsspiel gelang erst 25 Jahre später, 1961 gegen Äthiopien (1:0).

1938 scheiterte das Team Palästina in der WM-Qualifikation an Griechenland, 1940 gab es noch ein Freundschaftsspiel in Tel Aviv gegen Libanon (5:1), was heute ebenso undenkbar wäre wie ein Gastspiel in Kairo. Danach war acht Jahre Kriegspause, bis zur Ausrufung des Staates Israel 1948. Diese hatte den Einmarsch der arabischen Nachbarn zur Folge, und wegen des 15-monatigen Krieges musste der Ligabetrieb eingestellt werden. Doch die besten Kicker des Landes machten aus der Not eine Tugend und reisten in die USA, um die Botschaft des neuen Judenstaates in die Welt zu tragen. Während im heiligen Land die Waffen dröhnten, sahen am 26. September 1948 40.000 Zuschauer im New Yorker Giants-Stadion das erste Länderspiel einer Auswahl des Staates Israel. Das Ergebnis – 3:1 für die USA – war Nebensache. Noch 1948 wurde die Palestine Football Association in Israel Football Association umbenannt.

Exkurs: Hakoah in Israel

1938 hatten Emigranten in Palästina Hakoah Tel Aviv gegründet, als Nachfolgeverein der berühmten Wiener Hakoah bzw. Hakoah New York. 1955/56 gehörte Hakoah der ersten Liga an. 1959 kam es zur Fusion von Hakoah Tel Aviv und Maccabi Ramat Gan zum FC Hakoah-Maccabi Ramat Gan, der dann jahrelang in der Staatsliga spielte. Ramat Gan ist das Sportzentrum Israels, wo sich auch das Nationalstadion befindet und alljährlich das Pokalfinale ausgetragen wird.

Unter den Wiener Hakoahnern, die Hitler entkommen konnten, hatte sich auch der Hakoah-Mitbegründer Dr. Isidor Körner befunden, der nun die alten Hakoahner um sich sammelte. Bei den Zusammenkünften der Hakoahner in Palästina standen auch Vorträge kultureller Art und Ivrith-Sprachkurse auf dem Programm. Mit den »Hakoah-Nachrichten« gab man außerdem eine eigene Zeitung heraus.

Als Dachverband aller lokalen Hakoah-Klubs und Hakoahner aus den Städten und Siedlungen des Landes wurde 1942 auf einer Sitzung in Tel Aviv der Sportclub Hakoah in Erez Israel gegründet. Die Hakoah-Vereine, in denen neben Fußball auch noch Handball, Tennis, Leichtathletik, Boxen und Fechten betrieben wurde, konnten sich eine starke Stellung im jüdischen Sport des Landes erobern und zählten zwischen 5.000 und 6.000 Mitglieder.

Im 1987 von John Bunzl herausgegebenen Buch »Hoppauf Hakoah« berichtet Arthur Hanak, der damalige Leiter des Maccabi-Weltarchivs und Vorsitzende der 1962 gegründeten Brith Hakoah, eine Vereinigung alter Hakoahner überall auf der Welt: »Beim Ausbruch des Befreiungskrieges wurde die sportliche Tätigkeit fast eingestellt, denn die jungen Hakoahner und Hakoahnerinnen kämpften in der Armee. Nach dem Krieg fehlten die Mittel, einen nach Sparten aufgefächerten Sportbetrieb aufzunehmen. So musste sich die Hakoah auf Fußball beschränken. Sie spielte auf einem eigenen Platz an der Stadtgrenze zwischen Tel Aviv und Ramat Gan und war sehr erfolgreich.« 1965 wurde Hakoah Ramat Gan Landesmeister, 1969 und 1971 Pokalsieger. Hakoah dürfte damit der weltweit einzige Klub sein, der in drei Ländern – in Österreich, in den USA und in Israel - nationale Titel gewann.

Odyssee rund um den Globus

Zwei Monate nach dem Ende des Unabhängigkeitskrieges, im Oktober 1949, rollte der Ball wieder. Erster Meister des Staates Israel wurde 1950 souverän Maccabi Tel Aviv. Schon in der folgenden Saison flammten alte Konflikte zwischen den politischen Bewegungen Maccabi und Hapoel auf. Die Nationalliga wurde kurzerhand abgesagt, jedes Lager spielte seinen eigenen Meister aus. Nach einer einigermaßen regulären Saison zwischendurch gab es wieder Zoff: Die Saison 1952/53 dauerte bis 1954. Die weitere Entwicklung des israelischen Fußball wurde immer wieder durch Kriege unterbrochen, wiewohl der Verband stets versuchte, schnellstmöglich zur Tagesordnung überzugehen. Im Juni 1967 unterbrach der Sechstagekrieg den Endspurt in der ersten Liga. In diesem Jahr gab es keinen Meister, stattdessen wurde die Saison um ein weiteres Jahr verlängert. Nach einer Doppelrunde mit 60 Spieltagen stand 1968 wieder einmal Maccabi Tel Aviv ganz oben. Der Yom-Kippur-Krieg 1973 führte zunächst zu einer Absage aller Sportveranstaltungen. Aber bereits 20 Tage nach dem Überfall der arabischen Armeen gastierte die US-amerikanische Nationalelf in Jaffa zum Freundschaftsspiel, um die Solidarität der Vereinigten Staaten mit dem attackierten Staat zu demonstrieren. Als die israelische Armee 1982 in Libanon einmarschierte, zog das Militär die meisten Fußballer ein. In diesem Jahr wurde nur ein einziges Länderspiel ausgetragen – ein Qualifikations-Match zu den Olympischen Spielen 1984.

Auch auf internationalem Terrain mussten die Israelis einige Hindernisse überwinden: 1956 wurde die IFA Mitglied der Asiatischen Fußball-Konföderation (AFC). Dort geriet die erste WM-Qualifikation 1958 zur Farce: Alle zugelosten Gegner boykottierten Israel und traten nicht an. Somit wäre das Team eigentlich qualifiziert gewesen. Aber die FIFA pochte auf ihr neues Gesetz, wonach ohne ein einziges Qualifikationsspiel nur der Titelverteidiger und der Gastgeber zur WM-Endrunde dürfen. Es wurden zwei Entscheidungspartien gegen Wales angesetzt, die Israel jeweils 0:2 verlor. Bereits jetzt, zwei Jahre nach der Aufnahme des Judenstaats, war abzusehen: Israels Präsenz im AFC wird die Föderation früher oder später vor eine Zerreißprobe stellen. Zu den Asien-Spielen 1962 in Indonesien wurden die Israelis erst gar nicht eingeladen. Doch 1964 fanden die Asienmeisterschaften in Tel Aviv statt, Israel nutzte den Heimvorteil und gewann vor Indien und Südkorea. Die Vereinsmannschaften Hapoel Tel Aviv (1967) und Maccabi Tel Aviv (1968 und 1971) gewannen den Asienpokal der Landesmeister.

Trotz aller Verwerfungen kam es zu dieser Zeit noch zu Länderspielen, die heute undenkbar wären: Die »Nivchéret« trat gegen Mannschaften wie Pakistan oder Iran an. Noch 1974 gastierte Israel bei den Asienspielen in Teheran – und trat im Finale sogar gegen Gastgeber Iran (0:1) an. In der Vorschlussrunde hatten sich allerdings Nordkorea und Kuwait geweigert, gegen die Auswahl des Judenstaats anzutreten. Der AFC zog die Konsequenz aus den ständigen Querelen und schloss Israel aus dem Verband aus. »Mit Bedauern«, wie es offiziell hieß, aber sicherlich auch mit einiger Erleichterung. Für die »Nivchéret« begann eine 15-jährige Odyssee, die vom Nahen Osten bis nach Ozeanien führte und Israel zum einzigen Staat der Welt machte, der auf allen Kontinenten WM-Qualifikationsspiele ausgetragen hat. Erst 1991 fanden die Israelis eine neue Heimat. Sie durften erstmals an den europäischen Wettbewerben teilnehmen und wurden schließlich 1993 von der UEFA als Vollmitglied aufgenommen.

Entwurzelung und Integration

Dies war der Startschuss für einen veritablen Aufschwung des israelischen Fußballs. In den ersten Begegnungen mit europäischen Mannschaften zahlten die Kicker aus dem Nahen Osten zwar reichlich Lehrgeld. Doch die Israelis lernten stetig dazu, und zwar nicht nur sportlich, sondern auch organisatorisch. Dies hatte wiederum Auswirkungen auf den heimischen Spielbetrieb: Die Zuschauerzahlen und Spielergehälter stiegen. Im Jahr 2000 unterzeichnete Nationalspieler Tal Banin einen Vertrag mit Maccabi Tel Aviv, der ihm zwei Millionen Dollar in vier Jahren garantierte. Damit war Banin der höchstdotierte Spieler der Nationalliga aller Zeiten. Kurz zuvor hatte Maccabi einen anderen Landesrekord aufgestellt: Der neue Sponsorvertrag mit dem Telekommunikations-Konzern Bezeq brachte dem Rekordmeister in drei Jahren mehr als drei Millionen Dollar ein. Der neue Reichtum hatte mehrere Gründe: Auch in Israel wurden die TV-Rechte an den meistbietenden Privatsender verkauft. Viel früher als etwa in Deutschland stieg das Bezahlfernsehen in den Fußball ein. Heute ist Pay-per-view in Silicon Wadi, wie das High-Tech-Land auch genannt wird, längst an der Tagesordnung. Das geht so weit, dass Länderspiele ausschließlich im Bezahlfernsehen ausgestrahlt werden.

Doch das Fußball-Monopoly produzierte auch Verlierer. So häufte Zuschauerkrösus Betar Jerusalem 20 Millionen Shekel (etwa 5 Millionen Euro) Schulden auf und stand 2001 am Rande des Abgrunds. Der Zwangsabstieg und die Fusion mit Hapoel Jerusalem wurden bereits diskutiert, ehe das internationale Konsortium Bayit Vagan den Verein in letzter Sekunde kaufte. Schlimmer erwischte es Hapoel Haifa: Ein halbes Jahr nach dem Selbstmord von Klubpräsident Robie Shapira war der Abstieg in die zweite Liga perfekt.

Ein Grund für die finanziellen Probleme der Klubs ist die Tatsache, dass die zum Teil horrenden Spielergehälter stets in US-Dollar ausgehandelt werden. Je mehr nun der Kurs des israelischen Shekel schwächelt, desto mehr Lohn muss der Verein bei mitunter sinkenden Einnahmen zahlen. Zudem trägt die Tatsache, dass die Klubbesitzer die gesamte Macht auf sich vereinen und sich von niemandem kontrollieren lassen, nicht gerade zur Konsolidierung der Vereine bei. Allerdings gibt es auch erfolgreiche Beispiele: Es war Yaakov Shachar, Israel-Importeur von Volvo- und Honda-Automobilen, der Maccabi Haifa in die Champions League führte. Nun mögen Zyniker fragen, wann er die Lust an seinem populären Spielzeug, das der Schriftzug seiner Firma ziert, verliert. Fakt ist jedenfalls, dass auch Maccabi Haifa von einem einzelnen Mann abhängig ist.

Und dies ist heute bei den meisten Profiklubs der Fall. Nur noch wenige Vereine haben etwas mit ihren ursprünglichen politischen Wurzeln gemein. Sie wurden allesamt nach amerikanischem Vorbild an Einzelpersonen verkauft. Weil es auch den Spielern seit jeher egal ist, woher ihr Scheck kommt, haben die Traditionen von Hapoel, Betar und Maccabi nur noch in den Fan-Lagern überlebt. Ein Gewerkschafter aus Jerusalem, der die Arbeitspartei wählt, ist mit ziemlicher Sicherheit Fan von Hapoel Jerusalem. Wenn sein Herz für das 145 Kilometer entfernt beheimatete Hapoel Haifa schlägt, werden das seine Freunde akzeptieren. Liebt er aber den anderen Verein seiner Stadt, Betar Jerusalem, dann stimmt etwas nicht.

Auch in den Entscheidungsgremien der IFA spielt es noch eine Rolle, aus welchem Lager die Funktionäre kommen. So machten die Betar-Delegierten dem Verbandspräsidenten und Hapoel-Vertreter Gavri Levi einen Strich durch die Rechnung, als dieser eine Aufwandsentschädigung für den Vorsitzenden (also für sich selbst) beschließen lassen wollte.

Ohne derartige Konflikte klappt auf dem Spielfeld die Integration der israelischen Araber. »Der Profi-Fußball ist die einzige Institution im Judenstaat, in der die arabische Minderheit proportional vertreten ist«, sagt Uniprofessor Moshe Zimmermann. Tatsächlich sind in der Nationalliga viele israelische Araber aktiv. 1997 schaffte Hapoel Taibeh als erstes arabisches Team den Sprung in die erste israelische Liga, musste allerdings nach nur einer Saison wieder absteigen. Bis 2002 hat es noch keine arabische Mannschaft geschafft, sich länger als eine Saison in der Eliteliga zu etablieren. Wenn ein arabisches Team bei Betar Jerusalem mit seinen rechtsgerichteten Fans gastiert, ist auf der Tribüne schon einmal »Tod den Arabern« und »Tod den Juden« zu hören. Aber »der Konflikt hält sich auf den Rängen in erträglichen Grenzen«, sagt Moshe Zimmermann. »Die Rangeleien, zu denen es manchmal kommt, sind ungefähr von der Qualität, wie sie auch beim Lokalderby des 1. FC Köln gegen Bayer Leverkusen vorkommen.«

Einige Araber brachten es bis in die Nationalmannschaft des Judenstaates. Najwan Grayeb (Aston Villa), Walid Badir (Wimbledon), Avraham Tikva (Grasshoppers Zürich) repräsentierten Israel sogar in europäischen Ligen. Wohlgemerkt handelt es sich hierbei ausschließlich um Spieler, die zwar Muslime sind und palästinensische Vorfahren haben, aber die israelische Staatsbürgerschaft angenommen haben und in israelischen Territorien leben. Palästinenser aus den besetzten Gebieten Gaza und Westjordanland mit Pässen von Arafats Selbstverwaltungsbehörde tauchen in Israels Liga nicht auf.

Globalisierung

Der wichtigste Fußball-Botschafter Israels demonstriert Woche für Woche, dass das Spielen gegen und mit Muslimen gar nicht so schwer ist – Chaim Revivo. Als der Mittelfeld-Virtuose im Sommer 2000 in Istanbul eintraf, begrüßten ihn 3.000 Fans seines neuen Vereins Fenerbahce. Revivo erhielt für drei Jahre sechs Millionen Dollar Gehalt, damit war er der neue Rekordverdiener unter den israelischen Fußball-Profis. Seine Mission in der Türkei: das Spiel der Gelb-Blauen in Schwung, die Freistöße ins Tor und die Meisterschaft zurückbringen. Das gelang, Revivo avancierte zum ersten Israeli in der UEFA-Champions-League und wurde 2001 zum besten ausländischen Spieler der Türkei gewählt.

Überhaupt tummeln sich seit der Aufnahme bei der UEFA immer mehr israelische Profis bei europäischen Vereinen. Vorreiter war der Rummenigge des heiligen Landes, Ronnie Rosenthal (Brügge, Lüttich, Udine, Liverpool, Tottenham). Rosenthals Engagement mit Udine war allerdings nur von kurzer Dauer. Dabei begann alles zunächst völlig normal. Die Fans bereiteten der Neuerwerbung am Flughafen den »in Italien üblichen Empfang, und der Vorstand erklärte, in sportlicher und finanzieller Hinsicht sei alles in bester Ordnung. Der neue Spieler habe nur noch einen medizini-

Ronnie Rosenthal

schen Test zu absolvieren. Nachdem dieser zufriedenstellend verlaufen war, bestätigten Vorstand und Spieler auf einer Pressekonferenz die Unterzeichnung des Kontraktes über zwei Spielzeiten. Als Rosenthal während der Sommerpause in Israel weilte, ereilte ihn erstmals das Gerücht, Udine sei an seiner Verpflichtung nicht mehr interessiert, da man seine physische Fitness bezweifle. Aber es kursierte noch eine andere Version: Der Vorstand habe Anrufe von Fans erhalten, in welchen diese unmissverständlich ihre Ablehnung des Juden bekundeten. Nachdem Rechtsradikale nächtens das Stadion mit antisemitischen Parolen verunziert hatten, annullierte der Vorstand am folgenden Tag Rosenthals Vertrag. Auch die Presse vermutete, dass der wahre Grund nicht »mangelhafte Fitness« hieß, sondern dass die Verantwortlichen vor den Neofaschisten kapituliert hätten. Ronnie Rosenthal verließ Udine, ohne auch nur ein Spiel für den norditalienischen Klub absolviert zu haben.

In England hatte der Spieler mit derartigen Problemen nicht zu kämpfen. Rosenthal folgten etliche israelische Spieler in aller Herren Länder. Ende des 20. Jahrhunderts spielten fünf Israelis in England, drei in Spanien, je einer in Schottland, Frankreich, Italien, Schweiz. Nur in Deutschland kickte seit David Pizanti (1. FC Köln, 1985-87) kein einziger Israeli. Liegt es daran, dass im deutschsprachigen Raum das Klima zu kalt ist – sei es nun in meteorologischer oder politischer Hinsicht? Oder passen die »taktisch undisziplinierten« Israelis nicht in die Mannschaftsschemata der »teutonischen« Fußball-Fabriken? Letzteres kann definitiv ausgeschlossen werden. So wechselte Israels Mittelfeld-Exzentriker Eyal Berkovic im Sommer 1999 für 5,75 Millionen Pfund (etwa 9,14 Millionen Euro) von West Ham United zu Celtic Glasgow. Damit war der kleine Techniker der bis dato teuerste Einkauf eines schottischen Klubs aller Zeiten. In Schottland, bekanntermaßen nicht unbedingt das Zentrum technischer Brillanz, scheinen die südländisch-schlampigen Genies also kein Problem zu sein. Im Gegenteil: Den

Celtics war der israelische Entwicklungshelfer in Sachen Kreativität 23.000 Pfund pro Woche (etwa 36.000 Euro) wert. 2002 führte der schmalbrüstige Berkovic den englischen Zweitligisten Manchester City zurück in die Premier League. Dagegen sucht man selbst in der zweiten Bundesliga vergeblich nach Israelis. Weil der Fußball in Tel Aviv und Haifa nur zweitklassig ist? Nun, das ist er in Albanien, Benin und Mali auch, aber dort kaufen die deutschen Manager fleißig ein.

Auch in Israels Liga ist »Multikulti« kein Fremdwort mehr. Pro Team sind fünf Ausländer erlaubt, was nicht ohne Nebenwirkungen bleibt: Der gesteigerte Import hat zur Folge, dass die einheimischen Angreifer bei ihren Vereinen meist auf der Ersatzbank sitzen. »Es gibt nicht so viele israelische Stürmer, die Tore machen«, stellte Nationaltrainer Richard Moeller-Nielsen bald nach seinem Amtsantritt fest. »Anstatt unsere eigenen Stürmer heranzuziehen, hat sich der heimische Fußball der Importware zugewandt«, kritisierte die Tageszeitung »Haaretz« im Juli 2002 und bezeichnete den »Mangel an Stürmern« als Grund für Moeller-Nielsens Scheitern in der WM-Qualifikation.

In Israels Liga schießen zumeist Männer aus Afrika und den ehemaligen Ostblockländern die Tore. Als 1990 die Sowjetunion zerbrach, lockte das gelobte Land nicht nur zahlreiche jüdische Immigranten an, sondern auch einige Fußball-Profis. Der prominenteste Importnik war wohl Torhüter Alexander Ubarov, der nach seiner aktiven Karriere als Torwart-Trainer in Israel blieb. Sergei Kandaurow war der erste Russe, der Israel als Sprungbrett zu einem europäischen Spitzenklub nutzte: Er wechselte von Maccabi Haifa zu Benfica Lissabon. Die Stars zu Beginn des 21. Jahrhunderts waren der kroatische Stürmer-Beau Giovanni Rosso und der Nigerianer Yakoubo Ayegbeni. Letzterer erzielte für Maccabi Haifa beim ersten Champions-League-Sieg gegen Olympiakos Piräus (3:0) alle drei Tore. Hapoel Beer Sheva brachte es sogar fertig, den Uruguayer Fernando Orejo und den Italiener Mario di Constanza in die Negev-Wüste zu locken. Ein deutscher Gastarbeiter hat in der Sonnenblumenkern-Liga dagegen noch nie gespielt.

Zu den Autoren

Bernd Beyer (geb. 1950) studierte Politik und Volkswirtschaft und arbeitete als Tageszeitungsredakteur. Seit 1982 ist er als Lektor im Verlag Die Werkstatt tätig. 2003 veröffentlichte er den biografischen Roman: »Der Mann, der den Fußball nach Deutschland brachte. Das Leben des Walther Bensemann«.

Jan Buschbom (geb. 1970) ist Historiker und arbeitet als Redakteur beim Berliner Archiv für Jugendkulturen. U.a. betreut er den Info-Brief »Rechtsextremismus«, der an Mitarbeiter im Brandenburger Strafvollzug verteilt wird, sowie das »Journal der Jugendkulturen«.

Erik Eggers (geb. 1968) ist seit seiner Geburt in Hollingstedt/Schleswig FC-St.-Pauli-Fan und hat Volkswirtschaft, Geschichte und Sportgeschichte in Kiel und Köln studiert. Er hat sich spezialisiert auf sporthistorische Themen und schreibt von Köln aus als freier Autor (u.a. für »Financial Times Deutschland«, »Tagesspiegel«, »Frankfurter Rundschau«, »Tageszeitung«, »Süddeutsche Zeitung«, »Neue Zürcher Zeitung«, »Kölner Stadtanzeiger«) über Themen aus Sport, Geschichte, Kultur und Medien.

Michael John (geb. 1954), Dr. phil., Studium der Geschichte und der Politikwissenschaften an der Universität Wien. Univ.-Prof. am Institut für Sozial- und Wirtschaftsgeschichte der Johannes-Kepler-Universität Linz. Forschungsbereiche: Kulturgeschichte und Populärkultur, Migration und Vertreibung, Minderheiten. Projektleitung im Rahmen der Historiker-Kommission der Republik Österreich, »›Arisierung‹, Beschlagnahmte Vermögen, Rückstellungen und Entschädigungen.« In weiterer Folge auch Erarbeitung kulturgeschichtlicher Themen, insbesondere der Sportgeschichte.

Albert Lichtblau (geb. 1954), Prof. Dr., Studium der Geschichte und Politikwissenschaft an der Universität Wien. Publikationen und Mitarbeit an zahlreichen Forschungsprojekten über Wohnungsnot, Mietprotest, die

Geschichte von Minderheiten und Zuwanderung, jüdische Geschichte und die Geschichte des Antisemitismus. Von 1987 bis 1989 wissenschaftlicher Mitarbeiter am Zentrum für Antisemitismusforschung an der TU Berlin. Zur Zeit Professor am Institut für Geschichte der Universität Salzburg und wissenschaftlicher Mitarbeiter am Institut für Geschichte der Juden in Österreich (St. Pölten).

Matthias Marschik (geb. 1957), Dr. phil., studierte Psychologie und Philosophie in Wien. Zahlreiche Veröffentlichungen zur Zeitgeschichte und Alltagskultur des Sports. Zuletzt: »Erbfeinde und Hasslieben. Konzept und Realität Mitteleuropas im Sport« (gem. mit D. Sottopietra), Münster 2000 und »Flieger grüß mir die Sinne. Eine kleine Kulturgeschichte der Luftfahrt«, Wien 2000

Stefan Mayr (geb. 1972) studierte in Augsburg und Jerusalem und ist Redakteur der »Süddeutschen Zeitung«.

Günter Rohrbacher-List (geb. 1953) arbeitet als freier Journalist, u.a. für »die tageszeitung« und »Financial Times Deutschland«. Schwerpunkte: 1. FC Kaiserslautern (mehrere Buchveröffentlichungen) und französischer Fußball.

Georg Röwekamp (geb. 1959), studierte Geschichte und Theologie. Zahlreiche Buchveröffentlichungen u.a. zur Geschichte des Ruhrgebiets und des dortigen Fußballs, z.B.: »Der Mythos lebt. Die Geschichte des FC Schalke 04« (4. Aufl., Göttingen 2003).

Dietrich Schulze-Marmeling (geb. 1956), Autor und Lektor beim Verlag Die Werkstatt, lebt in Altenberge bei Münster. Zahlreiche Bücher zur Fußballgeschichte, so über Borussia Dortmund, Bayern München, die deutsche Nationalmannschaft und die Fußball-Weltmeisterschaft.

Werner Skrentny (geb. 1949), früher Tageszeitungsredakteur, lebt seit 1977 als Journalist und Autor in Hamburg. Verfasser zahlreicher Bücher zur Fußballgeschichte, u.a. »Das große Buch der deutschen Fußball-Stadien« (2. Aufl. 2001) sowie über die Oberligen Süd und Südwest. Langjährige Mitarbeit im Beirat des Dokumentations- und Informationszentrum (DIZ) Emsland in Papenburg.

W. Ludwig Tegelbeckers, Studium der Geschichte in Bremen und Trieste/Italien, seit 1998 wissenschaftliche Mitarbeit an sozial- und zeithistorischen Forschungsprojekten der Universitäten Bremen und Potsdam, Dissertation im Bereich Zeitgeschichte des Sports. Vorstandsmitglied der Deutsch-Israelischen Gesellschaft (DIG) Bremen, Ausstellungs- und Vortragsveranstaltungen zur deutsch-jüdischen Geschichte.

FUSSBALLBÜCHER IM VERLAG DIE WERKSTATT

Bernd-M. Beyer
Der Mann, der den Fußball nach Deutschland brachte
Das Leben des Walther Bensemann
Ein biografischer Roman
544 Seiten, Hardcover, mit Fotos
ISBN 3-89533-408-1
€ 26,90

Walther Bensemann zählt zu den schillerndsten Figuren in der Frühphase des deutschen Fußballs. Ende des 19. Jahrhunderts gründete er als Schüler und Student zahlreiche Vereine und organisierte erste internationale Begegnungen. Als brillanter Sportjournalist machte er in den zwanziger Jahren seinen „Kicker" zur wichtigsten Fußballzeitung des Kontinents und warb wortmächtig dafür, den Sport als Instrument der Völkerverständigung zu begreifen. Im Nazi-Deutschland war für den jüdischen Kosmopoliten kein Platz mehr; er musste in die Schweiz emigrieren.
Das sorgsam recherchierte Buch erzählt Bensemanns Leben detailgetreu. Durch die romanhafte Form gewährt es zugleich einen lebendigen Einblick in jene Zeit, in der das Fußballspiel zum Massenphänomen aufstieg und über seine politische Ausprägung leidenschaftlich gestritten wurde.
Ein umfangreicher Anhang macht die historischen Quellen des Buches zugänglich und vermittelt wertvolle Zusatzinformationen.

www.werkstatt-verlag.de

FUSSBALLBÜCHER IM VERLAG DIE WERKSTATT

Dietrich Schulze-Marmeling /
Hubert Dahlkamp
Die Geschichte der Fußball-Weltmeisterschaft 1930-2006
544 Seiten, gebunden, € 24,90
ISBN 3-89533-378-6

Die große Geschichte der Fußball-Weltmeisterschaften: von der Premiere 1930 bis zum globalen Event von heute. Mit Spieler-Lexikon, umfangreichem Statistik-Teil und Kurzporträts der WM-Stadien 2006.

„Ein Standardwerk." (taz)
„Ein Fest nicht nur für Fußball-Fans."
(TV movie)

Werner Skrentny (Hg.)
Das große Buch der deutschen Fußballstadien
400 Seiten, A4, gebunden
€ 39,90
ISBN 3-89533-306-9

Geschichte, Architektur und Mythos der 340 wichtigsten Fußballstadien in Deutschland.

„Mit diesem Kompendium ist ein Meisterwerk gelungen."
(taz)
„Ein wichtiges, zuverlässig recherchiertes Nachschlagewerk" (Die Welt).

www.werkstatt-verlag.de